朝鲜文人李海应
《蓟山纪程》细读

刘顺利 著

學苑出版社

目 录

前言……………………………1

蓟山纪程卷之一……………1
蓟山纪程卷之二……………101
蓟山纪程卷之三……………205
蓟山纪程卷之四……………325
蓟山纪程卷之五 · 附录……407

附录……………………………505
书中出现人物
征引文献

后记……………………………523

前言

这是我对朝鲜王朝“燕行录”之一《蓟山纪程》的细读。《蓟山纪程》是韩国现存记录朝鲜使节团来中国情况的“燕行录”之一，是朝鲜文人李海应随冬至进贺使节团来华的相关记述。由于它一直是以毛笔书写稿的形式被珍藏和影印，我在本书中称其为“原稿”。原稿共五卷，其中第一至第四卷是往来中国的日记及诗歌，第五卷是附录，记述的是1803－1804年中国北方生活的许多方面，包括沿途风土人情以及衣、食、住、行和婚、丧、嫁、娶等。

我整理出的这本书之所以叫“细读”而不叫“注释”，是因为《蓟山纪程》毕竟是外国人用汉语写的作品。“细读”(close reading)一词虽来自西方，我国历来就有此传统。从王弼的注解到清朝的小学，都离不开细读。但对于我在最近三年多的时间里对《蓟山纪程》的细读，自己却颇有些疑惧。我不知道这样的工作自己是否可以胜任：朝鲜文人在200多年前用毛笔书写的文字，要一一注解，还要说明背景、两国历史与当时的人物。最麻烦的是，要能够看出原稿哪些地方的字错了、有漏字。我有资格为200多年前的东北亚文人改文章吗？

既然已经做起来了，就颇有点骑虎难下的味道。尤其是林骅先生兴奋地在晚上10点给我打电话，告诉我要把有关程伟元的文字发表出来以后，我感觉到我的细读不能不做到底了。1996年林骅先生和我同被天津市派去韩国工作，我在首尔的崇实大学，他在马山的庆南大学。次年，我第一次在韩国发表论文，就把林先生请去做我的评议人。我整理出的《蓟山纪程》全部草稿为16开338页。请林骅先生审阅了草稿的前50多页。恩师姜东赋先生从加拿大回国期间，手拿放大镜，在酷暑里审阅和校改了全部草稿。林骅先生《新发现程伟元一首诗》一文，发表于《今晚报》2007年4月10日副刊。

《蓟山纪程》是一部“燕行录”。古代出使中国的高丽、朝鲜使节以及他们的随行人员，写下了大量有关中国的文字。这些书统称“燕行录”。“燕行录”的写作前后相继达700年之久，是世界上绝无仅有的外国文人记录中国的超大型文库。因为涉及中国三个朝代，“燕行录”的名称也有不同：元朝称“宾王录”，明朝称“朝天录”，清朝称“燕行录”。

“燕行录”描绘了北中国的许多形象，记录了辽宁、河北、天津和北京在不同历史时期内的变迁。尤其是本书对1804年圆明园内的生活记述，尤为珍贵。“燕行录”之中，还包括“燕行图”和“燕行路线图”。韩国崇实大学基督教博物馆内藏有最珍贵的“燕行图”。其中有沈阳图、山海关图和皇城图、承德图、海路诸岛图等。我先后于1996—1998年和2002—2004年在该校任教四年。“燕行路线图”是朝鲜王朝文人画出的燕行路线示意图或简单的地图。前者主要画的是燕行队伍的行进场景。如明天启四年甲子（朝鲜仁祖二年，1624）“航海朝天图”。因为战争陆路不通，庞大的使节团被迫走水路。地图式的“燕行图”是从汉城画起，经过义州、沈阳、山海关而画到北京。或者是从椴岛过皮岛航行于大海之中，到达山东蓬莱，经过德州、献县、涿州到达北京。朝鲜使节团所经辽宁、河北、天津、北京、山东恰恰是现今的“环渤海地区”三省二市，由清陆路燕行路线自沈阳到北京走的乃是清朝的“大御路”。

《蓟山纪程》是19世纪初期朝鲜文人的汉字书写，是用汉字记录下来的朝鲜使节团中国之行，内中有散文也有诗歌，是最标准的“燕行录”之一。

《蓟山纪程》里的“蓟山”可以理解为北京的蓟丘，也可以理解为朝鲜使节团要经过的天津市蓟县。总之，它是指代朝鲜文人在中国行走的路途以及沿路的风土人情、自然风光。

《蓟山纪程》最早收入韩国成均馆大学大东文化研究院编《燕行录选集》（第十九编）。[1]本世纪初，韩国东国大学林基中教授将其收入他主编的《燕行录全集》第六十六卷[2]。《蓟山纪程》的作者在韩国也未最后确定。大东文化研究院与林基中教授主编的选集或者全集都认为《蓟山纪程》的作者是徐长辅。林基中教授在其后的著作里把该书作者或标注为“未详”[3]，或标注为“李海应”。[4]韩国著名汉学家、首尔大学车柱环教授经考证提出，原稿里反复出现对徐长辅的描绘，徐长辅不可能是作者。我基本上同意车柱环教授把该书作者定为李海应的意见。原稿里有许多地方都可以支持这种观点。

《朝鲜王朝实录·纯祖实录》“三年十月二十一日”有关于此次出使中国使节团的记载。可以肯定，原稿前四卷记录的是朝鲜王朝纯祖[5]三年癸亥至四年甲子[6]朝鲜冬至进贺使[7]节团出使北京行程与作者所见所闻及观感。该使节团从清嘉庆八年十月二十一日（1803年12月4日）出发，至次年的三月二十五日（1804年5月4日）回到朝鲜都城汉阳，行程六千里，所用时间五个多月（共用了153天）。按照作者的记载，即“是行也，往返程途，共六千一百八十三里。历路及留馆时，为游观迂行之路，不论焉。自拜表日至复命，凡一百五十二日”。[8]

原稿作者李海应一行于1804年元月6日渡过鸭绿江，至1804年2月5日才到达北京。回程在其国内走了14天。在153天的旅程中，他们有107天是在我国境内活动。

李海应（1775—1825），字圣瑞，号东华，本贯韩山（今忠清南道马山附近）[9]，家住都城。朝鲜纯祖二十五年（1825）生员。李海应一生科举不顺，以生员（类似我国的秀才）终老，也从未被授官，所以现有韩国古代文献中仅有的有关记载皆称其“生员”。其父亲李宽采，身份是“学生”[10]；祖父是李思闲。李海应有一弟名“李海广”。现存韩国古代文献《朝鲜王朝实录·高宗实录》在1867年5月7日的记载里，提及了李海应以及他的父亲李宽采。因为李海应的儿子李云皋很出色，所以追封三代，李海应和李宽采都得到了褒奖。《承政院日记》在同日也记载说：“生员李海应赠左承旨，学生李宽采赠仆正。以上同知兼五卫将李云皋三代故。”这里的“左承旨”是左副承旨，“仆正”是司仆寺正。

如果用最简短的话来概括朝鲜文人李海应的《蓟山纪程》，我想应该是——首尔、开城、平壤、义州—辽宁、河北、天津、北京：一个朝鲜文人的中国文化之旅（1803—1804）。

刘顺利

2009年元月

1 韩国成均馆大学大东文化研究院编辑出版《燕行录选集》，1962年版。

2 韩国学者林基中主编《燕行录全集》，东国大学校出版部，2001年版。

3 [韩]林基中《燕行录研究》，第136、140、144、502页，一志社，2002年初版，2006年增补版。

4 [韩]林基中《燕行录研究》，第39页，一志社，2002年初版，2006年增补版。

5 纯祖，朝鲜国王李玜（1790—1834）。

6 清嘉庆八年到九年，1803—1804年。

7 [韩]林基中《燕行录研究》，第25页认定是“三节年贡使”，一志社，2002年初版，2006年增补版。

8 见原稿作者李海应回国途中“三月二十五日”记录。

9 韩山李氏历史上的名人有李谷、李穑、李齐贤、李山海、李耔等。1623年来华的李庆全（1567–1644），字仲集，号石楼、瑞草，本贯亦是韩山，他有《石楼遗稿》传世。

10“学生”是朝鲜王朝成年读书人最低的身份，类似我国的“监生”。其下是“幼学”，其上是“生员”、“进士”、“文科及第”。朝鲜科举制度里，“进士”属小科出身，类似我国的举人。文科（大科）只录取33人，及第者都授予官位。反映现今生活的韩国电视剧《旋转木马》里，男主角姜宇燮的父亲去世，其棺材里依然盖书“学生”字样的旗幡。

蓟山纪程卷之一

出城・癸亥十月

二十一日壬午[1]，阴。自京离发。高阳[2]四十里，碧蹄馆[3]宿。

1 这一天是1803年12月4日。《朝鲜王朝实录・纯祖实录》于纯祖三年十月二十一日有此次出使中国“三节年贡使”使节团的记载。该团正使是闵台爀，副使是权襈，书状官是徐长辅。“爀”读“贺 hè”，火红。闵台爀也作“闵台赫”。“襈”读“撰 zhuàn”，衣裳的边饰。

2 高阳是现今韩国首尔市附近的一个小城市。

3 碧蹄馆，朝鲜著名驿站。1592年“壬辰倭乱”，李如松带明军入朝鲜抗击日本丰臣秀吉所派侵略军，平壤大捷后与杨元等将士在这里与日军激战。现今韩国京畿道有“碧蹄馆址”，距北汉山国立公园很近。

离家

燕游，夙愿也。秋阳徐学士[1]充岁币[2]书状官[3]，谋与余伴行。金厚根[4]、景博[5]亦以戎衣从事[6]，是日同发。

书生裘马戒平明，今□[7]中原万里程。

拜退高堂迟作步，妻儿又管送人情。

1 “秋阳徐学士”是指徐长辅。徐长辅（1767—1830），朝鲜文人，字公瑞，号长溪、秋阳，本贯达城。朝鲜纯祖元年（清嘉庆六年辛酉，1801）增试文科状元，1803年为冬至使书状官。1820年后出任大司成、大司宪、京畿监事等。他是原稿作者李海应的朋友。当时徐任弘文馆校理，所以李海应称其“学士”。

2 岁币，每年进贡的物品。皇太极带满族军队攻打朝鲜，定下了十分苛刻的进贡条件。到后来，清王朝学习明朝，对外藩采取“字小”战略，朝鲜的岁币就是象征性的进贡了。皇帝的赏赐、中国国内的食品供应等，往往比进贡的物品价值要高。

3 书状官是出使中国的朝鲜三使臣之一。其级别在正使和副使之下。

4 金厚根（？），朝鲜文人，李海应的好朋友。从作者对于书状官与“金厚根、景博”的态度可见，他们四人是极要好的朋友。有意思的是，徐长辅字“公瑞”，原稿作者李海应字“圣瑞”。

5 景博即李海应的好朋友、朝鲜文人李光文。李光文（1778—1838），字景博，号小华，本贯牛峰。1801年中司马试，1807年文科及第，后出任吏曹判书、大司宪等职。1829年以正朝使出使中国。朝鲜文人赵寅永（1782—1850）《云石遗稿》里多称其为“李景博”。参见[韩]洪赞裕监修，郑后洙译《秋史金正喜诗全集》，第91页《李光文》，pulbitco，1979年版。

6 由此可见原稿作者李海应的身份是“戎衣从事”。原稿还记载，他在回国时，一过边境就马上脱下了军服。

7 原稿此处有误，少一“向”字。

出郭

朝检装橐[1]，从敦义门[2]出，到迎恩门之慕华馆[3]。三使[4]拜表之行，尚未及出。余则径向弘济院[5]店舍，四兄及南甥已分被[6]先入。冰丈[7]亦班荆[8]叙别。少焉，使行齐到，次第启程。李君[9]送余至此，亦未免终须一别。多少知旧，劳劳[10]分张[11]，不过以“怊怅”[12]、“葆重”[13]等话，挑作万种情绪。

宿昔四方志，燕蓟一天地。

冠盖惯西走，金缯[14]岁奉使。

苍蝇亦致远，去附凌云骥。

翩翩出郭[15]门，八九恢胸次。

只领眼前胜，抛却关心事。

1“橐”读“驼 tuó”，行囊。

2 敦义门是朝鲜汉城（今韩国首尔市）的西门。其东门叫“兴仁门”，南门即俗称的“南大门”，也叫“崇礼门”，北门叫“肃清门”。现今首尔市的南大门是韩国第一号国宝，其附近有南大门市场。原敦义门附近的迎恩门现为韩国“独立门”。〔清〕马建忠《东行初录》“光绪八年四月初八日”（1882年5月24日）记述说：“百济中叶，尝都于此，有门八，东曰兴仁，西曰敦义，南曰崇礼，北曰肃清，东北曰惠化，西北曰彰义，东南曰光熙，西南曰昭义”。

3 慕华馆故址在今韩国首尔市独立门附近。〔明〕无名氏《朝鲜志》：“（慕华馆）在城西郊外，馆前立迎诏门”。见该书卷上，文渊阁四库全书本。另参见朝鲜文献《新增东国舆地胜览》卷三《慕华馆》。

4 朝鲜王朝派到中国的使节团里，书状官与正使、副使合称“三使”。

5 弘济院是朝鲜王朝设立的一个专门接待往来者的驿站，其位置在今韩国首尔市西大门附近。参见拙著《王朝间的对话：朝鲜领选使天津来往日记导读》插图，宁夏人民出版社，

2006年版；朝鲜文献《新增东国舆地胜览》卷三《洪济院》。

6 被，及、到达。

7 冰丈（？），朝鲜文人。不详。

8 “班荆”，铺开荆草。《左传 · 襄公二十六年》：“遇之于郑郊，班荆相与食”。“班”，分开。

9 李君，疑即李海应的亲家李勉诚。

10 劳劳，用唐朝诗人李白《劳劳亭》典。李白写道：“天下伤心处，劳劳送客亭。春风知别苦，不遣柳条青”。劳劳亭在江宁县南15里（今南京市区南），一名“临沧观”，传说建于三国，是古代送别之所。

11 分张，分开，分别进行各自的活动。

12 怊怅即悲伤、不如意。“怊”读“抄 chāo”。

13 “葆重”即“保重”。

14 “金缯”，金钱与布帛。“缯”读“增 zēng”，古人对丝织品的统称。

15 古代“城”为内城，“郭”为外城。

砺岘[1]道中

自弘济院[2]以后，皆属生面。丛山曲溪，种种佳丽，浩然有万里之志。

邮亭朝把故人卮[3]，十月天寒万里之[4]。

已出都门京国远，一登征马道途迟。

北方此去饶名胜，东土[5]元来重别离。

学士今行多旧伴，缅思南汉读书时。

（余曾从秋阳及景博[6]，读书南汉[7]。原稿注）

1 “岘”读“现 xiàn”，指小而险峻的山。

2 弘济院在朝鲜王朝时代是驿站之一。参见拙著《王朝间的对话：朝鲜领选使天津来往日记导读》插图，宁夏人民出版社，2006年版；朝鲜文献《新增东国舆地胜览》卷三《洪济院》。

3 “卮”读“之 zhī”，酒杯。

4 之，去。

5 东土，朝鲜。

6 景博即原稿作者的好朋友、朝鲜文人李光文。李光文（1778—1838），字景博，号小华，本贯牛峰。后出任吏曹判书、大司宪等职。

7 南汉是指南汉山。该山在今韩国首尔市南面，山上有“南汉山城”。

望高阳邑舍

日昏驰抵高阳。高阳，一小邑也[1]。入处聚民堂。

邮骑联镳[2]吏列行，出城今日走高阳。

山根断处通溪曲，树叶围中辟洞庄[3]。

欲雨寒松浓转白，无风斜日澹[4]生黄。

官衙坦路如绳直，鼓角前头野鹤[5]翔。

1 高阳位于现今韩国首尔市北，属京畿道。

2“镳”读“标 biāo”，马嚼子两端露出嘴的部分。

3 洞庄，村庄。洞是朝鲜城镇里最小的行政单位，农村则为“里”。

4“澹”通“淡”。

5 野鹤在古代朝鲜当较多。至今在韩国高阳市郊稻田里还经常可以看到野鹤，笔者在韩国期间多次见到过。

二十二日癸未[1]，晴。坡州[2]四十里坡平馆宿。

有便，上家书。

1 这一天是1803年12月5日。

2 坡州现属韩国京畿道。

碧蹄村

秋阳[1]先墓在柴谷，早发省[2]扫之行。余亦差早启行。

是日也乍寒。

碧蹄馆外路西东，图远轻装早受风。

崇峦翠滴前宵雾，暖谷红余十月枫。

野媪[3]生涯开酒店，溪人事业揭鱼筒。

无端做出苍茫想，回首云天一二鸿。

1 秋阳，此次出使中国的书状官徐长辅（1767—1830）。

2“省”读“醒 xǐng”，探望。

3“媪”读“袄 ǎo”，老妇。

惠阴石佛[1]

岘[2]有石弥勒，并肩而立。长可数丈余。戴在头角者，一方一圆。[3]

昙云[4]如浪护山头，石佛分身[5]并两肩。

万劫风磨犹卓立，悬应太始上干天。

1 惠阴石佛在今韩国坡州凤尾里，是高丽王朝的雕刻。朝鲜文人古山子《大东地志》卷三有载。

2“岘”读“现 xiàn”，小且险峻的山。

3 惠阴石佛共两尊，一戴圆帽，一戴方帽。

4 昙云，密布的云气。“昙”读“坛 tán”。

5《佛说菩萨本业经》：“释迦文佛，分身百亿”。

广滩桥

所过有尹侍中骄子冢碑[1]。古称“尹沈争讼”[2]处。

西陵漠漠拂云骢[3]，桥广滩头似掣虹。

袍阔巾轻风易透，山重水复路无穷。

临厓[4]丈石双弥勒，守冢残碑古侍中。[5]

村野共知王使[5]过，当风青盖远童童。[7]

1 原稿“尹侍中骄子冢碑”里的“骄子”有误，当是“轿子”。该墓地类似“衣冠冢”，是纪念高丽著名将军尹瓘的。尹瓘墓除了“轿子冢”外，还有“战马冢”。尹瓘（1040—1111），字同玄，本贯坡平（今韩国坡州）。高丽文宗时科举及第，肃宗时任东宫侍读学士、御史大夫、吏部尚书、翰林学士承旨。曾多次与女真军队作战，1104年任东北面行营兵马都统使。后为刑部尚书、参知政事。睿宗即位，两次以大元帅出征女真，拜门下侍中，知军国重事，封衿平县开国伯。后败于女真乌雅束部，还九城于女真，睿宗未深究，卒谥“文敬”。其墓碑上写“高丽守太保门下侍中衿平伯文肃尹公讳瓘之墓”。朝鲜文人郑麟趾《高丽史》卷九十六有传。该墓及神道碑至今尚存，位于韩国京畿道坡州市广滩面汾水里。那里另建有“丽忠祠”。朝鲜文人金安老（1481—1537）《希乐堂集》卷七《章敬王后志文》云：“尹氏系出坡平，最远而显，后姓是已。鼻祖讳莘达，在高丽太祖朝，树勋著名。更四世，至太保门下侍中文肃公瓘，平女真勒功，尤振其门”。“瓘”读“贯 guàn”，古书上说的一种玉。

2“尹沈争讼”，即尹家与沈家到底谁是这块墓地主人的争论。自17世纪20年代，沈家就与尹家开始了漫长的该墓地争夺战。朝鲜文人金安国（1478—1543）《慕斋集》卷十三《故通政大夫尹公墓碣铭》称坡平尹家是“坡平著阀”，因有著名高丽将军尹瓘，且朝鲜世祖等三位王妃皆出坡平尹氏。但沈家有著名文人沈之源。沈之源（1593—1662），本贯青松，字源之，号晚沙。1620年文科及第后，曾任弘文馆正字、校理等职。朝鲜仁祖二十六年（清顺治五年，1648）为吏曹参议，后又历任大司谏、大司宪、大司成等。孝宗时为兵曹参判、吏曹参判、刑曹判书、吏曹判书。朝鲜孝宗五年（清顺治十一年，1654）被任命为右议政，旋为左议政。1658年为领议政（首相）。孝宗十年（清顺治十六年，1659）为院相，有《晚沙稿》传世。其墓地与高丽将军尹瓘墓相邻，为京畿道纪念物第137号。据路透社（Reuters,Reporting by Mee Hyoe Koo and Rhee So-eui in Seoul City and Lee Jae-won in Paju City,Korea）2007年12月24日报道，尹、沈两家族自1662年因墓地结下的家族冤仇已得化解，近400年来互不通婚的历史有望结束，100多万男女青年可以从家族仇视中解放出来了。

3 “骢”读“聪 cōng”，青白杂毛的马，即菊花青马。这里泛指马。

4 “厓”同“崖”。

5 侍中，这里是“门下侍中”的意思。高丽王朝的最高级官吏。

6 王使，朝鲜国王的使节团。

7 此处“童童”即“幢幢”。“幢”读“床 chuáng”。

坡平馆[1]

夕到馆。仍登“听角楼”。邑址井井，尽畿辅雄镇。衙轩之北有行宫，幸行时所御也。入处凤栖堂。

野沃官田富，桥平辇路[2]通。

丹青分照耀，西日满离宫。[3]

1 坡平馆是朝鲜王朝的著名驿站。参见朝鲜文人古山子《大东地志》卷三。

2 辇路，御驾所经的道路。“辇”读“捻 niǎn”，本指用人力拉或推的车。秦以后专指帝、后的车。

3 离宫，帝王在国都外的宫殿，他们出巡时的住所。

二十三日甲申[1]，晴。长湍[2]四十里临湍馆午餐[3]，松都四十里太平馆宿。有便，上家书。

1 这一天是1803年12月6日。

2 长湍现属韩国京畿道，离著名的“三八线”很近。

3 许多“燕行录”里都把午餐记为“中伙”。中伙，路途中间停下吃中饭。这是古汉语的用法，河北省遵化市清东陵文物管理处藏《光绪帝谒东陵路程单》即有“三河中伙”字样。笔者于2009年2月4日前往清东陵参观，见之于裕陵的文物展。

早发坡山

使行拘俗忌，必欲越长湍宿站。故侵晨行发。

云山回首杳王京[1]，摇落衿[2]怀出塞声。

一宿依然如久旅，联镳[3]将又趱[4]新程。

1 松都，现今朝鲜开城市。

2 王京，汉城（今韩国首都首尔市）。按照封建礼制，北京为“帝京”。

3 “衿”读“金jīn”，通“襟”。

4 “镳”读“标biāo”，马嚼子露出的部分。

5 “趱”读“攒zǎn”，催促。这里是仓促的意思。

花石亭[1]

行未至临津[2]渡口，有花石亭临江而起，是栗谷[3]先贤所建也。亭是小构，而七桧[4] 环檐，江色隐映。右得山林之趣，左专江湖之胜。先辈风流，旷世兴想。用栗谷板[5]上韵，共秋阳[6]赋之。

水北轩棂冠一乡，清风端合梦羲皇。[7]

参云翠桧嘘琴籁，经雨明沙浥[8]镜光。

晚岁郊居栖杖屦[9]，百年吾道俨宫墙。

翩然舍骑移轻屧[10]，穿到竹林线路长。

1 花石亭是现今韩国坡州的重要旅游景点。花石亭是栗谷李珥五代祖李明晨于1443年修建的，后几次被毁，几经重修。1950年代的朝鲜战争烧毁了该亭，1966年在旧址上重新修建。

2 该地现有“临津亭”。临津亭是现今韩国的重要旅游点。在这里专门修建有拜望台，供韩国民众隔南北分界线（“三八线”）祭拜故乡。

3 栗谷即朝鲜著名文人李珥。李珥（1536—1584），字叔献，号栗谷、石潭、愚斋，本贯德水，朝鲜大儒，著名性理学家，朝鲜文庙配享，有《栗谷全集》传世。李珥的墓地在临津附近，那里至今还有“栗谷里”。现今5，000元韩币上为栗谷画像，50，000元韩币上是李珥母亲申仁堂的画像。“珥”读“耳ěr”，我国古代用珠玉做成的耳饰。

4 “桧”读“贵guì”，圆柏，是一种能散发幽幽香气的树。参见潘富俊著，吕胜由摄影《诗经植物图鉴》，第104—105页，上海书店出版社，2003年版。

5 板，悬板。这里是指悬挂着的诗板。

6 秋阳，此次出使中国的书状官徐长辅（1767—1830）。

7 “棂”读“零líng”，窗格。这里的“轩棂”即“棂轩”，是有窗格的长廊。

8 羲皇，即伏羲。中国古代尊崇的“三皇”之一。“三皇”包括燧人氏、伏羲氏和神农氏。《白虎通考》："三皇者何谓也？伏羲、神农、燧人也"。

9"浥"读"义 yì"，湿润。

10"屦"读"具 jù"，用麻、葛等制成的单底鞋。

11"屧"读"卸 xiè"，古代鞋子的木头底。

临津渡

临津是坡州馆毂[1]地也。山坼[2]临江，两边陡起，因山有城。城门曰"镇西门"，门内有别将治。江之东，石壁环水，曰"赤壁"。赤壁之东，又有"来苏亭"。[3]

两山两走坼[4]，一道澄江回。

石堞[5]缘崖起，楼樵[6]近水开。

舳[7]连人似雨，炮发火轰雷。

向晚风花急，篙浪击楫催。

1"毂"读"古 gǔ"，车轮的中心部分。

2"坼"读"撤 chè"，裂开。

3 高丽、朝鲜文人多用中国典故为山川命名。"来苏"的"苏"是指苏轼。

4"坼"读"撤 chè"，裂开。

5"堞"读"碟 dié"，城墙上齿状的矮墙。

6 楼樵，即谯楼，城门上的观察楼台。"谯"读"桥 qiáo"。

7"舳"读"竹 zhú"，船头与船尾。

临湍馆[1]

过临津而有"东坡驿"[2]，又十里而至馆。馆之南，开月六市。午餐于乡射[3]堂。

天净云光野共长，临湍白日敞衙堂。

桥南亥市[4]民人集，担戴丛丛闹一场。

1 临湍馆是长湍的驿站。这里离现今著名的"板门店"很近。板门店的位置在朝鲜旧土门里，韩国方面属坡州市津西面鱼龙里。

2 朝鲜文人崔演（1503—1549）《艮斋集》卷三是燕行诗歌，其中有《东坡驿次史诏使韵》。

3 乡射是我国先秦时期的制度，即乡长主持在州立学校里进行射击比赛。春、秋两季节皆要举行。《仪礼・乡射礼》有详细的程序记载。高丽与朝鲜王朝都学习中国，进行各种礼制活动。

4"亥市"通常是指隔日交易一次的集市。唐朝文人白居易《江州赴忠州舟中示舍弟五十韵》就有“亥市鱼盐聚”的诗句。明人江以智《通雅·天文》中有对“亥市”的解释。朝鲜文人李瀷（1681—1763）的《星湖僿说·人事门》的《亥市》则说，中国荆楚地方以“寅”、“申”、“巳”、“亥”日为集日。但原稿所说“馆之南，开月六市”有误，当是每月的初六、十六和二十六开市。“亥市”只是诗歌中的泛指。“瀷”读“义 yì”，水流很急的样子。“僿”读“赛 sài”，粗鄙。

松京[1]怀古

入松界，多可观处。吹笛[2]橐驰[3]，亦名胜之桥。路有一柱石灯，檠[4]七层石浮图[5]。盖高丽旧迹也。

从城南门入，市肆繁丽，彷佛[6]京城[7]。城之制，如半月形。

落日高丽国，寒风易水轺。[8]

山川犹胜地，民物似前朝。

寺废撑孤柱，城荒荫万条。

百年仙笛杳，归□[9]泛平桥。

1 松京，即今朝鲜开城市。919—1392年曾是高丽王朝的首都。原稿上文称此地为“松都”，下文的“松”是其简称。

2 吹笛桥是高丽王朝首都松都著名的桥梁，地处交通要冲，在今朝鲜开城市德岩里。2008年该桥被从地下一米深处挖掘出来。

3 橐驰桥，高丽松都著名的桥梁之一。“橐”读“驮 tuó”，囊。这里的意思是背包带货。

4 “檠”读“情 qíng”，灯台。此处通“擎”。

5 原稿所说，当是高丽松都所属长丰郡月古里玄化寺（建于高丽显宗十一年，1020）外之七级浮图。浮图，梵文Buddha Stūpa之汉译，指佛塔。参见近人丁福保编《佛学大辞典》，第1152、1801页，上海书店，1991年版。

6 “彷佛”即“仿佛”。

7 京城，汉城。今韩国首尔市。

8 “轺”读“摇 yáo”，轻便的小马车。

9 原稿此处有误，疑缺一“舟”字。

满月台[1]

夕，与景博[2]登台一畅。台在松岳[3]下，崩础毁址，慨然有千古兴亡之感。

闲云咽水逝无痕，胜国池台旧址存。

崇岳晴光浮雪鹄，名都佳气卧金豚。[4]

横纵石础萦枯蔓，诘屈[5]林霭露瘦根。

竟夕登临风瑟瑟，背人鸦鹊一丛喧。

1 现开城市内尚有“满月台”遗址，是延庆宫的前阶。参见朝鲜文献《新增东国舆地胜览》卷五《满月台》。

2 景博即原稿作者的好朋友、朝鲜文人李光文。李光文（1778—1838），字景博，号小华，本贯牛峰。后出任吏曹判书、大司宪等职。

3 松岳即松岳山，开城市附近的最高山，高489米。参见〔明〕无名氏《朝鲜志》卷下，文渊阁四库全书本。

4 高丽王朝建立之前，作帝建等人在松岳山徜徉而议论三韩即将统一，本句用此故事为典。作帝建是高丽太祖王建的祖先。见朝鲜文人郑麟趾《高丽史》卷一《高丽世系》。

5 诘屈，弯曲，曲折。“诘”读“节 jié”，反问。

二十四日乙酉[1]，晴。金川[2]七十里金陵馆宿。京便[3]，上家书。

1 这一天是1803年12月7日。

2“金川”地名至今未改，其附近有帝释山，今属朝鲜黄海北道。

3 京便，京拨便，顺便请京城来的差拨帮助。

早发午正门

行色剧忙，善竹桥[1]、崧阳书院[2]皆未及就见。

朝日严装听仆奴，联翩行发旧王都。[3]

崇贤洞立旌闾碣，禁酿村无涤器墟。

远客肝肠刚似铁，寒程洟[4]唾冻成珠。

关心万里三冬节，沙漠风霜向北胡。[5]

1 如今的“善竹桥”是朝鲜金川的一个旅游景点。

2 崧阳书院是朝鲜宣祖六年（明万历元年癸酉，1573）所建，明万历三年乙亥（1575）赐额，祭享郑梦周等朝鲜文人。“崧”同“嵩”。参见朝鲜文人古山子《大东地志》卷一；朝鲜文献《太学志》卷十四附录《书院》。

3 “旧王都”指开城。开城曾是高丽王朝的首都。

4“洟”读“替 tì”，鼻涕。

5 北胡，本来是指北方的少数民族。这里是指被满族人统治着的北京。

青石洞

自松岳以西，山势句连[1]险恶。有一路夹山而通，萦回十数里，渐觉羊肠之曲。缅想丙子乱[2]，坐失虎口之念。翁诗中“女真经白昼，男子东方□”[3]云者，使当时壮士，无所措身。

万山石骨瘦，逶迤[4]尽北转。

夹岸洞天十里开，一线蜀栈[5]相句连[6]，

常互隐现。

拱抱高丽都，绾毂[7]金陵县。[8]

当关一夫足，无路度飞燕。

女真胆力大，白日人不见。

未赖天设险，无奈敌乘便。

壮士空扼腕，寒风剑生电。

1 句连，勾连。

2“丙子”是指1636年。这一年，皇太极以朝鲜君臣不肯接受后金而发兵攻打。朝鲜王朝出降，断绝了与明朝的关系。朝鲜文人金堉在其燕行录中记载，1636年他们一行从海路进入中国。到处都是警报。满族军队已经到达了武清和昌平，正在围困北京。在北京听到了朝鲜被满族军队攻下的消息，金堉率众人东向大哭。金堉（1580—1658），字伯厚，号潜谷、晦静堂，本贯清风。后任领议政（首相）。

3 原稿此处有误，似缺一“无”字。此联当是原稿作者李海应的祖父、朝鲜文人李思闲的诗句。

4“逶迤”读“微 wēi 姨 yí”，形容山路弯弯，拐来拐去。

5 蜀栈，进入蜀国的栈道。唐玄宗于剑阁开栈道，后人往往用“蜀道”形容道路之艰险。

6 句连，勾连。“句”读“钩 gōu”。

7“绾毂”读“晚 wǎn 够 gòu”，控制。

8 金陵县，今金川。

金陵

金川[1]邑都。

移设于旧基，自京[2]距七十里。程站[3]太远，顿觉人困而马乏，入处讷文堂。[4]

广山东畔屋层层，树色烟光翠欲凝。

在道匆匆留不住，松京朝发暮金陵。

1 金川现属朝鲜民主主义人民共和国，在开城市北。

2 京，京城。这里是指松京，即现今朝鲜的开城市。

3 程站，站与站之间的距离。

4 讷文堂，一所房子的名称，其他未详。“讷”读“呐nè”，话语迟慢。

二十五日丙戌[1]，阴。午洒雪。平山[2]三十里东阳馆宿。

1 这一天是1803年12月8日。

2 现今朝鲜的平山之西有“泛凤贮水池”。参见中国地图出版社编《朝鲜・韩国地图册》，第16页，中国地图出版社，2004年第2版。

映水屏

金陵馆之南，石壁嶙峋。耸立川边，是朴渊[1]下流。壁面刻曰“映水屏”。前有龟趺[2]石碑，竖在民田中，即皇明诏使[3]许国[4]、魏[5]诗处，而碑阴又大书“回澜石”三字。副使权絅庵[6]用天使[7]韵，要和。[8]

岌然[9]山势尽，苍壁下临滩。

过雨嵌成窦，当风打作澜。

矗环千丈秀，牢[10]植万年安。

缅忆星槎[11]客，东来得异观。

1 朴渊瀑布今属开城市。据朝鲜古代传说，朴生善于吹笛，感动水中龙女，二人结合。此处即被后人名为“朴渊”，也叫“龙渊瀑布”或“瓢渊”。朝鲜文人李晬光《芝峰类说・地理部》中有关于朴渊的记述。朝鲜文人金正国（1485—1541）《思斋集》卷一有《游朴渊》。参见〔明〕无名氏《朝鲜志》卷下《朴渊》，文渊阁四库全书本；朝鲜文献《新增东国舆地胜览》卷五《朴渊瀑布》。另参见中国地图出版社编《朝鲜・韩国地图册》，第16页，中国地图出版社，2004年第2版。

2“趺”读“夫fū”，碑下的石座。

3 皇明诏使，明朝派出的使节。属尊称。

4 许国（1527—1596），明朝文人，字维桢，号颖阳，歙县（今属安徽省）人。嘉靖四十四年（1565）进士。隆庆丁卯（1567）出使朝鲜。万历时为礼部尚书，文渊阁大学士、武英殿大学士。其故居的“许国石坊”建于1584年，现为全国重点文物保护单位。朝鲜文人奇大升（1527—1572）《高峰续集》（二）有《（隆庆丁卯）天使许国、魏时亮问目条对》。朝鲜文人朴思浩《心田稿》在戊子十月二十八日说：“晴。青石洞……屏前有龟趺石碑，皇明天使许国、魏时亮题诗处”。

5 原稿此处有误，“魏”后有缺字，当为“魏时亮”。魏时亮（？—1585），明朝文人，字工甫、敬吾，江西南昌人，嘉靖进士。历任中书舍人、兵科给事中、南京大理丞、刑部尚书。魏曾出使朝鲜，有《大儒学粹》存世。他与许国在朝鲜坚决不受馈赠，深得朝鲜君臣的称赏。据朝鲜文人李山海（1539—1609）《鹅溪遗稿·鹅溪年谱》载，李山海是隆庆元年丁卯（朝鲜明宗二十二年，1567）出访朝鲜的许、魏二人的“远接使”。

6“权絅庵”是指权襈。权襈（1759—1825），又名权常慎，朝鲜文人，字絅庵，号西渔、日红堂，安东人，进士小科头名。1801年增广文科及第，殿试第一，先后任参判、大司宪、汉城府判尹。他是此次出使中国使节团的副使。清道光四年甲申（朝鲜纯祖二十四年，1824）以冬至使正使出使中国，回国时过山海关后病逝于高桥。朝鲜文人张混（1759—1828）《而已广集》卷八记述了其病逝中国事。“襈”读“撰 zhuàn”，衣裳的边饰；“絅”读“迥 jiǒng”，禅衣。

7“天使”是朝鲜文人对中国派出使节的尊称。

8“要”通“邀”。“要和”，邀请我用诗歌来唱和。

9 岌然，高耸的样子。“岌”读“及 jí”。

10“窂”同“牢”。现今此地有地名“青鹤劳”。

11 呈槎，即乘槎。渡海而来。乘槎客是指出使朝鲜的中国文人。“槎”读“查 chá”，木筏。

平山客馆

正使闵尚书[1]，为省先墓于平山境，故一行至此停站。

入处肃清阁。西路粉黛[2]，自此邑始。

日昏征马歇，远客官为家。

夜永[3]门听角，风残烛结花。

江山行渐阔，京国梦犹遐。

学士[4]多情致，红裙细点茶。

1“正使闵尚书”是指闵台爀。闵台爀（1746—1806），朝鲜文人，字子三，骊兴人。1779年（朝鲜正祖三年，清乾隆四十四年）增试文科状元，1788年为大司宪、全罗道观察史。1790年为冬至兼谢恩副使。1803年，他以礼曹判书的身份被派为使节团的正使。原稿“尚书”是尊称。当时朝鲜王朝六曹的主管官员是“判书”，相当于现在的正部级官员。“爀”读“贺 hè”，火红。闵台爀也作“闵台赫”。

2 粉黛，官妓。朝鲜王朝各驿站皆有官妓，书写“燕行录”的文人们乐于描写他们与这些女子的交往。

3 永，本义是水流长。后泛指长，如时间与空间的长。“夜永”在这里是长夜漫漫的意思。

4 学士，指此次出使中国朝鲜使节团书状官徐长辅（1767–1830）。

二十六日丁亥[1]，朝洒雪暮洒雨。葱秀三十里宝山馆午餐，瑞兴五十里龙泉馆宿。

朝修家书，出付平山拨站。[2]

1 这一天是1803年12月9日。

2 拨站，朝鲜王朝设立的机构，多与驿站合并为一体，兼有住宿、传递信息、转运物资等使命。

太白山城

城在平山境，而高起山巅。不害为防保之地。山名，太白也。城内有申大将岦[1]塑像。

群峰环立竞崔嵬[2]，粉堞[3]才通线路开。

抱角戍兵眠白日，狼烽[4]不起旧烟台。

1 原稿“岦”字在韩国文献中通常作“砬”。申砬（1546—1592），朝鲜王朝抗击日本侵略时的将军。武科及第后曾任稳城府使、右防御使、中枢府同知事、汉城府判尹。朝鲜宣祖二十五年（明万历二十年壬辰，1592），日军大规模侵入朝鲜，申砬被委任为八道都巡边使。农历四月二十八日与数十万用先进的鸟铳武装起来的日军在景镇遭遇，而其身边只有几千人。与其从事官金汝岉杀入敌阵后，二人被日军逼进江中溺杀。其墓地现为韩国京畿道文化财（第63号）。朝鲜文人申炅用《再造藩邦志》对申氏的轻敌很不满：“盖砬曾于癸未为稳城府使，叛胡围钟城，砬驰往救之。以十余骑，突击数万骑，贼乃解去。朝廷以其才可堪大将，升为北道兵马节度使，未久升资宪。至欲为兵曹判书，意气甚锐，已如赵括轻秦兵。无临事而惧之意”。“砬”读“利 lì”，通常与“岌”连用，山貌；“岉”读“误 wù”，高峻；“炅”读“炯 jiǒng”，光亮。

2 崔嵬，高大雄伟。“嵬”读“围 wéi”。

3 “堞”读“碟 dié”，城墙上齿壮的矮墙。

4 狼烽，用狼粪点起的烽烟。

南泉野

沿邑程站，每凭长栍[1]所记。其余洞里[2]，不可尽知。

夜停晨辄发，征马日驱驰。

薄雪和烟散，闲云度野迟。

面潮留宿醉，心境会新诗。

万叠江山道，前行未见涯。

1“长栍”是朝鲜王朝标明不同行政区划与路程的牌子。下文“壮镇堡”一节有交代。“栍”是朝鲜汉字。

2 洞里，村镇。

宝山驿

路左有一洞深邃。是金郊丞[1]所治也。

趱[2]道经夷险，离家递雨晴。

茂树浑无别，残山各有名。

涧长横野逝，崖断垦田平。

洞辟邮丞[3]馆，人烟绕户生。

1 金郊，地名。在今朝鲜瑞兴附近。明朝文人倪谦《朝鲜纪事》“丁卯，开城起程，至金郊，又至兴议接待过，至金岩，设宴。宿。”见该书，续修四库全书本。 朝鲜文人李德懋《入燕记》（燕行时间为1778年）说，当时的金郊察访为李寿岱，原稿作者在大定江见到的朝鲜文人李晚秀《屐园遗稿》卷十二则记载，金郊察访时为金景焕。另参见〔明〕倪谦《倪文僖集》卷三十一、三十二《方外》，文渊阁四库全书本。

2“趱”读“攒 zǎn”，催促。这里是仓促的意思。

3 邮丞，即驿丞，是掌管驿站的基层官员。朝鲜王朝和清朝一样，邮递与驿站往往合一。驿丞是明清两朝负责驿站中仪仗、车马、迎送的下级官吏，不入品（从九品以下）。参见《光绪会典》卷五一。

葱秀[1]小雪

今日日候，政[2]所谓“今我往矣，雨雪霏霏”。[3]

长风轻鸥下西湾，雪竟蒙蒙画境间。

浓薄云容铺广野，连绵岚[4]气涨遥山。

扑来缟袂[5]消无迹，飞洒花骢[6]点着班。[7]

宛若孤驴清灞[8]渡，玲珑诗思便相关。

1 朝鲜平山附近的葱秀是明朝文人倪谦（1415—1479）为该地所取之名，原因是此地与今我国丹东市边门附近的一个当时叫“葱秀”的地方很相像。参见原稿卷之一《癸亥十一月二十五日》；朝鲜文献《新增东国舆地胜览》卷四十一《葱秀山》。

2“政”通“正”。

3“今我往矣，雨雪霏霏”引自《诗经·采薇》。原句是“昔我往矣，杨柳依依。今我来思，雨雪霏霏”。

4 岚，山（林）中的雾气。

5“缟”读“稿 gǎo”，细致的白色丝绢。“袂”读“妹 mèi”，衣袖。

6“骢”读“聪 cōng”，青白杂毛的马。

7“班”通“斑”。

8“灞”读“罢 bà”，水名，渭河的支流，在我国陕西。

玉乳灵岩

葱秀之“面石壁”矗立，有葱蒨[1]秀丽之气，而一道泉溜，珠零玉碎。石面刻“玉溜泉”、“珍珠泉”、“听泉”、“仙榻”、“玉乳灵岩”字。上头又帖[2]一丈夫像，相传为朱使之蕃[3]之像，而太半磨泐[4]，不可记典刑。[5]

葱秀有馆，本为支勑[6]设也。午餐于馆中。

石势丛丛起，悬崖玉乳零。

水停涵倒影，岚[7]滴巧呈形。

植足开仙榻，抬头屹彩棂。[8]

扫苔遗像古，苍壁胜丹青。

1 葱蒨，郁郁葱葱的样子。“蒨”同“茜”。

2 帖，粘。这里的意思当是“雕刻”。

3 朱之蕃（？），明朝文人，字元介，号杏村、兰隅，南直上元（今南京）人。万历二十三年乙未（1595）状元，官至吏部右侍郎。他于万历三十三年乙巳（朝鲜宣祖三十八年，1605）冬以翰林院侍读学士出使朝鲜，与朝鲜文人车天辂等唱和，后在朝鲜有很高的知名度。〔明〕沈德符《万历野获编》卷十五《读卷官取状元》提及此人。〔清〕法式善《陶庐杂录》对朱之蕃作品被选入《石仓历代诗选》等情况有介绍。见〔清〕法式善原著，涂雨公点校《陶庐杂录》卷三，中华书局，1959年版。朝鲜文人柳根（1549—1627）《西垌集》卷四注中有“万历丙午（1606）三月，敬次正使朱公之蕃”字样。该卷皆为柳根与朱之蕃等中国使节的唱和作品。朱之蕃的作品往往自署“金陵朱之蕃”。“辂”读“路 lù”，帝王用的大车。

4“泐”读“乐 lè”，铭刻，用刻刀书写。

5 典刑，即“典型”。这里的意思是“模样”。

6“勅”同“敕”，读“斥chì”，帝命。

7 岚，山（林）中的雾气。

8“棂”读“零líng”，窗格。

屏岩

在瑞兴[1]界。

浪圆鱼动处，沙起马行路。

四山云吹尽，宛转岩根露。

地薄少居民，数家缘水住。

1 瑞兴今属朝鲜黄海北道，其附近有瑞兴湖。参见中国地图出版社编《朝鲜·韩国地图册》，第16页，中国地图出版社，2004年第2版。

瑞兴长林

龙泉馆南，路出长林，掩翳[1]数里。入处乡社堂。廉生锡孚全雅[2]，就行邑儒[3]也。与余有旧，夜至打话。

长杨掩翳[4]雪花霏，恰似深春乱絮飞。

一任年年官妓[5]折，路傍[6]争送几人归。

1 掩翳，遮蔽。“翳”读“亿yì”。

2 廉全雅（？），朝鲜文人，字锡孚，李海应的朋友。生，生员。朝鲜王朝科举分“司马试”和“文科”两种。前者俗称“小科”，后者俗称“大科”。司马试录取生员和进士各100名，文科试共录取33人。

3 就行邑儒，随行（走一段路的）地方官校的学生或者学者。“儒”字是李海应等朝鲜文人的自我身份认定。

4 掩翳，遮蔽。“翳”读“亿yì”。

5 朝鲜文人李瀷（1681—1763）《星湖僿说·经史门》“官妓”认为，朝鲜半岛的官妓制度来源于高丽时代的“杨水尺”部族，该部族居无定所，以编筐为业。高丽时代其男为奴，女为婢。后者为官妓的前身。“瀷”读“义yì”，水流很急的样子。“僿”读“赛sài”，粗鄙。

6“傍”通“旁”。下同。

二十七日戊子[1]，晴。剑水[2]四十里凤阳关午餐。凤山[3]三十里洞仙馆宿。

拨便[4]，上家书。

剑水馆作家书。馆与葱秀相上下。方就歇于馆中，湾拨[5]告过，故裁家书寄去。

西关驰拨若流星，当道相逢马少停。

汉上遥凭征家信，匆匆书意墨花零。

1 这一天是1803年12月10日。

2 剑水，位于今朝鲜黄海道北道沙里院市附近的一个古驿站。

3 凤山今属黄海北道，离沙里院市不远。

4 拨便，趁拨站人员往来的方便。

5 湾拨，义州派出送信的人。湾，湾府的简称，朝鲜文人经常把义州称作"湾府"；拨（站），朝鲜负责传递消息的机构，往往与驿站合为一体。

戏占

行中有某人，缠绵于粉黛丛中[1]，故戏成近体。

邂逅[2]绮罗国，留连剑水程。

相逢仍熟面，一语便新情。

荡漾还支枕，迷离强引觥。[3]

碧帘时夜静，芳梦做将成。

1 当时朝鲜境内几乎各个驿站皆有官妓。故李海应与同伴用诗歌开玩笑。

2"邂逅"读"卸 xiè后 hòu"，无意中相遇。

3"觥"读"工 gōng"，上古是用犀牛角做的酒杯。后泛指酒杯。

二十八日己丑[1]，黄州[2]四十里齐安馆宿。

拨便[3]，承家书。

1 这一天是1803年12月11日。

2 现今黄州在沙里院市正北。从原稿记述可知，当年的燕行路线与今贯通南北朝鲜的"京义铁路"路线很接近。

3 拨便，拨站的人来往之便。拨（站），负责传递消息的朝鲜王朝机构。

洞仙岭

朝发洞仙岭，西北行五里余，山势诘屈[1]，峻极于天。路左右树木如束。逶迤[2]前行。

又筑城于山凹处，扁其门曰"洞仙关"。关外有一小岭，亦名"洞仙"，而有大小之别。

青苍云木共参天，高岭谯楼[3]界洞仙。

却似崤函[4]千里路，五关重叠控西边。

1 诘屈，弯曲。“诘”读“节 jié”。

2“逶迤”读“微 wēi姨 yí”，形容山路弯弯，拐来拐去。

3 谯楼，城门上之望楼。“谯”读“桥 qiáo”。

4 崤函，即函谷关。因其东端为崤山，故名。“崤”读“xiáo”。

舍人岩

岩在关之内，崚嶒[1]丛石之间，多刻清使[2]诗。高丽高宗十八年，蒙古元帅撒礼塔[3]举兵来侵，李子晟[4]等屯兵于洞仙驿，殊死拒贼，即此地也。[5]

空翠中间荫桧[6]杉，青天突兀舍人岩。

圆如廪屋[7]高如塔，檐架层层巧手劖。[8]

1 崚嶒，山高的样子。“崚嶒”读“零 líng层céng”。

2 清使，清朝使节。

3 蒙古将军撒礼塔于1231年率兵伐高丽。

4 李子晟（？—1251），高丽时代人。本贯牛峰，其父为兵部尚书。因军功迁上将军。蒙古将军撒礼塔于1231年率兵伐高丽，李子晟中箭负伤。高宗三十八年（宋淳佑十一年辛亥，1251）以门下平章事卒，谥“义烈”。郑麟趾《高丽史》卷一百零四卷有传。“晟”读“盛 shèng”，光明，兴盛。

5 蒙古骑兵第二次大举进攻高丽，是在1233年。撒礼塔在今韩国水原市附近被高丽僧人金允侯射杀。郑麟趾《高丽史》卷二十三《世家》二十三《高宗》：“撒礼塔攻处仁城，有一僧避兵在城中，射杀之”。另参见郑麟趾《高丽史》卷一百零三《列传》卷十六。

6“桧”读“贵 guì”，圆柏。是一种能散发幽幽香气的树。

7“廪”读“凛 lǐn”，廪屋，粮米仓。参见〔清〕鄂尔泰、张廷玉等《钦定授时通考》卷五十七《廪》、《廪图说》，文渊阁四库全书本。

8“劖”读“馋 chán”，用利器凿、铲。

舟隅野途

自关以西，山尽而野开。黄冈城堞[1]，缥缈远望，前行渐近。长林掩路，清川绕其右，是知雄府名胜，渐入佳境。

来抵冈衙南馆。

野阔烟如水，山高树有风。

行人[2]忽何想，抬首数飞鸿。

1“堞”读“碟 dié”，城墙上齿壮的矮墙。

2 行人，古代对出使别国人员的称呼。

二十九日庚寅[1]，阴。齐安馆宿。

查对《状启》[2]便，上家书。

1 这一天是1803年12月12日。

2 状启，（出使中国的使节团官员）在途中给朝鲜国王的汇报性文书。如原稿癸亥十一月二十四日有《渡江状启》。

月波楼[1]

三使行查对讫，登月波楼。楼在州城之南，楼高而眺远，远吞山光，平挹[2]江濑[3]。古之月波，想必如是[4]而已。酒阑乐作，妓舞成队。

日之夕而又呼烛至，左右轩棂[5]，笼烛照耀。

地是黄冈又月波，翼然楼起郡南阿。[6]

眼前岳色环棂[7]集，足下江声打堞□。[8]

暇日登临轩缟袂[9]，媚人歌吹杂红娥。

直将眼界恢胸海，自笑从前伏井蛙。

1“月波楼”之名显然是用了苏轼的典故。参见宋人王禹偁《黄冈竹楼记》。

2“挹”读“义 yì”，在这里的意思是“牵引”。

3“濑”读“赖 lài”，从沙石上流过的水，急流。

4 是，这，这样。

5“棂”读“零 líng”，窗格。这里的轩棂即棂轩，是有窗格的长廊。

6“阿”读“ē”，巨大的山陵，大的土山。

7“棂”读“零 líng”，窗格。这里是指窗子。

8 原稿此处有误，缺一字。

9 缟袂，白色的绢衣。朝鲜人喜欢穿白色的衣服。“缟”读“稿 gǎo”。

竹楼

楼在衙轩后，是一间茆[1]檐，而架椽葺[2]栏，以竹为之。其它楣栋，亦皆斫[3]木象竹形，而前辈诗板，满揭檐臬[4]。盖取“竹楼”之名，适符黄冈[5]也。

此州宜此楼，无竹令人俗。

清风象古今，数椽临苍麓。

1“茆”通“茅”。

2“葺”读“气 qì”，本义是用茅草覆盖。也指修缮。

3“斫”读“啄 zhuó”，刀砍，斧剁。

4“臬”读“镊 niè”，箭靶，终极。这里是指屋檐的上端。

5 适符黄冈，恰与宋朝诗人苏轼所居住的黄冈相对应。

太古亭

亭在竹楼左，絅庵副使[1]馆为。[2]

政衙东畔屹新亭，太古山光晚滴青。

认得长官[3]清有味，幽禽时下白云棂。[4]

1 絅庵副使，权禩。他是此朝鲜使节团的副使。“禩”读“撰 zhuàn”，衣裳的边饰；“絅”读“迥 jiǒng”，禅衣。

2“馆为”即住在那里。

3 长官，这里指此次出使中国朝鲜使节团的副使权禩。“禩”读“撰 zhuàn”，衣裳的边饰。

4“棂”读“灵 líng”，本指窗户以及栏杆上雕有花纹的格。这里指云彩之间。

三十日辛卯[1]，阴。中和[2]五十里生阳馆午餐。平壤五十里大同馆。[3]

拨便[4]，上家书。

1 这一天是1803年12月13日。

2“中和”现属朝鲜平壤市。

3 原稿此处有误，疑少一“宿”字。

4 拨便，趁拨（驿）站的人来往之便。

生阳馆晚发

中和，两道[1]之界也。递驿于是[2]馆。

地远三千里，征骖[3]直北驱。[4]

官娥[5]催进滔[6]，日落愁前途。

1 道，朝鲜王朝行政区划，类似我国的“省”。当时朝鲜分八道，这里的“两道”是指黄海道与平安道。

2 是，这个。

3 “骖”读“参 cān”，驾车时在两边的马。《诗经 · 小雅》有“载骖载驷”。

4 北驱，向北进发。朝鲜使节团都要先向西北运动，到达义州后过境。过沈阳以后才向西南运动。

5 官娥，官妓。

6 进滔，多喝酒。

裁[1]松长林

行未至大同江[2]，长林幽邃，路转逶迤[3]。十里之间，江色隐现。若将直前渡江，而且行且进。骎骎然[4]入其中，不知林路之回迂。

松亭西十里，林路转纡回。

远堞[5]周遭在，澄江隐映来。

风生如瘦竹，霜薄宛疏梅。

拂策[6]喧栖雀，斜阳马步催。

1 原稿“裁”有误，当为“栽”字。朝鲜文人权橃（1478—1548）《冲斋集》卷七《朝天录》（燕行时间为1539年）《八月九日》载：“晴，早发至栽松亭”。朝鲜文人崔岦（1539—1612）于明万历五年丁丑（朝鲜宣祖十年，1577）出使中国，其《简易集》卷六有《栽松道中次韵》。参见朝鲜文献《新增东国舆地胜览》卷五十一《栽松亭》。“岦”读“力 lì”，通常与“岌”连用，山貌。

2 大同江，平壤市内的大江。那里至今尚有“大同门”等古迹。

3 “逶迤”读“微 wēi 姨 yí”，形容山路弯弯，拐来拐去。

4 “骎”读“亲 qīn”，骎骎然是马跑很快的样子。

5 “堞”读“碟 dié”，城墙上如齿的矮墙。

6 策，马鞭。

大同馆

临江日暮，火举而船行。船之大，可容百数人。构茅亭于船上，施丹雘[1]而扁其揭。左曰“绫罗泛舸”[2]，右曰“碧汉浮槎”[3]。十数长年[4]，牵缆而渡。古所称“浮家泛宅”[5]者，此耶？

由大同门[6]入内，扁曰“挹灏[7]楼”。西望超然台尽，扑扑将飞。

长天日薄散云多，彩舫[8]东西水不波。

十月孤槎[9]浮碧汉，大同门外集清笳。[10]

1 原稿“丹艧”有误，当为“丹雘”。“艧”读“获huò”，船。“雘”字也读“获huò”，指上好的油漆涂料。

2 “舸”读“葛gě”，船。

3 “槎”读“查chá”，木筏。

4 长年，岁数比较大的人。

5 “浮家泛宅”出自〔宋〕宋祁、欧阳修等《新唐书·张志和传》，意思是在水上安家，漂泊不定。

6 现今平壤大同门是著名旅游观光地，其位置在大同江左岸，附近就是著名的练光亭。

7 “挹”读“义yì”，舀。“灏”读“号hào”，广大、众多。

8 “舫”读“访fǎng”，小船。北京颐和园里有“石舫”。

9 “槎”读“查chá”，木筏。

10 胡笳，我国古代北方民族的一种吹奏乐器。似笛。“笳”读“家jiā”。

馆夜酬人

入处中营西馆。时洪叔宜之[1]客贰衙[2]，金戚文哉[3]留上营，携暖炉来访。金子始[4]亦会饮。

西塞风寒理袭[5]裘，男儿各办壮年游。

洛城[6]秋日曾相别，千里重逢浿上[7]楼。

1 洪宜之（？），朝鲜武人。从原稿的记载看，洪宜之当是原稿作者的长辈。

2 贰衙，副职官员的衙门。《周礼·天官·大宰》中已有“贰”字的该种用法。

3 金文哉（？），朝鲜文人。李海应的亲戚。其余不详。

4 金始（？），朝鲜人。当为金文哉之子。其余不详。

5 袭，包裹的层数。《吕氏春秋》有“棺椁数袭”句。

6 洛城，这里当是指汉城（今韩国首尔市）。

7 浿上，朝鲜文人多用以指代平壤。今朝鲜青川江和大同江之古称。“浿”读“配pèi”。

出城·癸亥十一月

初一日壬辰[1]，清[2]。大同馆留。查对《状启》[3]便，上家书。

1 这一天是1803年12月14日。

2 “清”通“晴”。

3 状启，（出使中国的使节团官员）在路途中给朝鲜国王的汇报性文书。如原稿癸亥十一月二十四日有《渡江状启》。

练光亭[1]

三使行查对讫，设妓乐于练光。临水轩敞，江山形胜皆属眼景。扁楣有“第一江山”四字。又柱联有曰“长城一面溶溶水，大野东头点点山”，是朱使之蕃笔[2]。盖模写全形，为千古格语。

妓有《离舟曲》、《旋风舞》，为沿邑最。盖箕[3]之为都，市肆栉比，巷里连绵，亦是伯仲京都[4]，而第地狭人众，闾舍[5]偪侧[6]。晚入上营贰衙[7]，“宣化堂”亦系杰构。

楼台胜状冠西关，饮客词人日往还。

散地江澜铺白练，浮天山势点青鬟。[8]

王孙麟马[9]传名迹，妓女鸾[10]笙倚笑颜。

落日层栏虚极目，万家烟柳匝城阛。

1 练光亭遗迹至今尚存，在平壤大同门附近。参见朝鲜文献《新增东国舆地胜览》卷五十一《练光亭》。

2 朱之蕃（？），明朝文人，字元介，号杏村、兰隅，南直上元（今南京）人。万历二十三年乙未（1595）状元。1605年出使朝鲜的大明正使。朱之蕃的作品往往自署“金陵朱之蕃”。这里的“笔”是“书写”的意思。该柱联据说是高丽王朝的科举状元金黄元诗句。金黄元在此得此二句后再无得意下联，遂大哭下楼。参见朝鲜文人朴思浩《心田稿》十一月初五日记载。〔清〕王弘撰《山志》二集卷二有朱之蕃为万历乙未状元的记载。见何本方点校本，中华书局，1999年版。

3“箕”指箕子朝鲜时代。

4“京都”指汉城，即现今韩国首都首尔特别市。

5“闾舍”即房舍。闾是里巷的大门。

6“偪侧”，狭窄的样子。“偪”同“逼”。

7 上营贰衙，上营的副职武官衙门。

8 青鬟，女子梳得很高的黑发。“鬟”读“环huán”。

9 麟马，传说是高句丽始祖东明王的马。

10 鸾，鸟名，凤凰的一种，即雄性的长生鸟。这里是指女子头上的饰物。“鸾”读“栾luán”。

初二日癸巳[1]，阴，微雪，大同馆留。拨便[2]，上家书。

1 这一天是1803年12月15日。

2 拨便，趁着拨站人员来往之便。

九畴坛

平壤，古箕圣都也 ，其遗风余躅[2]，犹有存者，则不得不搜剔其奇览。遂由朱雀、含球两门出。盖城有内外，而各一城一门也。

路出外城，访井田旧址。田路旁午[3]，井井如画，四无崖脊[4]，一望无际。夫隅立石，标一井之制。[5]

田畔有箕子宫[6]旧基，殿宇岿然[7]。洞口竖“仁贤里”之碑，殿门揭“八教门”[8]之扁。由洞入门，则设坛筑石，刻于坛面曰“九畴坛”。又竖碑，而刻“箕子宫旧基”五字。碑有阴记，故观察使李廷济[9]所撰也。

自此又前行数帿[10]，有箕子井。井傍[11]立石，刻曰“箕子井”。井之深，可十许丈。俯井栏视之，只见苍苍者水色。由九三门入内殿。堂级之制[12]京城庠[13]舍。北曰“三益斋”，南曰“养正斋”。左右斋房曰“依仁斋”、“志道室”。斋中有经义生[14]，奉[15]一大簇展示，是《井田沟洫[16]图》也。[17]

野色苍苍接远天，古宫西畔石坛圆。

三千岁后东明[18]国，遗制犹看井井田。[19]

1 箕子因为规劝纣王而被囚禁，周武王于公元前1046年攻克殷商都城以后被释放。随后箕子就远走朝鲜。他是高丽和朝鲜文人尊崇的圣人，与孔子被并称“二圣”。朝鲜文人李德懋《青庄馆全书》卷五十五有《箕子朝鲜世系》。

2 “躅”读“竹 zhú”，足迹。

3 旁午，傍午，接近中午。

4 崖脊，这里是指高耸的山峰。

5 朝鲜文人丁若镛（1762—1836）《与犹堂集》卷十八《韩久庵井田说》认为，井田也许是唐将李勣、刘仁愿驻军朝鲜半岛时屯田的遗迹。但该文又说：“平壤有箕子杖，乃三千年物”。

6《路史》中记述说，夏朝即有箕伯，箕子乃箕伯之后。参见朝鲜文献《新增东国舆地胜览》卷五十一《箕子宫》。朝鲜文人李瀷（1681—1763）《星湖僿说·经史门》有《箕子之后》一节。但李瀷不同意时人把朝鲜“韩”姓归为箕子后人的观点，认为朝鲜与中国的“奇”、“鲜于”两姓才是箕子之后。“瀷”读“义 yì”，水流很急的样子。“僿”

读“赛sài”，粗鄙。

7 岿然，高高挺立而十分稳固的样子。“岿”读“亏kuī”。

8“八教门”，公元前1046年箕子到达朝鲜，为民人立八条之教。后人感激而立门。参见朝鲜文献《新增东国舆地胜览》卷五十一《八条之教》。

9 李廷济（1636—1738），朝鲜文人。朝鲜肃宗三十年（清康熙四十三年甲申，1704）科举及第，1707年任出使中国冬至使书状官。回国后历任正言、司谏、大司宪、礼曹参判。1735年后任左参赞、户曹判书、礼曹判书、判义禁府事。

10“帿”读“侯hóu”，箭靶。

11“傍”通“旁”。

12 原稿此处有误，似少一“类”字。

13“庠”读“祥xiáng”，我国殷周时代的学校，往往称“庠序”。〔东汉〕许慎《说文》“夏曰校，殷曰庠，周曰序”。现今韩国著名学府“成均馆大学校”中的“成均”也是用来指称上古学校的汉语词汇。

14 经义生，正在准备科举考试的人。《金史》卷五十一《志三十二·科举》载，金朝诸学招收“词赋生”、“经义生”、“小学生”，在校准备科举。

15“奉”通“捧”。

16“洫”读“蓄xù”，井田制内“成”与“成”之间的水道，后泛指田间的水沟。

17 中朝文人都喜欢为画像题诗，我国宋朝文人孙绍远《声画集》（收入四库全书）即是该类诗集。原稿作者所见，乃诗画合一作品。

18 东明王即朱蒙。朝鲜文人金富轼《三国史记》卷二十九《年表》上认为：“（高句丽）始祖东明圣王姓高氏讳朱蒙即位”的年代，乃汉元帝建昭二年甲申，即公元前37年。但“朱蒙”似乎与“朱明”有不解之缘。我国学者叶舒宪《中国神话哲学》一书阐释了《庄子·应帝王》里的混沌开七窍故事，混沌类鸡蛋。该书还认为，呼鸡之“祝祝”、“朱朱”正是对晋人张华《博物志》没搞清楚的神祇朱明的呼唤。参见该书，第268页，中国社会科学出版社，1992年版。

19 原稿第一个“井”字是形容词。平壤井田在南门外。朝鲜文人韩百谦曾具体测量井田的面积与规格，并作《井田说》。朝鲜文人无名氏《赴燕日记》（燕行时间为道光八年戊子，1828）《四月二十三日壬辰》说：“晴。留平壤。往箕子庙瞻拜。由东门观井田旧迹”。平壤之外的其他地方也有井田。参见朝鲜文献《新增东国舆地胜览》卷五十一《井田》。

闲似亭

自九畴坛又前进十里，野尽而江回。

从车门出。此井田时，车道所由。立门于路口，号曰“车门”。有一亭超然临江，邑人之所构，缥缈雄伟。则虽让练光、浮碧[1]，而稳藉萧洒[2]，亦一别铺叙。取黄山谷诗“江南水色碧于天，中有白鸥闲似我”[3]之义，扁曰“闲似亭”。亭揭[4]十数诗板。

浿江[5]江水碧如山，槛外眠鸥日惯颜。

声色楼台平壤郡，别人占取一区闲。

1 浮碧，浮碧楼。〔明〕无名氏《朝鲜志》说：“浮碧楼，在乙密台永明寺东”。见该书卷下，文渊阁四库全书本。

2 萧洒，潇洒。

3 这是北宋诗人黄庭坚《演雅》诗中句。

4 揭，高举、高悬。

5“浿”读“配 pèi”，朝鲜青川江和大同江的古称。“浿”是朝鲜汉字。参见朝鲜文人丁若镛（1762—1836）《与犹堂集》卷五十六《朝鲜水经（十一）》至卷五十七《朝鲜水经（十三）》《浿水》。

仁贤书院[1]

院在外城之内，奉箕子影帧[2]。眉目粹然，首着冔冠[3]。冠制，如近日妇女常着墨帽子。徐药逢[4]尝入燕，得《箕子陈〈洪范〉[5]图》一本，遂匣藏于此。轩宇阶础雄杰，闷[6]先圣颜范，实令人景仰。左有御书阁一间，是孝庙[7]潜邸[8]时寻院之迹，而红笺匣卷中，书“凤林大君[9]某年月日”等字。

仁风不泯古箕都，俎豆[10]南城聚邑儒。[11]

黼[12]服玄冠瞻气像，院中高揭《九畴图》。

1 仁贤书院是朝鲜明宗甲子（1564）建立的，光海君戊申（1608）赐匾额，祭祀箕子。参见朝鲜文献《太学志》卷十四附录《书院》。

2 影帧即影祯，画像。

3“冔”读“徐 xú”，商朝的一种帽子。参见〔元〕朱公迁《诗经疏义会通》图说上“冔”，文渊阁四库全书本。

4 原稿“徐药逢”有误，朝鲜文人朴思浩《心田稿》“十一月初六日”记为“徐药峰”。“徐药峰”即朝鲜文人徐渻。徐渻（1558—1631），字玄纪，号药峰，本贯达城。曾随朝鲜使节团来华，有《药峰遗稿》传世。

5《洪范》是箕子向周武王上的疏。周武王于公元前1046年灭商以后，箕子带人远走朝鲜，武王于是封之。十三年后，箕子来朝，武王问政于他，乃上《洪范》。

6“閟”读“必bì”，珍重、珍惜。

7 孝庙，朝鲜孝宗大王李淏（1619—1659）。

8 潜邸，这里是指朝鲜孝宗作为王子时住的地方。

9 李淏（1619—1659），字静渊，号竹梧，朝鲜孝宗。明天启六年（朝鲜仁祖四年，1626）被封为凤林大君。1636年皇太极出兵攻打朝鲜（朝鲜史书称作“丙子虏乱”），李淏和哥哥昭显世子李溰、弟弟麟坪大君李㴭被清军掳到沈阳为人质。昭显世子李溰很受多尔衮欣赏和器重。1645年3月，昭显世子返回朝鲜汉城。但由于其父王亲自迎接不合礼法，引发了许多朝鲜人的不满情绪。昭显世子于5月21日暴毙于昌德宫。同年6月7日，被多尔衮释放的凤林大君回到汉城。11月14日，清朝册封凤林大君李淏为新的朝鲜世子。己丑年（1649）五月十三日，李淏即位于昌德宫，是为朝鲜孝宗。“淏”读“浩hào”，水清亮的样子。

10 俎豆，俎和豆。古人祭祀、宴会时盛肉、谷物的两种器皿。后泛指礼器。“俎”读“组zǔ”，祭祀或宴会时用四脚方形青铜盘或木漆盘。常陈设牛羊肉。豆，形似高足杯的一种器皿，或有盖。新石器时代晚期即出现，盛行于商周。多陶制，也有青铜制或木制涂漆以及竹编。

11 邑儒，地方官校的学生或者学者。

12“黼”读“斧fǔ”，古代礼服上黑白相间的图案。

忠武祠

祠为奉乙支文德[1]、金良彦[2]两人而设也。唐大宗[3]之征高句丽[4]，文德奋手独出，且战且进。使隋家百万之众，攒手[5]奔北[6]。东土生灵，至今有按堵[7]之者，皆文德功也。良彦亦于甲子[8]适乱，以本邑人，有奋旅之功，尚今香火不绝。

庭树交柯[9]晚有风，古祠寥落鸟声中。

乙支文德金良彦，上下千年一体功。

1 乙支文德（？），高句丽名将，612年诈降大败宇文述率领的隋军。〔宋〕李昉等《太平御览》卷三百一十三：“（《隋书》）又曰：炀帝征高丽，隋大将宇文述与九军过鸭绿水，又东注萨水，去高丽平壤城三十里，因山为营。高丽国相乙支文德遣使伪降，请述曰：‘遂旋师者，奉其主高元朝行在所。’述见士卒疲弊，不可复战，又平壤险固，卒难致力，遂因其诈而还。众半济，贼击后军，于是大溃不可禁止。九军败绩，一日一夜还至鸭绿水，行四五十里。初，度辽九军三十万人，还至辽东城，惟二千七百人”。隋炀帝征高句丽、明万历援朝鲜以及清光绪派兵船皆导致其王朝迅速灭亡。

2 金良彦（1583—1627）朝鲜文人，字善益，晋州人。泰川县监（县令）。死于满人军兵进攻。明天启七年丁卯（朝鲜仁祖五年，1627），皇太极不满朝鲜的亲明倾向而发兵进攻，朝鲜史称“丁卯胡乱”。

3 原稿此处有误，“唐太宗”当为“隋炀帝”。

4 612年，隋军伐高句丽，隋兵大败。

5 原稿“攒手”有误，当为“攒首”。人头攒动的样子，形容有许多人。

6 奔北，溃逃。奔，逃跑。北，败逃的军队。

7 按堵，秋毫不犯。这里的意思是平安、太平。

8 甲子，指明朝天启四年（1624）。

9 柯，树枝。

武烈祠[1]

由静海门入，历武烈祠。祠奉石尚书星[2]、李提督如柏[3]影帧。着龙麟红袍，按星文剑，凛然有摧山撼河之风。盖平壤非但檀君、箕子、东明三王[4]之故都也，且有旧迹之可观者。

壬辰[5]，倭寇入据牧丹峰[6]，李将军如松[7]，属[8]游击吴唯忠[9]攻之。阴取西南，以倭易朝鲜兵，合祖承训[10]等，为效装潜伏。李将军鼓行，抵城下。倭炮矢如雨。杨元[11]等登小西门，李将军从大西门继进。火药[12]并发。唯忠中铅洞胸，犹奋呼督战[13]。倭遂气夺，宵遁[14]。歼其酋宗逸、平秀忠、平秀信[15]。余死于火。又跳[16]出东城，溺死无计，得级数千。此天兵[17]大捷地也。

千年武烈祠，星日昭闪闪。
尚书蟒鳞袍，提督龙文剑。
左海[18]勋如山，后人空歆艳。
海寇昔猖狂，一夜愁烈焰。
浿[19]江血浪翻，丹峰[20]火云敛。
万里王师路，赢得大功占。
樽俎[21]岁处享，英灵尚有验。

1 平壤武烈祠供奉援朝抗倭明臣石星、李如松等。参见朝鲜文人古山子《大东地志》卷二十一《武烈祠》。

2 石星（？—1599），明朝文人，字拱辰，号东泉，直隶东明人。1592年日军侵入朝鲜时，以兵部尚书直接派兵，被朝鲜文人看作再造恩人。最初，他考虑援朝要花费的人力财物太大而不肯派发大兵。朝鲜使节郑昆寿来北京哭诉后，石星派部分明军进朝鲜而败。派出大兵后又赞同“东封”（为日本丰臣秀吉等加封号）主张，事未成，被投入狱而死。其后朝鲜文人多提及的“大明为援朝而亡”，就是他生前最担心之事。朝鲜文人郑昆寿（1538—1602）《柏谷集》卷三《赴京日录》（明万历二十年壬辰，1592）记录此事较为详细。朝鲜文献《大东野乘》所收金时让《紫海笔谈》说：“东征之议出于兵书石星。星见诸将玩寇，贼未可歼，而会有辩士沈惟敬者，献讲和之策，星以为然。贼亦诈请和，星建议遣临淮侯李宗诚、都指挥杨邦享为册封使，封平秀吉为东王。宗诚等既入行长之垒，而秀吉不受封，颇侵辱。宗诚乘隙夜遁，贼纵兵追之，不及而还。丁酉，倭再动。科道官论星主和误国，帝震怒，下星于狱，斩惟敬于市。星竟瘐死狱中。人多冤之”。〔清〕唐执玉、李卫等《畿辅通志》有明朝文人邹元标撰写的《石星传》，见该书卷一百四，文渊阁四库全书本。另参见〔清〕谷应泰《明史纪事本末》卷六十二《援朝鲜》。

3 李如柏（？—1620），明朝将军，字背城，是援助朝鲜明军提督李如松的弟弟，中协将。曾任宁夏总兵。明朝与后金的萨尔浒之战中，为南路明军统领，因战败被投入监狱，万历四十七年（1620）在狱中上吊自尽。《明神宗实录》卷五八二载，他曾娶皇太极叔父速尔哈赤之女为妾，生第三子。当地流传民谣说：“奴酋女婿作镇守，未知辽东落谁手？”参见孙文良、李治亭《清太宗全传》，第42页，江苏教育出版社，2005年版；朝鲜文人成海应《研经斋全集》外集卷四十《铁岭李氏恩恤录》。

4“檀君、箕子、东明三王”，檀君是朝鲜人的始祖，名王俭。朝鲜《檀君神话》说，天帝之子桓雄与熊图腾族之女结合而生檀君，檀君统一了该地的原始部族而建国，定都于现今平壤，史称“檀君朝鲜”。现代朝韩史学家推定檀君建国是在公元前2333年，农历戊辰年，并定农历十月初三（现改为公历10月3日）为“开天节”；箕子是商亡后于公元前1046年来到平壤的，周武王将朝鲜封给他；东明王即传说中的朱蒙。明朝文人董越于弘治元年戊申（朝鲜成宗十九年，1488）出使朝鲜，他说：“东有箕祠，礼设木主，题曰‘朝鲜后代始祖’。盖尊檀君为其建邦启土，宜以箕子为其继世传绪也”。见〔明〕董越《朝鲜赋》，文渊阁四库全书本。明嘉靖十八年己亥（朝鲜中宗三十四年，1539）出使朝鲜的明朝文人薛廷宠《游平壤记》说：“平壤本箕子故都，唐以前高丽居之，汉武帝置乐浪郡，唐高宗建都护府，盖皆是地，胜概古迹视他郡独多。余偕鸿山太史东渡江，次平壤，问译者曰：‘此有文庙、箕子、檀君、东明王诸祠，何在盍先？’诸曰：‘馆之西稍北，崇冈广坡，松木郁阴，中为文庙，右祠箕子，左祠檀君、东明，尔亟谒之。’”可见文庙在三庙中是居中的。另参见〔明〕严从简《殊域周咨录》（上）。

5 壬辰，万历二十年壬辰（1592）。1592年4月，日本军阀丰臣秀吉派20万军队从釜山登陆，入侵朝鲜。朝鲜宣祖逃至义州，向明朝求救。此即朝鲜史称“壬辰倭乱”。同年12月，李如松率4万军人入朝，与朝鲜军队并肩作战。先后收复平壤、开城和汉城。日军退至釜山附近。但到了1597年，丰臣秀吉再派大军14万人登陆釜山，几灭朝鲜水军。朝鲜宫廷起用李舜臣等猛将，明朝也派杨镐带大军参战。丰臣秀吉病死，日军仓皇撤退。原稿追溯的是1593年初，李如松等中国将士收复平壤的激烈战斗。朝鲜文献《李忠武公全书》卷首《谕书二》有

“天将提督府提督李如松领五十将官、数十万精锐直捣箕城”句。

6 牧丹峰，牡丹峰。朝鲜金刚山的主峰。

7 原稿追述“壬辰倭乱”发生后，明将李如松带兵入朝抗击日本丰臣秀吉所派侵略军的故事。李如松（1549—1598），字子茂，号仰城，辽东铁岭卫人，其父是辽东总督李成梁。如松以武进士带兵，英勇善战。后为山西总兵。万历二十年壬辰（1592），鞑靼人反宁夏，带兵平叛，大捷而归。同年，日军入寇朝鲜，为东征提督，其弟李如柏、李如梅为副提督。次年班师回国。以有大功加封太子太保，任中军都督府左都督。万历二十五年（1597）任辽东总督。在一次反偷袭作战中阵亡。按朝鲜文人尹行恁（1762—1801）《硕斋稿》卷九《海东外史 · 李源》的说法，李氏原本陇西人氏，元朝时躲避蒙古人才移居朝鲜，明时回迁，清朝时一支再次搬回朝鲜。其朝鲜谱系记述大致是李英—李文彬—李春美—李泾—李成梁—李如松—李性忠—李应祖—？—李源—李孝承。李成梁、李如松父子墓地在今辽宁铁岭市催阵堡乡西康庄与小屯之间，即由铁岭至抚顺公路20公里处左转，在张双线10公里处。笔者与拙荆于2009年4月5日清明节日特意开车到达此处参观并留影。墓碑乃后人所立，碑文只说是明时李氏从朝鲜秃鲁江移居过来，而无前朝记述。但清人杨宾于1689年前往宁古塔省亲，于途中记述：“如松宁远伯李成梁之子，父子兄弟俱为辽东名将。今镶蓝旗李氏如李辉祖、李钠、李林隆皆其后人”。见〔清〕杨宾《柳边纪略》卷三，上海商务印书馆，1936年。

8“属”通“嘱”，密令。

9 原稿“吴唯忠”有误，当为“吴惟忠”。吴惟忠（？），明朝游击将军，号云峰，浙江金华府义乌县人，随李如松参加援助朝鲜抗倭。明朝的游击将军职位在参将之下。朝鲜文人申炅用《再造藩邦志》有介绍。“炅”读“炯 jiǒng”，光亮。

10 祖承训（？），明朝名将，号双泉，宁远卫人。万历二十年壬辰（1592）以辽东副总兵和　游击史儒一起带兵5，000人援助朝鲜。在平壤失利，史儒战死。随后明朝派李如松统帅4万大军进入朝鲜参战，大败日本军。

11 杨元（？—1598），明朝将军。号菊崖，定辽人。万历带明军入朝参战。平壤激战后，败于南原。次年被诛。朝鲜文人许筠《惺所覆瓿藁》卷十五《故全罗道兵马节度使赠兵曹判书李公诔并序》：“万历二十五年八月十六日，倭贼陷南原，天朝副总兵杨元溃围走，本国全罗道兵马节度使李公福南死之”。另参见朝鲜文人古山子《大东地志》卷二十一。

12 火药，火药枪。丰臣秀吉派大兵侵略朝鲜时，日本军人用的是鸟铳。

13 朝鲜文人申炅用《再造藩邦志》载：“游击将军吴惟忠，中铅洞胸，血流股肿，而犹能奋呼督战”。“炅”读“炯 jiǒng”，光亮。

14 宵遁，趁着夜色逃跑。朝鲜文人尹斗寿（1533—1601）《梧荫遗稿》卷二有《乱后过平壤有感》、《奉送李提督如松》诗。前者小注：“贼酋宵遁，未获俘擒”。

15 宗逸、平秀忠、平秀信皆为侵入平壤的日本将领，小西平长的部下。〔清〕张廷玉等《明史》卷三百二十二（列传二百十）记有“宗逸”之名。朝鲜文人申炅用《再造藩邦志》记述平壤大捷说：“当阵斩首一千二百八十五颗。内有平秀忠、平镇信、宗逸等二十五人。生擒二名，并通事张大膳。获马二千九百八十五匹。得倭器四百五十二件”。平壤大捷消灭日军13，000多人。“炅”读“炯 jiǒng”，光亮。

16 原稿“跳”有误，当为“逃”字。此次战役，小西平长仅率5，000日军逃出。

17 天兵，朝鲜文人对明朝中国军队的尊称，对清军不这么称呼。高丽、朝鲜文人的“燕行录”也有不同的名称：在元朝叫“宾王录”，在明朝叫“朝天录”，在清朝才叫“燕行录”。

18 左海，东海，指代朝鲜。古代地理文献往往把东称作“左”。〔唐〕李朝威《柳毅传》：“疾逸道左”。

19“浿”读“配 pèi”，朝鲜青川江和大同江的古称。“浿”是朝鲜汉字。

20 丹峰，牡丹峰。金刚山的主峰。

21 樽俎皆为祭祀礼器。“樽”读“尊 zūn”，盛酒器；“俎”读“组 zǔ”，祭祀时用四脚方形青铜盘或木漆盘，常陈设牛羊肉。

浮碧楼[1]

楼在长庆门外、转锦门内，永明寺之东畔。缥缈特出，江水打堞[2]，岩壁环矗。背有牡丹峰，前对绫罗岛。楼之前棂[3]，有“静影沉璧、浮光跃金”[4]之联。佳丽清胜，可冠东方。楼榭[5]东望朝天石，远混天碧。

西有乙密台[6]，在小南门外。环以女垣[7]，中有圆坟形。或以为乙密[8]墓，而邑人遵为祭山处。

夜久酒阑，历“得月楼”而还。

山尽东南广得天，画栏平泛白云边。

苍苍落日绫罗渚，击浪群凫[9]点点圆。

1 平壤的浮碧楼遗迹至今尚是旅游胜地。参见朝鲜文献《新增东国舆地胜览》卷五十一《浮碧楼》。

2“堞”读“碟 dié”，城墙上齿壮的矮墙。

3“棂”读“零 líng”，本义是窗户、栏杆上雕有花纹的木格，这里是“窗”的意思。

4 这是北宋文人范仲淹《岳阳楼记》里的句子。

5“榭”读“谢 xiè”，木头屋。多建筑在高台或者水面上。

6 乙密台是朝鲜的一处古迹，在今平壤市北锦绣山。参见〔明〕无名氏《朝鲜志》卷下

《乙密台》，文渊阁四库全书本。

7“女垣”即女墙。城墙上的矮墙。“垣”读“元 yuán”。

8 乙密，传说是一位保卫平壤的将军。现今平壤北锦绣山有“乙密台”。

9“凫”读“浮 fú”，野鸭。

清流壁[1]

浮碧之路，有石壁巉岩[2]。石面刻“清流壁”三字。带夜循崖，笼烛散照。三宿箕城，声色饮嚼。夜辄继昼，还觉恼人。

碧楼深夜烛玲珑，倒作前江一道虹。

百尺登登清壁路，吾行疑是驾璇风。[3]

1 现平壤有清流亭，在浮碧楼附近。

2 巉岩，陡峭、突出的山岩。“巉” 读“馋 chán”。

3 璇风即旋风。“璇”读“旋 xuán”。

初三日甲午[1]，阴。顺安[2]五十里安定馆宿。

拨便[3]，上家书，又承书。

1 这一天是1803年12月16日。

2 顺安位于朝鲜平壤市北。

3 拨便，趁着拨站人员来往之便。

箕子墓

朝发，由七星门[1]出。西行之路，本由普通门[2]，而今则为访箕子墓故也。

松杉束立，方垣[3]四围，中有箕子墓。墓方而上尖，高数丈。前有短碑，刻“箕子墓”三字。又有一碑，中折。只存一“墓”字，用铁钉合之。昔在壬辰[4]，倭虏[5]折碑，后人改竖，而寓“图新存旧”之意，仍复合石云。丁字阁中，揭一二诗板。

箕城城北路，石马荒原中。

巘[6]嶂[7]千重势，松杉万古风。

断碑苔蚀字，方墓草成丛。

土俗修香火，公灵地水同。[8]

1 现平壤仍有七星门，在牡丹峰公园附近。

2 现平壤有普通门，其对面是普通江。原稿的意思是，从平壤的大同门往西去义州，通常是直接从西边的普通门出城（而为了看箕子墓地，我们往北边走）。

3“垣”读“元 yuán”，墙。

4 壬辰，指明万历二十年壬辰（1592）。这一年，日本丰臣秀吉发动了对朝鲜的侵略战争，朝鲜史称“壬辰倭乱”。

5 倭虏，对日本侵略军的蔑称。

6“巘”读“眼 yǎn”，大山上的小山。

7“嶂”读“丈 zhàng”，山高险如屏障的样子。

8 原稿此句活用了宋朝文人苏轼《潮州韩文公庙碑》里的句子：“公之神在天下者，如水之在地中，无所往而不在也”。

婵妍洞[1]

洞中坟墓累累，是邑妓死葬之地。“婵妍”之名，以是故也。

路有大石对立，高数丈余。盖妓是风水家所称“行舟形”[2]。故立石象，两棹[3]，作行舟象。

婵妍洞里草如烟，无数荒坟总百年。

可惜春光流不住，众香埋没落花前。

1 婵妍，姿态美好的样子。朝鲜官妓死后凄惨的葬身地被文人们命名为“婵妍”，充分显示了朝鲜封建制度“吃人”的一面。此地现有“清岩洞”，当是从“婵妍洞”而来。

2“行舟”有暗示妓女性活动之义，但宋朝词人柳永《雨霖铃》一词有“寒蝉凄切，对长亭晚，骤雨初歇。都门帐饮无绪，留恋处、兰舟催发”句。朝鲜风水家之说，与柳永词句不无关系。

3“棹”读“照zhào”，船浆。这里的意思是，在妓女们的墓地洞外立起两块像船浆的石头，象征行船。

安定馆夜拈

馆宇萧条，比之箕城[1]，顿有峡屋[2]风。

一旬为客一年如，程道才过六百余。

谢却箕城华丽地，雪囱寒夜梦蘧蘧。[3]

1 箕城，朝鲜文人对平壤的称呼。

2 峡屋，狭窄的房子。峡，狭窄。

3 蘧蘧，惊喜的样子。“蘧”读“渠 qú”。

初四日乙未[1]，晴。肃川[2]六十里，肃灵馆宿。

1 这一天是1803年12月17日。

2 肃川现属朝鲜平安南道。

徘徊亭

朝自安定馆临发，历登徘徊亭。亭在馆之南，而时倅[1]朴性圭[2]，重建火余之基。取朱夫子诗“天光云影共徘徊”之意[3]，扁其额，而又作六伟颂[4]揭之。

方塘环亭。有十数岛屿，点点特立。

瘦鹤观鱼立晚风，石塘寒水小亭通。

绕栏叶屿峰峰出，树影扶疏雨色中。

1 “倅”读“翠cuì”，副职官员。宋人张先（990—1078）《天仙子》一词的副标题为《时为嘉禾小倅，以病卧不赴府会》，见〔清〕上彊村民选编、梁海明译注《宋词三百首》，第6页，山西古籍出版社，1999年版。

2 朴性圭（？），朝鲜文人，清嘉庆元年丙辰（朝鲜正祖二十年，1796）为尚瑞院直长，时任肃川副职，后为牧使。申晠之婿。参见[韩]退溪学研究所编《陶山书院古文书Ⅰ》，第101页，檀国大学出版部，1994年版。“晠”读“胜shèng”，古同“盛”、“晟”，盛大、光明的意思。

3 朱夫子，朱熹。“天光云影共徘徊”是朱熹《观书有感》里的一句。

4 颂是我国古老的文体之一，是颂扬类的诗文。《诗经》即有“风”、“雅”、“颂”。

初五日丙申[1]，晴。安州[2]六十里安兴馆宿。

拨便[3]，上家书。

1 这一天是1803年12月18日。

2 现今此地有“安州”与“新安州”两个地名。从原稿记述看，他们住宿的地方当在今新安州。参见朝鲜文献《新增东国舆地胜览》卷五十二《安州》。另参见中国地图出版社编《朝鲜·韩国地图册》，第12页，中国地图出版社，2004年第2版。

3 拨便，趁着拨站人员来往之便。

肃灵馆朝发

是日日暖，无异春候。

孔路[1]传厨供错珍，出城经月又经旬。

壮游非是因王事[2]，旅宿何曾识主人？

不惮青年行万里，适当阴凉暖三春。

驱驰日日缘何故，去作中州[3]白马宾。

1“孔路”即孔道，当关之道。

2 李海应并不是朝鲜王朝派遣的使节，甚至也不是正式的使节团成员，故说“壮游非是因王事”。

3 中州，中原。

新川石桥

行至安州城。一道长林，如大同之路。由新川石桥入。安西、平安两门，是内外城，而古称“表里山河”者也。节度营，古自铁瓮城移治于此。

邮路轻策听行休，水落新川踏浅流。

一队红裙楼上女，纤纤如月倚帘钩。

望京楼[1]

楼在州城东角[2]。城内外村户扑地，众山平旷，清川抱回，尽西州保障之地。楼之东，有贡武院。

城屹丹峰地上头，凭眸又作望京愁。

压临大野千甍[3]屋，平抱前江百里州。

薄雾通霄埋小岛，寒风无日不高楼。

山河胜景兼天险，开钥安陵镇一州。

1 这里的“京”是指“王京”，即汉城（今韩国首都首尔市）。封建礼制规定，皇宫所在为“帝京”，王宫所在为“王京”。参见原稿1803年12月22日所记。

2 原稿“东角”有误，当为“东南角”。使节团是往西北方向运动，安州城的东南是回望汉阳的地方。

3“甍”读“盟 méng”，屋脊。

忠愍[1]祠

故宜春君南以兴，当丁卯倭寇[2]，以本州节度使，立殣于此，故因其地建院。守牧之同时仗义者[3]，分配两庑。[4]

祠在望京东北，故自望京过之。

一日义捐生，千年名不死。

祠庭白面碑，胜似兰台[5]史。

1“愍”读“闵mǐn”，怜悯。

2 原稿“丁卯倭寇”有误，当为“丁卯胡乱”。南以兴（1576—1627），朝鲜王朝将军，字士豪，号城隐。1602年武科及第后历任忠清、平安、庆尚道兵马节度使。明天启七年丁卯（朝鲜仁祖五年，1627），皇太极因不满朝鲜的亲明倾向而发兵进攻。该年为丁卯年，朝鲜史书称此为“丁卯胡乱”。是年，南以兴以兵使守安州，兵败后与安州牧使安浚同时点着弹药库自焚。后来，朝鲜虽然被迫接受了清兵的条件，但时刻不忘大明。参见[韩]柳根永《忠壮公柳琳将军》，第177页《南以兴影像》，handl，2006年版。“殣”读“劲jìn”，埋葬。

3 仗义者，就义者。

4“庑”读“五wǔ”。〔东汉〕许慎《说文》：“庑，堂下周屋”。

5 兰台是汉代宫廷藏书处，东汉班固曾为兰台史令，奉命修撰史书，后世因亦以“兰台”为史书修撰机构的代称。

初六日丁酉[1]，晴。安兴馆留。查对《状启》[2]便[3]，上家书。拨便[4]，又上书，又承书。

1 这一天是1803年12月19日。

2 状启，（出使中国的官员）在路途中给朝鲜国王的汇报文书。如原稿癸亥十一月二十四日有《渡江状启》。

3 便，顺便。这里的意思是，趁着报送《渡江状启》人员的方便。

4 拨便，趁着拨站人员往来的方便。

客馆志怀

今日，慈闱[1]生辰也。怀绪倍觉难抑。

关云千里杳萱闱[2]，游子前宵梦远飞。

定识山妻[3]香箧[4]里，纤尘点积老莱[5]衣。

1 慈闱，指母亲。这一天是李海应母亲的诞辰。“闱”读“违wéi”，妇女居室。

2 萱闱，老母亲的居室。“萱”读“宣xuān”，古称母亲居室为“萱堂”。“闱”读“违wéi”，妇女居室。

3“山妻”是谦称，这里指原稿作者李海应的妻子。

4“箧”读“妾qiè”，小箱子。

5 此处用中国古代“老莱子娱亲”的典故。“老莱子娱亲”是古代二十四孝之一。老莱子已经70岁了，为了让父母高兴，经常把自己装扮得像一个幼儿。

百祥楼[1]

楼与望京对峙，櫓棂[2]轩豁。清川江东北以外，则虽拳石坏陵，无不拱抱而环集。楣悬皇明诏使唐皐[3]、王敞[4]诸人及我东[5]前辈诗板，鳞鳞若重檐。

查对讫，设妓乐。诸妓不让黄与箕。[6]

玄武门外，有太守井。昔邑人患汲路之远，时为州牧者，相地凿井，故因立碑而号之。又有桑数百株，丛郁成林。北则梧里李相公[7]所种，故曰“相公桑”。

楼前环水又环岑，十仞[8]城头百尺临。

太守碑高新出井，相公桑老总成林。

扁楣概是千年迹，凭槛茫然万里心。

宛听花林莺啭语，一丛粉黛奏娇音。

1 百祥楼至今尚存遗迹。参见〔明〕无名氏《朝鲜志》卷下《百祥楼》，文渊阁四库全书本；朝鲜文献《新增东国舆地胜览》卷五十二《百祥楼》。

2“棂”读“零 líng”，窗格。

3 唐皐（1469—1524），明朝文人，字守之，号新庵，正德甲戌（1514）状元。1521年以翰林学士出使朝鲜，诏告嘉靖皇帝登基。朝鲜文人朴祥（1474—1540）《讷斋集》续集卷一有和唐皐多首。“皐”同“皋”。

4 王敞（1453—？），明朝文人，字汉英。明孝宗弘治元年（1488）以工科给事中的身份被派为董越的副使，出使朝鲜。嘉靖年间曾出任兵部尚书。〔明〕王世贞《皇明异典述》卷六云：“其未至一品而赐玉者：洪武中，弘文馆学士罗复仁。……正德则太学士王鏊、费宏、杨一清、靳贵，尚书曾鉴……曹元、王敞、白钺、李逊学、王鉴之、毛澄，白钺、李逊学、王鉴之、毛澄”。〔清〕赵翼《陔馀丛考》卷三十八云：“弘治中，元守直为通政使，王敞为左通政，姜清、李浩为参议，时人谓‘元哭、王唱、姜辣、李苦’，盖元与王声音俱不称，而姜急躁，李气促也”。

5“我东”的意思是“我们东国”、“我们朝鲜”。

6“黄与箕”，黄州与平壤。朝鲜文人习惯称平壤为“箕城”。

7“梧里李相公”，即朝鲜文人李元翼。李元翼（1547—1634），字公励，号梧里。出身王族，乃世宗大王第十一子益宁君之后。23岁科举及第，明万历元年癸酉（1573）随圣节使出使中国。回国后历任承政院承旨、户曹参议。又先后为户曹、礼曹、吏曹判书。“壬辰倭乱”日本人入侵，朝鲜震动。时李元翼为平安道都巡察使，旋为右议政。明万历二十六年戊戌（1598），以“杨经理镐讼冤陈奏使”正使出使中国。后为议政府领议政（首相），封完平府院君。光海君执政，被发配洪川。仁祖反正后再为领议政。明天启七年丁卯（1627），后金军进攻朝鲜，奉世子南撤。有《梧里集》传世。参见朝鲜文人李元翼《梧里集》卷二

《辩丁应泰诬奏文》、续集附录《年谱》。

8“仞”是我国古代的长度单位。周制为8尺，汉制为7尺。

七佛寺[1]

寺在玄武门外。昔隋将宇文述[2]引众东征。师到清川江，适值水涨。方临水观望，忽有七僧无从而来，无难揭厉[3]而前。宇文军谓以水浅易渡，次第争涉。中流渐没。及至渡头，溺死无余，水为之壅流。使敌兵不接刃而皆死者，即此神僧阴佑也。转眄[4]之间，诸僧皆化为石弥勒，散立清川上下。故就其三佛齐立处建一寺，别立弥勒院。以三佛轩悬大梵钟，而笵子[5]记其迹。

东驱铁骑渡无声，江阔能容百万兵。

七佛归来同化石，水云遗躅[6]梵钟鸣。

1 此处文字追记七佛寺的来历。该寺今为朝鲜的著名旅游景点，板悬“东国第一禅院”。参见朝鲜文献《新增东国舆地胜览》卷五十二《七佛寺》。

2 宇文述（？—616），隋朝名将，字伯通，代郡武川人，鲜卑贵族。隋炀帝即位后，总领军事。

3“揭”读“气 qì”，撩起衣服。“厉”，穿着衣服涉水。“揭厉”就是趟水的意思。

4 转眄，转眼。“眄”读“缅 miǎn”，斜视。

5“笵”同“范”。范子，铸钟的人。

6“躅”读“竹 zhú”，足迹。

初七日戊戌[1]，晴，乍阴。博川津[2]四十里秣马，嘉山[3]三十里嘉平馆宿。

拨便[4]，上家书，又承两度书。[5]

1 这一天是1803年12月20日。

2 此地现名“博川”。联系原稿下一句记述的“嘉山”，可见原稿作者李海应一行没有走现今的“京义铁路”沿线，而是抄近路奔义州而去。

3 此地现今名嘉山里，在博川正西，属平安北道。

4 拨便，趁着拨站人员来往的方便。

5 两度书，两封书信。“度”是书信的量词。

清川江[1]

江在安营城北。西路之称“清南”、“清北”者，所以限此江也。亦名“萨水”[2]。俗传汉龚遂[3]当渡清川，勺而尝之曰：“上流当有菩萨”，因以名水云，而史无龚遂东来之文，且西汉世安有“菩萨”名哉[4]？必齐谐[5]说也。

江未完冰，从上流逶迤[6]而渡。有官行葺[7]茅船，扁曰“泛星阁”、“胜山亭”。或冰、或船而渡。

清川限南北，千里漠云浮。

雪马乘冰滑，风艑[8]引水流。

举眸来旷野，回首失层楼。

郡吏呵前路，乡童集渡头。

1 清川江是流入黄海西朝鲜湾的一条江。朝鲜半岛的许多江河（如汉江）是从东向西流入大海的。

2 萨水，即现今朝鲜境内的清川江。见原稿本节介绍。

3 龚遂（？），西汉文人，字少卿，山阳人。汉宣帝时曾任渤海太守。〔宋〕李昉等《太平御览》卷九百七十五云：“《汉书·循吏传》曰：龚遂为渤海太守，劝民秋冬益畜果实菱芡”。另参见〔清〕沈佳本、荣铨修、〔清〕徐宗亮、蔡启盛纂《（光绪）重修天津府志》卷三十九《龚遂（传）》，续修四库全书本。

4 佛教是纪元前后从印度传入我国的，西汉人不可能知道菩萨。参见《中国大百科全书·宗教卷》“中国佛教”条（赵朴初撰）。

5 齐谐，荒诞不经。南朝人东阳无疑著有《齐谐记》。

6 逶迤，读“微 wēi 姨 yí”，曲曲折折。

7“葺”读“气 qì”，修缮，修建。

8“艑”读“变 biàn”，大船。

大定江[1]

津头是博川界也。自本邑供馔，甚零星。

停站少歇，时回还谢使[2]，相值津头。草草迎接。谢使即李尚书晚秀[3]、洪参判[4]义浩[5]、洪校理奭周。[6]

一道沧浪朔气通，边愁牵动莽苍中。

峡深夜布无从雪，江浅冰成少顷风。

云影徘徊新纵鹞[7]，寒声寥阔远闻鸿。

渡头迟待东还使，立望西天落日红。

1 大定江即今朝鲜平安北道大宁江。明朝文人董越于弘治元年（1488）出使朝鲜，他说：“（大定）江名，在博川郡，即古朱蒙（江）。朱蒙南奔至此，鱼鳖成桥处”。见〔明〕

董越《朝鲜赋》，文渊阁四库全书本。

2 “谢使”即谢恩使。此次出使中国的朝鲜谢恩使正使、副使与书状官分别是李晚秀、洪义浩、洪奭周。洪奭周（1774—1842），朝鲜文人，字成伯，号渊泉，本贯丰山。1795年文科及第后，历任吏曹参议、左议政等。除了原稿记述的此次燕行外，他还在1831年以谢恩正使出使中国。有《渊泉集》四十四卷传世。集中有《渊泉燕行诗》。参见[韩]林基中《燕行录研究》，第489页，一志社，2002年初版，2006年增补版。

3 李晚秀（1752—1820），朝鲜文人，字成仲，号珖园。本贯延安。1789年科举及第，1801年后为判义禁府使，历任刑曹判书、兵曹判书、大提学。1803年出使中国。有《珖翁集》。“珖”读“光 guāng”，玉笛。

4 参判是朝鲜王朝各曹的副职主管官员，大约相当于当今的副部长。其下是“参议”。朝鲜六曹（对应于中国古代的六部）的主管官员是“判书”，相当于今天的部长。

5 洪义浩（1758—1826），朝鲜文人，字养仲，号澹宁。本贯丰山。1884年廷试文科及第后，历任持平、应教、大司宪等。除了原稿记述的此次燕行外，他还在1823年以冬至正使出使中国。著有《澹宁集》、《青丘诗志》等。

6 洪奭周（1774—1842），朝鲜文人，字成伯，号渊泉，本贯丰山。1795年文科及第后，历任吏曹参议、左议政等。1831年以谢恩正使出使中国。著有《渊泉集》、《学海》等。朝鲜文人罗世缵（1498—1551）《松斋集》后有洪奭周墨迹。“奭”读“是 shì”，盛。

7 “鹢”读“益 yì”，一种水鸟，似鹭。

夜渡嘉陵

自大定津迟发。日已昏黑，引火而行。

松林前路黑戎戎，眉月流光澹[1]霭[2]中。

逸骑火行三十里，村氓[3]引炬吏担笼。[4]

1 “澹”通“淡”。

2 霭，烟、雾。

3 “氓”读“蒙 méng”，老百姓。

4 笼，箱笼，行李。

初八日己亥[1]，晴。定州[2]六十里新安馆宿。

拨便[3]，承家书。

1 这一天是1803年12月21日。

2 从现在起，李海应一行又回到了现今的“京义铁路”沿线。定州今属朝鲜平安北道。

3 拨便，趁着拨站人员往来的方便。

晓星岭[1]

晓星为嘉山邑镇，而回纡峻急。轿者舆[2]骑者步，亦一关隘地也。林木茂郁。白日行人，往往逢虎豹云。有数三禅寺，隐映林树中。

自岭以北，塞漠寥阔之意，显有所见。此则江山之助欤?

尽境溪岑目远凭，吾行若到古嘉陵。

黄榆地接寒云杪[3]，苍桧[4]根黏老石棱。

岭路担舆喧郡吏，寺门鸣钵走山僧。

晓天如可扪[5]星斗，更向高高绝顶登。

1 明朝文人华察于明嘉靖十八年己亥（1539）出使朝鲜。其《游汉江记》说：“嘉靖己亥春，予与都谏薛君萃轩奉使朝鲜。未至，闻所谓鸭绿江者，已窃歆之。及渡，见其限隔华夷，渺然巨浸，义州诸山，迤逦东岸，以为朝鲜之胜尽在是矣。译者曰：‘未也。’行数百里，有江曰大定。远带清川，近映晓星（山名），危亭上控，嘉山在望，以为朝鲜之胜尽在是矣”。另见〔明〕严从简《殊域周咨录》（上）；朝鲜文人苏世让（1486—1562）《阳谷集》卷十四《己亥迎华使同行录》。

2“舆”通“与”。

3“杪”读“秒 miǎo”，本义是树梢。这里是指边界、边。

4“桧”读“贵 guì”，圆柏。是一种能散发幽幽香气的树。

5“扪”读“门 mén”，摸。

纳清亭[1]

地是嘉山界，天使[2]唐皋[3]名其亭。史道[4]记之，而且有题咏。亭则今圮[5]，只有支勅[6]时递马馆[7]。昔居民开市于此。丙子[8]，胡骑蹂躏而至，剽掠无余。纳清之名，盖或符纤[9]于是欤？今人称物之拉破者曰“纳清亭”，以是故也。

岧嶤[10]晓星岭，虚旷纳清亭。

铁骑东过路，只今血雨腥。

1 关于纳清亭，〔明〕无名氏《朝鲜志》载：“在州东四十里，唐内翰皋名之”。见该书卷下，文渊阁四库全书本。参见朝鲜文献《新增东国舆地胜览》卷五十二《纳清亭》。

2“天使”，朝鲜文人对中国派出使节的尊称。

3 唐皋（1469-1524），明朝文人，字守之，号心庵、紫阳山人。徽州岩寺人，正德甲戌

（1514）状元，授翰林院修撰，升侍讲学士。参修《武宗实录》，著有《心庵文集》。嘉靖元年（1522）以翰林学士出使朝鲜，其巧对让朝鲜中宗刮目相看。明人冯梦龙《古今谈概》卷二十九《谈资部》有“唐状元对”，记述此故事。朝鲜文人郑士龙（1491—1570）《湖阴杂稿·附录》收了唐皐作品，《湖阴杂稿》卷三《甲辰朝天录》多次提及唐皐出使朝鲜事。“皐”同“皋”。

4 史道（？），明朝涿鹿人。嘉靖元年（1522）以兵科给事中与唐皋一同出使朝鲜，次年升为山西佥事。嘉靖二十年（1541）为巡抚大同都御使，三十三年（1554）升兵部侍郎，经理大同马市。其墓地在今涿州市双塔区史邱庄，清朝《涿州志》记史道墓为“资善大夫、少保、兵部尚书”之墓。朝鲜文人郑士龙（1491—1570）《湖阴杂稿·附录》中有史道为郑士龙《朝天日录》写的《跋》。朝鲜文人宋纯（1493—1583）《俯仰集》卷一有《次副使史道韵》。

5“圮”读“匹 pǐ”，崩塌。

6“勑”同“敕”，读“斥 chì”，帝命。支敕，迎接天使。

7 元朝时朝鲜要进贡马匹，递马馆是用来转运马匹的地方。

8“丙子”是指1636年。这一年，皇太极以朝鲜君臣不肯接受后金而发兵攻打，次年，朝鲜王朝出降，断绝了与明朝的关系。

9 符纤，符验。

10“岧嶤”读“条 tiáo 尧 yáo”，山很高的样子。

五龙浦

未至定远城五里许，有五龙浦。以石桥驾之，前有长林。林尽而有院宇，戟门[1]内竖碑，刻曰“圣积碑”。是我太祖[2]随州之绩，而纪绩碑阴记详之[3]。以宝墨奉安地，下鞍步过。

定[4]之民户亦繁富。

高山清水一天开，石立千年上将台。

大野玄黄收战血，五龙桥口六龙回。

1 戟门，《周礼·天官》中即有此门的设置规定。汉朝学者郑玄以为即“棘门”，是用兵戈搭建的门。后为古代建筑群中的前门。唐朝规定，三品以上人家可以设置戟门。“戟”读“挤 jǐ”。古代青铜制作的兵器，矛、戈合为一体。

2“我太祖”，指朝鲜王朝太祖李成桂（1335—1408）。

3 详见李海应次日所作《两祖纪绩碑》。

4 定，这里指定远城。

初九日庚子[1]，晴。郭山[2]三十里云兴馆午餐。宣川[3]五十里林畔馆宿。

拨便[4]，承家书，又上书。

1 这一天是1803年12月22日。

2 郭山今属朝鲜平安北道。

3 宣川在郭山之西。参见朝鲜文献《新增东国舆地胜览》卷五十三《宣川郡》。另参见中国地图出版社编《朝鲜·韩国地图册》，第11页，中国地图出版社，2004年第2版。

4 拨便，趁着拨站往来人员的方便。

新安书院[1]

定州古称“新安”。康熙壬辰[2]，邑儒[3]以州号之相符，议建朱子[4]书院。移模临漳揭虔之本[5]。丙申[6]，赐院额。在新安东门之右，乡校[7]东畔。

朝从秋阳[8]，寻院祇[9]拜。

先生斯道主，此地偶名符。

地水英灵在，丹青善手模。

宛瞻真气像，追想定工夫。

院接宣尼殿[10]，师门德不孤。

1 朝鲜“新安书院”祭祀的是宋朝大儒朱熹，现今尚存。参见朝鲜文献《太学志》卷十四附录《书院》。

2 康熙壬辰即1712年。

3 邑儒，地方官校的学生或者学者。

4 朱子，朱熹。朱熹（1130—1200），南宋大儒，字元晦，号晦庵，徽州婺源（今属江西）人。婺源属新安郡，朱熹亦常自署“新安朱熹”。这里的“朱子书院”即新安书院。参见朝鲜文献《太学志》卷十四附录《书院》。

5 移模临漳揭虔之本，从临漳台那里复制了挂在高处供人瞻仰的朱熹画像。南宋淳熙十六年（1189）朱熹知（福建）漳州，设立讲学书院。临漳台附近的龙江书院于1246年建朱文公祠。

6“丙申”即康熙丙申，1716年。

7 乡校，地方学校。周朝官学分“国学”与“乡学”，后者按照级别，州学为序，党学为庠，闾里为校。朝鲜王朝多设乡校，现今韩国首尔江西区麻古洞还有“阳川乡教（校）”。

8 秋阳，此次出使中国的书状官徐长辅（1767–1830）。

9 此处“秖”即“祗”，读“知zhī”，恭敬。

10 宣尼殿，这里是指乡校。

凤鸣书院[1]

院在甲岩之左。奉金仙源[2]、清阴[3]二公位板，而院之北山，曾有凤鸣之瑞，故仍名焉。仙源昔以州牧莅任[4]累载，有甘棠遗爱[5]。清阴亦以雪窖[6]之节，路经此地。后人景慕，建院并享，而院中揭仙源影帧[7]，从玄孙三渊为之赞。[8]

空庭老树雪花班[9]，寥落重门白日关。

往往州民谈旧迹，院楹[10]新起凤鸣山。

1 凤鸣书院祭祀朝鲜文人金尚容与金尚宪。该书院是朝鲜显宗癸卯年（1663）所建。参见朝鲜文献《太学志》卷十四附录《书院》。

2 金仙源即朝鲜文人金尚容。金尚容（1561—1637），字景择，号仙源、枫溪，本贯安东。明万历十八年（1590）增广文科及第，历任吏曹佐郎、同副承旨等。1598年以圣节使出使中国。回国后为刑曹参议、兵曹参议，升为左承旨。后判汉城府，为礼曹判书。后金军队进攻朝鲜，仁祖大王躲避江都，金尚容留守汉城。后官至议政府右议政。明崇祯十年丁丑（1637），后金军队再次进攻朝鲜，金尚容带社主等先到江华。后金军队突至，金尚容点燃火药自焚。有《仙源遗稿》传世，内有金尚容《年谱》。

3“清阴”即金尚宪。金尚宪（1570—1652），朝鲜文人，字叔度，号清阴。安东人，金尚容之弟。金尚宪以判书身份参与抵御后金军队，兵败国王下南汉山城，而金尚宪自缢未死。坚决反对朝鲜派兵助后金进攻大明。后随朝鲜世子等被掠至沈阳，单独关押。与朝鲜宫廷人质一行经历了风雨、战役和疾病。被放还后官至左议政，著有《清阴集》。朝鲜文人申钦《象村集》、朝鲜文人尹斗寿《梧荫遗稿》前有金尚宪手书序言。朝鲜文人郑惟吉（1515—1588）《林塘遗稿》有“外孙安东金尚宪”手书序。朝鲜文人洪大容《湛轩书》外集卷二说，金尚宪曾来中国，在山东与王渔洋有唱和。参见朝鲜文人古山子《大东地志》卷一；拙著《半岛唐风：朝韩作家与中国文化》，第309—310页，宁夏人民出版社，2004年版。

4 莅任，在任。“莅”读“力lì”，治理，统治。

5 甘棠遗爱，用《诗经·召南·甘棠》典。该诗赞颂了周召公的善政。

6 雪窖，用来形容冰清玉洁的品行。

7 这句的意思是，院子里挂着金尚容的画像。

8 赞，画像赞。这句的意思是，金尚容的从玄孙金三渊为画像写了赞语。这里的“金三渊”即朝鲜文人金昌翕。金昌翕（1653—1722），字子益，号洛诵子、三渊，本贯安东。其《三渊集》原集三十六卷，十八册；别集三十二卷，十六册。

9“班”通“斑”。

10“楹”读“迎yíng”，厅堂最靠外的木柱。

两祖[1]纪绩碑

碑在东门内，阁以庇之。正宗朝所竖，而纪两祖圣绩者。高丽恭愍王十三年[2]，有崔儒、塔思帖木儿[3]潜师谋反。我太祖[4]以元帅战于随州，挞川仍即扫平。“随州”亦定州古号也。挞川在五龙浦之南，而尚今有“战场坪”、“元帅台”之名。且宣祖壬辰[5]，车驾西狩[6]，尝驻跸[7]于州人卓龙家，故碑纪两祖之迹。卓家今墟，而人不敢家[8]此云。

水空清跸路，山护紫芒云。

圣祖千年迹，斑斑石上文。

1 两祖，朝鲜太祖与宣祖。

2 高丽恭愍王即高丽王朝第三十一位君主王祺。“高丽恭愍王十三年”是1364年。

3 塔思帖木儿是元朝名将；崔儒亦作“崔濡”，本高丽人，后与弟共投奔元。《元史·本纪第四十六·顺帝九》说：“帝以谗废高丽王伯颜帖木儿，立塔思帖木儿为王。国人上书言旧王不当废、新王不当立之故。初，皇后奇氏宗族在高丽恃宠骄横，伯颜帖木儿屡戒饬不悛，高丽王遂尽杀奇氏族。皇后谓太子曰：‘尔年已长，何不为我报仇！’时高丽王昆弟有留京师者，乃议立塔思帖木儿为王，而以奇族子三宝奴为元子，以将作同知崔帖木儿为丞相，以兵万人送之国，至鸭绿江，为高丽兵所败，仅余十七骑还京师”。其中的“伯颜帖木儿”就是高丽恭愍王。“崔帖木儿”即崔儒，朝鲜文人郑麟趾《高丽史》卷一三一《列传》四十四《叛逆》有传。

4“我太祖”，朝鲜王朝太祖李成桂。

5 朝鲜宣祖壬辰是1592年，中国明万历二十年。这一年是日本军阀丰臣秀吉当政的“文禄元年”，丰臣发动了侵略朝鲜的战争，试图借助朝鲜半岛进攻大明。朝鲜史称“壬辰倭乱”（日本称“文禄之役”）。参见[日]山冈八庄著，郭宏达译《丰臣秀吉》，第1075页《远征明朝的大动员》，重庆出版社，2008年版。

6 西狩，本意是到西部去打猎。这里是婉辞，意思是向西部（接近中国的方向）避乱。

7“驻跸”，君主、后妃出外于途中暂停小住。“跸”读“毕 bì”。

8 家，名词用如动词，安家。本句意为宣祖曾小住于民人卓龙的家，那里从此就没有人敢安家了。

九曲岭

自郭山界，山低而童[1]。块石累累，如人面之赘[2]痣。宣、郭之间，土沃谷腴。燕京贡米[3]，必例取于此。且数郡居民，素称多豪富。

渡水重逢水，行山又见山。

经旬驰驲[4]骑，明日渡龙湾。[5]

曲径犹无碍，长征反似闲。

锦囊[6]看渐溢，风物总新颜。

1 童，无草木。

2 "赘"读"坠 zhuì"，多余的。

3 燕京贡米，向北京皇宫进贡的大米。

4 "驲"读"日 rì"，驿马。

5 义州本高丽王朝龙湾县，朝鲜王朝设有龙湾郡。参见朝鲜文献《新增东国舆地胜览》卷五十三《义州牧》。

6 锦囊，这里是指装有诗作的行囊。

望海

行过九曲岭，一泓[1]海色，隐现于薪弥岛[2]之南。有若百数匹绮缟，铺在平芜。轻风一过，摇扬而不定者也。

海浪白如云，群峰出没翠。

朝宗万折路，愧此金缯[3]使。

1 "泓"读"红 hóng"，水深而广的样子。

2 薪弥岛现名"身弥岛"，是西朝鲜湾里的一个大岛。参见中国地图出版社编《朝鲜·韩国地图册》，第11页，中国地图出版社，2004年第2版。

3 "金缯"，金钱与布帛。"缯"读"增 zēng"，古代对丝织品的统称。

凌汉山城

城是高丽所筑，今有别将治之。闻邑人言，则地窄而难容众兵。且山中水源甚少，设有兵乱，不可多日拒守云。

入郭[1]界，峻岭细堞[2]，远入眺望。

石出山綦[3]置，崎岖马不骄。

白云凌汉里，古郭悬如巢。

1 郭，外城。

2 "堞"读"碟 dié"，城墙上齿壮的矮墙。

3 "綦"同"棋"。

倚剑亭

夕到宣川[1]官衙，即"御牧轩"也。倚剑在轩东，雄伟敞阔，亦系西邑名胜。然而眼界不甚阔，只有残山断麓，而了无蹄涔[2]之水。

夜设妓乐于是[3]亭。

古亭晨倚剑，壮士意何如？

朔气流霜雁，寒声听水鱼。

绕墙村女髻[4]，依树野民庐。

澹[5]霭成银海，漠然平楚墟。

1 宣川今属朝鲜平安北道。

2 蹄涔，蹄迹积下的水。“涔”读“岑 cén”。

3 是，这。

4 古代朝鲜民居的院墙较矮，使节团经过时，女人们往往站在院子里观看，故原稿有这样的描绘。

5 “澹”读“但 dàn”，水波摇动的样子。

初十日辛丑[1]，阴，林畔馆留。拨便[2]，承家书。

1 这一天是1803年12月23日。

2 拨便，趁着拨站往来人员的方便。

南至绝句

是日，南至[1]也。三使及本倅[2]，行望贺礼于客舍，自官供赤豆粥进之。节候时食，令人作怀。

雷动日南至，风餐士北征。

使家[3]晨束帽，稽首望王京。[4]

1 “南至”即“冬至”。这一天是1803年12月23日。笔者查对万年历，该日确为癸亥年甲子月辛丑，冬至节。但原稿作者李海应一行还没有走出自己的国境。看来，该使节团确切的名称当是“至正使节团”。

2 “本倅”即本地的副职官员。宋人张先（990—1078）《天仙子》一词的副标题为《时为嘉禾小倅，以病卧不赴府会》，见〔清〕上彊村民选编，梁海明译注《宋词三百首》，第6页，山西古籍出版社，1999年版。“倅”读“翠 cuì”。

3 使家，使者。朝鲜口语里“者”发汉语“家”的音。

4 “王京”，汉城（今韩国首都首尔市）。与之相对的是北京为“帝京”。

步虚阁

与“挂弓楼”、“安制阁”皆巡檐而通。“成趣亭”亦在西北墙内，制度颇精洒。

当风亭子竹为栏，苍翠如烟纳众峦。

醉时忽作凌虚[1]步，燕蓟流云迴入观。

1 凌虚，升上天空。

挂弓楼

诸议以为渡湾既不远，且天阴欲雨，不必苍黄趱[1]进。又留宿一夜，以妓乐继昼。秋阳[2]处挂弓楼，口号示余。

将军日何事，楼静闲挂弓。

燕云空唾手，凭槛啸寒风。

1 “趱”读“攒 zǎn”，催促。这里是仓促的意思。

2 秋阳，此次出使中国的书状官徐长辅（1767—1830）。

十一日壬寅[1]，阴，洒雪。铁山五十里，车辇馆[2]午餐。龙川[3]三十里，良策馆宿。

1 这一天是1803年12月24日。

2 参见朝鲜文献《新增东国舆地胜览》卷五十三《铁山・车辇驿》。

3 现今朝鲜新义州附近有龙川和良策两个地名，但相距比较远。参见中国地图出版社编《朝鲜・韩国地图册》，第11页，中国地图出版社，2004年第2版。

剑山

山甚峻，远入瞻望。山头奉林将军庆业[1]书院。

剑山青突兀，石堞[2]白周遭。

屹彼将军烈，峰头院宇高。

1 林庆业（1594—1646），号孤松。1640年，他率水师暗破清军船只。1641年，他带朝鲜炮手助满族军队攻锦州，炮口朝天。次年被清军逮捕，随即逃出。1644年，林庆业漂至我国海丰，在马腾高手下任将军。马降清后，林庆业至登州（今山东蓬莱市）。1646年回国，死于狱中。林庆业被朝鲜看作抗清的将军、有气节的朝鲜人。参见[韩]柳根永《忠壮公柳琳将军》，第239页《林庆业影像》，handl，2006年版。

2 “堞”读“碟 dié”，城墙上齿壮的矮墙。

清江坪

江之水，可谓曾不容刀。

欲雪天云流，将风野水起。[1]

十里清江坪[2]，沙明石齿齿。

1 此联用互文修辞格。

2 坪，平坦的地面。

东林镇西关[1]

东林城，在清江坪北，设别将治。筑圆城于山麓间，有大路横出南门外。且于山口设城而立门，曰“镇西关”。松林交拱，烟台烽堞[2]，往往出高山顶。

东林东畔屹孤城，控制边门建小营。

云木连峰同乱寨，烟台绕堞说疑兵。

邮奴[3]鼓吹桥头转，戍将櫜鞬[4]路左横。

宛若从军千万里，据鞍相笑一书生。

1 该地现名“东林”，附近有著名的东林瀑布。

2 “堞”读“碟 dié”，城墙上齿壮的矮墙。

3 邮奴，传递消息的朝鲜军士。高丽王朝与朝鲜王朝有许多奴隶制度的痕迹，下人多被称为“奴”。

4 “鞬”读“尖 jiān”，骑马时装弓箭的器具。

车辇馆

铁山以使行之迂路，别设馆所，出站支供。龙川[1]亦如之。馆距本府数十里。

绿菱涂壁绛围床，车辇堂中妓奉觞。

向夕风寒天又雪，匆匆人马戒严装。

1 龙川地名至今犹存，离新义州很近。

西林镇

铁山界有西林镇，节制使[1]主其镇，而城中又有僧卒[2]，住在小庵。入自东门，从西门出。

苍林夹路路如绳，斗小[3]荒城石数层。

夜读禅书朝讲武，牙兵[4]半是古庵僧。

1 节制使，朝鲜王朝官职。

2 朝鲜僧人历来有参战与参加科举考试的传统。与我国不同，古代朝鲜有僧科科举考试。现今韩国还有由僧侣与信众组成的“护国党”，该党多次参加总统竞选。

3 斗小，像量米的斗那么小。

4 牙兵，牙将与士兵。古者天子出建大牙旗，竿上以象牙饰之。后代“牙将”专指中下级军官。

天渊亭

夕抵良策，亦龙[1]之别馆也。亭在馆之南，背岩临渊，境甚绝左[2]。于右壁间，以朱使之蕃[3]笔，刻曰“第一溪山”。又曰“听流岩”。亭扁曰“三奇亭”。以江山之胜、亭榭之丽、妓乐之妙，俱得三奇也。

登亭会酌，夜久始撤。

西行一千里，微雪洒林皐。

白日斜仍落，□□[4]音更高。

龙川开别馆，象译[5]并征镳。

袅娜红裙女，纤歌侑[6]薄醪。[7]

1 龙，这里指龙川。

2 左，特殊。

3 朱之蕃（？），明朝文人，字元介，号兰隅，南直上元（今南京）人。明万历二十三年乙未（1595）状元。官至吏部右侍郎。他于万历三十三年乙巳（1605）任出使朝鲜的使节，与朝鲜文人车天辂等唱和，在朝鲜有很高的知名度。

4 原稿此处有误，当缺“妓歌”二字。

5 象译，翻译。〔宋〕周密原著，吴企明点校《癸辛杂识》后集《译者》有“南方曰象”、“北方曰译”句，中华书局，1988年版。原稿中，朝鲜王朝的翻译被简称“译”，清朝的（朝鲜族）翻译被称为“通官”。

6“侑”读“右 yòu”，本义是劝食，这里的意思是佐餐。

7 薄醪，没有多大劲儿的浊酒。古代朝鲜人习惯喝米酒。“醪”读“劳 láo”。

十二日癸卯[1]，晴。义州[2]五十里所串站[3]午餐，又三十里龙湾馆宿。

1 这一天是1803年12月25日。

2 朝鲜文人常把义州称做“湾府”。义州本高丽王朝龙湾县，朝鲜王朝设有龙湾郡。现今朝鲜的新义州市与我国的丹东市隔江相望，笔者与拙荆于2008年9月27至9月28日专程驾车前往丹东参观。新义州的附近即古义州。明朝我国境内也有一个义州（卫），在今辽宁省北镇市广宁。参见朝鲜文献《新增东国舆地胜览》卷五十三《义州牧》；〔明〕毕恭等修、任洛等重修《（嘉靖）辽东志》之《义州卫山川地理之图》，续修四库全书本。

3 所串站，也叫“所串驿”、“所串馆”，朝鲜凤山的一个驿站。参见朝鲜文献《新增东国舆地胜览》卷四十一《凤山·所串驿》。

箭门营

行未至湾府[1]十里，登箭门西望，则鸭江外山势雄特。塞漠之气，可通呼吸。山名“金石”也。

渡过尾溪口，行上箭门颠。

地尽朝鲜国，山雄大漠天。

乡音如梦里，客意忽风前。

快马长驱去，程道又几千。

1 湾府，义州府。

来熏门

府有外城门，门不设谯[1]，只以巨石架门如虹，是称“旧南门”也。由内南门入，扁曰“海东第一关”。内扁曰“来熏门”。市港闾井，簇设鳞比，边土雄府，此可见矣。

自王京[2]至此，为一千五十里。

边门锁钥镇龙湾，江海之东第一关。

猎兔胡儿归趁暮，燧烟青出佛头山。

1 “谯”读“桥 qiáo”，指谯楼，即城门上的了望楼。

2 王京，汉城（今韩国首尔市）。与之相对的是“帝京”北京。

十三日甲辰[1]，雨雪。龙湾馆留。

查对《状启》[2]便，上家书。拨[3]还，承三度[4]书。

1 这一天是1803年12月26日。

2 状启，使节团官员在途中给朝鲜国王的汇报性文书。如原稿癸亥十一月二十四的日记有《渡江状启》。

3 拨，拨站。这里是指拨站人员。

4 度，书信的量词。古代书信的量词还有“通”。

过闵上舍[1]景旭馆

登程千余里，殆费二旬有奇[2]。税驾[3]一宿，自不堪瘦尔。今日天且雨[4]，故仍偃枕歇息。

三使行查对讫，湾尹[5]邀，故暮入“镇边轩”。过闵景旭致升馆。景旭以正使子舍[6]，方同入燕京。打话至夜。赵幕景裕[7]在座。

君家共住汉南[8]居，三十年中[9]雅契[10]疎。

忽谩[11]西州[12]倾盖[13]语，蓟山明日又联车。

1“上舍”是对比自己地位高的人的儿子的尊称。朝鲜文人经常使用的尊称有：用“陛下”称呼皇帝，“殿下”称呼国王，用“邸下”称呼王（世）子。

2“奇”读“基jī”，余数，零头。

3 税驾，停止前行。

4 原稿此处有误，缺一“雪”字。

5 湾尹，义州府尹。

6“上舍”是比自己地位高的人的儿子。闵致升是正使之子，故原稿作者李海应称之为“闵上舍景旭”。

7“幕”即幕宾。“赵幕景裕”的意思是（正使的）幕宾赵景裕。景裕即《秋斋集》的作者、朝鲜文人赵秀三。赵秀三（1762—1849）又名景裕，字芝园、子翼，号秋斋、经畹，本贯汉阳。他是此次朝鲜使节团副使的幕宾。《秋斋集·传》引用《壶山外史》，称赵秀三6次到中国，83岁中进士小科，88岁卒。赵秀三《秋斋集》自署“汉阳赵秀三芝园著”，卷之四有《送李东华圣瑞再入燕京》及《李东华归自燕京，适冬至夜。东华赍传吴兰雪答书及和诗》二诗。参见[韩]洪赞裕监修，郑后洙译《秋史金正喜诗全集》，第41页《赵秀三》，pulbitco，1979年版。

8 汉南，汉江的南岸。这首诗的第一句是说，我与您都住在汉江的南岸。原稿癸亥十月二十一日壬午说：“余曾从秋阳及景博，读书南汉”。看来原稿作者的老家当在汉江南岸。朝鲜文人李山海（1539—1609）《鹅溪遗稿》卷四有《露梁录》，而露梁津（今作“鹭梁津”）即在汉江的南岸。李山海是韩山人，历任吏曹判书、大司宪，官至首相。鹭梁津现为交通枢纽，那里有韩国最大的水产市场。另参见韩国文献《东国舆地志》卷一《汉城府·露梁渡》。

9 这一年，原稿作者李海应29岁。朝鲜习惯说虚岁，则其为30岁。

10 雅契，（前辈）高雅的友情。

11“谩”通“漫”。这里形容海阔天空地（谈话）。

12 西州，中州，指中国。中国在朝鲜的西部。

13 倾盖是指古人在途中相遇时，因停车交谈，双方的车盖往一起倾斜。用来形容一见如故的攀谈。

十四日乙巳[1]，晴。龙湾馆留。

拨便[2]，上家书。

1 这一天是1803年12月27日。

2 拨便，趁着拨站人员往来的方便。

统军亭[1]

亭在城北角，高出雉堞[2]，穹然如伞。鸭江二条，把而为衿[3]。带西北胡山，周遭罗立，如万千兵甲，环列成阵，见其头角之高下不齐也。低回四望，眼无纤芥之碍。万里朔气，惹起悲壮。此即亭使之然也。

前后入燕者，皆称俗忌，绝不登览。盖俗忌不知何据也。遂登亭一畅。酒行数巡，设神仙炉[4]一嚼。乘月而还。

冰轮高挂素云间，百雉[5]峥嵘枕碧栏。

马耳山[6]空关树暮，鸭头江转朔风寒。

轻裙少妙[7]杯行乱，缓带将军礼数宽。

愁望明朝征北路，荻田[8]榆塞远漫漫。

1 现今朝鲜义州尚有统军亭遗迹。

2 “堞”读“碟 dié”，城墙上齿壮的矮墙。

3 “衿”读“金 jīn”，通常指衣下两旁掩裳际。

4 神仙炉，朝鲜传统菜，主料是牛肉和鱼片等。其炉类似我国的火锅。

5 “雉”读“智 zhì”，城墙，也是计量城墙面积的单位。长三丈、高一丈为一雉。

6 朝鲜文人申炅用《再造藩邦志》：“且马耳山与统军亭相对，汉地界也”。“炅”读“炯 jiǒng”，光亮。

7 少妙，妙龄少女。

8 荻田，长满野草的大地。“荻”读“敌 dí”。

十五日丙午[1]，阴。龙湾馆留。

拨[2]还，承家书。

1 这一天是1803年12月28日。

2 拨，拨站（递送人员）。

聚胜堂

堂是宣庙[1]驻跸[2]所，而英庙[3]以御笔扁额。丹雘[4]窈窕[5]，制度颇宏丽。从轩北入“日涉门”。门内有小园，花木绕砌。园东西筑小台。城内民户，从台上可俯瞰矣。又有延春堂，在聚胜之左。

赴燕驿马，例自关东、北，湖西、南，岭南五道，前期数朔，来待于湾府[6]。择健有力者骑之。

是日裨译[7]诸人，齐会于客舍前门，立众马择之。又有“刷马”[8]之名，而三房[9]刷马则自海西库[10]把入。

丹青窈窕[11]古堂楣，向忆先王驻跸时。

园北孤台平似掌，槛前层嶂[12]秀如眉。

行将胜地周游览，赢得浮生远别离。

却望关西[13]争点马，锦鞍牵出碧蹄驰。

1 宣庙，朝鲜宣祖大王。

2“驻跸”，君主、后妃出外于途中暂停小住。“跸”读“毕 bì”。

3 英庙，朝鲜英祖大王。

4“雘”读“获 huò”，上等的油漆、涂料。

5《诗经》里有“窈窕淑女”句。本指文静而美好的样子，这里是形容美妙的样子。

6 湾府，义州府。

7 裨译，翻译官。“裨”读“必 bì”，副佐。

8“刷马”又称作“括马”，元成吉思汗时用过的无偿强制征收军马制度。来中国朝鲜使节的刷马，实是把地方的马匹充做官用。朝鲜文人朴思浩《心田稿》“十一月十七日、十八日”有详细记载。朝鲜文人赵秀三也参加了此次的燕行，其《秋斋集》卷之五《刷马叹》有诗句云：“龙湾刷马瘦如狗，马首欲东脚西走。龙湾拉子无完衣，一尺木鞭徒在手。叱咤捶击百不惜，苟充人数随马后。来时点马鸭江边，三千一匹官雇钱”。

9 三房，朝鲜使节团中的书状官。正使、副使分别俗称为大房、二房，书状官为三房。

10 海西库，黄海道的马匹库（马舍）。海西，古代朝鲜文人对黄海道的别称。参见朝鲜文人古山子《大东地志》卷十七。

11《诗经》里有“窈窕淑女”句。本指文静而美好的样子。这里是形容绘画与书法的美妙。

12“嶂”读“丈 zhàng”，山高险如屏障的样子。

13 关西，朝鲜王朝平安道的俗称。朝鲜文人柳馨远（1622—1673）《磻溪随录·补遗》卷一说：“黄海道曰关内”、“忠清道曰汉南”、“庆尚道曰岭南”、“江原道曰岭东”、“咸镜道曰岭北”、“平安道曰关西”。

二宜亭

镇边之北园，有小亭，名曰“二宜”。多破圮。[1]

小亭如翼压西衙，寒日登临听暮笳。[2]

庭树模糊微雪作，几双飞蝶几枝花。

1“圮”读“匹 pǐ”，毁坏。

2（胡）笳，我国古代北方民族的一种吹奏乐器。似笛。“笳”读“家 jiā”。

清阴[1]遗迹碑

统军西南岸，阁碑而庇之。刻曰“清阴先生遗迹碑”。昔在己卯[2]，清阴之被拘沈阳也，留湾上之寿星村，与徐相国景雨[3]、李尚书显英[4]相追游。其后苏侯斗山[5]尹[6]兹土，因其地竖碑。逮至李裕民[7]之下车，改石而新之。闵监司镇远[8]作阴记。

北塞南冠[9]客，留连弄楚音。

寿星千载后，村老诵清阴。

1 清阴，即金尚宪。金尚宪（1570—1652），朝鲜文人。“清阴”是其号。初以判书身份参与抵御后金军队。因未随国王下南汉山城而遭后金军人嫉恨。后随朝鲜世子等被掠至沈阳，单独关押。与朝鲜宫廷人质一行经历了风雨、战役和疾病。放还后官至左议政，著有《清阴集》。参见朝鲜王朝文献《沈馆录》卷三。

2 己卯，指明崇祯十二年（后金崇德四年，1639）。

3“徐相国景雨”即朝鲜仁祖时的右议政徐景雨。徐景雨（1573—1645），朝鲜文人。在朝鲜世子被作为人质带到沈阳的过程中，以大司宪身份被拘。朝鲜王朝文献《沈馆录》卷四：“（十月）二十七日，禁军张遇吉等三人又以诸宰催促事出去，李显英及大司宪徐景雨，大司谏李厚源、沈演、金应海入来”。

4 李显英（1573—1642），朝鲜文人。朝鲜王朝在与后金军队的对峙中失败，朝鲜世子被作为人质带到沈阳，他以礼曹判书的身份被拘。后被清军放还。

5 苏斗山（1627—1693），朝鲜文人，字望如，号月洲，本贯晋州。曾任观察使，1688年为平安道兵马节度使，有《月洲集》传世。

6 “尹”本义是府尹，这里的意思是做该地地方官。

7 李裕民（1658—1729），朝鲜文人，字德裕，本贯青海。1696年以世荫补通德郎。后为兵曹佐郎。1705年为洪州牧使，1719年为延州牧使，1721年任汉城府左尹、刑曹参判。1727年出任工曹判书。

8 闵镇远（？），朝鲜文人，字丹岩，曾任监司。1791年来中国的朝鲜文人金正中“燕行录”于辛亥十一月十八日在此地的记载中说“闵丹岩记其碑阴”。

9 南冠，用《左传·成公九年》钟仪典。钟仪是楚国人，被俘到晋国而坚持戴南冠，表示不忘故国。

统军举火

为观举火，犯昏[1]上亭。引一炬，燃于城头。鸭江上下把守之卒，相警喊声震地。火色漫天。水东西百余里，一望而无际。如十数斛[2]明珠，散落圆转。一举而一应，再举而再应。至于三四而无一个漏应。及城上火灭，则彼千百炬，亦相续而无迹。此系边境组练，而不害壮观。

有烟台五峰。此则与白马山城相照。观鱼亭即城西谯楼[3]。乘月转登，眺对平畅。

千叠燕山远寂寥，统军亭上月明宵。

忽然高起城头炬，戍火如星散碧霄。

1 犯昏，乘着黄昏。

2 “斛”读“湖 hú”，10斗为1斛。

3 谯楼，城门上之望楼。“谯”读“桥 qiáo”。

十六日丁未[1]，晴。龙湾馆留。

拨便[2]，上家书。

1 这一天是1803年12月29日。

2 拨便，趁着拨站往来人员的方便。

九龙亭[1]

亭在城外东北，距城八里地。朝饭出城。石壁临江，而上顶则突然特立。盖鸭江之水，至此而汇为最深处。枯松丛木，着根于壁罅[2]，若曾见于画障图壁中者。

按金稼斋[3]记云，此地有小亭，洪侯琡[4]所构，而昔哈丹[5]、指丹兄弟，一居渊上土城，一居州城。静州[6]户长金裕干，欲以计逐之，诈言我国欲歼尔辈。丹等举众潜渡，而时江无舟楫，遂沈铁于江北近岸，又以铁锁着南岸岩石间，连互于牛背，作浮桥以渡。裕干即令破桥，使不得复来。至永乐戊子[7]筑州城时，令善泅者，取锁铁。其铁牛则不可寻矣。此即其地。亭则今圮。[8]

苍石危临不测渊，九龙嘘雨昔腾天。

胡儿浪恸弓刀逐，横渡金牛夜着鞭。

1 原稿所讲哈丹故事，可参见朝鲜文献《新增东国舆地胜览》卷五十三《九龙渊》。朝鲜文人丁若镛（1762—1836）《与犹堂集》卷五十四《朝鲜水经（四）》也载有这个故事。

2“罅”读“下 xià”，缝。

3 金稼斋即朝鲜文人金昌业。金昌业（1658—1721），号老稼斋，以抗清而著称的朝鲜著名文人金尚宪曾孙。1713年（康熙五十二年）随冬至使节团来北京，考察清朝各个方面，与中国文士多有交往。著有《老稼斋燕行录》。

4 洪璛（？），朝鲜文人，曾任参判。参见朝鲜文人徐命膺《保晚斋集》卷八《九龙亭记》。“璛”读“肃 sù”，琢玉工。

5 哈丹，指蒙古将军哈丹秃鲁乾（？）。他随乃颜等叛元，与叛军于1291年进入高丽，后被逐出。郑麟趾《高丽史》卷一百零八《列传》二十一《金怡》有“（忠烈王）十六年，哈丹入寇国家”之语，而高丽忠烈王十六年恰是1291年。另外，《高丽史》卷一百一十《列传》二十三“李齐贤”还有“乃颜之党哈丹”语；朝鲜文人古山子《大东地志》卷二“典故”里记述哈丹是乃颜余党。

6 静州，高丽时于义州南25里设立的一个镇。参见朝鲜文献《新增东国舆地胜览》卷五十三“古静州”。

7 永乐戊子，1408年。

8“圮”读“匹 pǐ”，崩塌。

十七日戊申[1]，朝阴，晚晴。龙湾馆留。

1 这一天是1803年12月30日。

百一院，观诸妓驰马

是日作百一之游。院在城西门外，或曰“讲武堂”。堂不甚敞，而阶庭平阔，政[2]合驰射场。先武校辈试马上艺。试迄，选诸妓中善骑者五六人，令各服军装驰马。马毗[3]啮勒骄逸，而台前校卒一声吹角，举皆叩鞍争先，如临阵突击者然。

红裙袅娜袭戎装，鼓动牙门走女娘。

马逸身轻毫不怕，只将纤手使花枪。

1 “政”通“正”。

2 “眦”读“自 zì”，本义是眼角，这里是指瞪圆双眼。

十八日己酉[1]，晴。龙湾馆留。

拨便[2]，上家书。又承书。

1 这一天是1803年12月31日。

2 拨便，趁着拨站往来人员的方便。

望宸楼

夕入镇边。镇边之侧有楼，曰“望宸”[1]。列校试射于前，令诸妓告箭[2]。射讫，妓又多队投壶[3]。壶广矢狂，不可以胜负论生熟。

官酒中人眼晕潮，拂帘儿女笑言娇。

玉鸾[4]笄子[5]金凫佩，更赌铜壶一矢饶。

1 “宸”读“臣 chén”，屋檐，帝王的宫殿。

2 告箭，报告射箭的成绩。

3 投壶是我国古老的游戏，宴会时众人轮流把筹或者箭投入壶中。壶多用青铜做成。朝鲜文人中也十分盛行此种游戏。

4 鸾，鸟名。凤凰的一种；雄性的长生鸟。“鸾”读“栾 luán”。

5 “笄”读“基 jī”，即簪子。雕刻成鸾鸟的玉石簪子是很贵重的女子饰物。

十九日庚戌[1]，阴雪。龙湾馆留。

1 这一天是1804年的元旦。

和呈石西二绝

行橐[1]中，有李石西[2]景[3]《进贶[4]章》二绝，故依韵和寄。

一出郊城道里长，软裘如雪剑如霜。

明朝又作燕山客，却认龙湾似故乡。

行历关河二十都，北溟天远试朋图。

莫谓大拜观礼乐[5]，即今中土尽骄胡。[6]

1 “橐”读“驼 tuó”，行囊。

2 李石西（？），朝鲜文人。原稿所记其姓名“李景”，显然有误，后缺一字。“石西”是其字。他是原稿作者李海应的好朋友，但没有参加此次中国之行。

3 原稿“景”字后缺一字，“李石西”当是白涧李景养的兄弟。

4“赆”读“进jìn”，临别的馈赠。由于路途遥远，燕行者在朝鲜国内往往要接受服装、食物、金钱等馈赠。

5 本句用《左传·襄公二十九年》吴公子季札观周典。季札作为诸侯国的公子，专程到上国周进行参观。

6“中土”指中国；“骄胡”指飞扬跋扈的满族统治者。

二十日辛亥[1]，雨雪。龙湾馆留。

拨[2]还，承家书。

1 这一天是1804年1月2日。

2 拨，拨站、驿站（递送人员）。

简酬白涧李景养

余为石西裁书与诗，未及入褫[1]。白涧昆季[2]，先有书来，而近与赵羲卿[3]读书于城西小舍云。

千里替颜面，相思喜有诗。

馆樽[4]谋醉倦，塞枕就眠迟。

地到龙湾尽，意凭羽骑驰。

近闻西郊室，芸笈[5]趁良时。

1“褫”读“尺chǐ”，剥夺。这里是打开的意思。

2 李景养（？），朝鲜文人，字白涧，号晦渊。他是原稿作者李海应的好朋友。“昆季”即兄弟，属敬称。

3 赵羲卿即朝鲜文人赵寅永。赵寅永（1782—1850），字羲卿，号云石，本贯丰壤。他是原稿作者的朋友。清嘉庆二十三年戊寅（1818），赵寅永与其从兄赵万永（字胤卿）出使中国，到达沈阳。朝鲜文人成海应（1760—1839）《研经斋全集》卷八、卷十三有与赵寅永的唱和诗歌等文字。赵寅永后官至领议政（首相）。赵寅永《云石遗稿》卷一里，有《李圣瑞海应留诗而去，追步以谢之》、《悯旱联句，同李圣瑞李景养作》二诗。

4“樽”读“尊zūn”，盛酒器。后来用做祭祀的礼器。这里是指酒杯。

5“芸笈”，本义是用芸香为书籍除虫。这里的意思是攻读。

和示参儿

朝得家书，参儿[1]集字成韵，寄来书尾。

关山千万重，如梦旧乡台。

穉儿[2]莫谩[3]待，春色明年回。

1 参儿，原稿作者李海应之子，当即是李云皋（？）。朝鲜人采用汉字以后，姓名也仿照中国，多用二字、三字。其中的“姓”是家族的共名。三字姓名中，第二个字是家族同一辈分人的共名，第三字才是自己的名字。元朝时极少部分朝鲜人改为蒙古姓氏，日军占领时期也有极少部分朝鲜人改为日本姓氏，但很快就改回来了。半岛人民为了保护自己的姓氏与日本侵略者之间曾展开长期的斗争。据载，李云皋官至同知兼五卫将。朝鲜文献《承政院日记》在1867年5月7日记载说：“生员李海应赠左承旨，学生李宽采赠仆正。以上同知兼五卫将李云皋三代故”。

2“穉”同“稚”。

3“谩”通“漫”。随便，随意。

二十一日壬子[1]，细雨夜雪，龙湾馆留。皇历[2]先来[3]便[4]，上家书；拨[5]还，承书。

1 这一天是1804年1月3日。

2“黄历”这里是指从中国取得农历的一行人。朝鲜王朝每年要派出黄历赍咨官（宪书赍咨官）到中国。“赍”读“鸡 jī”，携带，带来。

3 先来，这里是“军牢先来”的省称。他们是为朝鲜使节打前站的军兵。

4 便，“有便”或“拨便”。“便”是顺便的意思。

5 拨，拨站（递送人员）。

凝香堂

是客舍前一渊堂[1]也，今破落。作牧儿游戏场。

古堂喧暮雀，门掩市楼东。

荷柄塘心倒，苔钱屋角笼。

牧儿闲扫雪，征客卷掩风。

前辈登临迹，诗篇满碧栊。[2]

1“渊堂”即“渊府”，存放财物或文书之地。从“凝香堂”的名字看，此处当是放书的地方。

2“栊”读“龙 lóng”，槛，也指窗格。这里是指诗板。

来宣阁[1]

“来宣”在“凝香”之南。瓦棂[2]雕落，真伯仲凝香。使行尝分处二堂，而今废圮[3]，故移馆云。

朔气稜稜[4]正逼人，雪花飘扑瓦鳞鳞。

文茵锦帐来宣阁，惯接年年出塞宾。

1 来宣阁是朝鲜王朝迎接中国使节的地方。“宣”是“宣诏”的意思。

2 “棂”读“零líng”，窗格。

3 “圮”读“匹pǐ”，崩塌。

4 “稜稜”同“棱棱”，凌厉貌。

二十二日癸丑[1]，朝晴夕阴。龙湾馆留。拨便[2]，上家书。

1 这一天是1804年1月4日。次日（二十三日甲寅），原稿作者李海应没有日记。

2 拨便，趁着拨站往来人员的方便。

逢驰拨[1]，自塞北[2]还

宪书[3]赍[4]咨官先来渡江，有手本，即《入燕闻见事》也。略曰：农耐[5]国，本安南国[6]附庸，而其君长院福映[7]，攻灭安南，并有其地。遣使请锡[8]封为“越南国”。又河南、山东被九月大雨。黄河堤岸，多处崩塌。近河数十州县，几至怀襄[9]。十月以后，水势稍杀，而平地水高尚一二尺。特派吏部尚书刘权之[10]、兵部侍郎那彦宝[11]，驰驲[12]前往，堪[13]办河工云。

绝域三千国，安南等蜗角。

黄河远决流，先问清而浊。[14]

1 驰拨，骑马飞奔的拨站递送人员。

2 塞北，指满族统治下的中国北方。

3 宪书，黄历。因为奉中国正朔，朝鲜王朝每年年底都要派专人到北京求取新的黄历。

4 宪书赍咨官是朝鲜王朝派到中国求取历书的官员。与李海应经常一起活动的朝鲜文人李光稷（1745—？）就是1799年朝鲜王朝派至中国的宪书赍咨官。“赍”读“鸡jī”，携带，带来。

5 农耐即西贡。嘉庆七年八月，阮福映攻打升隆城，并将俘获者献给清政府。下文的“院福映”就是阮福映。原稿作者李海应不熟悉越南人的姓氏，把“阮”写成了“院”字。

6 安南，今越南。参见〔清〕和珅等《钦定大清一统志》卷四百二十二“安南”，文渊阁四库全书本。

7 原稿“院福映”有误，当即“阮福映”。阮福映（1762—1820），越南后阮朝世祖（1802—1820年在位）。1802年他改安南为“越南”，受清朝册封，为越南国王。〔清〕王之春原著，赵春晨点校《清朝柔远记》第146页载：“（嘉庆七年）冬十二月，封阮福映为越南国王”，中华书局，1989年。

8“锡”通“赐”。

9 怀襄，洪水滔天而淹没一切。《尚书·尧典》：“汤汤洪水方割，荡荡怀山襄陵，浩浩滔天”；《史记·夏本纪第二》：“当帝尧之时，鸿（洪）水滔天，浩浩怀山襄陵，下民其忧”。

10 刘权之（1739—1812），清朝文人，字德舆，号云房，长沙人。乾隆二十五（1960年）年进士。历任兵部尚书、军机大臣、体仁阁大学士。有《尚友录》等传世。原稿显然把刘权之与那彦宝任职的部门搞反了。

11 那彦宝（？—1843），清朝将军，满族，名臣阿桂之孙。历任巡抚、刑部侍郎等职。

12“驲”读“日 rì”，驿马。

13“堪”通“勘”。

14 古人把“河清”看做政治清明的征兆。

客馆谩[1]成

一旬龙湾之滞，专为称苞[2]之未准也。今既方物改裹，商货[3]毕集，故定以明日渡湾。一行人约束停当，改厥装服，而嚣嚣聒聒，未见有安心者。

塞上风高听数鸿，西征远客转如蓬。

胸中水冷金银气，日下春生粉黛丛。

子美[4]乡愁巫夹[5]阻，太冲[6]文步会稽崇。

朝来欲渡龙湾水，拂策邮奴刷雾骢。[7]

1“谩”通“漫”。随便，随意。

2“苞”通“包”。称包就是计算和重新打包。为便于管理，新罗时代就把朝中之间的私人贸易与使节团的商团贸易结合起来。按照朝鲜当时的规定，使节团里的随从与译员可以带8包货物到中国来。堂上官与堂下官分别有3，000两、1，000两的货物交易额度。朝鲜文人朴思浩《心田稿》“十一月二十二日”有相关记载。

3 17世纪以后，朝鲜出现了“京商”、“湾商”等商团。湾商以义州为基地，京商以汉阳（今韩国首尔市）为基地，柳商以平壤（古代曾称“柳京”）为基地，莱商以今韩国釜山（古东莱县）为基地。另外还有身背货物游动销售的褓负商。随使节团进行外贸是他们重要的贸易方式。朝鲜文人朴思浩《心田稿》在十一月十八日说："林景岳，湾上大贾也，为人短小精悍。出入燕蓟二十余年，积着至累万万。人持景岳一丈图署，则燕人虽千万金，不惜出给，其见重于异域之人可知。岂其得陶朱之术而然耶？"这里的"林景岳"就是林尚沃。林尚沃（1779—1855），朝鲜商人，字景岳，号稼圃。林是根据崔仁浩小说改编的韩国电视连续剧《商道》里主人公的原形。

4 子美即杜甫。本句化用了杜甫《闻官军收河南河北》诗句。

5"夹"通"峡"。

6 西晋文学家左思（约250—约305），字太冲，有《三都赋》等作品传世。这里是用左思《咏史诗》典。

7"骢"读"聪 cōng"，青白杂毛的马。

赠云香妓七绝

湾妓有名"云香"者，容恣硕肥，颀然[1]有丈夫像。闻前者州尹领诸妓，将猎威化岛[2]。云香慨然叹借乘之无人，尽倾帑资[3]，出钱三百缗[4]，买得一骏马驰出。一府人尚今啧舌。䌹庵[5]、秋阳[6]皆有诗。

魁然特立绮罗丛，歌舞场中有侠风。

烂用千金西岛猎，锦鞍装出玉花骢。[7]

1 颀然，身体高大的样子。"颀"读"齐 qí"。

2 威化岛是朝鲜王朝太祖班师之地，在今朝鲜新义州。李成桂被高丽国王派到此地，准备与明朝军队作战。李成桂和部下不愿与明为敌，毅然班师，推翻了高丽王朝，建立了朝鲜王朝。参见中国地图出版社编《朝鲜·韩国地图册》，中国地图出版社，第20页，2004年第2版。

3"帑"读"躺 tǎng"，钱财，钱库。

4"缗"读"民 mín"，古代铜钱的计量单位，1，000文。"一缗"也称"一贯"。

5"䌹庵"，此次出使中国的副使权襈。"襈"读"撰 zhuàn"，衣裳的边饰；"䌹"读"迥 jiǒng"，禅衣。

6 秋阳，此次出使中国的书状官徐长辅（1767–1830）。

7 玉花骢是唐玄宗的爱马。"骢"读"聪 cōng"，青白杂毛的马。

二十四日乙卯[1]，阴，夜雪。自龙湾馆离发。

九连城三十里露宿，《渡江状启》[2]便，上家书。

拨[3]还，承书。

1 渡江这一天是农历的“小寒”，1804年元月6日。李海应一行至1804年2月5日才到达北京。

2 状启，（出使中国的使节团官员）在路途中给朝鲜国王的汇报性文书。

3 拨，拨站（递送人员）。

龙湾馆离发

一行人早起装束，余亦换穿狭袖戎衣，戴织竹凉战笠[1]，联辔[2]启程。隐然若铁衣从征。

蒙蒙雪意暗边山，马上戎袍酒带颜。

写寄家书情更切，行人今日渡龙湾。

1 凉战笠，朝鲜武士的一种帽子。

2“辔”读“配 pèi”。缰绳。

鸭绿江

从城南门出，府尹供帐江干，使列校检越江人马，于是设妓乐饯行。

鸭绿古称“马訾[1]水”也。江有三条，以界两国。鸭绿与中江、小西江是已。江冰未坚，布笆篱[2]其上而渡之。

红裙歌咽绕重茵，鸭水东头万里人。

直向边风身劲快，忽当西日胆轮菌。[3]

森阴雪木荒如猬，峭峻云峰翠葺[4]鳞。

故国山川从此尽，举鞭时复首回频。

1“訾”读“资 zī”。

2 笆篱，用树枝、竹片等编成，多是长方形。

3 原稿“轮菌”有误，当为“轮囷”，高大的样子。这里的意思是“大”。“囷”读“逡 qūn”。

4“葺”读“气 qì”，修缮，修建。

小西江

江以西，黄茅白苇一望弥野。逶迤[1]小径，介然通其中。路有一章[2]老树。驱人辈[3]例，至此用一张纸，挂于枝顶，礼而过。斯须，纸积成一白步障。

黄茅一色马齐腰，束我戎装路出辽。

北塞寒风防不得，江行将又野经宵。

1“逶迤”读“微 wēi姨 yí”，形容山路弯弯，拐来拐去。

2 章，量词。根、棵。〔汉〕司马迁《史记 · 货殖列传》有“山居千章之材”之句。

3 驱人辈，赶马的那些人。跟随使节来中国做买卖的商人多用此身份。

九连城[1]

昏抵九连城。是明时“镇江堡”[2]，置游击将军地也。或曰，九城相连，故古有此名。又曰“叆阳城”[3]。金、丽[4]相持之际，金将军干鲁[5]，尝筑城于此。自鸭江至栅，空其间。彼我民人，不得耕筑，如皴脱地。故使行必至此露宿。设帟[6]幕，掘地燃火，若房堗[7]状。设幕凡十数处，而下属则无庇身所，但往往爇[8]木而围坐。烟火蔽野，如在城中。湾校辈持枪巡幕，而夜又吹角齐喊以戒虎。雪意蒙蒙，鸣马互应。始知有出塞之愁。

旷野山回转，人烟绝蓟都。

将军游击地，王使[9]宿停途。

幕设无梁屋，炎腾不器炉。

黑林多虎迹，鼓角警枪夫。

1“九连城”地名至今未变，属辽宁省丹东市振安区。从九连城镇到虎山大队之间的“上尖”，即汉朝西安平县县治所在地，今九连城当即辽朝“来远城”所在地。原稿卷五《附录 · 道里》注说：“九连城四里，古镇江府”。

2 明朝最初于九连城建立“安奠堡”，后于鸭绿江边建城堡，为“镇江堡”。镇江堡在今九连城乡马市台附近，离鸭绿江较近。后此地为明朝与女真人之间反复争夺的军事据点。“堡”读“pù”。

3 叆阳城，在今辽宁省凤城市。“叆”读“爱 ài”，这里是指叆河。

4“金”是指我国的金政权，“丽”即高丽王朝。

5 原稿“干鲁”有误，从上下文来看当指“斡鲁”。斡鲁（？—1127），我国金朝大臣。曾任西南路都统，与高丽军战而胜之。

6“帟”读“意 yì”，张在帷中座上的小幕。《周礼》论“幕人”之职，已谈及帟。

7“堗”读“突 tū”，灶上之烟囱。

8“爇”读“若 ruò”，烧。

9 王使，朝鲜王朝的使节。

二十五日丙辰[1]，大雪。金石山三十六里午餐，葱秀三十二里露宿。

1 这一天是1804年1月7日。

虾蟆塘[1]

平明发行，至虾蟆塘。雪转甚，不辨路。

漫天大雪落如花，一色群峰浩不涯。

且莫扬鞭驱马疾，长堤前有间关[2]车。

1“虾蟆塘”即今辽宁省丹东市蛤蟆塘镇。“虾”读“蛤 há”。从九连城到蛤蟆塘镇，要走今日之201国道。参见《光绪会典》卷五一。

2“间关”本用来形容鸟婉转的叫声。这里是说车队排成了长龙，（但由于雪大也无法看清楚后面）。

碑石隅

路有短碣侧立，太半[1]没沙土中。盖未知何代何人，记述其何迹，而但光光，无字画痕。

不知路远近，信马关山之。

有物仍名地，当路没字碑。

1“太半”，大半。

金石山

山与松鹘[1]山对，峭峻之状，秀润之色，各有体势之不同。

至此午餐，露坐雪堆中。

厨奴[2]列鼎浅溪滨，露宿风餐太苦辛。

胡天白日飞寒雪，金石山光片片银。

1“鹘”读“湖 hú”。古书上记录的一种小鸟。

2 厨奴，厨子。朝鲜与高丽王朝一样，有许多奴隶制度的痕迹。文人多称下人为“奴”。

温井坪[1]

过中衙门数里，有温井出黄芦间，水势甚热。

涓涓石窦水，气暖凝如脂。

地底丹黄焰，谁然爨[2]玉池？

1“温井坪”名字至今未改，该地现有五龙背温泉。

2“爨”读“窜cuàn”，烧，煮。我国北方农村灶台近锅处往往有一洞，内安一金属圆筒，叫“爨子”。可以在做熟饭的同时烧开一筒热水，用于洗漱。

汤山城[1]

城在柳田北十里，明时置指挥使地也。今崩圮[2]几尽。只有城根周围，若水头堤堰之筑。林木丛密，彷佛[3]民家之居。城头有硙碓[4]之属，为风雨所磨泐[5]。车奴[6]言，旧有城门，架石为虹梯。年前雨水大涨，门于是崩颓。汤站[7]旧有汤池，明时设站[8]。至丙丁[9]，路梗人散，遂废。

汤山落日乱鸦浮，盈尺城根枕细流。

十里萦回如斗地，百年闲弃按符州。

若闻鸡犬林深处，尚有磨舂水到头。

曲岸东西烂梨树，花开子结自春秋。

1 汤山城现属丹东市，在沈丹高速公路沿线附近。见哈尔滨地图出版社编《丹东交通旅游图》，2008年5月第七版；福建省地图出版社编《辽宁吉林黑龙江内蒙古高速公路及城乡公路网地图集》，第28—29页，福建省地图出版社，2007年版。

2“圮”读“匹pǐ”，崩塌。

3“彷佛”即“仿佛”。

4“硙”读“ái”，坚硬。

5“泐”读“乐lè”，铭刻，用刻刀书写。

6 车奴，赶车的人。朝鲜与高丽王朝一样，有许多奴隶制度的痕迹。文人多称下人为“奴”。这些赶车的人是李海应等与之交流的第一批中国人。

7 原稿卷五《附录 · 道里》注说：“汤站九里（一名汤山城）”。

8 明朝洪武年间规定，“站”与“站”之间的距离是60里。清朝的“站”、“驿”、“塘”、“台”、“所”、“铺”都是邮驿的组织形式。参见《光绪会典》卷五一。

9 原稿“丙丁”有误，当为“丙子”。丙子，指崇祯丙子年，即1636年。这一年，后金发动了对朝鲜的第二次军事进攻，朝鲜仁祖在三田渡向皇太极表示臣服。

葱秀

夕到葱秀。其壁立泉环之状，盖[1]平山所径[2]。皇明倪文僖谦[3]，尝奉敕[4]东来。见平山葱秀之水石，与此相类，仍借引为名，而盖[5]秀丽则不如。

露宿如昨日。栅内三四胡[6]，为卖酒来。与象胥[7]酬多般话，傍[8]听者一聋哑人。[9]

石棱危立浪头环，体势青丛忽惯颜。

象胥口头葱秀守，忽疑燕毂[10]返东山。[11]

1 盖，胜过，超过。

2 “径”通“经”。

3 倪谦（1415—1479），明朝文人，字克让，号静存，浙江钱塘人，正统四年（1439）进士。天顺初，累迁至学士，主顺天乡试。因逆权贵而被黜，后复官。景泰元年（1450）奉使朝鲜颁诏，著有《朝鲜纪事》一卷，该书已收入《四库全书》、《续修四库全书》。后官至南京礼部尚书，谥号“文僖”。朝鲜文人申光汉（1484—1555）《企斋集》卷十二《皇华集》记叙说，申光汉祖父申叔舟是朝鲜王朝接待倪谦一行的官员。申叔舟善汉语口语，与倪谦善，二人通信终生。《四库全书总目·史部·杂史类存目》在“《朝鲜纪事一卷（浙江巡抚采进本）》”条下说：“明倪谦撰。谦字克让，钱塘人，徙上元。正统已未进士，官至南京礼部尚书，谥文僖。是编，乃景泰元年谦奉使朝鲜颁诏纪行之作。自鸭绿江至王城，计一千一百七十里。所历宾馆凡二十有八。语意草略，无足以资考证。时朝鲜国王、世子并称疾，不迎诏。谦争之不得。亦无如之何。盖新有土木之变，正国势危疑之日也。亦足见明之积弱，虽至近而令亦不行矣”。另参见〔清〕张廷玉等《明史》卷一八三。

4 “敕”读“赤chì”，皇命。

5 盖，大概。

6 胡，原稿对满人的蔑称。

7 象胥，翻译。

8 “傍”通“旁”。

9 “傍听者一聋哑人”意思是，在旁听他们用汉语对话的我们，就像聋哑人一样，既听不懂也说不出。

10 “毂”读“古gǔ”，车轮的中心部分。

11 东山，指朝鲜的山川。

二十六日丁巳[1]，晴。栅外三十二里午餐。栅内旗下[2]鄂姓家宿。

自湾府[3]转承家书。《入栅状启》[4]便，上书。[5]

1 这一天是1804年1月8日。

2 旗下，属于八旗的。朝鲜文人朴趾源《热河日记·渡江录》在二十八日乙亥说：“汉人称‘民家’，满人称‘旗下’”。清初东北地区满族与汉族是分开居住的，后来逐步混居。同时，“民家”与“旗下”还是清朝户籍管理的大致区分。关于我国的户口管理，参见〔明〕李诩原著，魏连科点校《戒庵老人漫笔》卷一《半印堪合户帖》，中华书局，1982年版。

3 湾府，义州府。

4 状启，（出使中国的使节团官员）在路途中给朝鲜国王的汇报性文书。如原稿癸亥十一月二十四日有《渡江状启》。

5 上书，这里是指上家书。

王八石[1]野

自鱼龙堆以往，山益高，水益驶[2]，顿无沙漠气。

土沃山明百里中，人烟不与鸭江通。

如何等弃辽东地，一任林禽野兽丛。

1 朝鲜文人姜柏年（1603—1681）《燕行路程记》（燕行时间1660年）记载，“王八石”一名“孔丛”。但朝鲜文人柳寅睦（1839—1900）《北行歌·路程记》（燕行时间1866年）说“王八石”一名“孔岩”。“王八”是很粗俗的话。但口语里“王八”的羞辱含义其实来自“乌龟”。圭象祖及图腾，是“祖”与“先”的象征。“乌龟”也就是“无圭”，在男权中心的社会里是人最大的耻辱。

2 驶，急。

上龙上[1]

山即凤凰山[2]余麓也。山上有松，拥肿[3]不长。

边门削立上龙岑[4]，松树昂藏[5]壁万寻。[6]

朔雪胡风侵不得，苍髯[7]自在后凋心。

1 原稿“上龙上”有误，当为“五龙山”。原稿卷五《附录·道里》说：“上龙山三里，栅门十里”亦有误。

2 凤凰山是辽宁的著名旅游胜地。这里的“凤凰”与原稿涉及的“鸡鸣寺”之“鸡”、鸭绿江之“鸭”、燕京之“燕”都与鸟图腾有关。

3 拥肿，臃肿。

4“岑”读“cén”，小而高的山。

5 昂藏，仪表不凡的样子。

6 寻，我国古代的长度单位，1寻为8尺。

7“髯”同“髯”。两颊上的胡须。

栅门[1]

门在上龙山[2]下。设木为栅，高不过肩，疏可容一人出入。栅之设，北自嗒剌[3]地，南至海门，二千余里，设七十所。此其一也。盖示定界之意[4]，而边备甚疏迂，门常下钥。凤城将主之。

我国使行到栅，先通“城长”等官，始临门许入。

午餐于栅外。遂点检人马，一如渡江时。呈入栅报单于城将所。人共二百五十三，马共一百九十六。又人马之落后还湾者，以百十计。扰攘蹴[5]踏，如在战阵中。

结栅齐入鬐[6]，门通左海[7]途。

计疎樊折柳[8]，谓我视瞿瞿。[9]

1 “栅门”即现今边门镇，该镇属辽宁省丹东市下属的凤城市，在304国道沿线。

2 原稿“上龙山”有误，当为“五龙山”。丹东的五龙山山峦起伏，类似五龙。

3 “嗒”读“搭 dā”。嗒剌（儿），汉语北方口语指附属的、没有什么大用处的东西。

4 “盖示定界之意”的意思是，大致是用来把定国家门户的。原稿“栅门”类似今日之海关。明清宫廷把朝鲜看做外藩，检查不那么严格。

5 “蹴”读“促 cù”，踢，追逐。

6 “鬐”读“齐 qí”，鬃毛，这里指马匹。

7 左海，东海。古代地理往往把东称作“左”。〔唐〕李朝威《柳毅传》：“疾逸道左”。来中国的朝鲜文人多用“左海”指代朝鲜。

8 原稿活用了《诗经 · 国风 · 齐风》之《东方未明》一诗。本句的意思是嘲笑满族统治者没有什么边防之计，折柳来做篱笆墙。

9 “瞿瞿”读“巨巨 jùjù”，惊心、谨慎的样子。

关帝庙[1]

庙在栅内北岸，傍[2]立佛殿，而丹雘[3]耀眼。盖北俗崇奉神佛。自此至皇城[4]，有村则必有关帝庙。

忠于汉室义朝鲜，千载功名万口传。

祇[5]是英灵终不泯，燕民犹识尽诚虔。

1 关帝在民间往往是作为“武财神”被供奉的，笔者于2008年9月14日驾车前往承德，在避暑山庄西的关帝庙参观过，内有相关介绍。朝鲜汉城（今韩国首尔）的东门和南门也曾建有关帝庙。参见朝鲜文人李瀷（1681—1763）的《星湖僿说 · 人事门》之《关王庙》。1882年来我国的朝鲜文人鱼允中《西征记》在壬午二月二十三日记录说：“因泛舟溯上（平壤）长庆门，瞻谒关帝庙”。“瀷”读“义 yì”，水流很急的样子。“僿”读“赛 sài”，粗鄙。

2 “傍”通“旁”。

3 “雘”读“获 huò”，上等的油漆、涂料。

4 皇城，北京。

5“祗”通“只”。

二十七日戊午[1]，晴。干子铺[2]五十里，民人[3]智姓家宿。

湾拨还便[4]，上家书。

1 这一天是1804年1月9日。

2 原稿卷五《附录·道里》注云：“干子铺十里（一名余温子介）”。清朝的“站”与“驿”、“塘”、“台”、“所”、“铺”都是邮驿的组织形式。参见《光绪会典》卷五一。

3 民人，汉族。朝鲜文人朴趾源《热河日记·渡江录》在二十八日乙亥说：“汉人称‘民家’，满人称‘旗下’”。清初东北地区的满族与汉族是分村居住的，后逐渐混居。

4 湾拨还便，趁义州拨站递送人员回去之便。

安市城[1]

自宿站发行，才二里，远见群山削立，乃安市城旧基也。史称唐太宗征辽时驻兵于此。城将杨万春[2]坚守不战，拜辞于城上。唐宗遂薄城攻之，终不能拔。

或曰：东明王[3]所筑；或曰：安市城在益州地东北四十里，似是讹传也。[4]

安市山城多白云，城根山势远无分。

飞车乱炮终何赖，唐帝[5]东来谩驻军。

1 我国学者认为安市城在今辽宁海城市，海城的“英城子山城”才是安市城旧址。参见魏存成《高句丽遗迹》，第78、109—110页，文物出版社，2002年版。朝鲜使节团经过的乃现今“高句丽山城（乌骨城）”。见福建省地图出版社编《辽宁吉林黑龙江内蒙古高速公路及城乡公路网地图集》，第28—29页，福建省地图出版社，2007年版。李海应把“安市城”和“凤凰城”看成一个地方了，而朝鲜文献《新增东国舆地胜览》卷五十二“安市城”以为安市城城在朝鲜中和附近的鸟石山。朝鲜文人金正喜《阮堂集》卷十《安市城》也咏道：“群峰东立野铺张，车铎连齐度大荒。城上至今唐代月，半分亏得照余光”。看来，金正喜也认为安市城在朝鲜境内。朝鲜文人金景善《燕辕直指》（燕行时间为1832年）卷一认为，高句丽语中，“安市”是大鸟的意思。

2 杨万春（？），高句丽将军。645年（高句丽宝臧王四年）与唐太宗率领的军队激战。与原稿作者李海应生卒年代比较接近的朝鲜文人李德懋（1741—1792）《入燕记》也写了杨万春拒守安市城的故事。见李德懋《青庄馆全书》卷六十六。

3 东明王即朱蒙。朝鲜文人金富轼《三国史记》卷二十九《年表》上认为：“（高句丽）始祖东明圣王姓高氏讳朱蒙即位”的年代是汉元帝建昭二年甲申，即公元前37年。我国学者黄斌等认为高句丽是商族后裔。参见黄斌、刘厚生《高句丽史话》，第22—24页，远方出版社，1999年版。

4 朝鲜文人丁若镛（1762—1836）《与犹堂集》卷五十四《朝鲜水经（三）》云：“安市城在今盖平县东北七十里”。

5 唐帝，这里指唐太宗李世民。

旧栅门

过安市十许里，有旧栅墟。康熙以生齿繁殖，加辟二十余里，移设今栅门。

襄阳一色荫平原，篱落依依旧栅门。

莫谓辽阳千里广，北人生齿岁滋繁。

凤凰山[1]

山在凤池右，望之若戈铤[2]剑戟新发于硎。[3]

双凤栖山昔此间，山空凤去凤名山。

虞箫响绝歧桐老[4]，万古王春[5]不复还。

1 该地现为凤凰山游览区，是丹东旅游的重要景点。笔者与拙荆于2008年9月27日专程驾车前往参观。〔清〕赵吉士《寄园寄所寄》卷三引王慎中《凤凰山记》曰：“凤凰山自辽城东行三日，出连山隘，乃至其地，盖去朝鲜境尚百有余里，土人称为开州。其地苍莽无人之场，山势周环，连亘不绝。惟南面少缺，如人臂合抱，而掌未及接者，首尾低昂。大麓偃伏左右若两翅，东西相望，宛如一大山，不知其中能宽闲空隙也”。

2 “铤”读“挺 tǐng”，尖刃。

3 “硎”读“行 xíng”，磨刀石。

4 传说唐太宗征高句丽时，驻跸于此，有凤凰前来拜祖。这里用此典故。

5 王春，字面意思是唐朝的年华，实际暗指汉文化占主导的明王朝。

凤凰城[1]

过凤凰山而城屹平地。周围方正，楼谯甚飘渺。有城将主之。

《一统志》[2]：凤城本秽[3]地，入渤海[4]为东京龙原府[5]。辽曰开州镇国军，元属东宁路。

街坊井井，左右货铺皆华构杰阁，各标揭主卖之名。

凤城高百雉，门远小于轮。

草店如宫室，茶房总货珍。

听言媒象译[6]，停路集貂巾。[7]

手掬青榆叶[8]，行逢卖饧[9]人。

1 凤凰城在今辽宁省凤城市，今属丹东市管辖。朝鲜文人李德懋《入燕记》（燕行时间为1778年）在四月十四日说，“凤凰”在高句丽方言里发音为“安市”。实际上，燕国之“燕”、鸭绿江之“鸭”、鸡林之“鸡”、满洲的海东青与乌鸦和高句丽、楚国之“凤”从图腾上都与殷商是近族。《诗经·玄鸟》：“天命玄鸟，降而生商”。我国学者黄斌等就认为高句丽是商族的后裔。参见黄斌、刘厚生《高句丽史话》，第22—24页，远方出版社，1999年版。这就可以解释箕子为什么在商亡后要远走平壤。

2《一统志》是官书，有多种版本。参见〔清〕和珅等《钦定大清一统志》，文渊阁四库全书本。

3 秽族是我国东北地区曾经出现的少数民族。

4 渤海是我国东北地区的一个少数民族政权，其著名首领是大祚荣。

5“东京龙原府”是渤海大钦茂当政时期设置的“五京”之一。近年来，我国学者魏国忠、朱国忱、郝庆云和韩国学者宋基豪都认为，渤海的五京是仿照唐朝于774年左右设置的。见魏国忠、朱国忱、郝庆云《渤海史》，第121—122页，中国社会科学出版社，2006年版。

6〔宋〕周密原著，吴企明点校《癸辛杂识》后集《译者》有“南方曰象”、“北方曰译”句。见该书，中华书局，1988年版。

7 貂巾即“貂禅冠”的别名，是君子用来显示清高的饰品。

8 青榆叶，铜钱。

9“饧（餳）”读“行 xíng”，用麦芽或谷芽做的饴糖。

三义河

自凤城以后，路入山谷中。所谓“东八站”始此。[1]

日落寒透肌，重裘薄于布。

长河雪后冰，不辨三义路。

1 原稿此处有误，“东八站”是从栅门到沈阳迎水寺之间的8个驿站。参见原稿卷五《附录·道里》。

干子铺

迫夜至店。

盖北俗以房谓“炕”[1]。其制如斋儒[2]食堂，东西相对。又于壁间穿龛，奉神像。[3]

浦柳山梨绕作藩，石桥西畔夜敲门。

间关行色朝鲜使，蚩[4]蠢容仪靺鞨[5]孙。

内壁穿嵌崇佛鬼，中庭无围散牛豚。[6]

主人未必曾相识，笑说炉头酒气温。

1“以房谓‘炕’”的意思是，中国东北居民习惯把朝鲜人说的“房”说成是“炕”。

2 斋儒，在朝鲜成均馆住宿的儒生。

3 清人赵翼（1727—1814）《陔馀丛考》卷三十二《塑像》云：“自佛法盛而塑像遍天下，然塑像实不自佛家始。《史记》：帝乙为偶人以象天神，与之博。则殷时已开其端”。

4“蚩”读“吃chī”，痴呆，愚蠢。

5“靺鞨”读“末河mòhé”，我国古代东北的少数民族之一。原稿此句是骂满族人是未开化民族的后孙。

6 豚，小猪，猪。

二十八日己未[1]，晴。寒松店三十里民人曾姓家午餐，黄庄二十五里民人李姓家[2]宿。李译[3]落还，上家书。

1 这一天是1804年1月10日。

2 朝鲜文人朴趾源《热河日记·渡江录》在二十八日乙亥说：“汉人称‘民家’，满人称‘旗下’”。

3 李译，姓李的朝鲜译官。从下文可见，该译官名“李义成”。

伯颜洞

俗称元伯颜[1]住军处。

曲岸宜高垒，将军昔驻兵。

洞风犹杀气，山骨有寒声。

井陉云屯士[2]，漳河月晕城。[3]

行人来去地，尚说伯颜名。

1 伯颜（1237—1295），元朝大将军。曾任中书左丞相，后领兵进攻南宋。官至太傅。

2“井陉云屯士”，公元前204年，韩信在太行山八大隘口之一的井陉大战项羽分封的赵国之军队。

3“漳河月晕城”，用项羽率军破釜沉舟典。

薛刘店[1]

过麻姑岭而有薛刘店。唐宗度辽[2]时，薛仁贵[3]、刘仁愿[4]尝用兵于此，故名焉。又明时称“镇东堡站”。有双松交柯[5]，不知为几百年，故一名“松站”。

刘薛屯兵尚有墟，烟台[6]高出野人间。

两两栖禽飞忽散，二松阴下驻行车。

1 该地现名“薛礼”。原稿卷五《附录·道里》注云：“古镇东堡（一名‘薛站’，又‘雪里站’）”。其实，“薛站”、“薛刘店”、“薛礼”都是为纪念薛仁贵、刘仁愿将军而取的。薛仁贵（614—683），又名薛礼，唐朝名将。绛州龙门（今山西河津）人。出身贫寒，有勇力。644年，唐太宗征高句丽，乃从军。建功立业后又征吐蕃。历任右威卫大将军、安东都护，封平阳郡公。我国电视连续剧《薛仁贵》描绘他是唐太宗的“应梦贤臣”。笔者与拙荆于2008年9月27日驾车前往丹东参观时，在沈丹高速公路上经过薛礼站。“堡”读“pù”。

2 唐宗度辽，即“唐宗渡辽”，指唐太宗李世民于贞观十八年甲辰（644）亲率大军征讨高句丽。参见唐太宗《亲征高丽手诏》，吴云、冀宇校注《唐太宗全集》，第484—485页，天津古籍出版社，2004年版。

3 薛仁贵（614—683），唐朝名将。绛州龙门（今山西河津）人。出身贫寒，有勇力。644年，唐太宗征高句丽，乃从军。后又征吐蕃。为右威卫大将军、安东都护。封平阳（壤）郡公。我国电视连续剧《薛仁贵》描绘他是唐太宗的“应梦贤臣”。

4 刘仁愿（？），唐朝名将。字士元，雕阴大斌人。值朝鲜半岛三国开战，百济请求唐朝支援。刘仁愿率军进入半岛，与百济王子守护其国都，后又几次往返于唐朝与半岛三国之间。现韩国忠清南道扶余市博物馆藏《刘仁愿纪功碑》（663），我国国家图书馆有拓本。另参见《旧唐书·白济传》、《新唐书·东夷传》。

5 柯，树枝。

6 清朝的“站”、“驿”、“塘”、“台”、“所”、“铺”都是邮驿的组织形式。如今的“烟台”、“五里台”等地名是其遗迹。参见《光绪会典》卷五一。

瓮北河[1]

瓮河前后两长岭，岭皆险峻，路攲仄。[2]

前山横断远山低，在道行行日又西。

八渡元来同派水，四台之北重几蹊。[3]

荒茅塞岸循前辙，危石黏水护逸蹄。

原野索然无草树，冻禽何处觅枝栖?

1 原稿卷五《附录·道里》注云：“瓮北河五里（一名三家河）”。

2 “攲”同“攱”，读“欺qī”，仄，倾斜。

3“蹊”读“xī”，小路。

次韵秋阳[1]坐车诗

自渡湾后，书状[2]例乘坐车。车制与双轿[3]略同而差小。车重轮广，轧轧沙石之路，坐其中，不觉东西颠倒。

余亦试乘之，按住不可得。[4]

学士星轺[5]制，梁辀[6]夹广辕。

风霜□[7]跋涉，原隰[8]利驰奔。

若室囱无罅[9]，如船浪忽翻。

溪山汗漫兴，尚欲醉中论。

1 秋阳，此次出使中国的书状官徐长辅（1767–1830）。

2 书状，书状官。“书状”与诗句里的“学士”都是指徐长辅（1767–1830）。

3 双轿，朝鲜王朝的轿子之一。

4 从本句记载可知，原稿作者李海应不能享受书状官待遇。朝鲜文人卢守慎（1515—1590）《稣斋集》卷七有《车赋》；朝鲜文人丁若镛（1762—1836）《与犹堂集》卷十《城说》论及造车。朝鲜文人柳馨远（1622—1673）《磻溪随录》卷二十五《车说》对朝鲜人不用车表示遗憾。〔宋〕徐兢《宣和奉使高丽图经》卷十五有《牛车》一文。徐兢认为高丽多山，不便用车，牛车也就成了礼仪用具。另参见〔明〕宋应星《天工开物》之《舟车第九》。

5 轺，轻便的小马车。“轺”读“摇 yáo”。

6 大车左右两木直而平者谓之“辕”。小车居中一木曲而上升谓之“辀”，故亦称“轩辕”。“辀”读“周 zhōu”。

7 原稿此处有误，缺一字。

8“隰”读“席 xí”，低，湿。

9“罅”读“下 xià”，缝。

黄家庄，裁家书

李译义成[1]痈肿忽剧，落后径还。因便，上家书。

东客径还远寄音，吾行利涉瓮河[2]浔。[3]

霜前白雁从今断，莫谓高堂恋子心。

1 李译义成，叫李义成（？）的朝鲜译官。

2 瓮河在黑龙江，这里借指很远的地方。

3“浔”读“xún”，河边。

二十九日庚申[1]，雪。通远堡[2]三十五里，民人李姓家宿。

1 这一天是1804年1月11日。

2 原稿“通远堡”实为老通远堡。现今通远堡镇在其附近，属辽宁省丹东市。笔者与拙荆于2008年9月27日驾车前往丹东参观时，在沈丹高速公路上经过通远堡站。据介绍，现今老通远堡已无存，304国道穿其旧墟而过，只有稍高起的地形可看出原来的城墙位置。“堡”读“pù”。

八渡河

河在獐项[1]下，或曰“金家河”。盖峡路回纡，踰岭抱壑。水凡八渡，而八渡之水，即一派也。

路出金人里，风烟忽转眸。

源深经八渡，冰合系孤舟。

刷羽岩栖鹊，无羁野牧牛。

趱[2]行飞雪里，燕毂[3]不迟留。

1 按原稿的记述，獐项在林家台附近。

2 “趱”读“攒 zǎn”，催促。这里是仓促的意思。

3 “毂”读“古 gǔ”。车轮的中心部分。

獐项遇雪

雪寒斗剧。人多面皴[1]、手龟[2]者。

尺雪连宵野色开，一泓[3]银海荡胸恢。

净辉流拨西山日，积气寒凝北陆雷。

压重千枝风散去，平沉万壑涧深回。

相看忽讶头须白，非是劳心远道来。

1 “皴”读“村 cūn”。皮肤积存的泥垢。

2 “手龟”即双手被冻裂了。朝鲜是半岛气候，冬天不太冷，夏天也没有中国北方那么热。古代来中国的朝鲜人多有不适应气候的各种病症。

3 “泓”读“红 hóng”，水深而广的样子。

范家台

台在林家台[1]不远地。

松高风籁远，荻[2]乱夜花迷。

绝峡无残麓，荒村有古溪。

设堂皆塑像，妆屋辄楣题。

北俗骑无圉[3]，藤鞭手自携。

1 该地现仍名“林家台”，在304国道沿线附近。

2 “荻”读“敌 dí”，类似芦苇的一种野草。

3 “圉”读“雨 yǔ”，养马的人。朝鲜王朝的官员骑马时，要有人（经常是养马人）牵马。1720年来中国的朝鲜文人李宜显《庚子燕行杂识》说：“我国人乘马，别使人牵之。燕中人大以为笑。每儿童辈乘马，使人牵之，作劝马声，称‘高丽’‘高丽’而去，以为戏。劝马声亦为剧笑之资故也”。

通远堡[1]

通远，古“镇夷堡”。[2]天聪[3]中，设镇于此。崇德[4]间移凤城。

堡有马十三匹[5]。初名“羽递”，今改曰“飞递”[6]，盖避关帝名也。曾有南士[7]号“随园”[8]者，尝梦见一人，豹头燕颔，自称汉车骑将军[9]张飞。因曰：今人避俺二哥之名，反犯俺名。何不公也？！[10]

“飞递”云者，一时[11]中行七十里，自栅[12]至北京，三日可到。

雄府关东古镇夷，一村民户栉[13]如比。

边门羽檄[14]驰相报，递骑丁军隶八旗。

1 通远堡地名至今未改，现属辽宁省丹东市，是一个大镇。笔者与拙荆于2008年9月27日驾车前往丹东参观时，在沈丹高速公路上经过通远堡站。据介绍，现今老通远堡已无存，304国道穿其旧墟而过，只有稍高起的地形可以看出原来的城墙位置。“堡”读“pù”。

2 周克商以后，“夷”被界定为另类的存在，属于敌对的、野蛮的、落后的文化。但我国学者庞朴认为，孔子本是宋人，是殷商遗民的后代，而殷商则属“东夷”，按照古文献的说法，“夷俗仁”。孔子把本来属于我国地域性、族群性的道德推广为全民的道德要求，这是我国文化发展史上具有划时代意义的大事。参见庞朴《试析仁义内外之辨》，《文史哲》，2006年，第5期。

3 天聪是清太宗（皇太极）的年号（1627—1635）。

4 崇德是清太宗（皇太极）的年号（1636—1643）。

5 通远堡早在明朝时就是著名的驿站。原稿所说“马十三匹”，是指驿站的13匹马。

6 飞递，飞拨。此处所说“飞递”的速度约每小时17.5公里。原稿作者李海应一行从义州到北京1，008公里的距离走了一个月，其平均速度是每小时4公里左右，近于常人步行的较快步速。笔者驾车驶过沈阳至丹东的沈丹高速公路时，最突出的感觉就是隧道很多，可见古代路途十分艰险。

7 南士，中国南方的读书人。

8 此故事见清朝诗人袁枚（1716—1798）《子不语》卷十二。袁枚还著有《随园诗话》等。朝鲜文人李德懋《青庄馆全书》卷三十五《清脾录》卷四之第五十二面有《袁子才》一文，对袁枚的介绍较为详细。

9 车骑将军，西汉文帝设立的武官职，唐以后废。

10 看来原稿作者李海应很熟悉中国小说《三国演义》里的人物。《三国演义》在朝鲜流传很早。朝鲜文人李瀷（1681—1763）的《星湖僿说·人事门》之《三国演义》云：“宣庙之世，上教有‘张飞一声走万军’之语”。“宣庙”即朝鲜宣祖大王李昖（1552—1608，在位时间1567—1608），他在给大臣的教谕里居然也用了张飞的故事，可见当时《三国故事》在半岛已经很流行了。李瀷说，该书在朝鲜“家户诵读，试场之中举以为题，前后相续”。“瀷”读“义 yì”，水流很急的样子。“僿”读“赛 sài”，粗鄙。

11 一时，一个时辰，即两个小时。“飞递”的骑兵要渡河，还要拉马爬山，两小时35公里已经相当快了。

12 栅，栅门。现今辽宁边门。古代所谓“六百里加急”从丹东到北京送信要三天，现今驾车跑高速公路只要几个小时，若用电子邮件几乎可实时（real-time）传输信息。

13“栉”读“志 zhì”，篦子。

14 羽檄，插着羽毛的征调军队的文书。

三十日辛酉[1]，晴。沓[2]洞二十五里，民人卢姓家午餐。连山关三十里，旗下[3]李姓家宿。

1 这一天是1804年1月12日。

2“沓”是朝鲜汉字，“水田”的意思。但从原稿的记载看，此字在清朝中国即有。

3 旗下，属于八旗的。清人朱彭寿《安乐康平室随笔》卷一云：“本朝满洲、蒙古、汉军诸人，皆分隶八旗，而旗籍亦分次序：首镶黄，次正黄，次正白（此为上三旗），次正红，次镶白，次镶红，次正蓝，次镶蓝（此为下五旗）。凡功臣贵戚，多有由下五旗抬入上三旗者”。见〔清〕朱彭寿原著，何双生点校《旧典备征·安乐康平室随笔》，第159页，中华书局，1982年版。

和尚庄

过石隅十里，路右有颓破一堂，塑阿弥[1]像三坐。[2]

凋落丹青斗小[3]堂，水云无迹古和尚。

居僧出问停驂[4]客，未了藤床爇[5]瓣香。

1 阿弥即“阿弥陀佛”。其含义是“有无量功德的觉悟者”。

2“坐”通“座”。

3 斗小，像量米的斗那么小。

4“驂”读“参 cān”，驾车时在两边的马。

5“爇”读“若 ruò”，烧。

草河沟[1]

野陷，污，多水。从冰路行五里余。

草没河头鹭倦飞，天光云色境依依。

砰然雷动冰间路，倏尔[2]风生马上衣。

日旰[3]三竿山影转，雪盈寻尺涧声微。

道逢局局驱车者，云是东人[4]买货归。

1“草河沟”现名“草河口”，在304国道沿线。原稿卷五《附录 · 道里》云：“草河口桥十里”。

2 倏尔，转眼之间。“倏”读“书 shū”。

3“旰”读“干 gàn”，晚，迟。

4 东人，朝鲜人。朝鲜文人经常用“东”来指代朝鲜。

畓洞[1]

地势平而沮洳[2]，恰如水田之废者。或曰，“畓[3]洞”之号，似是我国人所为。

雪里长程散似绵，草河沟边马翩翩。

山高野陷沮洳地，曾昔云云[4]垦水田。

1 按照原稿卷五《道里》的说法，今本溪市与丹东市交界处304国道沿线“草河口”之北二里即畓洞。

2“沮洳”读“举 jǔ 入 rù”，湿润，潮湿（之地）。《诗 · 魏风》有《汾沮洳》篇。

3“畓”是朝鲜汉字，意思是“水田”。朝鲜文人李晬光著《芝峰类说 · 地理部》说：“倭国……谓火田为畑，犹我国以水田为畓也”。其中的“畑”读“田 tián”，是日本汉字。

4“云云”在这里的意思是，如此如此地。参见〔清〕顾张思《土风录》卷九《云云》，收入[日]长泽规矩也编《明清俗语辞书集成》第一册，上海古籍出版社，1989年版。

分水岭

岭不甚峻，而林树环其巅。稼斋[1]《记》以轮图辨方位，岭脉来自子丑[2]间。盖辽东诸山，皆从此过脉。

岭底有水源，出挞[3]子界，汇于此，复分为八渡河。西流者入辽河，东流者入鸭绿中江。岭之名，一云“金复海”[4]。过此，又有高家、俞家两岭。

夷险关心北塞游，倦驱[5]长坂叱乌骝。[6]

峰尖若钘[7]新硎[8]发，树秃如人远堞[9]周。

路出层崖从右转，河分八派半东流。

狞风冷雪三千里，除是征人在道愁。

1 稼斋，当指朝鲜文人金昌业。金昌业（1658—1721），号老稼斋，清初以抗清而著称的朝鲜著名文人金尚宪曾孙。1713年（康熙五十二年）随冬至使节团来北京，考察清朝各个方面，与中国文士多有交往。著有《老稼斋燕行录》。朝鲜文人金锡胄也号“稼斋”。金锡胄（1634—1684），字斯百，号息庵、稼斋，清风人。1662年增广文科及第，1682年被封为扈卫大将，为副相。曾于康熙二十二年癸亥（1683）出使中国。但金锡胄的“燕行录”没有金昌业的流行。

2 罗盘上的“亥子丑”是正北，五行中属水。

3“挞”通“鞑”。

4 此岭又名“金复海”，其含义当为“可观金、复、海、盖”。分水岭地势很高，可观辽东。金、复、海、盖是明朝在辽东半岛所设四州。朝鲜文人高敬命（1533—1592）《霁峰集》卷四有万历九年辛巳（1581）出使中国诗作。其《海州城》小注云：“四州，金、复、海、盖也”。

5“驱”同“驱”。

6 骝，黑鬃、黑尾巴的红马，马。“骝”读“留 liú”。

7“钘”读“任 rèn”，剑刃。

8“硎”读“行 xíng”，磨刀石。

9“堞”读“碟 dié”，城墙上齿壮的矮墙。

连山关[1]

古称“雅鹘关”[2]。自此有捷径，不由沈阳，而可直走山海关。成化十六年[3]，请改贡道。兵部尚书刘大夏[4]奏，以为朝鲜贡道之迂回，即祖宗微意，仍不许。后遂关为堡，今尚有城台，荒废不修。

苍苍雅鹘远回翔，千里山根走朔方。

谩[5]说燕关通捷路，东来必是费行粮。

1 连山关现属辽宁省本溪满族自治县。笔者与拙荆于2008年9月27日在沈丹高速公路上驾车经过此站。

2 鸦鹘关（连山关）在明朝时是扼守清河（今本溪县内）的关隘。参见阎崇年《明亡清兴六十年》（上）《再陷清河》，中华书局，2006年版。“鹘”读“湖hú”，古书上记载的一种小鸟。

3 明成化十六年，1480年。

4 刘大夏（1436—1516），明朝文人，字时雍，号东山，华容（今属湖北）人，曾任兵部尚书。〔清〕张廷玉等《明史》卷一百八十二有传。〔明〕严从简《殊域周咨录》（上）卷一云：“初，中朝使臣、彼国陪臣往来出入，皆从辽东连山关，一名鸦鹘关也。十六年，朝鲜使臣至京者奏言，每遣使来，被女直建州夷人邀劫于路，请改贡道，自辽阳之南径趋广宁、前屯卫入山海关。中官有朝鲜人为之地者，事下兵部议，将从之。职方郎中刘大夏执不可，曰：‘朝鲜贡道自鸦鹘关趋辽阳，过广宁又过前屯，而后入山海，迂回四三镇戍。此祖宗微意。今若渡鸭绿江越辽阳，经趋前屯以入关，则路太径，恐贻他日之忧。’遂不果从”。

5“谩”通“漫”。随便，随意。

湾渡·癸亥十二月

初一日壬戌[1]，乍阴洒雪。甜水站[2]四十里，旗下[3]哈姓家午餐。狼子山三十里，旗下吴姓家宿。

1 这一天是1804年元月13日。

2“甜水站”现名为“甜水”，在辽阳市至本溪市之间的省道沿线。朝鲜使节团自连山关走下今304国道，向西行进。

3 旗下，属于八旗的。清代满族军队和户口编制，分正黄、正白、正红、正蓝、镶黄、镶白、镶红、镶蓝八旗。后又增建蒙古八旗和汉军八旗。

娘娘庙

过连山西[1]五里余，有一峰特出。上有娘娘庙，是丛祠[2]也。路出山下，石磴回抱，左环巨川之流。棠、梨、杨、榛森然，如麻列。

独岫[3]亭亭乱木间，娘娘遗庙靓妆颜。

琮琤[4]涧流鸣环佩，浓抹岩云露髻鬟。

古塔禽巢藤蔓护，残碑龟戴藓花班。[5]

腾腾火里烧钱纸[6]，三两村婆顶礼还。

1 朝鲜使节团从连山关离开现今的304国道，沿今316省道向西行进。

2 丛祠，建立在山野荒林中的庙宇与神祠。

3 “岫”读“绣 xiù”，峰顶。

4 “琮琤”读“从 cóng撑 chēng”，玉石相互撞击的声音。经常用来形容流水的清亮之声。“琮”是一种瑞玉。“琤”是玉相互撞击声。

5 “班”通“斑”。

6 原稿“钱纸”即“纸钱”。

会宁岭[1]

岭之高，上下二十里。或称“大高岭”，即辽东大关隘也。岩壁峭立，林树交结。路凿山腰，逶迤[2]曲折。人皆鱼贯趱[3]进，尚不知危乎高矣。及其山下回望，则山在云天之中。

岭下有神祠，扁曰“五峰观”。前有五峰罗立，故取以为名。

高山转进俯禽巢，一路蛇盘石磴交。

宇宙如瓠浮积气，岩崖垂练喷飞泡。

前车杳若披云际，后骑翻然绕木稍。

西望千峰来眼底，斛螺无数散平郊。

1 会宁岭，即“大高岭”，在今316省道沿线。见福建省地图出版社编《辽宁吉林黑龙江内蒙古高速公路及城乡公路网地图集》，第28页，福建省地图出版社，2007年版。

2 “逶迤”读“微 wēi姨 yí”，蜿蜒曲折，拐来拐去的样子。

3 “趱”读“攒 zǎn”，催促。这里是仓促的意思。

甜水河

名之[1]。河之南，远望白塔挺立。由塔下而有一路中分，即所[2]“虎狼谷”也。自此而达狼子山。迂行二十里，而路即平易。重车之避青石者，皆由此路云。

站有瓦屋鳞鳞，市铺相连。

依山小塔白如人，一望平原霁[3]景新。

泼泼源头甜水味，井栏瓢饮口津津。

1 原稿此处有误，“名之”前当有缺字。

2 原稿此处有误，当缺一“谓”字。

3“霁”读“济jì”，雨止，雨、雪后天气转晴。

张士毅书堂[1]

甜水村[2]有讲堂，在九圣祠[3]内。

群童匝坐，有读《诗》、读《论语》、读《春秋》者，而齐声噪噪，不辨其句读、音语。案有《八股诗》、《五经辨》诸书，是场各体也。有一学究，方对案教授。遂略与笔谈。叩其姓名、乡贯，则答姓张[4]士毅，直隶遵化州丰润县人。问丰润闻士为谁，答昔有谷应泰[5]，名士也。今张庭槐[6]、孙鹏越[7]、鲁凤喈[8]，皆解元[9]也。文章推郑征[10]。书画皆推曹庆篁[11]为最著云。

禅房静寂辟西厢，学究书声绕屋梁。

两国乡音宾主哑，只凭笔舌话文章。[12]

1 张士毅（？），清嘉庆年间塾师，直隶丰润人。其余不详。

2 朝鲜使节团从今316省道的河沿西往西北方向运动，那里至今还有“甜水”。见福建省地图出版社编《辽宁吉林黑龙江内蒙古高速公路及城乡公路网地图集》，第24页，福建省地图出版社，2007年版。

3 九圣祠供奉伏羲氏、神农氏、黄帝、尧、舜、禹、文王、周公、孔子。

4 原稿此处有误，当缺一“名”字。

5 谷应泰（1620—1690），清朝文人，字赓虞，号霖苍，直隶丰润人。顺治四年（1647）进士及第，先后任户部主事、浙江学政等。著有《明史纪事本末》（八十卷，收入四库全书）、《筑益堂集》。

6 张庭槐（？），清朝文人，直隶丰润人。其他未详。

7 孙鹏越（？），清朝文人，字静远，河北唐海人，嘉庆四年（1799）进士，流县知县。

8 鲁凤喈（？），清朝文人，直隶丰润人。其他未详。“喈”读“接 jiē”，鸟鸣。

9“解元”，明清科举乡试称“解试”，其第一名为解元。

10 郑征（？），中国文人。按照原稿的记载，直隶丰润人。其他未详。

11 曹庆篁（？），中国文人。按原稿记载，直隶丰润人，善书画。朝鲜文人李宜显《庚子燕行杂识》（上）说：“未时，到丰润谷崎家。……有人携一年少者，持一帖以示。所谓年少者，即宋曹彬后孙。携来者，乃其中表而姓鲁云。见其帖。首帖大书‘曹氏遗谱之宝’，胡安国书。第二帖大书‘文章华国翰苑名家’，孙觌书。第三帖以八分大书‘平阳侯裔武惠流芳’，周必大书。第四帖即下曹彬之敕，开宝七年五月三日，印御宝。第五帖，下曹玮之敕，天禧四年正月十二日，印御宝。第六帖，曹氏族谱叙，绍兴二十九年三月下浣，陈康伯撰。第七帖，王素撰赞。第八帖，曹魏公像。第九帖，太末里人赵抃撰赞。第十帖，曹武惠公传，皇佑元年十月下浣之吉，胡瑗书。第十一帖，武惠公像。第十二帖，程洵撰赞。第十三帖，曹武懿公像。第十四帖，汪大猷撰赞。第十五帖，曹武穆公像。第十六帖，族谱跋，乾道三年正月吉日，虞允文撰。第十七帖，宝庆二年正月下澣之吉，真德秀撰跋。第十八帖，鲁斋许衡撰跋。笔法事迹，俱可观玩。亦似非一时赝作也。此实为曹氏传家之宝，而乃欲卖而取直，其不肖殊可痛也。其人目不识字，问其姓名，亦不能自书”。李宜显所记载的，是在丰润的宋朝曹彬后孙故事。清人陈其元也谈及曹寅后孙曹勋入天理教被诛事。见〔清〕陈其元原著，杨璐点校《庸闲斋笔记》，第200页，中华书局，1989年版。我国著名红学家周汝昌力主曹彬是曹雪芹的远祖、曹玮是曹雪芹的直系祖先，并认为丰润是曹雪芹老家。周先生所说可信。

12“两国乡音宾主哑，只凭笔舌话文章”描述的是中国与朝鲜文人“笔谈”的情景。

青石岭[1]

自甜水行五里，有青石岭。高比会宁半之，石色青碧。左右崖壁如染色瓦。层岩叠石，峭悬倒竖。路出洼凹间，如我国青石洞路。

昔在孝庙潜邸时[2]，发沈阳，驾登此岭。歌《阴雨胡风》之曲。东土[3]士女，至今传而歌之。

自青石又迤[4]行渐高，是小石岭也。两岭本险陒难度，曾有一道士，凿石通路，稍平夷云。自此山势渐尽，野色平远。耕农之家，广开田土，而木绵花[5]之种，盖始于此。

山色葱茏石气青，绕岩藤槲[6]叶零星。

先王[7]宝曲和新泪，阴雨胡风二百龄。

1 该地现名“青石”。

2 孝庙潜邸时，朝鲜孝宗李淏（1619—1659）为王子时。

3 东土，这里指朝鲜。

4“迤”读“姨 yí”，地势斜着延展。

5 原稿“木绵花”朝鲜文人多简称“木花”或“木”，即我国的棉花，与俗称“红棉”、“攀枝花”的木棉不是一类植物。朝鲜文人赵花川《三陟民瘼上疏》：“木花不产之地，年备五百匹之布”。朝鲜文人李瀷（1681—1763）《星湖僿说 · 万物门 · 木棉》云：“我国绵花，即高丽文益渐之得之中国而流布者也。国人谓之‘木棉’”。现代朝鲜语里至今仍把“棉花”称作“木棉”。清人赵翼（1727—1814）《陔馀丛考》卷三十认为，《通鉴》里“木棉以二三月下种，至夏生黄花结实，及熟时其皮四裂，中绽出如绵”所描述的就是棉花。可见，高丽和朝鲜的“木棉”之称当是古汉语的遗存。原稿此处的记述是说，中国的棉花至此以南才有种植，以北地方则由于天寒，无法种植。参见〔清〕鄂尔泰、张廷玉等《钦定授时通考》卷七十七《木棉》，文渊阁四库全书本；“紫图图书”白话图文全译本《天工开物》，第101页《木棉（图）》，南海出版公司，2008年版。“瘼”读“墨mò”，病。“瀷”读“义yì”，水流很急的样子。“僿”读“赛sài”，粗鄙。

6“槲”读“湖hú”，是一种寄生的常绿小灌木。其茎叶可入中药。

7 先王，这里指朝鲜孝宗李淏（1619—1659）。

狼子山[1]

山距小石西十里。崔简易[2]《狼子山记》以为，众山颇佳丽云。或曰，“狼”即“娘”字也。昔唐宗[3]东[4]，兵败失道。夜闻鸡鸣声，步寻林薮[5]中，得一娘子会欢。天明睡起，乃身在一块石之间。就见其石，则石有冠距如鸡。唐宗心异之，建寺祠之。山曰“娘子”，寺曰“鸡鸣”。[6]

详于《复路篇·鸡鸣寺》[7]诗注，而与此说不同。

昔日仙娘子，登山做甚愁。

鸡鸣荒寺晓，凤下塞声秋。

清跸[8]迷征路，红颜决胜筹。

阳台[9]嘘夜蜃[10]，云雨梦悠悠。

1“狼子山”即今之辽阳县鸡鸣寺村，是辽阳市的一个生态度假区。自“青山”开始，朝鲜使节团改向西走。从鸡鸣寺开始，他们直接向西北的今汤河方向运动。

2 崔简易，指朝鲜文人崔岦。崔岦（1539—1612），字立之，号东皋、简易堂，本贯通川。官至佥知中枢府事。明万历五年丁丑（1577）、万历九年辛巳（1581）、万历二十二年甲午（1594）三次出使中国。有《简易集》传世。其燕行诗在《简易集》卷六、七。参见朝鲜文人许筬（1548—1612）《岳麓集·附录》。“岦”读“力lì”，通常与“岌”连用，山貌。

3 唐宗指唐太宗李世民。唐太宗李世民曾亲率大军征讨高句丽，时间是贞观十八年甲辰即644年。参见唐太宗《亲征高丽手诏》，吴云、冀宇校注《唐太宗全集》，第484—485页，天津古籍出版社，2004年版。

4 原稿此处有误，疑少一“征”字。

5“薮”读“叟sǒu”，草木积聚之处。

6 鸡鸣寺遗址在今辽宁省辽阳县鸡鸣寺村。

7 见本书《蓟山纪程》卷之四之三月初一日庚寅的记述。

8“清跸”，君主、后妃出外时清理道路、禁止通行。“跸”读“毕bì”。

9 阳台，〔战国〕宋玉《高唐赋序》曰：“妾在巫山之阳，高丘之阻。旦为朝云，暮为行雨。朝朝暮暮，阳台之下”。后多与“云雨”连用，表示男女之间的性爱活动。

10“蜃”读“甚 shèn”，传说中一种可以吐云气的蛟龙。

初二日癸亥[1]，晴。王宝台[2]四十里，民人陈姓家午餐。迎水寺[3]三十里，旗下[4]朱姓家宿。

1 这一天是1804年1月14日。

2 今辽阳市汤山风景区附近有“望宝寨”。

3 迎水寺，在现今沈阳市。

4 旗下，属于八旗的。清代满族军队和户口编制，分正黄、正白、正红、正蓝、镶黄、镶白、镶红、镶蓝八旗。后又增建蒙古八旗和汉军八旗。

摩天岭

岭在狼子北，高不过一丘垤[1]，名实太不相称。岭西有驻跸[2]山、马蹄山。唐宗征辽[3]时所过路也。

荒山突兀石棱危，山上寒风山下岐。

西瞻一抹青相对，六马[4]敲蹄驻跸时。

1“垤”读“碟 dié”，蚂蚁做窝时堆在外面的小土堆。

2“驻跸”，君主、后妃出外于途中暂停小住。“跸”读“毕 bì”。

3 唐宗征辽，指唐太宗李世民亲率大军征讨高句丽，时间是贞观十八年甲辰即644年。参见唐太宗《亲征高丽手诏》，吴云、冀宇校注《唐太宗全集》，第484—485页，天津古籍出版社，2004年版。

4 六马，指唐太宗的六骏。

三流河

前行十余里，大水有三，是谓“三流河”。盖三江[1]以北，水无大小，皆河名。

水阔三流派，人从八站途。

淡烟疏树里，数屋依山隅。

1 三江，指我国的扬子江。来中国的朝鲜文人多说，中国长江以北的水流叫“河”。其实并不尽然。

王祥岭

世传晋太傅王祥[1]所居地。岭下水，即部[2]冰得鲤处云，而诚诞语[3]也。

古岭因人著，王祥盖住兹。

棠梨耐风雨，伊[4]昔抱何枝。[5]

1 王祥卧冰求鲤是我国古代“二十四孝”故事之一。晋朝人王祥，字休征。继母朱氏欲于寒冬之日食鲜鱼。王祥于冰上解衣而卧。冰忽自裂，双鲤跃出。后王祥为高官。朝鲜文人崔演（1503—1549）《艮斋集》卷九、十是作者于明嘉靖二十七年（1548）以冬至使出使中国的诗集，卷九《王祥墓》记叙说，作者见到了王祥的后人。

2 部，分。弄开。

3 诞语，荒诞的话。口语里的“扯淡”当从“扯诞”变化而来。

4 伊，他。

5 本联用“王祥抱树”典。〔南朝〕刘义庆《世说新语》：“王祥事后母朱夫人甚谨。家有一李树，结子甚好。母恒使守之。时风雨忽至，祥抱树而泣。……母于是感悟，爱之如己子”。

石门岭

岭之巅，石壁呀然中坼[1]，若门扇之洞辟。登岭前望，不复见峰峦之环峙，只有土屯石块，周遮莽渺之间。

岩崖中坼路盘旋，高处登临眼豁然。

却望长空飞鸟尽，石门西望杳云烟。

1“坼”读“撤chè”，裂开。

王宝台[1]

岩石层架，若石台之筑。在[2]在石门西五里。

或曰，“王宝”即“王八”[3]，汉语之声相近也。俗称“王八”为“鳖”，此地有“鳖峰”，故云。

有“冷井”路傍[4]，隆寒不冰。

野烟横复直，灭没绕古杨。

石秀层台路，村连五亩墙。

苍枕悍如虎，白卫[5]小于羊。

冷井清无底，荒林喷晓霜。

1 该地现有“望宝台”。

2 在，指王宝台。

3“王八”是很粗俗的话。但口语里“王八”的羞辱含义其实来自“乌龟”。圭象祖，是“祖”与“先”的象征。“乌龟”也就是“无圭”，在男权中心的社会里是人最大的耻辱。另参见〔清〕顾张思《土风录》卷八“王八”，收入[日]长泽规矩也编《明清俗语辞书集成》第一册，上海古籍出版社，1989年版。

4“傍”通“旁”。

5 卫，毛驴的别称。

高丽丛

一名“高丽冢”。似是高丽人之被掳不还者，死葬此也。路左有十数冢，冢前或竖碑，而设石香炉。抑或是高丽冢欤？在王宝北五里地。

南冠[10]羞入犬羊屯，淹滞殊方自一村。[11]

死葬东人来去路，年年犹待吊孤魂。

1 南冠，用《左传·成公九年》钟仪典。钟仪是楚国人，被俘到晋国而坚持戴南冠，表示不望故国。

2 皇太极进攻朝鲜得胜，带回了一批朝鲜人。原稿称他们是“南冠”，是说他们认为自己尊奉的是大明。

辽城[1]

辽是朝鲜古界[2]。秦曰“辽东”，汉曰“襄平”、“辽阳”，唐曰“安东都护府”，辽曰“东平鹤野”，又曰“南平”，改曰“东京”。元为辽阳路，辖[3]盖、懿二州，明曰“定辽卫”、“东宁卫”[4]。清属盛京。崇德[5]间，移设辽城于太子河之东，是谓“新辽城”，而距旧城十里地。或称“马上传甄”[6]，一夜成城，故谓之“马上城”[7]。逮至乾隆甲辰[8]，以民物不蕃，复移城于旧辽。即此是也。

城北有土屯，周遭如丘垄，乃旧城之基。城周二十里，高五六丈。外设睥睨[9]，内障女垣[10]。城上开坦路，五马可队。城外有壕引，引太子河注之。城四门曰“绥远”、“丰乐”、“顺安”、“拱极”。门有丽谯及瓮城。瓮城亦有门，不扇矣。扁门于城额，又旁译以清书[11]。城内有都督、守尉、驿丞[12]之官。

从东门入，路左右列肆相映，百货堆积，各立旗榜，而多以金字填之。古诗所云“旗亭百队开新市”[13]者也。

夕阳城似画，缥缈野周遭。

千里无山镇，重关断堑壕。

鹤飞孤塔远，雉[14]列外栏高。

百队旗亭市，居民尽富豪。

1“辽城”即今辽宁省辽阳市。〔金〕刘祁原著，崔文印点校《归潜志》多辽阳名人的记载，见该书卷四《刘致君》，中华书局，1983年版。〔明〕佚名《寰宇通衢不分卷》记述，辽阳是明朝的辽东都司，从南京到辽阳有两条驿道：“一路水马驿至本司四十驿，三千四十五里”，“一路马驿六十四驿，三千九百四十四里”。见该书，续修四库全书本。

2 沈阳的新乐文化与辽河流域的金牛山文化、红山文化都是我国悠久的文化遗存。原稿作者李海应的这一看法在朝鲜文人那里也不占主流。朝鲜著名文人丁若镛《疆域考·朝鲜考》云：“镛案：今人多疑箕子朝鲜，或在辽东。然《苏秦传》、《货殖传》朝鲜、辽东真番之等，皆别言之，不可混也。知朝鲜之名，必起于平壤者。《地理志》乐浪郡属县二十五，朝鲜居首。当时卫满之都，实在平壤。其后乐浪之治，亦在平壤，而其首县为朝鲜。则朝鲜者，平壤之旧名也”。事实上，金牛山文化之后，夏商两朝，“东北地属幽、营二州”。见丁海斌、时义《清代陪都盛京研究》，第4页，中国社会科学出版社，2007年版。〔明〕严从简《殊域周咨录》（上）卷一云：“朝鲜，周封箕子于此，同三恪不臣。‘朝鲜’云者，以其在东，取‘朝日鲜明’之义也。秦属辽东；汉初，燕人卫满据其地；武帝平之，置真蕃、临屯、乐浪、玄菟四郡；汉末，公孙度开府行牧事于辽东，并有其地，三传而为魏所灭。晋永嘉之乱，扶余别种酋长高琏入据其地，称高丽王，居平壤城，始列化外”。

3“辂”读“玉 yù”，旧式马车车杭之前的部位。这里通“驭”，意思是“统领”。

4 明朝地方军事实行卫所制度，“卫”下为“所”。

5 崇德是清太宗皇太极的年号（1636—1643）。

6“马上传甄”，冷兵器时代骑兵进攻敌方城池的一种方略。骑兵每人兜土石到城下，依次放入护城河内，待河流被填平，再进一步堆土至城墙高。“甄”本来是制陶器的轮子，这里是描述骑兵依次放下土石的样子。

7 朝鲜文人朴思浩《心田稿》十二月初三日说：“或曰：马上传砖，一夜成城。故谓之‘马上城’”。

8 乾隆甲辰，1784年。

9“睥睨”读“屁 pì逆 nì”，斜看，侧目而视。此处指观察孔。一说睥睨为女墙的别称。

10“垣”读“元 yuán”，墙。

11 清书，满文。

12 驿丞，明清两朝负责驿站中仪仗、车马、迎送的下级官吏，不入品（从九品以下）。清朝的“站”、“驿”、“塘”、“台”、“所”、“铺”都是邮驿的组织形式，其人马费用是由官府支给的。参见《光绪会典》卷五一。

13 此句出自唐朝诗人王勃《临高台》一诗，见《全唐诗》卷一十七。

14“雉”读“智zhì”，城墙。

永安寺[1]

寺在城内北街，设前后殿。殿中安百数菩萨，殿前立碑而记之，是怀顺帝所建。

有药铺在后，内贮药料于层柜，贴纸标名，如我国药铺之例[2]。床有匣妆诸书，是医家流，而主人似识和、扁者。[3]

寒雨伽蓝净塔莲，六时[4]钟彻上方天。

白头秤药西廊客，厢积嵇生[5]养性篇。

1 辽阳永安寺是三国魏青龙元年（233）所建。原稿所说“怀顺帝所建”有误，当为“元顺帝所建”。

2 韩医药铺和中国的几乎看不出什么区别。朝鲜医生一直是读中国医书的，直到明万历四十一年（1613），朝鲜医生许浚（1546—1615）写出了《东医宝鉴》一书。韩国电视连续剧《医道》即描述许浚一生经历的文艺作品。参见[韩]许浚《东医宝鉴》之李廷龟序。

3 和、扁，医和与扁鹊。医和是春秋时秦国著名医师，《左传·昭公元年》、《左传·昭公十年》有载。扁鹊姓秦，名越人，是战国时名医。

4 六时，佛家把一昼夜分为六时。

5“嵇生”指魏晋诗人嵇康。嵇康（223—262），字叔夜，“竹林七贤”之一。身材魁伟健美，风度翩翩。善书法、音乐，喜山水自然，反对儒教，提倡“越名教而任自然”。后被司马昭所杀。《文选》收录有嵇康的《养生论》。

顺安门外关庙

由城西门出，双桥在其南，而桥立重修碑。桥之北，有关帝庙，象设极伟壮。戟门[1]左右，建钟鼓楼。左曰“龙吟”，右曰“虎鸣”。殿中塑像，几三丈余。扁楣多赞圣句语。配张飞、赵云东西庑[2]，而前有一塑，为被缚状，力士以刀拟之。其人仰面视飞，若无怖意，是蜀将严颜[3]也。门外竖双竿，高十许丈。每月朔望，插旗于竿头，击二楼钟鼓，必焚香云。

伟绩精忠冠古今，辽阳神庙又宏深。

将军设有英灵在，无暇牲樽[4]处处歆。[5]

1 戟门，《周礼·天官》中即有此门的设置规定。汉朝学者郑玄以为即“棘门”，是用兵戈搭建的门。后为古代建筑群中的前门。唐朝规定，三品以上人家可以设置戟门。“戟”读“挤jǐ”，古代青铜制作的兵器，矛、戈合为一体。参见北京市城市规划管理局《北京在建设中》，《修缮后的劳动人民文化宫（戟门）》图，北京出版社，1958年版。该书把“戟门”翻译为“halberd gate”。

2“庑”读“五wǔ”。许慎《说文》：“庑，堂下周屋”。

3 严颜（？），三国蜀中名将。我国古典小说《三国演义》里的重要人物。建安十六年（211）任巴郡太守。刘备攻打西川时被张飞设计收服。朝鲜文人李圭景（1788—？）的《五洲衍文长笺散稿》卷七《诗文篇　论文类　小说辨证说》在论述了我国古典小说《水浒传》、《西游记》在朝鲜的传播情况后说：“《金瓶梅》……译人金庆门入燕，有人潜道之如此。其书绝贵。我英庙乙未，永城副尉申绥（平山人，相晚子）使首译李谌，始贸来一册。直银一两，凡二十册。版刻精巧”。“《西厢记》……《风月须知》……。有《桃花扇》、《红楼梦》、《续红楼梦》、《续水浒志》、《列国志》、《封神演义》、《东游记》。其它为小说者，不可胜记。有《聊斋志异》，蒲松龄著。稗说中，最为可观。或有实迹，文辞雅驯。与王渔洋同时，渔洋以千金购之，欲为己作，而松龄不应。其操可知也”。

4“樽”读“尊zūn”，盛酒器。后来用做祭祀的礼器。

5“歆”读“新xīn”，歆享，神灵享受供物。

辽阳白塔[1]

自顺安外，迤[2]北行二里，白塔耸立。塔凡八棱十三层，高三十六丈，围十七八间。塔面旧嵌铜——碑所记如此。下方筑以石，四隅匀整。高于平地尺余。下设七层，而安塔身于其上。八面皆刻一罗汉、二神将。上下总一百四。又中层架木椽为飞檐，一面各三十五椽，每面悬铁磬。风一摇之，丁东之响，乱撤于云外。

最上头植铜柱，而节其茎为五层，以铁丝维之。塔上第四层，大书“碧汉流光”四字。若日清朗时，以千里镜[3]注视，则字辨云。旁竖一碑，是龟文[4]石也，以龟趺[5]戴之，光光没字痕。世传唐师度远，太宗[6]命尉迟恭[7]建此。或曰李成梁[8]所造。又曰，自东汉以来，已有此塔。皆不可信，而华表柱[9]云者，尤妄语。古人传记，以华表为城门柱，而旧在城中一民家，今失其所云。

塔后有大殿，奉三佛躯[10]。或称“广佑寺”[11]。寺庭有铁器，状如马槽，恰容十数斛。盖寺中旧物也。

兀立三千尺[12]，苍茫大野前。

更无高抵塔，直欲上干天。

漾日铜丝缀，喧风铁磬[13]悬。

云云华表柱，仙鹤杳千年。

1 辽阳白塔，即今辽阳市中心的广佑寺白塔。该塔建于金大定年间（1161—1189），高71米，原稿记述数字有误。可参看《中国大百科全书》之《人文地理》卷《辽阳市》。

2“迤”读“姨 yí”，地势斜着延展。

3 原稿所说“千里镜”当是指单筒望远镜。

4“文”通“纹”。

5 原稿“趺”字有误，当为“趺”字。“趺”读“夫 fū”，石碑的底座。

6 太宗，唐太宗李世民。

7 尉迟恭（585—658），唐朝名将。字敬德，朔州善阳（今山西朔县）人。本隋朝偏将，入唐后为李世民重用，跟随太宗伐高句丽。后来民间的“门神”即尉迟恭与秦琼的画像。

8 李成梁（1526—1618），字汝契，号银城，辽东铁岭人，明朝将军，曾两次出任辽东总兵，任职达30年之久。出兵援助朝鲜抗击日军的明将李如松是其子。李成梁在朝鲜有很高的知名度。朝鲜文人朴思浩《心田稿·留馆杂录》说：“李成梁，广宁人，皇明时名将也。其子如松、如柏、如桢、如樟、如梅，壬辰倭乱，皆东援朝鲜”。因努尔哈赤曾任李成梁的亲随等原因，世人对李成梁的出身有多种说法。朝鲜文人南公辙（1760—1840）《金陵集》之《颍翁再续藁二·李提督画像记》认为，李氏乃陇西大氏，其族多出将军，有仕于宋朝者。元朝蒙古人统治中原，乃“挈家来朝鲜”，明太祖后复还中国。按朝鲜文人尹行恁（1762—1801）《硕斋稿》卷九《海东外史·李源》的说法，李氏谱系大致是李英—李文彬—李春美—李泾—李成梁—李如松—李性忠—李应祖—？—李源—李孝承。今辽宁省铁岭市铁岭县催阵堡乡小屯有李成梁、李如松墓地，笔者与拙荆于2009年清明节专程驾车前往参观。另参见孙文良、李治亭《清太宗全传》，第16页，江苏教育出版社，2005年版。

9 朝鲜使节多说，辽阳城有华表柱，是传说中丁令威化鹤飞升的地方。关于华表，〔五代〕马缟《中华古今注》卷上《尧诽谤木》云：“程雅问曰：‘尧设诽谤之木，何也？’答曰：‘今之华表木也。以横木交柱头，状如华也。形如桔槔，大路交衢悉施焉。或谓之表木，以表王者纳谏也，亦以表识衢路。秦乃除之，汉始复修焉。今西京谓之交午柱也。’”

10 躯，（佛）像的量词。北魏·杨衒之《洛阳伽蓝记》：“中有丈八金像一躯，中长金像十躯，绣珠像三躯”。“奉三佛躯”即奉三躯佛。

11 广佑寺遗址在今辽阳市白塔公园内。该寺初建于东汉，1161年金朝世宗在此地发动政变称帝，清康熙帝曾驻跸于此。1900年该寺被沙俄军队焚毁，后重建。

12 清康熙帝曾重整度量衡，并用累黍之法重新确认一尺的长度。清朝的一尺（营造尺）为32公分，而不是秦朝的23公分。康熙解释说，秦人竖放百粒黍故其尺短，我朝横放故尺长。

13 铁磬，铁马。《红楼梦》第八十七回：“一会儿，檐下的铁马也只管叮叮当当的乱敲起来”。

太子河[1]

一名“衍水”。史称燕太子丹[2]避秦入衍水者，此也。

寒风古渡马秋秋[3]，万劫燕波咽不流。

碣石蓟门残照里，尚疑虹白贯河头。[4]

1 太子河是流经今辽阳市的一条河。

2 燕太子丹是战国末年燕王喜的太子。曾在秦国为人质。前227年，他派荆柯刺杀秦王。失败后退守辽东，被燕王喜斩首，将首级献给了秦王。

3 “秋秋”通“啾啾”。

4 此句用“白虹贯日”典。参见〔西汉〕司马迁《史记·邹阳传》。

初三日甲子[1]，晴寒。烂泥堡[2]二十八里，民人张姓家午餐。十里河堡二十七里，于姓家宿。

1 这一天是1804年1月15日。

2 从现在开始，朝鲜使节团要走今101省道，往沈阳方向行进。“烂泥堡”现名“乱泥铺”。

慈航寺

迎水寺[1]一名“永寿寺”。中间颓毁，重建于旧址，改扁“慈航”。中安三大佛。前有梵书，是涅盘[2]、莲花等经。西小龛[3]奉关帝像。

寺有二僧，与凡民杂居。但缁衣袖广，衽[4]如深衣。与平民所着差有别。慈航之南，有董宰相[5]墓。筑方垣而粉圬[6]之。

法莲花发境尘尘，苦海慈航阅劫轮。[7]

若说禅经存五戒，寺僧何故杂居民？

1 迎水寺本在今辽阳市东京陵附近。寺已不存，惟有地名。

2 涅盘，即涅槃。佛教指正觉的境界。在此境界中，自我和贪、嗔、痴均已灭尽，达到寂静、安稳和常在。原稿所说“涅盘”，即涅槃经，清乾隆大藏经归入“大乘涅槃部”，一百余卷。

3 莲花，指佛教的《妙法莲华经》，清乾隆大藏经归入大乘五大部外，七卷。

4“龛”读“勘 kān”，小窟，小屋。

5“衽”读“任 rèn”，衣襟。

6 原稿“董宰相”当即清顺治董妃之弟费扬古（1645—1696）。费扬古在平定三藩时被授予领侍卫内大臣、议政大臣。康熙二十六年（1687）以后，为安北将军，驻守归化（今呼和浩特），防御准噶尔部漠西蒙古。在与噶尔丹的决战中战功卓著。费扬古的墓碑在今北京市朝阳区东坝乡驹子房村西南。因费扬古声名显赫，辽阳市的坟墓也许是他的衣冠冢。参见李景屏、谷敏《正说清朝十二后妃》，第75—88页，农村读物出版社，2005年版。

7“垣”读“元 yuán”，墙。

8“圬”读“屋 wū”，抹墙。

9 劫轮，一劫一劫地轮回。劫是“劫波”的略称。佛教认为世界经历若干万年毁灭一次，再重新开始。这样一个周期为一“劫”。

辽野各体四首

自迎水[1]以北，山尽而野开。乾端坤倪[2]，杳然涯涘[3]。只见草树苍苍，如叶舟而泛沧海，不知歇泊之所。是所称“辽东八百里野”。

幽然万里东，险路皆山也。
忽然意惝如，四望天泜[4]野。
（右次秋阳[5]韵。原稿注）

千里长风四野环，大鹏无碍北溟[6]还。
东瞻旭日西瞻落，天地苍苍杳霭间。

匹马辽阳路不穷，端倪轩豁判鸿蒙。[7]
漫天皓色冬宜雪，卷地雄声夕又风。
忽见乌飞迷眼底，曾无蚁垤[8]介胸中。
三千大界元如许，宁独拘拘老海东。[9]

莽苍如浮海，胸襟洞一披。
山河杳何许，天地大于斯。
顿觉吾身小，翻愁去道迟。
远穷千里目，烟薄万杨枝。

1 迎水，指辽阳市的迎水寺。

2 乾端坤倪，即乾坤端倪。指大地的边际。

3 涯涘，水的边际。“涘”读“四sì”，水边。

4 “泜”读“枝zhī”，泜河（我国河北省的一条河流）。原稿此字有误，当为“低”字。

5 秋阳，此次出使中国的朝鲜书状官徐长辅（1767—1830）。

6 北溟，北海。《庄子》：“北溟有鱼，其名为鲲”。

7 鸿蒙，即鸿洞。指宇宙初开时虚无混沌的样子。

8 蚁垤，蚂蚁窝。“垤”读“碟dié”。

9 朝鲜文人习惯把自己的国家称为“海东”或“东”、“东方”。

接官厅[1]

按[2]：清人递官[3]过此者，必于此迎接新官云。似我国“交龟亭”[4]之号。

编桥衰草断河渠，种种青帘槲树[5]庐。

大道纵横关北省，居民日送使君[6]车。

1 “接官厅”地名至今未改，其附近是张台子。在灯塔市。

2 此按语是原稿作者李海应所加。

3 “递官”即“遞官”。封建社会里官员之间的轮换与交接。“遞”读“地dì”。

4 交龟亭是朝鲜王朝官员凭借符信交代公务的地方。“龟”是指朝鲜王家印章上的龟纽。朝鲜文人赵宪（1544—1592）《重峰集》卷十《朝天日记》记载了我国的“接官厅”：“七月初三日，……憩于接官亭。中朝使臣之行，守土官员迎候供息之处也”。

5 槲树即柞栎，通称“柞树”。其木经常用来做家具。“槲”读“湖hú”。“柞栎”读“做zuò力lì”。

6 使君，汉朝以后对州郡长官的尊称。

三道把

永乐[1]中，以辽野旷阔，未有障塞处，遂于路左右种河柳以定界。康熙帝又为行者之荫暍[2]，申令植柳[3]。今多秃树，且野中村庄，四无冈麓之依。列树环荫，各成一洞。[4]

西北十里许有“兴京”[5]，明时建州卫[6]，而即奴哈赤[7]肇基地也。有所谓肇祖、兴祖[8]、显祖四陵[9]。皆在开运山[10]下。清初设城守、置总管官云。

落日辽野直，街柳似圃樊。

居民识风清，行子惜阴繁。

朔雪不耐劲，秃树余败根。

隋堤[11]千百里，弱植春几番。

处处周尉[12]营，在在[13]陶令[14]门。

野屋居相望，鸣吠树中喧。

坎坎声相应，初疑伐轮轩。

老根迎刃尖，丛苞复不存。

木灾诚无妄，材非合牺樽。[15]

北瞻胡皇陵，古木苍苍昏。

何不挈长镵[16]，去赭[17]石马原？

1 永乐是明成祖的年号（1403—1424）。

2“暍”读“噎 yē”，暑热。

3“申令植柳”是清康熙九年到二十年（1670—1681）的大规模植树设防行动。西起长城东到凤凰城，南起威远卫北到吉林亮子山的范围内种植柳树，形成了著名的“柳条边”（新边）。康熙的目的并非仅仅如原稿所说，为过路人遮阳，而是因为满族把柳树看作是女始祖。满族最重要的神祇“佛托妈妈”就是柳始母，“佛托”就是满语“柳”的意思。明朝以前多有榆边，清朝改为柳，故为“新边”。见〔清〕杨宾《柳边纪略》卷一，上海商务印书馆，1936年版；富育光主编《图像中国满族风俗叙录》，第146页，山东画报出版社，2008年版。

4 洞，朝鲜王朝都市里最小的行政单位。原稿作者李海应生活于汉城，对“洞”这样的单位很熟悉。事实上，当时朝鲜农村的“里”才是与我国的“村子（屯子）”对应的最小行政单位。

5“兴京”即后金的建州，被满族人看作是龙兴之地。其地在今辽宁省新宾县。参见〔清〕和珅等《钦定大清一统志》卷三十六“兴京”，文渊阁四库全书本。

6 明朝地方军事实行卫所制度，“卫”下辖“所”。

7“奴哈赤”即“努尔哈赤”。努尔哈赤（1559—1626）于1616年统一了女真各部，建立后金。后被尊为清太祖。

8 原稿此处有误，其后缺“景祖”二字。

9“兴京”陵墓现名“永陵”。在今辽宁新宾满族自治县永陵镇西一公里处。这里埋葬的“肇祖”是努尔哈赤的六世祖孟特穆；兴祖是努尔哈赤的曾祖父福满；“景祖”是努尔哈赤的祖父觉昌安；“显祖”是努尔哈赤的父亲塔克世。见富育光主编《图像中国满族风俗叙录》，第184页《清永陵图》，山东画报出版社，2008年版。

10 开运山，即今启运山。

11 隋堤，隋大业元年（605）时开通济渠所建堤坝。在今河南省商丘市附近。

12 周尉，即周亚夫。周亚夫（？—前143），西汉名臣。沛县（今属江苏）人。太尉，封条侯。平定七国乱后为丞相。

13 在在，处处。

14 陶令，陶渊明。陶渊明（365—427）， 东晋文学家。一名潜，字元亮，私谥“靖节”。浔阳柴桑（今江西九江市西南）人。因曾任彭泽令。后人往往称之为“陶令”。不满朝政而归隐田园后，有许多脍炙人口的诗作。有《陶渊明集》传世。

15 “樽”读“尊 zūn”，盛酒器。后来用做祭祀的礼器。

16 “镵”读“chán”，一种较大的犁铧。“挈长镵”即带着长长的犁铧。

17 “赭”读“zhě”，赤地，没有草木。本联是愤恨的话，意思是：满族皇帝为什么不用大犁头把草木都除去使之尽为石头山呢？

万宝桥[1]

桥状虹梯，康熙[2]间所建。

过接官厅数帿[3]，有古烟台[4]。高数丈，上设层阁，高出女垣[5]。又多通睥睨[6]处。

空台烟火敛寒光，行听桥头逝水长。

一道飒然[7]千骑过，沈阳都督[8]出辽阳。

1 现今灯塔市有万宝桥街和万宝桥公园。

2 康熙是清圣祖的年号（1662—1722）。

3 “帿”读“侯 hóu”，箭靶。

4 原稿所说“古烟台”，当是现今的“张台子”。

5 女垣，女墙。“垣”读“元 yuán”，墙。

6 “睥睨”读“屁 pì逆 nì”，斜看，侧目而视。此处指观察孔。

7 飒然，如一阵大风吹过。“飒”读“萨 sà”，风声。

8 原稿此处有误。清朝无“沈阳都督”之设，这里当是指盛京将军。直到清朝末年的1907年，盛京将军才改为“东三省总督”。

十里河堡[1]

野风逆面，比山峡路，倍觉酷冽。夕抵於姓家。主人壁上奉一神版，书曰“於姓三代宗亲之位”，乃无帘障之隔。

长天无际野风多，五里台西十里河。

薄暮荒村惊远客，神龛[2]背立灶[3]香婆。

1 该地现名“十里河”，是一个大镇。看来，朝鲜使节团走的是现今沈营公路一线。“堡”读“pù”。

2“龛”读“勘kān”，小窟，小屋。

3“炷”读“铸zhù”，点，点燃。朝鲜文人郑士龙（1491—1570）《湖阴杂稿》卷二《朝天录》有诗名《烧香的》，显然，李海应还没有学会“烧香的”之类官话（汉语口语）。

蓟山纪程卷之二

渡湾·癸亥十二月

初四日乙丑[1]，晴。自白塔堡[2]四十里午餐。沈阳二十里宿。

1 这一天是1804年1月16日。

2 白塔堡今名“白塔”。

长盛店[1]

有大石当路横倒，品颇苍润。年前乾隆帝葬时，输碑石而去。及到此店，中折堕车。仍弃之而去。

山河正气护云根，羞载胡皇赞德文。[2]

不待千年甘露剑，天公会使两头分。

1 长盛店即今沙河堡与板桥堡之间的长兴店。在沈阳市正南。

2 这里的“胡皇”是指清乾隆皇帝。

白塔堡[1]

塔在堡村内，筑砖为七层。层皆重檐，架以木椽，如筑室之制。下为四达之门，而高可十丈余。从门入其中，空洞然上通。昔有层梯，如螺壳形。方位回换，可缭至上层。三十年前，地忽震。一夜间，层梯尽秃云。

辽城见高塔，无物更称奇。

若论观海眼[2]，潦水盖难为。

1 该地现仍名“白塔堡”。“堡”读“pù”。

2 海眼，我国传说中洪水泛滥的源头。各地的白塔下多有所谓“海眼”。

浑河[1]

一名“耶里江”，源出长白山西南，与辽河同汇于太子河入海，谓之“三分山河”。河之广，如我国猪滩[2]，而有木桥。去沈阳九里。

世传孝庙[3]在沈阳时，作亭于此云。《侍讲院日记》[4]云，胡人以野坂田，授世子[5]

种菜，亦此地也。所种五谷皆有，而蜀黍[6]最多，旱稻亦间有。

谁道辽河水，朝宗大海头？
鲸鲵[7]嘘恶浪，千里混清流。
历历蓟门树，摇摇沈阳楼。
轮蹄匝河口，都会关东州。
白日篙师眠，河冰不用舟。
东首揽余泪，宁陵暮云收。
野坂经残劫，小亭成荒邱。[8]
轺车[9]戴远星，寥落踏寒沤。
一声胡笳[10]动，轻鸥下烟洲。

1 浑河流经现今沈阳市南。浑河发源于辽宁省清源县，流经新宾、抚顺、沈阳、鞍山、新城，过营口入海，全长415公里。见丁海斌、时义《清代陪都盛京研究》，第3页，中国社会科学出版社，2007年版。

2 猪滩，朝鲜礼成江的一条支流。朝鲜文人蔡济恭的《燕行诗》里有《再渡猪滩》，见韩国学者李钟粲译注《含忍录：蔡济恭燕行诗》，第191页，一志社，1995年版。“猪滩”今作“渚滩”。朝鲜文人丁若镛（1762—1836）《与犹堂集》卷五十七《朝鲜水经（十四）·潴水》作“潴滩”。另参见朝鲜文人古山子《大东地志》卷十七《金川·猪滩》；朝鲜文献《新增东国舆地胜览》卷四十一《平山·猪滩》。

3 孝庙，朝鲜孝宗大王李淏（1619—1659）。

4《侍讲院日记》是大型朝鲜王朝文献集。朝鲜王朝有一批大型历史文献，最著名的有《承政院日记》、《承宣院日记》、《宫内府日记》、《前秘书监日记》、《后秘书监日记》、《秘书日记》和《奎章阁日记》。

5 世子，指朝鲜昭显世子李溰。朝鲜王朝的世子是储君，某王子被确定为世子，要经明、清宫廷的认可。韩国电视连续剧《医道》里描绘光海君因为是庶出的王子，而得不到明朝皇帝的认可。

6 蜀黍，高粱。参见〔明〕李时珍原著，倪泰一等编译《本草纲目》，第368页，重庆出版社，2006年第三版；〔清〕鄂尔泰、张廷玉等《钦定授时通考》卷二十四《蜀黍》，文渊阁四库全书本。

7“鲵”读“泥 ní”，娃娃鱼。

8 荒邱，荒丘。

9“轺”读“摇 yáo”。轺车是一匹马拉的轻便小车，古代可作军车。

10 东汉蔡文姬被掳入南匈奴，为单于妻，后被曹操赎归。蔡文姬于途中想念亲生子女，作《胡笳十八拍》。现代作家郭沫若的话剧《蔡文姬》演绎了此故事。

广慈寺[1]

寺在沈阳土城外一里。殿奉阿弥[2]三座，前作琉璃龛[3]三层，安九身小金佛。左右又作青琉璃龛。一阁一佛，而制甚奇巧。又刻五百罗汉于左右层板上，小皆盈寸，以黄金涂之。

庭有碑阁，其记文略曰：盛京四面，皆建庄严宝寺。每寺中大佛一尊、菩萨八尊、天王四位、浮图一座。东曰“慧灯朗照”，为永光寺；南曰“普安寺[4]众庶”，为广慈寺；西曰“虔祝圣寿”，为延寿寺；北曰“流通正法”，为法轮寺。[5]

有居僧七八人，而其中黄衣者，西番[6]喇嘛僧也。

殿门南有白塔，圆如银瓮。其上头尖尖，然以铁枝雕刻，如稚松形。

楼鼓门钟夹两衢[7]，法天高捧百浮屠。

若知崇学如崇佛，岂有燕京薙发[8]胡？

1 广慈寺，故址在今沈阳东陵区南塔街与文翠路交口。其附近是南塔公园。南塔尚存，寺已毁掉。

2 阿弥即“阿弥陀佛”。其含义是“有无量功德的觉悟者”。

3 “龛”读“勘 kān”，小窟，小屋。

4 原稿此处有误，“寺”字可删。

5 原稿所记，是清顺治元年（1644）在今沈阳四郊修建的“盛京四象”建筑群，其四塔四寺由大喇嘛住持。如今“四塔”中的西塔已不存，“四寺”只有北塔的法轮寺保存下来了。参见丁海斌、时义《清代陪都盛京研究》，第19、55—57页，中国社会科学出版社，2007年版。

6 西番，西藏。

7 “衢”读“渠 qú”，四通八达的道路。

8 “薙发”即剃头，指满族统治者强迫汉族剃发。朝鲜被迫与清建立藩属朝贡关系时，规定朝鲜人可以穿明朝服装，不剃发。“薙”读“替 tì”，除草，删除。

牛羊厂

在土城外路傍[1]。厂中牛羊充牣[2]，色皆纯黑[3]。盖如我国典牲署[4]，供用祭享云。

金华山青石室开，牧丹[5]花黑洛园栽。

燕人皮革方专利[6]，犹待吾东岁币[7]来。

1“傍”通“旁”。

2“牣”读“任 rèn”，满。

3 按五德轮回说，清朝属水，其色黑。盛京内务府设有专门的“黑牛馆”，现今102国道691公里处尚有地名“黑牛圈”。参见丁海斌、时义《清代陪都盛京研究》，第88页，中国社会科学出版社，2007年版。

4〔明〕无名氏《朝鲜志》云：“典牲署，掌养牲供祭祀”。见该书卷上，文渊阁四库全书本。朝鲜文人古山子《大东地志》卷一云：“典牲署，在木觅山之南”。朝鲜文人丁若镛《与犹堂全书》载：“典牲署。提调卿一人，主簿中士一人，奉事下士二人。书吏六人，皂隶十人。臣谨案：《周礼》典牲之官序在财赋诸官之上。牧人充人等。重祭祀也。今亦依之”。见丁若镛《与犹堂全书》第五集政法集第一卷之《经世遗表》卷一。

5 牧丹，牡丹。

6 专利，专门从中获利。

7 岁币，每年进贡的物品。皇太极带领满族军队攻打朝鲜的时候，定下的是十分苛刻的进贡条件。“口遣族弟原昌君李觉等献马百、虎豹皮百、绵绸苎布四百、布万有五千，于是遣刘兴祚、巴克什库尔缠往江华岛莅盟。三月庚午，刑白马乌牛，誓告天地。和议成，约为兄弟之国”。（〔民国〕赵尔巽、柯劭忞等《清史稿·列传三百十三·朝鲜》）到后来，就是象征性的进贡了。皇帝的赏赐、中国国内的食品供应等，往往比进贡的物品价值要高。

沈阳[1]

沈阳，古肃慎[2]、挹娄[3]之地。渤海大氏[4]始置沈洲[5]，辖于定理府。辽曰“无远”、“昭德”[6]“三河”、“乐郊”[7]，改为兴辽军。明为沈阳中卫。清属奉天府，亦曰“盛京”。即清人首业地[8]也。其北蒙古界。其东由开原[9]，历乌喇船厂[10]，抵宁古塔[11]，为一千三百余里。西则从山海关抵燕京，为一千四百余里。自辽东越东八站[12]，抵我境为五百。

城内外人家，合一万五六千户，而城周五里[13]，其形如斗，盖方城也。每面九十[14]，每堞[15]十卒守之。城四角有三层铺楼，每铺百六十卒守之。每城中百卒守之。

入里门而有瓮城。城有内城，亦有左右门，门外有濠。城凡八门。南曰“德盛”，小南曰“天佑”；东曰“抚近”，小东曰“内治”；西曰“怀远”，小西曰“外攘”；北曰“福胜”，小北曰“地载”[16]。有六部衙门，亦设侍郎以下官，盖官府之制。

市肆之盛，亚于燕京[17]。三使自此舍轿骑马。以青袍幅巾，成班而行。裨译[18]分东西两行，入德盛门。路旁观者，如堵场，而指着帖里者曰“文职”，指着狭袖者曰“武职”。自入内城，撤盖排班。劝马[19]之声，一旹[20]齐歇。此地以孝庙[21]留馆之处。故东使之入沈，尚有追慕之心，不以年久而敬弛也。

重城雉[22]列地龙蟠，兴业骄胡奠巩安。

千里东西辽野路，八门傍[23]侧沈河澜。

市珍山积联金牓[24]，殿瓦云飞屹玉栏。

为是先王[25]居馆地，行人不改汉衣冠。[26]

1 作为清朝陪都的沈阳时称“盛京”。参见丁海斌、时义《清代陪都盛京研究》之《盛京城阙图》，中国社会科学出版社，2007年版。关于沈阳的历史沿革，参见〔清〕阿桂等《钦定盛京通志》，文渊阁四库全书本；〔清〕和珅等《钦定大清一统志》卷三十七《盛京》，文渊阁四库全书本。

2 肃慎，我国古民族名。女真与挹娄皆出肃慎。〔清〕陈康祺《郎潜纪闻》载，乾隆皇帝说，满洲人即女真人，祖先乃肃慎人。该书卷五云：“满洲可称珠申。满洲初为部落名，国书本作满珠，二字皆平读。乾隆四十二年上谕：我朝肇兴时，旧称满珠，所属曰珠申，后改称满珠，而汉字相沿，讹为满洲，其实即古肃慎，为珠申之转音。”见〔清〕陈康祺原著，晋石点校《郎潜纪闻初笔 二笔 三笔》，第95页，中华书局，1984年版。我国满族专家富育光主编《图像中国满族风俗叙录》认为，满族先民是肃慎、挹娄、靺鞨、勿吉、女真人。见该书第1、211页，山东画报出版社，2008年。“挹”读“意 yì”。

3 挹娄，我国古民族名，出自肃慎。一说即女真。“挹”读“意 yì”。

4 渤海是我国东北地区的一个政权。“大氏”即大祚荣及其后代继承者。大祚荣被唐朝封为忽汗州都督。参见《辞海》所附《中国历史纪年表》；魏国忠、朱国忱、郝庆云《渤海史》，第187页，中国社会科学出版社，2006年版。“祚”读“作 zuò”。

5 原稿“沈洲”有误，当为“沈州”。但大彝震当政时渤海国所划分的“定理府”并没有沈州，而只是在潘州之下设立了沈水县。参见魏国忠、朱国忱、郝庆云《渤海史》，第187页，中国社会科学出版社，2006年版。

6 《辽史 · 地理志》：“沈州，昭德军”。

7 辽太祖于神册四年（919）俘蓟州、三河民众于此，建立三河（后改乐郊）县。

8 首业地，最初的根据地。这句话的意思是，满族人把那里看做本民族的“龙兴之地”。

9 开原，辽东的重要关隘。

10 乌喇船厂，在今吉林省吉林市临江门外头道码头。参见富育光主编《图像中国满族风俗叙录》，第97—98页《吉林船厂》，山东画报出版社，2008年版。

11 宁古塔，在今黑龙江省靠近吉林的宁安市。据传说，那里是清朝皇族六个祖先生活的地方。满语里“六”的发音是“宁古”，“个”的发音是“塔”。故名。

12 “东八站”是从栅门到迎水寺之间的8个驿站。

13 原稿“五里”有误，当为“九里”。〔清〕武英殿本《古今图书集成·考工典》卷十八说：“盛京城池。……洪武二十一年指挥闵忠因旧址所筑。周围九里三十步。……天聪五年因旧城增拓其制，……周围九里三百三十二步”。

14 原稿此处有误，少一“堞”字。

15 “堞”读“碟 dié”，城墙上齿壮的矮墙。

16 参见〔清〕阿桂等《钦定盛京通志》卷十八《京城》，文渊阁四库全书本。

17 燕京，北京。从此处记述可以看出，该书稿是李海应回国后整理过的。

18 裨译，翻译官。“裨”读“必 bì”，副佐。

19 劝马，吆喝马。

20 “旹”是“时”的讹字。

21 孝庙，朝鲜孝宗大王李淏（1619—1659）。

22 “雉”读“智 zhì”，城墙。

23 “傍”通“旁”。

24 金牓，金榜。这里指店铺的牌匾和招贴。

25 先王，这里指朝鲜孝宗大王李淏（1619—1659）。

26 行人，使节。这句的意思是，我们这些朝鲜人穿的才是正统的汉族衣服，不是满族的衣服啊。

初五日丙寅[1]，晴。沈阳留。

1 这一天是1804年1月17日。

十字阁

阁在东街，凡三层，高可数十丈。悬大钟于其上，下有四通之门。盖大东、大西，南、北门两路之口，皆建十字阁。此其□[1]也。

四通门侧，有暗门，从层梯而上。悬处钟阁则牢锁，不可开。前有大碑，刻曰“宽温仁圣皇帝敕[2]建，崇德二年[3]立”。曾闻崇德帝[4]有军国机谋，欲与诸将会议，则辄挝[5]文政殿[6]大钟，而城上八门，皆鸣钟而应之。城内形址，登此可一一俯瞰，而八门相通之路，其形如“井”字。[7]

云梯高处路纵横，万户楼台脚踏平。

闻昔胡皇询事务，八门钟鼓一时鸣。

1 原稿此处有误，缺一“制”字。

2“敕”读“赤chì”，皇命。

3 崇德二年即1637年。后金改国号为“清”的第二年。

4 崇德帝，皇太极。

5“挝”读“抓zhuā”，敲，敲打。

6 原稿“文政殿”有误，当为“大政殿”。

7 清初沈阳城呈“井”字，皇宫（今沈阳故宫）即建于正中央。

文德离宫[1]

自十字阁西折入大胡同，有青瓦三门，而两傍[2]设红木马，前立一碑石。书“亲王以下，至此下马”，旁以满字翻之。

入一碑门，扁曰“文德坊”。其对门曰“武功坊”。右翼门之内，有正门，曰“太清”[3]。太清[4]之内，有凤凰楼[5]。其内又有崇政殿[6]。西有保极宫[7]。盖楹[8]榭榱桷[9]，华丽玲珑。其制皆一字无曲折。为守军拦住，不得穷其览。迤北而有六角彩楼，即文政殿[10]也。庭际广然无碍，是试士、观武所云。

门外有八棱石柱，上有石盖，相传古之“日影台”。[11]

白日离宫道，重重锁九天。

缘环金兽啮，雕栋玉龙缠。

雨渤[12]观台石，虹腾斗闸泉。

太冲[13]如共世，应有《北都》篇。

1 离宫，帝王在国都外的宫殿，他们出巡时的住所。原稿此处记述的是沈阳故宫的文德坊与武功坊。参见丁海斌、时义《清代陪都盛京研究》，第54页，中国社会科学出版社，2007年版。

2“傍”通“旁”。

3 原稿“太清”有误，此处即沈阳故宫的“大清门”。

4 原稿“太清”有误，当为“大清”。

5 凤凰楼是当年沈阳的最高建筑。现今游览沈阳故宫，从大清门进入后，过太庙，崇政殿南西边是“翔凤楼”，东面是“飞龙阁”，过了崇政殿就是凤凰楼。另参见丁海斌、时义《清代陪都盛京研究》，第50—51页，中国社会科学出版社，2007年版。

6 此崇政殿即民间所说“沈阳金銮殿”。

7 沈阳故宫的保极宫在凤凰楼之西。

8 “楹”读“迎yíng”，厅堂最靠外的木柱。

9 “榱桷”读“崔cuī决jué”。榱是椽子，桷是方形的椽子。

10 原稿“文政殿”有误，当为“大政殿”，即民间所说“大衙门”。大政殿南是十王亭。

11“日影台”即日晷，上古计时器具。后世有沙漏，清嘉庆年间宫廷已用钟表计时，日晷几乎成了礼器。“晷”读“鬼guǐ”，〔东汉〕许慎《说文解字》：“晷，日景（影）也”。

12“泐”读“乐lè”，铭刻，用刻刀书写。

13“太冲”是西晋文人左思的字。左思著有《三都赋》，十年乃成，洛阳因之而纸贵。

冯道善[1]店舍

家在巷北里，屋宇精洒，器玩可观。坐定，主人进蜜糕一碗，致殷勤。主人冯道善，自言读文章、走官衙，方为户部堂书[2]云。

沈阳素称多别味，如当归菜、锦鳞鱼。酒之梨花[3]、竹叶青、史国公[4]、葡萄酒[5]，及鹿茸膏、山查[6]饼之属，而菘与蒽[7]，亦倍大于东种[8]也。

荐盘佳实山梨红，溢斝[9]清香“史国公”。

沈水馆中冯道善，迎宾颇有古人风。

1 冯道善（？），清嘉庆年间沈阳户部堂书。其余不详。

2 堂书，当是在沈阳户部里做文秘工作的人。〔清〕和珅等《钦定大清一统志》的《盛京·职官·户部》中并无“堂书”一职。见该书卷三十七，文渊阁四库全书本。

3“梨花”，我国的一种传统名酒。在白酒酿制后期加入梨花进行特殊处理。据说名字来自唐朝诗人白居易《杭州春望》中的诗句“青旗沽酒趁梨花”。也称作“梨花白”。

4“史国公”是明朝的一种药酒。“史国公”即史可法。传史可法好酒而误饭，此酒是专门为他配制的，饮后效果很好。该酒至今还有生产。

5 清朝不仅沈阳有葡萄酒出产，北京地区也有。参见〔清〕于敏中等《日下旧闻考》卷一百四十九《物产·酒之属》，第2377页，北京古籍出版社，1981年。

6 山查，通常作“山楂”，即山里红。一种常见水果，比较酸。

7“菘”读“松sōng”，大白菜。“蒽”读“恩ēn”，指色淡黄、与白菜较接近的“黄芽菜”。

8 东种，朝鲜的品种。

9“斝”读“甲jiǎ”，三足，用于温酒的青铜酒器。流行于商朝与周朝。后世多用做礼器。

朝鲜馆[1]

馆在街东，房屋荒落，埃土委积于阶础。门扁旧有“朝鲜馆”三字，今不可见。馆前有景佑宫，即清朝愿堂[2]，而庭竖顺治七年[3]碑。

荒秋古巷雨如烟，列祖忠臣滞几年。

落日悲风空踯躅，馆门犹记揭[10]朝鲜。

1 朝鲜馆在今沈阳大南门附近，景佑宫（已无存，故址在沈河区朝阳街基督教培训中心）后。参见洪忠党《奉天景佑宫的兴亡》，载《沈阳日报》，2007年7月18日。

2 愿堂，有权势或金钱的人（家）为许愿而捐助的佛寺或佛寺中的某一殿堂。原稿中所说，多属御愿堂。但是景佑宫不是愿堂，而是道教殿堂。明代原在今沈阳故宫太庙的位置，清乾隆四十三年（1778）奉旨移造于德盛门（今大南门）内。参见洪忠党《奉天景佑宫的兴亡》，载《沈阳日报》，2007年7月18日。

3 清顺治七年，1650年。

4 揭，举起，悬挂。

文昌阁[1]

太学[2]傍[3]有一阁，外门扁曰“沈阳书院”[4]。入院门，而又有门，扁曰“华升[5]书院”。又内门上层，题“文昌阁”三字。东边门有明伦堂，其门内楼下扁曰“藏书室”。左右有层藏书架，而架用锁钥，未知有何等书也。中有文昌帝君神位。阁中有十七层梯，上头朱阁轩敞，高压千家。设三龛[6]，而中奉文昌塑像。左右有侍者。左是陈士义[7]，右是朱升[8]，而手奉一匣书。东龛是魁星[9]像，西龛是朱衣像，俱仙官名云。文昌则戴无角帽，东[10]鹤顶带[11]。魁星则把一笔，仰视，若将举趾，而朱衣所执横轴，题曰“文章司命”。左右壁图书，鳞以如《混沌初分图》、《戒士子文》之类也。

遂下阁而入讲堂，有诸生出门礼接。盖诸生属太学，而太学与书院相通。故每讲会于此。有十六岁秀才，乃诸葛武侯[12]后孙名玉清者也[13]。家住新民屯[14]云。

珠络人间影子流，文昌塑像俨高楼。

恍[15]余同系星官籍，平步云梯上上头。

1 文昌，文昌帝君。文昌帝君是文昌星与梓潼帝君合二为一的偶像，古代书生祭祀的文教之神。文昌本古星官名，周、汉、晋以降，皆将文昌配于郊祀。梓潼帝君本为雷神，宋、元后与文昌星被道教尊为主宰功名禄位之神，元延佑三年（1316）将两者合为“辅元开化文昌司禄宏仁帝君”，故称。参见〔清〕顾张思《土风录》卷十八《文昌帝君》，[日]长泽规矩也编《明清俗语辞书集成》第一册，上海古籍出版社，1989年版；李厚基、姜东赋、韩海明、许桂亭合作《白话聊斋》（三），第180页，河北人民出版社，1981年版。

2 沈阳无太学，这里是指沈阳文庙，在今沈阳的大南门。

3“傍”通“旁”。

4 沈阳书院又名“萃升书院”，是当时沈阳的私学，与铁岭的银冈书院、辽阳的襄平书院并称东北三大书院。沈阳书院始建于清康熙五十八年（1719），位于大南门（德胜门）文庙的右面。乾隆二十六年（1761）奉天府尹欧阳瑾为仪门题写“萃升书院”四字。张学良曾任书院院长。笔者与拙荆于2009年清明节前一日住宿于沈阳，清明节日又驾车前往银冈书院参观。参见张晓风《萃升书院—沈阳最早的大学》，《辽沈晚报》，2007年12月4日、12月7日；丁海斌、时义《清代陪都盛京研究》，第70页表格，中国社会科学出版社，2007年版。

5 原稿“华升书院”有误，当为“萃升书院”。

6“龛”读“勘kān”，小窟，小屋。

7 传为孔鲤所作《孔丛子》里有《陈士义》篇。文昌帝君的左右侍从多是天聋、地哑，但各地庙宇里也会有变通，如北京白云观里文昌帝君的左右侍就分别是孔子与朱熹。

8 朱升（1299—1370），明朝名臣，字允升，号枫林，休宁人。建议朱元璋“高筑墙，广积粮，缓称王”。

9 魁星即二十八宿之“奎宿”，也称“文曲星”。在北斗星附近。古人认为它是主管文运之神，是准备科举考试的人必须朝拜的神。古人称皇帝的亲笔字或神仙的手笔为“奎章”。参见清人《魁星点斗刻石》，袁珂编著《中国神话传说词典》插图，上海辞书出版社，1985年版；〔清〕顾张思《土风录》卷十八《魁星阁》，[日]长泽规矩也编《明清俗语辞书集成》第一册，上海古籍出版社，1989年版。

10 原稿“东”有误，当为“柬”字。

11 鹤顶带，鹤顶红色的带子。

12 诸葛武侯，诸葛亮。

13 诸葛玉清（1789—？），清嘉庆年间秀才，今辽宁新民市人。

14 新民屯，在今新民市。

15“怳”同“恍”。

沈阳太学[1]

太学外门，扁曰“儒学大殿”。殿深邃，中安孔圣板，而设龛椟[2]之殿。东西配享四圣[3]，从享十哲[4]，而跻配[5]有子[6]于东、朱子[7]于西。又东西庑[8]各设六十二神位[9]。殿内多扁额。康熙以下四帝笔也。

兆朕山河屹庙庐，王春寂寞杏阴[10]疎。

道先千载元何陋，地亦当年所欲居。

1 原稿“沈阳太学”有误，原稿记述的其实是沈阳学宫即文庙，位于今沈阳的大南门。沈阳并无国子监之设，其最高学府是盛京府学。

2“龛椟”读“勘 kān 读 dú”。龛是供奉佛像、神位的石室或小屋子。椟是木柜子、木头匣子。

3“四圣”分别是复圣颜子、宗圣曾子、述圣子思子、亚圣孟子。

4 从享“十哲”是：闵损、冉耕、冉雍、宰予、端木赐、冉求、仲由、言偃、卜商、端孙师。

5 跻配，也是一种从享。“跻”读“机 jī”。

6 有子即有若，孔子弟子。

7 朱子即朱熹。从享“十哲”加上有若与朱熹就是“十二哲”。

8“庑”读“五 wǔ”。许慎《说文》：“庑，堂下周屋”。

9 原稿“各设六十二神位”有误。我国文庙东庑先贤三十八位，分别是：先贤蘧瑗、先贤澹台灭明、先贤原宪、先贤南宫适、先贤商瞿、先贤漆雕开、先贤司马耕、先贤巫马施、先贤颜辛、先贤曹恤、先贤公孙龙、先贤秦商、先贤颜高、先贤穰驷赤、先贤石作蜀、先贤公夏首、先贤后处、先贤奚容点、先贤颜祖、先贤句井疆、先贤秦祖、先贤县成、先贤句兹、先贤燕级、先贤乐欬、先贤狄黑、先贤孔中、先贤公西点、先贤颜之仆、先贤施之常、先贤申枨、先贤左丘明、先贤秦冉、先贤牧皮、先贤公都子、先贤公孙丑、先贤张载、先贤程颐；东庑先儒二十三位，分别是：先儒公羊高、先儒孔安国、先儒毛苌、先儒高堂生、先儒郑康成、先儒诸葛亮、先儒王通、先儒司马光、先儒欧阳修、先儒胡安国、先儒尹焞、先儒吕祖谦、先儒蔡沈、先儒陆九渊、先儒陈淳、先儒魏了翁、先儒王柏、先儒许衡、先儒许谦、先儒王守仁、先儒罗钦顺、先儒陆龙其、先儒薛瑄。合六十一位。西庑先贤三十九位、分别是：先贤林放、先贤伏不齐、先贤公冶长、先贤公析哀、先贤高柴、先贤樊须、先贤商泽、先贤梁鳣、先贤冉孺、先贤伯虔、先贤冉季、先贤漆雕徒父、先贤漆雕侈、先贤公西赤、先贤任不齐、先贤公良孺、先贤公肩定、先贤鄡单、先贤罕父黑、先贤荣旂、先贤左人郢、先贤郑国、先贤原亢、先贤廉洁、先贤叔仲会、先贤公西舆如、先贤邽巽、先贤陈亢、先贤琴张、先贤步叔乘、先贤秦非、先贤颜哙、先贤颜何、先贤县亶、先贤乐正克、先贤万章、先贤周敦颐、先贤程颢、先贤邵雍；西庑先儒二十三位、分别是：先儒穀梁赤、先儒伏胜、先儒后苍、先儒董仲舒、先儒杜子春、先儒范宁、先儒韩愈、先儒范仲淹、先儒胡瑗、先儒杨时、先儒罗从彦、先儒李侗、先儒张栻、先儒黄干、先儒真德秀、先儒何基、先儒赵复、先儒金履祥、先儒陈浩、先儒陈宪章、先儒胡居仁、先儒蔡清、先儒吴澄。合六十二位。

10 孔子聚徒授业讲学于杏坛。后人往往用“杏坛”泛指授徒讲学之处。朝鲜文人曹植（1501—1572）《南溟集》卷二有《杏坛记》。

初六日[1]，晴。永安桥三十里午餐。白边站三十里宿。

1 按原稿的书写体例，此处书写有误，当为“初六日丁卯”。这一天是1804年1月18日。

程伟元[1]书斋

号小[2]，能诗文字画，家在城内西胡同。因沉[3]教习仕临[4]，往见之。程出，肃延座。题一绝曰：

国语难传色见春[5]，雅材宏度尽精神。

贱生何幸逢青顾，片刻言情尽有真。

程本系河南籍，伊川先生[6]三十一世孙，见[7]授沈阳学掌院。[8]

郢下[9]歌成白雪春，主人情致憀[10]怡神。

逢迎诗席匆匆话，莫辨浮生梦与真。

1 程伟元（约1745—约1818），清朝文人，字小泉，江苏苏州人。以科场失意，一生未仕。乾隆末，寓居京师。嘉庆五年至八年（1800—1803）为盛京将军晋昌幕僚，与晋昌多有唱和，并为之整理诗稿，编为《且住草堂诗稿》，同时兼职任教于沈阳书院。与高鹗相识，广泛收集曹雪芹《石头记》各种抄本，与高鹗共同编辑整理为《红楼梦》。该书于乾隆五十六年（1791）由萃文书屋以活字版出版发行，即“程甲本”。后又修改后四十回，再由萃之书屋刊行，即“程乙本”。现存程伟元的文字只有《红楼梦序》、《且住草堂诗稿·序》和他与高鹗共同撰写的《红楼梦引言》等。关于程伟元的文学活动也没有任何记载。原稿记载的，就是程伟元在沈阳书院的一次文学活动，天津师大古籍所原所长林骅先生在为笔者审稿时，认为该记载有重要的参考价值。参见林骅《新发现程伟元一首诗》，《今晚报》副刊，2007年4月10日。

2 原稿此处有误，“号”当为“字”，“小”后当缺一“泉”字。但也许是原稿作者李海应在整理日记时搞不清楚程伟元的情况了，因此含糊写成了“号小能诗文字画，家在城内西胡同”。

3“因沉”是醉心于（某项事业）的意思。

4“仕临”，即将做官（的学业准备）。这句话的意思是，程伟元很投入地在这里为那些即将做官的人讲学。

5 这句的意思是，尽管不能用口语对话，但彼此的表情还是很愉快的。国语，指汉语（与朝鲜语）口语。

6“伊川先生”即北宋著名学者程颐。程颐（1033—1107），河南洛阳人。北宋理学家，程颢之兄。有《程颐文集》等著作传世。

7“见”通“现”。

8 原稿“沈阳学掌院”语义含混，当是“沈阳太学掌书院”之误。果然，则程伟元的身份是沈阳书院的山长（院长）。

9“郢”读“颖 yǐng”，地名，春秋战国时楚国的都城。在今湖北江陵附近。

10“憺”读“但dàn”，安然，平和。

万寿寺

外攘门[1]之西，有康熙愿堂[2]。门内外额，揭“万寿无疆”四字。又书于木牌，竖在门左右。殿奉牟利佛[3]、大小诸菩萨，而中有一佛，六臂五头，对张层连。见甚惊怪。

西庭有碑，碑有记文曰：寺名本“慈惠”，而每年讽经[4]，恭祝万寿，故改名“万寿寺”。康熙[5]中所建也。且关庙佛寺，连路相望，如灵保寺及雍正愿堂等处是也。

琉璃龛[6]阁映金躯[7]，塔叶瓶花列画厨。

莫谩[8]讽经[9]祈万寿，中州未见百年胡。

1 外攘门是清盛京（今沈阳市）的小西门，是“东北大御路”从沈阳出发到北京路段的起点。大御路大致方向是走永安桥、过新民到今北镇市，然后走锦州、葫芦岛、秦皇岛进山海关，经卢龙、丰润、玉田、蓟县、三河、通州到北京。清朝时历次朝鲜使节团走的恰恰就是此路线。参见富育光主编《图像中国满族风俗叙录》，第93—95页《东北大御路》，山东画报出版社，2008年版。

2 愿堂，有权势或金钱的人为许愿而捐助的佛寺或佛寺中的某一殿堂。原稿所说，多属御愿堂、朝廷愿堂。这些地方不仅没有任何徭役和赋税，而且还得到朝廷的资助，通常有宫廷赐予的土地。

3 牟利佛，释迦牟尼佛。

4 讽经，诵经。讽，背诵、传诵。

5 康熙是清圣祖的年号（1662—1722）。

6“龛”读“勘kān”，小窟，小屋。

7 躯，（佛）像的量词。〔北魏〕杨衒之《洛阳伽蓝记》：“中有丈八金像一躯，中长金像十躯，绣珠像三躯”。

8 “谩”通“漫”。随便，随意。

9 讽经，诵经。讽，背诵、传诵。

喇嘛师大布坛[1]禅堂

出土城数里，有实胜寺[2]，即崇德[3]愿堂也。外设三牌门，而扁其正曰“慈航普渗”[4]。正殿安三佛。又有琉璃龛。云角[5]龛名，安诸佛，而又以孔雀羽为团扇。其大如箕，插在瓶中，而着琉璃[6]于雀羽之眼，安小金佛于眼中。羽眼琉璃龛，为九团。西龛则以鍮[7]蜡塑三佛。彩椅上设文锦蒲团，而虚其座。刻木覆龛，如葺[8]瓦样，而以锦帕遮障之。间之而则是天王佛座。长凳贮《大藏全呪》[9]百数帙[10]，而以绣匣妆之。其它幢节[11]及游龙罘罳[12]，耀人眼目。西建二层黄瓦楼，满揭佛像于其下层，而白日燃玉灯。

入东边小炕，窗帘井井。叩问，则喇嘛诸佛之大师，其法号“大布丹”[13]云。戟门[14]内有碑。崇德戊寅[15]所建。刚林[16]撰其记。又一碑，清书[17]，不可解。

佛院僧如仙，厖[18]看倦午睡。

自言西番[19]来，黄衣帝所赐。

晨夕拜观音，轻盈雀羽翠。

虽无禅觉悟，定有闲排寘。[20]

壁松苍欲老，龙蟠衔书字。

更说前十年，皇舆[21]奉香至。

1 原稿“大布坛”本节下文作“大布丹”，实为今之“大黑天”，即蒙古喇嘛尊奉的玛哈噶拉佛。

2 实胜寺，在今沈阳市皇寺街。参见〔清〕阿桂等《钦定盛京通志》卷一《实胜寺图》，文渊阁四库全书本。

3 崇德，清太宗皇太极。

4 原稿“渗”有误，当为“渡”字。

5 云角，这里是指（佛龛的匾额）四边施彩刻云。

6 琉璃生产在我国有4，500年的历史，古代山东博山与北京琉璃渠、琉璃河、琉璃厂都是生产基地。“玻璃”一词后起，但在唐前就有玻璃生产。因玻璃与琉璃比较接近（皆为硅酸盐），古人往往用“琉璃”指代玻璃。参见〔宋〕赵汝适原著，杨博文校释《诸蕃志校释》，第201—202页《琉璃》，中华书局，2000年版。

7“鍮”读“偷 tōu”，人造鍮石。用炉甘石（菱锌矿）与铜共炼而得的一种铜锌合金。古代我国炼金家已掌握此种技术，后用于金属冶炼。

8“葺”读“气 qì”，修缮，修建。

9 大藏指佛教大藏经。大藏经分为汉文大藏经、藏文大藏经和巴利文大藏经等。我国从宋朝即雕刻大藏经，后传入朝鲜半岛，刻成《高丽大藏经》，其“八万经板”现藏韩国海印寺。明朝有永乐藏，清朝有乾隆藏（简称“龙藏”）。《大藏全呪》为清乾隆年间所编，不仅收录了汉文大藏经里的咒语，还把藏文大藏经的咒语一并收入。“呪”同“咒”。

10“帙”读“制 zhì”。本是书衣，这里是线装书的单位，一帙即一函。通常是几本或者十几本。

11 幢是古代在军事指挥、仪仗行列、舞蹈表演中使用的旗帜。这里是指佛幢。“幢”读“床chuáng”。“节”是使节手持的悬挂着兽尾的仗。这里指佛寺里类似幢的东西。

12“罘罳”读“扶fú思sī”，设在屋檐下或窗上防鸟雀的网，多用于大殿。参见〔清〕福格原著，汪北平点校《听雨丛谈》卷八“罘罳”，第174页，中华书局，1984年。

13“大布丹”今作“大黑天”，即蒙古喇嘛尊奉的玛哈葛拉佛。沈阳实胜寺原有玛哈噶拉佛黄金像，原稿作者李海应看到的即是。该佛像于1946年莫名丢失。

14 戟门，《周礼·天官》中即有此门的设置规定。汉朝学者郑玄以为即“棘门”，是用兵戈搭建的门。后世往往作建筑群中的前门。唐朝规定，三品以上人家可以设置戟门。“戟”读“挤jǐ”，古代青铜制作的兵器，矛、戈合为一体。

15 崇德（三年）戊寅，1638年。

16 刚林（？），清初文人。满族，瓜尔佳氏。早年为笔帖式，负责满汉文字翻译。1636年任国史院大学士。1649年为《太宗实录》总裁。1651年主修《明史》。多尔衮死后，以附逆和擅改《太宗实录》罪被杀。

17“清书”，满文。

18“厖”读“忙máng”，在这里是厚重的意思。

19 西番，西藏。

20“寘”同“置”。

21“舆”，本义是车厢。皇舆，皇帝的车驾。

永安桥[1]

自实胜[2]而行五里，有白塔兀然，即所谓“塔院”也。历方士邨[3]、壮元[4]桥，北望地势横亘[5]。相传太祖福陵、太宗昭陵[6]，在开运山下，距北十余里云，而树木如云，可望而不可辨。

永安桥桥广而长，架三虹[7]为门，以青石造之。设栏而雕刻之，傍[8]有宽温皇帝[9]敕[10]建碑。盖清朝陵寝，地本沮洳[11]。若逢辽水[12]，路或阻梗，故设此桥，为其永安无患之意也。

桥左右筑石为八字形，深构高堰，以防野水之溢桥，是称“筑路”也。筑路自此桥始。

月偃虹飞水绿漪[13]，两栏蹲向石狮儿。

胡皇岁筑先陵路，不复横流散野陂。[14]

1“永安桥”即今“永安石桥”，俗称“大石桥”，在今沈阳市于洪区马三家子乡永安村，现为辽宁省重点文物保护单位。永安桥与在沈阳市东陵区前进街道大洼附近的永宁桥都是皇太极于崇德六年辛巳（1641）下令修建的石桥。清康熙与乾隆皇帝皆有吟咏该桥的诗歌。参见丁海斌、时义《清代陪都盛京研究》，第47页，中国社会科学出版社，2007年版。从现在起，原稿作者李海应一行出沈阳西北，沿今304国道往现今的辽宁省新民市行进。原稿卷五《附录·道里》注云："永安桥八里（筑路推此）"。

2 实胜，实胜寺。该寺在今沈阳市皇寺街。

3"邨"同"村"。

4 原稿"壮元"有误，当为"状元"。

5"堥"读"谋 móu"，小山。

6 福陵是清太祖努尔哈赤的墓地，在今沈阳市天柱山的东陵公园；昭陵是清太宗皇太极的陵墓，在今沈阳北陵公园。参见〔清〕阿桂等《钦定盛京通志》卷一"福陵图"、"昭陵图"，文渊阁四库全书本；丁海斌、时义《清代陪都盛京研究》，第59—64页《福陵、昭陵的修建》，中国社会科学出版社，2007年版。

7 三虹，三个拱券。我国古代已有拱桥和更复杂的双曲拱桥。其外轮廓线皆类长虹。

8"傍"通"旁"。

9 宽温皇帝，即皇太极。见原稿上文"十字阁"一节注释。

10"敕"读"赤 chì"，皇命。

11"沮洳" 读"举 jǔ 入 rù"，湿润，潮湿（之地）。《诗·魏风》有《汾沮洳》篇。

12 原稿"辽水"有误，当为"潦水"，发大水。"潦"读"liǎo"，指雨后积水。

13"漪"读"依 yī"，水的波纹。

14"陂"通"坡"。

磨刀桥

桥在大方身[1]十里，一名"板桥"。桥长几二百步，比永安倍之。

旧闻沈阳城北，有兴元县，宋钦宗陵在此云，而未知距此远近何如也。盖古五国城[2]也。

天远平桥落日残，谁人磨剑古河干？

风尘国士终难遇，楚市虹光夜夜寒。

1"大方身"现为张台子乡大房身村，村内原有民国时奉天省高毓衡厅长的故居"高公馆"，该公馆现为灯塔市博物馆。

2 五国城，宋钦宗被金人囚禁至死地。说法不一，一说在朝鲜。参见〔清〕曹廷杰《东三省舆地图说》不分卷，面二十九至面三十，续修四库全书版。

老边城[1]

一名“白边站”，距沈阳六十里。

裘马从征载远驱[2]，白边今日又传厨。

夜冷烛残眠不得，尽将风物笔端输。

1 “老边城”即现今的“老边”，在三台车站与光辉正北。朝鲜使节团行走路线与现今304国道走向基本一致。他们出沈阳小西门、永安桥向今新民市，都走今304国道北面。从今新民市直至锦州、山海关、通州，他们走的都是今102国道沿线。此路线即清朝第一国道“东北大御路”。

2 “驱”同“驱”。

初七日戊辰[1]，午阴风。巨流河堡四十里午餐。大黄旗堡三十二里止宿。

1 这一天是1804年1月19日。

周流河[1]

一名“距流河”，古之辽水也。箕子受封于周国，河为界[2]。又公孙渊[3]屯兵自固，司马懿[4]潜师渡其北者，即此河，而唐太宗东征[5]时，铺土作桥云。

过河二里，又渡一小水，即河之支流。或曰，自此分辽野东西。万历[6]间，筑河堡，而今则筑城于旧址。城内有驿丞[7]治之。河以西，属锦州[8]广宁县。[9]

水口风花细皱纹，一天如盖漭[10]无垠。

派沈太子河头石，泡灭公孙垒上云。

散地村阎[11]红返照，匝城杞柳翠横分。

伊州怨女[12]寻何梦，翻怕流莺晓枕闻。

1 周流河即今“巨流河”。在今新民市东304国道沿线。

2 看来，原稿作者李海应认为箕子朝鲜是在辽东，但他的这一看法在朝鲜王朝并不占主导地位。朝鲜著名文人丁若镛《疆域考·朝鲜考》：“镛案：今人多疑箕子朝鲜，或在辽东。然《苏秦传》、《货殖传》朝鲜、辽东、真番之等，皆别言之，不可混也。知朝鲜之名，必起于平壤者。《地理志》乐浪郡属县二十五，朝鲜居首。当时卫满之都，实在平壤。其后乐浪之治，亦在平壤，而其首县为朝鲜。则朝鲜者，平壤之旧名也”。

3 公孙渊（？），三国名将。祖父公孙度、父公孙康皆为辽东太守。他继任后自封为燕王，被司马懿杀死。

4 司马懿（179—251），三国魏名将，字仲达，河内温县孝敬里（今河南温县招贤镇）

人。多次率军对抗诸葛亮，以其功著，封宣王。其孙司马炎称帝后，追尊为晋宣帝。

5 唐太宗东征，指唐太宗李世民亲率大军征讨高句丽，时间是贞观十八年甲辰即644年。参见唐太宗《亲征高丽手诏》，吴云、冀宇校注《唐太宗全集》，第484—485页，天津古籍出版社，2004年版。

6 万历是明神宗的年号（1573—1620）。

7 驿丞，明清两朝负责驿站中仪仗、车马、迎送的下级官吏，不入品（从九品以下）。

8 锦州即今锦州市。史书上锦州最早的名字是“屠河”。屠河是商朝分封的方国之一，属东夷。

9 广宁县，即后来的北镇县，解放后曾叫北宁市。经国务院同意，今改“北镇市”。北镇市现有广宁古城。参见富育光主编《图像中国满族风俗叙录》，第28页《广宁城境图》，山东画报出版社，2008年版。

10“漭”读“莽 mǎng”，宽广辽阔。

11 阎，里巷内的门，里巷。

12“伊州怨女”一联，用唐朝诗人金昌绪《春怨》典：“打起黄莺儿，莫叫枝上啼。啼时惊妾梦，不得到辽西”。《春怨》又名《伊州歌》，也许是金昌绪写于唐太宗征高句丽时期的作品。

四方台

台在河堡十余里，有佛堂，而筑台于堂前。四方井井如墩台。一名“色勤台”。

不有会心镜，安施咏物才？

野长天欲逝，山远雨如来。

万树沉寒雾，千家泛晚埃。

佛龛[1]通四望，缥缈石成台。

1“龛”读“勘 kān”，小窟，小屋。

新民屯[1]

距台北八里。人家市铺相连数里。入里门而有关帝庙，左右壁涂三国战争之图。中殿扁“七圣祠”，安大德真君[3]像，而奉女菩萨诸坐[4]于前。殿门外有丰碑，即新设栅栏更房之所也。

盖新民一都会，而或有偷窃之患，故设栅栏而立更房，使巡夜防守。所谓“栅栏”即里门，而更房巡卒所处也。

有僧畜白兔，尖耳短尾，身白眼赤，似“蜀猫”[4]之类。

西日亭亭下大荒，征鞭迟过锦州乡。

禅房老兔无尘陋，白染蟾宫桂树[5]霜。

1 新民屯在今辽宁省新民市。笔者与拙荆于2009年4月6日驾车经过此处，并做记录。参见〔民国〕王宝善修，张博惠辑《新民县志》民国十五年石印本，台北成文出版社，1974年影印本。

2 大德真君，当是“道德真君”之误。道德真君全称是“清虚道德真君”，住青峰山紫阳洞。在古典小说《封神演义》里，他属于元始天尊门下，是道教十二金仙之一。道教的道德真君与佛教女菩萨被安置在一处，在原稿作者李海应看来是很奇怪的现象。李海应是朝鲜儒生，他对宗教不大感兴趣。他不知道中国的宗教没有欧洲的一神教统一过程，也不知道中国历来是“杂祠”占主导地位的。

3“坐”通“座”。

4 蜀猫，兔子的别称。我国京津冀地区有把兔子称做“猫”的习俗。例如冬季农闲时打兔的人被称做“打猫的”。日本学者南方熊楠《兔子的民俗与传说》也说：“据德国人莫廉道夫讲，在北京它又被称为山兔、野兔或野猫儿”。见[日]南方熊楠著，栾殿武译《纵谈十二生肖》，第68页，中华书局，2006年版。

5 蟾宫即广寒宫。传说月亮里有蟾蜍和桂树。但何新以为，蟾蜍乃是女娲的变形。参见何新《诸神的起源》，第47页，三联书店，1986年版。

黄旗堡[1]

过此以住[2]，民家多无梁。明民遗裔，以示“无上”[3]之意。或曰，地近海多风，故屋制上不起脊。或盖板涂灰，上平如床，为防其飞瓦扬茅也。

燕民等是屋无梁，残劫中州哭海桑。

骄虏一天头共戴，百年多愧视苍苍。

1 从现在开始，朝鲜使节团走的是现今102国道。黄旗堡地名至今尚存。“堡”读“pù”。

2 原稿“住”有误，当为“往”字。

3 无上，无君。这里乃不肯承认满族统治者为君的意思。

初八日己巳[1]，天风，寒大。白旗堡三十八里午餐，二道井子五十里宿。

1 这一天是1804年元月20日。农历是“腊八”。我国民俗，于此日喝“腊八粥”。

白旗堡[1]

堡属广宁[2]，有驿丞[3]，而户可五六百。辽野水味转咸，自老边城以后邑，又深黄。若和水酱然。

野坼[4]沙如浪，天寒日净辉。

树吹残霭卷，禽逐乱云飞。

店舍驴旋碓[5]，邨门犬啮衣。[6]

浑河[7]千里脉，无赖寸胶[8]微。

1 白旗堡即今“大红旗镇”，在102国道657公里处，笔者与拙荆于2009年4月6日驾车过此处并做记录。参见〔民国〕王宝善修，张博惠辑《新民县志》民国十五年石印本，第274页“白旗堡桥”，台北成文出版社，1974年影印本。

2 广宁即现今北镇市。该市现有广宁古城。

3 驿丞，明清两朝负责驿站中仪仗、车马、迎送的下级官吏，不入品（从九品以下）。

4“坼”读“彻 chè”，裂缝。

5“碓”读“对 duì”，本义是舂。这里的意思是磨、碾子。

6 这两句的意思是，在旅店我看见驴子在拉石磨。村子里有大狗守护着，看见生人就扑过来咬人的衣服。“碓”读“对 duì”，舂米用的大石头锤。这里是指碾子或石磨。“邨”同“村”。

7 浑河发源于辽宁省清源县，流经新宾、抚顺、沈阳、鞍山、新城，过营口入海，全长415公里。见丁海斌、时义《清代陪都盛京研究》，第3页，中国社会科学出版社，2007年版。

8〔晋〕葛洪《抱朴子》有“寸胶不能治黄河”句。

一板门

一名“半拉门”[1]。距白旗三十里。自此遥见山势逶迤[2]，涣散于野色之中。此即广宁山，而巫闾[3]支派也。遂横鹜[4]为北方镇，而转走西南间，往往断而为陵阜。其纡直之势，远则百余里，近则数千里[5]。至山海关皆如是。

八百辽关野，支离转广轮。

拭眼青山出，依如见故人。

1“半拉门”今为半拉门镇，在102国道642公里处。笔者与拙荆于2009年4月6日驾车经过此处，并做记录。“半拉”是口语，半个。

2“逶迤”读“微 wēi姨 yí”，形容山路弯弯，拐来拐去。

3 巫闾，医巫闾山。医巫闾山是我国东北三大名山之一。“医巫闾”是蒙古语“大山”的音译。

4“鹜”读“务 wù”，野鸭子。横鹜，像野鸭那样横向排列。

5 原稿“远则百余里，近则数千里”有误，当为“近则百余里，远则数千里”。

二道井子[1]

日寒卒剧，大风扬沙，一行人马浑入尘海中。盖当北风，最难发程，以其无山而近海也。二道井子沙泥尤甚。唐宗征辽[2]时，马尾曳柴，攀援而过云。

夜闻邻屋出鼓乐声，橐橐[3]如刁斗[4]。问之，则是遭丧家，而北俗婚姻之家，亦举乐云。

黄沙风浪尽辽西，千树衰杨路忽迷。

塞上噍音[5]邻舍起，祖车[6]晨向北邙蹊。[7]

1“二道井子”现名“二道”，在102国道沿线。

2 唐宗征辽，指唐太宗李世民于贞观十八年甲辰（644）亲率大军征讨高句丽。参见唐太宗《亲征高丽手诏》，吴云、冀宇校注《唐太宗全集》，第484—485页，天津古籍出版社，2004年版。

3“橐”读“驼tuó”。“橐橐”是象声词。

4“刁斗”是一种有柄的小斗，白天可供一人烧饭，行军时夜间敲击以巡更。我国北方丧乐乐器主要有云锣、镲、笙、鼓和唢呐。“橐”读“驼tuó”，这里是象声词。

5“噍”读“叫jiào”。古代礼乐制度里，把刁斗一类的金属声音归入噍杀一类。故原稿作者李海应称之为“噍音”。参见《礼记·乐记》。

6“祖”是死者将葬时之祭。这里的“祖车”即葬车。

7“邙”读“māng”，山名，在今河南省洛阳市北。因山上多古代帝王陵墓，古人多用作陵墓的代称。民间很早就有“生在苏杭，葬在北邙”之说。“蹊”读“西xī”，小路。

初九日庚午[1]，晴。小黑山五十里午餐，中安堡三十里宿。

1 本月初九日庚午是农历的“大寒”。编者查对万年历，无误。这一天是1804年1月21日。

胡家窝[1]

前向二道井八里，有神隐寺，寺宇亦无梁脊。路傍[2]筑石为台，下又掘灶为燔[3]壁处。过二十余里，即胡窝棚[4]，而一名“新店村”。

疏村烟直细如绳，雪木无风野气澄。

并辔[5]胡儿朝出猎，锦绦新系绿翎鹰。

1 原稿“胡家窝”有误，当为“胡家窝棚”。原稿卷五《附录·道里》注云：“新店二十二里（一名胡家窝棚），至此，筑路止”。该地现名“胡家镇”，在102国道沿线。李海应不熟悉汉语口语里的“窝棚”之类词汇。现今辽宁、河北和京津地区还有看瓜（果）人在田头搭建的窝棚。其制乃先做两个三角形木架，再用三横木连接，用席子或苇帘围起来。清人杨宾1689年赴宁古塔省亲，途中也记作“胡家窝”，看来杨宾也不太清楚“窝棚”。见〔清〕杨宾《柳边纪略》卷二，上海商务印书馆，1936年版。

2“傍”通“旁”。

3“燔”读“繁fán”，焚烧，烧。

4“胡窝棚”与题目“胡家窝”皆因李海应记录当地人（或译官）口语而有误，当是“胡家窝棚”。其他朝鲜文人也有这种情况，见拙著《王朝间的对话：朝鲜领选使天津来往日记导读》，第40页，宁夏人民出版社，2006年版。〔民国〕王宝善修，张博惠辑《新民县志》记为“窝堡”，见该书民国十五年石印本，第224页“李家窝堡”、第230页“林家窝堡”、“鞠家窝堡”、“大韩家窝堡”，台北成文出版社，1974年影印本。“堡”读“瀑pù”。

5“辔”读“配pèi”，缰绳。

小黑山[1]

过十里杠子，始踰一小岭。其顽然盘屈，不过拳石之大也。

野尽犹将接海天，雪花烟树更茫然。

到头一节盘千里，忍见鞭头耸石拳。

1“小黑山”即现今黑山镇，在102国道630公里处。笔者与拙荆于2009年4月6日驾车经过此处，并做记录。

烟台[1]

黑山以后，路有烟台，世传戚继光[2]所筑。或云袁崇焕[3]所筑。皇明旹[4]为防建州[5]而设此。北接巫闾[6]，东南至海口。总为三百六十余所。关外则或十里、五里一台，关内则每五里相望不绝。

以砖石夹灰筑之。四围如削，高可十余丈，周可十余围。其制或方或圆，其上下用云梯，而台上有垛堞[7]，穿炮矢穴。每一台以百人守之。有警则放火炮相报。旧有围台之濠。今填夷云。

残山剩水路重重，故国烟台息夜烽。

赤塞周遭高起塔，青天突兀远添峰。

经营枉费辽民力，猖獗空愁建虏[8]锋。

埋没铜驼荆棘[9]里，几□[10]看过泪龙钟。[11]

1 此处“烟台”即烽火台。1875年，日本人曾根俊虎在此地游历时见到了这些“烟台”并画了图。见[日]曾根俊虎著，范建明译《北中国纪行 清国漫游志》中译本，第50—53页，中华书局，2007年版。

2 戚继光（1528—1587），明朝名将。字元敬，号南塘，山东蓬莱人，以抗击倭寇著称。他改造旧式军队的训练方法，大胆从民间招募新兵，在抗倭时屡战屡胜。嘉靖四十二年（1563）为总兵，解除了南方沿海的倭患后被调任蓟州驻防。戚继光有《纪效新书》等著作传世。

3 袁崇焕（1584—1630），明朝名臣。字元素，广东东莞人，万历进士。先后任辽东巡抚、蓟辽督师、兵部尚书。多次沉重打击后金。崇祯皇帝中后金的反间计而杀之。我国当代学者阎崇年《明亡清兴六十年》一书为其大鸣不平。见该书（下），中华书局，2007年版。

4“旹”是“时”的讹字。

5 建州，指女真。辽阳市西北现有“东京陵”。这里就是当年的建州，被满族人看作是龙兴之地。

6 巫闾，医巫闾山。是我国东北三大名山之一。“医巫闾”是蒙古语“大山”的音译。

7“堞”读“碟 dié”，城墙上齿壮的矮墙。

8 建虏，建州的敌人，即满族军队。

9“铜驼荆棘”是汉语成语，形容国土沦丧后的残破景象。西晋索靖是著名书法家，封关内侯。一次看到铜驼而感伤，说即将在荆棘里看到你了。参见《晋书·索靖传》。

10 原稿此处有误，似少一“人”字。

11 龙钟，这里是指湿漉漉的样子。

羊肠河[1]

河源出边外皇厂，在小黑山西南十余里。路见车载杂香、驴皮过者，以皇命输往沈阳云。

野长河路广，迅禽飘如蝶。

渡头沙尘动，车连马蹀躞。[2]

黄竿倒泻水，彷佛[3]中流楫。

见说香界造，沉檀[4]溢锦箧。[5]

1 羊肠河在今102国道599公里处，其附近有羊肠河大桥。笔者与拙荆于2009年4月6日驾车经过此处。

2“蹀躞”读“谢 xiè 叠 dié”，小步跑。

3“彷佛”即“仿佛”。

4 沉檀，沉香与檀香。

5 箧”读“妾 qiè”，小箱子。〔清〕李渔《闲情偶寄·器玩部》：“随身贮物之器，大者名曰箱、笼，小者称为箧、笥。”见《插图本〈闲情偶寄〉》，第260页，万卷出版公司，

2008年版。

中安堡[1]

自沈阳以后，所到宿站，有驿丞[2]、都主之属。夜戒穿窬[3]之患，故打金钲[4]巡更。

主人家有纴[5]炮。其制，包纴累十重，环束其两头。长不过数寸，其围如一指之大。包火药于纴头。引火远掷[6]，则火射而声发，震动山谷。[7]

更鼓冬冬倚绿棂[8]，中天夜月白丁宁。

一声炮纴轰雷动，檐下警禽各刷翎。

1“中安堡”现为中安镇，在102国道592公里处。笔者与拙荆于2009年4月6日驾车经过此处，并做记录。“堡”读“pù”。

2 驿丞，明清两朝负责驿站中仪仗、车马、迎送的下级官吏，不入品（从九品以下）。

3“窬”读“鱼 yú”，凿穿，爬过。“穿窬”是指偷盗。

4“钲”读“征 zhēng”。形如铃，有柄，行军时用。这里是指锣。

5“纴”古同“絙”或“緪”，读“耕 gēng”，一种收绳的工具。

6 李海应因为没有看清楚放“二踢脚”的过程，而说“远掷”。二踢脚实是利用火药的后坐力而高射。

7 原稿所谓“纴炮”当即“二踢脚”，是爆竹的一种。这一天是腊月初九，中国许多地方民众开始放鞭炮过年了。朝鲜和我国一样也有春节，但因为硫磺在朝鲜极为贵重，历来不放鞭炮。韩国电视剧《商道》里描述说，主人公林尚沃随父来华贸易，回国时在鸭绿江边境被查出行囊内有硫磺。父子皆被关押至汉城，其父随后被处斩。

8“棂”读“零 líng”，窗格。这里指窗。

初十日辛未[1]，晴。北镇庙[2]三十里午餐，广宁店[3]二十里宿。

1 这一天是1804年1月22日。

2 北镇庙，在今辽宁锦州的北镇市。市内的北镇庙是医巫闾山的山神庙，始建于隋朝，至今还是旅游胜地。笔者与拙荆于2009年4月6日驾车专程前往参观。朝鲜文人权橃《冲斋集》卷七《朝天录》（燕行时间为1539年）记载，他们一行九月二十八日经过北镇庙。另参见〔清〕阿桂等《钦定盛京通志》卷一《北镇庙图》，文渊阁四库全书本。

3 广宁店，原稿卷五《附录·道里》作“广宁站”，即今北镇市。北镇市现有广宁古城。

于家垈[1]

发中安堡五里，有一方垣[2]缭野[3]，望之若王公巨室。问之，则满人穆姓家。古有于氏子居焉，故因名之。穆今父子从宦，又有辽野田累万倾[4]。秋敛之，富足与千户侯等云。

平野周遭十里墉[5]，碧房朱阁映重重。

主人官贵兼农利，秋积千囷[6]月万钟。[7]

1 于家垈即现今于台，在102国道587公里处。笔者与拙荆于2009年4月6日驾车经过此处，并做记录。垈”读“代dài”，地名用字。《元史·河渠志·浑河》有“落垈村”之记载。韩国首尔大学（SNU）冠岳校区附近有“落星垈”。

2“垣”读“元yuán”，墙。

3“缭”读“辽liáo”，缠绕。“缭野”即在大野中缭绕。

4“倾”通“顷”。

5“墉”读“庸yōng”，城墙、高墙。

6“囷”是圆形的谷仓，读“逡qūn”。

7 钟，古代容量单位。春秋时齐国使用的钟为六斛四斗。

朝阳铺[1]

于氏庄西路两分，寒天风歇净埃氛。

朝阳岂独岐山照，春老梧桐凤不闻。[2]

1“朝阳铺”今名“朝阳堡”，在102国道沿线。

2 此句用《诗经·大雅·卷阿》典。

东岳神庙[1]

广宁东城外数里，依山而庙。庙材不用木，以砖壁为榱[2]甍栋桷[3]。门圆如虹，殿无梁脊。扁其殿曰“仁圣殿”。殿奉岳神，冕[4]旒[5]板笏，俨有神王威仪。右翼室塑夫妇并肩，左右又有列神像，而左男右女也。各抱一小儿，而或有双胎儿者。似是妇人祈嗣[6]之所。门有“资始”、“资生”之扁。

庭有五碑，弘治[7]、嘉靖[8]间所立也。一碑刻五岳[9]形，各有小序而标之。其略：东岳泰山，天帝孙群灵之府也，在兖州奉符县，是成兴公真人得道处。岳神姓岁，讳槊[10]，封号“齐天仁圣帝”[11]，主贵贱生死之事；北恒山，在定州曲阳县，是长桑公真人得道处。岳神姓晨，讳槊[12]，封号“安天元圣帝”[13]，主江、河、淮、济四足负荷之事；中嵩山，在西济河南府登封县，是冠谦真人得道处。岳神姓浑，讳熋[14]，封号“中天崇圣帝”[15]，主土地牛羊人马之事；南衡山，在衡山县，是大虔真人得道处。岳神姓崇，讳𡶳[16]，封号“司天昭圣帝”[17]，主星辰水族之事；西华山，在华山山阴县。是黄吴公得道处。岳神姓姜，讳𡶴[18]，封号“金天顺圣帝”[19]，主金银铜铁禽兽之事。东岳大岭苍秀司命真君，南庆华紫光注真君，中黄元大光合真真君，西景元耀魄大明真君，北郁美洞渊光极真君。[20]

西翼廊有名“风柜子”者[21]，即用于簸糠之物也。

境寂宜安庙，门高稳积峰。

岳神名吊诡[22]，山体画形容。

列栋喧风马，层甍[23]俨衮[24]龙。

憩[25]岩逢老释[26]，无语但鸣钟。

1 广宁的东岳庙在明朝“义州卫城”之外，即原稿所说“广宁东城”。参见〔明〕毕恭等修，任洛等重修《（嘉靖）辽东志》之《义州卫山川地理之图》，续修四库全书本。

2“榱”读“崔 cuī”，椽子。

3“桷”读“决 jué”，方形椽子。

4 冕是古代帝王礼冠。“冕”读“免 miǎn”。

5“旒”读“留 liú”，帝王礼帽前后的玉串。

6 妇人祈嗣，即女人祈求神灵保佑能生孩子。

7 弘治是明孝宗的年号（1488—1505）。

8 嘉靖是明世宗的年号（1522—1566）。

9 关于五岳的名号，参见徐华龙、王有钧《山与山神》，第129页图表，学苑出版社，1995年版。

10 关于东岳神姓名，有不同的说法，一是“东岳君讳区更生”，一是“东岳泰山君姓玄丘讳目陵”。参见胡孚琛主编《中国道教大辞典》“东岳大帝”条（石衍丰撰），第1462页，中国社会科学出版社，1995年版。

11 原稿此处有误。宋朝加封东岳为“天齐仁圣帝”，不是“齐天仁圣帝”。参见胡孚琛主编《中国道教大辞典》，第1462页，中国社会科学出版社，1995年版。

12 北岳神的姓名有不同的说法，一种是“北岳君讳玄尹（月）丰”，一种是“北岳恒山君姓伏讳通萌”。参见胡孚琛主编《中国道教大辞典》“北岳大帝”条（石衍丰撰），第1462页，中国社会科学出版社，1995年版。

13 宋朝封北岳神为“安天元圣帝”。

14 按原稿的记载，则五岳神之名是三个“山”字下分别加金、木、水、火、土五行。但这里的中岳神与南岳神并不是按照五行的顺序命名的。中岳神的姓名有不同的说法，一种是“中岳君讳王（玉）精”，一种是“中岳（嵩）山君姓角讳普生”。参见胡孚琛主编《中国道教大辞典》“中岳大帝”条（石衍丰撰），第1462页，中国社会科学出版社，1995年版。

15 唐朝封中岳神为“中天王”，宋朝封“中天崇圣帝”。

16 南岳神的姓名有不同的说法，一种是“南岳君讳祝昌中”，一种是“南岳衡山君，姓熘讳洋光”。参见胡孚琛主编《中国道教大辞典》“南岳大帝”条（石衍丰撰），第1462页，中国社会科学出版社，1995年版。

17 南岳神的“司天昭圣帝”是宋朝所封。

18 按五行的排列顺序，则西岳神姓名当为姜鲞。西岳神的姓名有不同的说法，一种是“西岳君讳辱曲正”，一种是“（西岳）华山君，姓浩丘讳元仓”。参见胡孚琛主编《中国道教大辞典》“西岳大帝”条（石衍丰撰），第1462页，中国社会科学出版社，1995年版。

19 原稿此处似有误。我国唐朝封西岳华山神为“金天王”，宋朝封为“天顺圣帝”。参见胡孚琛主编《中国道教大辞典》“西岳大帝”条（石衍丰撰），第1462页，中国社会科学出版社，1995年版。

20 唐、宋、元三朝对五岳的封禅极为重视，五岳也就有了很多名号。《重修纬书集成·龙鱼河图》里有关于五岳姓名的记述。

21“风柜子”当是我国的东北口语。风柜子是为谷物去外皮的一种工具，即“飏扇”。〔清〕武英殿本《古今图书集成·艺术典》卷九有《飏扇（图）》和《飏扇图说》。“飏”读“洋yáng”。

22 吊诡，奇怪，诡异。《庄子·齐物论》：“其名为吊诡”。

23“龛”读“勘kān”，小窟，小屋。

24“衮”读“滚gǔn”，帝王与上公的礼服。

25“憩”读“气qì”，休息。

26 老释，老僧。

广宁县城[1]

（广宁）即锦州府属县，古辽西地也。汉曰“望平豢[2]县”，唐曰“巫闾都护府”，渤海曰“显德府”[3]，辽曰“显州奉先军”。有守尉、知县等官，而城周与辽城相伯仲。

自“泰安门”入，由城西“拱镇门”出。北街有李成梁[4]勒功牌楼[5]。又有双塔耸立[6]。清帝为其京都相应，自辽以西，往往设塔，而大小之制，各自不同矣。

将军石柱白阑干[7]，菩萨金龛[8]画屈盘。

路直东城车毂[9]转，女娘[10]撩乱出门看。

1 原稿所说“广宁县城”，即今辽宁锦州北镇市的“广宁古城”。

2“絫”读“垒lěi”。

3 原稿所说有误。我国历史学家魏国忠等认为“中京显德府”在吉林省和龙县。参见魏国忠、朱国忱、郝庆云《渤海史》，第184页，中国社会科学出版社，2006年版。

4 李成梁（1526—1618），字汝契，号银城，铁岭人，明朝将军，曾经两次出任辽东总兵，任职达30年之久，出兵援助朝鲜的明将李如松之父。因努尔哈赤曾任李成梁的亲随等原因，世人对李成梁的出身有多种说法。朝鲜文人南公辙（1760—1840）《金陵集》之《颍翁再续藁二·李提督画像记》认为，李氏乃中国陇西大氏，其族多出将军，有仕于宋朝者。元朝蒙古人统治中原，乃“挈家来朝鲜”。明太祖后复还中国。按朝鲜文人尹行恁（1762—1801）《硕斋稿》卷九《海东外史·李源》的说法，朝鲜李氏谱系大致是李英—李文彬—李春美—李泾—李成梁—李如松—李性忠—李应祖—？—李源—李孝承。今辽宁省铁岭市铁岭县催阵堡乡小屯有李成梁、李如松墓地，笔者与拙荆于2009年清明节专程驾车前往参观。

5 现今北镇市的李成梁石牌楼建于明万历八年（1580），位于鼓楼北大街，是辽宁省重点文物保护单位。

6 原稿的“双塔”实即今北镇市崇兴寺双塔。这里是国家级重点文物保护单位。

7 阑干，纵横交织或弥漫嵌合。

8“龛”读“勘kān”，小窟，小屋。

9“轂”读“古gǔ”，车轮中心的圆木，其周围连接车辐，中有圆孔，可以插轴。

10 女娘，女孩子。

医巫闾山[1]

巫闾见于《周官·职方》。舜分冀州东北为幽州，此山为州镇。舜所封十有[2]二山之一也。山势东迤[3]西走，东而为我国长白山[4]，西而为山关镇隘，连亘[5]二千余里。登北镇庙[6]，可揽其全体矣。

一脉祖长白，千里镇沙漠。

拔地复亘天，积气凝橐[7]钥。

展若高鹏翼，雄争猛虎矍。[8]

大野平如几，沧溟[9]缈一勺。

上峰遥青冥，白云无皆[10]作。

岳神元不老，历代尊王爵。

1 医巫闾山是我国东北三大名山之一。“医巫闾”是蒙古语“大山”的音译。

2 有，又。

3 “迤”读“姨 yí”，地势斜着延展。

4 原稿的意思当是，东面就是长白山。朝鲜文人常把本国的山（如金刚山）都看作长白山余脉。

5 “亘”读“艮 gèn”，横贯。

6 参见〔清〕和珅等《钦定大清一统志》卷四十四《锦州府二 · 祠庙北镇庙》，文渊阁四库全书本。

7 “橐”读“驮 tuó”，囊。

8 “躩”读“决 jué”，跳、跃。

9 沧溟，这里是指无边的野景。

10 原稿“旹”是“时”的讹字。

北镇庙[1]，次於野李光稷[2]韵

自广宁城西北行五里余，庙在高阜[3]上。轩敞壮丽，与东岳庙屹然相望。外建牌门，内外三门，扁曰“北镇庙”。

历层阶而入两重门，庭除旷然。左右建二层楼，而悬钟鼓。从胡梯而上，遥[4]大野东倾，可挹[5]沧溟[6]。巫闾[7]环其北，插天东拔矣。

殿庭有四碑，各庇之以阁。康、雍[8]之记，乾隆之诗也。诗曰：

敬谒稽山大典昭，旋舆蠲吉[9]祀寅朝。

提封[10]于昔更无北，望秩[11]而今溯有姚。[12]

庙古百王虔盛享，神庥[13]亿载佑全辽。

高低黍稻盈村野，岁岁颙祈[14]风□[15]调。

前殿有仪仗宝座，而空洞无所奉。殿后又有正殿，中安大金像。衮冕[16]辉耀，魁奇而美好，即山神也。前列文、武各二神。

由空阁而北，最后殿有一丈夫、一妇人并坐，而二童子侍立。或曰，山神寝室也。东墙内有兴隆庵、万寿寺。前有重修碑及《比昆尼香灯记》、《禅林记》诸碑。

安灵还异塑如来，珠冕凝然庙貌开。

镇北藩篱高岳转，极南襟带大溟回。

百王古迹封泥牒，千里遐观勺海杯。

步蹑庭栏诗想好，雀[17]楼先见故人崔。[18]

1 北镇市的北镇庙是医巫闾山的山神庙，始建于隋朝，至今还是旅游胜地。笔者与拙荆

于2009年4月6日专程驾车前往参观，庙内有多处正在施工。

2 李光稷（1745—？），朝鲜文人，字耕之，号於野，本贯广州。1799年朝鲜王朝派至中国的宪书赍咨官。《朝鲜王朝实录·正祖实录》朝鲜正祖二十三年己未（清嘉庆四年，1799）载：义州府驰报，宪书赍咨官李光稷在北京向副统张承勋宅中私投信札，此事已上礼部官报。李光稷1799年在北京期间，曾与张问陶等中国文人诗歌唱和。私投书札事后，被杖流。后为译官、其术官，原稿称其为“李译光稷”。朝鲜文人车佐一（1753—1809）《四名子诗集》有《次李耕之光稷卧云楼韵》、《哭李耕之》。

3“阜”读“副 fù”，山、土山。

4 原稿此处有误，疑少一“望”字。

5“挹”读“义 yì”，舀、收取。

6 沧溟，这里是指无边的野景。

7 巫闾，医巫闾山，我国东北三大名山之一。“医巫闾”是蒙古语“大山”的音译。

8 康、雍即清康熙与雍正皇帝。

9“蠲吉”即给予吉祥。“蠲”读“捐 juān”。

10“提封”一词来自汉代土地制度。《汉书·地理志》颜师古注：“提封者，大举其封疆也”。颜师古又注《汉书·东方朔传》曰：“提封，亦谓提举。四封之内，计其总数也”。可见，“提封”即封疆四至之内的土地总面积的概括。

11“望秩”即按照尊卑对山川行“望”礼。参见郑玄笺、孔颖达疏《毛诗正义》之《时迈》。

12“有姚”即“有尧”。“有”是附着在词前的词缀，无实义。

13“庥”读“修 xiū”，庇护。

14“颙祈”，恭敬地祈祷。“颙”读“yóng”。

15 原稿此处有误，疑少一“雨”字。

16 衮衣和冕是古代帝王与上公的礼服和礼冠。“衮”读“滚 gǔn”。“冕”读“免 miǎn”。

17“隺”读“湖 hú”，极高，高高的。

18 此处用唐朝诗人崔颢典。李白有“眼前有景道不得，崔颢题诗在上头”之句。

降香碑

翼廊侧有皇明皇庆[1]以下降香碑。或有光光没字者，或有以铁钉缚其碎折者，无虑四五十数。清朝以后，移竖于此。

唐开元[2]间，尊巫闾为北镇，封其神为“广宁公”。金时尊为王，元大德[3]间，加封“真德”。明初创庙，列朝重新致祭。

岳神曾阅降香时，剥面苍蝇万古悲。

无宁峙立庭栏后，不杂胡皇[4]颂绩碑。

1 原稿此处有误。“皇庆”是元仁宗的年号（1312—1313），不是明朝的年号。

2 开元是唐玄宗的年号（713—741）。

3 大德是元成宗的年号（1297—1307）。

4 胡皇，指满族皇帝。带贬义。

翠云屏

正殿西夹门外，有山亭。亭之北有岩石陡立，高可二丈余。两根盘于地，而中却空洞，可容一人匍匐。刻其石巅曰“翠云屏”。左曰“补天石”[1]。石嵌一面，以红板加檐于额。刻乾隆御制七律手书。又有小序，而字如蝇头。左刻松升细画，画如蚊脚。乾隆甲戌[2]，躬祀于庙。庙前有偃松，仍诗以刻之、画以描之。其下刻金鼐[3]、苗君稷[4]、陈易[5]三诗。鼐系三韩人[6]。殿碑中乾隆诗有曰：“多有朝鲜人沕[7]句，箕畴文化至今渐”，盖指此也。炎武[8]《日知录》[9]讥辽东人自称“三韩”，然则鼐亦贯辽东籍，而非朝鲜人欤？

岩下竖一碑碣，大刻“屹镇幽方”四字。

娲皇团土[10]五色绛，落到人间小作峰。

洗雨磨风牢不动，秦鞭[11]谩[12]起海宫龙。

1 补天石，女娲补天的石头。联系原稿下文“落到人间小作峰”的诗句，也许在原稿作者李海应的心目中，此“补天石”即《红楼梦》里“宝玉”的原型？最大的可能性是，他已经熟读了《红楼梦》一书并知道“青埂峰”与宝玉之间的关连。

2 乾隆（十九年）甲戌，1754年。

3 金鼐（？），清朝文人。康熙年间曾任奉天府尹、工部侍郎。按原稿记述，金鼐是朝鲜族。

4 苗君稷（？），清朝文人。本昌平人氏，明朝末年为诸生，康熙时入奉天（今沈阳市）三官庙（即景佑宫）为道士，喜读书，多诗作。参见〔清〕和珅等《钦定大清一统志》卷四十二“奉天府五·流寓·苗君稷”，文渊阁四库全书本。清人杨宾（1650–1720）于1689年省亲宁古塔，其《柳边纪略》一书记述说，苗君稷字焦冥，守护在盛京皇城（今沈阳故宫）之武功坊，已八十多岁了。参见〔清〕杨宾《柳边纪略》卷一，上海商务印书馆，1936年版。

5 陈易（？），清朝文人。其余未详。

6 这句话只能说明，金鼐是朝鲜族人。当时李海应见到的通官都是朝鲜族。

7“泐”读“乐 lè”，铭刻，用刻刀书写。

8“炎武”即顾炎武。顾炎武（1613—1682），号亭林，江苏昆山人，明末清初著名思想家。

9 明末清初思想家顾炎武《日知录》卷二十九有《三韩》。

10“娲皇”即女娲。“团土”即“抟土（造人）”。“抟”读“团 tuán”。

11 秦鞭，用秦始皇鞭驱石头典。〔宋〕李昉等《太平御览》卷七十三引《齐地记》：“旧说始皇以术召石，石自行，至今皆东首，隐轸似鞭挞痕”。这里影射满族统治者是残暴的秦始皇。

12“谩”通“漫”。随便，随意。

会仙亭

殿庭东夹门外，有一行阁，即皇帝幸行时所御，而其洞房则寘[1]侍女云。阁前后筑石路，因达于北岸。岸距阁可一帿[2]，巨石磊砢。登其颠，地势益高，闾山环其后，起居可与接也。石上刻“会仙亭”三字。四隅有凿穴植柱痕。古有六棱亭。一日大风吹倒亭子，今圮[3]矣。亭下岩腹，有徐穉馨[4]诸人题名。又题一绝于阁壁。辛酉[5]入燕人[6]也。

随銮歌女昔齐肩，紫阁祥云绰约仙。

若对故人千里面，石头名姓带诗篇。

1“寘”读“置 zhì”，安排。

2“帿”读“侯 hóu”，箭靶。

3“圮”读“匹 pǐ”，崩塌。

4 徐穉馨（？），朝鲜文人。当是1801年来中国的朝鲜使节团成员。但当年的燕行记录中无此人。参见[韩]林基中《燕行录研究》，第25、39页，一志社，2006年增补版。“穉”同“稚”。

5 嘉庆辛酉为1801年。这一年来华的朝鲜文人留下来的“燕行录”很多。柳得恭本年著有《燕台录》、《燕台再游录》、《热河纪行诗》、《辽野车杂咏》、《并世集》，吴载绍著有《燕行日记》，李基宪著有《燕行日记（上、下）》、《燕行日记启本》、《燕行诗轴》。无名氏《蓟程诗稿》也是这一年燕行后的作品。

6 入燕人，来北京的朝鲜人。

新广宁站[1]

在邑治南十里许。站有驿丞[2]及飞拨[3]。使行曾于城内经宿，以道里回迂，移站于此，而若值潦水，羊肠河涨溢，则还由城内取程云。

青山看更好，白日去如流。

辐凑[4]行商集，繁华属锦州。

1“新广宁站”现名“广宁站”，在102国道沿线。

2 驿丞，明清两朝负责驿站中仪仗、车马、迎送的下级官吏，不入品（从九品以下）。

3 飞拨，类似“六百里加急”递送信息的人。也叫“飞递”。

4“凑”通“辏”，二字音同。辏即车轮的辐条集中于毂上。

十一日壬申[1]，晴。间城驿[2]四十里午餐，石山站四十里宿。

1 这一天是1804年1月23日。

2 原稿“闾城驿”有误，当为“闾阳驿”。

壮镇堡[1]

发广宁站一里许渡一水。又兴隆店[2]、双河堡十余里间，渡两小川，皆闾山水也。自今日右夹闾山，高下断续。顺流而看过。

双河五里有古城，即明时壮镇堡，今称“壮镇”。自此路有木牌，是交界牌也。如我国长栍[3]例，而标道里远近。

零星村户系绳枢，树影荒凉古堞[4]孤。

一柱牌门交界地，不烦征客问程途。

1“壮镇堡”今名“壮镇”，在今北镇市正南偏西，属常兴店镇。参见福建省地图出版社编《辽宁吉林黑龙江内蒙古高速公路及城乡公路网地图集》，第20页，福建省地图出版社，2007年版。朝鲜使节团从兴隆过壮镇堡至闾阳驿，偏离了今102国道。他们走的是近道。笔者与拙荆于2009年4月6日驾车经过此处时，从102国道转至常兴店，走722县道到达壮镇、头台子，到闾阳复归102国道。壮镇在733县道19公里处。

2“兴隆店”今名“兴隆”，在今北镇市正南的102国道沿线。

3“长栍”是朝鲜文人自造的汉字词汇。指标明里程与行政区划的木牌子。“栍”是朝鲜汉字。

4“堞”读“碟 dié”，城墙上齿壮的矮墙。

驿阳驿[1]

驿村民户繁富，市货委积，亦一都会也。村家门前，往往有石碑，刻曰“泰山石敢当”[2]。盖人家当路冲，则必立石以镇云。

闾阳站数帿[3]地有关庙，又南有三官庙[4]。庙安三坐[5]金像，庭有嘉靖[6]中张尧辅[7]所撰碑。西室有七圣祠，塑四壁一大像。

游燕不怕北风寒，山水楼台总异观。

马首悬铃同佛磬[8]，车前长策[9]似渔竿。

民风太蠢骇颜面[10]，水性深咸败胃肝。

种种忧愁排不去，离家已见月三团。

1 原稿“驿阳驿”有误，当为“闾阳驿”。此地现名“闾阳”，在102国道537公里处。笔者与拙荆于2009年4月6日驾车经过此处，并做记录。

2 “石敢当”三字出自西汉史游《急就章》。后世以灵石为镇宅辟邪之物或崇拜物，多书写此三字。自元朝就有把写有“石敢当”三字大石摆放于巷口、桥头的习惯。参见〔元〕陶宗仪《南村辍耕录》卷十七《石敢当》，中华书局，1959年版；〔清〕顾张思《土风录》卷三《石敢当》，收入[日]长泽规矩也编《明清俗语辞书集成》，上海古籍出版社，1989年版。

3 “帿”读“侯hóu”，箭靶子。此处作量词用。

4 三官庙也称“三元庙”，是道教祭祀上元、中元和下元三大帝的场所。俗称之“三官”，指天官、地官和水官。参见〔清〕王弘撰原著，何本方点校《山志》二集《三官神》，第186页，中华书局，1999年版。该地至今有吕祖庙。在102国道沿线。

5 “坐”通“座”。

6 嘉靖是明世宗的年号（1522—1566）。

7 张尧辅（？），明朝文人，陕西宜川人，曾任滦州知州。

8 佛磬，木鱼。马铃的样子与木鱼较相似。“磬”读“庆qìng”，古代著名乐器。将一排石板或玉板悬于架上，敲击而鸣。

9 “长策”即长鞭。古代朝鲜人不坐马车，所以感觉很新鲜。他们觉得长鞭类似钓鱼竿。

10 “民风太蠢骇颜面”是说当地人看到朝鲜人的样子觉得很奇怪，老百姓太蠢了。

十三山[1]

十三山皆石也，本名“石山”。山无一草一木，势尖而高，如鱼头之齐仰喁喁[2]。列而为十三峰，故有是名。然数其峰峦，则非但大小之不一，亦不止十三。盖华音[3]之称“石山站”，若呼“十三山”者，是故讹传为十三山。闾山一支，西南逶迤[4]，断为平原，而忽地崛起。但全体太露，岌然[5]无明润之色。

石骨槎枒[6]镇野门，群峰罗立似儿孙。

莫言突起平原上，千里巫闾[7]远走根。

1“十三山”现名“石山站”，在102国道520公里处，附近是凌海市石材市场。〔明〕佚名《寰宇通衢不分卷》记述，从南京到辽阳有两条驿道：“一路马驿六十四驿，三千九百四十四里”，十三山是驿站之一。见该书续修四库全书本。笔者与拙荆于2009年4月6日驾车经过石山站，并做记录。

2“喁”读“yóng”，鱼口露出水面的样子。

3 华音，汉语口语。从“石山站若呼十三山”的描述来看，原稿指的是我国东北地区的口语。

4“逶迤”读“微 wēi姨 yí”，形容山路弯弯，拐来拐去。

5 岌然，高耸的样子。“岌”读“急 jí”。

6“枒”同“丫”。

7 巫闾，医巫闾山。是我国东北三大名山之一。“医巫闾”是蒙古语“大山”的音译。

望山台和䌹[1]庵[2]贰使

十三山下有土台，高丈余，名曰“望山堡”[3]。与石山对立，以其可望而不可亲也。

风烟幽蓟总新颜，境到佳时辄忘还。

胸怀爽豁元无碍，行路留连竟不关。

直欲星槎[4]穷海外，笑看云嶂[5]屹人间。

文章岂独三长物[6]，锦肚诗料积似山。

1“䌹庵”，此次出使中国的副使权襈（1759—1825）。清道光四年甲申（朝鲜纯祖二十四年，1824），已改名为“权常慎”的权襈以冬至使正使出使中国，病逝于今辽宁葫芦岛市与锦州市之间的高桥镇。权襈有《西渔遗藁》传世。“䌹”读“迥 jiǒng”，禅衣；“襈”读“撰 zhuàn”，衣裳的边饰。

2 贰使，副使。

3“望山堡”今名“望山”，在102国道沿线。

4“槎”读“查chá”，木头筏子。

5“嶂”读“丈 zhàng”，山高险如屏障的样子。

6“三长物”，来自佛经。一衣长物，僧人只许有三衣；二钵长物，僧人只许有一钵；三药长物，僧人只许在生病时有七天的药物。原稿所说“三长物”，实是《左传·襄公二十四年》鲁国大夫叔孙豹“三不朽”说的变形。三国曹丕《典论·论文》也有“太上立德，其次立功，其次立言”之说。

花草石[1]

有花草石出此山下，民家墙砌皆用此为之。片片石块，自成文采，如淡铺水墨画。出百种花草，又或有山水形。

邨[2]屋连墙绕板扉，石文草树自光辉。

天工散滴淋漓气，不费人间水墨挥。

1 花草石是化石的一种，植物埋藏于地下上亿年而成，现今广西入仙岭一带还有出产。现今辽宁省凌海市在此地设立有石材市场。

2 “邨”同“村”。

十二日癸酉[1]，晴。大陵河堡[2]三十里秣马[3]，双阳店[4]二十里宿。

1 这一天是1804年1月24日。

2 “大陵河堡”即今辽宁省凌海市。

3 秣马，喂马。这里的意思是停下休息。“秣”读“末mò”，马料。

4 “双阳店”今名“双羊镇”，在102国道491公里处。笔者与拙荆于2009年4月6日驾车经过此处。

大陵河[1]

河甚广大，去海八十里，三面皆大野，即明季[2]战争地也。

明将刘綎[3]尝勒众拒贼。一日大风忽起，飞沙漫天，难分咫尺。不意贼兵迫在阵头，未及整伍，迎刃崩溃，綎遂死之。其麾下累十万众，相续而殁。故每当云阴之时，如有烦冤之声。

堡邨[4]距河五里地，民户市铺之盛，可捋[5]新民。此处食，有“鱼鹾苽”[6]，素称异味也。

停马风前倚半醺，大陵哭鬼若将闻。

战场白骨悲寒月，野渡黄沙起恶氛。

靺[7]汗无当骄冒顿[8]，睢阳有死义将军。[9]

河流未洗男儿恨，王气金陵冷水云。

1 大陵河是辽宁西部最大的河流，此次朝鲜使节团在今陵海市附近过河。参见〔清〕和珅等《钦定大清一统志》卷四十四《锦州府二 · 城堡 · 大陵河城》，文渊阁四库全书本。

2 按照阴阳五行的理论，青龙、白虎、朱雀、玄武分别象征东、西、南、北和春、秋、夏、冬。各个朝代也是按照季节的顺序轮换的。所以有“明季”、“清季”的说法。

3 刘綎（？—1618）明末将军，字子绅，号省吾，南昌府洪都县人。曾作为总兵官参与抗击日军援助朝鲜的战争，万历四十六年（1618）以东路总兵的身份参与明朝与后金军队的萨尔浒决战，大败后战死。朝鲜文人李德懋《青庄馆全书》卷六十八有《刘綎题名》一文。参见〔清〕舒赫德、于敏中等《钦定胜朝殉节诸臣录》卷一《刘綎》，文渊阁四库全书本。“綎”读“挺 tǐng”，佩玉上的丝绶带。

4“邨”同“村”。

5“捋”读“吕 lǚ”，通“埒”。“埒”读“列 liè”，接近。

6“鱼鲝苽”是一种小菜。“鲝”读“cuó”，咸味。“苽”通“菰”，读“姑 gū”，这里的意思是“瓜”。原稿所说“鱼鲝苽”，当是日本学者青木正儿所记载之“虾油王瓜”。青木是在山海关附近买到虾油王（黄）瓜的，时间大致是在1947年。参见[日] 青木正儿著，范建明译《中华名物考（外一种）·腌菜谱》，中华书局，2005年版。

7“鞮”读“低 dī”，皮制的鞋。鞮汗是穿着皮靴的野蛮人头领，指满族军队统帅。“汗”读“寒 hán”，匈奴人的首领。

8“冒顿”读“末读 mòdú”，汉初匈奴一个单于（君主）的名字。

9 此处用唐朝张巡死守睢阳典。张巡（708—757），唐朝人。以6，800人敌安史乱兵，死守睢阳（今河南商丘）而牺牲。

四同碑[1]

自河堡前行十余里，路左平原有四同碑。皇明都督佥事[2]王平[3]、王宗盛[4]墓碣。万历[5]中，王氏父子兄弟立节，遂竖碑，褒一门忠烈，而墓四隅各立一碑，故称“四同碑”。其后面二碑则拔去，而只存龟趺[6]。前面二碑各书曰“明都督佥事王公讳某之墓”。碑有剥去字画之痕，意必旧有记绩之文，而句语触忌讳，故或拔而剥之也。[7]

白草荒原风正悲，一门忠烈四同碑。

尚嫌名迹留胡地，剥尽龟头墓道辞。

1 在今102国道附近有“四桶碑村”。

2 都督佥事，明朝武职。明初为二品衔。

3 王平（？—1621），明朝文人，王宗盛之子。死守辽阳与皇太极血战而死的明臣。朝鲜文人李宜显《庚子燕行杂识》（上）说：“四同碑在大路边百步许，税轿往见。即皇明神宗朝，王盛宗、王平父子为辽东指挥签事，经略金州、宁远、锦州等卫，多有勋绩。神皇降敕勑谕敕命王盛宗两碑，以楷篆大书‘敕命’、‘敕谕’各二字，前面镌其立功事迹勑命辞说。王平碑亦然。碑文中二字有琢去处，似是‘奴酋’等字，而为今时讳之也。父子四碑罗立，而事迹亦同，故名以四同云”。

4 王宗盛（？—1621），明辽阳都司。1621年（明天启一年申酉，后金天命六年）皇太极进攻辽阳，坚守而阵亡。参见朝鲜文人朴趾源《热河日记》“六月”记述。

5 万历是明神宗的年号（1573—1620）。

6“趺”读“夫 fū”，碑下的石座。

7 王平、王宗盛是在与皇太极率领的清军交战中阵亡的，所以原稿这样说。

双阳店[1]

西北距锦州卫[2]二十里，所经店舍及公府，多题“禁止赌博”四字。赌博之弊，想与我国一揆。[3]

塞路漫漫马倦驱，蓟门山色夕阳孤。

燕南从古多奇士，谁是屠门饮博徒？

1“双阳店”现为“双羊镇”，在102国道491公里处，笔者与拙荆于2009年4月6日驾车经过此处。

2 明朝地方军事实行卫所制度，“卫”下为“所”。

3 一揆，一样。“揆”读“奎 kuí”。

十三日甲戌[1]**，阴，夜洒雪。松山堡二十三里午餐，高桥堡三十六里止宿。**

1 这一天是1804年1月25日。

松山堡[1]

堡在小陵河[2]西十五里。地有古城墟，曾寘[3]敌楼处也。《沈阳日记》[4]云：辛巳[5]仲秋[6]之望[7]，世子[8]及大君自沈阳发行。凡六日，至一横阜，望见锦州城。护行人言，汉将祖大寿[9]坚守此城。城外多埋火炮。柳琳[10]在其东隅。清人与蒙兵，结阵放火，城中亦对放炮。炮丸累落世子幕，丸如鹅卵之大。筑土墙以蔽。后又移幙[11]，次于松山西十里许[12]。自山顶至平地，皆掘壍若土城形，清人筑围之迹也。

祖大乐[13]以总兵守城，被围二年。至壬午[14]二月，总兵王廷臣[15]内应，城遂陷，城中人皆被屠杀。独亲切将官十三人不杀。大乐及军门[16]洪承畴[17]皆被执，大乐即降。承畴初不屈，后至沈阳亦降云。

堡上有烟台，烟燧处尚宛然可见。

长天冷日晕，层嶂[18]乱云多。

树秃悬旄垒，莎枯积骨坡。

将军空战死，烈士但悲歌。

旧迹浑如梦，啾啾暮雀过。

1“松山堡”即现今锦州市的松山镇，在102国道478公里处，笔者与拙荆于2009年4月6日驾车经过此处，并做记录。1986年在松山的水手营子村出土了青铜质的戈形器，据考证是商朝时方国君主的权杖。

2 〔明〕佚名《寰宇通衢不分卷》记述，从南京到辽阳有两条驿道：“一路水马驿至本司四十驿，三千四十五里”，“一路马驿六十四驿，三千九百四十四里”。“小凌河”是驿站之一。见该书续修四库全书本。

3“寘”同“置”。

4《沈阳日记》是朝鲜文人宣若海的笔记，记述的是朝鲜昭显世子李溍等被清军俘至沈阳的经历。

5“辛巳”，指1641年。

6 仲秋，秋季的第二个月，农历八月。

7 望，望日。农历每月的十五或十六日。

8 世子，指朝鲜昭显世子李溍。

9 祖大寿（？—1656），字复宇，辽东人，降清明将。初为袁崇焕部下，宁远保卫战、宁锦大捷、北京保卫战皆有大功。袁崇焕被杀，祖大寿率旧部守宁远、锦州、大凌河，抵御清兵。崇祯四年（1631），守大凌河城，被皇太极以倾国之师所围。坚守三月，粮尽而降，向皇太极献策，愿去锦州当内应。被允许后，祖大寿进锦州，再抗清军。皇太极两次攻打锦州、宁远，皆无功。崇祯十四年（1641），清兵包围锦州。洪承畴的140，000援军在松山被击溃，承畴投降。祖大寿粮尽援绝，只好再次投降。皇太极未杀之也未重用之。祖大寿是吴三桂的舅舅。北京市西城区富国街原名“祖家街”，该街3号院原为祖大寿的住宅。参见[美]魏斐德著，陈苏镇等译《洪业：清朝开国史》之《大凌河之围》、《祖大寿降金与复叛》，江苏人民出版社，2003年版。

10 柳琳（1581—1643），朝鲜将军。字汝温，晋州人。1603年武科中举后，先后为平安道兵马节度使、铜雀镇防滩大将、总戎使。与清军激战后，护卫世子与大君到沈阳。1642年为正二品资宪大夫。朝鲜文献《沈馆录》卷一丁丑年（1637）闰四月十六日有载。参见朝鲜文献《尊周汇编》卷十五《诸臣事实 · 柳琳》；[韩]柳根永《忠壮公柳琳将军》，handl，2006年版。

11“幙”通“幕”。朝鲜人的临时住所。

12 朝鲜文献《沈馆录》卷三说：“二十七日汗使博氏来言，世子此行仓卒，本国护卫之军未及入来。令柳琳替归。其军中择留三十余名，以为护卫云。依其令，留炮手三十，火兵六，马三十六（自其阵中裹一月粮而来）。封状启一，送付柳琳以送（柳廷益入来，则柳琳即当替出，适出松山之役。清人留而不送，今始许替去云）。三十日，世子在松南幕次。清人自战胜之后，无日不出掠，或遣轻骑，驰突于宁远近处。若遇樵牧人丁、牛马，多所抢来。或以大炮向放松山、杏山、塔山等城。城中亦为应放，炮声如雷。听者收神。松山炮丸，大于鹅卵，屡落于幕次近处矣 （清阵中人马或有中伤死者。阵中事情，秘不得闻。或言议久留驻而清汗还，汗不听云矣）。九月初一日，世子在松南幕次，筑土墙于幕次东北，以蔽炮丸。厚一丈余、高二丈余……初五日，是夜松山炮声尤震，大丸屡落于近地（汗阵人马多伤云矣）。初八日，世子移幕，次松山西十里许（巳时汗移阵世子亦随行）。距城稍远，炮丸不及向阳藏风之地，颇可喜也。初九日柳将处辽东粮米八十八石，分载四十四车。义州将官郑德良领来锦州云”。

13 祖大乐（？），明朝将军，曾任锦州总兵，官至副都督。后投降清军。

14 壬午，指明崇祯十五年壬午，1642年。

15 王廷臣（？），明与清军大战时洪承畴带去增援锦州的总兵。明朝“总兵”大约节制现在一个军的兵力。

16“军门”是清朝对提督的称呼，提督是一省的军队最高长官。

17 洪承畴（1593—1665），降清的明末文人，字彦演，号亨九，福建南安人。万历进士，后历任兵部尚书、蓟辽总督。崇祯十四年（1641）率13万明军在松山、杏山败于满军，后投降。1644年随清军入关，后为清朝总督南京军务，并经略湖广、两广等地。

18“嶂”读“丈 zhàng”，山高险如屏障的样子。

官马山

山下有二大冢，此京观也[1]。古之战地，而今为牧场。山后旧有蒙古部落。居无宫室[2]，就善水草止舍。明末，尝飒然[3]风雨至，掠人妇女而去。居民畏之，转而之他[4]云。

悲风宛若动胡笳[5]，牧马空场日又斜。

定识冤魂无处寄，荒原化作乱啼鸦。

1 京观，亦作“京丘”、“京冢”，是古代胜利者收集敌人尸首而埋土做成的大坟。

2 宫室，这里指固定的住房。

3 飒然，如一阵大风吹过。“飒”读“萨 sà”，风声。

4 之他，到别的地方去。这里的“之”是动词。

5（胡）笳，我国古代北方民族的一种吹奏乐器。似笛。“笳”读“家 jiā”。

杏山堡[1]

此亦明季[2]百战场也。官军尝大衄[3]于此，村屋尚萧条。野色荒凉，自不禁举目凄怆。

辽老当年哭乱烽，十人九死杏山锋。

大陵河水声幽咽，请泻[4]男儿碨磊[5]胸。

1 该地现名“杏山”，在102国道471公里处。笔者与拙荆于2009年4月6日驾车经过此处，并拍照留念。

2 按阴阳五行的理论，青龙、白虎、朱雀、玄武分别象征东、西、南、北和春、秋、夏、冬。各个朝代也是按照季节的顺序轮换的，所以古籍中多“明季”、“清季”的说法。

3“衄”读“nǜ”，失败。这里的“官军”指明朝军队。

4 原稿“请泻”有误，当为“倾泻”。

5“碨”读“伟 wěi”。碨磊，郁郁不得志。

高桥堡[1]

自此南有渤海，盎盎而高。海之南即山东诸邑，而古齐鲁地。东与我国黄海道沿海相通，崇祯后朝天[2]之路也。

堡郛[3]亦繁富，与松山相埒[4]。丙申[5]间，使行止宿王姓店，夜失不虞[6]银一千两。转告刑部，逮核王姓一家人。王妻不胜酷刑，招曰：“实不敢窃银，但为室女时，奸一男子，罪不敢辞”。乾隆帝闻之，嘉其无隐，全释王家，赐其妻袭衣，命乘车而还之[7]。至今为口实。

村有关帝庙，颇着灵异。夜中阴雨时，辄闻甲马驰突云。

天势逶迤[8]大漠间，更将明月入秦关。

烟台峙若亭亭塔，云海嘘成往往山。

黑衽[9]村翁行不杖，花簪店女首无鬟。

居民见客谈灵异，阴雨荒祠甲马还。

1“高桥堡”现为高桥镇，在葫芦岛市102国道沿线。此次朝鲜使节团的副使权襈在21年后的1825年病逝于此地，故该年的清朝与朝鲜王朝的宫廷文书里多次提及“高桥堡”。权襈（1759—1825），又名权常慎，朝鲜文人，字絅庵，号西渔、日红堂，安东人，进士小科头名。1801年增广文科及第，殿试第一，先后任参判、大司宪、汉城府判尹。清道光四年甲申（朝鲜纯祖二十四年，1824）以冬至使正使出使中国，不幸病逝于高桥堡。著有《西渔遗藁》。其婿洪翰周《海翁藁》中部分收录。朝鲜文人张混（1759—1828）《而已广集》卷八记述了其病逝中国此事。《朝鲜王朝实录》的“纯祖四年（清嘉庆九年）甲子”即1804年9月16日记载了“权襈”改名“权常慎”事。絅，读“迥 jiǒng”，禅衣；

“禩”读“撰 zhuàn”，衣裳的边饰。

2 “朝天”即朝鲜使节出使中国。元朝、明朝时的朝鲜文人把“燕行录”分别称为“宾王录”、“朝天录”。

3 “邨”同“村”。

4 “埒”读“列 liè”，接近。

5 “丙申”，乾隆丙申，1776年。本年，因英祖薨，朝鲜派出以金致仁为正使的告讣奏请兼陈奏使节团。高桥失银事即发生于是使节团内。

6 虞，防备。

7 关于此故事，朝鲜文人李德懋《入燕记》的版本是：“丙申，告讣使宿高桥堡班姓人家。班盖与徐姓人同室，而定州人方次同赍不虞备银随行。是夜，置银于徐炕，卧睡其上。夜半，次同惊觉，大呼有盗入室。徐姓人宿于炕下，惊起检视，则失银一千两。炕窗微开不遂阖。班姓人适自外入。次同诘其状。班大哗曰：‘俺宁能偷尔银哉？！’仍与次同持灯追寻。同邻郑姓人家茄子田在两家之间。朝鲜人油衣、笠帽、麻屦，落在篱间，银牛皮脱落于郑姓之门。次同直入郑家，则草席绳索，尽在锅底，烧痕宛然。衙译、领送、护送等官，目见此事。陈其状于锦州府及宁远州。锦州知府缚班、徐、郑三人，传致于奉天府将军。将军诘其偷窃之情，考掠严酷者数月，俱不服。徐姓者言，失银之夕，班姓人妻党某眇一目者，倏然而来，夜半逃去，不复见也。于是将军又捕三家邻里若干人囚之。又讥诇班姓妻党于蒙古地方，竟不得焉。皇帝特命锦州、宁远、盛京等官，出银一千两，以与朝鲜使者。拿致三家妇人于皇城刑部。以皇旨诘问，则妇人等以为虽万死，寔不知窃银之人，但为室女时，淫奔某男子。惟有此罪，寔不敢窃银也。皇帝悯其无隐，命放班、徐、郑，送归其妇人。使之乘车赐衣及食。以不善缉捕，停奉天将军俸一年。使臣还献所与银，则不许之。其银至今留置于义州。今闻徐、班两人，闻朝鲜人来，闭门不敢出。郑姓则日夕驱牛而归，适见朝鲜人，睥睨而去云”。

8 “逶迤”读“微 wēi 姨 yí”，形容山路弯弯，拐来拐去。

9 “衽”读“认 rèn”，衣襟。这里指衣服。

十四日乙亥[1]，晴。连山驿[2]三十里午餐，宁远卫[3]三十里宿。

1 这一天是1804年1月26日。

2、连山驿，在今葫芦岛市连山区。

3 宁远卫在今辽宁省兴城市。明朝地方军事实行卫所制度，“卫”下为“所”。现存兴城古城始建于明宣德三年（1428），宁前道兵备副使袁崇焕于天启三年（1623）重修，史称“宁远卫城”，内有祖大寿牌楼。

塔山所[1]

塔山旧有守将。松、杏[2]之陷也，知势不可振，遂率其麾下，自投炮火中。其节义凛然可尚，而惜乎姓名不传。或云是卢象贤[3]也。

汗虏环兵地，孤城夜笛闻。

奈无蜉蚁援，羞对犬羊群。

烈焰天愁雨，冤魂野结云。

丰碑传万口，多胜鼎铭勋。

1 “塔山所”现名“塔山”，在102国道454公里处，笔者与拙荆于2009年4月6日驾车经过此处，并做记录。明朝地方军事实行卫所制度，“卫”下为“所”。清朝的“站”、“驿”、“塘”、“台”、“所”、“铺”都是邮驿的组织形式。参见《光绪会典》卷五一。

2 松、杏，松山与杏山。

3 卢象贤是明朝兵部尚书卢象升的族弟。卢象升（1600—1639），字建斗，号九台，江苏宜兴人。天启二年（1622）进士，崇祯九年为巡抚，十一年官至兵部尚书。但崇祯帝并未授予其实权，且有杨嗣昌等掣肘，无法抗击清军。在与清军的殊死搏杀中战死，年仅38岁。他是朝鲜文人心目中的英雄。参见〔明〕卢象升《忠肃集》，文渊阁四库全书本。

呜呼岛

塔山所有一土阜，周遭南望渤海，至此而渐近。闻有“呜呼岛”在海之东，是所称“田横[1]岛”。若值天清时可见云，而不可知的[2]在河边。[3]

沧溟[4]环抱古齐都，一点呜呼翠欲无。

厌见东人皮币[5]役，阴云长护半洋[6]途。

1 田横是秦朝人，世居齐地。刘邦建立汉朝，他带人入海，居住在海岛上。刘邦派人召见，田横自杀。其部下500人也跟着自杀。〔西汉〕司马迁《史记》有记载。

2 的，的确，确实。

3 原稿“河边”有误，当是“何边”。

4 沧溟，这里是指无边的野景。

5 皮币即用皮子充作岁币。高丽与朝鲜王朝经常进贡虎皮，所以原稿这样说。

6 半洋，伴海。从凌海市、锦州市往山海关，该朝鲜使节团进入北京的路线与今京沈高速公路几至重叠。沿途皆傍大海，所以原稿说是“半洋”。

三义庙[1]

庙在罩罗山下，奉汉昭烈[2]像。左关右张，并辔[3]而立。谓之“三义”者，此也。

大抵塑像无三分之肖。庙前塑一人被发系柱，而一人以剑刺之，刃几没头，是曾窃赤兔马[4]者云。

庭有康熙[5]重修碑。有僧徒居在西夹室，壁揭观音像。盆植一种草卉，名曰“仙人掌”。无枝根之蕃衍，只有一叶，自盆土中抽出，叶上又横生一叶，大如芭蕉之新展，厚如牛舌，而无内外之别。十二年一开花，而花结于叶上，是[6]草独产于天津卫云。[7]

荒祠一体汉君臣，怳[8]见桃园结义辰。

定爱西厢仙牚[9]草，百年花劫葆王春。

1 该地现仍名“三义庙”，在102国道445公里处。但朝鲜文人朴而章（1547—1622）《龙潭集》卷二《三义庙》（燕行时间为1603年）认为，庙不是祭祀刘、关、张的，而是为尊奉文天祥、陆秀夫、张世杰而建。

2“昭烈”，三国时蜀主刘备。

3“辔”读“配 pèi”，缰绳。

4 赤兔马，三国名将吕布的坐骑。此马后归关羽。

5 康熙是清圣祖的年号（1662—1722）。

6 是，这。

7 19世纪的天津，并不是最适合仙人掌生长的地方。原稿作者李海应大约是听翻译告诉他如此情形的。

8“怳”同“恍”。

9“牚”同“撑”。从原稿上下文来看，当为“掌”字。

刘猛将军[1]庙

三义庙数里许，有神庙，庙安三菩萨。又于西室，塑一神将，扁曰“刘猛将军”。嵌壁而竖碑，其略曰：刘猛将军未知所自昉[2]，而其灵异昭著于江淮间[3]。村民徧[4]为立社，而各直省丛祠、祭赛亦间有之。似是杀虫之神。

按《宸垣识略》[5]：神名承忠，元末官指挥，殉节。与此说不同。

系分田祖神[6]，像俨[7]慈悲佛。

欲识将军功，秋成穑[8]事讫。

1 清人惠栋（1697—1758）《九曜斋笔记》载：“（王士禛）《居易录》曰：‘旧说江以南无蝗蝻，近时始有之。俗祀南宋刘漫塘，小为蝗神。刘，金坛人，有专祠，往祀之，则蝗不为灾，俗呼莽将，殊为不经。’”

2“昉”读“访 fǎng”，起始。

3 一说刘猛是元末刘承忠，他曾任江淮指挥使。灭蝗有功被尊为“虫王爷”。参见〔清〕唐执玉、李卫等《畿辅通志》卷四十九《刘猛将军祠》，文渊阁四库全书本；〔清〕顾张思《土风录》卷十八《刘猛将》，收入[日]长泽规矩也编《明清俗语辞书集成》第一册，上海古籍出版社，1989年版。

4“徧”通“遍”。

5《宸垣识略》，清人吴长元著。成书于乾隆五十三年（1788），是记录我国园林艺术与建筑艺术和人文掌故的书。其中对圆明园的记载很详细。“宸”读“尘 chén”，屋檐。“垣”读“元 yuán”，墙。

6 田祖神，指神农氏。

7“竝”同“并”，并列。

8“穑”读“色 sè”，收获谷物。

红旗营[1]

朱家店[2]、红旗营等地，有城皆圮[3]。松、杏[4]之败，亦被屠处也。连山驿[5]村肆栉比[6]，有驿丞。[7]

远游嗟暮岁，壮观输平生。

白塔名残堡，红旗建小营。

乱沙随辙卷，斜日上山明。

十里关东驿，行吟句易成。

1 现今葫芦岛市102国道沿线有“大红旗营子”，其附近即塔山。

2 朱家店，原稿卷五《附录 · 道里》作“朱家堡”。

3“圮”读“匹 pǐ”，崩塌。

4 松、杏，松山与杏山。

5 连山驿在今葫芦岛市连山区。

6 栉比，成语“鳞次栉比”的简称。“栉”读“志 zhì”，篦子。

7 驿丞，明清两朝负责驿站中仪仗、车马、迎送的下级官吏，不入品（从九品以下）。参见《光绪会典》卷五一。

贾贞女坊

长春河西，有石牌门。其制，仿北镇外门而小。刻其面曰：“清故姚法珠未婚之女贾贞女坊”。两柱刻一联曰：“未出闺门明大义，可为巾帼作芳型”。又刻柱石记之曰："贞女年十五，字[1]法珠。越二年，法珠病卒。贾之父母，欲再嫁它门。贞女曰，吾字姚氏，即姚氏也。遂子[2]夫弟之子广居，以居矣。距三十三年而卒。宁远守尉刘大观[3]，启闻其贞烈。嘉庆辛酉[4]命立牌门旌[5]之"。

盖自栅[6]立碑于路，旌[7]人节行者往往有之。

诵诗曾艳《柏舟》[8]章，今日燕山贾女坊。

未出闺门明大义，芳型[9]俱是两髦[10]娘。

1"字"是动词，女子许嫁。"字法珠"，与姚法珠定亲。

2"子"这里的意思是"过继"。

3 刘大观（1763—1831），字松岚，号正乳，山东丘县（现属河北）人。乾隆四十二年（1777）拔贡，嘉庆年间曾任宁远知府八年，是《红楼梦》刊刻者程伟元的好友。刘大观后官至山西河东道兼署布政使，有《玉磬山房集》传世。朝鲜文人柳得恭《燕台再游录》（1801）说："刘大观，字松岚，山东临清人。今宁远知州。曾见其所著《玉磬山房集》。松岚亦因东使闻余姓名。赴燕时，遣人探之，因公务往锦州未还。其弟大均来，亦佳士也。援川楚例，充廪生云。还到宁远城外，松岚来访寓所，一见如旧，甚欢也。问其官迹，则以开原知县升本州云。其翌日，约会于城东之龙神祠，即松岚捐金创建，为祷雨之所。栋宇角攊，辉映林木之表。下车盘桓，少顷，松岚至。两骑佩弓前导，从者亦众。至则先诣龙神像前叩头，道士鸣钟。仓官姓曹者随至，叩头于阶上。遂于西庑布桌吃茶，略谈而别。松岚以其所作《朱素人画百合花二绝》书赠。笔意古雅。又以《悔存斋诗抄》二卷示之。武进黄景仁所著，翁覃溪方纲作序。景仁为文节裔孙，而洪编修亮吉密友云。临别，又以礼部侍郎英和所书一幅示之云：'与英公契好'。未知其意也"。

4 嘉庆辛酉，1801年。

5 旌，表彰。

6 栅，栅门，即今辽宁省凤凰山附近的边门。

7"旌"读"京jīng"，表彰。

8《柏舟》，指《诗·鄘风·柏舟》。"鄘"读"佣yōng"，诸侯国名。

9 芳型，芬芳（女子）的典型（人物）。中国和朝鲜的文人都熟悉汉刘向《列女传》一书。

10 两髦，刘海儿。额前剪短的头发、直立头发，这里指少女耳前的头发。《诗·鄘风·柏舟》有"髧彼两髦"。"髧"读"但dàn"。

呕血台

至东八里堡[1]南望，一山突然高起，是鸡鸣山也。山顶有所称"呕血台"。昔袁崇焕[2]镇宁远[3]时，清汗[4]急攻之，以火炮碎城将入。值日暮，以诘朝[5]为期。崇焕夜以画布作城，绷障其城毁处。适天雨且寒，一夜间成一冰城。汗乘晓望之，崩城已完。大惊，遂呕血于此。故台以是名[6]。或称“驻跸[7]台”。

呕血台头朔气凝，受降城外阵云蒸。

关兵却恐春风早，销尽层绷一夜冰。

1“东八里堡”今名“东八里村”，在102国道423公里处，笔者与拙荆于2009年4月6日驾车经过此处，并做记录。

2 袁崇焕（1584—1630），明朝名臣。字元素，广东东莞人，万历进士。先后任辽东巡抚、蓟辽总督、兵部尚书。多次沉重打击后金，崇祯皇帝中后金的反间计而杀之。

3 宁远卫在今辽宁省兴城市。兴城古城始建于明宣德三年（1428），宁前道兵备副使袁崇焕于天启三年（1623）重修，史称“宁远卫城”。内有祖大寿牌楼。

4“清汗”指努尔哈赤。原稿追述的是明朝官军与后金军队之间的“宁远大战”。努尔哈赤在此次战役中受伤而死。〔民国〕赵尔巽、柯劭忞等《清史稿·太祖本纪》载：“十一年丙寅春正月戊午，上起兵伐明宁远。至右屯，守将遁，收其积谷。至锦州，戍将俱先遁。丁卯，至宁远。宁前道袁崇焕偕总兵满桂、副将祖大寿婴城固守。天寒土冻，凿城不隳，城上放西洋炮，颇伤士卒，乃罢攻。遣武讷格将蒙古兵攻觉华岛，夺舟二千，尽焚其军储，班师。二月壬午，上还沈阳，语诸贝勒曰：‘朕用兵以来，未有抗颜行者。袁崇焕何人，乃能尔耶！’”

5 诘朝，第二天早晨。“诘”读“杰jié”，翌日，次日。

6“呕血台”的故事是朝鲜文人十分喜欢谈论的题目，“燕行录”里多有记载。

7“驻跸”，君主、后妃出外于途中暂停小住。“跸”读“毕bì”。

永宁寺[1]

寺在东头台之南，即首山[2]地也。寺门扁曰“首山胜境”。入门有观音、关帝像。庭竖二碑，康熙进士刘君德撰、耿生悦书[3]。君德即配辽左者，而吴三桂部下也[4]。或称崇祯辛未[5]，提督镇福宇祖公[6]所建云。寺后有永宁峰，故因而名寺。

释辔[7]携轻策，青骢[8]饮水滨。

仄岩牢寘[9]屋，斜径细通人。

佛老凋金像，僧寒薄黛巾。

槛空云气湿，层嶂[10]碧嶙峋。

1 乾隆皇帝题写“首山胜境”的是茶棚庵，在今兴城市双树乡茶棚庵屯。与在102国道247公里处的茶棚镇不是一个地方。朝鲜文人李宜显《陶谷集卷二十九·庚子燕行杂识》（燕行时间为1720年）记述说：“永宁寺在大路傍……寺后有一峰，即所谓首山”。

2 该地至今仍名“首山”，在葫芦岛市区东南102国道沿线。朝鲜文人高敬命（1533—1592）《霁峰集》卷四为其万历九年辛巳（1581）出使中国诗作。其中《首山》下小注云：“唐太宗驻跸处”。

3 耿生悦（？），清朝文人。康熙进士。朝鲜文人李宜显《庚子燕行杂识》（上）说：“永宁寺在大路傍……庭之东西有两碑。一碑书康熙甲子立，乡进士中州刘君德撰，乡进士山西耿生悦书”。

4 刘君德（？），清朝文人。康熙进士。本云南人氏，因是吴三桂部下，平定三藩后被发配到辽东。朝鲜文人无名氏《燕中见闻》第九载，清康熙二十五年（1686）“丙寅二月，陈奏兼谢恩正使郑载嵩”来中国，随行的作者与刘君德有笔谈。参见拙著《半岛唐风：朝韩作家与中国文化》，第345页，宁夏人民出版社，2004年版。

5 崇祯辛未，1631年。

6 原稿“提督镇福宇祖公”有误，当是“镇提督复宇祖公”，指明末名将祖大寿。祖大寿（？—1656），字复宇，辽东（今辽阳）人。他是吴三桂的舅父，初与后金军队血战，后投降。祖大寿因为晚节不保而常常被其后的朝鲜文人提及。参见原稿下文《祖大寿牌楼》一节。

7“辔”读“配 pèi”，缰绳。

8“骢”读“聪 cōng”，青白杂毛的马，即菊花青马。这里泛指马。

9“寘”同“置”。

10 “嶂”读“丈 zhàng”，山高险如屏障的样子。

红罗山[1]

自双石城，冈垄重复。临永宁寺门，望见西北一山特然高拔，是所称“红罗山”。元顺帝[2]死处也。

青山自在长精神，雨洗千年铁木[3]尘。

欲问中州干净地，红罗犹寄大明春。

1 红罗山今作“虹螺山”，在今辽宁省葫芦岛市附近。明洪武二年（1369），常遇春带兵攻克红罗山与上都，元朝彻底瓦解。朝鲜文人赵宪（1544—1592）《重峰集》卷十《朝天日记》（燕行时间为1574年）七月十一日载：“弘螺山南则明地，山北则达（鞑）界”。

2 元顺帝，元朝最后一个皇帝惠宗。他于至正二十八年（1368）退出北京，此举标志着元王朝的灭亡。〔明〕刘佶《北巡私记》记录至正二十八年闰七月二十八日元顺帝出逃，至“至正三十年”正月间事。其中有“（二十八年十一月）二十四日，皇太子出屯红罗山”。“（二十九年九月）二十五日，也速丞相退保红罗山”。“三十年正月初二日，帝不豫。诏皇太子总军国诸事。初九日，诏观音奴公赍手诏赐扩廓帖木儿王，征其入卫。观音公奏请以监察御史张佶从行，上允之。初十日，佶从观音公入见。十一日，启行”。

3 铁木，铁木真。这里用以指代元朝。

宁远卫[1]

属锦州，而亦孤竹[2]地也。汉曰“海阳”，燕曰“集宁”[3]，唐曰“瑞州”，辽曰“隰[4]州平海军”，金曰“海阳”、“海滨”[5]，元曰“太宁”。

由春和门入，即东门也。瓮城及十字钟鼓楼，槩[6]同沈阳而差小，有守尉监焉。从南延晖门[7]出。自此程站极远，人马一倍困乏矣。

大尉门临白板桥，水头烟柳动条条。

城台霁[8]雪凝新瞩，落日同停学士轿。

1“宁远卫”在今辽宁省兴城市。兴城古城始建于明宣德三年（1428），宁前道兵备副使袁崇焕于天启三年（1623）重修，史称“宁远卫城”。内有祖大寿牌楼。宁远卫与山海卫、锦州卫皆是抵御后金的要塞。笔者与拙荆于2008年9月28日专程驾车前往参观。

2 孤竹，商汤所封的诸侯国之一。在今河北卢龙至辽宁朝阳一带。刊于《中国国家地理》2008年11期魏宝和《红山文化：把中华文明史提前一千年》（摄影：耿艺）一文问，红山人到哪里去了？并引严文明先生话说，燕国就是在其基础上兴起的。

3 原稿此处有误，“燕曰集宁”四字当前移至“汉曰海阳”之前。

4“隰”读“席xí”，低下，潮湿。

5 清人林佶《全辽备考》卷上认为，金朝在此地设立“海阳”、“海滨”两县。

6“槩”同“概”。

7 宁远卫城东为“春和门”，南为“延辉门”，西为“永宁门”，北为“威远门”。现今开放供参观的还有兴城文庙。

8“霁”读“济jì”，雨止。

祖大寿[1]牌楼[2]

延晖门内数帿[3]许，有祖家石牌楼。其栋桷[4]檐栏，皆以架石而构之。前门则用黄赤石，而后用白石，高数十丈，而门屋间架为三层，其下豁然为门。画云刻龙，尽其奇巧。前门楣外，刻“廓清之烈”，内刻“忠贞胆智”。其第一层“玉音”二字。

二门皆相似。第三层内外，俱刻“四世元戎少傅”。其下层内外刻诰赠官衔姓名，乃祖镇[5]、祖仁[6]、祖承训[7]、祖大寿四世恩贻[8]也。

门柱刻对联曰："桓赳兴歌，国倚干城之重；丝纶锡宠，朝隆彝[9]鼎之褒"。后门则第二层内外刻"元勋初锡，登坛骏烈"。第三层亦刻四世官职于内外。柱联曰："松槚[10]如新，庆善培于四世；琳琅有赫，贲[11]永誉于千秋"。此则祖大乐四世恩貤[12]也。大乐[13]与大寿为同祖兄弟，而其父即承教[14]也。二门一立于辛未[15]，一立于戊寅[16]。承训即壬辰[17]随李提督[18]东援者也。一门恩荣，旷绝千古，而大寿辈去就[19]，终何如哉？其后孙尚居城内云。

镵[20]苍雕赤屹重楹[2]，玉树谁家有弟兄。

四世官衔门照耀，万人瞻视石峥嵘。

捐身誓作干城任，仗节宜观竹帛名。

可惜埋旗鞮汗[22]日，阿陵[23]坠尽旧家声。

1 祖大寿（？—1656），字复宇，辽东宁远人。在袁崇焕手下为总兵，袁崇焕拼死保卫京畿而被崇祯杀死前，他逃离京城。虽与后金军队血战，终于投降。但朝鲜文人姜柏年（1603—1681）《燕行路程记》（燕行时间为1660年）在"宁远卫"下注曰"有城，曹大寿牌楼"，把"祖大寿"写成了"曹大寿"，当是笔误。

2 该牌楼至今尚存，在今辽宁兴城市南街。有学者认为，该牌楼上的大字不是"玉音"。"玉"字中的点不在框下而在框上。

3"帿"读"侯 hóu"，箭靶。

4"桷"读"觉 jué"，方形椽子。

5 祖镇（？），明宁远卫人，祖大寿、祖大乐的曾祖父。

6 祖仁（？），明朝将军，宁远卫人。祖大寿、祖大乐的祖父。

7 祖承训（？），明朝将军，号双泉，辽东宁远卫人。祖大寿之父。本李成梁部下，后为援助朝鲜的副总兵，带数千明军入朝作战，大败而归。明朝随后派大军入朝抗倭。朝鲜文人柳成龙（1542—1607）《西厓集》卷一《宿清风寒碧楼·序》云："壬辰，余扈驾义州。七月，辽东副总兵祖承训率五千兵来援……进攻平壤，不利而还"。〔清〕谷应泰《明史纪事本末》卷六十二《援朝鲜》载："（壬辰）七月，游击史儒等师至平壤，不谙地利，且霖雨，马奔逸不止，儒战死。副总兵祖承训统兵三千余，渡鸭绿江援之，仅以身免。报至，朝议震动，以宋应昌为经略，员外刘黄裳、主事袁黄赞画军前"。

8"貤"读"姨 yí"，转移、转赠。

9 彝，即彝器，礼器的总称。这里是指青铜的礼器。

10"槚"读"甲 jiǎ"，茶树或楸树。

11"贲"读"奔 bēn"，奔流。

12"貤"读"姨 yí"，转赠，世袭。

13 祖大乐（？），明朝将军，辽东宁远卫人。曾任锦州总兵，官至副都督。后投降清军。

14 承教，祖承教。祖承教（？），明朝将军，辽东宁远卫人，祖大乐之父。

15 辛未，指明崇祯四年（1631）。

16 戊寅，指明崇祯十一年（1638）。

17 壬辰，万历二十年壬辰（1592）。这一年日本侵略军进攻朝鲜。

18 “李提督”即李如松。李如松（1549—1598），字子茂，号仰城，辽东铁岭卫人。其父是辽东总督李成梁。万历二十年壬辰（1592），日军入寇朝鲜，李如松为东征提督，率军援朝。朝鲜肃宗在昌德宫修“大报坛”，祭祀明太祖以及万历、崇祯皇帝，徐达、李如松、范景文配享。大报坛至朝鲜末期才被拆除。

19 祖大寿后来投降了清军。所以原稿作者如此设问。

20 “镵”读“谗chán”，凿，雕刻。

21 “楹”读“迎yíng”，厅堂最靠外的木柱。

22 鞮汗，穿着大皮靴的蛮夷首领。“鞮”读“低dī”。

23 阿陵，巨大的坟墓。“阿”读“ē”，大。

十五日丙子[1]，晴。寅时[2]月食[3]。沙河所三十里午餐，东关三十里宿。

1 这一天是1804年1月27日。

2 寅时，凌晨3点至5点。

3 原稿记录了1804年在我国辽宁观测到的一次月食现象。

沙河所[1]

一名“中右所”。明时镇御地，而城多颓破。

睡着征鞍似动船，太宁余醉尚陶然。

青岚[2]绕滴临山屋，白气长浮近海天。

胜览先要寻旧迹，壮游今不负芳年。

漫漫一路去无极，三十里间西日悬。

1 “沙河所”现名“沙后所”，在102国道396公里处。笔者与拙荆于2009年2月13日至14日驾车经过。明朝地方军事实行卫所制度，“卫”下为“所”。

2 岚，山（林）中的雾气。

半拉[1]店

店在沙河所十里地。

市有卖盐而搨[2]如小砖，谓之“盐砖”，称其斤两而卖之。盖燕市卖买，虽糕、面、糖、烟之属，亦用此例。

立马寒村路架槽，衣冠却被店民骚。[3]

丝毫较准操称手，积市盐砖似切糕。

1 半拉，东北口语，半个。

2“搨”读“踏tà”，用模子拓印。这里的意思是用模子做成某种模样。

3 这里是说，原稿作者李海应所穿的仿明代服装被当地人指指点点地议论。

望海店[1]

自此海色渐露，岛屿汩没[2]于波涛中。盖海在数十里间，而入燕之路，累日滨海而过。

风禽飞尽杳无痕，辽野东倾大海分。

未辨苍苍天水际，浪如高嶂[3]气如云。

1 该地现今名“望海”，在102国道388公里处，其东有立交桥，其西辽东湾里有小海山岛。笔者与拙荆于2009年2月13日至14日两次驾车经过此处。

2 汩没，沉没、淹没。“汩”读“古gǔ”。

3“嶂”读“丈zhàng”，山高险如屏障的样子。

十六日丁丑[1]，晴。中后所[2]十八里午餐，亮水河[3]四十二里宿。

1 这一天是1804年1月28日。

2“中后所”现为辽宁省绥中县。笔者与拙荆于2009年2月13日至14日驾车经过，大雪过后，公路难行。

3 〔清〕杨宾《柳边纪略》卷二作“凉水河”，上海商务印书馆，1936年版。

东关驿[1]和赵景裕[2]

东关亦城圮[3]，石门独山[4]逌然[5]。是日为观日出，一行晓发。赵从事景裕道诵《辽野》诗，仍用其韵。

雪野纵横路似丝，会当新境辄新诗。

东关暮笛悲明月，北庙荒碑怆旧时。

倾盖不嫌言跌宕，联镳[6]翻恐去差池。

壮游自是桑蓬志[7]，天阔宁从小管窥。

1 东关驿即今102国道380公里处的“（东）关站”。

2 赵景裕即《秋斋集》的作者、朝鲜文人赵秀三。赵秀三（1762—1849）又名景裕，字芝园、子翼，号秋斋、经畹，本贯汉阳。他是此次朝鲜使节团正使的幕宾。《秋斋集·传》引用《壶山外史》，称赵秀三6次到中国，83岁中进士小科，88岁卒。

3“圮”读“匹pǐ”，崩塌。

4 原稿“山”有误，当为“扇”字。

5 岿然，高高挺立而十分稳固的样子。“岿”读“亏kuī”。

6“镳”读“标biāo”，马嚼子两端露出嘴外部分。

7 桑蓬志，万里之志。宋朝朱熹《次韵择之进贤道中漫成》有“岂知男子桑蓬志，万里东西不做难”之句。

二台山[1]望日出

自东关晓发五里余，至二台子。有废烟台，登此则海水无碍。皆言日出时光芒，莫若此处之奇。

积气穹壤薄，大海东南逝。
我闻观日出，最宜将升际。
浩波为之荡，彩云从以卫。
始难水底涌，忽又天门揭。
恍惚[2]黄金盘，太空无纤翳。[3]
使我心先驰，东望杳迢遰。[4]
带月晨策马，骒[5]向青台系。
若见红轮转，将见大明世。[6]
迟迟天向曙，冷风时掠袂。
海间空蒙气，上薄云霄蔽。
少焉高三竿，顽云晚始霁。[7]

1 二台山当即今南二台子，在102国道沿线。

2“恍惚”同“恍惚”。

3“翳”读“意yì”，遮蔽，掩盖。

4“迢　”同“迢递”。遥远，高耸。

5“骒”同“驱”。这里是指马。

6 此处“大明世”是双关语。

7“霁”读“济jì”，雨、雪停止而天放晴。

中后所[1]

明时关防也，后改筑方城。南有“歌熏门”，西有“说[2]泽门”。城外有关帝庙，庙貌略如我国东南庙[3]。庭竖康熙、乾隆[4]二碑。殿后安大昌像[5]。殿东设小龛[6]，而塑金佛百数。此庙素称灵异，译胥辈[7]多有办香抽签者。

余适登西门楼，有一人踵来[8]，欣款[9]曰：“朴贞蕤[10]复来否？”

禅林参悦送残晖，梯路西城又摄衣。

却被街人来问语，前年东客[11]赠诗归。

1“中后所”即今辽宁省绥中县县城，其附近的沙河店是盛产毡帽的地方，是中朝外贸基地之一，朝鲜商人历来很重视此地。明朝地方军事实行卫所制度，“卫”下为“所”。

2“说”通“悦”。

3 朝鲜文人柳成龙（1542—1607）《西厓集》卷十六《关王庙记》，记录了援朝明军军官在汉城南大门附近建立关帝庙事。

4 乾隆是清高宗的年号（1736—1795）。

5 昌像，与“佛像”对举。祭祀中不属于佛教的塑像的统称。

6 “龛”读“勘 kān”，小窟，小屋。

7 译胥辈，翻译们。

8 踵来，跟来。

9 欣款，欣然写出。古代中朝文人无法对话，通常以笔代舌来交流。

10 朴贞蕤即朴齐家。朴齐家（1750—1815），朝鲜文人，字次修、修其、在先，号贞蕤、楚亭，密阳人，朝鲜著名实学家。他于1778年随陈奏使蔡济恭来中国，与中国文人多有交流。有《北学议》、《明农草稿》、《贞蕤诗稿》等传世。“蕤”读“ruí”，草木花朵下垂的样子。

11 东客，东方的客人。指朝鲜客人。

峩[1]尔城

土城尽圮[2]，城内无人所住。一名“口鱼河[3]河[4]屯”。

石出河残古口鱼[5]，畜栏今辟土城墟。

牛无络鼻驴无勒，物性犹全禀赋初。[6]

1“峩”同“峨”。

2“圮”读“匹 pǐ”，崩塌。

3“口鱼河”当即现今“狗河”。今102国道351公里处有“狗河大桥”，其附近有狗河收费站。狗河是流经辽宁省绥中县的一条河流，是我国唯一以“狗”命名的河流，对研究十二生肖有重要意义。笔者与拙荆于2009年2月13至14日驾车两次经过此桥并摄影留念，桥头尚有冰雪。朝鲜文人赵宪（1544—1592）《重峰集》卷十《朝天日记》（燕行时间为1574年）七月十七日载："历狗儿河铺，渡河憩于前屯卫"。

4 此"河"字可删。

5 "口鱼"连读与"狗"字发音很接近。也许是朝鲜族译官如此告知李海应等。

6 "物性犹全禀赋初"影射满族统治着中原大地，人民无法保持和发扬汉文化。

亮水河店[1]

店属宁远卫。叠《东关驿》韵。

关山岁暮梦丝丝，百种襟怀寓一诗。

马上凭眸云尽处，炉头抱膝月明时。

人如萍草沧江浪，家隔莲花古洞池。[2]

原隰[3]驱驰[4]愁渐瘦，忽惊颜发镜中窥。

1 该地现名"凉水"，在102国道沿线。〔清〕杨宾《柳边纪略》卷二也记作"凉水河"，上海商务印书馆，1936年版。

2 李海应自述说，其家在汉城城东之莲花洞。朝鲜王朝汉城的城东有东部十二坊，其中有莲花坊。参见朝鲜文人古山子《大东地志 · 汉城府 · 坊里》。

3 "隰"读"西 xí"，低洼之地。

4 驰，即驱驰。"驱"同"驱"。

十七日戊寅[1]，晴。中前所四十五里午餐，红花店[2]四十三里宿。

1 这一天是1804年1月29日。

2 "红花店"现名"红瓦店"，在102国道沿线，秦皇岛市北环路和飞机场路交口附近。朝鲜文人权橃《冲斋集》卷七《朝天录》（燕行时间为1539年）记载，他们一行于十月九日经过"红花店"。

高岭驿[1]

鸡鸣时发程。

寒霜洒鬓月轮低，亮水河南信马蹄。

百里重关山海远，行人今日听晨鸡。

1 该地现为"高岭镇"，在102国道334公里处。笔者与拙荆于2009年2月13日至14日驾车经过。〔明〕佚名《寰宇通衢不分卷》记述，从南京到辽阳有两条驿道："一路马驿六十四驿，三千九百四十四里”。高岭是驿站之一。见该书，续修四库全书本。

中前所[1]叠丝字

城堞[2]壮丽，与中后所相伯仲。城有四门，东“定远”，南“广定”，西“永望”，北“定和”。有佐领[3]，巡检二卫。[4]

经邦才愧鼎扶丝，愁听东方《四牡》[5]诗。

强作胡言循土俗，暗觇[6]王气惜天时。

好音不见怀周道，水战徒劳习汉池。

满载金缯[7]山海路，一丸谁复向关窥。

1“中前所”现为“前所镇”，在102国道328公里处。笔者与拙荆于2009年2月13日至14日驾车经过。明朝地方军事实行卫所制度，“卫”下为“所”。

2“堞”读“碟dié”，城墙上齿壮的矮墙。

3 佐领，清朝军职之一。清朝东北地区的最高军职是盛京将军，其下是副都统。副都统之下是城守卫，城守卫之下才是协领和佐领。参见丁海斌、时义《清代陪都盛京研究》，第171页，中国社会科学出版社，2007年版。

4 二卫，指中前所和中后所。

5《四牡》是《诗经·小雅》中的一篇，是“劳使臣之来也”之诗。

6“觇”读“搀chān”，窥视。

7“金缯”，金钱与布帛。“缯”读“增zēng”。

万里城[1]

自大石桥以后，望见闾山之腰。长城逶迤[2]而走，是秦时所筑万里城也。

城止于栅外。山海关则城附其曲折处筑，而至于海。

城根东走白崎岖，山势雄如万马驱。[3]

堪笑秦家延袤广，万年空待女真都。

1 万里城，万里长城。

2“逶迤”读“微wēi姨yí”，形容山路弯弯，拐来拐去。

3“驱”同“驱”。原稿作者李海应很喜欢用此字。

姜女庙[1]

行未至八里堡数里，折而南行，有庙在高阜上。庙塑一女子，傍[2]有二童子侍立。左者持伞，右者持带，是女子之两儿也。观其塑像，如哀号嘶蹙[3]之状。庙额曰“芳流辽水”。外扁曰“劲节凄风”。庙龛[4]左右各竖一碑，左是《重修贞女祠记》也。略曰：姓许，名孟姜，居长。故秦筑长城，役天下丁男数百万。潼关范七郎死，其后暴骸六螺北下。其妻姜走数千里，出关负其骨，将投海，以身殉之。

盖姜女望夫不归，寻至于此，闻其夫死，哭而死之。后人即其地立庙。童子所持者，伞像行具，带像其夫所着，而抑姜女持来者欤?

右碑即万历壬子[5]菊秋，主关[6]海若王致中[7]同萧馥亭都护[8]《出塞诗》也。诗曰：

出塞将军汗马劳，偶来风雨袭征袍。

声传徼[9]外奔封豕[10]，羽入云中看落鹏。[11]

鸭绿晚舟通属国，鹅黄新酒醉诗豪。

行营列炬归来晚，城上乌啼月正高。

又云：关外二舍[12]许，海洋中有立石二，殊有人形。又卧石三，皆相枕。世传为姜女坟。同萧都护、蔺参戎饮此。其诗曰：

海上双双拥翠螺，传来姜女瘗[13]回波。

千年不动心如石，万里相牵泪淬[14]罗。

拍岸涛声频助咽，窥人鸯鸟总成魔。

珥流[15]砥柱应如此，把酒临风纪不磨。

又壁揭皇三子藤琴居士[16]所题诗板，龛[17]前两柱题乾隆御制第二句，皇十一子果[18]亲笔也。庙后有小殿，奉三仙像。殿后有一层岩，而多有嵌凹痕，是姜女望夫处陟降[19]之迹云。傍[20]刻“望夫石”三字。其左面刻乾隆八年[21]御制诗，曰：

凄风秃柳吼斜阳，尚作悲声吊乃郎。

千古无心夸节义，一身有死为纲常。[22]

由来此地称姜女，尽道当年哭杞梁。

长见秉彝[23]公懿[24]好，讹传是处也何妨。

又刻戊戌[25]所题诗，曰：

丛祠旧筑海山边，善哭偏由姜女传。

金铸应嫌范蠡[26]谲[27]，墨胎[28]可比伯夷[29]贤。

萧风松树哀弦泻，明月清波古镜悬。

路便一临缘节义，订讹意已具前篇。

北面刻曰：“‘作如是观’。内阁修纂贺廷佐[30]笔”。又刻“振衣亭”三字，下有乾隆帝七绝诗。庙之西门外竖碑，大刻曰“止此石”。

八里堡中又有神祠，起短垄头，岌然如墩台。奉玄冥神。

哭郎娘死哭娘谁？怨入长城玉塞迟。

若为芳魂长住处，石头何不起神祠？

1 笔者与拙荆于2005年4月14日专程驾车到山海关、姜女庙参观。

2“傍”通“旁”。

3“嚬蹙”读“贫 pín 促 cù”，皱眉愁苦的样子。

4“龛”读“勘 kān”，小窟，小屋。

5 万历壬子，1612年。

6 主关，负责山海关的官员。

7 王致中（？），明朝文人，字海若，祖籍云南太和。出生于凤翔，进士。万历三十九年（1611）任兵部职方司主事。

8 萧馥亭（？）明朝人，都护。其余不详。

9“徼”读“角 jiǎo”，边界。

10 封豕，即大野猪。封，大。“豕”读“史 shǐ”。

11“鵰”同“雕”。

12 二舍，六十里。舍，古代的长度量词，三十里为一舍。

13“瘗”读“毅 yì”，埋葬。

14“泪淬罗”的意思是泪水顺着衣服不停地流下来。“淬”读“脆 cuì”，磨。

15 珥流即女性、巾帼的意思。“珥”读“耳 ěr”，女子的耳饰。

16 原稿此处有误。“藤琴居士”不是乾隆皇三子，而是皇五子永琪。永琪（1741—1766），字筠亭，号藤琴居士，封荣亲王。其第七代孙即我国著名女真学家金启孮。

17“龛”读“勘 kān”，小窟，小屋。

18“皇十一子”是指乾隆皇十一子永瑆。永瑆（1752—1823），号少厂，别号诒晋斋主人，封成亲王。原稿“果”字有误，当删。“瑆”读“星 xīng”，玉石发出的光。

19 陟降，上下。“陟”读“制 zhì”，（爬）上去。

20“傍”通“旁”。

21 乾隆八年，1743年。

22“千古无心夸节义，一身有死为纲常”一联在朝鲜流传很广。来中国的朝鲜文人多记录之。

23 秉彝，坚持真理。

24 公懿，对于大众很有益处。

25“戊戌”即乾隆四十三年戊戌，1778年。

26 范蠡（？），字少伯，楚国宛（今属河南省）人。与勾践辅佐越王率师伐吴，获全胜。后游齐国。改名“陶朱公”，经商致富。晚年寄情山水。他被看作是我国商人之典范。著有《计然篇》、《养鱼经》。《国语·越语下》和《史记·货殖列传》对其多有记载。

27“谲”读“绝 jué”，奸诈。

28“墨胎”在这里是双关语。一是指黑泥巴的塑像，一是指孤竹君姓“墨胎”。传说炎帝后裔墨如献计于大禹而立功。夏启封墨如之子墨胎初为孤竹国君。〔汉〕王符《潜夫论》中有“禹师墨如”的记载。

29 伯夷，商朝末年孤竹国君之子。周武王灭商以后，怀恋商朝，不食周朝之粮，与弟弟叔齐一同饿死在首阳山。后人称颂他们有气节。

30 朝鲜文人李宜显、金正中、徐庆淳、金景善的“燕行录”都记载内阁修纂贺廷佐书“作如是观”四字。

四方城

二里店[1]有四方城，俗称汗之将台，而亦名“威远台”[2]。或云吴三桂所筑，故亦云“吴王城”。旧闻汗引兵至长城下，一夜筑起，藏六万兵，似误传也。万历[3]间，经略[4]熊廷弼[5]、杨镐[6]、应昌[7]费财屡万，历数年而就。与关内为犄角之势。穿地道以通内外，今湮塞不可用。

台之高可十余丈，广可四五十间，筑以砖甓[8]。四面筑级，而又筑曲台，回转以登，而台下四面，各嵌五瓮室。又有瓮城于门台上，形如“口”字而中空。台上可容四五百人，台下可藏七八百军。其北面则铺砖稍广，似是将台。俯瞰四面，纤悉可睹。台外又四环土城，将台隐体于其中。故自外观之，似不甚高。其制甚奇妙矣。

高直云天杳绝埃，巫闾[9]转拱海萦回。

若鱼鳞葺[10]兵藏窟，如虎牙张将在台。

睥睨[11]当年三桂筑，商量它日五花[12]开。

层梯更觉胡风壮，白日登临慷慨杯。

1 二里店今名“二里甸子”，在山海关景区附近。

2“威远台”即今“威远城”，在二里甸子附近。

3 万历是明神宗的年号（1573—1620）。

4 经略，指辽东经略。明朝派驻辽东的最高军事长官。“经略”是朝廷为战事而临时设立的官职。

5 熊廷弼（1569—1625），明朝文人，字飞白，号芝冈。江夏（今湖北武昌）人，万历二十六年（1598）进士。曾任御史，后被罢官。万历四十七年（1619）萨尔浒之战后为辽东经略，积极策划反击后金。但万历和泰昌皇帝相继去世，朝政混乱。他面临兵难调、将难派、同僚排挤等问题。宁远巡抚王化贞等不与同心而失辽东。后遭污陷被杀。《明史》卷二五九有传。另参见〔清〕计六奇《明季北略》卷二《熊廷弼传》。

6 杨镐（？—1629），明朝文人，字京甫，号风筠，商丘（今河南商丘）人，万历进士。万历二十四年（1596），日本侵略朝鲜，为援军经略。以谎报军功被撤换。后为辽东巡抚。万历四十六年（1618）为兵部右侍郎、辽东经略，与后金军展开萨尔浒之战，大败而被下狱。崇祯二年（1629）被杀。《明史》卷二五九有传。

7 原稿“应昌”有误，当为“嗣昌”。杨嗣昌（1588—1641），明朝文人。万历三十八年进士，崇祯初年曾任永平、山海诸处巡抚。后又总督宣化、大同及山西军务。官至兵部尚书。在如何对付满族军队和李自成起义军的问题上与卢象升意见相左，坚持先除内忧后去外患的主张。

8“甓”读“屁 pì”，用砖砌。

9 巫闾，医巫闾山，我国东北三大名山之一。“医巫闾”是蒙古语“大山”的音译。

10“葺”读“气 qì”，修缮，修建。

11“睥睨”读“屁 pì 逆 nì”，斜看，侧目而视。此处指观察孔。

12 五花，五花城。山海关的别称。一说五花城在抚宁县东。参见〔清〕唐执玉、李卫等《畿辅通志》卷五十三“五花城”，文渊阁四库全书本。

山海关[1]

关有两重门，门皆有谯楼[2]，而亦有濠堑及瓮城。城高四丈余，外门楼二檐，内门楼三檐。第一门外扁曰“山海关”，世称李斯[3]笔，而燕岩朴趾源[4]诗曰：“山海关门三大字，秦时岂有汉时楷”，似是明证也。

关将及甲军出检一行入关。关将即副都统[5]，名来仪[6]也。过关将所坐处，三使税[7]轿，从人皆下马。

至第二门，门内扁曰“天下第一关”[8]。或云陈姓人摹朱子[9]笔揭之。又云明萧显[10]所书。南北又各有重城。设门而建二层楼。下架虹霓，行路四达。南走澄海楼，北通觉山寺。城内民居，则不若沈阳之栉比。[11]

遂西出。两重城亦有瓮城及谯楼[12]。其内门曰“祥霭榑桑”[13]。自外城门凡九重关，即古之榆关。隋开皇三年[14]所筑，而唐谓之“五花城”。至明时徐中山达[15]增修之。

关南五里许，有城缺不筑处，但以铁网遮之，环以红栅。世传李自成[16]之乱，吴三桂诱清兵入关，汗[17]恐见欺，毁城而入。其后康熙帝遗教不葺[18]。皇帝幸关东，必由此门行。盖出不忘本之意。或云，长城南北旧有水门。环以栅者，乃南水门。吴三桂守关观兵，由北水门出。改装衣，还入南水门。开关诱清兵，由两水门入，遂还军合战。此奇门[19]生门法也。毁城纳兵，初无是事云。

地利天设险，有国山河宝。
渤海东抱野，巫闾[20]迥插昊。
中间大辟关，百雉[21]雄城堡。
曲附秦时筑，直抵辽阳道。
扁门李斯笔，齐谐[22]谈海枣。[23]
扃鐍[24]难恃固，大盗闯机早。
白日断城腰，刃头多芟草。[25]
七门东正开，天兵廓如扫。
诸夏无君长，故国泣父老。
行人立马看，谩说[26]关防好。

1 清康熙七年（1668），清政府下封禁令，不许关内民人移居关外。山海关是执行此禁令的最主要关口。此禁令至光绪三十三年（1907）解除，随后出现了大规模的“闯关东”现象。另参见〔清〕和珅等《钦定大清一统志》卷十四《关隘·山海关》，文渊阁四库全书本。

2 谯楼，城门上之望楼。“谯”读“桥qiáo”。

3 李斯（？—前208），战国时楚人，后为秦相吕不韦舍人。秦始皇统一六国后，为丞相。秦始皇死后，与赵高密谋杀皇长子扶苏。后被赵高诬陷而被腰斩。

4 朴趾源（1737—1805），朝鲜文人，字仲美，号燕岩。其《热河日记》是韩国最著名的“燕行录”。《热河日记》写于1780年，记载朝鲜使节团为贺清乾隆皇帝70寿辰而出使中国游历热河（现河北省承德市）的经过。朴趾源的诗文结为《燕岩集》，至今在朝韩广泛流传。

5 副都统，清朝高级武官。镇守山海关的来仪是全国四个独立行使职权的副都统之一。

6 来仪（？），清朝将军，先后任山海关副都统、锦州副都统。中国第一历史档案馆藏有嘉庆八年四月初一日《山海关副都统来仪为遵旨查明出关民人给票验放等事奏折》。另参见〔清〕无名氏《嘉庆东巡纪事》卷一《纪事》。

7 税，停住。

8 笔者与拙荆于2005年4月14日专程驾车到山海关参观时，见到了“天下第一关”五字原作。

9 朱子，朱熹。

10 萧显（？），明朝文人。成化八年（1472）进士，曾任给事中、福建按察司佥事。相传山海关之“天下第一关”五字匾额是他所书。光绪四年（1878）修《临榆县志》云：

“‘天下第一关’匾额相传明佥事萧显书”。朝鲜文人李德懋《青庄馆全书》卷六十《天下第一关》里，引用朝鲜文人徐居正于明天顺四年庚辰（1460）出使中国时所做《用萧进士登山海关登楼韵》小注里的说法，认为萧显是辽宁人。朝鲜文人金克成（1474—1540）《忧亭集》卷三有燕行诗（燕行时间为1521年）。其中《萧给事中显失鹤》小注云：“家在山海关，以善书闻”。

11 栉比，成语“鳞次栉比”的简称。“栉”读“志 zhì”，篦子。

12 谯楼，城门上之望楼。“谯”读“桥 qiáo”。

13 “榑桑”即“扶桑”。

14 隋开皇三年癸卯，583年。

15 徐达死后被追封为中山王。徐达（1332—1385），字天德，濠州（现安徽凤阳）人。追随朱元璋起义，英勇善战。是明初名将。

16 李自成（1606—1645），明朝末年农民起义领袖，陕西米脂人。建立“大顺”政权后称王，后被地方武装所杀。

17 “汗”读“寒 hán”，即“可汗”，是我国古代鲜卑、柔然、突厥、回纥、蒙古等族对其统治者的称号。这里是指满族统领。

18 “葺”读“气 qì”，修缮，修建。

19 奇门，指《奇门遁甲》里所说术数家以十干的“乙”、“丙”、“丁”为三奇，以“休”、“生”、“伤”、“杜”、“景”、“死”、“惊开”为八门（奇门）。《奇门遁甲》是流传甚广的一部兵书，传说是诸葛亮所著。

20 巫闾，医巫闾山，我国东北三大名山之一。“医巫闾”是蒙古语“大山”的音译。

21 “雉”读“智 zhì”，城墙，也是计量城墙的单位。长三丈、高一丈为一雉。

22 齐谐，荒诞不经。

23 海枣是传说中的果名，这里是指虚妄之事。《北齐书·文苑传·樊逊》：“虚凭之说，海枣之谈”。《晏子春秋》中也提到了海枣。

24 扃镝，门或箱箧上的锁。这里指山海关乃军事要冲。“扃”读“炯 jiōng”，门闩；“镝”读“觉 jué”，锁。

25 “芟”读“山 shān”，割。

26 谩说，有口无心地说。

关中太学[1]

关内有太学洞，立下马碑。扁外门曰“儒学”。内有“仪门”、“序班”等扁。中建一堂，而揭“明伦堂”及“敷教在宽”等扁。庭中一碑，即乾隆所竖也。

立圣庙于东庭内，而门额曰“戟门”[2]。正殿奉孔子位板，书曰“至圣先师孔子神位”。从享诸位，皆如沈阳制，而位板无盖椟，四边施彩刻云，似亦太亵[3]。东设名官祠，西设乡贤祠，而其名姓都不可知者也。

庙后有崇贤祠[4]，即我国“启圣祠”[5]，而宋儒诸贤之父，亦皆从享焉。

州序[6]存遗制，东关圣庙深。

奠楹[7]征异梦，循铎敻[8]余音。

非复士缝掖，奈今时陆沉。[9]

《春秋》无地读，空负泣狑[10]心。

1 原稿“关中太学”有误，此处实即山海关府学。其原址在北门内。

2 戟门，《周礼·天官》中即有此门的设置规定。汉朝学者郑玄以为即“棘门”，是用兵戈搭建的门。后为古代建筑群中的前门。唐朝规定，三品以上人家可以设置戟门。“戟”读“挤jǐ”，古代青铜制作的兵器，矛、戈合为一体。

3“太亵”，过于亵渎了圣贤。

4 我国“崇圣祠”追祀孔子五代祖。正面排位为肇圣王孔氏（自宋迁鲁，始姓孔）、裕圣王孔氏（孔子高祖）、诒圣王孔氏（孔子曾祖）、昌圣王孔氏（孔子祖父）、启圣王孔氏（孔子父叔梁纥仕鲁为陬邑大夫。晚娶颜氏。圣母祷尼丘山）。东西配享先贤颜氏（颜回之父）、先贤曾氏（曾参之父）、先贤孔氏（名鲤字伯鱼，孔汲之父）、先贤孟氏（孟轲之父）。东西从祀先儒周氏（周敦颐之父）、先儒程氏（二程之父）、先儒蔡氏（蔡沈之父）、先儒张氏（张载之父）、先儒朱氏（朱熹之父）。故原稿说：“而宋儒诸贤之父，亦皆从享焉”。

5 启圣祠，在朝鲜汉城成均馆（今韩国首尔成均馆大学内），主祭孔子之父叔梁纥，朝鲜肃宗时建。其正面牌位只有叔梁纥，无五代祖之设。东西配享与我国同，但无东西从祀。参见朝鲜文人古山子《大东地志》卷一；朝鲜文献《太学志》卷十三附录《启圣祠》。与“启圣祠”类似的庙宇在我国为“崇圣祠”。

6 州序，府学。序，学校。

7“楹”读“迎yíng”，厅堂最靠外的木柱。

8“敻”读“xiòng”，远。

9 陆沉，指国土沦丧。

11“狑”读“零líng”，古代我国西南的一种少数民族，这里是指满族。“泣狑”即为满族（的统治）而泣。

深河[1]

出城一里而渡河，是辽东伯金应河大鏖之地[2]也。往往有京观[3]云，而今不可见。

关外路傍[4]，有玉皇阁及榆关书院。“书院”即学堂也。

折戟沈长沙，宿云埋古垒。

将军去不还，千载空流水。

1 现今深河村在102国道277公里处。笔者与拙荆于2009年2月13日至14日驾车经过。明朝的“深河堡”即榆关驿，设于洪武年间。

2 “金应河大鏖之地”是指援助明朝的朝鲜军队左营将军金应河战死之地。时后金军队逼近中原，明朝向朝鲜发函，要求派兵。朝鲜执政的光海君不想与后金军作战。只是派了1万多人来应付，而且处处躲闪。明军的统帅恰恰就是20年前领兵援助朝鲜抗击倭寇的杨镐。在杨镐的严令下，金应河带兵奋战，战死。原稿追溯的是明万历四十六年（1618）明军与后金满族军之间的“萨尔浒大战”。明朝廷投入了兵力9万余，由辽东经略杨镐在沈阳坐镇指挥，分四路出击。金应河所带朝鲜军队追随东路总兵刘綎。刘綎等战死后，朝鲜都元帅姜弘立率军队投降后金。朝鲜文人朴思浩《心田稿》之《深河殉节记》说：“皇明末，建州猖獗。我朝光海时，送金应河、姜弘立、金景瑞率兵入援。到深河，天兵战败，弘立投降，景瑞被执。金应河却立柳树下，弯弓射贼，矢不虚发，矢尽被杀。犹骂贼，不屈而死，人称‘柳树将军’。明皇帝闻之，赠‘辽东伯’，遣使致祭”。 参见朝鲜文人洪世泰（1653—1725）《柳下集》卷九《金（应河）将军传》；朝鲜文人李瀷（1681—1763）《星湖僿说·人事门·姜弘立》。“大鏖之地”是激战的地方。“鏖”读“熬 áo”，鏖战、激烈的拼杀。“瀷”读“义 yì”，水流很急的样子。“僿”读“赛 sài”，粗鄙。

3 京观即京丘，是胜利者为炫耀武功而为杀死的敌人所筑大坟。

4 “傍”通“旁”。

谢进士福禄村舍

夜抵红花店[1]。距关五里地。门扁揭“岁进士”三字，盖燕人以科第扁门者比比有之。谢福禄[2]系是江南人，年前登乡贡进士云。指使臣巾服曰：“一代朝衣冠，甚合礼制。真是西雍振鹭[3]之仪也”。

为治玉河馆[4]舍，送各房“书者”先诣皇城[5]。三使行中，下属有“马头”[6]、“书者”之名。

主人年纪富，白皙又□[7]疎。

远客门喧辙，群童案绎书。

煖杯[8]千虑息，残烛两襟虚。

易识君家住，楣题进士闾。

1 该地现名“红瓦店”，在102国道沿线，其附近是秦皇岛第六中学。

2 谢福禄（？），清朝文人。按照原稿的记述，谢系江南人，嘉庆进士。其余不详。

3“西雍振鹭”，出自《诗经》。《诗·周颂·振鹭》有“振鹭于飞，于彼西雍”句。此处指汉文化。

4 玉河馆是朝鲜使节团在北京的住处，但由于使节往来频繁，实际上类似于现今的常设办事处。朝鲜文人金克成（1474—1540）《忧亭集》卷三有部分燕行诗（燕行时间为1521年）。其中《入帝都，宿同文馆》小注里对明朝玉河馆的位置有记述。清人谈梅庆《京城内外首善全图》中“四译馆”的位置很清楚。玉河馆紧邻四译馆，在太医院南。四译馆南即南城墙的城根，沿城墙往西不远是崇文门。见刘镇伟主编《中国古地图精选》，第32页，中国世界语出版社，1995年版。

5 皇城，北京城。朝鲜文人按照礼制来称呼中国与朝鲜的都城。北京为“皇城”，汉城为“王城”。

6 马头，朝鲜使节的随行人员。有多种名目。如“干粮马头”是负责带干粮的。他们多是经常来往于朝鲜与中国之间的人。朝鲜文人朴思浩《心田稿》“十一月十八日”说“崔云泰，宣川马头也。赴燕凡四十七次”。

7 原稿此处有误，似缺一字。

8 杯即酒杯。“煗”读“暖 nuǎn”。

十八日己卯[1]，晴。凤皇店[2]三十七里午餐，榆关三十五里宿。

1 这一天是1804年1月30日。

2 凤皇店，今凤凰店。

范家庄

前行十余里至范家庄[1]。村有范文正[2]后裔，扁其门曰“范家义仓”[3]云。

历汤河堰而曰“大理营”[4]，一名“浪河”。民户及仓库颇饶富，似是仓屯也。

深河驿[5]在凤皇店十五里，城周数里，而今皆颓圮[6]，只有门霓，架构颇壮。楼谯亦毁。驿有丞治。[7]

自红花店以后，路傍烟墩。下有一室，是藏军器处。又作一空廊，前置一木架，是阅武时列军器处也。烟墩五坐[8]，形如大瓮矣。每五里十里之间，烟墩在在[9]相望。自此至皇城，皆如是。

驿亭天浩渺，戍楼烟淡黯。

路直关西村，我车鸣槛槛。[10]

相逢野中老，为说故家范。

义仓华门楣，百年传遗笵。[11]

1 该地今名“范庄”，在102国道附近，离海港镇较近。

2 范文正即范仲淹。范仲淹（989—1052），北宋名臣。字希文，祖籍邠州，后移居吴县（今江苏苏州）。大中祥符八年乙卯（1015）进士。康定元年（1040年）与韩琦并任陕西经略安抚使。庆历三年（1043）任参知政事。后任陕西四路宣抚使，卒谥文正。有《范文正公集》二十九卷传世。

3 北宋文人范仲淹（989—1052）设立于苏州的范氏义庄是我国有历史记载最早的族田，范仲淹还手订《范氏义庄规条》共十三条。原稿所记载的当是山海关附近范氏族田的粮仓。参见张研《清代族田与基层社会结构》，第1—2页，中国人民大学出版社，1991年版。

4“大理营”今名“大里营村”，在102国道附近。

5 深河驿即今秦皇岛市深河乡，在102国道沿线。

6“圮”读“匹 pǐ”，崩塌。

7 丞治，驿丞管理。驿丞是明清两朝负责驿站中仪仗、车马、迎送的下级官吏，不入品（从九品以下）。

8“坐”通“座”。

9 在在，处处。

10“槛”读“见 jiàn”。

11“笵”同“范”。

榆关[1]

自[2]山海关，浑称“榆关”，而今属临榆县，世传秦蒙恬[3]种榆为塞处，而闻齐佩莲[4]言，则明徐达[5]移关于山海，此地关口仍废云。

民户繁富，市多拱抱之木。屋梁车材，无不出于市。

重关以北朔风吹，万树榆杨荫野歧。

试问将军[6]曾手种，朽根千载竦无枝。

1 该地现名仍为“榆关”，属秦皇岛市抚宁县，在102国道沿线。参见〔清〕张上和修，〔清〕史梦兰纂《（光绪）抚宁县志》之《榆关图》及卷二《榆关》，续修四库全书本。

2 原稿此处有误，“自”后有缺字。

3 蒙恬（？—前210），秦朝大将军。秦始皇死后，被迫自尽。

4 关于齐佩莲，朝鲜文人金正中“燕行录”（燕行时间为1791—1792年）于壬子二月初六日说：“有齐秀才来访。名佩莲，字君裳，山西人。寓居此地者有年矣。其人颇能诗。向余问：‘洪耳溪先生平安乎？’余曰：‘何以得交于洪公？’答曰：‘偶际千里之过，幸得尺地之借。’且其意自处以门生。余曰：‘洪公今为吾州方伯，能健饭，作诗不衰。’对语良久。夜深乃罢”。参见原稿甲子二月初九日记载。

5 徐达（1332—1385），明初名将，字天德，濠州（今安徽凤阳）人。从朱元璋起义后，多次任大将军。封魏国公。洪武十四年（1381）在山海关建关设卫。

6 将军，这里指明朝将军徐达。

庄河韩屏晋客馆

韩屏晋[1]，举人也，号邦宁。昌黎[2]后裔，而居住庄河里，距榆关二里。余至其家，邦宁延致外馆，具馔大嚼。

良宵裁烛喜将迎，笔话才通异国情。

佳酿珍肴留远客，主人一饱费经营。

1 韩屏晋（？），清朝文人，号邦宁，举人。韩愈后裔，榆关人氏。

2 韩愈（768—824），唐代文学家。祖籍昌黎，且自号“韩昌黎”。贞元进士，曾任监察御史、国子博士、刑部侍郎等职。古文运动倡导者之一。

十九日庚辰[1]，晴。背阴堡[2]四十七里午餐，永平府[3]四十四里旗下[4]张姓家宿。

1 这一天是1804年1月31日。

2 背阴堡今名“背阴铺”，在102国道沿线。

3 永平府治在今河北省卢龙县。见〔清〕唐执玉、李卫等《畿辅通志》卷一《永平府图》，文渊阁四库全书本。

4 旗下，属于八旗的。清代满族军队和户口编制，分正黄、正白、正红、正蓝、镶黄、镶白、镶红、镶蓝八旗。后又增建蒙古八旗和汉军八旗。

文笔峰

自白石堡以后，西望一山，突然而尖，名曰“文笔峰”。其下有昌黎县，距此三十里。闻齐佩莲[1]言，县内有韩文公祠，其后孙尚多居住，世袭儒士云。峰以文笔为名，故昌黎、抚宁二县，素称多文士。

文笔之西北，又有兔耳山[2]。以两峰相呀，如兔耳故也。有一石柱，兀立于山南最高顶。问诸[3]县人，则是明旹[4]所建石塔。凡十二层。一云韩文公[5]读书处，而后人立碑记之。

叠嶂[6]披云立，峥嵘五老[7]如。

黛光凝橐钥，秀气结扶舆。

盘鹘[8]昌黎县，骑龙[9]吏部闾。[10]

兀然三尺碣，尚记读群书。

1 齐佩莲（？），清嘉庆朝文人，字君裳，山西人。原稿称其为“恩选进士”。另参见朝鲜文人金正中“燕行录”（燕行时间为1791—1792年）壬子二月初六日记载。

2“兔耳山”现名“兔儿山”，在抚宁县县城之西，102国道附近。

3 诸，“之”、“于（乎）”的合字。

4“旹”是“时”的讹字。

5 韩文公，唐朝文人韩愈（768—824）。

6“嶂”读“丈 zhàng”，山高险如屏障的样子。

7 五老峰在今山西永济市，那里也有古代文人津津乐道的“首阳山”。

8“盘鹘”通“盘桓”。“鹘”读“湖 hú”。鹰。

9 骑龙，骑马。龙，龙马。《周礼·夏官》：“马八尺以上为龙”。

10 吏部闾，韩愈的家乡。韩愈曾任刑部侍郎等职。

抚宁县[1]

永平属县，汉“阳乐县”地。北齐以后，入卢龙，金改今名。城周三里有奇，亦一关防处。

由古驵[2]门入，即东门也。大街中有三牌楼，曰“总督六镇兵部尚书翟鹏”[3]，曰“兵部给事中[4]王纮”[5]，曰“青琐名臣[6]刑部给事中王印祥[7]”也。

城内人家，多扁“文魁进士”等字。至有贞烈表旌，比屋相连。又有十字阁，扁其四面。东曰“云垂海立”，西曰“达天之衢”[8]，北曰“声闻山海”。南则路迂不能见。过此有“两京锁钥”之扁，是知县衙门也。城西门扁曰“迎恩”。

昌黎旧里笔峰青，从古文华萃抚宁。

门扁楼额街南北，几是升庠[9]讲五经。

1 现今抚宁县城在102国道南。参见〔清〕张上和修、〔清〕史梦兰纂《（光绪）抚宁县志·县城图》，续修四库全书本。1630年4月，阿敏率满族军兵屠城永平、迁安等地，只留少数妇女供其淫乐。参见[美]魏斐德著，陈苏镇等译《洪业：清朝开国史》，第79页，江苏人民出版社，2003年版。

2 “驵”读“zǎng”，骏马。

3 翟鹏（1481—1545），明朝文人，字扶九、志南，号联峰，抚宁人。正德三年戊辰（1508）进士。曾在户部任职，嘉靖七年（1528）巡抚宁夏。嘉靖二十年（1541）以后，因蒙古俺答部军兵骚扰，被派到宣府（今河北宣化）为总督。三年后升任兵部尚书。后俺答部进入蓟县，威胁京师。被逸入狱而死。〔清〕张廷玉等《明史》及〔清〕张上和修、〔清〕史梦兰纂《（光绪）抚宁县志》卷十三（见续修四库全书本）有传。抚宁的三牌楼因是木结构，需要维修。翟鹏牌楼在清朝似乎经常被忽略而不加维护。朝鲜文人金景善《燕辕直指》（燕行时间为1832年）就只记录了两座。

4“给事中”是明清两朝对应于六部所设官员，主要任务是监察。明朝为从七品文官。

5 原稿“统”字有误，当为“枕”。王枕（？），明朝文人，抚宁人，王印（胤）祥之父，先为河南郾城县令，后为征仕郎、兵科给事中，奉恩诏加四品服。参见〔清〕张上和修、〔清〕史梦兰纂《（光绪）抚宁县志》卷十一《选举》，续修四库全书本。朝鲜文人徐庆淳《梦经堂日史》咸丰五年乙卯（1855）十一月二十日载：“由古骊门（城南门）入抚宁城。城中市肆闾阎稍殷富。中有牌楼三所：一曰‘总督六镇、兵部尚书翟鹏’，一曰‘兵部给事中王统’，一曰‘青琐名臣、刑部给事中王印祥’。皆以巨木结构，涂以丹漆”。“统”读“胆 dǎn”。

6 青琐是宫门上的一种青色连环图案。这里是指官衔。

7 王印祥（？），本名“王胤祥”，明朝文人，字邦瑞，号槐亭，隆庆五年辛未（1571）进士，官至中宪大夫、陕西按察司参议，抚宁人。清人避雍正帝胤禛讳而书其名为“王印祥”。见〔清〕张上和修、〔清〕史梦兰纂《（光绪）抚宁县志》卷十三《乡型》，续修四库全书本。朝鲜文人朴思浩《心田稿》（燕行时间为1828年）戊子十二月十八日载：“抚宁城中大街上，有三牌楼。一曰‘总督六镇、兵部尚书翟鹏’，一曰‘兵部给事中王统’，一曰‘青琐名臣、刑部给事中王印祥’”。朝鲜文人崔德中《燕行录》（燕行时间为1712年）十二月二十日云：“又有三牌楼，一则乃王枕之门也，书曰‘紫宸宠渥’；一则王胤祥之门，而书曰‘青琐名臣’。此二楼皆新重修，丹雘照辉。王枕则皇明兵部尚书。王胤祥，隆庆辛未进士，刑部给事中也”。二氏记述中，朴思浩《心田稿》之“王统”有误，当为“王枕”。

8“衢”读“渠 qú”，四通八达的道路。

9“庠”读“翔 xiáng”，学校。孟子认为，周朝人称学校为“庠”。

徐绍薪庄

绍薪[1]，进士鹤年子也。鹤年曾与东人多结交，余亦雅闻名矣[2]。遂访其家，则绍薪现任山东诸城县令已十年余，留亲族在家。

有张、翟二秀才，是洞里人[3]，适来笔话。后园有“会心亭”，荒凉不修。阶庭有黄梅一树，盖花卉、器玩亦无井井排置。

迎恩门外，有泰山行宫，与龙王庙对起。

兔耳峰南有世家，青僮拜客试新茶。

主人去守山东县，古阁黄梅几度花。

1 徐绍薪（？），清朝文人，字樵丹，抚宁人。徐鹤年次子，乾隆四十五年庚子（1780）举人。曾任四库全书誊书官、山东诸城县令。官至山东平度州知州。参见〔清〕张上和修、〔清〕史梦兰纂《（光绪）抚宁县志》卷十一《选举》，续修四库全书本。朝鲜文人李德懋《青庄馆全书》卷六十六《入燕记》（燕行时间为1778年）于五月十七日有与徐绍薪在北京琉璃厂会见的记载。

2 清朝文人徐鹤年在朝鲜有很高的知名度。最初朝鲜文人尹淳与徐鹤年有笔谈，徐鹤年很热情。后来，朴趾源的《热河日记》里也写了他与徐家人的会见情况。朝鲜文人李德懋《青庄馆全书》卷六十六《入燕记》于五月初八日也有拜访徐家的记载。参见拙著《半岛唐风：朝韩作家与中国文化》，第378—379页，宁夏人民出版社，20004年版。

3“洞”是朝鲜的行政单位，类似中国的“街”。“是洞里人”即“是同村人”的意思。

芦峰口[1]

在十里台堡五里地。山断为路，南北皆高峰，路渐硗确[2]。盖昌黎县过峡也。

历饮马河而有背阴堡，又八里而至双望堡[3]。堡有城，城东有二石桥。

千峰生马首，孤鸟尽云间。

始信辽天阔，重逢塞路艰。

角声嘘壮气，酒晕破愁颜。

故国[4]梅花晚，征人梦几还。

1 此地现名仍为“芦峰口”，在102国道249公里处。

2 硗确，多石而坚硬的。“硗”读“敲qiāo”。

3“双望堡”现为双望镇，在102国道沿线。北魏时这里曾经设立侨居朝鲜县（类似现今的自治县）。

4 故国，指朝鲜。

背阴堡[1]

堡村背山临溪，前后林木，有山谷趣。

境会吾心辄小酡[2]，朗吟佳句敌高歌。

千峰北走卢王塞，一策西临饮马河。

村日虚明皆雪屋，野沙嘘动忽风波。

驿亭槐柳疎阴合，三两啼鸡拂偃柯。[3]

1“背阴堡”现名“背阴铺”，在102国道沿线。

2“酡”读“驼tuó”，喝酒以后脸红的样子。

3 偃柯，倒下的树枝。柯，树枝。

卢龙塞[1]

自双望[2]以后，野色复开豁。北望远山累累秀媚。行至十八里堡，是古卢龙塞也。昔曹操北征乌桓[3]军，次无终[4]。旹[5]方下雨，湾滞不通。操患之，以问田畴[6]。畴曰：旧右北平治在平刚，路出卢龙，达于柳城，今尚有微径。遂回军，从卢龙口[7]越白檀[8]之险，出空虚之地。操以畴为乡导[9]，上徐无山，登白龙堆[10]，去柳城二百余里。虏乃惊觉云。

无终即今玉田县[11]。或云，曹操至卢龙塞，凿山信道。故今尚有山坼[12]崖断处，而路出其间。

晓踏榆关月，夕穿龙塞雪。

古来荒漠地，人烟久阻绝。

黄沙朔气流，白堆天险设。

老瞒[13]东出征，乌桓捣巢穴。

一旬雨不止，小径多曲折。

幸得帷中客，回军胜筹决。

铁马长驱[14]来，猎猎风旌掣。

拓野河桥圆，凿路山云缺。

白檀兵无备，鏖战刃不血。

北方道遂通，万里膏吾辙。

远道来何为？日暮胡风烈。

1“卢龙塞”当在今卢龙县县城东，在102国道沿线。

2 这里是指今芦峰口双望桥附近。在102国道250公里处。

3 乌桓是我国古代的民族之一，与鲜卑同为东胡。东汉时，袁绍之子袁尚、袁熙投奔乌桓首领蹋顿，力图恢复。曹操乃于建安十二年（207）北征乌桓。斩杀蹋顿，俘获汉与乌桓20万而归。曹操征伐后，乌桓逐步与其他民族融合，至辽以后消失。传说太原郝氏、代郡王氏、南皮张氏皆乌桓之后。参见《中国大百科全书·民族卷》“乌桓”条（贾敬颜撰）。

4 无终，古代无终子国。按照原稿下文的说法，“无终即今玉田县”。

5“旹”是“时”的讹字。

6 田畴（？），三国时代文人，字子泰，右北平郡无终县人。原稿讲的故事发生于建安十二年（207）。参见陈寿《三国志·魏书》（十一）。〔清〕唐执玉、李卫等《畿辅通志》也收录了陈寿的这篇《田畴传》。见该书卷一百二，文渊阁四库全书本。〔清〕朱家棢等《（光绪）顺天府志》则引用史料，说盘山原名“田盘山”，乃田畴隐居之处。见该书卷二十，续修四库全书本。

7 卢龙口，今河北喜峰口。抗日战争时的著名战场。

8 白檀，今河北宽城。

9 乡导，向导。

10 白龙堆，即白狼堆。今辽宁省布佑图山。

11 一说无终子国的国都在天津市蓟县。见金振东等编著《蓟州风物志》，第7页，天津古籍出版社，2006年版。易中天《品三国》亦做如是说。参见易中天《品三国》，第120页，上海文艺出版社，2006年版。

12“坼”读“彻 chè”，裂开。

13 据说曹操小名阿瞒。

14“䮐”同“驱”。

驴子槽[1]

前行卢龙十余里，至驴子槽。有河水颇广。《一统志》云：石槽在府东五里，大石盘礴。上低陷如槽，相传唐张果[2]饲驴之所。“驴槽”之名，以“石槽”而变也。地势狭隘，如芦峰所过。

高山破雾近将攀，层浪翻风逝似还。

更得张君消息否？青驴一去石槽闲。

1 现河北省卢龙县饮马河乡有驴槽村。

2“张果”即张果老。民间传说，他经常骑驴外出。参见〔清〕武英殿本《古今图书集成 山川典》卷三十七所引《平阳府志》关于张果老的记载。

二十日辛巳[1]，晴。野鸡坨[2]四十里午餐，沙河驿二十里宿。

1 这一天是1804年2月1日。

2“野鸡坨”即今“野鸡坨镇”，在102国道沿线。

永平府[1]

西距京五百里。辽置“辽兴军”，金为“南京”，元曰“兴平”，亦名“平滦”。商之“孤竹”[2]，秦之“辽西”，汉之“右北平”，魏之“卢龙”地也。后魏置“平州”，又置“北平馆”、“卢龙县”。城周九里有奇。[3]

从南门入，迤而向东，有永平府衙。门外扁曰“古北平”，内门曰“保厘”[4]。左右有东辕门、西辕门。其内门曰“永平府”，又其内曰“仪门”。其正堂曰“忠爱堂”。制度雄伟，位置整肃。内门列“肃整”[5]、“回避”等牌，不[6]外人混入。

北平太守剑龙文，东海行人铁马骣。[7]

闻道乌桓邻大漠，防秋谁似李将军？[8]

1 永平府治在今河北省卢龙县卢龙镇。〔清〕唐执玉、李卫等《畿辅通志》有明朝文人陈循《永平府城楼记》。见该书卷九十八，文渊阁四库全书本；〔清〕和珅等《钦定大清一统志》卷十三《永平府图》，文渊阁四库全书本。

2 孤竹，相传是商汤所封诸侯国之一。在今河北卢龙至辽宁朝阳一带。

3 “奇”读“基 jī”，余数、零头。

4 “厘”通“釐”，家幸、幸福。

5 原稿“肃整”有误，当为“肃静”。古代官员出行时从人常举“肃静”、“回避”牌。

6 原稿此处有误，缺一“许”字。

7 “幩”读“焚 fén”，缠在马嘴两旁稍微靠上一些的绸子。

8 李将军，指李广。李广（？—前119），汉朝名将，陇西成纪（今甘肃静宁）人，右北平太守。

鸣远楼

城内十字街有三层门楼，下筑方城围之。前立牌门，而刻于其面曰“声教畿东[1]”。从夹门入其上，则地皆铺砖。左右立石为竖旗之所。

又从云梯而上，有门楼。中层前扁曰“山海升华”，乾隆[2]时七十六岁人孔继炘[3]笔。后扁曰“东渐于海”。又从梯而登，最上层曰“鸣远楼”。彩栏玲珑，雕檐缥缈。俯瞰街市联络，远瞻峰峦拱抱。凭虚临高，不觉摇摇不自支。

楼之北有神祠，奉四神像。汉萧何[4]、曹参[5]及唐陈叔宝[6]，而一则九天神将也。门扁曰“法律仪型”。意者三人为法律之主欤？左夹室扁“明神和吉”，而中塑一像，此称司农神。

城上层楼百尺崇，登临迢递杳西东。

千山尽入烟光里，万树平沉野色中。

射虎将军[7]曾踏月，观鱼学士[8]尚遗风。

如何十室多名迹，一片雷阳又插空。

1 畿东，京畿之东。京畿即后来的“直隶”，京城附近地区。韩国现今有京畿道。

2 乾隆是清高宗的年号（1736—1795）。

3 孔继炘（？），清朝文人，乾隆年间曾任永平、丽江知府，山东曲阜人。孔子后裔。“炘”读“新 xīn”，火焰很大的样子。

4 萧何（？—193），西汉名臣。沛（今江苏沛县）人。追随刘邦起兵，后为相国。

5 曹参（？—前190），西汉初年名将，相国、平阳侯。

6 原稿“陈叔宝”有误，当为“秦叔宝”，即秦琼。秦琼（？—638），唐朝名将，字叔宝。本隋朝武人，后在秦王（唐太宗李世民）手下听命，英勇善战。官至左武卫大将军。

7 射虎将军，即西汉著名将军李广。李广（？—前119），西汉名将，曾任右北平太守。

8 唐朝建州刺史张文琮和元朝集贤阁学士揭溪斯（1274—1344）皆有《观鱼》诗。

太公庙[1]

庙在城内东街，有两牌门相对。庙门之扁“西表海东钓璜”。外门曰“棂星门”[2]。又曰“鹰扬庙”。门扁“允文允武”四大字，乾隆御笔也。殿中安姜太公神位。两楹[3]及神龛[4]左右皆揭长联。

壁东西各有配位从享。西配位张良[5]、郭子仪[6]，东配位诸葛亮[7]、吴司马孙公[8]。西从享岳飞[9]、田穰苴[10]、范蠡[11]、韩信[12]、管仲[13]、刘基[14]。东从享乐毅[15]、李靖[16]、曹彬[17]、周亚夫[18]、裴度[19]。一仿文庙四圣十哲之位也。

两庑[20]又列享历代名将。东则以邓禹[21]为首，其次张飞[22]、班超[23]、赵云[24]、吴汉[25]、姜维[26]、樊哙[27]、赵充国[28]、程不识[29]、臧宫[30]、李广[31]、皇甫规[32]、皇甫嵩[33]、祭遵[34]、耿弇[35]、周勃[36]、李存恭[37]、李晟[38]、李存参[39]、白起[40]、王剪[41]、吴起[42]、李牧[43]、常遇春[44]、王僧辩[45]、龚遂[46]、卫青[47]、冯异[48]、马援[49]、彭越[50]、贾复[51]、寇恂[52]、曹参[53]、羊祜[54]、冯奉世[55]、岑彭[56]、吴隆[57]、陶侃[58]、霍去病[59]、谢玄[60]、杜预[61]。西则以檀道济[62]为首，其次狄青[63]、邓清[64]、范仲淹[65]、杨业[66]、寇准[67]、韩琦[68]、邓艾[69]、王畯[70]、霍震、李存恭（李存恭东西庑或叠误，而皆有之欤？原稿注）[71]、李光弼[72]、颜真卿[73]、尉迟敬德[74]、薛仁贵[75]、李勣[76]、吴明彻[77]、王镇恶[78]、刘琦[79]、韩世忠[80]、文天祥[81]、赵[82]、毕再遇[83]、李显忠[84]、吴玠[85]、田单[86]、斛律光[87]、长孙晟[88]、杨素[89]、陆逊[90]、陆抗[91]、伍员[92]、周瑜[93]、徐达[94]、孙膑[95]、赵奢[96]、廉颇[97]、慕容恪[98]、王彦章[99]、韦叔裕[100]、宇文宪[101]共九十八人。

庭有乾隆[102]时丁桂崟[103]所撰碑。内外门竖武庙创建碑，万历[104]间右侍郎北海刘应节[105]所撰也。又南有“敬胜书院”，抑侑[106]享之所欤？府之南，路傍[107]有石塔，凡七层，十余丈，以石栏环之。下设石屏以藏塔身。石屏之间，用赤石为柱。亦一大铺叙也。

武庙丹楹[108]翼翼如，兵家称圣卜熊[109]初。

牲尊两庑[110]诸名将，尽读当年太乙书。[111]

1 太公庙属于“武庙”，原稿作者李海应的诗歌里有交代。但其配享的人物与其他武庙有所不同。

2 古代我国各地的孔庙里几乎都有棂星门。“棂”同“灵”。棂星即灵星，也称天田星，主得士之庆。

3“楹”读“迎 yíng”，厅堂最靠外的木柱。

4“龛”读“勘 kān”，小窟，小屋。

5 张良（？—前186），汉初名臣。字子房，本战国韩国人，曾狙击秦始皇。后辅佐刘邦，为“汉初三杰”之一，封留侯。

6 郭子仪（697—781），唐朝名将。华州郑县（今陕西省华县）人，武举出身。平定安史之乱有大功。太尉、中书令、汾阳郡王。

7 诸葛亮（181—234），三国名臣。字孔明，号卧龙，三国蜀丞相，著有《出师表》。

8“吴司马孙公”，即吴司马孙子（孙武）。孙武（约前552—？），字长卿，本齐国乐安人，后在吴国任职。有《孙子兵法》传世。

9 岳飞（1103—1142），抗金名将。字鹏举，汤阴人（今安阳汤阴）。抗击金兵有大功。后被投降派杀害。死后追封鄂王。

10 田穰苴（？），春秋时齐国将军，大司马，也称“司马穰苴”。整顿军纪，训练士卒，齐国军力大增。后齐景公听信谗言罢之。有兵书《司马穰苴法》传世。“穰苴”读“瓤 ráng居 jū”。

11 范蠡（前536—前448），字少伯。楚国宛（今河南南阳）人，入越辅佐越王勾践20余年。右将军、相国。后经商为富人，自号“陶朱公”。“蠡”读“lí”。

12 韩信（？—前196），汉朝名将。淮阴（今安徽淮安）人。追随刘邦征战，封淮阴侯、楚王。

13 管仲（？—前645），名夷吾，颍上（今属安徽）人。齐桓公任为相，执政40年。有《管子》传世。

14 刘基（1311—1375），明朝名臣。字伯温。辅佐朱元璋建立明朝。有《郁离子》等著作传世。

15 乐毅（？），战国名将。本中山灵寿（今河北灵寿西北）人，为燕昭王所赏识，封“亚卿”。后为燕昭王破齐国，被封于昌。燕昭王死后被迫投奔赵国。

16 李靖（571—649），唐初名将。字药师，京兆府源（今属陕西）人。追随李世民，招抚岭南，灭东突厥，平土谷浑。封卫国公。

17 曹彬（931—999），北宋开国名将。字国华，真定灵寿（今属河北）人。曾任枢密使，封鲁国公。

18 周亚夫（？—前143），西汉名臣。沛县（今属江苏）人。太尉，封条侯。领兵平定七国乱后为丞相。

19 裴度（765—839），唐朝后臣。字中立，河东闻喜（今属山西）人，官至同中书门下平章事。经唐后期宪宗、穆宗、敬宗、文宗四朝，为宰辅20余年。力主打压藩镇势力，参与平定淮西之乱。以正直称。

20“庑”读“五 wǔ”。许慎《说文》：“庑，堂下周屋”。

21 邓禹（2—58），东汉名将。字仲华，南阳新野人。随汉光武刘秀作战。封太傅、高密侯。

22 张飞（？—221），三国名将。字益德，涿郡人。追随刘备起兵，勇猛善战。后为蜀车骑将军，封西乡侯。

23 班超（32—102），东汉大将。字仲升，扶风平陵（今陕西咸阳西北）人。以出使西域著称。

24 赵云（168—229），三国名将。字子龙，常山真定（今河北正定）人。蜀名将，历任中护军、征南将军等，封永昌亭侯。

25 吴汉（？—44），东汉名将。字子颜，南阳宛（今河南南阳）人，大司马、舞阳侯。

26 姜维（202—264），三国蜀将。字伯约，天水冀县人。大将军、凉州刺史，蜀汉末期为军事统帅。

27 樊哙（？—前114），沛县（今江苏沛县）人。西汉大将。追随刘邦征战多年，以勇武著称。

28 赵充国（前137—前52），西汉名将。字翁孙。陇西人。后将军卫尉、营平侯。

29 程不识（？），西汉名将。汉武帝时为长乐卫尉，元光元年（前134）以中尉为车骑将军，驻守雁门。与李广齐名。

30 臧宫（？—58），字君翁，颍川郏（今属河南）人。东汉中兴名将。朗陵侯。

31 李广（？—前119），汉将军，右北平太守。

32 皇甫规（104—174），东汉名将。字威明。尚书、弘农太守、寿成亭侯。

33 皇甫嵩（？—195），东汉太尉、槐里侯。曾镇压黄巾起义军。

34 祭遵（？—33），东汉名将。字弟孙，征虏将军、颍阳侯。

35 耿弇（3—58），字伯昭。东汉建威大将军、好畤侯。“弇”读“掩 yǎn”。

36 周勃（？前169），西汉初年名将，主持平定诸吕，右丞相、绛侯。

37 李存恭（？），唐朝名将。曾带兵进入岭南。

38 李晟（727—793），字良器，唐朝将军，曾任凤翔、陇右节度使，封西平郡王。“晟”读“盛shèng”，光明，兴盛。

39 原稿“李存参”有误，当是“李存勖”。李存勖（885—926）乃李克用之子，能征善战，建立后唐。“勖”读“续xù”，勉力。

40 白起（？—前225），秦国将军。长平之战后，坑杀赵降卒45万人。

41 原稿“玉剪”有误，当为“王翦”。王翦（？），秦国将军。攻赵国、燕国，破楚国。随秦始皇征战多年。

42 吴起（？—前381），战国卫国（今山东曹县北）人。分别出仕于鲁、齐、魏，后为楚国相。

43 李牧（？—前229），战国赵国将军。其军旅生涯前期主要是防守匈奴，后期与秦国军作战。

44 常遇春（1330—1369），明初名将。字伯远。怀远（今属安徽）人。有勇力，多次与徐达并肩作战。

45 王僧辩（？—557），南朝梁大尉、平南将军、永宁郡公。

46 龚遂（？），字少卿，西汉名臣。渤海太守。

47 卫青（？—前106），西汉名将。字仲卿。河东平阳（今山西临汾）人。征匈奴有功。大将军，封长平侯。

48 冯异（？—34），东汉征西大将军、夏阳侯。以谦虚谨慎著称。

49 马援（前14—49），东汉伏波将军。字文渊。扶风茂陵（今陕西兴平）人。封新息侯。

50 彭越（？—前196），西汉名臣。封梁王。后被吕后杀死。

51 贾复（？—55），东汉左将军。字君文。南阳冠军（今河南邓县）人。封冠军侯、胶东侯。

52 寇恂（？），东汉执金吾、雍奴侯。

53 曹参（？—前190），西汉初年名将，相国、平阳侯。

54 羊祜（221—278），西晋名将。字叔子，泰山南城（今山东费县附近）人。本三国魏将，与司马昭谋划以晋代之。晋时积极谋划进攻吴国。为征南大将军、南城侯。

55 冯奉世（？—前39），西汉名将。字子明。曾出使大宛。左将军、关侯。

56 岑彭（？—35），东汉名将，字君然，廷尉、征南大将军，封舞阴侯，刘秀攻蜀之战中被公孙述刺杀。

57 吴隆（？），未详。

58 陶侃（259—334），东晋将军。字士行，本鄱阳人，迁居到庐江郡（今属江西）。在军中41年，勤谨守节。侍中、太尉。

59 霍去病（前140—前117），西汉名将。与卫青大破匈奴。大司马、冠军侯。

60 谢玄（343—388），字幼度。东晋名将。“淝水之站”任前锋都督。车骑将军、康乐县公。

61 杜预（222—284），西晋名将、著名学者。镇南大将军，当阳县侯。

62 檀道济（？—436），南北朝时宋名将。司空、武陵公。

63 狄青（1008—1057），北宋名将。出身贫寒，在边关受到范仲淹的赏识。官至枢密使。

64 邓清，明朝道士邓子真。邓子真法号“邓清”，传说因洒雨救皇宫内大火而被嘉靖皇帝下旨立庙祭祀。

65 范仲淹（989—1052），北宋政治家、军事家、文学家。字希文。祖籍邠州，后移居吴县（今江苏苏州）。大中祥符八年（1015年）进士。康定元年（1040年）以与韩琦并任陕西经略安抚使。庆历三年（1043年）任参知政事。后任陕西四路宣抚使，于赴颍州途中病卒。谥文正。有《范文正公集》二十九卷传世。

66 杨业（？—986），北宋名将。也作“杨继业”。“杨家将”第一代人物。在与辽国的作战中声名大震。

67 寇准（961—1023），北宋名臣。字平仲。宰相，莱国公。

68 韩琦（1008—1075），北宋名臣。与范仲淹共同镇守边关，防御西夏。后为宰相、枢密使，封魏国公。

69 邓艾（197—264），三国魏名将。字士载。带兵破蜀。

70 王睃（206—286），即王濬。西晋名将。字士治。出身贵族，少年不求上进。后折节进取，为益州刺史，训练水军，攻破吴国都城建康。后为镇军大将军、襄阳县侯。

71 原注“李存恭东西庑或叠误，而皆有之欤？”有误，当为“李存恭东西庑皆有之欤？而或叠误”。

72 李光弼（708—764），唐朝名将。以河东节度使与郭子仪大战安禄山叛军。兵马副元帅、太尉，封临淮郡王。

73 颜真卿（709—785），唐朝名臣，大书法家。字清臣。以平原太守抵抗安禄山叛军。入京为吏部尚书、太子太师，封鲁郡开国公。

74 尉迟敬德即尉迟恭。尉迟恭（585—658），唐朝名将。字敬德。朔州善阳（今山西朔县）。隋末将军。入唐后为右武侯、大将军。封鄂国公。

75 薛仁贵（614—683），唐朝名将。绛州龙门（今山西河津）人。出身贫寒，有勇力。644年，唐太宗征高句丽，乃从军。后又征吐蕃。为右威卫大将军、安东都护。封平阳（壤）郡公。我国电视连续剧《薛仁贵》描绘他是唐太宗的“应梦贤臣”。

76 李勣（594—669），唐朝名臣。本姓徐，名世勣，字懋功。出身富豪而参加瓦岗军。归唐后被赐姓“李”。贞观十八年甲辰（644）与乾封元年（666）唐两次出兵伐高句丽，为辽东道行军总官。兵部尚书、英国公。“勣”同“绩”。

77 吴明彻（512—578），字通照，南北朝名将。秦郡（今江苏六合）人。分别为安东将军、安南将军、安西将军。被俘入北周后为大将军。封怀德郡公。

78 王镇恶（？），南朝宋名将，征虏将军。

79 刘琦（1098—1162），南宋名将。字信叔，甘肃静宁人。以东京副留守坚决抗金，取得顺昌大捷。

80 韩世忠（1089—1151），南宋名将。字良臣。绥德（今陕西延安）人。武宁安化军节度使、宣抚使。坚决抗金。

81 文天祥（1236—1283），南宋名臣，文学家。字宋瑞，号文山。吉州庐陵（今江西吉安）人。官至右丞相。南宋灭亡，被俘至大都（今北京）。不屈就义。

82 原稿此处有误，后有缺字。

83 毕再遇（1147—1217），南宋名将。字德卿。兖州人。坚决抗金，历任镇江都统制兼权山东、京东招讨司事、武信军节度使。封太平兴国公。

84 李显忠（1109—1177），南宋名将。初名世辅，“显忠”是赐名。党项人。都统制、威武军节度使、太尉。

85 吴玠（1093—1139），南宋名将。字晋卿。抗击西夏时为镇西军节度使、四川宣抚使。“玠”读“借”。

86 田单（？），战国时齐国名将。以火牛阵大破燕军。封安平侯。

87 斛律光（515—572），北朝名将。朔州（今山西朔县）敕勒部人。北齐右丞相，封咸阳王。

88 长孙晟（551—609），隋朝名将。善射，与突厥战而屈之、抚之。左领军将军、武卫将军、柳州刺史。“晟”读“盛 shèng”，光明，兴盛。

89 杨素（？—606），隋朝名将。字处道。本北朝贵族。杨坚称帝后为御史大夫、上柱国。破陈后为越国公。

90 陆逊（183—245），三国名将。字伯言，吴郡吴（今江苏苏州）人。吴丞相，大都督。封娄侯。

91 陆抗（226—274），三国吴名将。字幼节。陆逊之子。镇守大将军、大司马。文学家陆机是其子。

92 伍员（？—前484），即伍子胥。本楚国人，因家仇而奔吴国。名将。

93 周瑜（175—210），三国名将。字公瑾，庐江舒县（今属安徽）人。吴偏将军、南郡太守。少与孙策友好，孙权以兄事之。

94 徐达（1332—1385），明初名将。字天德。濠州（今安徽凤阳）人。多次任大将军。魏国公。

95 孙膑（？），战国时齐国将军。阿（今属山东阳谷）人。与庞涓同学兵法。后者才华不及而嫉妒之。用酷刑去了孙膑的膝盖骨。孙膑用计策杀之。有兵法书传世。

96 赵奢（？）战国时赵国名将。丞相。

97 廉颇（？），战国时赵国将军，信平君。

98 慕容恪（？），前燕太宰录、尚书，封太原王。

99 王彦章（863—923），字贤明，后梁名将。匡国节度使、北面行营招讨使、开国侯。

100 韦叔裕（509—580），字孝宽。北朝名将。破齐有大功。大都督、尚书右仆射。

101 宇文宪（？），北朝名将。周之益州刺史。封齐王。

102 乾隆是清高宗的年号（1736—1795）。

103 丁桂蓥（？），清朝文人，其余不详。“蓥”读“莹 yíng”，琢磨使发光的意思。

104 万历是明神宗的年号（1573—1620）。

105 刘应节（1517—1591），明朝文人，字子和，山东潍县人。嘉靖二十六年（1547）进士，曾任刑部尚书。

106“侑”读“又 yòu”。此处的意思是配祀。

107“傍”通“旁”。

108“楹”读“迎 yíng”，厅堂最靠外的木柱。

109“卜熊”即“梦熊”。西周时周文王梦见飞熊，后得姜太公之助。

110“庑”读“五 wǔ”。许慎《说文》：“庑，堂下周屋”。

111 太乙书，兵书。传说黄帝大战蚩尤时，命风后做太乙之书。

李饶亭美[1]书斋

美，永平府秀才也。迎余，进饽饽[2]相劝。遂题示一律曰：

风雅通中外，相寻驻使车。

名虽千里表，自愧七旬余。

春作云峰际，山瞻岱华初。

居行方异趣，圣治沐安舒。

又出所著诗藁[3]十卷，题曰《清华堂诗集》，其句法驯炼可爱。

座有三四士友。名曰“铉铭”[4]者，其门生云。

中国古多士，文章富五车。[5]

襟灵谈笔际，诗就进茶余。

雅韵虚垂老，闲踪若遂初。[6]

共留重会约，堤柳待春舒。

1 李美（1733—？），清嘉庆朝秀才，字纯之，号饶亭。原籍永平府（今河北省卢龙县）。朝鲜文人洪良浩于1782年出使中国时结识李美。洪良浩（1724—1802），字汉师，号耳溪，朝鲜实学家。历任平安道观察使、判中枢府事、大提学。乾隆四十七年壬寅（1782）以冬至兼谢恩副使来华，与翰林戴衢亨有诗歌唱和。乾隆五十九年甲寅（1794）以冬至兼谢恩使正使来华，与礼部尚书纪昀、翰林李鼎元有诗歌唱和。有《耳溪散稿》、《耳溪文集》传世。其诗集和文集都由纪昀作序。近年由韩国民族文化促进会编辑出版的《耳溪集》（五十卷）卷六为“燕云纪行”，后附“华人题评”。《耳溪集》卷七为“燕云续咏”。洪氏《耳溪集》卷十五《答孤竹国李秀才纯之美书》说，二人之间不仅有书信来往，洪良浩还托过路的朝鲜人带土产给李美。

2 河北方言里，“饽饽”多指饼状的食物。这里当是指糕点。

3 诗藁，诗稿。“藁”同“稿”。

4 “铉铭”当姓李。朝鲜文人经常省略其国姓。李铉铭（？），清嘉庆年间书生，李美的学生。其余不详。

5 古有“学富五车”的说法。

6 遂初，辞去官职隐退。含有做官不是自己本愿的意思。

次巨川季廷铨[1]诗韵

巨川，亦书斋讲生也。秀俊有风格。饶亭席上参笔话[2]，仍书示一绝曰：

粗材久负秀才名，风雅林中愧我生。

此日幸逢东海客，披云拨雾眼重明。

从古诗人自爱名，一场佳话尽平生。

殊怜海客东归后，千里相思共月明。

1 季廷铨（？），清嘉庆年间书生，字巨川，李美的学生。其余不详。

2 参笔话，参与笔谈。

滦河[1]

滦河，古濡[2]水也。距永平城五里地。明时西轩韩应寅[3]，以御史退居滦河，作钓鱼台[4]于河上。台尚岿然[5]，兼有水石之胜云。问诸县人，则曰：台在河北一柱峰上，而其下有韩御史坟墓。距此为二十里。且再涉水，然后可到。

滦河落日净辉辉，沙没轻蹄浪喷衣。

怅望西轩归老地，钓鱼台上白鸥飞。

1 滦河，河北省卢龙与滦县之间的河。“引滦入津”即引该河水入天津的工程。1875年，日本人曾根俊虎从天津望海楼附近出发，经过堤头、潘庄到芦台，然后经茨榆陀到达今秦皇岛市昌黎县城。他见到了滦河。参见[日]曾根俊虎著，范建明译《北中国纪行 清国漫游志》，第34—40页，中华书局，2007年版。

2“濡”读“如 rú”，水名。东汉许慎《说文》：“濡水，出涿郡故安，东入涞”。

3 原稿此处有误。原稿说的显然不是朝鲜文人“韩应寅”，而是中国明朝御史“韩应庚”。明朝文人韩应庚所建钓鱼台月白楼，至今还是河北省卢龙县的旅游景点。韩应寅（1554—1614），朝鲜文人，字春卿，号百拙斋，本贯清州。1576年考取进士，1584年任“宗系辨诬奏请使”的书状官，出使中国。1591年，日本使节玄苏等给朝鲜王朝发出无礼书信，韩应寅以礼曹判书作为“陈奏使”赴北京，并受明朝万历帝接见。归国路上，日本军队入侵朝鲜，“壬辰倭乱”爆发。在义州被拜为工曹判书。迎接李如松提督带领的明军入朝。后官至右议政。1613年因“癸丑狱事”受牵累，次年逝世。有《百拙斋遗稿》传世。

4 此“钓鱼台”即“永平八景”之一的“钓台月白”。八景包括阳山列屏、虎头唤渡、雪岛闻钟、钓台月白、孤竹风清、千松叠翠、万柳含烟、漆流玉带。

5 岿然，高高挺立而十分稳固的样子。“岿”读“亏 kuī”。

野鸡坨[1]

村有城门旧基，而今颓圮[2]。自沙河屯以后地饶，桑与枣、栗，丛郁成行，连亘[3]数十里。居民以此为业，而官亦收税。桑之一名“地桑”也，皆种在田畔。逐年刈[4]叶以饲蚕[5]，皮以为絙[6]。其枝干则揉作筐笼之属。农书有“地桑”者，即此也。张家庄之称以“枣庄”者，亦以多枣而名也。

犬吠鸡鸣古永州，村庄朴野□[7]烟流。

苞桑赤枣三千树，相等人间万户侯。

1“野鸡坨”即现今“野鸡坨镇”，在102国道204公里处。其北是河北省迁安市，其南是河北省滦县。笔者与拙荆于2009年2月13日至14日驾车经过时特意去参观迁安市。

2“圮”读“匹 pǐ”，崩塌。

3“亘”读“艮 gèn”，横贯。

4“刈”读“义 yì”，割。

5 参见〔清〕鄂尔泰、张廷玉等《钦定授时通考》卷七十三“蚕事”，文渊阁四库全书本。

6 “絙”同“緪”读“更 gēng”，粗绳子。

7 原稿此处有误，缺一“炊”字。

沙河驿[1]

此地路出沙石中，沙没马腹。若遇风，则尘壒[2]蔽天，人不得趱[3]程。燕路最患者，此也。沙路殆数十里。驿村亦有颓城。

寒风吹雪野途平，海阔如天日远横。

没[4]马黄沙三十里，广轮迟转不成声。

1“沙河驿”即今沙河驿镇，在102国道202公里处。笔者与拙荆于2009年2月13日至14日驾车经过。

2“壒”读“爱 ài”，尘埃。原稿记载的是1803年以前的沙尘暴。历代朝鲜文人多有对于贡道沿途沙尘暴的描绘。看来，把沙尘暴完全归罪于现代工业污染有失公平。

3“趱”读“攒 zǎn”，催促。这里是仓促的意思。

4 没，陷没。

二十一日壬午[1]，晴。榛子店[2]五十里午餐。丰润县五十里宿。

1 这一天是1804年2月2日。

2“榛子店”明朝名“榛子岭”，现名为“榛子镇”，属河北省滦县。在102国道176公里处。笔者与拙荆于2009年2月13日至14日驾车经过。

青龙桥[1]

过七家岭[2]，有桥。桥高数丈，下设水门，架虹为三门。桥下水汹涌，若江水深碧处。桥傍[3]有关帝庙。

水深不见底，滚滚长流东。

青龙夜嘘气，百尺驾飞虹。

1 青龙桥又名“承安桥”，其北为今青龙满族自治县。参见原稿卷四《承安桥》。

2 七家岭也是朝鲜使节团多次住宿的地方。朝鲜文人郑士龙（1491—1570）《湖阴杂稿》卷二《朝天录》有诗名《七家岭多诗板，皆持宪诸公所为。谩步其韵，以寓艳羡之意云》。〔明〕佚名《寰宇通衢不分卷》记述，从南京到辽阳有两条驿道。“一路马驿六十四驿，三千九百四十四里”。七家岭是驿站之一。见该书续修四库全书本。

3“傍”通“旁”。

榛子店[1]

店有东西城，约四百余步。城中有小虹门当街，盖亦仿十字楼也。中、西两门，有榛子镇司衙门。店村多产杂果。

明末，江南女子为沈阳王章京[2]所掠。过此店，题一绝于壁上。诗曰：“椎髻空怜昔日妆，征裙换尽越罗裳。爷娘生死知何处，痛哭春风上沈阳”。诗下又有小序云：“奴江右虞尚卿秀才妻也。夫被戮，奴被掳。今为王章京所买。戊午[3]正月二十一日，洒泪拂壁书此。惟望天下有心人，见此怜之。季文兰书”[4]。此诗见于青城金公[5]集中。

为人羞抹粉红妆，岂欲从褰[6]涉洧[7]裳。

千古无谁知暗恨，却疑云雨下辽阳。

1“榛子店”即现今河北省滦县榛子镇，在102国道沿线。清康熙十九年（1680），朝鲜文人申晸“燕行录”记述了榛子店的“季文兰诗”，榛子店因而被朝鲜文人所熟知。朝鲜文人之所以广泛传播该诗，还因为1636年，后金军队进攻朝鲜，俘掠朝鲜人口多达几十万，其中的朝鲜妇女被满人奸污、拍卖，即使被赎回国，也为朝鲜的封建礼教所不容。但有一批朝鲜女子坚贞守节，宁死不屈。参见[韩]申晸《燕行录》，林基中主编《燕行录全集》第二十二卷，第480页，东国大学校出版部，2001年版；全信子《“丙子胡乱”与朝鲜“还乡女”》，北京大学韩国学研究中心编《韩国学论文集》第十二辑，北京大学出版社，2004年版。

2 章京，清朝官职名，正四品衔。

3 戊午，指清康熙十七年戊午，即1678年。这一年吴三桂病死，康熙平三藩基本完成。

4 此即在朝鲜文人中流传甚广的“季文兰诗”。朝鲜士大夫往往借此诗抒发他们对满族统治者的仇恨与不满。

5“青城金公”是指金锡胄。金锡胄对在朝鲜传播“季文兰诗”起了很大作用。金锡胄（1634—1684），朝鲜文人，本贯清风，曾任副相，于清康熙二十二年癸亥（1683）出使中国，有《息庵先生遗稿》传世。这里所说的“集”就是指《息庵先生遗稿》。该书卷七有金锡胄的燕行日录《擣椒录》。《擣椒录》“卷上”有一首诗的题目是《榛子店主人壁上，有江右女子季文兰手书一绝。览之凄然。为步其韵》：

绰约云鬟罢旧妆，胡笳几拍泪盈裳。

谁能更有曹公力，迎取文姬入洛阳？

该诗附原韵：

椎髻空怜昔日妆，征裙换尽越罗裳。

爷娘生死知何处，痛杀春风上沈阳。

金锡胄说：“诗下又有小序云：‘奴江右虞尚卿秀才妻也。夫被戮，奴被掳。今为王章京所买。戊午正月廿一日，洒泪拂壁书此。惟望天下有心人，见此怜而见拯。’下又书‘奴家二十有一，（缺三字）秀才女也。母李氏，父名（缺□字）、国府学秀才（下缺）。末书云：季文兰书’。副使柳公招主媪问之。媪俱言五六年前，沈阳王章京用白金七十买此女过此。悲楚黯惨之中，姿态尚妖艳动人。扫壁垂泪书此。右手稍倦，则以左手执笔疾书云”。

6“褰”读“千 qiān”，提起衣服。

7“洧”读“伟 wěi”，水名，在河南省。

小铃河

过铁城坎，有石桥跨深坑。渡一水，为小铃河，或曰“松岭河”。自铁城至此，地皆邱陵[1]，而多坑堑。

铁城云起坎，松岭雨连河。

野远行将尽，山光翠更多。

1 邱陵，丘陵。

丰润县[1]

丰润，古右北平地，治土垠县[2]。金始置县[3]，乾隆[4]时改属遵化州。县之南城，赵武灵王[5]所筑。东城，今县治也。

从迎旭地[6]门入城中，繁富如抚宁。路折而西南，建四达之门。门有层楼，上奉关帝像，扁曰“正气中天”。殿有数丈石塔，覆以瓦檐，环以雕栏。左立一碑，万历[7]间所竖也。

城内又多有牌楼旌表处，而谷氏牌楼为最。其上层刻“文林郎、都察御史谷选”[8]，中层以金字书曰“大中丞”，下层列书“巡抚湖广郑阳等处地方、都察院右副都御史谷峤”[9]、“浙江学正谷应泰”[10]诸人。以此见之，谷是此县之巨族。

文昌阁[11]在南门内，高起六棱二层阁，而中安文昌像。魁楼又在其东，中有魁星[12]神像，是奎星也。又南有“中都阃[13]府”及“浭[14]阳书院”。从朝宗门出，是南门也。扁曰“平台堆玉”。

路见乘轿而驾二马者，其制概如我国双轿，而华丽便适，反复胜焉[15]。胡商辈，例乘此轿云。又有一车，载柩[16]而去者。柩施采画，盖以簟屋[17]，系雄鸡于其上，即“魂鸡”云也。自此绝不见无梁屋。[18]

出塞吟囊戒小奚，有诗何处不宜题？

落日禽高平野旷，青天树直远峰齐。

辽商轿屋驰群马，浙客辆车[19]哭一鸡。

赤栋牌楼缥缈起，长空倒植饮河霓。

1 此地现为“丰润区”，属唐山市。丰润现有“曹雪芹大街”，当即朝鲜使节团经过处。

2 治土垠县，右北平的郡治在土垠县。土垠县是汉朝设立的县，北齐天保元年（550）废。

3 参见〔清〕朱彝尊《曝书亭集》卷五十一“元丰润县令碑记跋”，文渊阁四库全书本。

4 乾隆是清高宗的年号（1736—1795）。

5 赵武灵王以“胡服骑射”著称，其都城即今河北省邯郸市。

6“迎旭地”即东面。古代城墙是方方正正的，东城墙外即原稿所说“迎旭地”。

7 万历是明神宗的年号（1573—1620）。

8 谷选（？），明朝文人，丰润人。朝鲜文人徐庆淳《梦经堂日史》“七年乙卯（1855）十一月二十二日”也有与原稿类似的记载。《丰润谷氏族谱》第六次修订（1933—1938）时丰润谷家的世代顺序是：裕、允、亮、涌、选、峤（六世）、万种、承绂、元梁、高转、一郭、时永、芝昌、庆藩、钟岳、芳苓（十六世）。可见，谷选是谷峤的父亲。文林郎在明清两朝分别是从七品和正七品的官员。

9 谷峤（？），明朝文人，字惟升，号聚庵，丰润人。嘉靖戊戌（1538）进士，曾任监察御史、郧阳巡抚。“峤”读“叫jiào”。参见〔清〕唐执玉、李卫等《畿辅通志》卷六十二“选举·谷峤”，文渊阁四库全书本。

10 谷应泰（1620—1690），清初文人，字赓虞，号霖苍，直隶丰润人。顺治四年（1647）进士及第，先后任户部主事、浙江提学等。著有《明史纪事本末》（八十卷，收入四库全书）《筑益堂集》。《丰润谷氏族谱》再次修订（顺治十一年，1654）时丰润谷家的世代顺序是：裕、允、亮、深、暹、嵣（六世）、九皋、钫、旦、应泰（十世）。可见，谷应泰是丰润谷家第六世谷嵣的后代。谷峤排行老大，谷嵣是其弟。

11 文昌，文昌帝君。文昌帝君是文昌星与梓潼帝君合二为一的偶像，古代书生祭祀的文教之神。文昌本古星官名，周、汉、晋以降，皆将文昌配于郊祀。梓潼帝君本为雷神，宋、元后与文昌星被道教尊为主宰功名禄位之神，元延佑三年（1316年）将两者合为“辅元开化文昌司禄宏仁帝君”，故称。

12 魁星即二十八宿中之“奎宿”。古人认为它是主管文运之神，是科举考试必须朝拜的神。

13“阃”读“捆kǔn”，门槛，门限。

14“浭”读“更gēng”，水名，在河北省蓟运河上游。

15 此处“反复”是两个词。

16“柩”读“就jiù”，特指装有尸体的棺材。

17 簟屋，用苇席围成的幕。“簟”读“电diàn”，竹席、苇席。日本人于1799年出版的中川忠英《清俗纪闻》里有“簟”画。见[日]中川忠英编著，方克、孙玄龄译《清俗纪闻》，第135页图，中华书局，2006年版。

18“无梁屋”在朝鲜文人看来，是暗示“无上”的民间建筑样式。

19“輀”读“而ér”。輀车就是丧车。

谷连恒夜至

连恒[1]，明巡抚使谷峤六世孙，而号曰“岳北”，家住丰润城内。是夜访余，至店舍。叩其学术，亦有可观。因言《皇明纪事》[2]其先世所著，而以时禁，一未得见云。

街南照耀列牌楼，谷氏门阑最一州。

慷慨逢人陈世德，芸台[3]续笔古春秋。

1 谷连恒（？），清嘉庆朝文人，号岳北。直隶丰润人（今唐山丰润），明朝郧阳巡抚使谷峤六世孙。

2《皇明纪事》当指谷应泰的《明史纪事本末》。该书八十卷，筑益堂本《自序》署“顺治戊戌冬十月提督两浙学政佥事谷应泰撰”。该书于清顺治十五年（1658）出版，两年后谷应泰遭到御史董文骥的弹劾，顺治帝福临亲自过问，但未查出违禁话语，谷也未受处分。原稿作者李海应见谷连恒之夜，该书早已被收入“钦定四库全书”。参见〔清〕谷应泰《明史纪事本末》之《出版说明》，中华书局，1977年内部发行。

3 芸台，掌管图书的衙门。

二十二日癸未[1]，晴。沙流河[2]四十里午餐，玉田四十里宿。

1 这一天是1804年2月3日。

2 沙流河，今唐山市丰润区沙流河镇。在102国道134公里处。

丰润学宫商鼎[1]

丰润太学[2]在城东街。讲堂中有一鼎。其大，如寺庙中铁炉。两傍[3]有耳。按，朱彝尊[4]《日下旧闻》云，丰润县治内有古鼎。弘治[5]间，土人凿井得之。重五百斤，圜腹、弇[6]口、四足。足上为牛首，下为牛蹄。款识甚古，或以为商时物。今见此鼎，其体样皆如所载，而独四足，云者三也[7]。鼎腹刻古篆四十字，而其字义不可尽解。问之陈教谕，则曰：“此鼎不知作自何代，而明时有乡人掘地得之，将运去它处。重莫能举。言送之圣庙，则仍轻轻而起云。盖未知的[8]是商时物，而其为器也则古耳”。

教谕[9]名云[10]，顺天府文安县[11]人，中丙午[12]科，候选知县，借补教谕者也。文识赡[13]博，年纪亦老成矣。

青铜古器出民田，丰润秖今异事传。

口弇[14]凭看蝌蚪字[15]，首行先记“甲申年”。[16]

象成牛足殷工[17]巧，轻若鸿毛圣庙迁。

信手摩挲忘去路，主人休道岂其然。

1 关于丰润古鼎，可参见〔清〕于敏中等《日下旧闻考》卷一百四十四，第2317页，北京古籍出版社，1981年版；[日]林巳奈夫《神与兽的纹样学：中国古代诸神》，第36—40页《有水牛标志的兽面》、《犀牛尊》，三联书店，2009年版。

2 原稿“丰润太学”的提法有误，该地实即丰润县学。明清两朝地方官学设置，县城里是“县学”，府治是“府学”，国子监才是太学。太学是国家最高的学府，在京城。参见〔清〕唐执玉、李卫等《畿辅通志》卷二十八《学校·丰润县学》，文渊阁四库全书本。

3“傍”通“旁”。

4 朱彝尊（1629—1709），清朝文人，浙江秀水（今浙江嘉兴）人。字锡鬯，号竹垞。康熙年间举鸿词博学科。通经，曾参修《明史》，有《曝书亭集》（八十卷，收入四库全书）等著作传世。其《日下旧闻》（四十二卷，康熙二十五年即公元1686年编成）被清朝文人于敏中等扩充为《日下旧闻考》一百六十卷。“鬯”读“唱chàng”，祭祀、宴饮时的香酒。“垞”读“查chá”，小山丘。

5 弘治是明孝宗的年号（1488—1505）。

6“弇”读“掩yǎn”，盖。

7 原稿“而独四足，云者三也”的意思是，传说它三足，但实际四足。

8 的，的确。

9 教谕是明清两朝在县学设立的官职，主祭祀及教育所属生员。

10 陈云（？），清朝文人。顺天府文安县人，乾隆五十一年丙午（1786）进士。丰润县学教谕，候补知县。陈氏在文安是大族。清康熙年间，文安县有一著名水利专家、大学士陈仪（1670—1752）。

11 朝鲜文人行走的燕行路沿途，通州、三河、蓟州皆属清顺天府。参见〔清〕朱家楣等《（光绪）顺天府志》地图，续修四库全书本。

12“丙午”当是乾隆五十一年丙午，1786年。

13“赡”读“善shàn”，丰富，充足。

14“弇”读“掩yǎn”，盖。

15 蝌蚪字，传说仓颉所创造的文字。甲骨文是上世纪初年才大规模发掘出来的，蝌蚪文至今无大规模发现，只有浙江会稽大禹碑为蝌蚪文。参见王大有《上古中华文明（修订本）》，彩图23，中国时代经济出版社，2006年版。

16 按李学勤教授等“夏商周断代工程”公布的时间推算，商朝第一个甲申年是公元前1597年，汤四年。

17 殷工，商朝工匠。

天宫寺[1]

寺在城南数里。前殿安菩萨，正殿塑阿弥[2]。左右设三层龛[3]。仙官佛像，无虑千百数。每层设城堞[4]楼谯之状，轿车人马之形。或花树烂漫于彩阁之中，或鼓吹纷杂于仙官之列。其雕刻丹垩，尽其奇巧。庭立万历[5]碑，又有金大定[6]间□。[7]

从殿西夹门入一佛殿。殿起层台之上。台下有门，劣容一人。从门内层级而上，则扁其殿曰“慈航宝渡”。中安四智菩萨。殿后有白塔[8]。筑地数丈，然后安塔身而圆之。上设十三级，高数十丈。《县志》云，辽清宁元年[9]，盐监张日成建寺，初名“南院”[10]。寿昌三年[11]，赐额“极乐院”。至金人与宋修好，行府悉寓于此。天会五年[12]，勅[13]加“大天宫寺”。塔后有资生台。中安一佛像，而手凡十八。或张而向上，或敛而垂下，或拳焉，或拱焉。其状不一。

金铎铮铮佛宇悬，石龙飞塔上干天。

昙云慧雨花千朶，各捧瑶台吹笛仙。

1 丰润天宫寺已无存，现今只有辽朝所建之塔耸立于天宫寺公园内。笔者于2007年10月前往参观时，塔上的“极乐”二字尚清晰可见。笔者与拙荆于2009年3月1日再次驾车到达此地参观。

2 阿弥即“阿弥陀佛”。其含义是“有无量功德的觉悟者”。

3 “龛”读“勘 kān”。小窟，小屋。

4 “堞”读“碟 dié”，城墙上齿壮的矮墙。

5 万历是明神宗的年号（1573—1620）。

6 大定是金世宗的年号（1161—1165）。

7 原稿此处有误，缺一“字”款。今丰润天宫寺公园内尚有该碑。碑文不全，其中有“大定十二年”字样。

8 天宫寺白塔至今尚存。丰润县修复天宫寺塔基金会碑文（1989年立碑）载，该塔是辽清宁八年（1062）所建。

9 辽清宁元年，1055年。

10 关于盐监张日成建寺事，参见〔清〕厉鹗《辽史拾遗》卷十四，文渊阁四库全书本。

11 “寿昌”是辽道宗的年号。寿昌三年是1097年。

12 “天会”是金太宗的年号。天会五年是1127年。

13 “勅”同“敕”，读“斥 chì”，帝命。

还乡河[1]

河距天宫寺八里，水颇广阔。凡水皆自西而东，此水独西，故俗谓之“还乡河”。宋徽宗过河桥，住马四顾。凄然曰：“过此渐近大漠。吾安得似此水还乡乎？”不食而去[2]。人谓其桥为“思乡桥”云。

万水朝宗失旧流，一源通入海西头。

关山匹马临寒渡，河且还乡我独不。[3]

1 唐山至承德的唐承高速公路上有“还乡河大桥”，笔者多次驾车经过。另参见〔清〕于敏中等《日下旧闻考》卷一百四十四《浭水》，第2316页，北京古籍出版社，1981年版。

2 此传说乃宋徽宗被俘后故事。部分朝鲜文人认为，宋徽宗的坟墓在朝鲜境内。

3 “不”通“否”。

高丽堡[1]

渡河七里，至高丽堡。盖丙丁[2]被掳人所住处，而子孙仍家焉。曾有村，殆百余户。每当东使[3]之过，或问其根派[4]，则辄赧然[5]难于酬答。今皆移居它村，只有十数家，比前萧条云。

野有水田数百顷，渡鸭[6]后创见也。地盖沮洳[7]，可水畊[8]，而似是东人遗俗。

市有粟切饼之属，谓之“高丽饼”。此亦伊时卖饼人，依样我国饼也。自前东人多买食，故村民奉椀[9]遮路，争先卖之。

拘系殊方寄晚生，水田尚有旧时耕。

圆糕满楪[10]争呼价，谓我东人惯是[11]名。

1 现今丰润西102国道146公里处有高丽铺村。韩国高丽大学许世旭教授曾到丰润考察，很关心此高丽堡遗迹。参见拙著《半岛唐风：朝韩作家与中国文化》之《在沟通中增进了解：与韩国著名汉学家许世旭教授的对话》，宁夏人民出版社，2004年版。

2 原稿“丙丁”有误，当为“丙子”。“丙子”指1636年，朝鲜史称“丙子胡乱”。这一年，皇太极以朝鲜君臣不肯接受后金而发兵。次年，朝鲜王廷出降，断绝了与明朝的关系。

3 “东使”，朝鲜使节。

4 “根派”，祖籍、本贯。

5 “赧”读“nǎn”，赧然，羞愧的样子。

6 渡鸭，渡过鸭绿江。

7 沮洳，低湿的地带。“沮洳”读“举jǔ入rù”。

8 “畊”同“耕”。

9 “椀”同“碗”。

10 “楪”同“碟”。

11 是，这。

沙流河[1]

距丰润四十里。元致和[2]初，怀王袭位上都。兵自辽东入讨，撒敦等拒之于蓟州东沙流河[3]，即此地也。地属遵化界，城谯皆毁，独两门呀然。[4]

河北党谷源，河上沙流店。

冬暄河不冰，渡头风潋滟。[5]

立马愁荒城，暮烟青欲敛。

却被女娘喧，出门多娇艳。

1 “沙流河”即今沙流河镇，在102国道134公里处。参见〔清〕于敏中等《日下旧闻考》卷一百四十四《沙流河》，第2315页，北京古籍出版社，1981年版。

2 致和是元朝泰定帝的年号（1328）。

3 元泰定帝死后，大臣燕帖木儿等拥立文宗（1304—1332），撒敦与上都的军队在此地决战。元上都在今内蒙锡林郭勒草原。元文宗创建奎章阁并编辑《经世大典》，朝鲜王朝在其影响下，也设立了奎章阁。现今首尔大学“奎章阁韩国学研究院”是韩国保存汉籍最多的地方。

4 呀然，如张开大口一样。

5 “潋滟”，读“炼liàn厌yàn”，水波荡漾的样子。苏轼《饮湖上初晴后雨》有“水光潋滟晴方好,山色空蒙雨亦奇”之句。

龙池庵

在八里堡[1]之西。外门曰“兴隆寺”[2]。门内奉金佛挂珠像。又内殿则三佛，后殿则一大佛，而左右小佛，指不胜屈，皆以白莲、黄金为榻奉之。庭竖乾隆碑。有二大树，对立庭中，竦然直挺。高十数丈，大二围余，即白杨也。

转入僧炕，位置器玩，井井可观。壁挂高明[3]《山水图》、于敏中[4]柱联一对。书籍堆签，而其中有黑缎横轴，书《金刚般若波罗直经》[5]一则，而字画皆织出者也。轴头又织出《山水图》，而无一点刺纹痕，亦一宝玩也。

空庭树老昼冥冥，山入虚庵佛气青。

谁学天孙[6]云锦字，织成般若万言经？

1 八里堡，即今玉田县城东的八里铺，其附近有玉田二中。笔者与拙荆于2009年3月1日驾车经过并做记录，旧102国道正在改造中。

2〔韩〕金允植《阴晴史》上卷说：“玉田道傍，有万寿兴隆寺，唐时古刹也。……寺本侈构，今亦荒凉矣”。朝鲜文人金允植是1881—1883年在我国京津冀一带活动的。

3 高明，又名高则诚。高则诚（1305—？），元末文人，字晦初，号菜根道人，著名的戏剧家，有《琵琶记》传世。

4 于敏中（1714—1779），字叔子，号耐圃，金坛人。清朝最年轻的状元，历任翰林院修撰、山东学政、兵部侍郎、户部尚书、军机大臣。在内阁20年，交通内侍，广受贿赂。死后其子孙世职被剥夺。

5《金刚般若波罗直经》，佛教大乘经之一。清乾隆年间所雕大藏经《龙藏》归入大乘般若部，三卷。

6 天孙，织女。

玉田[1]

玉田，古无终子国[2]。唐始置县，明属永平，至乾隆[3]属遵化州。汉卢龙人翁伯，姓羊[4]。以孝称。亲[5]死，葬无终山。山上无水，翁伯庐于墓侧，昼夜号痛。神明感之，于墓侧出泉。因引水就官道，以渗行人。尝有饮马者，以白石一斗与之曰："种此，当生美玉，又得好妇"。果生白壁[6]长二尺[7]者数双。时翁伯求娶于徐姓女。徐谓媒者曰："得白壁[8]一双可成"。翁伯以白壁[9]五双，遂婿徐氏。数年，云龙下迎，夫妇俱升天。今称所居为"玉田坊"。其后孙立石田中，以纪其事。[10]

无终山在县东北三十里，上有燕昭王[11]冢云。从西门入城门，扁曰"拱宸"。有文昌[12]阁于十字街。阁共二层，下设如来龛，上设文昌龛。扁额柱联，不可殚记。下僧房列于左右。又有人家于下层之上，造灶设炕，无异平地。

东门即"迎旭门"也。

万户雄州十里城，蹄轮络续大途行。

昭王古墓云千叠，翁伯寒田玉数茎。

脚底江山多换面，耳边笳[13]鼓□[14]关情。

轻筇[15]拕[16]向文昌阁，西塞斜阳尽意明。[17]

1 玉田在102国道沿线。旧题宇文懋昭著《大金国志》记述北宋宣和六年（1124）许亢宗作为特使奔赴金都会宁府，其第七程、第八程、第九程分别是三河—蓟县、蓟县—玉田、玉田—韩城。见〔宋〕宇文懋昭《钦定重订大金国志》卷八，文渊阁四库全书本。玉田的"长春宫春水"曾是金朝定宗的最爱之一，多次驻跸玉田行宫。见〔清〕于敏中等《日下旧闻考》卷一百四十四，第2309页，北京古籍出版社，1981年版。

2 一说无终子国的国都在今天津市蓟县。参见〔清〕于敏中等《日下旧闻考》卷一百四十四，第2303页，北京古籍出版社，1981年版；金振东等编著《蓟州风物志》，第7

页，天津古籍出版社，2006年版。

3 “乾隆”是清高宗的年号（1736—1795）。

4 “羊翁伯”多作“阳翁伯”。参见〔宋〕李昉等《太平广记》卷四《阳翁伯》；〔明〕刘侗、于奕正《帝京景物略》，第387页，北京古籍出版社，2000年版；〔清〕于敏中等《日下旧闻考》卷一百四十四，第2307页，北京古籍出版社，1981年版；〔清〕三鱼书室主人《绘图历代神仙谱》（宣统元年，1909），第46—47页。

5 亲，父母亲。

6 原稿“壁”字有误，当为“璧”。玉璧是上古祭天的礼器。《周礼》：“苍璧祭天，黄琮礼地”。

7 因是传说，此处的“二尺”当是虚拟出来的数字。

8 原稿“壁”字有误，当为“璧”。

9 原稿“壁”字有误，当为“璧”。

10 此为“玉田”县名之来历的传说。朝鲜使节经过此地时多录此事。今玉田县城北5公里的麻山顶上尚有“古人种玉处”石碑。该碑乃明朝万历年间知县徐德昌立，清乾隆三年（1738）知县魏德茂续立。

11 燕昭王姬职（？—前279，前307—前279年在位），以燕国弱而求贤，得乐毅等人。笔者与拙荆于2009年5月16日专程前往燕昭王所筑“黄金台”遗址参观。该台位于河北省易县县城南燕子塔附近，其附近就是公元前4世纪的燕下都遗址，燕下都遗址占地约32平方公里。

12 文昌，文昌帝君。文昌帝君是文昌星与梓潼帝君合二为一的偶像，古代书生祭祀的文教之神。

13 胡笳，我国古代北方民族的一种吹奏乐器。似笛。“笳”读“家 jiā”。

14 原稿此处有误，少一“总”字。

15 “筇”读“穷 qióng”，一种竹子。

16 “拕”同“拖”。

17 “西塞斜阳尽意明”一句是双关语，“明”暗指明朝。

二十三日甲申[1]，晴。鳖山[2]店五十里朝餐，邦均[3]店六十里午餐，枣林庄四十六里[4]，家憩。[5]

1 这一天是1804年2月4日。

2 该地今名“别山”。朝鲜文人苏世让（1486—1562）《阳谷集》的卷三、卷四是燕行诗（燕行时间为1533年）。卷四有《用别山寺壁间韵》。

3 邦均镇今属天津市蓟县，在县城西之102国道沿线。

4 原稿此处有误，少“民人某姓”或“旗下某姓”四字。

5“憩”读“气qì”，休息。此处的意思是“住宿”。

五里屯

晓见自礼部抵通官[1]《通谕》文，曰：“奉本部大人面谕：朝鲜使臣等，务于本月二十四日催趱[2]到京，以备二十五日具折奏闻，及该使臣瞻仰事宜。为此，传知该迎送官及通官等，在途催趱前来，不可迟。毋违。特谕”云云。

虽未知何故催进，而不得不趂[3]期入城。故遂议倍道驰行，而此去皇城，尚为二百七十里。人马困乏，有难趱程。故三使皆贳[4]胡车乘之。

晓发至五里屯，朝旭才升矣。

经历关山久别家，燕京道里尚云赊。[5]

胡皇勑[6]预年终宴，早日行人各贳车。

1 通官，翻译官，礼部的通事。清朝于礼部设朝鲜通事十二人，负责翻译工作。他们都是朝鲜族人。其中的大通官为正六品官员。参见〔清〕武英殿本《古今图书集成·官常典》卷三百十五。

2 “趱”读“攒zǎn”，催促。“催趱”是加速的意思。

3 “趂”同“趁”。

4 “贳”读“世shì”，租借。

5 赊，遥远。

6 “勑”同“敕”，读“斥chì”，帝命。

彩亭桥[1]

桥下有虹门[2]，两傍[3]设栏。按《一统志》[4]，桥在玉田西二十里。相传金学士杨绘[5]所建，而绘，邑人[6]，“彩亭”其号也。路左立牌门，书“蓟州交界”。[7]

青帘一色酒楼垂，学士桥南四达歧。

射猎胡儿归饮马，井栏闲放辘轳丝。[8]

1 彩亭桥至今尚存。朝鲜文人崔演（1503—1549）《艮斋集》卷三是燕行诗歌，其《采亭桥有怀》注云：“桥在玉田县西二十里，跨蓝水。金学士杨绘氏所建，而‘采亭’乃绘之号，故因名云”。现今玉田县彩亭桥镇西之102国道109公里处有新桥，新桥之北不远处就是原稿描绘的彩亭桥。该桥现为河北省文物保护单位，桥上尚走农用机车。笔者与拙荆于2009年2月3日专程驾车前往参观，与80多岁的杨姓老人交谈并留影。据老人们介绍，桥东的学校原为药王庙。

2 彩亭桥有三虹门，惜现今其下的蓝水河已干涸。

3 “傍”通“旁”。

4 《一统志》是官书，元朝有《大元一统志》，明清也有《大明一统志》与《大清一统志》。参见〔清〕和珅 等《钦定大清一统志》，文渊阁四库全书本。

5 杨绘（？），金朝文人，玉田彩亭桥镇人，学士。杨姓在彩亭桥镇是大姓。

6 原稿“绘，邑人”意思是说，杨绘是本地人。

7 当时的彩亭桥是蓟州与玉田县交界处。明人施耐庵小说《水浒传》第八十四回题为《宋公明兵打蓟州城，卢俊义大战玉田县》。《水浒传》里的杨雄、石秀、时迁曾在蓟州活动，北京的西山与车箱渠连接处本来就叫“梁山”。但清朝时来华的朝鲜文人一般不愿提及《水浒传》，当是避反叛之嫌。

8 辘轳丝，井绳。朝鲜文人丁若镛（1762—1836）《与犹堂集》卷十《起重图说》有辘轳图。

莲花池

旧时有池种莲，而今无之。

月落天将晓，流云远寂寥。

听鸡如昨日，装马又今朝。

和睡忘过岭，耽吟倦度桥。

莲池名忽惯，回首我家遥。[1]

1 原稿作者李海应自述说，家住汉阳城东莲花洞。朝鲜文人古山子《大东地志·汉城府·坊里》说，汉城的城东有东部十二坊，其中有莲花坊。

鳖山店[1]

山如鳖头，故名之。所过蜂山[2]、螺子[3]，亦以山多石堆，形如蜂螺。梯子山，以山形层层积累，自成梯级故也。梯子山上有寺楼缥缈。下建关庙，庙门向路。金像流睆[4]。鳖山店有玄帝[5]庙。店村设两重门，如里门制。

东距二里许，有小城起野中，即宋家城[6]也。世传宋之先，豪富甲一乡。财屡钜[7]万，僮指数千。明季[8]清人之猾夏[9]也，筑城自保，屡攻而不下。明亡后始降。清人怒之，岁令贡刍草[10]万束。今子孙尚家云。

蜂飞鳖缩乱山横，疎雪寒天远客情。

野俗燕檀[11]玄帝庙，王风委草宋家城。

1“鳖山店”现为别山镇，属天津市蓟县，在102国道93公里处。笔者与拙荆于2009年2月

3日驾车前去赶集、3月1日再次驾车经过。朝鲜文人苏世让（1486—1562）《阳谷集》卷三、四是燕行诗。其卷四有《用别山寺壁间韵》。从鳖山开始，朝鲜使节团往往脱离今102国道沿线往北，经二里店、现渠、三家庄、云田寺（今大云泉寺）、翠屏山、八里堡、渔阳桥（一名东五里桥）、贯日庄，进入蓟州。

2 峰山在102国道102公里处。

3 原稿“螺子”有误，当为“螺山”。现今102国道99公里处为蓟县螺山镇。

4“睨”读“逆nì”，（侧目）看。

5 玄帝，玄武大帝。按照阴阳五行的理论，青龙、白虎、朱雀、玄武分别象征东、西、南、北和春、秋、夏、冬。清朝属水德，满族人来自北方，尊奉玄武大帝。

6 原稿卷五《附录·道里》“宋家城”作“宋家庄”：“蜂山店四里，螺山店三里（一名宋家庄）”。1684年，朝鲜文人南九万（1629–1711）为正使、李世华为副使、李宏为书状官的谢恩兼三节年贡使节团来华。南九万《甲子燕行杂录》作于本年，该书记述说，宋家庄在今蓟县螺山镇，明朝礼部官员宋世翰宅，有石城，周三里。参见[韩]林基中主编《燕行录全集》第95卷，第107页及第96卷，第346页，东国大学出版部，2001年版；拙著《半岛唐风：朝韩作家与中国文化》，第365页，宁夏人民出版社，2004年版。

7“钜”同“巨”。

8 按照阴阳五行的理论，青龙、白虎、朱雀、玄武分别象征东、西、南、北和春、秋、夏、冬。各个朝代也是按照季节的顺序轮换的。所以有“明季”、“清季”的说法。

9“猾夏”即扰乱华夏。

10“刍”读“除chú”。刍草，喂牲口的草料。

11“爇”读“若ruò”。爇檀就是烧香。

蓟门烟树

过引流河，而北望蓟州[1]。白塔[2]挺立于烟柳间。“蓟门烟树”[3]为皇都八景[4]之一。自此南望，树木浩渺，烟雾积翠。上下百余里之间，天与野一色相接。林树郜[5]间，浑入烟波中。望之若岛屿出没，无数帆樯往来其间。芥马枣人[6]，匝行而环列。楼台第屋，无非空中滉漾[7]之境。顷刻变幻，有千万之殊。想是天下第一景。然盖不知空蒙之间，致此何气？如烟而非烟，如水而非水也。

一气蒙蒙不辨涯，百章[8]烟树蓟门遐。

有无岳色云中屿，多少人声水上家。

错认蒙胧晨带月，翻疑恍[9]惚老看花。

徐姬[10]淡墨为□[11]境，别是人间色相嘉。

1 文人多用渔阳、蓟州指今天津市蓟县。〔金〕刘祁原著，崔文印点校《归潜志》卷三："高永信卿，渔阳人"，中华书局，1983年版。

2 天津市蓟县独乐寺南有白塔，该塔始建于隋朝，辽清宁四年（1058）重修。笔者与拙荆于2009年元月31日专程去白塔寺参观。

3 "蓟门烟树"是来中国的朝鲜文人特别喜欢的景致之一，但对其位置的说法不一。原稿就出现了两种说法。一种是在今天津市蓟县，一说是在北京。按照原稿的说法，北京的"蓟门烟树"在"德胜门外土城关"。参见原稿卷五《皇都八景》。旧题宇文懋昭著的《大金国志》记述了北宋宣和六年（1124）许亢宗作为特使奔赴金都会宁府，其第七程、第八程、第九程分别是三河—蓟县、蓟县—玉田、玉田—韩城的路程。其"第七程"云："自三河县六十里至蓟州。蓟州乃渔阳也，因问天宝禄山旧事，人无能知者"。见〔宋〕宇文懋昭《钦定重订大金国志》卷八，文渊阁四库全书本。北京大学侯仁之教授《北京城的生命印记》认为，安禄山的范阳节度使驻地在蓟城，是今北京市。见该书，第27页，三联书店，2009年版。

4 参见〔清〕和珅等《钦定大清一统志》卷二《京师 · 燕京八景》，文渊阁四库全书本。

5 "邨"同"村"。

6 这里的意思是，远远望去，人马都显得很小。

7 "滉"读"晃 huàng"。滉漾，形容水波闪动、摇动的样子。

8 "章"在这里是树木的量词，类似"棵"。

9 "恍"同"恍"。

10 梁元帝瞎了一只眼，但宠爱徐姬。徐姬很厌恶他，就只化半边脸的妆来羞辱之。后徐姬被杀死。这里是借用此故事来描绘"淡妆"山水。

11 原稿此处有误，缺一"仙"字。

邦均店[1]

店有城，今颓。独存东西二门。

又催午炊前进。以一行之疾驰，该房厨子及下处军官辈，俱未及前诣。其遑遽[2]之状，可谓不分汤火矣。

店人篱落匝城墟，小灶烟生释辔[3]初。

北塞丁男兼女绩，油囱白日转缫车。[4]

1 邦均店现为邦均镇，属天津市蓟县，在102国道72公里处。

2 遑遽，惶惶不安、快速活动的样子。

3 "辔"读"配 pèi"，缰绳。

4 缫车是缫丝的工具。"缫"读"搔 sāo"。中国男人干女人的纺织类活计，让朝鲜文人很惊讶。

滹沱河[1]

历白涧店[2]、段家岭[3]而至河。一名“错河桥”[4]，世称汉光武[5]冰渡处，而按《一统志》[6]，河在保定府东鹿县[7]南三十里，距北京三百八十里。又按史记[8]，光武北至蓟州。蓟州反，应王郎[9]。光武南走至滹沱河，以冰渡。然则今所传称，看似谬矣。

冒夜登程，有难跋涉，故余亦自此乘太平车。[10]

汉皇冰渡处，远客愁黄昏。

未量河深浅，临流且驻辕。

1 原稿所说“滹沱河”有误，此河即今三河市附近的泃（jū）河。滹沱河在河北省西部。“滹”读“呼 hū”。

2 此地现有白涧镇，属天津市蓟县，在102国道68公里处。河北省遵化市清东陵文物管理处藏《光绪帝谒东陵路程单》：“白涧行宫二十五里，共七十四里”。

3 段家岭现名“段甲岭”，在102国道64公里处，属河北省三河市。笔者与拙荆于2009年3月1日驾车经过并做记录。

4 错河桥至乾隆年间已废。参见〔清〕于敏中等《日下旧闻考》卷一百一十，第1845页，北京古籍出版社，1981年版；〔清〕和珅等《钦定大清一统志》卷七《错桥》，文渊阁四库全书本。

5 汉光武，东汉光武帝刘秀。〔唐〕徐坚《初学记》（上）《河流澌 海结凌》云：“薛莹《後汉书》曰：光武至蓟上，王郎使兵至。上发蓟，晨夜驰骛，至下曲阳滹沱河。导吏还言，河流澌，无船，不可渡。遣王霸往视，实然。霸念恐惊众，即还曰：‘冰牢可渡，比至冰可乘。’帝遂得渡滹沱河”。

6《一统志》是官书，历代多有修撰。参见〔清〕和珅等《钦定大清一统志》，文渊阁四库全书本。

7 原稿“东鹿县”有误，当为“束鹿县”。

8“史记”当指范晔《后汉书》。该书卷一、卷二十五载，光武帝刘秀时，王郎造反，河北最初只有渔阳、上郡支持刘秀。

9 王郎（？—24），即王昌。本卜师，后自称皇室，以邯郸为都。刘秀攻破邯郸后被杀。

10“太平车”是我国古代车具之一。车轮箍以铁皮，北方多用牛拉，因运行平稳而得名。宋朝人孟元老《东京梦华录》卷三《般载杂卖》：“东京般载车，大者曰‘太平’”。参见《东京梦华录 都城纪胜 西湖老人繁胜录 梦粱录 武林旧事》，第22—23页，中国商业出版社，1982年版。朝鲜文人徐庆淳《梦经堂日史》（燕行时间为1855年）描述“太平车”说：“车制盖如我国坐车，而两轮之上设帡屋，驭用两骡”。见[韩]林基中主编《燕行录全集》第九十四卷，第187页，东国大学校出版部，2001年版。

枣林庄[1]

庄在三河县[2]六里邨[3]，有城垣[4]。一行至此少憩[5]。又促饭戒装，夜才三更。

村肆残杯乍拨闷，菁根[6]佐酒切盈寸。

垆[7]头未就支肱眠，又被厨人促打饭。

1 现三河市西有“李枣林”，在102国道沿线。

2 三河县，今河北省三河市，其市中心在102国道55公里处。清朝时三河县有皇帝行宫二，一在县城附近的大新庄，一在烟郊（今燕郊）。参见〔清〕朱家楣等《（光绪）顺天府志》卷四，续修四库全书本。

3 “邨”同“村”。

4 “垣”读“元 yuán”，墙。

5 “憩”读“气 qì”，休息。

6 “菁根”即蔓菁，这里指咸菜。用咸菜下酒是很寒酸的饮食。“蔓菁”读“蛮mánjing”。

7 “垆”读“卢 lú”，旧时酒店安放酒瓮的土台，这里指灶边。

二十四日乙酉[1]，大雪。燕郊堡[2]四十四里晓餐，大王店三十七里午餐，皇城三十里玉河馆[3]入抵。

1 这一天是1804年2月5日，是农历的“立春”。

2 燕郊堡即今“燕郊镇”，属河北省三河市，在102国道沿线。朝鲜文人郑崐寿（1538—1602）《柏谷集》卷三《赴京日录》（燕行时间为1592年）记为“雁叫铺”。河北省遵化市清东陵文物管理处藏《光绪帝谒东陵路程单》：“燕郊行宫二十九里，共七十七里”。

3 “玉河馆”是朝鲜使节团于明清两朝来北京时的住宿地，因在玉河桥北而得名。清人谈梅庆《京城内外首善全图》上“四译馆”的位置很清楚。玉河馆紧邻四译馆，在太医院南。四译馆南即南城墙的城根，沿城墙往西不远是崇文门。见刘镇伟主编《中国古地图精选》，第32页，中国世界语出版社，1995年版。

柳河屯

自枣林发行。时大雪方下，达夜疾驰。历白浮图[1]、新店[2]、皇亲庄[3]、夏店[4]、柳河屯[5]，至燕郊堡。晓鸡犹未唱。黑夜窣窣[6]，不知何处有何壮可观。

轻裘快马夜登程，画角声寒雪五更。

谩[7]使男儿增慷慨，拟将驰入蔡州[8]城。

1 白浮图在三河市李旗庄镇东南，102国道附近。

2 “新店”今名“东辛店”。

3 皇亲庄，即今河北省三河市黄亲庄。在102国道沿线。

4 此地现有“夏垫镇”，在102国道43公里处。〔明〕佚名《寰宇通衢不分卷》记述，从南京到辽阳有两条驿道。“一路水马驿至本司四十驿，三千四十五里”；“一路马驿六十四驿，三千九百四十四里”。夏店是驿站之一。见该书，续修四库全书本。〔民国〕刘成禺《世载堂杂忆》之《清陵被劫记》认为，“夏店”之名缘自古夏泽。见〔民国〕刘成禺原著，钱实甫点校《世载堂杂忆》，第252页，中华书局，1960年版。据朝鲜文人李荇（1478—1534）《容斋集》卷四《朝天录》载，后官至议政府左议政（副首相）的李荇于明弘治十三年庚申（1500）以质正官的身份出使中国，宿于夏店：“夏店壁上，有（李）胄之诗……乃乙卯七月作也”。可见，夏店是明清两朝来中国的朝鲜文人经常住宿的地方。

5“柳河屯”之名至今未改，在102国道沿线。

6 窣窣，下垂的样子。“窣”读“苏sū”。

7“谩”通“漫”。随便，随意。

8 蔡是周朝方国名，在今河南省上蔡、新蔡县一带。周文王之子叔度封于汝南上蔡为侯，后叛乱。周公流放之。这里用此典故，以蔡州比拟北京。原稿作者李海应显然把满族统治者看作是中华的叛乱者了。

永通桥[1]

自燕郊堡以后，群山尽落，空阔如辽野。南望通州界，可知其雄府也。过通州江[2]，至八里桥[3]。桥长可四十余步，广可方四五砖[4]，高可通舟。自白河运漕，入京之道也[5]。桥名“永通”，正统十二年[6]所建，而祭酒李时勉[7]撰碑记事。左右皆设栏，极精侈。

自此路上铺大方石，六面相次排比。皇城四门外四十里，皆仿此路。

左右第宅相望，朱门粉壁照耀人眼。又往往见林木间缭以方垣[8]，前建一字阁。设门而关之。问，是贵人家坟墓也。[9]

车下雷轰石路桥，野天寥廓雪萧萧。

粉墙朱阁谁家墓？无数寒鸦集柳梢。

1 永通桥即今北京市通州区的八里桥。参见〔清〕唐执玉、李卫等《畿辅通志》卷四十二《津梁·顺天府·永通桥》，文渊阁四库全书本。

2 原稿“通州江”有误，实为潞河。原稿《附录·山川》：“又通州江一名‘潞河’”。

3 八里桥，永通桥。因在通州西门外八里，故俗名“八里桥”。1860年英法联军进攻北京时，在此地遭到了我国军民的坚决抵抗，此即著名的“八里桥之战”。义和团运动时这里也曾是战场。现今八里桥附近有国家法官学院。

4 原稿此处对通州八里桥的长宽记述有误。八里桥长50米，宽16米。在甲子二月初二日的记述里，原稿说八里桥“桥长约百余步”，比较接近实际。

5 关于南方水道入京城情形，可参见〔清〕谈迁原著，汪北平点校《北游录》，中华书局，1960年版。该书是谈迁于1653、1656两年从浙江嘉兴到北京的见闻。

6 正统十二年，1447年。永通桥实为明正统十一年（1446）建造。

7 李时勉（1374—1460），明朝文人。名懋，字时勉，号古廉，江西安福人。永乐二年（1404）进士。官至文渊阁庶吉士、国子监祭酒。以刚直称。朝鲜文人尹根寿（1537—1616）《月汀别集》卷四《皇命名臣》有记载。参见〔清〕于敏中等《日下旧闻考》卷一百九《京畿》，第1817页，北京古籍出版社，1981年版。

8 “垣”读“元 yuán”，墙。

9 朝鲜使节多说，从通州往朝阳门，路边多达官贵族的坟墓。

东岳庙[1]

行未及朝阳门，至东岳庙。庙外牌门凡三：东曰“泰虚洞天”，西曰“灵岩崇祠”，南曰“永延帝祚”[2]。重门扁曰“瞻岱之门”。殿宇廊阁，缭绕崇严。外门曰“敕[3]建东岳庙”。其正殿曰“岳宗宝殿”。

正门内左右有二层钟鼓楼。门檐皆两重。殿中金塑泰山神像，左右侍卫仙官共十余人。麾幢器玩，皆属异观。檐悬香灯，卓[4]上置大铜釜，恰受数十斗，盛漆于其中。方燃金跋[5]，昼夜不灭云。

正殿左右，附以翼廊。东西各四十三间，间各有冥府神像，具衮冕[6]据卓[7]按事。左右立判官、小鬼数三人，阴森可怪。前列人鬼，亦有鸟兽化生者。以牌贴楣，各识其所掌。凡世间一切人物生死、善恶报应之事，或有饱受刀山剑树之苦，其形千百不同。

庭中碑碣累累，以百十计。其中康熙、乾隆御制碑在左右庭，庇以黄瓦阁。又有赵孟頫[8]书丛。宝殿后，又有大殿，扁曰“育德殿”。奉两塑像，或云泰山神爷娘也。自前后甃[9]石为路，又折而东北有层楼，亦周以廊屋。屋中皆有塑像。

北边有一带高楼，上奉玉皇像，扁曰“玉皇”，皆谓之娘娘也[10]。结构重叠，众设瑰奇。不可尽穷其间架。康熙碑文以为，庙自元明设置，中间遭回禄[11]之灾。至康熙三十九年[12]重修，凡三年告成。庙宇之盛，甲于都下云。

一行入庙。通官[13]太平、保季文，已来候矣。

北方多庙寺，东岳冠城都。

帝座辉龙衮[14]，灵床烂凤炉。

刀山征报应，碣阁壮排铺。

撤盖华阴路，陈生笑听巫。[15]

1 东岳庙现为“北京市民俗博物馆”，位于朝外大街141号。元至治二年（1322）建，明清重修，内有赵孟頫道教碑。东岳庙是全国重点文物保护单位。

2“祚”读“做zuò”，帝位。

3“勅”同“敕”，读“斥chì”，帝命。

4“卓”通“桌”。

5 跋，火把，火炬。金跋，金属的灯具。

6 衮衣和冕是古代帝王与上公的礼服和礼冠。“衮”读“滚gǔn”；“冕”读“免miǎn”。

7“卓”通“桌”。

8 赵孟頫是宋朝皇族，入元后为著名书法家。高丽诗人李齐贤与他多有交往。“頫”读“府fǔ”，同“俯”。

9“甃”读“咒zhòu”，用砖砌。

10 称呼“玉皇大帝”为娘娘，在北京人看来是很奇怪的。也许是朝鲜族通官想当然地把朝鲜语里的“妈妈”写成了“娘娘”。在朝鲜口语里，“妈妈”是对地位极高之人的称呼。韩国电视连续剧《正祖大王李祘》里的小李祘对父亲和爷爷的称呼分别是“阿爸妈妈”、“哈尔伯吉（爷爷）妈妈”。其父思悼世子死后，李祘入主东宫，下人们称呼他为“东宫妈妈”。见该剧第1—3集。

11“回禄”传为火神之名，引伸为火灾。《左传·昭公十八年》：“禳火于玄冥、回禄”。参见袁珂编著《中国神话传说词典》，第156页，上海辞书出版社，1985年版。

12 康熙三十九年庚辰，1700年。

13 通官，翻译官。

14 衮，古代帝王与上公的礼服。“衮”读“滚gǔn”。

15“撤盖华阴路，陈生笑听巫”用宋太祖赵匡胤与陈抟（？—989）在华山对弈典。

朝阳门

一名“齐华门”[1]，是皇城东门也。门楼凡三层，皆覆以青瓦。瓮城上亦有楼，此称“敌楼”也。

三使具公服，舍轿车，次第排班，奉表、咨文于前，以黄帕覆之。裨译[2]亦分列，一如入沈时。

城内楼观稠叠，市肆牌牓[3]，不可以沿路诸处等比矣。毂[4]击肩磨，寔[5]是京师都会。诚未知汉唐之长安、洛阳较此，何如也。

朝阳门内有牌门于十字街。东曰“履仁”，西曰“衍义”，南北俱曰“大市街”。

门如虹贯路如天，都会燕城第宅连。

不辨东西南北市，秖[6]令邮圉[7]马加鞭。

1 原稿“齐华门”有误，当是“齐化门”。

2 裨译，翻译官。“裨”读“必 bì”，副佐。

3“牓”同“榜”。

4“毂”读“古 gǔ”，车轮的中心部分。

5“寔”通“实”。实在，确实。

6“秖”同“只”。

7“圉”读“雨 yǔ”，养马的人。这里的“邮圉”即驿站雇来的赶车人。

玉河馆[1]

入朝阳而路折，迤[2]西向南者再行至五里余，望见城角逶迤[3]，即正阳、崇文两门之间也。未至门有石桥，桥名曰“玉河桥”[4]。桥凡十二间，而有左右栏。馆在桥西北，名曰“玉河馆”，亦谓之“南馆”。若我国别使同时入城，则又设一馆于北门内，故有南北馆之别也。

馆凡百余间，皆纵横为一字制。馆门内有中门。中门内有东西廊屋。此员译辈所处也。又于小门内有正堂，正使处焉。左右月廊上房，褊[5]幕所处也。又北而第二、第三行，则副使、书状分处焉。褊幕则亦分入本房夹廊。后边有北炕十数间。员译及下辈人马，匿匝[6]于其中。构黍干[7]，涂燕纸，各自为防塞之具。又多有靠墙设幙[8]者。

馆壁贴红纸。书曰“十二月二十日吉时封印，正月二十日吉时开印”[9]。各衙门亦仿此。此乃都中每年例也。

又曰“辰时[10]开门，酉时[11]封门”。其开其闭，我国军牢必来告，而正门则常下钥。使臣出入时，辄开也。

是日即立春日[12]也。

玉河[13]西畔馆门开，一岁春光客带来。

栏道胡酋皆素昧，相逢下把待人杯。

山海长程度岁华，雪天摇落税征车。

矮檐薄壁河南馆，贾客[14]年年视似家。

1 原稿《庶常馆》一节说："馆在玉河馆侧"。清人谈梅庆《京城内外首善全图》所标"庶常馆"、"四译馆"的位置很清楚。玉河馆紧邻庶常馆和四译馆，在太医院南。其南即南城墙的城根，沿城墙往西不远是崇文门。见刘镇伟主编《中国古地图精选》，第32页，中国世界语出版社，1995年版。

2"迤"读"姨 yí"，地势斜着（向上）延展。

3"逶迤"读"微 wēi 姨 yí"，形容山路弯弯，拐来拐去。

4 玉河，流经北京东城内的一条河，有600年历史，现已消失。2007年北京市开始"玉河工程"，准备恢复玉河。〔清〕徐珂《清稗类钞·名胜类》说："玉河桥，在东城根者曰南玉河桥，在东交民巷者曰中玉河桥，在东长安街者曰北玉河桥。水自皇城内箭亭流出，南穿城，归正阳桥城河，桥东西两岸皆植柳，垂荫水面"。〔清〕唐执玉、李卫等《畿辅通志》卷四十二《津梁·顺天府·玉河桥》："在正阳门内，跨玉河之上"。见该书，文渊阁四库全书本。

5"褊"读"扁 biǎn"，狭小的。

6 匼匝，环绕。"匼"读"科 kē"。

7"黍干"本是指玉米的秸杆，这里当是指高粱的秸杆。原稿这里描绘的是糊顶棚的工作。

8"幙"即"幕"。

9 清朝的春节假期，大致如原稿所记述。"封印"是衙门放假不办公的意思。

10 辰时，上午5点到7点。

11 酉时，下午5点到7点。衙门到了关门下班时，往往挂出一大大的"酉"字，俗称"酉字牌"。

12 编者查对万年历，癸亥年十二月二十四日乙酉确是农历的"立春"。这一天是1804年2月5日。

13 玉河，流经北京城内的一条河，现已消失。2007年北京市开始了"玉河工程"，准备恢复玉河。

14 贾客，商人。"贾"读"古 gǔ"，做买卖。

蓟山纪程卷之三

留馆·癸亥十二月

二十五日丙戌[1]，晴。玉河馆留。

1 这一天是1804年2月6日。

皇都[1]

燕京属顺天府，本尧时[2]幽都。辽号曰“南京幽都府”。宋宣和[3]中，改名“燕山府”。寻复入金，称“燕京”，已而改号“中都”。元初为“燕京大兴府”，皇明洪武[4]初，为“北平府”。永乐[5]初，改为“顺天府”。自南迁都，号曰“北京”。十八年庚子[6]，宫城门阙，悉放[7]南京，而壮丽过之。其地北枕居庸，西峙太行，东连山海，南俯中原。然北距塞不□[8]二百里，异乎居中而应四方矣。

城周四十五里，高三丈五寸，城门凡九。[9]

皇基似邮传，几人替开国。

山河古名都，王气相消息。

函谷秦鹑[10]醉，洛水周龟食。[11]

地轴应乾文，五纬合拱极。[12]

渤海溯折东，居庸远枕北。

粤惟永乐帝，广辟都城域。

快洗金元陋，丕阐[13]唐昊[14]德。

庭衢[15]八荒迩[16]，阊阖[17]九天直。

悉仿南都[18]制，更加边幅饰。

礼乐弥寰宇，衣冠灿光色。

庙社分左右，馨德荐黍稷。

璧沼[19]槐阴合，青衿[20]弄翰墨。

侍臣日捧觞，共祝千万亿。

痛哭涒滩岁[21]，北寇侵孔棘。[22]

天地尽腥秽，气数方晦塞。

玉玺元无主，女真敢为贼。

蟒衣高垂拱，太和空翼翼。

四门巩锁钥，百蛮总部勒。

居民杂满汉，服人徒威力。

胡命亦能久，一理难推识。

胁令东方人，岁述侯甸[23]职。

依旧前朝月，来照玉河[24]侧。

起听城头笳[25]，巡卒夜警敕。[26]

会待重明世，太阳久薄蚀。

1 朝鲜文人金景善《燕辕直指》里有对北京历史沿革的详细描述。另参见〔清〕顾祖禹《读史方舆纪要》卷十一《北直二》。

2“尧时”在封建王朝的条件下本不可细考，但在原稿作者李海应来中国时，朝鲜文人做了大量的推算工作。近年来，我国有学者对完全按西方史学界说法来断中国上古史表示不满，尤其不满把黄帝看作是传说人物从而把中国五千年文明史大大缩短的做法。朝韩都有开天节，公元前2333年10月3日被韩国认定是檀君建立自己文明的日子。我国由孙中山确认的公元前2333+365（公元前2698年）为元年的黄帝纪年却被两岸忽略了。另参见宋健《超越疑古，走出迷茫》，王大有《上古中华文明（修订本）》，卷首语，中国时代经济出版社，2006年版。

3 宣和，北宋徽宗的年号（1119—1125）。

4 洪武，明太祖的年号（1368—1398）。

5 永乐是明成祖的年号（1403—1424）。

6 永乐十八年是1420年。

7“放”通“仿”。

8 原稿此处有误，疑少一“过”字。

9 原稿记述有误，与北京的实际情况有出入。〔清〕武英殿本《古今图书集成·考工典》卷十八：“顺天府城池。元至元四年建，名‘大都城’。明永乐七年迁都于此。十九年既营宫室，爰拓城墉。周围四十里，高三丈五尺五寸，广六丈二尺。门九”。

10“秦鹑”是古代诗人经常用的词汇，本意是把晋国的土地让给秦国。“鹑首”是星宿名，主晋。

11 此句用《书·洛诰》典。

12 拱极，北极星。

13 丕阐，开辟了伟大的（事业）。

14 原稿“昊”有误，当为“虞”字。唐虞，尧舜。昊，大。广大无边。

15“衢”读“渠 qú”，四通八达的道路。

16 本句活用了魏晋时“竹林七贤”之一刘伶《酒德颂》中“八荒为庭衢”句。

17 阊阖，传说中的天门。“阊阖”读“昌 chāng 和 hé”。

18 南都，南京。明成祖朱棣迁都北京前，南京是明朝的首都。

19 璧沼，象玉璧一样的圆池子。《周礼》：“苍璧祭天，黄琮礼地”。

20 青衿即青领，指代读书人。《诗·郑风·子衿》有“青青子衿，悠悠我心”。《毛传》解释说：“青衿，青领也。学子之所服”。“衿”读“金 jīn”，通常指衣下两旁掩裳际。

21 涒滩岁，指明光宗元年庚申，1620年。这一年，被朝鲜文人极为敬重的万历皇帝去世，满人大举进攻明王朝。“涒”读“晕 yūn”，回环曲折。

22 孔棘，宫门。

23 侯甸，侯服与甸服。礼制规定，离王城五百里的区域为甸服，也泛指京城附近的地方。这里的意思是满族统治者强迫朝鲜做附庸国。

24 玉河，流经北京城内的一条河，现已消失。2007年北京市开始了“玉河工程”，准备恢复玉河。

25（胡）笳，我国古代北方民族的一种吹奏乐器。似笛。“笳”读“家 jiā”。

26“敕”读“赤 chì”，皇命。这里的意思是“告戒”。

寅清堂

礼部在玉河馆东北一里许[1]，其制如六曹[2]衙门。厅铺砖甓[3]，以雍正御笔书其额，曰“寅清赞化厅”[4]。两行翼廊，皆有扁，识其所掌。如“王会厅”、“催督所”、“礼器库”、“贡举库”是也。贡举库则十三省[5]乡贡文券，皆贮方柜而置之。

礼部郎中[6]数人，出厅禁哗。少焉，汉侍郎[7]关槐[8]出，南向而立。通官辈引三使，奉咨文安卓[9]上黄袱，行跪叩礼，任译[10]亦随之。

侍郎出入，乘坐椅轿。前有十余人，作喝导声。

云龙障子烂光华，九陌东头辟早衙。

净扫重门喧暂息，侍郎高坐碧油车。[11]

1 原稿此处有误，礼部在玉河馆的西北，不是在东北。〔清〕震钧《天咫偶闻》卷二曰：“六部官廨，分居大清门左右。东为宗人府、吏部、户部，礼部居其前，兵部、工部、鸿胪寺、太医院居其后。翰林院则又东而北向，理藩院南向。西为鸾仪卫、太常寺、都察院、刑部、大理寺，而通政一司则又在西长安门外，北向焉”。另参见刘镇伟主编《中国古地图精选》，第32页《京城内外首善全图》，中国世界语出版社，1995年版。

2 朝鲜王朝仿照中国六部，设立“六曹”。其位置皆在景福宫南大路两侧。参见拙著《王朝间的对话：朝鲜领选使天津来往日记导读》插图，宁夏人民出版社，2006年版。

3“甓”读“屁 pì”，用砖砌。

4 原稿“寅清赞化厅”有误，当为“寅清赞化堂”。〔清〕唐执玉、李卫等《畿辅通志》：“礼部在户部公署之南，西向。御书赐额曰‘寅清赞化堂’”。见该书卷十一，文渊阁四库全书本。

5 明朝全国设十三省以及北直隶、南直隶。原稿在这里故意用“十三省”指代全中国，意在不肯承认满族统治者。清初我国就有15个省的设置，到康熙六年（1667），“内地十八省”的设置已经完成，计有河北、山西、山东、河南、江苏、浙江、安徽、江西、湖南、湖北、广东、广西、福建、四川、云南、贵州、陕西、甘肃。东北设奉天将军（后改盛京将军）、吉林将军和黑龙江将军，西北蒙藏准回为六大区。参见谭其骧主编《简明中国历史地图集》，第64-67页，中国地图出版社，1991年版。

6“礼部郎中”是属于清朝礼部的官员。清朝设满郎中六人、蒙古郎中一人、汉军郎中一人。另外于礼部各司皆设郎中一人，作为主管官员。接待朝鲜使节的，是礼部的主客清吏司，该司简称“主客司”。参见〔清〕武英殿本《古今图书集成·官常典》卷三百十五有关记载。

7“汉侍郎”即汉族侍郎。侍郎是六部里的副职主管官员。相当于现今的副部长。清顺治元年规定，礼部设满汉侍郎各一人。参见〔清〕武英殿本《古今图书集成·官常典》卷三百十五。

8 关槐（1749—1806），清朝文人，著名书画家。字晋卿、晋轩，号云岩、曙生、柱生，晚年号青城山人。仁和（今浙江杭州）人，乾隆四十五年（1780）传胪，官至礼部侍郎。

9“卓”通“桌”。

10 任译，当值的译官。朴趾源《热河日记》里多有“任译”之称。

11 封建礼制规定，不同的官员要乘坐不同的车。碧油车是北京民间所说“小轿车子”的一种，是加锦幔的四马车。类似现今的“奔驰”、“宝马”之属。

四译馆[1]

馆即通官辈所处也，本在正阳门外。使行留馆，则会同玉河关[2]侧门，墙连通。

凡系礼部往复，皆令知委通官[3]。其先皆东人[4]也，子孙世做通官。

自是，日日给一行粮馔、柴草、酒果之属，各有差。

三韩家世入燕居，官秩常承做象胥。[5]

却愧东音[6]犹未熟，笔端时绎训民书。[7]

1 清朝四译馆与庶常馆东西并列，在太医院南。其南即南城墙的城根，沿城墙往西不远是崇文门。清人谈梅庆《京城内外首善全图》描绘得很清楚。见刘镇伟主编《中国古地图精选》，第32页，中国世界语出版社，1995年版。

2 原稿“玉河关”有误，当为“玉河馆”。

3 通官，礼部的通事。清朝于礼部设朝鲜通事十二人，负责翻译工作，他们都是朝鲜族人。参见〔清〕武英殿本《古今图书集成 · 官常典》卷三百十五有关记载。

4 东人，朝鲜人。

5 象胥，译官。

6 东音，指朝鲜口语。朝鲜文人经常把本国称作“东”。

7“笔端时绎训民书”的意思是说，这些翻译虽然是朝鲜族，却有时翻译不全朝鲜使节的话，译文里时常有（世宗大王发布的）朝鲜字母出现。这是原稿嘲笑译官不能准确地把朝鲜使节的话翻译为汉语文言文。

二十六日丁亥[1]，晴。玉河关[2]留。

1 这一天是1804年2月7日。

2 原稿“玉河关”有误，当为“玉河馆”。

夫子庙[1]

庙在安定门内。东西街有成贤坊及左右国子监牌门，又环以红栅为门，而内门曰“持敬门”[2]。门内左右有“致斋所”[3]、“神库”等处。东有神厨。庭列进士榜录碑，无虑累十百。南则皇明时所建，北则皆元、清时碑。又南有一碑阁，正统[4]间所立也。从大成门西交[5]而入，有康熙、雍正、乾隆御制碑。以黄瓦盖者，凡十一阁。傍[6]建青瓦一阁，此则望燎[7]处也。

铺甓[8]为阶砌，筑中央而为神道，抵于戟门[9]之内。正殿以黄瓦设二层椽架，扁额于上层曰“大成殿”。殿凡十六楹[10]，墙壁檐楣，涂红而施彩。设龛于上壁，以黄幔遮其面。中安先圣位板，题曰“至圣先师孔子神位”，以黄金填其字，左傍[11]以满洲字绎[12]之。诸位板及门扁，皆仿此。龛前设卓[13]，列鼎、彝[14]、樽[15]、罍[16]之属。揭对联于龛旁四楹，又以康熙以下四帝笔，扁曰“生民未有”，曰“万世师表”，曰“圣集大成”，曰“与天地泰”。殿内恰铺棕皮席。

东西配位从享[17]，一如沈阳太学[18]之制。位板长尺，皆红漆而无盖柜。且只称先贤某子，而不书其后世封爵。此皇明世宗[19]朝所定也。

翼庑[20]享历代先儒。右则以林放[21]为首，清人陆陇其[22]跻其末，此则乾隆[23]初议享者也。殿后立改[24]圣祠。庭有二碑。大德[25]间加封孔子制，及至顺[26]间追封孔子父母制也。

乾隆碑槩[27]云：乾隆初，出内帑[28]金二十余万两，一新旧制。殿额门扁，以御笔易张璁[29]旧书。又诗注云：祭享皆用周器，即尊、罍[30]之属也。

侧柏乔松，荫映于庭。颇有清阒[31]之意。

芬苾周樽不掩腥，庙门深锁昼冥冥。

戎衣[32]强作青衿[33]拜，惭愧平生读圣经。[34]

1 夫子庙即现北京孔庙（首都博物馆），俗称“文庙”，来中国的朝鲜文人一定要去参观。该庙位于国子监街，元大德六年（1302）建，明清两朝重修并扩建。参见〔宋〕徐兢《宣和奉使高丽图经》卷十六《国子监》；〔明〕郭磐《皇明太学志》卷之一；〔清〕唐执玉、李卫等《畿辅通志》卷二十八“学校·顺天府”，文渊阁四库全书本。朝鲜半岛很早就有文庙。新罗圣德王十六年（唐玄宗开元五年丁巳，717），身为王子的大监金守忠从大唐回国，带回孔子和十哲及七十二弟子的画像，安放在国学。高丽成宗十一年（北宋太宗淳化三年壬辰，992），在松京（今开城市）建立国子监，并在其中设立了文宣王庙。朝鲜王朝最大的文庙在今韩国成均馆大学，是朝鲜太祖七年（明太祖洪武三十一年戊寅，1398）建立的，后遭火灾。朝鲜宣祖三十九年（明神宗万历三十四年丙午，1606）修复，朝鲜高宗六年（清穆宗同治八年己巳，1869）再次补修。参见朝鲜文献《东国舆地志》卷一。另外，朝鲜王朝的府学、乡校也有文庙。朝鲜半岛历史上曾有孔庙362个，目前半岛南部韩国还保留有234座大成殿建筑。关于朝鲜各地文庙情况，参看朝鲜文人柳希春（1513—1577）《眉岩集》卷一《府文庙新设郑文忠心公位版》。

2 持敬门在北京孔庙的西南角。

3 致斋所在北京孔庙的西南角。

4 正统是明英宗的年号（1436—1448）。

5 原稿“西交”有误，当为“西夹”。

6“傍”通“旁”。

7 望燎，即为远处的家乡或神主而烧香。古人远行时，遇到节日往往要朝家乡祭拜。假如没有庙宇，用三块瓦也可以搭成临时的“小庙”。

8“甓”读“屁 pì”，用砖砌。

9 这里的“戟门”是指大成门。

10“楹”读“迎 yíng”，厅堂最靠外的木柱。

11“傍”通“旁”。

12“绎”通“译”。

13“卓”通“桌”。

14 彝，彝器。礼器的总称。这里是指青铜礼器。

15“樽”读“尊 zūn”，一种盛酒器。后来用做祭祀的礼器。

16“罍”读“雷 léi”，与樽等都是祭祀时用的礼器。

17 朝鲜成均馆（今韩国成均馆大学）内大成殿的东西配位从享者加该国文人。西庑加崔致远、郑梦周、郑汝昌、李彦迪、金麟厚、成浑、宋时烈、朴世采；东庑加薛聪、安裕、金宏弼、赵光祖、李滉、李珥、金长生、宋浚吉。

18 原稿“沈阳太学”有误，沈阳并无国子监之设，其最高学府是盛京府学。

19 皇明世宗，明朝嘉靖皇帝（1522—1566年在位）。

20“庑”读“五 wǔ”。许慎《说文》：“庑，堂下周屋”。

21 林放，字子邱，鲁国人。《论语》里有记载，后世封为“长山侯”。

22 陆陇其（1630—1692），清朝文人，字稼书，浙江平湖人。康熙九年（1670）进士，官至监察御史。著名理学家。

23 乾隆是清高宗的年号（1736—1795）。

24 原稿“改”有误，当为“启”字。

25 大德，元朝成宗的年号（1297—1306）。

26 至顺，元朝文宗的年号（1330—1332）。

27“槩”同“概”。

28 内帑，宫廷金库。“帑”读“躺 tǎng”，钱财，钱库。

29 张璁（1475—1539），明朝文人，字秉用，号罗峰，浙江永嘉人。嘉靖进士，官至文渊阁大学士。明世宗时为首辅。“璁”读“聪 cōng”，似玉的美石。

30“罍”读“雷 léi”，与樽等都是祭祀时用的礼器。

31 清闷，清净，幽深。“闷”读“必 bì”。

32 原稿作者李海应是以军士的身份出使中国的，所以穿的是“戎衣”。

33 青衿即青领，读书人。《诗·郑风》有“青青子衿，悠悠我心”。《毛传》解释说：“青衿，青领也。学子之所服”。“衿”读“金 jīn”，通常指衣下两旁掩裳际。

34 圣经，圣人经典。这里特指儒家经典。朝鲜文献《新增东国舆地胜览》载，朝鲜乡校里皆设有文庙。

石鼓[1]

大成门[2]内廊阁，设红栅而安石鼓。鼓凡十枚，而左右各五。世传周宣王之猎碣[3]，辞类风雅，字画皆籀文[4]。鼓之大，高可一尺，围一抱余。其形中胀，而两端微杀，顶圆如橐鼓[5]。色淡黑而剥落屃赑。[6]

初在陈仓野中，唐郑余庆[7]迁置凤翔县夫子庙，而亡其一。宋皇佑四年[8]，向传师[9]得之于民间，十鼓乃定。大德二年[10]，自京兆徙汴京。初置辟雍[11]，后移保和殿，以金填字[12]。靖康二年[13]，金人取归燕，剥其金，置汪宣武[14]第，后徙大兴府学。元大德十一年[15]，虞集[16]为大都[17]教授，得之泥土中。皇庆初[18]，移置于此。

鼓以十干[19]次第为标。鼓文共六百五十四字，而皆泐[20]缺。其可辨者，为二十五字[21]。或有全鼓无一字者。其甲鼓初句曰[22]："我车既攻，我马既同"[23]。乙鼓曰："汧[24]繄[25]泛泛，烝[26]波[27]溯渊"。[28]丙鼓曰："田车[29]孔安[30]，鋚勒[31]驿驿"。[32]丁鼓曰："帅彼銮车[33]，勿速顷如"。[34]戊鼓曰："我来自东，灵雨奔流"。[35]己鼓曰："宣猷作原，作周导遄"。[36]庚鼓曰："徒御啴啴，然而师旅"。[37]曰[38]辛鼓曰："徒走骄骄，马應哲哲"。[39]壬鼓曰："我水既净，我道既平"。[40]癸鼓曰："虞人怜亟，朝夕敬惕"。[41]字与大篆少异，所谓"籀文"[42]也。

右边第五鼓，陷其中为臼，盖在民间时所凿，臼中尚有糠粃迹。旁立协山潘迪[43]《石鼓音训碑》。左右各列十二戟，以视[44]卫护之意。门外两廊，又置乾隆[45]新制石鼓十坐[46]。其制一依旧石鼓，而集其可辨字，别成十章，刻籀文[47]而颂功德。门右有碑，以张照[48]笔，刻昌黎[49]石鼓诗。上面刻乾隆御制诗，又门左有《重刻石鼓文碑》。

石鼓石鼓周王鼓，屃赑[50]节角传千古。

勒成丰烈辞严密，太平搜猎完[51]今睹。

仲尼[52]摭星[53]遗羲娥[54]，韩愈按歌嗟[55]李杜。

上都鸾[56]凤无消息，珊瑚老柯[57]啼腥雨。[58]

日消月铄[59]神鬼秘，埋没村臼委泥土。

终然宝鼎汾河出[60]，完如石经[61]鸿都叟。[62]

剔龄[63]太半苍籀缺，潘君短碣[64]稽遗谱。

绝笑胡皇纪何绩，十章新鼓峙廊庑。[65]

1 本节记述的是李海应游览清太学（今国子监）。石鼓原件现藏北京故宫博物院。我国历代文人多有歌咏石鼓者，如唐朝诗人韦应物《石鼓歌》里有"周宣大猎兮，岐之阳。刻石表功兮，炜煌煌"。民国前多以为是周宣王时物，后有专家以为是战国时秦国遗物。参见〔明〕刘侗、于奕正《帝京景物略·太学石鼓》，第3页，北京古籍出版社，2000年版；〔清〕朱家楣等《（光绪）顺天府志》之《太学全图》，续修四库全书本。

2 大成门，在北京孔庙先师门之北。

3 碣，石碑。

4 籀文，汉字的一种书体，也叫大篆。"籀"读"咒 zhòu"。

5 鼖鼓是古代军中用的大鼓。"鼖"读"坟 fén"。

6 原稿"屃赑"有误，当即赑屃，是传说中的一种大龟。大石碑的底座多雕刻成它的模样。“屃赑”读“细xì必bì”。

7 郑余庆（748—820），唐朝文人，荥阳（今河南荥阳）人。曾任中书侍郎同中书门下平章事、凤翔节度使，封荥郡公。书法家。

8 北宋皇佑四年，1052年。

9 向传师（？），宋朝文人，著名金石学家。

10 大德是元成宗的年号。大德二年是1298年。

11 辟雍，周朝天子为贵族子弟设立的学校。后代多设辟雍于国学，亦有用于祭祀者。

12 石鼓填金之说，来自明人王祎。近人马衡以为当是以泥金填入。参见郭沫若《石鼓文研究 诅楚文考释》，第28页眉注，科学出版社，1982版。

13 北宋靖康二年，1127年。

14 汪宣武（？），元朝文人。其余不详。

15 元大德十一年，1307年。

16 虞集（1272—1348），元朝文人，字伯生，号道园。祖籍仁寿（今属四川），南宋名相虞允文的五世孙。宋亡后流落于临川，以教学为生。大德年间被举荐为大都路儒学教授。后历任翰林直学士兼国子监祭酒、奎章阁侍书学士、侍讲学士。有《道园学古录》（收入《四库全书》）、《道园类稿》传世。明人冯从吾《元儒考略》（收入《四库全书》）有介绍。

17 元大都即今北京市。

18 皇庆是元仁宗的年号（1312—1313）。

19 十干，十个天干数字，即甲、乙、丙、丁、戊、己、庚、辛、壬、癸。

20“泐”读“乐lè”，铭刻，用刻刀书写。

21 原稿所载可辨字数恐有误。郭沫若认为，石鼓文字可辨者数（合重文）为321字，而宋人欧阳修称可见465字。见郭沫若《石鼓文研究 诅楚文考释》，第25页，科学出版社，1982版。另参见〔清〕梁国治等《钦定国子监志》卷五十《金石五 · 石鼓》，文渊阁四库全书本。

22 参见韩愈《石鼓歌》之《解题》，《全唐诗》卷三百四十。

23“我车既攻，我马既同”来自《诗 · 小雅 · 车攻》。〔清〕震钧《天咫偶闻》卷四记为“我车既工，我马既同”。震钧以为该鼓是秦文公东猎时所制：“右第一鼓记将东猎之始，选具车徒，储峙弓矢”。参见〔明〕郭磐《皇明太学志》卷之一；〔清〕梁国治等《钦定国子监志》（乾隆四十六年纂）卷五十《金石五 · 石鼓 · 第一鼓》，文渊阁四库全书本；〔清〕于敏中等《日下旧闻考》卷六十八，第1128页，北京古籍出版社，1981年版。

24“汧”读“牵qiān”，水名，今作“千河”。源出甘肃省，流进陕西省入渭河。

25“繄”读“衣yī”，语气助词。

26 烝，众。参见〔清〕梁国治等《钦定国子监志》卷五十《金石五 · 石鼓 · 第二鼓》，文渊阁四库全书本。

27 原稿“波”有误，当为“彼”字。参见〔清〕梁国治等《钦定国子监志》卷五十《金石五·石鼓·第二鼓》，文渊阁四库全书本。

28 原鼓第二鼓首字不清。李海应当是采用了潘迪的解释。但“溯渊”二字有误，当为“淖渊”，意思是水的深处。〔清〕震钧《天咫偶闻》卷四对“丞皮淖渊”句的解释是：“右既泛舟，因遂渔焉。其鱼众多，羹霍之不足，更以柳为橐盛之”。参见〔清〕梁国治等《钦定国子监志》卷五十《金石五·石鼓·第二鼓潘迪音训》，文渊阁四库全书本。郭沫若认为，此二句是“汧殹（猗）沔沔，烝皮（彼）淖渊”。见郭沫若《石鼓文研究 诅楚文考释》，第44页，科学出版社，1982版。参见〔清〕于敏中等《日下旧闻考》卷六十八，第1128页，北京古籍出版社，1981年版。

29 田车，狩猎用的轻便车辆。参见〔清〕梁国治等《钦定国子监志》卷五十《金石五·石鼓·第三鼓潘迪音训》，文渊阁四库全书本。

30 原稿“孔安”一说为“既安”。参见〔清〕梁国治等《钦定国子监志》卷五十《金石五·石鼓·第三鼓潘迪音训》，文渊阁四库全书本。郭沫若《石鼓文研究 诅楚文考释》认为是“孔安”，见该书第44页，科学出版社，1982版。参见〔清〕于敏中等《日下旧闻考》卷六十八，第1130页，北京古籍出版社，1981年版。

31 鋚勒，马头上的装饰与马嚼子。“鋚”读“条 tiáo”，辔头上的铜饰。〔清〕震钧《天咫偶闻》卷四对“田车既安，鋚勒虔虔”的解释是：“右记车徒完备，旌旗飞扬，乃出而猎。且驱跻于原而戎众则止于陆。以秀弓而射禽兽，似舍车而徒猎者，于古未闻，秦近西戎，盖狄俗也”。另参见〔清〕梁国治等《钦定国子监志》卷五十《金石五·石鼓·第三鼓潘迪音训》，文渊阁四库全书本。

32 骍骍，原鼓“马”偏旁后不清，参见〔清〕梁国治等《钦定国子监志》卷五十《金石五·石鼓·第三鼓潘迪音训》：“或作矼矼”，文渊阁四库全书本。

33 銮车，君主的车驾。一说是“鸾车”。见〔清〕于敏中等《日下旧闻考》卷六十八，第1132页，北京古籍出版社，1981年版。

34 原稿所记本句的文字与同时期的中国官方文献出入较大。参见〔清〕梁国治等《钦定国子监志》卷五十《金石五·石鼓·第四鼓潘迪音训》，文渊阁四库全书本。

35 原稿本句与同时期的中国官方文献出入较大。原鼓第五鼓的文字几乎不可辨认。参见〔清〕梁国治等《钦定国子监志》卷五十《金石五·石鼓·第五鼓潘迪音训》，文渊阁四库全书本；〔清〕于敏中等《日下旧闻考》卷六十八，第1134页，北京古籍出版社，1981年版。

36 原稿“宣猷作原，作周导遄”有误，当作“猷作原作，道遄我嗣”。参见〔清〕梁国治等《钦定国子监志》卷五十《金石五·石鼓·第六鼓释文》，文渊阁四库全书本。“遄”读“船 chuán”，治。参见〔清〕于敏中等《日下旧闻考》卷六十八，第1135页，北京古籍出版社，1981年版。

37 原稿“徒御啴啴，然而师旅”与同时期的中国官方文献出入较大。参见〔清〕梁国治等《钦定国子监志》卷五十《金石五 · 石鼓 · 第七鼓潘迪音训》，文渊阁四库全书本；〔清〕于敏中 等《日下旧闻考》卷六十八，第1136页，北京古籍出版社，1981年版。

38 原稿此处有误，“曰”字可删。

39 石鼓第八鼓首句无字可以辨认。原稿记录的是读鼓可辨认字句。参见〔清〕梁国治等《钦定国子监志》卷五十《金石五 · 石鼓 · 第八鼓潘迪音训》，文渊阁四库全书本；〔清〕于敏中等《日下旧闻考》卷六十八，第1137页，北京古籍出版社，1981年版。

40 原稿“我道既平”与同时期的中国官方文献有些出入。参见〔清〕梁国治等《钦定国子监志》卷五十《金石五 · 石鼓 · 第九鼓潘迪音训》，文渊阁四库全书本；〔清〕于敏中 等《日下旧闻考》卷六十八，第1138页，北京古籍出版社，1981年版。

41 原鼓第十鼓首字为“吴”。参见〔清〕梁国治等《钦定国子监志》卷五十《金石五 · 石鼓 · 第十鼓潘迪音训》，文渊阁四库全书本；〔清〕于敏中等《日下旧闻考》卷六十八，第1139页，北京古籍出版社，1981年版。

42 籀文，汉字的一种书体。“籀”读“昼 zhòu”。

43 潘迪（？），元末文人，字履道，号牖氏、协山，元城（河北大名）人。博学能文，以复兴礼学为己任。历任国子监司业、集贤殿学士，以礼部尚书致仕。西夏遗民杨崇喜受业于潘迪，杨著《述善集》收录潘迪文14篇；明人冯从吾《元儒考略》（收入《四库全书》）有对潘迪的介绍。

44“视”通“示”。

45 乾隆是清高宗的年号（1736—1795）。

46“坐”通“座”。

47 籀文，汉字的一种书体。“籀”读“昼 zhòu”。

48 张照（1691—1745），清朝文人，著名书画家。字得天、长卿，号泾南，别号天瓶居士。华亭（今属上海）人。康熙四十八年（1709）进士，雍正朝官至刑部尚书。其书法深得康熙帝赞赏，康熙有“羲之后一人，舍照谁能似”之语。《收藏》杂志2008年6月号（总第168期）刊有张照书法照片。

49 昌黎，即唐朝著名诗人韩愈（768—824）。

50“赑屃” 读“细 xì 必 bì”，碑座下的石龟。

51“完”通“宛”。

52“仲尼”是孔子的字。

53“摭”读“直 zhí”，选取。这里的“摭星”指孔子整理古代文献。

54 羲娥即伏羲与女娲。他们是远古时代的人物。原稿这一联里引用的是韩愈《石鼓歌》里的句子“孔子西行不到秦，掎摭星宿遗羲娥”。“掎”读“挤 jǐ”，指摘。参见〔明〕刘侗、于奕正《帝京景物略》卷之一《太学石鼓》，北京古籍出版社，2000年版。

55 嗟，嗟叹。这句是说，韩愈为李白和杜甫不知道石鼓而惋惜。

56 鸾，鸟名。凤凰的一种。雄性的长生鸟。“鸾”读“栾luán”。

57 柯，树枝。这里是形容珊瑚弯曲的样子。

58 原稿此联活用的也是韩愈《石鼓歌》里的句子。

59“铄”读“硕shuò”，销毁。

60 公元前116年，汉武帝刘彻在汾河得到一尊宝鼎，以为祥瑞，改年号为“元鼎”。

61 石经，在巨大的石块上刻下的经文。我国有熹平石经与摩崖石经（在今河北省涉县）等。

62 鸿都叟，洛阳鸿都门学里善于篆书的人。东汉灵帝光和元年（178）在洛阳建立了“鸿都门学”，与太学相对。专门研究诗词歌赋与书法，不重儒术。原稿在这一联里活用了韩愈《石鼓歌》里的句子。

63“軨”通“零”，读“灵líng”。

64 潘君短碣，元末文人潘迪著有《石鼓音训碑》。

65“庑”读“五wǔ”。许慎《说文》：“庑，堂下周屋”。

辟雍[1]

圣庙之右，循长垣[2]而入一偏门，即“彝伦堂”也。堂凡八楹[3]，而四方七间，以乾隆笔扁曰“彝伦堂”。北壁下，竖皇帝手书四经注解碑。碑共十六坐[4]，俱护以黄帕。有长木凳床百数，此则儒生考准时所坐处云。

西翼室壁，有乾隆手画古槐。首刻古诗一篇，其一联曰：“初植至元[5]岁，再荣辛未[6]年”。注曰：辛未，即慈宁宫[7]六旬。堂前有古槐，枯槁昂藏。旁生者颇繁茂。今则元株又枯死。以红漆木种种擎之。此系许鲁斋衡[8]手种也。

庭中南北，几三百余步。阶上立石台，而设石轮图[9]于塔上，此则观日影处也。庭中央凿沼，环以石栏干，形如满月，象古辟雍之制。沼底铺甓[10]，置石龟于栏头。以隐沟通关中水，从龟口流注此。

此中建一堂。堂内设黄金榻，安置沉香[11]于床前。榻上有门屏，雕刻甚玲珑。屏面书乾隆御制诗。榻四面设红梯，而堂内扁楣及柱联，以黄帕笼之。左右翼廊，各六十二间。左有率性堂、养心堂、崇志堂；右有学古堂、正义堂、广业堂、修道堂。此明朝养士之所，今藏《十三经》石碑，每一间竖三座，总三百七十二坐[12]。亦俱系乾隆御笔。又厅首左右，对建绳衍厅[13]、博士厅。沼之南立门，有扁。外曰“环桥教泽”，内曰“学海节观”。两傍[14]建钟鼓二楼。又于翼廊，藏置书板，如邱[15]山之积。其外门即集贤门也。

学惟三代[16]共，首善[17]集群贤。

冠带桥门路，弦歌雅正筵。

金瓯[18]终缺裂，壁水混腥膻。

森列堂中石，群经日月悬。

1 辟雍本是周天子为贵族子弟设立的学校。其制如玉璧环，四周环水。有五部分：南成均，北上庠，东东序，西瞽宗，中辟雍。后代多设辟雍于国学，亦有用于祭祀者。原稿所说“辟雍”，即北京国子监。

2“垣”读“元 yuán”，墙。

3“楹”读“迎 yíng”，厅堂最靠外的木柱。

4“坐”通“座”。

5 至元，元世祖的年号（1264—1294）。

6“辛未”指乾隆十六年辛未，1751年。

7 清朝紫禁城的慈宁宫是皇太后的寝宫。

8 许衡（1209—1281），元朝初期文人，字仲平，号鲁斋。怀州河内（今河南焦作）人。蒙古军攻占新郑，被俘。1238年参加考试，后得到元世祖宗信任，官至集贤殿大学士兼国子监祭酒。有《鲁斋遗书》传世。

9 石轮图，类似罗盘一样可指示24个方位的石刻制品。

10“甓”读“屁 pì”，用砖砌。

11 宋朝文人范成大《桂海虞衡志》之《志香》有对沉香的详细记述。见〔宋〕范成大原著，孔凡礼点校《范成大笔记六种》，第94—95页，中华书局，2002年版。〔清〕屈大均《广东新语》更把沉香区分为十五种。见该书第669页，中华书局，1985年版。

12“坐”通“座”。

13 绳衍厅，国子监里处罚违规学生的地方。

14“傍”通“旁”。

15“邱”通“丘”。

16 三代，我国夏、商、周三朝代。

17 首善，首善之地，这里指京城。《金史 · 礼志八》：“京师为首善之地”。

18 金瓯，金属酒器，常用以喻江山。如“金瓯永固”。

文丞相祠[1]

祠在顺天府学[2]之旁，即古之“柴市”[3]也。元人杀文山[4]于此，既而名曰“教忠坊”，以旌异之。今改称“育贤坊”。明朝为立祠岁祭，正统[5]中重修，而杨士奇[6]有纪。祠仅三间，庭除[7]难容旋马。[8]

设龛[9]安塑像，面方而丰下。眉目清爽，但额庭甚窄。身窄[10]大袖朝袍，头戴四角幞头[11]，垂绅[12]而搢笏[13]，此宋制也。题位板曰“宋丞相信国公文公神位”。

龛左傍[14]立方石，色淡黑，角[15]文山像。文山就死之日，有人高其节，慨然叹曰：“不可使此人无传于后！”遂拔所佩刀，急就石上传神。因以文山自赞诗刻其上。有曰：“孔曰成仁，孟云取义。惟其义尽，所以仁至。读圣贤书，所学何事？而今而后，庶几无愧”。[16]

东壁嵌二圆石，即古云麾将军李秀[17]碑，北海太守李邕[18]笔。字多剥落，少可辨者。又右嵌一方石，而记其事。门外有名宦祠、乡贤祠，其外门曰“棂[19]石门”。

空庭树老锁轻烟，丞相祠堂冷日悬。

一死男儿犹有地，百年仇怨不同天。

寸心岂独青编照，真像留看白石传。

未信灵英柴市住，祇[20]今中土又腥膻。[21]

1 文天祥祠在今东城区府学胡同63号，现为北京市文物保护单位。明清朝来中国的朝鲜文人多去拜谒。参见〔明〕刘侗、于奕正《帝京景物略》卷之一，《文丞相祠》，北京古籍出版社，2000年版。

2 府学，明清时一州的学生管理与教育机构，其下是县学，其上有国学（国子监）。顺天府学故址在今北京交道口南大街东，那里现有“府学宾馆”。

3 清人震钧《天咫偶闻》卷三曰：“文丞相祠，在府学之左，地仅数弓。祠屋一楹，相传府学即元之柴市，丞相成仁地也”。但李敖历史小说《北京法源寺》（中国友谊出版公司，2004年版）第十二章《从监牢到法场》认为，柴市（口）即今北京菜市口。

4 “文山”是文天祥的号。文天祥（1236—1283），南宋名臣，文学家。字宋瑞，号文山。吉州庐陵（今江西吉安）人，官至右丞相。南宋灭亡，被俘至大都（今北京），不屈就义。

5 正统是明英宗的年号（1436—1448）。

6 杨士奇（1365—1444），明朝文人，名寓，号东里，以字行。江西泰和人。文学家，36岁时直接被召至翰林院。兵部尚书、光禄大夫、少师、文渊阁大学士，以善用人著称。

7 庭除，庭院。

8 此处用北宋真宗时宰相李沆故事为典。李沆客厅外院落仅容旋马（一马转身），人以为廉。

9 “龛”读“勘 kān”，小窟，小屋。

10 原稿“窄”有误，当为“着”字。

11 古时男子以绢裹发，绢有四带，用二带系脑后垂之，另二带反系头上，称“幞头”。

“幞”读“扶 fú”。

12 绅，大带子。

13 搢笏，插笏于腰间。“搢笏”读“进 jìn户 hù”。笏是大臣上朝时拿的手板，用来记事。

14 “傍”通“旁”。

15 原稿“角”有误，当为“有”字。

16 关于此文天祥画像事，参见《宋史 · 文天祥传》。

17 李秀（？），唐朝名将。封云麾将军、辽西郡开国公、上柱国。首都师范大学欧阳中石教授《行书字帖选》（中国书画函授大学教材，1990）收有云麾将军碑文。

18 李邕（678—747），唐朝文人，字泰和，扬州江都人。曾任北海太守，世称“李北海”。善书法，性刚直。后为李林甫所杀。“邕”读“拥 yōng”。

19 “棂”读“零 líng”，窗格。

20 “秖”通“只”。

21 中土，中原；又腥膻，再次被野蛮的异族占据。

二十七日戊子[1]，晴。玉河馆留。

1 这一天是1804年2月8日。

观戏猿[1]

有牵𤝔[2]猴戏者来到馆中，作诸般戏。猴二，白羊一，狒狒一。狒狒即犬子[3]，差少[4]于猫，而戏者牵而前，以韦辔[5]系猴颈，驱[6]羊而使之随。则辄手握其辔，跃腾羊背，骑而驰走。

又以一猿，穿红衣青袴[7]，头着假面女髻，足蹑[8]胡鞋，而高坐一柜上，恰如数三岁孩儿矣。一人鼓锣，叫声，则一猴自开柜，出帽而着之。一开而一着，乍着乍脱。其冠帽之属不一。或作人步，或跪或卧，或持枪作击赖[9]状，或扶筇[10]作伛偻状。

又以两木交植左右，横索其上，而人又喝声道辞，则猴辄缘木而上，驰走横索之上，少无差蹶，而或踞坐于木末，或立悬于索间，若自经[11]状。一猴则翻身回转。人若从后暗打，则坐不安席，流眄[12]侧眄[13]。或曰：若见人打之，则必向人帖[14]身，破肤裂冠云。

猴之小，亦与狒狒相等。手足如人形，而臂长手厚。面貌间则无一茎毛，但班班[15]然浅赤。

又以筛轮[16]四介[17]相对如串字，或相比如连环，或分置四隅，或加轮于轮上，而辄敲锣嗾[18]犬，则犬乃回身转入。或一直穿过，或腾身跳上，或曲腰折入，而一不触动其轮。甚巧异物也。

有小儿从旁突出，曲折其身，如弄绕指之铅。倒竖横立，摇头转足，示其便俐之容。问其年，则甫[19]八岁云。又有十余岁儿，持一画磁盌子[20]，以尖小尺寸之木，撑其底，而又以一木，含其端于口，其一端则横连撑盌[21]之木。仍口中道辞，而一手击盌，使回回不已。则盌辄应手摇旋，而又以两针，各系一竿，使针末相连而摇之。又于竿头，效人踞坐状。又以烟竹样，连其端而撑之。彼盌子[22]一不违落于地。

又以红木丸子三个，向空投上，迭手受之。乍投乍受，不知何丸之从何手投受也。又以嵌穴一小筒，系在顶门上，有时受丸之落。此虽与幻术有异，而亦属妙入神者。

效人嚬[23]笑解人言，蹴[24]拨骑羊善聚奔。

可惜衣冠无用地，游场脱着任猴孙。

1 原稿此处记述北京民间艺人为朝鲜人表演杂技。朝鲜文人“燕行录”中多有对于北京“耍猴的”等杂技和魔术的记述。

2“嗾”读“叟 sǒu”，教唆，指使。

3 原稿此处有误，狒狒不是狗。现今动物园多有狒狒供游人参观。“狒狒”读“费 fèi 费 fèi”。

4 原稿“少”有误，当为“小”字。

5 韦辔，皮子做的绳子。“辔”读“配 pèi”。缰绳。

6“駈”同“驱”。

7“袴”同“裤”。

8“蹑”读“niè”，穿。

9 原稿“赖”有误，当为“剌”字。

10“筇”读“穷 qióng”，一种竹子，可做手杖。

11 自经，上吊。

12“睨” 读“逆 nì”，侧目而视。看。

13 侧眄，侧目。“眄”读“缅 miǎn”。

14“帖”通“贴”。

15“班”通“斑”。

16 筛轮，筛子的外圈，多用竹子做成。原稿本段记述的是我国传统杂技节目“小狗钻圈”。

17“介”通“个”。

18 “嗾”读“叟sǒu”，教唆，指使。

19 甫，才、刚刚。

20 画磁盌子，有美丽图案的瓷碗。“盌”同“碗”。“磁碗子”似乎是我国东北的汉语口语。从描述的文字看，当是我国杂技的传统节目“转碟”。

21 “盌”同“碗”。

22 盌子，碗子。“盌”同“碗”。从原稿的记述可见，这些名字当是通官告诉他们的，而这些通官是朝鲜族人，他们长期生活于我国东北，他们所熟悉的汉语口语是东北话。

23 “嚬”读“贫pín”，皱眉。原稿此处活用了“东施效嚬”的典故。

24 “蹴”读“醋cù”，踏，踩。

蒙古馆

蒙人本犬戎[1]，部落甚强盛。皇帝与结婚姻[2]，而其番王之居住皇城者，不止一馆。其一馆则与玉河关[3]不相远。

我国人相对，语愈不可通。衣裘粗污，面目皆狞悍，且广颧[4]，异于清人。不畏风寒，脱衣扪[5]虱，得辄吞之云。其妇女有随来居馆者，便旋[6]不避人，而闻之，则衣制如胡女，头髻类东俗。

是日，从景博[7]诸人临其间，为狼犬[8]所阻。橐驼[9]，蒙古所产，而善御者，蒙人也。日驮石炭[10]，络续于途。

毡幕相连似结橐[11]，北方腥气面前多。

黄裘晚罢城南市，白日河桥洗橐驼。

1 犬戎，我国古代游牧民族之一。殷商时活动于泾水与渭水附近，幽王时进攻周朝首都镐京，迫使周迁都。其后部分北迁，部分与汉等其他民族融合。原稿这里是在贬损蒙古民族，李海应不知道我国蒙古族同胞不仅继承和发扬了本民族的文化传统，而且有大批研究汉文化的优秀人才。与李海应同时代的法式善（1753—1813）即是蒙古族著名的学者，官至侍读学士。参见〔清〕法式善原著，涂雨公点校《陶庐杂录》，中华书局，1959年版。

2 清室与蒙古联姻，由来已久。康熙皇帝的祖母孝庄太皇太后就是蒙古人。

3 原稿“关”有误，当为“馆”字。

4 广颧，颧骨很大。

5 “扪”读“门mén”，摸。

6 “便旋”是回转、打转转的意思。这里是指东张西望。显然，原稿作者李海应对我国蒙族女子有偏见。[意]马可·波罗《马可·波罗游记》第一卷则对她们评价很高：“鞑靼人的妇女十分重视贞洁，在行为仪态方面，世界上也没有人能够超过她们。她们对丈夫的爱情和义务也是如此。她们不仅仅视不贞为一种可耻的罪恶，并且认为是一种最不名誉的罪恶。同时，丈夫对妻子的忠实，也值得赞赏”。

7 景博即原稿作者的好朋友、朝鲜文人李光文。李光文（1778—1838），字景博，号小华，本贯牛峰。后出任吏曹判书、大司宪等职。

8 狼犬，大狼狗。

9 橐驼即骆驼。“橐”读“驮 tuó”。

10 石炭，煤。这是原稿对我国蒙族人民在19世纪80年代广泛使用煤炭的记载。［意］马可·波罗《马可·波罗游记》第二卷说，蒙民于元朝已在使用煤炭：“契丹省的各地都发现了一种黑石。它从山中掘出，其矿脉横贯在山腰中。这种黑石像木炭一样容易燃烧，但它的火焰比木材还要好，甚至可以整夜不灭。这种石头，除非先将小小的一块燃着，否则，并不着火。但一经燃烧，就会发出很大的热量”。马可·波罗是欧洲记录煤炭第一人。另参见“紫图图书”白话图文全译本《天工开物》，第251页《挖煤（图）》，南海出版公司，2008年版。

11“橐”读“驮 tuó”，行囊。

二十八日己丑[1]，晴。玉河馆留。

1 这一天是1804年2月9日。

午门观跸[1]

因主客司[2]知委，三使率任译[3]，往候星驾之诣太庙。余亦随之。

夜五鼓[4]，由东长安门[5]入。行百余步，路折而北。历东朝[6]、天安两门。是晓，皇帝将袷祭[7]于太庙。卫卒已集，红灯扑地照耀。至午门下。午门，端门之内也。遂入憩[8]于主客司朝房。东方始晢，而鼓声出午门内，众官肃然无哗。门内外火光，一时吹灭。只有羊角灯[9]数十双，列行而导之。

皇帝始出。驾乘黄屋轿，仪仗旗帜，皆用黄色，仪仗甚草草，而左右寂寂，只闻石路上马蹄声。

黎明，有播鼓声出端门楼上，五凤楼撞钟相应。少倾[10]，左右鼓角，一时齐鸣。笙乐之声，自远而近。及驾过，三使皆跪而仰视，是谓“瞻仰”也。

夹驾侍卫之例。黄凉伞用黄金镫[11]，略施淡黑云纹，以曲柄竿承之，其长二丈余。一人捧之。又一人捧流苏[12]之下垂者。骑者十数人，随驾而入，此则亲王及阁老也。黄屋轿则如我国双轿，而四面皆环以阑干，饰以珠翠，而以黄金障之，左右贴琉璃。其它日月扇、斧、节，亦各有定。

卫而无随行之例。执仗卫士，皆着绣衣，帽上竖一枝黄色羽。

禁中一日守直，凡八千人云。有五象在午门外，其大如屋。皇帝动驾时，鞴[13]金鞍而驾黄屋者也。[14]

路直重门列应皐[15]，倌人传跸[16]早鸣鼗。[17]

虹桥侧畔双龙柱，青锁[18]东西九蟒袍。

太极楼台诚壮观，女真皇帝亦雄豪。[19]

鸾[20]旗影下凝眸立，黄屋流苏[21]象背高。

1“跸”读“毕 bì”，帝王出行时的车驾。

2 主客司，清朝礼部下属的行政部门。

3 任译，当值的译官。朝鲜文人朴趾源《热河日记》里多有“任译”之称。

4 五鼓，五更鼓。

5 东长安门，北京紫禁城的一个门，已毁。

6 原稿“东朝”有误，当为“东华”。

7 祫祭，天子诸侯宗庙祭礼之一，乃集合远近祖先的神主于太祖庙大合祭。三年丧毕时要举行一次，次年又举行一次。以后则是每五年一次。参见《礼记·曾子问》。“祫”读“峡xiá”。

8“憩”读“气 qì”，休息。

9 原稿说，当时灯笼有用铁丝做骨架者，“亦用羊角造成”。后者即羊角灯。参见原稿卷五《器用》。

10 原稿“少倾”即“少顷”，过了一会。

11 镫，这里是指伞柄的底部。

12 流苏，下垂的穗子。

13“鞴”读“被 bèi”，把鞍辔等给马戴上。

14〔清〕震钧《天咫偶闻》卷二说，朝班无大象在同治朝以前是很罕见的。但光绪十年甲申（1884），一象忽然发疯伤人，从此朝班无大象拉辂之典。实际上，西方入侵，缅甸等国无法进贡大象是主要原因。“辂”读“路 lù”，帝王用的大车。

15 应皐，应门和皐门。参见《礼记·明堂位》。

16“跸”读“毕 bì”，帝王出行时的车驾。

17“鼗”读“逃 táo”，小鼓，有柄。

18 青锁，青琐。装饰皇宫的青色连环花纹。也用来指代宫殿。

19 女真皇帝，满族皇帝。

20 鸾，鸟名。凤凰的一种。雄性的长生鸟。“鸾”读“栾 luán”。

21 流苏，下垂的穗子。

五凤楼[1]

楼在午门内。以五楼相对，故名。楼上有一群黑鸦，蔽天而集。或曰，皇帝驾动时，辄飞集于此。幸行于西山，则亦随而往集云。盖北方之气属水，而水色尚黑[2]。鸦亦得气之先者欤？

通官[3]引正副使，参宴于中和殿。皇帝有赏赐。

满洲皇帝[4]晓鸣鸾，五凤干云屹翠栏。

屋上群乌头未白，至今怨冤说燕丹。[5]

1 五凤楼即故宫太和门及其他一字排开的四个建筑物。

2 按五行轮回的观念，清朝属水德，其色黑。满族统治者改“后金”为“清”即要遵此轮回次序。满族统治者把乌鸦看作神鸟，其背后的“玄武”崇拜观念不可忽略。

3 通官，礼部的通事。清朝于礼部设朝鲜通事12人，负责翻译工作。他们都是朝鲜族人，其中大通官为正六品。参见〔清〕武英殿本《古今图书集成·官常典》卷三百十五有关记载。

4 满洲皇帝，清朝皇帝。

5 燕丹，派荆柯去刺杀秦王的燕国太子丹。

鸿胪寺[1]

因主客司移文，三使午赴鸿胪寺，行“演礼”。寺在太医院、工部两衙之间。西向设甓[2]大厅，厅之南筑墙而置门。入其门，庭除旷然。北有门，扁曰“龙亭门”。寺卿呼喝，而至龙亭门。门内有八面亭，扁曰“习礼亭”[3]，中安龙碑，而设御榻，牌刻“皇帝万岁万万岁”[4]。庭植品石[5]。使就立于品石前。寺卿胪唱，则通官以我音传之。行拜叩礼。

风拂庭槐白日寒，龙亭高起会衣冠。

行人未习胡人礼[6]，胪唱声中听舌官。[7]

1 清鸿胪寺是礼部下属的一个部门。主要职能是掌管朝会、筵席、祭祀赞相礼仪。在今天安门广场的东侧。按原稿的说法，“寺在太医院、工部两衙之间”。鸿胪寺之北是工部，其南是钦天监和太医院。北京大学侯仁之教授认为，今天安门广场东侧，明朝时分别是宗人府、吏部、户部、礼部（户部街是其遗迹）以及兵部、工部和鸿胪寺、钦天监、太医院等衙门的所在地。今广场的西侧，当年是五军都督府。清朝沿用了明朝的设置，只是兵制改变后，今广场的西侧衙门的设置改为刑部与都察院、大理寺等。参见侯仁之《侯仁之文集》，第78—92页，北京大学出版社，1998年版。另，〔清〕唐执玉、李卫等《畿辅通志》载：“六科在午门外，东西向。吏户礼在东，兵刑工西”，“鸿胪寺在工部公署之南，西向”。见该书卷十一，文渊阁四库全书本。

2“甓”读“屁pì”，用砖砌。

3 习礼亭原在鸿胪寺，1915年移至今北京中山公园内。

4 清人赵翼（1727—1814）《陔馀丛考》卷二十一认为：“‘万岁’本古人庆贺之词”，并称《吕氏春秋》、《韩非子》、《新序》、《史记》中皆有呼万岁的记载。

5 品石，按照九品的顺序安置的石头。约一尺高，其上依次刻“正一品”、“从一品”、“正二品”等，直至“从九品”。

6 这些跪拜的礼节实际上是汉族的，是满族统治者从汉族文人那里学来的。

7 舌官，通官、翻译官。

二十九日庚寅[1]，阴风。玉河馆留。

1 本月无阴历“三十”，故腊月二十九即农历的除夕。朝鲜来的正副使进入紫禁城保和殿，赴“年终宴”。这一天是1804年2月10日。

次韵李光稷於野[1]

是日[2]，以皇旨颁果——岗榴、广橙、甜橙、中蜜柑之属。又自光禄寺送岁馈，皆糕果之属，而果之可食者，八宝糖、胡桃糖、冰糖、龙眼、荔枝、胡桃、榛、栗、蜜枣、生枣、沙果、苹果、生梨、干葡萄、生葡萄、白葡萄，而白者产于回回国云。生果皆非时，而如新摘者。

正副使朝入保和殿[3]，参年终宴。

甘榴珠赤橘黄金，冰雪胡桃各种糖。

光禄寺中新送馈，保和楼上却传香。

1 李光稷（1745—？），朝鲜文人，字耕之，号於野，本贯广州。1799年朝鲜王朝派至中国的宪书赍咨官。《朝鲜王朝实录·正祖实录》于二十三年己未（清嘉庆四年，1799）记载：义州府驰报，宪书赍咨官李光稷在北京向副统张承勋宅中私投信札，此事已上礼部官报。李光稷1799年在北京期间，曾与张问陶等中国文人诗歌唱和。私投书札事后，被杖流。后为译官、其术官，原稿称其为“李译光稷”。朝鲜文人车佐一（1753—1809）《四名子诗集》有《次李耕之光稷卧云楼韵》、《哭李耕之》。

2 是日，这一天。

3 保和殿，现今故宫三大殿之一。

赵景裕芝园[1]夜至，共赋二首

殊邦饯迓[2]，家国之恋倍切。自数日纸炮[3]之声，无处不起，如雷轰天。

茶钟呼罢烛花垂，溧溧[4]寒风岁除时。

关塞诚难为远客，亲堂何耐恋游儿。

樽[5]前强饮仍和泪，笔下裁愁偶有诗。

万户轰轰炮火起，却惊残岁坐嚬眉。[6]

寒天星斗插檐垂，孤坐羁窓[7]夜静时。

怜我愁肠同弱女，看君饮户涤些儿。[8]

一年过景登程马，万里游装溢橐[9]诗。

合席峥嵘操话欛[10]，钘[11]虹嘘气接疏眉。

1 赵景裕即《秋斋集》的作者、朝鲜文人赵秀三。赵秀三（1762—1849）又名景裕，字芝园、子翼，号秋斋、经畹，本贯汉阳。他是此次朝鲜使节团副使的幕宾。《秋斋集·传》引用《壶山外史》，称赵秀三6次到中国，83岁中进士小科，88岁卒。这一夜是大年三十，赵秀三来与原稿作者李海应共同守岁。

2“迓”读“亚 yà”，迎接。

3“纸炮”即爆竹。朝鲜人虽然接受了我国的春节，但由于硫磺极少，并没有放爆竹的习惯。

4“溧”读“立 lì”，极冷。

5“樽”读“尊 zūn”，一种盛酒器，后用做祭祀的礼器。

6 嚬眉，皱眉。“嚬”读“贫 pín”。

7“窓”同“窗”。

8 些儿，少许，一点儿。

9“橐”读“驼 tuó”，行囊。

10“欛”同“把”。

11“钘”读“任 rèn”，剑刃。

和秋阳[1]守夜[2]绝句

馆中人亦往来，相劳拜揖纷纷，无异在京[3]时。

余自絅庵[4]馆方归，秋阳口占促和。

北风和雪夜凄其，游客孤怀倍此时。

遥知故国东城屋[5]，共翦[6]寒灯亦我思。

1 秋阳，此次出使中国的书状官徐长辅（1767—1830）。

2 守夜，古代的朝鲜文人和中国人一样过春节。年三十夜里，他们也是不睡觉的。

3 京，这里是指朝鲜京城，即现今韩国首尔（汉城）市。

4“䌹庵”，此次出使中国的副使权𧝓。“䌹”读“迥 jiǒng”，禅衣；“𧝓”读“撰 zhuàn”，衣裳的边饰。

5 由此可推断，原稿作者李海应在朝鲜汉城的住宅当在景福宫的东面。

6“翦”通“剪”。修剪灯芯，常指夜谈。

甲子正月

初一日辛卯[1]，晴。玉河馆留。

1 这一天是嘉庆九年甲子的大年初一，1804年2月11日。

元朝拈韵

夜五鼓，三使为参贺班入关。例不许多大[1]人员，故余亦借章服[2]于员译而服之。

东风吹入晓灯残，椒酌[3]他乡强饰欢。

绝笑蓝袍乌帽[4]客，北来疑是梦槐安。[5]

1 此处“大”通“带”。

2 章服，按官品而有不同花饰的官服。原稿作者李海应来华时穿的是军服。

3 “椒酌”通“焦灼”。

4 蓝袍乌帽是朝鲜王朝中级官员的打扮。

5 梦槐安，用“南柯一梦”典。

太和殿[1]

晓由东安、东华[2]二门左折而入关，左门即五凤楼[3]之外也。闻通官[4]所传，则皇帝已幸[5]堂子[6]所还宫云。“堂子”之说也，彼人讳之。盖尝闻之，则邓将军[7]皇明时为辽将战没，而康熙年间[8]最显灵。或言，皇明刘綎[9]战没，每见梦于崇德帝[10]，以兵器迫之，故许以建庙。每岁正朝，必先幸此庙。庙在玉河桥之东长安街之南云。

由午门入。有太和门，而不许出入，故从西夹贞度门[11]入。太和殿在门内，即古之“皇极殿”。穹窿深邃，但见黄伞之隐映，而不辨皇帝坐处。

皇帝出御，受朝贺。分列仪仗于东西，文武官依青铜品石[12]而立。我国使臣则立九品之外西班最后列。

殿前爇[13]沉香于青铜炉，炉共十六坐[14]，以皮革[15]织鞭，如股之大。朱衣四人，挥而击地，胪唱[16]继之。乐工各执器于太和门前，与胪唱相应。千官随唱叩跪，而两班有课道十三人平立，若纠视。殿陛上，有红顶[17]貂裘者六七人，独班起居，是亲王辈也。

门外有辇舆[18]，皇帝动驾时，必列五辇，以备仪卫。

禁城春色早，朝士绣轮停。

羽仗环如栅，鸾[19]轿屹似亭。

擎天龙柱白，啮火兽炉[20]青。

千载虞《韶》[21]远，寥寥凤舞庭。[22]

1 太和殿是现今故宫最重要的宫殿，在故宫的中央。在这里，朝鲜生员李海应见到了嘉庆皇帝。

2 东华门在今故宫东南角楼北。

3 五凤楼即今故宫太和门及其他一字排开的四个建筑物。

4 通官，即礼部的通事。清朝于礼部设朝鲜通事十二人，负责翻译工作。他们都是朝鲜族人。参见〔清〕武英殿本《古今图书集成·官常典》卷三百十五有关记载。

5 原稿“辛”有误，当为“幸”字。幸，皇帝亲临。

6 原稿所说有误。“堂子”是清皇族爱新觉罗家族的萨满祭祀场所。祭天时，于静室总祀社稷诸神祇。参见〔清〕阿桂等《钦定盛京通志》卷一《堂子图》，文渊阁四库全书本；丁海斌、时义《清代陪都盛京研究》，第204页，中国社会科学出版社，2007年版；富育光主编《图像中国满族风俗叙录》，第138—142页《神堂》，山东画报出版社，2008年版。

7 邓将军，指明朝将军邓子龙。邓子龙（1531—1598），字武桥，号大千，江西丰城人。嘉靖武举，后历任参将、副总兵。万历二十六年（1598）年，日军大举入侵朝鲜，奉命支援。途中捉到在辽东窥伺的努尔哈赤而放之。在朝鲜的鹭梁海战中，奋勇杀倭，壮烈牺牲。后被满族皇族奉为神人，同时在朝鲜王朝被专门祭祀。清人震钧《天咫偶闻》卷二认为，“南城堂子在东长安门外，翰林院之东”。该书详细记述了清朝皇帝堂子祭祀的情况。另参见〔清〕昭梿原著，何英芳点校《啸亭杂录》卷八《堂子》，中华书局，1980年版。

8 康熙是清圣祖的年号（1662—1722）。

9 刘綎（？—1618），明末将军，字子绅，号省吾，南昌府洪都县人，都督刘显之子，有勇力，被称为“刘大刀”。曾作为总兵官参与抗击日军援助朝鲜的战争，后与清军作战时战死。“綎”读“挺 tǐng”，佩玉上的丝绶带。参见〔清〕舒赫德、于敏中等《钦定胜朝殉节诸臣录》卷一，《刘綎》，文渊阁四库全书本。

10 崇德帝，清太宗皇太极。

11 贞度门在故宫太和门西面。

12 品石，按照九品的顺序安置的石头。约一尺高，依次刻“正一品”、“从一品”、“正二品”等。

13“爇”读“若 ruò”，在盆子或香炉里烧。

14“坐”通“座”。

15 皮鞭即皮条。“鞭”读“玉 yù”。〔清〕何刚德《春明梦录》卷上载“传胪之日，余随班行礼。皇上将升殿，时丹陛上有一曲柄黄伞，便扶之而起。殿下盘一巨绳，长逾数丈。初不解其为何用，忽殿上赞：‘鸣鞭！’有一人手执绳头，抖擞扑地，声震殿瓦，如是者三。然后皇上即升殿”。

16 胪唱本是宋以后进士殿试毕，按次第唱名传呼召见。这里是指按照名次传呼大臣拜见皇帝。

17 红顶，即红顶子。清朝一、二品官员的顶戴。

18 辇舆是宫廷专用的车子。“辇”读“捻 niǎn”。

19 鸾，鸟名。凤凰的一种。雄性的长生鸟。“鸾”读“栾 luán”。

20 兽炉，特制的香炉。

21《韶》，传说是虞舜所做乐曲。

22《书·益稷篇》：“韶乐九成，凤凰来仪”。

初二日壬辰[1]，晴，玉河馆留。

1 这一天是1804年2月12日。

琉璃厂[1]

□[2]阳门门凡三层，外有瓮城，而西、南、北各有一门，其南门则常坚锁。惟动驾时，必开。门外有桥，桥设栏，而分三道。牌门扁曰“正阳桥”。从桥右而至琉璃厂。市楼排立，金碧玲珑，此是城内外大都会也。如入波斯[3]之市，令人心目俱惊。

每当路分处立牌门，而扁“某胡同”。胡同，即洞坊之称也。

街头种种设倡戏[4]，人多往见者。[5]

毂[6]击三条市[7]，行人去或停。

货珍名种种，牌榜列亭亭。

栊[8]映茶楼碧，帘褰[9]杏肆[10]青。

万钱场设戏，云会殿东庭。

1〔清〕梁溪坐观老人《清代野记》卷下说：“海王村人物。今京师之琉璃厂，乃前明官窑制琉璃瓦之地，基址尚存。在元为海王村，清初尚不繁盛，至乾隆间始成市肆。凡骨董、书籍、字画、碑帖、南纸各肆，皆麇集于是，几无他物焉。上至公卿，下至士子，莫不以此地为雅游而消遣岁月。加以每逢乡会试放榜之前一日，又于此卖红录，应试者欲先睹为快，倍形拥挤。至每年正月初六起至十六日止，谓之开厂甸，合九城之地摊皆聚于厂之隙地，而东头之火神庙，则珍宝、书画、骨董陈列如山阜，王公、贵人、命妇、娇娃车马阗塞无插足地，十日乃止”。

2 原稿此处有误，疑少一“正”字。

3 古代来中国的波斯人多是商人，故原稿如此说。波斯即今伊朗。

4 倡戏，戏剧表演。清嘉庆年间北京的戏剧演出已经蔚然成风。

5 清朝乾嘉以后，昆曲、京剧逐渐成为北京最流行的大众文化。尤其是在乾隆五十五年（1790）四大徽班进京以后。〔清〕陈恒庆《谏书稀庵笔记·大老板》云：“咸同间，京师名优曰程长庚，以文人不得志，降为此业。持身严正，一介不苟取，名其室曰‘四箴堂’。扮老生脚，喉音高亮；演昆曲，则平上去入，字字能叶。予犹及见之。菊部称曰‘大老板’。每逢戏园演剧初开场时，十六七岁优伶，白面拭粉，华衣饰体，群立于场上，作倚门之态。于是纨挎子弟，轻薄狎客，神游目击，望眼欲穿。至四五出以后，后台呼曰：‘大老板到！’则倚门之伶潜身远避。每年冬季，长庚则演汉室三分全剧，不袭《三国演义》之说，按陈寿《三国志》演之。忠臣义士，俨若再生。予见时，已年逾六旬，口齿已落其三四，咬字微觉费力。其徒汪桂芬、谭鑫培，只能效其落齿时之音，其中年之音，不能仿佛，所谓调高寡和也”。另参见祝克懿《语言学视野中的“样板戏”》，第6—7页，河南大学出版社，2004年版。

6“毂”读“古gǔ”，车轮的中心部分。

7 三条市，三个路口交叉的地方，这里是指纵横交错的道路。

8“栊”读“龙lóng”，窗框格子。

9“褰“读“千qiān”，撩起来。

10 杏肆，药房。古代以杏林代指良医。肆，店铺、商店。

王景文[1]明鉴斋

王，山东人也。业造眼镜[2]，门揭“明鉴斋”。诸译中有与王素知者。王欣接延坐，办酒馔供之。遂略与笔谈。盖能文、识多、气节者也。

椅上有称音乐水法[3]者，黄金为器，上有檐而下有底。以水晶十数茎，垂植于下底。自底开钥，则音乐出其中，自成调律，而水晶之垂植者，如水上涌，綷綷[4]不已，而终无上涌之迹，洵[5]异观也。此乃西洋[6]乐云。

字本[7]、书画、古董、笔墨等铺，往往历见，而犹不可扁[8]焉。

彼人亦有拜年之例，往来纷纷。

王生多气节[9]，见客沽酒来。

笑说山东里[10]，春寒早见梅。

1 原稿作者认识的这个“王景文”是眼镜店的老板。1804年的北京城里，眼镜还是稀罕之物。朝鲜文人朴趾源《热河日记》“六月”云：“挂镜而行者，养目者也”。清朝画家黄慎（1681—1768）在1745年的自画像上加上眼镜，时人惊奇。参见丁蔚文《黄慎：回到故乡宁化》，《读者》，第33页，2006年第23期。

2 我国古代的眼镜最初是用贵重的墨晶磨制的，一副眼镜可换一匹骏马。清人赵翼（1727—1814）《陔馀丛考》卷三十三《眼镜》云：“古未有眼镜，至有明始有之，本来自西域。张靖之《方州杂录》云：向在京师，于指挥胡谧寓见其父宗伯公所得宣庙赐物，如钱大者二，形色绝似云母石，而质甚薄，以金相轮廓而纽之，合则为一，歧则为二，如市中等子匣，老人目昏不辨细书，张此物加于双目，字明大加倍。近又于孙景章参政处见一具，试之复然”。 赵翼“眼镜出现于明”之说恐有误。中国社科院文学研究所杜书瀛研究员1999年在剑桥大学访问时，该校一历史学者正在研究眼镜，并说眼镜是13世纪同时出现于中国与欧洲的，马可·波罗在其1260年的游记里已有“中国老人为了清晰地阅读而戴眼镜”之说。见杜书瀛《家族记忆》，第264页《眼镜》，中国戏剧出版社，2008年版。

3“水法”即变化的喷泉，以圆明园大水法为最著名。参见李宁《岁月掠过紫禁城：专访故宫博物院院长郑欣淼先生》（解飞摄影）对“铜镀金珐琅群仙祝寿楼阁式钟”的介绍，《北京青年》周刊（BQ），2007年第43期（总第631期），第22页。

4“绛”读“陆 lù”。绛绛，陆续。

5“洵”读“寻 xún”，诚，确实。

6 由此可见，朝鲜文人已在使用“西洋”一词。明清两朝至（至1804）来华的欧洲人多是传教士，他们为东方带来了“西洋”印象。意大利人艾儒略（原名Giulios Lleni，1582—1649）于1610年来华，曾著《职方外纪》一书，广泛介绍世界知识。他于清初避乱于福建延平山，卒于斯。

7 印刷的书籍与写本。

8“扁”通“遍”。

9 此处用汉朝人王生令张释之系袜典。〔晋〕皇甫谧《高士传》卷中载：“王生者，汉文景时人也。善为黄老，退居不仕，与南阳张释之交。当时释之为公车令，太子与梁王共车入朝，不下司马门，于是释之劾奏太子、梁王不敬。文帝善之，迁至廷尉。及文帝崩，太子代立为帝，是谓景帝。释之恐，称病欲免去，惧大诛至。欲见谢，则未知何如，用王生计，卒乃见上谢之，景帝不过也。王生尝与释之及公卿召会，庭中立，王生袜解，顾谓释之：‘为我结袜’。释之前跪而系之。既退，或让生曰：‘独奈何廷辱张廷尉，使跪系袜乎？’王生曰：‘吾老且贱，自度终无益于张廷尉。张廷尉方今天下名臣，吾故聊辱廷尉，使跪系袜，欲以重之。’诸公闻之，皆贤王生而重张廷尉”。

10 里，里巷。这里的意思是“故乡”。

初三日癸巳[1]，晴，玉河馆留。

1 这一天是1804年2月13日。

幻戏[1]

是日招致幻术人，作戏于馆中。戏凡十余种。

其一，手执五六铁环，环正圆无罅[2]缝，贯于指旋转良久，却交贯为连环。旋则分之为各环。或两人各持一环，相对投掷。则又合为连环。

其一，两人各持黑白弹子，如鸡子大，纳于口，吞下。旋又自手中出之。或自脑后吐之，或吐白于吞黑者之口，或吐黑于吞白者之口。其吐吞之状，可谓神出鬼没。

其一，铁剑长数尺，纳其刃于口，冉冉刺喉，几没其刃头。辄伏于地，阖眼[3]作闷绝状。已而若将推而上，张口拔其刃，涎津渍湿，班班[4]有血痕。

其一，横竹吸烟，没头吞下。又破竹为两条，其长数尺，纳诸鼻孔，而用力插入之。瞬目张口，为吞下状，而又若忍痛者然。久之引而出之，竟其长，而皆湿血涎。其烟竹则火犹不灭。

其一，覆空帕于地，转身回旋。念念作口中语。俄而去其帕，则有二大画圆楪[5]，而一盛赤枣，一盛花菜杂种。又覆帕如前，有一大盆盛水，从腋中出。泱泱波澜，少不倾一，而花椒葱叶，泛在其中。

其一，扯碎白粉纸，条条相连，无一片粘联之痕。因两手交引之，如蚕丝缫出，不知为几十尺。有二禽雏，从纸中飞出。观者皆叫惊。[6]

其一，引一丝绳，拔刀截断为三四端。旋又呪语[7]摩挲，绳复一脉相连，无重续之痕。

其一，立一柱木于庭，负其手，而令人从后缚之，欲紧紧不解。仍覆帕于手缚处，则瞬目间，负手移步，其缚手则不解，而所立柱，在于缚手之外矣。

其一，竖竿摇楪[8]。或倾壶酒，酌而尽之。复倾而复饮，空壶之酒，津津不已。此果一定是幻术，而用法之荒忽，举一可知千百也。

我闻燕市戏，一种齐谐[9]说。

曳裾[10]关门下，众中偏揭揭。

蟹行兼雀跃，逞技堪奇绝。

酒溢竿头楪[11]，钔[12]班[13]喉间血。

赤枣编如珠，为谁玉盘设？

璞称燕鼠[14]妆，衣见楚猴[15]啮。

痴人如中酒，在傍[16]空啧舌。

弄幻诚如是，何不学仙诀？

1“幻戏”即现今杂技与魔术。关于我国杂技与魔术表演，参见〔宋〕李昉等《太平广记》卷二百八十四至二百八十七、〔清〕武英殿本《古今图书集成·艺术典》卷八百五的记载。〔清〕钱泳《履园丛话·丛话十二》说：“杂戏之技，层出不穷，如立竿、吞剑、走索、壁上取火、席上反灯、弄刀舞盘、风车簸米、飞水顶烛、摘豆抽签、打球铅弹、攒梯、弄缸、弄瓮、大变金钱、仙人吹笙之类，一时难以尽记。又有一老人，年八十余，能以大竹一竿，长四五丈，竖起，独立竹竿头上，更奇，不知操何术也。他如抽牌算命、蓄猴唱戏、弄鼠攒圈、虾蟆教学、蚂蚁斗阵等戏，则又以禽兽虫蚁而为衣食者也”。见〔清〕钱泳原著，张伟点校《履园丛话》，第333页，中华书局，1979年版。

2“罅”读“下 xià”，缝。

3 阖眼，合眼、闭眼。“阖”读“合hé”，闭。

4“办”通“斑”。

5“楪”同“碟”。

6 叫惊，惊叫，大叫“惊奇”。

7 呪语，咒语。“呪”同“咒”。

8“楪”同“碟”。

9 齐谐，荒诞不经。《庄子·逍遥游》：“齐谐者，志怪者也”。

10 曳裾，拖着长长的衣襟。“曳”读“夜 yè”，拖。“裾”读“拘 jū”，衣服前后襟。

11“楪”同“碟”。

12“钔”读“任 rèn”，剑刃。

13“班”通“斑”。

14 燕鼠，用“燕石”、“鼠腊”典。前者出〔宋〕李昉等《太平御览·地部·石上》（卷五十一）：“《阚子》曰：宋之愚人，得燕石於梧台之东，归而藏之，以为大宝。周客闻而观焉，主人端冕玄服以发宝，华匮十重，缇巾十袭，客见之，卢胡而笑曰：‘此燕石也，与瓦甓不异。’主人大怒，藏之愈固”。鼠腊，即腊制的老鼠，喻有名无实的人或事物。

15 楚猴，用“沐猴而冠”典故。见司马迁《史记·项羽本纪》。

16“傍”通“旁”。

庶常馆[1]

馆在玉河馆侧，翰林庶吉士[2]所会处也。入燕者每多从游，谈诗论文。逐日入馆。

有一某士人[3]，曾举笔谈曰：以贤圣后裔，何忍甘心于薙发[4]从官乎？闻者皆赧然[5]面赤，漫漶[6]以对。自此遂不许东人[7]之入馆交游，盖难安于酬对也。[8]

重门春静日曈曈[9]，槐柳交阴古馆中。

十二桥头喧绣毂[10]，翰林朝退太和宫。

1 庶常馆，属于翰林院的一个机构。按原稿的记述，其位置在玉河馆的西墙外，而且朝鲜使节团所住“玉河馆”就在四译馆内。参见刘镇伟主编《中国古地图精选》，第32页《京城内外首善全图》，中国世界语出版社，1995年版。

2 庶吉士，官名。清时庶常馆要选擅长文学书法之新进士入院学习，这些人被称为“庶吉士”。〔明〕彭时《彭文宪公笔记》载：“后数日，上御文华阁，召李贤谕曰：‘永乐、宣德中，常选庶吉士教养待用。今科进士中，可选人物端正、语音正当者二十余人为庶吉士。可止选北方人，不用南人。南方若似彭时者方选取。’”

3 这里的“某士人”，是指某一朝鲜文人。

4“薙发”同“剃发”。满人入关以后，强迫汉族人依照满族的样式剃发，甚至公布“留头不留发，留发不留头”，大肆屠杀不肯剃发的汉族民众。辛亥革命中的重要行动就是剪掉男人的辫子。“薙”读“替 tì”，除草，删除。

5 原稿“赧然”有误，当为“赧然”。羞愧红脸的样子。“赧”读“nǎn”。

6“漫漶”本指文字、图画因受潮而模糊不清。这里是模模糊糊、眉棱两可的意思。“漶”读“换 huàn”。

7“东人”即朝鲜人。

8 原稿的猜测不对，在天子门前谈论这些是十分危险的。而且，清康熙以来的许多汉族文人已经真心接受了满族君主。

9 曈曈，日出时光亮的样子。“曈”读“童 tóng”。

10“毂”读“古 gǔ”，车轮的中心部分。

初四日甲午[1]，晴，玉河馆留。

1 这一天是1804年2月14日。

历代帝王庙[1]

庙在阜城门内景福街之间，扁外门曰“帝王庙”，内门曰“景德门”。正殿曰“景德崇德之殿”。殿设七龛[2]，而第一龛在中央，奉伏羲、神农、轩辕三王[3]神牌。

左二龛奉五帝。右三龛奉夏禹以下十四世、商汤以下二十六世。左四龛奉周武王以下三十二世。右五龛奉汉高帝以下十世、光武帝以下八世及昭烈帝、晋元帝以下七世，宋文帝以下三世及齐武帝、魏武帝以下八世，陈文帝、宣帝。左六龛奉唐高祖以下十六世及后唐明宗、后周世宗、宋太祖以下十四世、辽太祖以下六世。右七龛奉金太祖以下六世、元太祖以下十一世、皇明太祖以下十三世，而周之幽、厉，汉之平、桓、灵，晋之惠帝、皇明神宗，皆不与焉。外此，亡国见弑[4]之君，亦不得列。

殿内揭“报功观德”四字。又东西庑[5]奉历代名臣。东则以风后[6]为首，其次苍颉[7]、夔[8]、伯夷[9]、商伊尹[10]、傅说[11]、周召公[12]、毕公[13]、召虎[14]、仲山甫[15]，汉张良[16]、曹参[17]、周勃[18]、魏相[19]、邓禹[20]、耿弇[21]、诸葛亮[22]，唐房玄龄[23]、李靖[24]、宋璟[25]、郭子仪[26]、许远[27]、李晟[28]、裴度[29]，宋曹彬[30]、李沆[31]、王曾[32]、富弼[33]、文彦博[34]、李纲[35]、韩世忠[36]、文天祥[37]，金宗翰[38]，元穆呼哩[39]、布呼密[40]，明徐达[41]、常遇春[42]、杨士奇[43]、于谦[44]、刘大夏[45]等四十人。西则力牧[46]、皋陶[47]、龙[48]、伯益[49]、商仲虺[50]，周周公[51]、太公[52]、吕侯[53]、方叔[54]、尹吉甫[55]，汉萧何[56]、陈平[57]、刘章[58]、丙吉[59]、冯异[60]、马援[61]、赵云[62]，唐杜如晦[63]、狄仁杰[64]、姚崇[65]、张巡[66]、李泌[67]、陆贽[68]，辽耶律赫噜[69]，宋吕蒙正[70]、寇准[71]、范仲淹[72]、韩琦[73]、司马光[74]、赵鼎[75]、岳飞[76]，金宗望[77]、干鲁[78]，元把延[79]、托克托[80]，明刘基[81]、李文忠[82]、杨荣[83]、李贤[84]等三十九人。

庭有穹碑[85]四阁，雍正碑文略曰：崇祀之制，肇于唐天宝七载[86]。明洪武六年[87]，立庙于金陵。嘉靖[88]建于京师。

丹青窈窕[89]射新暾[90]，平则[91]街头屹庙门。
帝伯皇王光史册，裸将[92]烝祀[93]洁牲樽。[94]
崇功檠[95]见层碑篆，观德奚徒七世尊。[96]
一体君臣开两庑，金陵遗制尚今存。

1 历代帝王庙今址为阜成门内大街路北。是明朝嘉靖年间由保安寺改建的，清雍正七年（1729）重修。参见〔明〕刘侗、于奕正《帝京景物略》卷之四《帝王庙》，北京古籍出版社，2000年版。

2“龛”读“勘 kān”，小窟，小屋。

3 原稿“三王”有误，当为“三皇”。

4 见弑，被弑。“弑”读“是shì”，子杀父、臣下杀死君主。

5“庑”读“五 wǔ”。许慎《说文》：“庑，堂下周屋”。

6 风后，传说是三皇时代人物。

7 苍颉，传说中汉字的创造者。我国古代庙宇里，经常把他雕塑为四目的形象。“颉”

读“节 jié”。

8 夔，传说是尧舜时的乐官。《尚书 · 尧典》“夔，命汝典乐”。“夔”读“奎 kuí”。

9 伯夷，商朝末年孤竹国君之子。武王灭商以后，怀恋商朝，不吃周朝之粮。与弟弟叔齐饿死于在首阳山。

10 伊尹，商朝汤时的贤相。

11 傅说，商朝奴隶出身的将军。

12 召公，即姬奭。周武王弟。其封地为召。

13 毕公，周武王弟。与召公辅佐康王。

14 召虎，周宣王时名臣。《诗经 · 大雅 · 江汉》“江汉之浒，王命召虎”。

15 仲山甫（？—前827），周朝名臣。平民出身，被举荐入宫为卿士（宰相）。下大力改革周朝经济体制。

16 张良（？—前185），汉初名臣。字子房，本战国韩国人。辅佐刘邦打天下，封留侯。

17 曹参（？—前190），西汉初年名将，相国、平阳侯。

18 周勃（？—前169），西汉初年名将，主持平定诸吕，右丞相、绛侯。

19 魏相（？—前59），西汉名臣。字弱翁，济阴定陶人。丞相、高平侯。

20 邓禹（2—58），新野人，字仲华。随汉光武刘秀作战，为东汉开国功臣。太傅、高密侯。

21 耿弇（3—58），东汉建威大将军、好畤侯。“弇”读“掩 yǎn”，盖，深。

22 诸葛亮（181—234），字孔明。三国蜀丞相。著有《出师表》。

23 房玄龄（578—648），唐朝名臣。字乔，临淄人。辅佐李世民。尚书左仆射，魏国公。

24 李靖（571—649），唐初名臣。原名药师，门下中书平章政事、卫国公。

25 宋璟（663—737），唐朝名臣。南和（今属河北邢台）人，代姚崇为首辅。“璟”读“井 jǐng”，玉石发出的光彩。

26 郭子仪（697—781），唐太尉、中书令、尚父、汾阳郡王。平定安史之乱的名将。

27 许远（709—757），字令威，杭州人，唐天宝十一年壬辰（752）进士及第，任睢阳太守，叛军围困睢阳，与张巡死守而战死。

28 李晟（727—793），字良器，唐朝将军，曾任凤翔、陇右节度使，封西平郡王。“晟”读“盛 shèng”，光明、兴盛。

29 裴度（765—839），唐朝后期宰相，官至同中书门下平章事。

30 曹彬（931—999），字国华。宋朝枢密使、鲁国公。

31 原稿“李沆”有误，当为“李沆”。李沆（？），字太初，肥乡人，北宋太平兴国年间进士，太宗朝因太子事被贬，真宗朝历任户部侍郎、参知政事、门下侍郎、尚书右仆射（宰相）。以直称，其庭院仅能旋马故事被广泛传扬。

32 王曾（977—1038），宋朝名臣。字孝先，青州人。真宗咸平年间考中状元。后历任仆射兼门下侍郎、平章事、集贤殿大学士。官至宰相，辅佐仁宗。范仲淹、包拯皆出其门下。

33 富弼（1004—1083），北宋名臣。字守道。河南洛阳人。宰相，韩国公。曾两次出使契丹，义正词严。

34 文彦博（1006—1097），北宋名臣。字宽夫。宰相、平章军国事、太师、潞国公。

35 李纲（1083—1140），宋朝名臣、文学家。字伯纪。邵武（今属福建）人。坚决抗金。监察御史、右相。

36 韩世忠（1089—1151），南宋名将。字良臣。绥德（今陕西延安）人。武宁安化军节度使、宣抚使。以坚决抗金著称。

37 文天祥（1236—1283），南宋名臣，文学家。字宋瑞，号文山。吉州庐陵（今江西吉安）人。官至右丞相。南宋灭亡，被蒙古军俘至大都（今北京）。不屈就义。

38 宗翰即完颜宗翰。完颜宗翰（1079—1136），也叫“粘罕”。金名将。女真族。太祖阿骨打侄子。以左副元帅带兵攻入北宋东京（今开封）。

39 穆呼哩（1170—1223），也叫“木华黎”，元朝蒙古大将。随成吉思汗征战有大功。封太师国王。

40 布呼密（？），元朝大将。字用臣。随元世祖征战多年。昭文馆大学士、平章军国事。

41 徐达（1332—1385），明初名将。字天德。濠州（今安徽凤阳）人。多次任大将军。魏国公。

42 常遇春（1330—1369），明初名将。字伯远。怀远（今属安徽）人。有勇力，多次与徐达并肩作战。

43 杨士奇（1365—1444），明朝名臣。名寓，号东里。江西泰和人。善用人，宣宗与英宗时长期辅政。

44 于谦（1398—1457），明朝名臣。浙江钱塘（今杭州）人。兵部尚书。有《于忠肃集》传世。

45 刘大夏（1436—1516），明朝名臣。字时雍，号东山。总督两广、兵部尚书。

46 力牧，传说是黄帝的三大臣之一。善用强弓。

47 皋陶，舜时名臣。传说最初是东夷的首领。《史记·夏本纪》有记载。

48“龙”，传说是舜时的一位大臣，其职位是“纳言”。

49 伯益，皋陶之子。舜时名臣。

50 仲虺，也叫“莱朱”，商朝汤时名臣，官至左相。《左传》“襄公三十年”有记载。“虺”读“辉huī”，一种毒蛇。

51 周公，即姬旦。周武王弟。辅佐成王，完成封建。

52 太公即姜尚。通称姜太公。辅佐周武王。

53 吕侯，周穆王时名臣。也称“甫侯”。

54 方叔，周宣王时名臣。曾带兵进攻楚国。《诗经 · 小雅》有载。

55 尹吉甫，周宣王时名臣。《诗经 · 大雅 · 六月》有载。

56 萧何（？—193），西汉名臣。沛（今江苏沛县）人。追随刘邦起兵。相国。

57 陈平（？—178），西汉名臣。阳武（今河南原阳）人。刘邦称帝后封曲逆侯。平定诸吕后以为丞相。

58 刘章（？）西汉朱虚侯。齐王刘肥之子。

59 丙吉（？—前55），西汉大臣。字少卿，鲁国（今山东曲阜）人。本狱吏，后累迁为廷尉监。迎立宣帝后，为丞相。封博阳侯。

60 冯异（？—34），东汉名将。镇压赤眉起义军。征西大将军。封阳夏侯。

61 马援（前14—49），东汉名将。对相马有专门研究。伏波将军、新息侯。

62 赵云（？229），三国名将。字子龙。与刘备、诸葛亮等建蜀。

63 杜如晦（585—630），唐朝名臣。字克明。唐太宗时官尚书右仆射。与房玄龄共同执掌朝政。

64 狄仁杰（607—700），唐朝名臣。字怀英。武则天时为内史。以不惧权势、善于断案著称。

65 姚崇（650—721），唐朝名臣。自武则天至唐玄宗，任宰辅多年。

66 张巡（709—757），唐朝名臣。安史之乱时以真源令起兵抵抗安禄山。

67 李泌（722—789），唐朝名臣。字长源。好神仙道术。宰相、邺侯。

68 陆贽（754—805），唐朝名臣。德宗朝文诏多出其手。中书侍郎、同平章事。“贽”读“志 zhì”，古时初次求见时所送礼物。

69 耶律赫噜（872—918），辽名臣。深为辽太祖阿保机信任，南北征战。

70 吕蒙正（944—1011），北宋名臣。字圣功。太宗、真宗时三为宰相。

71 寇准（961—1023），北宋名臣。字平仲。宰相，莱国公。

72 范仲淹（989—1052），北宋政治家、军事家、文学家。字希文。祖籍苏州，后移居吴县。大中祥符八年（1015年）进士。康定元年（1040年）以与韩琦并任陕西经略安抚使。庆历三年（1043年）任参知政事。后任陕西四路宣抚使，于赴颖州途中病卒。谥文正。有《范文正公集》二十九卷传世。

73 韩琦（1008—1075），北宋名臣。与范仲淹共同镇守边关，防御西夏。后为宰相、枢密使，封魏国公。

74 司马光（1019—1086），北宋名臣。字君实，号迂叟。夏县（今属山西）人。尚书左仆射。著有《资治通鉴》。

75 赵鼎（1085—1147），南宋名臣。字元镇。两度出任宰相。支持岳飞等。

76 岳飞（1103—1142），南宋名将。字鹏举，坚决抗击金兵，有大功。被投降派杀害。清远军节度使、枢密副使，死后追封鄂王。

77 宗望即完颜宗望。完颜宗望（？—1127），金朝名将，女真族，太祖阿骨打次子。以东路军统帅攻入北宋东京（今开封），俘宋徽钦二帝。

78“干鲁”当即“斡鲁”。斡鲁（？—1127），金朝名臣。西南路都统。曾与高丽军战而胜之。

79“把颜”即“巴颜”。巴颜（1237—1295），元朝大将。生于西亚的伊尔汗国。入朝奏事被留用。以中书左丞相领兵攻入临安（今杭州）。

80 托克托（1314—1355），又名“脱脱”。元朝名臣。字大用。1340年驱逐伯颜，恢复科举。修史书。

81 刘基（1311—1375），明朝名臣。字伯温。浙江青田人。太史令、诚意伯。

82 李文忠（1339—1384），明朝名将。字思本。朱元璋姐姐之子。曹国公。

83 杨荣（1371—1440），明朝名臣。又名子荣，字勉仁。建安（今福建建瓯）人。以多谋为明成祖所器重。文渊阁大学士。

84 李贤（1407—1466），明朝名臣。吏部尚书、华盖阁大学士。宪宗时阁员。

85 穹碑，安放在亭子里的石碑。

86 唐天宝七载，748年。

87 明洪武六年，1373年。

88 嘉靖是明世宗的年号（1522—1566）。北京的历代帝王庙是嘉靖九年（1530）由原保安寺改建的。

89《诗经》里有“窈窕淑女”句。本指文静而美好的样子。这里是形容文辞的美妙。

90 新暾，刚刚升起的太阳。“暾”读“吞 tūn”。

91 平则，平则门，即阜成门。笔者于“文革”中上小学，因“停课闹革命”而居北京，亲见阜成门被拆除。

92 祼将，即为帝王助祭，行灌鬯（chàng）之礼。“祼”读“罐 guàn”，以酒灌地以请神。

93 烝祀即冬祭。参见《尔雅·释天》。“烝”读“争 zhēng”。

94 祭祀的酒与六牲。“樽”读“尊 zūn”，一种盛酒器，后用做祭祀的礼器。

95 “槩”同“概”。

96 观德奚徒七世尊，用《书·咸有一德》：“七世之庙，可以观德”典。《礼记·王制》规定，三昭三穆加上太祖为“七庙”。《书》原话意思是，天子宗庙供奉着七代祖先，见到宗庙，就可以看到他们的功德。

妙应寺[1]

寺在帝王庙西北近地。外门以砖石作三园，门扁曰“敕[2]建妙应禅林”。内门曰“文王殿”。殿奉大金佛三坐[3]，旁各立一金佛。又左右塑五百罗汉。后殿曰“七佛宝殿”。殿中七佛，亦皆大塑像。

庭竖康熙[4]间二碑。

从七佛殿后入一门而上层梯，则白塔在其上。高数十丈，围二十。稜如屋之有稜，筑而为三层。每一层安塔身，而皆以铁带之。圆若覆瓮，恰为七十抱。最上层又尖尖层筑，以镂青铜环而垂下，如张盖状。且悬种种铁磬[5]。环塔而筑女墙[6]，如栏干之设。

安置明灯一百八十九坐[7]，皆以铁为龛[8]，四面贴石鳞，乾隆癸酉[9]铸出者，而此寺燃灯，自古有例云。上二层植若干花木，若花发时，则可加一层光景。

古称此塔中，安置如来舍利。元世祖[10]视之，有净水洋洋，舍利泛其中，而两龙卫之。

僧徒所居，亦多器玩，而佛像神龛，各尽其妙。僧徒皆喇嘛人也。

阑干花木绕重重，客到禅门响暮钟。

古塔峥嵘凝佛气，水中雷雨听吟龙。

1 妙应寺即今北京“白塔寺”。

2“敕”读“赤chì”，皇命。

3“坐”通“座”。

4 康熙是清圣祖的年号（1662—1722）。

5 铁磬，铁马。《红楼梦》第八十七回：“一会儿，檐下的铁马也只管叮叮当当的乱敲起来”。“磬”读“庆qìng”，古代的著名乐器，将一排石板或玉板悬于架上，敲击而鸣。

6 女墙，城墙上的矮墙，也叫“女儿墙”。清初文人李渔《闲情偶寄》卷四有《女墙》一节。参见李渔原著，李忠实译注《文白对照全译〈闲情偶寄〉》，第318—319页，天津古籍出版社，1996年版。

7“坐”通“座”。

8“龛”读“勘kān”，小窟，小屋。

9 乾隆十八年癸酉，1753年。

10 元世祖即忽必烈（1215—1294）。

广济寺[1]

从履仁、行义等街，入广济寺。门扁曰“妙明园通”。殿中佛像皆塑金，而庭有成化[2]碑。殿后建层阁。殿之西夹门有一树，名曰“铁树”，已经三四百年，而茁枝尚昂藏软弱。旁有乾隆御制诗碑，有曰“佷[3]山千岁挺不朽”。

百年寺庭树，远籁生清昼。

诘屈[4]高根出，昂藏[5]老干覆。

1 广济寺在今北京阜成门内大街北。

2 成化是明宪宗的年号（1465—1487）。

3 “佷”读“很 hěn”，不顺从的样子。

4 诘屈，曲折的样子。“诘”读“截 jié”。

5 昂藏，仪表不俗，气宇不凡。

玉蝀桥[1]

历双塔寺[2]，入西安门，有桥穹然。牌门对立，西曰“金鳌”，东曰“玉蝀”。桥以白玉为栏杆，凡八十余间。下有九虹门，春水晶莹，烟树微杳，此所谓太液池也。北为北海，南则瀛台，而桥左有紫光阁。东北望五龙亭、万寿亭诸胜，金碧交映，左右拱向。依然仙府真境也。皇都八景，有曰“太液清波”，曰“琼岛春云”，盖谓此也。

岛在承光殿北，孤屿瞰临北海，传为辽之“琼华岛”。上多奇石。宋之艮岳[3]，金人辇[4]致于此。今为永安寺[5]。“说心”，其便殿。[6]

桥之东有延祥门[7]，此亦佛寺，而左有承光门[8]，下钥固锁。即通万寿寺之路也。遂逶迤[9]而东，历城北神武门，循城一周。可览其体势。

檉[10]杨如发雨如丝，春水沦涟太液池。

碧栋雕栏争入眼，五云多处玉虹垂。

1 金鳌玉蝀桥（宜长桥）原在今北海公园团城之西，北海和中海之间。桥两端分别为“金鳌”、“玉蝀”牌楼。牌楼外有三座门。牌楼和三座门于1957年被拆除后，建北海门前大桥。桥北即团城，南为中海和南海。“蝀”读“东 dōng”。北京市城市规划管理局《北京在建设中》一书有拆除前的玉蝀桥牌楼图片。该书解释说：“旧的北海大桥只有九公尺宽，最大坡度达8%，交通非常不便”。该书无页码，北京出版社，1958年版。笔者于2007年11月11日前往北海公园参观。

2 双塔寺建于金朝大定二十六年（1165），该处本元朝庆寿寺之地，位于今府右街南口往西不远处，解放后拓展西长安街时被拆除。参见〔明〕刘侗、于奕正《帝京景物略》卷之四《双塔寺》，北京古籍出版社，2000年版。

3“艮岳”是山名。在今河南开封城内。宋徽宗时，在汴京东北隅堆土为山，广集天下奇花异石与珍禽怪兽展示于此。这句的意思是说，宋徽宗派人把它们弄到了艮岳山。参见〔宋〕周密原著，吴企明点校《癸辛杂识》前集《艮岳》，中华书局，1988年版。

4“辇”读“碾 niǎn”，皇帝专用的车子。这里是名词用如动词，意思是用车拉。参见北海公园内“太湖石”（也称“折粮石”）的介绍。

5 永安寺在北海白塔山南麓，始建于清顺治八年（1651），是福临应西藏恼木汗喇嘛之请而修建的。初名白塔寺，乾隆六年（1741）改今名。

6 原稿“说心”有误，当为“悦心”，指白塔山西麓的悦心殿。该殿是清朝皇帝来琼岛处理政务和召见大臣的地方。

7 延祥门与其他两座门于解放后拆除。

8 今北海公园的团城里有承光殿。

9“逶迤”读“微 wēi 姨 yí”，弯弯曲曲，拐来拐去。

10“穉”同“稚”。

初五日乙未[1]，晴，玉河馆留。

1 这一天是1804年2月15日。

访洪梧翰林不遇

洪翰林梧，号桐生[1]。与芝园[2]有雅约，与一会。故朝与李於野[3]访至其家。家在琉璃厂二子胡同。有管家者数人，延致椅上。语曰：“桐生先生昨因朝令赴馆撰修，将费日月之工，工讫始可以出家。故未得临门亲肃”。遂索纸留书曰：“曾未获晤。因敝友赵芝园，夙仰鸿名，切期一会。委进馆下，巧值驾言。怅惘而归矣。更凭赵友，若闻燕居之日，规当再进。聊此留案呈览。东华某拜上桐生先生丌[4]下”。

授与管家而还。

双扇随风自阖[5]开，春阴寂寞散庭梅。

铁丝笼里红鹦鹉，学得人言诉[6]客来。[7]

1 洪梧（？），清朝文人，字桐生，安徽歙县人。乾隆进士，官浙江乡试副考、山东临沂知府。

2 芝园即赵景裕。赵景裕即《秋斋集》的作者、朝鲜文人赵秀三。赵秀三（1762—1849）又名景裕，字芝园、子翼，号秋斋、经畹，本贯汉阳。他是此次朝鲜使节团正使的幕宾。《秋斋集 · 传》引用《壶山外史》，称赵秀三曾6次到中国。

3 李於野即朝鲜使节团的译官李光稷。李光稷（1745—？），朝鲜文人，字耕之，号於野，本贯广州。1799年朝鲜王朝派至中国的宪书赍咨官。《朝鲜王朝实录·正祖实录》于二十三年己未（清嘉庆四年，1799）记载：义州府驰报，宪书赍咨官李光稷在北京向副统张承勋宅中私投信札，此事已上礼部官报。李光稷1799年在北京期间，曾与张问陶等中国文人诗歌唱和。私投书札事后，被杖流。后为译官、其术官，原稿称其为“李译光稷”。朝鲜文人车佐一（1753—1809）《四名子诗集》有《次李耕之光稷卧云楼韵》、《哭李耕之》。

4“丌”读“机 jī”，家具的底座。“丌下”是书面语里的客气话，用于对“先生”表示谦恭。

5“阖”读“合 hé”，关闭。

6“訢”同“欣”。

7 看来，原稿作者李海应还在洪梧家里见到了会说话的鹦鹉。

李层楼[1]

历见诸市铺，还至正阳门外。入饮一酒肆，称曰“李层楼”。酒肴果饵之属，无非佳品，是都下最称者。皇帝若畿内幸行，则令此肆撤其饮食之具，先诣驾。到处从官，皆出钱买之。以代糗粮[2]云。

青鞭花毂[3]少年流，都会燕城意气留。

共说垆头新酿厚[4]，千金山积李层楼。

1 朝鲜文人朴思浩《心田稿》（燕行时间为1828年）之《留馆杂录》也说，前门外的“李层楼”是一大酒楼。从原稿记述可知，该酒楼颇得宫廷信任，是当时京城第一饭庄。

2 糗粮，即干粮。“糗”读“qiǔ”。

3“毂”读“古 gǔ”，车轮的中心部分。

4 厚，味道醇厚。

漂流舟子歌

我国黑山岛[1]民，漂流南海，转到于此。留馆中者四人。

是夜，招问其颠末。则曰：辛酉[2]冬，为买鱼，船载如干[3]谷物，自小黑山往大黑山。翌年正月回船。至中洋，被飓风漂荡。凡十日而泊一港口。适有人隔水迎接，略会东语。问其地，是琉璃[4]国也。俄而，自官检船。乃安接于官廨[5]，供给衣食。

至十月初，同随燕京进贡使[6]发船。十余日，又遇风漂流，贡使二船，忽焉不见矣。漭荡[7]之际，泊到一处。岸上有白衣者，远望旋走。同舟人谓其有生路，多跟随而去者。夜深，一人忙急还。泣曰：“我们太半被所害。故我则逃命而来”。遂与忙忙移舟，下碇于洋中。不知所泊。如是者四日。忽有小艇横来，乃苏州人做商业至此者也。自此遂赖而安接房屋，且贸米相资。问此地何处，则乃“日鹿国”[8]云。

于是又发船，十五日，而抵沙分地。是三月小晦[9]也。又三朔而行，抵苏州。自此下舟从陆，官人供馈极稳便。十月三日，自苏州发，十二月四日抵燕京。自礼部给衣馈食，以待节使之行，而行中二人载他船，尚未追到。其存没不可知。以此论之，可谓壮观天下，而惜乎其无文。不得记其万一也。

漂人姓名，即文好谦、文顺得、朴亮信、李百根、李重泰、金玉文，而顺得、玉文，是尚未追到者也。

余闻其言而壮之。满酌一大白[10]，与之。

黑山民俗太蠢蠢，滨海逐利多困窘。

石尤[11]何曾爱行人，万顷恶浪吹不尽。

一苇茫然纵所之，泛泛忽如嘘楼蜃。

道通江浙天浩渺，帆落吴楚山嶾嶙。[12]

日鹿国人皮为衣，猛如逐雀秋风隼。[13]

海东[14]女儿空结恨，为谁更作《箜篌引》？[15]

使汝若具文章眼，触境有诗能排悯。

愿汝乡山归去日，安息田家服畦畛。[16]

1 黑山岛在今韩国西南，与我国隔海相望。

2 辛酉冬，嘉庆六年（1801）冬天。原稿记录的是朝鲜人被大风吹到南洋，后被送还的事情。

3 如干，若干。

4 原稿“璃”有误，当为“球”字。硫球原是一个岛国，后被日本吞并。现为日本冲绳。

5 官廨，官署，官衙。“廨”读“谢 xiè”。

6 这里所说乃琉球国的“燕京进贡使”。琉球国一直进贡明清宫廷，直至19世纪80年代被日本吞并。

7 漭荡，广大无际貌。“漭”读“蟒 mǎng”。

8《朝鲜王朝实录·纯祖实录》载，黑山岛文好谦等人被大风吹至吕宋岛，被我国苏州商船带回，送至北京。

9 阴历每月的最后一天曰“晦”。

10“白”是古时罚酒用的酒杯。也泛指酒杯。

11 石尤，石尤风，逆风。〔元〕伊世珍《琅嬛记下》引《江湖纪闻》说，尤姓男子娶妻石氏，婚后执意出外经商。妻子阻止而不听。后尤长年不归。石氏思念成疾，临终发誓死后要变化为大风，为天下妇人阻止商旅远行者。

12 巘嶙，高峻的样子。“巘”读“尹 yǐn”。

13 “隼”读“损 sǔn”，鹰。

14 海东，朝鲜。

15 原稿所说《箜篌引》，即《箜篌引·公无渡河》：“公无渡河，公竟渡河。坠河而死，当奈公何？”现存最早的记载是〔晋〕崔豹《古今注·音乐第三》。传说这是最早的朝鲜诗歌，其作者是一个叫丽玉的女子。〔五代〕马缟《中华古今注》卷下《箜篌引》也说：“朝鲜津卒霍里子高妻丽玉所作也。子高晨起刺船而棹，有一白首狂夫，披发提壶，乱河游而渡。其妻随而止不及，遂堕河水死。（其妻）于是援箜篌鼓之，作《公无渡河》，声音凄怆。曲终，自投河而死。霍里子高还，以其声授妻丽玉。丽玉伤之，乃引箜篌而写其声，闻者莫不坠泪饮泣焉。丽玉以其曲传邻女丽容，名曰《箜篌引》”。马缟的文字与崔豹的无大出入。但该诗的国别问题学术界也有争论。近年我国有学者认为，该诗乃是屈原投江故事在朝鲜半岛的古老记忆。参见张哲俊《东亚比较文学导论》，第35—36页，北京大学出版社，2004年版。箜篌，我国古代西域的一种弹拨乐器，后在中原地区也普遍使用。“箜篌”读“空 kōng 猴hóu”。

16 畦畛，田间小路。看来，原稿作者李海应很看不起行商。“畛”读“枕 zhěn”。

初六日丙申[1]，晴，玉河馆留。

1 这一天是1804年2月16日。

法藏寺[1]

寺在崇文门外东南三里余。寺宇破落，盖无足观。

有塔在寺门外，凡七层八棱。可称百丈浮图[2]。每层各加一木椽。每面十二椽中，却为坏心。亦七层八棱，回回如螺壳之旋。南设出入之门，门内妥[3]如来像，长二丈余。设甓[4]梯于佛座之东。

上二十五级，而出第二层。层各八面，每面各凿以凹之，嵌一佛躯[5]。外棱则面面设箭门，为佛龛。向明两棱之间，劣容一人之回旋。

又上十级，而出第三层。自最下层，凡上七十五级。然后始出最上层。其壁棱佛龛，一如第二层。从入箭门而视都城内外，八方之景，随瞩不同。

上层嵌园碑，景泰[6]间所立。壁上多题东人[7]名，余亦题其上。[8]

鸟尽长空远眺明，塔楼高并紫金城。[9]

百年留期登临迹，浓墨重楹[10]海客名。

1 法藏寺遗址在崇文门外幸福东街南端。金大定年间初建，明朝太监于景泰二年辛未

（1451）重修。到清朝时仅存砖塔，1965年拆除。

2“浮图”是梵语的音译，意思是“佛塔”。

3 妥，安置。

4“甓”读“屁 pì”，用砖砌。

5 躯，（佛）像的量词。〔北魏〕杨衒之《洛阳伽蓝记》：“中有丈八金像一躯，中长金像十躯，绣珠像三躯”。

6 景泰是明朝代宗的年号（1450—1456）。

7 东人，朝鲜人。

8 当时在壁上题名、题诗是文人的雅行。中国和朝鲜宫廷与各级官府都没有禁止的法令。

9 紫金城，即紫禁城。

10“楹”读“迎 yíng”，厅堂最靠外的木柱。

万柳堂[1]旧基

自法藏迤[2]而东，转向拈花寺[3]，是万柳堂旧基也。皇明时，雪楼才子[4]建此堂，无日不赏咏。故明人诗集中万柳堂题咏者，亦多矣。[5]

寺庭东南皆凿池屈曲，如盘蛇形，使导水而流。立一间神阁于最高岸，此是万柳堂颜[6]，而四面轩敞，万树依微。想象前辈风流，不能无旷世之感。

栏头曲水水头门，轻策相羊[7]旷感存。

弱柳如烟青拂地，软沙经雨绿连原。

风流才子名千古，桑海遗墟劫一番。

妙调无人歌白雪[8]，西城寂寞乱鸦喧。

1 北京有两处“万柳堂”，一是元朝宰相廉希宪造的，一是清初大学士冯溥仿造的。原稿所说“万柳堂”是后者。〔清〕钱泳《履园丛话》之《丛话二十》曰：“万柳堂在京师广渠门外，今为拈花寺，余尝往游数次。国初为冯益都相公别业，仿元时廉希宪遗制，亦名万柳堂，当时如毛西河、乔石林、陈其年、朱竹垞辈皆有诗文纪之。然昔之所谓莲塘花屿者，即今日之瓦砾苍苔也”。见〔清〕钱泳原著，张伟点校《履园丛话》，中华书局，1979年版。拈花寺故址在今北京龙潭公园北夕照寺街。但元代廉希宪的“万柳堂”，按〔清〕唐执玉、李卫等《畿辅通志》（文渊阁四库全书本）卷五十三《万柳堂》的说法，是在今北京大兴县南花园村。另参见〔元〕陶宗仪《南村辍耕录》卷九《万柳堂》，中华书局，1959年版；〔清〕朱彝尊《曝书亭集》卷六十六《万柳堂记》，文渊阁四库全书本；〔清〕徐锡龄、钱泳《熙朝新语》卷七；〔清〕朱一新《京师坊巷志稿·万柳堂》。

2“迤”读“姨 yí”，地势斜着延展。

3 拈花寺，今北京崇文区有“拈花寺”地名。该寺原位于龙潭公园附近的板厂南里，建于清康熙四十一年（1702），内有“简廉堂”。民国成立后先后为祠堂、学校等，1978年完全拆除。

4 雪楼才子，指明朝文人袁宏道。袁宏道（1568—1610），字中郎，号石公，湖广公安（今属湖北）人。万历（1592）二十年进士，曾任吴县县令、吏部郎中。其兄弟三人被称作“公安三袁”，他被视为“公安派”领袖人物。但原稿的说法显然有误，“万柳堂”并不是明朝才有的，最初是元朝宰相廉希宪修建的。廉希宪（1231—1280），维吾尔族，字善甫，号野云。自幼喜欢汉族经史，后历任京兆宣抚使、四川宣抚使、中书右丞相、中书平章政事等。廉希宪的“万柳堂”故址在北京市大兴县南花园村（一说在北京右安门外草桥）。参见〔元〕陶宗仪《南村辍耕录》卷九《万柳堂》，中华书局，1959年版。

5“万柳堂”在朝鲜有很高的知名度。朝鲜文人朴思浩《心田稿》之《万柳堂旧基》里说：“大明雪楼才子袁中郎、李沧溟、王弇州诸人，无日不赏咏于万柳堂。其诗集中，多载万柳题咏。今之拈花寺，是堂之旧基也。寺之东南，引水凿池，一间神阁，岿然于最高岸。是乃建堂处也。四面轩敞，万柳荫映。诗酒风流，蔼然如在，令人有旷感之怀。寺在夕照寺数帿之地”。朴思浩《心田稿》的说法亦有误。

6 颜，前端，前部。

7 相羊，游。屈原《离骚》里有“聊逍遥以相羊”句。

8 白雪，即阳春白雪。宋玉《对楚王问》有“其为‘阳春’、‘白雪’，国中属而和者数十人”。在原稿作者看来，满清统治下的文化都属“下里巴人”。

夕照寺[1]

寺在拈花近地。殿宇颇精丽。奉观音三像，后殿亦奉金佛，扁曰“大悲殿”。或云古之“黄金台”，即此地也。因旧基建寺。以眼界通远，夕阳满照，故名之。“金台夕照”，亦八景之一也。金台之见志承[2]者三。一在易州，二在都城。《舆志名胜志》[3]云：在府东南十六里，又有小金台。相去一里，今朝阳门东南，岿然[4]土阜存焉。好事者，即以实之。

土劫相乘海种桑，黄金[5]新筑释迦堂。

涓人俊骨无消息[6]，衰草斜阳大地荒。

1 夕照寺，在今北京龙潭公园北。

2 原稿“志承”有误，当为“志乘”。志乘，志书。

3 原稿所说“《舆志名胜志》”有误，当为《舆地名胜志》。该书乃明朝文人曹学佺著作。

4 岿然，高高挺立而十分稳固的样子。“岿”读“亏 kuī”。

5 黄金，黄金台。燕昭王所建之台。笔者与拙荆于2009年5月16日专程前往参观。该台位于今河北省易县县城南“燕子塔”附近，其附近就是公元前4世纪的燕下都遗址，燕下都遗址占地约32平方公里。

6“涓人”句用郭隗说燕昭王求士典。〔宋〕司马光《资治通鉴 · 周纪》载郭隗云：“臣闻古之君人，有以千金求千里马者，三年不能得。涓人谓于君曰：‘请求之’。君遣之。三月得千里马，马已死，买其首五百金，反以报君。君大怒曰：‘所求者生马，安事死马而捐五百金？’ 涓人对曰：‘死马且买之五百金。况生马乎？天下必以王为能市马。马今至矣。’于是不能期年，千里之马至者三”。涓人，近侍。

初七日丁酉[1]，晴，玉河馆留。

1 这一天是1804年2月17日。

赵寅恭[1]秀才客留

昨于夕照寺翌廊[2]，见客寓之扁[3]，意谓读士来寓[4]，而未及问知。是日，复翩然独往。寺中有寄寓者二人，叩其姓名，则原系正蓝旗军人。姓赵，名寅恭，以贡生来住。叔侄同床，而其侄则忘其名。取笔做话，终无可观[5]。仍草草酬酌而还。

红兜郎子隶蓝旗，见客先言客马肥。

自是平生悲不遇，金台夕照怅然归。

1 赵寅恭（？），清嘉庆朝贡生。其余不详。

2“翌廊”即“翼廊”。侧廊。

3“扁”通“匾”。古代寺院是读书人以及清贫的官员经常住宿的地方。

4“意谓读士来寓”，（我）猜想有读书人住在那里。

5 来中国的朝鲜文人以文会友。假如对方文学水平不高，就不再与之交往了。

书楼遇佟翰林贻恭[1]

自西[2]照寺，历入琉璃厂书楼，抽阅书卷。有一朝士，下车而入，揖余做话曰：“偶行暂过，幸会、幸会”。遂相示姓名官乡，方做翰林，做事者。余曰：“观风[3]上国，偶接清范。岂非萍水之幸欤？”一场谈次烂漫。佟乃书示曰：“仆方有公干，离馆出城。故未图再会。恨何可言？”

相送而罢，道路观者如堵。

街楼茗[4]熟日栏干，抽阅群书倦侧冠。

忽谩[5]车前相送揖，少年人做翰林官。[6]

1 佟贻恭（？），清嘉庆朝文人。按原稿记述，佟贻恭是翰林。其余不详。

2 原稿“西”有误，当为“夕”字。

3 此处用《左传·襄公二十九年》季札观周乐之典。

4 茗，茶。

5“谩”通“漫”。随便，随意。

6 朝鲜文人金锡胄（1634—1684）于康熙二十二年癸亥（1683）出使中国，有《息庵先生遗稿》传世。其卷七之《擣椒录》有《佟翰林》一诗：“年少通州佟姓豪，自言官是翰林曹。直来炕上垂鞋坐，先向腰间索配刀”。

初八日戊戌[1]，晴，玉河馆留。

1 这一天是1804年2月18日。

王时斋[1]副榜[2]韵席

朝出琉璃厂，入一书画铺。有一人容仪端雅，方阅画帖。见余到门，注目良久，便欣然喜也。取笔书示曰：“萍水相逢，未识客官尊姓大名”。余曰：“班荆[3]之座，偶接倚葭[4]之兑[5]。莫是萍水中一奇会期耶？仆姓名某，有季札观周[6]之志，作书记从戎之行”。因叩其姓名。则曰：“弟姓王，名庶绩，江西九江府德化县人。壬子[7]科副榜。本以末学，浪迹京华。恭逢威仪，三生有幸。请问尊寓，以便他日请教”。余曰：“见[8]寓玉河馆内”。

又问其交游中谁某。则曰：“有翰林李鸿宾[9]者，再有喻姓名林[10]者，亦系举人。文章书法，见重一时。如不我遐，敝寓有李笔[11]对联，当奉送，以志一时见过之欢。且久闻四海皆兄弟[12]，故北风尘，见得光仪。今虽不能畅叙，弟还有十余日闲暇。请光临仆寓，副此悬望”。余曰：“受赐也多，谨当遵命，而茅万户垂杨，不知君家阿那”。[13]王曰：“去尊寓不远，仆寓前门内西皮市四眼井登墀[14]堂客舍”。

余问年与号。王曰：“贱辰丙申[15]。字敷九，号时斋”。仍又问余。余曰：“愧添一庚。字曰圣瑞，扁其室曰东华”。[16]王曰：“长仆一岁，是兄了”。余曰：“贱齿何足道哉？有先后进之别”。王曰：“尊言或是太谦，大要以学文[17]为主。君不闻艰于一第[18]者，乃大器晚成耶？”余曰：“学文于我何有？若以是定甲乙，尤全未、全未”。王曰：“第几行？弟之行七”。余曰：“行九”。[19]

又曰：“再晤有命，不可不指日期会”。王曰：“即以初十日早饭罢为期。弟在寓等候”。

他余零碎，不录。遂同起出门。

清簟[20]呼茶细细斟，市童闲扫落梅阴。

高山流水琴中操，忽被钟君[21]听有心。

1 王庶绩（1776—？），清朝文人，字敷九，号时斋，江西德化人，与李鸿宾是同乡。1792年举人副榜。明清北京的文人皆知朝鲜文人汉文修养较高，喜欢与之交流。〔明〕沈德符《万历野获编》之《朝鲜国诗文》云：“朝鲜俗，最崇诗文”。见该书卷三十，中华书局，1959年版。

2 副榜，科举考试正式录取以外，还要另外录取一批人以为候补。副榜也叫“备榜”。

3《左传·襄公二十六年》有“遇之于郑郊，班荆相与食”。“班”是分开。

4“葭”读“家jiā”，初生的芦苇。也指芦苇内的白色薄膜。后用来指代亲情、友情。

5“皃”乃“貌”之别字。“倚葭之貌”是一见如故、可以信赖的模样。

6 季札（？），春秋时吴国人。本吴王寿梦第四子，但对权利十分淡漠。被封在延陵，广泛游历春秋各国。周是吴国的上国。所以原稿作者这样说。

7 壬子即乾隆壬子年，1792年。

8“见”通“现”。

9 李鸿宾（1767—1846），清朝文人，字象山，号鹿平，江西德化人，嘉庆六年（1801）进士。先后为山东、广西两道监察御史。嘉庆二十三年（1818）代理广东巡抚。道光十年（1830）任协办大学士、两广总督。因镇压瑶民不利，于道光十二年（1832）流放伊犁等地，两年后放回为编修，后病逝于北京。

10 喻林（？），清朝文人，举人，其余未详。从李海应记载看，他似乎与李鸿宾也是同乡。

11“李笔”在这里的意思是李鸿宾亲手书写。

12 四海皆兄弟，语出《论语·颜渊》。原文是“四海之内皆兄弟也”。

13 唐朝诗人李白《相逢行》：“万户垂杨里，君家阿那边”。

14“墀”读“迟”，殿堂涂饰过的地面。

15 丙申，乾隆四十一年，1776年。

16 从此处记载可以大致推测出原稿作者的姓名与出生年月。李海应（1775—1825），字圣瑞，号东华，本贯韩山(今韩国忠清南道马山附近），家住都城。朝鲜纯祖二十五年（1825）生员。李海应一生科举不顺，以生员（类似我国的秀才）终老，也从未被授官，所以现有韩国古代文献中仅有的有关记载皆称其“生员”。其父李宽采，身份是“学生”；祖父是李思闲。李海应有一弟弟，名“李海广”。现存韩国古代文献《朝鲜王朝实录·高宗实录》在1867年5月7日的记载里，提及了李海应以及他的父亲李宽采。因李海应之子李云皋出任五卫将，所以追封三代，李海应和李宽采都得到了褒奖。

17“学文”今作“学问”。

18 艰于一第，一次科举考试没有及第。

19 李海应说的是大排行，包括堂兄弟。按照朝鲜王朝的礼法，同高祖之孙要大排行。

20“簟”读“电 diàn”，竹席、苇席。

21 钟君即钟子期。他与俞伯牙是音乐与心灵上的知音。《列子·汤问》：“子期死，伯牙绝弦，以无知音者”。

初九日己亥[1]，晴，玉河馆留。

1 这一天是1804年2月19日。

隆福寺[1]

寺在雍和宫近地。寺中例，开月三市，而自八日至十日始撤[2]。诸人多有观光者，余亦从焉。

寺中殿宇重叠，像设侈丽。前后左右，各列市货，必以各种而区别之。如书册则列于东边，珠玉则列于西边。买者、卖者匼匝[3]扰攘，可谓挥汗成雨，连衽[4]成帷。赏玩各品，不觉日已晡[5]矣。

入燕多市交，偶寻隆福寺。

寺中佛叉手，寺前人把臂。

（万春行文，货呼新价白金[6]，称“星钟”[7]。原稿注）

揭牓[8]视民俗，列版询土利。

就中西藩胡，相逢事深醉。

1 隆福寺原名“永明寺”，建于明朝景泰三年（1452）。乾隆年间编纂的《大清一统志》载，隆福寺在清雍正元年（1723）重建后于每月初九、初十两日开市，是北京最大的定期庙会。

2 朝鲜文人李德懋《青庄馆全书》卷六十三《入燕记》于六月初十日载：“往隆福寺。一名永明寺。每月九日、十日、十一日，总一月九日开市”。其中的“一月九日”有误，是把“初九”、“十九”、“二十九”等皆计在内。

3 匼匝，环绕。“匼”读“科 kē”。

4“衽”读“任 rèn”，衣襟。

5 晡时即申时，下午3点到5点。“晡”读“bū”。

6 白金，银子。

7“星钟”本意是用北极星和邻近的几颗星星做时间参照，这里是指商家开出了新的一年里最初的价格，有点类似现今的“指导价”。周朝以来，商朝成为殷鉴，重农轻“商”成为我国的传统。商人们尽力向文人处靠拢，来争取社会舆论的支持。就信念方面而言，他们以商朝王亥和著名文人范蠡为宗，其商品的度量最终皆以天星为准。这样，“诚信”的反面就成了“欺天”。参见《周礼·地官司徒·司市》。

8“牓”同“榜”。

花草铺

从隆福之东，入花草铺。铺凡三处，皆坎地为窟室。其脊出地数尺，疏[1]西旁而设窗[2]。

入其中，明晃不减高座。众花皆含蕊吐芽。桃、杏、梅、桂之属，犹未足神异，而其中映春水仙、千秋茉莉等花，皆烂熳[3]芳华。花香满室，暖气袭人，可谓人工夺天造矣。其它石榴、橘柚[4]、海棠、柳竹、椶榈[5]、仙人掌、金兰、玉簪诸草卉，亦争秀竞妍，皆堪把玩。

熏香扑鼻树齐肩，百种花葩[6]竞媚妍。

自在春风嘘窟室，不知霜雪满胡天。

隋宫翦彩[7]人工拙，唐苑催花[8]帝诏宣。

何似繁华三月暮，愧无蝴蝶日翩翩。

1 疏，分。

2 原稿记载的是清朝的暖房。当时暖房除培育花草外，还种植蔬菜。据〔清〕武英殿本《古今图书集成·草木典》卷四十一记载，当时的北京城里就有暖房黄瓜出售。清人赵翼（1727—1814）《陔馀丛考》卷三十三追溯了我国的暖房栽培历史：“窖菜、唐花蔬菜、花卉，可以人为培护，令非时而预出者。《汉书·召信臣传》：大官园种冬生葱韭菜茹，覆以屋庑，昼夜然火，待温气而生。信臣以为此皆不时之物，悉奏罢。又《后汉书》邓太后诏：凡供荐新味，或郁养强熟，或穿掘萌芽，悉宜罢之”。

3“烂熳”同“烂漫”。

4“柚”读“油 yóu”，一种类似橘子的水果。

5“椶榈”同“棕榈”。

6“葩”读“啪 pā”，花。

7 隋炀帝于大业元年（605）在洛阳西苑剪彩为花，极尽豪奢。“翦”通“剪”。

8 传说唐玄宗时曾用羯鼓催花开放。

宫货房

花草铺东边，有扁“宫货房”之室。万品珍宝，盈溢于中。乌玉、青铜、蜜花[1]

等物，样样色色。此不过文房之具，而一物之直[2]，动不下千金。

左右各悬大方镜，其大恰与全壁齐。又有自鸣钟、金龛、玉榻、琉璃[3]灯笼。的铄[4]相映，皆属珍宝。最可玩者，以真玉刻为蟠桃，青矼[5]石雕枝叶。树高可丈余，而花实枝叶，不分真假。此是和珅[6]、福长安[7]籍产[8]，后人有榷买者，而日为亲王、贵人亲所买去。今所在者，比前半减云。

有一貂裘者，乘车而至，买玉碗[9]一个而去。问，是皇帝亲侄也。其卫从甚盛。

九达街头巷市深，波斯[10]光怪荡人心。

锦裘公子多风韵，手把琼杯数百金。

1 蜜花，玛瑙的一种。

2“直”通“值”。

3 琉璃，当为玻璃。原稿作者李海应已经从中国人那里学会了“玻璨”一词，见原稿卷五《风俗》一节。这里所描述的“其大恰与全壁齐”大方镜，就是在清朝极其珍贵的大玻璃镜。

4 的铄，闪烁。“铄”通“烁”。

5 青矼石，疑即著名的青田石。浙江青田产，是雕刻与治印的优秀石材。“矼”读“枪qiāng”，坚硬的。

6 和珅（1750—1799），清朝大贪官。满洲正红旗人，字致斋。乾隆三十四年（1769）袭三等轻车都尉。后得到乾隆皇帝赏识。当权20多年，贪污纳贿。嘉庆亲政后被抄家，和珅被下狱后自杀。李海应在朝鲜就应该很熟悉这个人物了。朝鲜文人朴趾源《热河日记》里对和氏已经表露出不满。朝鲜文人柳得恭《滦阳录》卷二的描绘也很有深意：“和珅权倾天下，带衔‘经筵讲官、御前大臣、太子太保、议政大臣、领侍卫内大臣、文华殿大学士、文渊阁提举阁事、管理吏部户部理藩院、户部三库事务总管、内务府大臣、教习庶吉士、管理上驷院武备院御船处向道处事务、正白旗满洲都统、总理建锐营圆明园八旗内府三旗官兵大臣步军统领三府等、忠襄伯’，悉兼枢要。满洲之俗，贵贱等威不甚分明，而望见和珅，坐者皆起立”。李海应来中国时，和珅案刚刚过去几年，京城里的人们还津津乐道之。和珅家宅在今北京西四北头条。

7 福长安（？—1817），清朝将军，满洲镶黄旗人，富察氏。乾隆时名臣傅恒之子。历任副都统、武备院卿、领内务府、户部尚书。曾带兵击退尼泊尔人对西藏的进犯。因投靠和珅被下狱。后被起用。嘉庆二十一年（1816），授正黄旗满洲副都统。

8 听说和珅、福长安都已被抄家，所以原稿说这些东西是“籍产”。

9〔清〕佚名《查抄和珅家产清单》：“玉碗一十三桌”。另参见河北省遵化市清东陵文物管理处藏《和珅家产抄家清档》；〔清〕陈其元原著，杨璐点校《庸闲斋笔记》卷九“和珅查抄单”，第233页，中华书局，1989年版。

10 波斯，今伊朗。古代京城所见多波斯商人，波斯人带来的往往是很稀罕的东西。

初十日庚子[1]，晴，玉河馆留。

1 这一天是1804年2月20日。今日即农历二十四节之“雨水”。

桂风山[1]秀才客馆

王庶绩[2]约与今日相会，故早朝按地[3]至登墀堂。[4]

王适出门未返，有一士人，在邻馆迎接。略与笔谈，则是桂姓，号风山，原系江南六安州人[5]。余曰：“畴昔奉王时斋先生于琉璃厂书楼，趁今日为约再晤，而所恨题风[6]，偶接芝宇，可谓倾盖如故[7]。请问尊庚？”桂曰：“一见客官气概如此，可知学问高明。钦佩之至。恨之晚也。王七今正启馆，若要相见，少俟[8]之。鄙年三十五岁。二十入秀才，就寓京师。幼时好嬉游，不肯勤读。及少长就，出门在外，荒废岁月”。

又问余齿。余曰：“贱辰少尊肩随之岁”[9]。因求见其平日所著诗文。桂出《四书论》一篇曰：“如不见弃，愿就正一二”。见其文，颇纯淡。余曰：“掷地金声。如弟者不得不袖手傍观”[10]。桂又出一律示之曰：“前日，舍侄因事赴居庸关。余口占送别”。其诗曰：

一策匆匆等断蓬，长城北走万山中。

囊垂可赋青钱句[11]，裘敝谁弥紫塞[12]风。

村翳尘沙人绝迹，谷回石磴路盘空。

此行辛苦须知奋，穷苦元来大有功。

余曰：“始知文章有力。弟可以拙句步就”。即席构写。桂因举笔，加圈两联曰：“真是宿学。诗法工部[13]却过”。余问：“江南素称文乡，今之俗尚如古耶？”桂曰：“敝乡念书者甚多，而纯学者，今也少。风俗尚朴直，比昔日少差”。桂又曰：“客官今下顾敝寓，一见如故。异日显达，那时到此，请勿弃我”。余曰：“弟东海鄙人，且无素蕴，何言显达？”桂曰：“客官如如器宇，兼才学优深，安有虚度？但愿卜曰奉教”。

时斋方自外至，邀致他馆。

男儿浪迹似萍踪，偶我行筇[14]列馆中。

棐几[15]即余拚雅韵，布衣从古有寒风。

文章白首宁虚老，奇气青霞薄远空。

满纸琼篇聊拭目，爱君平生着专工。

1 桂风山（1770—？），清朝文人。姓桂，号风山。安徽六安人，秀才。

2 王庶绩（1776—？），清朝文人，字敷九，号时斋，江西九江府德化县人。1792年举子试副榜。

3 按地，按地址。

4 按原稿记载，登墀堂在前门内西皮市四眼井，是王庶绩的书房。“墀”读“迟chí”，殿堂涂饰过的地面。

5 桂风山（1770—？），清朝文人，姓桂，号风山。安徽六安人，秀才。

6 题凤，“不在（家）”的隐语。此处用南朝刘义庆《世说新语·简傲》“嵇康与吕安善”典。吕安去友人嵇康家，嵇康不在。嵇康兄请吕安进去，他不进门，而在门上写一“凤”字，嘲笑嵇康是凡鸟。见《诸子集成》卷八《世说新语》，第200页，中华书局，1954年版。

7 倾盖如故，一见如故。倾盖是指古人在路上初次见面，即热烈交谈，双方车上的伞盖都靠在一起了。

8 “俟”读“四sì”，等待，依次。

9 肩随之岁，年龄相差无几。

10 “袖手傍观”即“袖手旁观”。

11 苏轼《山村诗》：“杖藜裹饭去匆匆，过眼青钱转手空”。我国古代金属货币中，用“钱”、“两”做单位的是钱，外圆内方，用“元”、“角”来做单位的才是币。光绪三年（1877）我国始有机制的铜元与银元。

12 紫塞，长城。

13 工部，指杜甫。杜甫（712—770），唐朝诗人。生于河南巩县。字子美。有《杜少陵集》传世。

14 “筇”读“穷qióng”，一种竹子，可做手杖。

15 棐几，伏案的意思。“棐”读“匪fěi”，辅助。

王七时斋书室

王出自桂馆迎余，相肃。取笔书曰：“中孚者，信也[1]。君子不失信于人。然父在斯，为子凡事当禀命而行。弟因于初八日启馆，云今日有约，特来一会。有失倒屣[2]，望祈恕罪”。余曰：“五伦有次序。大兄禀命之行，可谓自亲而始。弟今奉约委进，聊志抱柱[3]之谊。贵驾言旋，从此作尽日之欢”。

王曰："用早饭么？弟处可用。虽疏食藜藿[4]，愿以奉献。岂有枵[5]腹谈心者乎？"余曰："姑舍是。空洞无物，已本分事。且姑不枵"。王曰："吃面罢？"余曰："鸡猪酒面，逢着即吃。且为客之弊，一至此哉？"用一大碗劝吃曰："诗云，虽无嘉肴，式食庶几[6]。食则必饱"。

余曰："既饱以德[7]，何必待此而后饱？"因问："大兄被选于何榜耶？"王曰："举人为正榜。正榜后，另一榜十余人为副。不中正榜，终身不能做官。弟则如今年甲子开乡试科应试后，中正则正。不中仍是如此"。余曰："大凡副榜者何称？"王曰："副贡生、亚元。正为魁元、经元"。余曰："中正然后称进士耶？"王曰："进士又是一层。如中正榜，后会试天下举人，中者为进士"。

余曰："李翰林[8]诸先生，未得约会耶？"王曰："伊官翰林。此处律例，不许居官者交游外国人。且弟等见接者，亦不过瞒公不瞒私"。余曰："敝邦人前此来游者，多与做官文士追随结交。是诚何例？"王曰："或亦有私无公"。因出诗一律曰："此立春题诗也。一篇尚未完，代弟结下韵一联，用祈兄台步韵的好。不要笑弟"。其诗曰：

晓窗司启[9]报青归，帘卷东轩见雪飞。

腊意冱[10]针寒几许，条风轻扇暖些微。

谩[11]裁彩胜簪疏鬓，且翦[12]宜春贴板扉。

余即续就一句曰：

会待曲江红杏节，少年争夺锦花衣。

因曰："貂[13]不足耶。以弟荒拙。续之甚悚"[14]。王一咏曰："兄与我新年之愿，即此也"。又曰："弟前日不知干例，约至敝寓相见。后告之父即[15]同寓诸人，皆云不可。此地近刑部、都察院、大理等寺衙，巡人最密。若见外国人往来亲近，恐生嫉妬。可以为口宝"[16]。余曰："区区律例，赚得男儿拘束"。王曰："所谓生于斯、长于斯，即得受此一番拘束。且父在，子不得自专。弟父年老，过虑恐致有懆[17]。只可偶然逢接，长则不便"。余曰："既承此示，益觉黯然。从此一去，无由再会"。王曰："既阻于时，又阻于势。弟在他乡，只可作一千里神交、心间往来耳"。

烦烦者漏载。遂临门送余，愀然[18]若缱睠。[19]

盖彼人近与我人，虽或潜相交接，必忌讳他人听闻，又必扯裂笔谈之纸。王其甚者也。都下文士，虽非外国人，亦不敢招朋引类，烂熳[20]觞咏。非复旧日风者。专由治政之苛察。作如是说者，往往有之。

一言襟如水，一见颜如玉。

水澹玉晶莹，雅韵元不俗。

谢君缠绵意，奈彼垣耳[21]属。

玉河[22]如东流，凭泪到鸭绿。[23]

1“中孚信也”是《易·杂卦传》里的话。

2 倒屣，来不及穿好鞋就出门迎接。常与“吐哺”连用，表示对人才的渴望。“屣”读“喜 xǐ”，拖鞋。

3 抱柱，出自《庄子·盗跖》。尾生与一女子约定于桥下，女子没来。水至，不去。抱梁柱而死。后人常用“抱柱”表示有信用。

4 藜藿，指粗劣的饭菜。“藜藿”读“离lí或huò”。

5“枵”读“削 xiāo”，空。

6 参见《诗·小雅·甫田之什·车辖》。

7 参见《诗·大雅·生民之什·既醉》。

8“李翰林”指李鸿宾。李鸿宾（？—1841），清朝文人，字鹿平，江西德化人，嘉庆六年（1801）进士。因治理河道有功，嘉庆二十三年（1818）代理广东巡抚。道光十年（1830）任协办大学士、两广总督。1841年病逝于北京。

9《左传·昭公十七年》：“青鸟氏，司启者也”。

10“冱”读“户 hù”，冰冻，冻。

11“谩”通“漫”。随便，随意。

12“翦”通“剪”。

13“貂”即“狗尾续貂”之简称。这里是自谦。

14“悚”读“耸 sǒng”，恐惧。

15 原稿“即”有误，当为“暨”字。

16 原稿“口宝”有误，当为“口实”。

17“慅”读“草 cǎo”，忧虑不安。

18 愀然，神色变得严肃、不愉快。“愀”读“巧 qiǎo”。

19 缱绻，情意深厚。“缱绻”读“浅全 qiǎn全 quǎn”。

20“烂熳”同“烂漫”。

21 垣耳，偷听的人。参见〔明〕陈士元（1516—1597）《俚言解》卷二《壁有耳》，收入[日]长泽规矩也编《明清俗语辞书集成》第一册，上海古籍出版社，1989年版。“垣”读“元 yuán”。

22 玉河，流经北京城内的一条河，有600年历史，现已消失。2007年北京市开始了“玉河工程”，准备恢复玉河。

23 鸭绿，鸭绿江。

十一日辛丑[1]，晴，玉河馆留。

1 这一天是1804年2月21日。

正阳桥

朝出琉璃厂，路过正阳桥。街市清整。闻皇帝昨诣祈谷坛[1]亲祭，天明已还宫。三使亦连日迎送于午门外。

春桥杨柳翠柯[2]舒，戌削[3]轻风霁[4]雪初。

奉帚胡儿官道走，城南朝日度金舆。

1 祈谷坛，天坛的祈年殿。这里用以指代天坛。

2 柯，树枝。

3 戌削，清瘦（的样子）。

4 “霁”读“济jì”，雨止。

雍和宫

宫本雍正帝潜邸[1]也。外门设红木栅，而扁曰“十方圆通”。内门曰“慈隆宝药”。又其内曰“照[2]泰”。

余从左夹门至昭泰之内。雍和门又在其内，而门内即雍和宫也。门设阿弥[3]宫，安大塑像。庭有乌铜炉，大可数丈。后殿曰“永佑”，安三佛，而左右又置琉璃厂，厂中佛像无数。卓[4]前亦如之，而其余珍宝之物，罗列如市榻。佛经文贴于殿后壁，形如白塔，而如是者三处。

自永佑而入法轮殿。殿凡二层，殿中央设宝榻，是皇帝幸行时所御。殿中恰铺画文戎[5]毡。虽十间之广，必以一张铺之，无贴连者。榻前有金鼎，鼎刻一童子及双龙，皆活动可观。盛白米于鼎中。又设卓[6]而奉金屋，佛龛[7]燃长明灯于前。以花草言之，皆以金、铁、铜、玉雕刻枝叶花实。后壁以枏[8]木为假山，高丈余，广则倍之。其棱脊之凹凸，有若天造，而千百金佛，横竖倒立，望之若千树万枝，花叶满发。又设卓[9]而列沉香[10]佛龛三座，熏香扑鼻。龛顶各嵌以真玉。前后左右，皆刻成浮屠形。其丽亦不亿。[11]

万福阁在法轮之后，亦三层阁也。中立大神金佛，高数十丈，上穿三层之阁，而一指之大，几于胫；一腰之围，十余抱。从左右夹房而设三层云梯。登一梯而至中层，则左右悬大木板，安万千罗汉。又登梯而至上层，则犹未及佛颔之下。四面环以红栏，左右立青矼[12]石假山，而列小金佛，以黄帕覆之。钟簴[13]磬板[14]，亦井井排置。

阁东西设阁道，通六棱阁上层，而东西阁中，设有瓦塔。塔各五层八面，而每一面嵌中安佛塔，去地数寸，而四五人齐力斡旋[15]，则塔旋如磨。

凭入外栏，左右眺望，则阙中形址可见。又其北而有“绥成殿”。殿下则只空空如也。从云梯而有上层，是绥成也。列金浮屠五座，嵌其中而各安一佛，以琉璃障其前。五殿内扁额珠联，多不可殚记。

雍和宫庭有穹碑，四面之广皆如一。后面有乾隆御制《喇嘛僧记》，是壬子[16]所竖也。略曰：喇者，无也；嘛者，上也。喇嘛，谓无上，而取古所称“上人”之义也。寺中有西番[17]僧五百徒，皇帝给衣食而尊奉之。卿相以下，不敢与抗礼云。

法轮之西，有六棱阁。阁中竖一碑。殿左有皇帝斋室。壁铺锦缎障子，而绣出花木，五彩炫耀。又登云梯之上，则窓[18]栊皆坚锁，即斋室所御也。下层左右室塑一僧，而炉卓[19]精洒。是乾隆[20]时，有一僧[21]自西番[22]来。皇帝尊尚之。及其归而思之，作塑像虔享云。

东有雍正诸皇影帧[23]奉安之阁，不许外人见。入而栏楹[24]皆红碧色。外此叠榭复房，虽穷日之力，不可遍观。

阍人[25]奉钥扫离宫[26]，斜日凭栏悦[27]驭风。

万户楼台来扑地，六时[28]钟磬[29]忽浮空。

黄金供佛靡财力，青石联峰汗巧工。

廪食[30]禅门承帝宠，老僧骄贵埒[31]王公。

1 潜邸，皇帝作皇子时住宅。

2 原稿“照”有误，当为“昭”字。

3 阿弥，即“阿弥陀佛”。其含义是“有无量功德的觉悟者”。

4“卓”通“桌”。

5“戎”通“绒”。

6“卓”通“桌”。

7“龛”读“勘 kān”，小窟，小屋。

8“枏”同“楠”。楠木是十分贵重的木料。

9“卓”通“桌”。

10 宋朝文人范成大《桂海虞衡志》之《志香》有对沉香的详细记述。见〔宋〕范成大原著，孔凡礼点校《范成大笔记六种》，第94—95页，中华书局，2002年版。

11 “亿”通“臆”。臆测，预料。

12 青矼石，疑即著名的青田石。浙江青田产，是雕刻与治印的优秀石材。“矼”读“枪qiāng”，坚硬的。

13 “簴”读“巨jù”，挂钟磬架子上的立柱。

14 “磬”读“庆qìng”，将一排石板或玉板悬于架上，敲击而鸣，是古代的著名乐器。原稿“磬板”是很形象的描绘。

15 斡旋，转动。

16 本处“壬子”即乾隆五十七年壬子（1792）。

17 西番，指西藏。

18 “窓”同“窗”。

19 “卓”通“桌”。

20 乾隆是清高宗的年号（1736—1795）。

21 “有一僧”，当指西藏活佛班禅。乾隆七十寿辰时，班禅晋见。二人相见的亲切场面，朝鲜文人朴趾源在其《热河日记》第十二卷有详细记载。参见拙作《半岛唐风：朝韩作家与中国文化》，第387页，宁夏人民出版社，2004年版。

22 西番，指西藏。

23 影帧，画像。

24 “楹”读“迎yíng”，厅堂最靠外的木柱。

25 阍人即守门人的意思。“阍”读“昏hūn”。

26 离宫，帝王在国都外的宫殿，他们出巡时的住所。

27 “怳”读“恍”。

28 六时，佛家把一昼夜分为六时。

29 “磬”读“庆qìng”，将一排石板或玉板悬于架上，敲击而鸣。磬是古代著名乐器。

30 廪食，即官府供应饭食。“廪”读“凛lǐn”。

31 “埒”读“列liè”，并列，等同。

十二日壬寅[1]，晴，玉河馆留。

1 这一天是1804年2月22日。

紫光阁[1]

是日，皇帝设紫光宴，三使入参，余亦从焉。

天明，由西华门入福华门[2]内。皇帝乘黄流苏[3]屋轿。侍臣数人，奉黄金炉盏等器，左右分列而前导。皇帝露面顾视，可一见而祥矣[4]。须髭[5]颇小，面方而丰下，盖深黄色。

三使随入宴班，而余则自外观之。杯盘浪藉[6]，磬筦[7]俱作。

有百十红衣军，手奉一队黄布帐，自西而前。瞬息间遮其庭，设为三门，而场戏之具，皆从门入。各藏假面。其阔袖、圆领、幞头、大带，一应先王法服，或绝类东制[8]。此所谓"礼失而求诸野"[9]者也。皆执一木板，而以金字各书一字于一板，合而看之，则"嘉庆万寿"。

又作假花如羽扇样，执而摇之，低昂合节。又摇尻[10]折腰，雀跃蟹行。其枝[11]酷似我国花郎[12]，而可谓曲尽其妙。

又立一大柱，使八九岁儿，裸身登柱。倒悬横立，若踏平地。其余角抵戏、狮子舞及红棒环逐之状，皆次第设戏。

皇帝还驾，颁赏有次。

宴罢入阁。阁凡二层，而扁曰"紫光阁"。乾隆诗揭壁者四五处。殿设宝榻，是皇帝所御，而殿砌皆玉栏。

龙塔燃香袅袅纤，紫光高阁玉编帘。

优人竞奏《公庭舞》[13]，赏赐黄金又白缣。[14]

1 紫光阁在今中南海。

2 福华门是中南海的北门。1885年前后，慈禧挪用海军军费重修三海（北海、中海、南海）及颐和园，这些钱足以重建两个北洋舰队。

3 流苏，下垂的穗子。

4 "祥"通"详"字。这是原稿作者李海应此行见嘉庆皇帝最清楚的一次。

5 "髭"读"资 zī"，嘴唇上的短胡子。

6 浪藉，狼藉。

7 磬筦都是乐器。按照礼制，帝王钟鸣鼎食。"磬"读"庆 qìng"，将一排石板或玉板悬于架上，敲击而鸣。磬是古代的著名乐器；"筦"读"管 guǎn"，缠丝的竹管乐器。

8 东制，指朝鲜服饰制度。

9 《汉书 · 艺文志》："仲尼有言：'礼失而求诸野'"。

10 "尻"读"kāo"，臀部，屁股。

11 原稿"枝"有误，当为"技"字。

12 花郎是新罗训练的青少年。新罗真兴王金麦宗（540—575年在位）时，创立"花郎道"。其主旨是"事君以忠，事亲以孝，事友以信。临阵无退，杀身有择"。参加者多是青少年，身穿很华丽的衣服。该制度要让新罗的青少年磨练意志，锻炼身体，为新罗培养军士。但花郎也有很多表演活动，成为后来半岛的表演艺术。新罗后被高丽王朝所取代，但花郎道直至朝鲜王朝还继续存在。民间的“花郎”往往指倡优表演。朝鲜文人李瀷（1681—1763）的《星湖僿说·经史门》有“花郎”条。参见〔宋〕赵汝适原著，杨博文校释《诸蕃志校释》，第151—154页《新罗国》，中华书局，2000年版。“瀷”读“义yì”，水流很急的样子。“僿”读“赛sài”，粗鄙。

13 公庭舞，《诗·邶风·简兮》云：“硕人俣俣，公庭万舞”。“俣”读“欲yǔ”，英俊魁伟的样子。

14“缣”读“尖jiān”，双丝的细绢。

延祥门[1]戏题

自玉蝀桥[2]迤[3]东而北，路过延祥门。有年少妇女，三、五同车。如是者，可数十两[4]。珠翠窈窕[5]，露面视外。容色之绝类者居多。宦侍数十辈，骑而从之。问之，则宫女之先诣西山，以备侍宴者也。

嫩莺娇燕禁林春，香国繁华醉杀人。

照日红妆浑似梦，喧风绣毂[6]暗吹尘。

杨州橘老谁相送，汉水梅浓[7]着处新。

定识胡皇今日宴，眼前歌舞乐良辰。

1 延祥门与其他两座门本位于今北海公园附近，解放后为拓宽马路而拆除。

2 玉蝀桥即北京旧北海大桥。参见北京市城市规划管理局《北京在建设中》一书《解放后的市政建设》中拆除前的玉蝀桥牌楼图片。该书无页码，北京出版社，1958年版。“蝀”读“东dōng”。

3“迤”读“姨yí”，地势斜着延展。

4“两”通“辆”。

5《诗经》里有“窈窕淑女”句。指文静而美好的样子。

6“毂”读“古gǔ”，车轮的中心部分。

7 我国小说《三国演义》描述说，董卓被诛杀前，曾起梅坞以藏貂禅。

回回馆

回回人状貌，皆绿瞳深目。衣帽与满洲一样，而毡笠之檐，前卷后卷，右尖左尖。如未展荷叶[1]。其番王所居馆，在西华门路，屋制如半月形。曩[2]见酒肆有回回人饮酒，有猪肉为肴，辄掉头不食曰：“猪肉本非吾所食”。盖回回之种，以猪八戒为祖，故凡饮食遇猪肉，不近口云。[3]

回回王者弄乡愁，万里燕京久滞留。

宿醉尚余西苑宴，馆门归晒紫貂裘。

1 原稿作者李海应显然受到了朝鲜文人柳得恭《滦阳录》（作于1790）的影响。柳著记录的是他随朝鲜使节团出使热河的经历。柳著之《回回诸王》一节对我国回族同胞帽子的描述是："其头所戴毡笠之檐，前卷后卷左尖右尖，如未展荷叶"。

2 "曩"读"nǎng"，过去。

3 这是原稿作者李海应的推断，有明显的民族歧视色彩。也许是中国小说《西游记》给他印象太深了的缘故。此时的朝鲜青年文人多悄悄地读中国小说，朝鲜文人张混（1759—1828）《而已广集》末卷有《读〈水浒传〉》。实际上，伊斯兰教把猪肉看作是不洁的食物而禁止食用。按照穆斯林的说法，《古兰经》禁食猪肉是因为"真主允许佳美的，禁止肮脏的"。参见《古兰经》第二章之第一百七十二、一百七十三节；第五章之第三节；第六章之第一百一十五节、第一百四十五节；第十六章之第一百一十六节。基督教之《旧约·利未记》第十一章第七、八节也有禁食猪肉的规定，但西方猪肉销售量一直不低。

十三日癸卯[1]，乍阴乍洒雪。寿安寺[2]二十里朝餐，圆明园民人王姓家宿。

天明入天安门，即三座门外也。皇帝发圆明园，众官从卫。仪仗则只有貂尾旗十数双，而千骑画畓[3]黄勒者，皇帝也。右执鞭，左执辔[4]，衣黑貂裘，而自御马。无牵夫、扶属[5]之例。天子威仪，简易若是。

三使及诸译，坐[6]路左送驾，是谓"祗送"[7]也。

青锁[8]千官寂不喧，瑟然旗脚晓风翻。

胡皇手把黄金勒，一策云骏似雷奔。

1 这一天是1804年2月23日。

2 从原稿记述来看，寿安寺当是万寿寺之误。〔清〕富察敦崇《燕京岁时记》认为，"万寿寺在西直门外五六里，门临长河，乃皇太后祝厘之所"。

3 畓，朝鲜汉字，水田。"画畓"当是象声词。"畓"的大致发音是"dā bo"。

4 "辔"读"配 pèi"，驭马的缰绳。

5 "扶属"即"扶嘱"，朝鲜为官员牵马的从人。

6 原稿"坐"当为"跪"。也许是李海应故意用此字。

7 这里描述的是"祗送"。"祗"读"知 zhī"，敬。

8 "青锁"即"青琐"，是宫门上青色的图案。多用来指代宫门。

寺[1]安寺

送驾后，因从西直门出，是外城之西北间门也。行五里许，有寿安寺[2]于路北。遂税车[3]入寺。

寺宇萧洒，殿内佛像及位置亦精致。

厨奴[4]备饭讫。饭相传有“二黄轿”、“五红轿”。

过此向圆明园去，是后嫔之属，而其仪仗及清道、辟人之举，一如皇驾。路傍[5]闾家，锁门不敢窥。

自此往往植红殳[6]于路右，以红丝绳系之。盖皇帝之宗亲坟墓在近地，故设此，而若避下马云。

西直之外，铺石为路，至圆明园而止。如正阳、朝阳之路。

西郭寒风早理装，衲僧迎客梵王堂。

纤尘不起青绳路，白马横纵驾七香。

1 原稿“寺”字有误，从其上下文来看，当为“寿”字。

2 寿安寺，不详。北京香山卧佛寺又名“寿安寺”，其距离与原稿作者所写不符；白塔寺又名“大圣寿安寺”，但方向与原稿所说不符。原稿说寿安寺在西直门西五里路北，可见“寿安寺”当为“万寿寺”之误。〔清〕富察敦崇《燕京岁时记》认为，“万寿寺在西直门外五六里，门临长河，乃皇太后祝厘之所”。

3 税车，（交车费后）下租车。

4 厨奴，厨子。朝鲜与高丽王朝一样，有许多奴隶制度的痕迹。文人多称下人为“奴”。

5“傍”通“旁”。

6“红殳”红色的殳仗。是用竹子做的类似刀一样的东西。“殳”读“书shū”，一种有棱无刃的兵器。

畅春园[1]

过城濠二里许，有大石桥，桥下水汇为巨浸。其源出玉泉山，四散迸出。内外城濠及太液、玉河[2]，皆皆[3]支流也。桥左右环以石栏，建碑门于东北。

又行二十里，闾阎[4]复相续。路左缭以长垣[5]，中有叠榭[6]。其屋脊可俯而见。此则“畅春园”也。按《一统志》，地名“海淀”，明武侯李伟[7]故园。周方十余里。康熙帝常驻驿于此，酌泉而甘，因其旧址，赐名“畅春”。筑宫设御，少加规度，且以徧[8]览田畴。有《御制记》，以志其胜。雍正元年[9]，于园之东北隅建“恩佑寺”[10]，安奉康熙帝御容。

才过园而阜岸[11]对峙，筑土为山，建廊阁。其上皆古人坟墓也。[12]

城西游侠锦装鞍，酒肆相逢意气长。

更说良宵珍重约，畅春园外月如盘。

1 畅春园现今是北京大学的一部分，在颐和园路西。其南面、西面今为“畅春新园”。参见《北京大学校园地图》，北京大学学生工作部赠，2007年9月印。

2 玉河，流经北京城内的一条河，现已消失。2007年北京市开始了“玉河工程”，准备恢复玉河。

3 原稿“皆”有误，当为“其”字。

4 民居，人家。古代制度，二十五家为一“闾”。“阎”是里巷。

5“垣”读“元 yuán”，墙。

6“榭”读“卸 xiè”，建于高台、水上的木屋。

7 原稿“明武侯李伟”有误，当为明武清侯李伟。李伟（1510—？），明穆宗皇后李氏之父。万历十年（1582）被封为武清侯。现今北京大学有一部分是其私家园林。

8“徧”同“遍”字。

9 雍正元年，1723年。

10 恩佑寺现只存山门，在颐和园路西侧。其东西两侧都是北京大学的校园。按北京市海淀区文物管理处2003年4月所立牌的说法，该寺建于清雍正元年（1723），原有三进院落，1860年被英法联军焚毁，只存山门，上有“敬建恩佑寺”字样。该山门不远处，即恩慕寺山门。2007年9月，笔者特为二山门摄影，以为纪念。

11 阜岸，高高的岸。“阜”读“富 fù”。

12 现今颐和园路与芙蓉北路交口（海淀体育馆北门东）有纪念碑。其文记载此地原来是“丹稜沜（畔）”。

圆明园[1]

至园村，寄住王姓家。房屋逼侧，一行人殆不能容。

日晡[2]时，因通官[3]指导，入圆明园。园在畅春之北，雍正帝潜邸[4]时所御，而御极[5]后夏月清暑之所也。

园之周十里，东西长而南北短。筑土为阜陵，种林木其间，而回迂作作[6]，路介然而入。园门而设蒙古毳[7]幕，其制如茅亭。虽狞风恶雨，可避也。自兵部[8]例设三幕，一许我国使臣入处。

月落天将曙，鸡人[9]唱始停。

绣轮填北阙，黄勒[10]幸西亭。

雪闸新凝白，云岑远秣[11]青。

苑南开别馆，酋虏[12]扫门庭。

1 以下记载的是原稿作者在圆明园的生活情况。圆明园是当时世界上最大的皇家园林，四围长达20里（法国凡尔赛宫长度只有1里）。1860年10月18日被入侵的英法联军彻底焚毁。参见〔清〕朱家楣等《（光绪）顺天府志》卷四，续修四库全书本。

2“晡时”即申时，下午3—5点。“晡”读“bū”。

3 通官，礼部的通事。清朝于礼部设朝鲜通事12人，负责翻译工作。他们都是朝鲜族人。参见〔清〕武英殿本《古今图书集成·官常典》卷三百十五有关记载。

4 潜邸，皇帝尚为皇子时的住所。

5 御极，即登基作皇帝。

6“作作”即“做作”。这里的意思是很厉害、很多。

7“毳”读“脆 cuì”，野兽的细毛。这里是指细毛毡。

8 兵部，古代六部（吏部、户部、礼部、工部、农部、兵部）之一，负责武装力量调动。

9 鸡人，古代报晓之官。参见《周礼·春官宗伯·鸡人》。

10 黄勒，黄金勒。皇室用的马具之一。

11“秣”通“抹”。

12 酋虏，满族官员。

山高水长阁[1]

入园门二重而有阁。阁凡二层，无丹雘[2]之饰，而翼然轩豁，扁“山高水长”四字。以沉香木[3]为栏槛[4]，而前槛十二，庭除亦以沉香，设翠屏交架之状。

遂齐立于庭栏外。少焉，众炮自内齐动，而皇帝出御阁下层，舞乐次第陈列，而皆昨日所见也。中有编羽于帽、负画干而舞者。干羽之舞[5]，古岂如是哉？[6]

阁庭设三架木，高可三四丈。架设横木，如层梯样。最上层各设两杠，如蓝舆[7]下装之横间架者。杠之两端，又设间架之小杠，使之浮移上下，若枢机之斡旋。上层之设杠者凡四处，使服彩者八人，编黑丝，如[8]诸颈，望之若髧髧[9]垂髫[10]。每一人各立两杠之头，一上则一下，一下则一上，联翩缥缈，浮空而入云。观者无不洒然丧志。是谓“西洋秋千”也。

又于庭两边，各立一大柱，被之锦绣，上加八棱彩詹[11]。每棱垂索，如我国秋千，而八人一齐推索，翻身摇扬，则厥柱回旋不已。此亦一奇观也。[12]

又一边立一柱，系一条长绳，而斜撑于柱下。一人跣[13]足而立撑绳之股。或卷其一足，或跌一足，而若将坠焉。一人脱帽投诸地，则一人登立于柱头，而抽所佩箭，弯弓而射之。以帽为的[14]，期于必中。尽三矢而止。每人一枝讫，辄叩头殿前。则侍臣必颁银、锦之属。

层阁阑干屹洞天，玉帘垂地拂香烟。[15]

丈丈丝绳横彩架，西洋童子半成仙。

1 “山高水长阁”在圆明园的西南角。参见《圆明园盛时平面图》，圆明园管理处2006年印。由北京市容铁艺术工作室策划、北京市邮政管理局发行的《圆明园四十景图咏》里有《山高水长图》和乾隆皇帝的咏述：“在园之西南隅。地势平衍。构重楼数楹。每一临瞰，远岫堆鬟，近郊错绣，旷如也。为外藩朝正锡宴、陈鱼龙角角抵之所。平时宿卫士于此较射”。原稿本节描绘了西洋秋千、旋转秋千和走索射箭等节目。

2 “雘”读“获 huò”，上好的油漆涂料。

3 沉香木，一种贵重的木料，据说入水不浮。多产东南亚，带有黑色树脂。沉香也是一味中药。参见〔明〕李时珍原著，倪泰一等编译《本草纲目》，第540—541页，重庆出版社，2006年第三版。

4 “楹”读“迎 yíng”，厅堂最靠外的木柱。

5 上古的“雅乐”里包含的舞蹈。“干”是盾牌。“羽”是野鸡毛。

6 朝鲜保留了相当完整的中国古代礼乐，其著名的文献有《乐学轨范》。原稿作者李海应在朝鲜当是见过这些礼乐表演的。

7 蓝舆，竹轿。唐朝诗人白居易《晚出寻人不遇》：“蓝舆不乘乘晚凉，相寻不遇亦无妨”。

8 原稿“如”有误，当为“加”字。

9 “髧”读“但 dàn”，（儿童少年）头发下垂的样子。

10 “髫”读“条 tiáo”，小孩下垂的头发。

11 “詹”通“檐”。

12 此处描绘的是圆明园里的旋转秋千。

13 “跣”读“显 xiǎn”，光着（脚）。

14 的，靶子。

15 香烟，点燃的香所冒出的烟雾。

登[1]戏

众灯毕呈，天色向暝。于是，令张灯阁檐及庭栏。皆列羊角灯[2]檐际，两房[3]各立彩棚阁。阁中有青石假山，而左右前后，亦皆此灯也。

又两边立飞檐，一大柱八面悬八行数十层灯。灯脚翻风，猎猎有声。

又设一架，如碑门形，而悬一大鼓，鼓底垂火绳而燃之。一燃而绳尽，则鼓底一板，打开自落，而鼓中一块纸裹，飞破四散。忽焉有彩衣仙童、丹楹[4]画榭、奇禽异兽，层生而叠出，皆是灯形之不同，而不可名状。于焉间大光自燃，一时齐明于百十灯中。正如银汞点缀，散落于空中。又火尽，则先出者尽堕于庭。又有层出如前，而或有瓶灯、西瓜灯、樽[5]灯。鼓内每一下，皆不下十数，而行凡十余。如是者又三四层，而复替悬方鼓。不图一鼓中藏置累千百灯也。

又于两边之架，各悬大柜形。柜中所出者，则形如列磬[6]之架。火明光白，层列井井。其奇巧之状，诚而所难测也。

又于庭东西，各设一间彩阁。以锦缎障面，及复斋卷[7]，则灯火状人形，晶荧若仙人。衣上、满身着琉璃玉佩。

又庭前罗立者，各捧红园灯。每设一架于一灯。其跪起进退，一如献寿之状。

又有百数人，各奉方灯一颗。或罗立，或跪坐，或分列周行。终又登列卓[8]之上，层层罗立，而最上头奉一灯，形如人首。其左右次第，作全身形。奉灯者，皆呼“嘉庆万万岁”。

又有塔灯、七宝灯。火燃于七宝[9]，若金缕而纱笼者。

又作落火戏[10]。列植红纸筒于庭，如箭筒形。燃火绳于筒口，则火自筒中嘘起窸窣[11]之声，如雷轰天，而铃铃飞散。散而复落于庭，若一围风炉，覆自空中而散下。

盖计其糜费，非但十万为计。虽有千万之费，不可学得者，其奇技妙法也。

燃灯存古俗，春阁驻龙旗。

日吉三元会，人从百里畿。

结棚圆似盖，张架锦为衣。

玉缕迤逦[12]走，珠星灿烂辉。

月沉昏少顷，风动暖些微。

彩阁重重出，仙禽对对飞。

皎通银汉泻，红缀绣帘围。

演戏争为巧，环观古亦稀。

广陵红道起，天筑雨花霏。

管钥[13]重[14]开宴，千官放夜归。

1 原稿“登”字有误，当为“灯”字。原稿作者李海应描绘的有张灯、鼓底散灯、柜里出灯、活动人形灯、举灯团体操以及烟花、焰火表演。〔民国〕张慧剑《辰子说林》之《敦煌》云：“唐人说部中有一神话，谓叶法师于元宵节之夜，奉唐玄宗命，以分身法遍游各都市，归称天下灯戏，以敦煌为第一”。

2 按原稿的解释，当时灯笼有的是用铁丝做骨架，“亦用羊角造成”，后者即羊角灯。参见本书卷五《器用》。

3 原稿“房”有误，当为“旁”字。

4“楹”读“迎 yíng”，厅堂最靠外的木柱。

5“樽”读“尊 zūn”，一种盛酒器，后用做祭祀的礼器。

6“磬”读“庆 qìng”，将一排石板或玉板悬于架上，敲击而鸣。是古代的著名乐器。原稿所说“列磬之架”即悬挂磬的架子。

7 斋卷，一种类似春卷的食品。这里的意思是“翻卷”。

8“卓”通“桌”。

9 七宝，佛教对金、银、琉璃、砗磲、玛瑙、珍珠、玫瑰的统称。这里的塔灯属于灯火表演，但七宝灯显然是烟花表演。

10 落火戏，烟花与焰火表演。与李海应于是年正月十五记载的“埋火戏”、“花炮”属同类表演。

11“窸”读“西 xī”，形容十分细小的声音。

12“迤逦”即“逦迤”，读“里 lǐ以 yǐ”，屈曲相连的样子。

13 管钥，本意是“钥匙”，这里的意思是掌管城门的人。

14 重，重视。

十四日甲辰[1]，阴洒雪。圆明园留。

1 这一天是1804年2月24日。

次韵嘉陵[1]御制诗

通官[2]来传御诗，属[3]三使赓[4]进。其诗曰：

下元甲子上元春，诹吉[5]幸园法驾陈。

暖透九衢[6]消薄冻，润敷四野压轻尘。

筹农深沐西成累[7]，省岁又临东作新。[8]

节度敬承先帝泽，怀柔乐恺会嘉宾。

西园羽钥早迎春，龙榻前头八簋[9]陈。

彩架灯明园似月，珠栏帘卷净无尘。

燕人歌筑[10]浑如昨，汉代衣冠不复新。

空使胡皇夸富贵，万方金帛率来宾。[11]

1 原稿“嘉陵”有误，当为“嘉庆”。

2 通官，即礼部的通事。清朝于礼部设朝鲜通事十二人，负责翻译工作。他们都是朝鲜族人。参见〔清〕武英殿本《古今图书集成·官常典》卷三百十五有关记载。

3“属”通“嘱”。

4“赓”读“耕 gēng”，唱和。

5 諏吉，选择吉日。“諏”读“邹 zōu”。

6“衢”读“渠 qú”，四通八达的道路。

7《书·尧典》：“寅饯纳日，平秩西成”。意思是恭敬地送别太阳落山，仔细记录下日落的时刻。

8《书·尧典》：“寅宾出日，平秩东作”。意思是恭敬地迎接日出，仔细记录下日出的时刻。

9 八簋，天子所用的器皿制度。多与“九鼎”连用。“簋”读“轨 guǐ”，古代放食物的器皿。

10 此处用《史记·荆柯传》典。

11 这是原稿作者李海应和嘉庆皇帝的诗作。按封建等级，李海应没资格和御制诗歌，其诗句也绝不能让嘉庆看到，否则会被杀头。

病卧绝句

以寒感委痡，无异醉生梦死。日晡[1]，三使入“山高水长阁”。灯戏槩[2]与昨日相似，而制样多不同云。

寒灯耿结枕边明，西苑轰雷远送声。

边塞[3]无人来问病，强支羸骨[4]评《茶经》。[5]

1“晡时”即申时，下午3—5点。“晡”读“bū”。

2“槩”同“概”。

3 边塞，这里指北京。原稿作者李海应不肯认同满族人的统治，不把北京看作是政治中心，而是看作了荒凉的边塞。

4 羸骨，瘦弱的身体。“羸”读“雷 léi”。

5《茶经》，唐朝文人陆羽所著。“评《茶经》”在这里的意思是孤独地喝茶。

十五日乙巳[1]，乍阴风。圆明园留。

1 这一天是正月十五元宵灯节，1804年2月25日。

元宵观戏

三使朝入“正大光明殿”，参放生宴。此圆明之正殿也[1]。放生者，鼓贮各种禽，使之一时飞散云。晡[2]后，又入水长阁[3]，观灯戏及落火。阁上窓[4]帘，皆贴楪[5]大琉璃[6]，红绿隐映于中。必妃嫔自内窥视者也。

灯戏讫，又作“埋火戏”[7]。自阁檐连横索于庭前两架。架后悬灯之棚，又有四五十处。其诸棚，色色不同。有莲藕奉朶之形，有当筵列樽[8]之形。自阁前连索处，有两道火块，疾于流星，而走扑前架，则次次散连，而无数悬棚之灯，一时雷轰。火声震地，烟气蔽天。纸炮皆自灯中散出，冉冉如挂空之虹。盖此法用之库[9]中，暗惊贼阵散溃者也。

其称“花炮”者[10]，炎始生，而枝条之间，缀作花辨，宛然可辨。

皇帝颁内膳。

西园鼓吹醉良辰，埋火张灯种种新。

胜似东方[11]今夜月，九桥行躧蹋歌[12]人。

1 正大光明殿在圆明园“大宫门”和“出入贤良门”之内，其后是前湖。见《圆明园盛时平面图》，圆明园管理处2006年印。由北京市容铁艺术工作室策划、北京市邮政管理局发行的《圆明园四十景图咏》里有《正大光明》和乾隆皇帝的歌咏。原件于1860年英法联军侵略中国时被掠走，现藏法国国家图书馆。1983年，法国学术界把《圆明园四十景图咏》彩色底版赠予北京圆明园。

2 “晡”读“bū”，申时。下午三点至五点。

3 水长阁，圆明园的山高水长阁。

4 “窓”同“窗”。

5 “楪”同“碟”。

6 原稿“琉璃”当是“玻璃”。当时玻璃是稀罕之物。原稿作者李海应已经从中国人那里学会了“玻瓈”一词，见原稿卷五《风俗》一节。

7 从原稿的描绘看，“埋火戏”就是“放焰火”。清人赵翼《檐曝杂记》卷一《烟火》有详细记载。见〔清〕赵翼原著，李解民点校《檐曝杂记》及〔清〕姚元之原著，李解民点校《竹叶亭杂记》合刊本，第11页，中华书局，1982年版。

8 “樽”读“尊 zūn”，一种盛酒器，后来用做祭祀的礼器。

9 原稿“库”字有误，当为“军”字。

10 花炮即烟花，也称“焰火”。

11 东方，指朝鲜。

12 蹋歌，踏歌，边走边唱。南宋画家马远画作中有“丰年人乐业，陇上踏歌行”题诗。

夜枕拈韵示李景渊[1]

厨人进枣飰[2]。北人见此，必以为异味。

家信难凭北雁回，客心寥落剑歌哀。

良宵幸有亲朋过，明月应从故国来。[3]

小馆门深天似水，空庭树老夜生雷。

蒲蔬枣饭惟时节，聊与殊邦佐一杯。

1 李景渊（？），朝鲜文人，字公默，号耷岩、松川，本贯韩山。此次出使中国朝鲜使节中的随行者。朝鲜文人张混（1759—1828）《而已广集》里有与李景渊唱和作品多篇，卷四有《李公默（景渊）楸庐》，并称其为松川主人。另参见朝鲜文人车佐一（1753—1809）《四名子诗集》后悼词。

2“飰”同“饭”。这一天是元宵节，朝鲜人习惯吃带枣的米饭。

3 中国与朝韩的时差是一个小时。中国的8点是那里的9点。一小时的时差不影响两国人同时观月。出使中国的朝鲜文人对于可以和家人同时见到的月亮，倍感亲切。

十六日丙午[1]，阴寒。自圆明园移发，还抵玉河馆。

1 这一天是1804年2月26日。

西山[1]

是日，皇帝颁赏笺、缎、笔、墨等物，许令三使还馆。故朝饭发行。

路由西山。盖西山，即太行之别阜。遂从神佑门出。东有“阅武楼”，其块伟[2]轩敞，亦非恒品。[3]

又过一碑[4]门。门扁前曰“罨[5]秀”，后曰“涵虚”。其内有一行廊阁，如阙中朝房。此为西山之址，而湖水环其后。北望山麓上彩亭耸出，绮组璀璨，虚明恍惚[6]，袅袅若万朵红莲，开而不遂，真妙制也。

遵湖而南。湖之广数百步，以石筑两旁，整整无罅缝[7]。西山一面，皆瑶树琦楼。自山顶至山脚，高下横竖，疏洁明丽，错出并耀，万类不同。皆覆以琉璃瓦，五彩灿然。上承日影，下涵湖光。周驰为阁道，直抵峰头。雕阑彩棂[8]，委曲旁通。

百千万间，皆可循除而行[9]。从湖边步步回首，愈出而愈奇。遥望百步许，阁之为三层，而翼然于水中央者，曰“文昌阁”[10]也。迤[11]而南望五十步许，其高如文昌而雕镂过之者，曰“龙王庙”[12]也。

过此而有长桥跨于湖，穹然如垂虹。下为十七虹门，故名“十七桥”[13]。其中可通百丈楼船。桥旁有守者，不许人出入，故至此而止。但竚立[14]凭瞩，如在画图中。楼台掩映，白塔挺出。虽非天作之尽然，而以人力言之，天下大铺叙也。

“廓如亭”[15]在桥之东南，阁凡八面，而其丽之制，游观之胜，亦属奇妙。阁中多揭乾隆御制诗，而皆言筹农之务。

燕都名胜尽山西，湖水无风散鹭鹥。[16]

浩渺玉泉桥上路，龙王亭子与云齐。

1 李海应一行所游览的“西山”，实即今日北京颐和园。该园在清乾隆年间原名“清漪园”，宫廷建筑师雷家玺设计，1750—1764年建造，占地290公顷。1860年遭英法联军焚烧与破坏，1888年慈禧太后挪用海军军费重修，改名为“颐和园”。笔者与拙荆于2007年11月3日专程前往参观。

2 块伟，魁伟。

3 恒品，普通的物品。

4 原稿“碑”有误，当为“牌”字。该牌坊至今尚存。在颐和园的东宫门外。笔者于2007年11月3日前往颐和园参观时，见该牌坊在停车场外，明显缺少保护。

5“罨”通“揜”，读“掩 yǎn”，捕捉。罨秀，网罗天下园林之秀。

6“怳惚”同“恍惚”。

7 罅，裂缝。“罅”读“下 xià”。

8“棂”读“零 líng”，窗格。

9 原稿记述的是颐和园长廊。该长廊是世界上最长的。

10 颐和园文昌阁是园内最大城关建筑，始建于乾隆十五年（1750），1860年被英法联军焚毁。光绪年重修。内有铜铸的文昌（帝）君像。现今在其附近有文昌院展览馆。

11“迤”读“姨 yí”，地势斜着延展。

12 龙王庙，即颐和园南湖岛上广润灵雨祠。乾隆时重修龙神祠并赐名，俗称“龙王庙”。笔者于2007年11月3日前往参观时，见该祠保护很好。

13 十七桥，即颐和园的十七孔桥。

14“竚立”同“伫立”。

15 颐和园的廓如亭至今尚存。其内原稿作者李海应所见的《乾隆御制诗》等尚清晰可辨。笔者于2007年11月3日前往参观。

16“鷖”读“医 yī”，鸥的别名。

铁牛[1]

湖南设石榻，而笵[2]铁为牛。围似[3]荆棘，牛卧其上，举头望湖。精神活动，如将蠢然而起。或称牛跃入湖，则清运始讫[4]。古闻泥马渡水[5]，今谓铁牛泛湖乎？

牛背上刻篆籀[6]字，颇古怪。其文[7]曰：

夏禹治河，铁牛传颂。

义重安澜，后人景从。[8]

物[9]寓刚戊，象取厚坤。

蛟龙远避，讵数鼍鼋？[10]

瀠[11]此昆明，潴[12]琉[13]万顷。

金凤[14]神牛，用铁悠永。

巴山[15]淮水，共贯同条。

人称汉武，我慕唐尧。

瑞应之符，逮于西海。

敬兹降祥，乾隆乙亥。[16]

篆与文，皆系乾隆御制。

其旁植穉[17]松，于石趺[18]立短碑，亦乾隆诗[19]。观此，始知湖名之为“昆明”。尽道其名胜之景，与夫潴[20]湖溉田之利。盖湖之东南野，皆引流为水田。稻秧之根，秩然也。

桥东又建一牌门，内曰“春敷”，外曰“秋荣”。遂由春敷出，登车而归抵馆中。

乌犍[21]骧[22]首枕西湖，跃出当年大冶炉。

不似巴山信道地，五丁无力一鞭驱。[23]

1 原稿“铁牛”，即颐和园著名的“铜牛”。该铜牛铸于乾隆二十年（1755），上有乾隆帝篆体铭文。因其上乾隆诗句中有“铁牛”二字，来此的朝鲜文人皆记此牛为“铁”牛。

2“笵”同“范”。模子。这里用如动词。

3 原稿“似”字有误，当为“以”。

4 清运始讫，清朝的国运就完了。“讫”读“气 qì”，完毕，终结。

5 泥马渡水，传说北宋康王南逃时，有一马驮其渡过了钱塘江，过江后才发现那是一匹泥马。康王即后来的南宋高宗赵构。〔明〕张岱《西湖梦寻》卷四《灵芝寺》云：“高宗为康王时，避金兵，走钜鹿，马毙，冒雨独行，路值三岐，莫知所往。忽有白马在道，鞚驭乘之，驰至崔祠，马忽不见。但见祠马赭汗如雨，遂避宿祠中。梦神以杖击地，促其行。趋出门，马复在户，乘至斜桥，会耿仲南来迎，策马过涧，见水即化。视之，乃崔府君祠中泥马也。及即位，立祠报德，累朝崇奉异常”。

6 籀，汉字的一种书体，也叫大篆。“籀”读“咒 zhòu”。

7 颐和园铜牛上诗句，可参见〔清〕于敏中等《日下旧闻考》卷八十四《御制金牛铭》，第1405页，北京古籍出版社，1981年版。

8“景从”即“影从”，紧紧跟从。

9 原稿“物”字，清人于敏中记为“制”字。见〔清〕于敏中等《日下旧闻考》卷八十四，第1405页，北京古籍出版社，1981年版。

10“鼍”读“驮 tuó”，扬子鳄。“鼋”读“元 yuán”，大鳖。

11“瀠”读“湾 wān”，水从地下喷涌而出。

12“潴”读“朱 zhū”，蓄水。

13“琉”通“流”。笔者于2007年11月3日与拙荆前往颐和园参观时，见颐和园铜牛上的字是“流”。

14 原稿“凤”有误，当为“写”字。参见〔清〕于敏中等《日下旧闻考》卷八十四，第1405页，北京古籍出版社，1981年版。

15 原稿“山”有误，当为“邱”字。参见〔清〕于敏中等《日下旧闻考》卷八十四，第1405页，北京古籍出版社，1981年版。

16 乾隆是清高宗的年号（1736—1795）。乾隆乙亥是1755年。

17“穉”同“稚”。

18 原稿“趺”有误，当为“趺”字。“趺”读“夫 fū”，石碑的底座。

19 原稿作者见到的当是乾隆皇帝《西堤作》一诗。笔者于2007年11月3日与拙荆前往颐和园参观时，见该碑现今仍矗立于铜牛不远处，上署“甲申仲春月御笔”，碑上句乃乾隆1764年的手书诗作。

20“潴”读“朱 zhū”，蓄水。

21“犍”读“尖 jiān”，阉割过的牛。

22“骧”读“相 xiāng”，昂首奔驰的样子。

23“驱”同“驱”。这里用的是“五丁开山”的典故。传说秦始皇时，蜀道未开，难于攻打。秦始皇做了五头石牛，后放几块金子，称此牛的粪便就是黄金，请蜀开明王派人来取牛。开明王派了五个大力士来把石牛运进去，蜀道也就开通了。晋代常璩《华阳国志·蜀志》则说是秦惠王知蜀王好色，许五女进蜀。五丁迎接至于梓潼，见一大蛇入穴。五丁齐拉之，山崩压死五丁与五女。

十七日丁未[1]，乍阴风寒，玉河馆留。

1 这一天是1804年2月27日。

馆夜

寒感尚未快，可终日抱衾，而且满馆愁此者，十居八九。留馆诸商[1]，皆于后庭作簟屋[2]，买砖为炕。而驿卒辈，亦靠墙屯聚，聚败砖[3]障风。

驿刷马[4]则露置于东北坛外，但柳木钉于地，而维其辔[5]。喂之无多状，马辄奔逸叫踶[6]，今夜声尽馆中。

风转疏棂[7]月透衾，寒更孤卧梦难深。

馆中客马惟怀土，不作寥寥伏枥[8]心。

1 诸商，随使节团来的众多朝鲜商人。朝鲜文人朴思浩《心田稿》在“三月初九日”说：“晴。留栅。车卜齐到。大车六七十，连亘栅内，有若帆樯之簇立。每年使行，银参入燕之数，不知几千，而中国杂货之东输者，若缎属、药材、针帽、书籍可用之外，珠玑、扇香、驴骡、鹦鹉、绒毡、镜带、纸砚、笔墨等珍怪之物，非国之宝也，徒启小邦奢侈之渐。诚非细虑也。我国禁物，金、参、貂、獭，而彼人禁物：兵书、兵器、驼马、金铁、象毛（牙）、黑角等物，而皆搜验出栅。潜商辈睢盱谋免之状，可憎、可笑”。

2 簟屋，席棚。“簟”读“电 diàn”。

3 败砖，破砖、砖头。

4“刷马”又称“括马”，元朝成吉思汗时无偿强制征收军马的制度。来中国的朝鲜使节多带有刷马，这些是临时充作官用的地方马匹。朝鲜文人朴思浩《心田稿》于十一月十七日、十八日有详细记载。

5“辔”读“配 pèi”，缰绳。

6“踶”读“地 dì”，踢。

7“棂”读“零 líng”，窗格。

8 伏枥，出自三国时曹操《步出夏门行》：“老骥伏枥，志在千里”。“枥”读“力 lì”，喂马的木槽。

十八日戊申[1]，晴。玉河馆留。

1 这一天是1804年2月28日。

王柘庭棨[1]客馆

景渊[2]近与柘庭亲知，因绍介约一会矣。今日一早，同车出馆。

王见[3]住于春树胡同[4]关帝庙中。入门座定，余擎笔书示曰："夤缘[5]敝友，夙仰高名。故此逶[6]进，得接光仪，可谓三生有幸"。王曰："贱学无识，叨荷光顾，感与惭并"。

蝶庄王陈锡，棨之弟也[7]。但闻其名，而未识其面。故余又书问曰："仄[8]闻白眉[9]同寓，见[10]今当座否？座上诸君子，仆未知某某"。王曰："颇似丰而微发者，为敝同乡方乾一[11]，在国监[12]作举子业；腴而黄髯[13]者，为家表兄张秀三[14]孝廉[15]。其年幼者，为四舍弟"。

余曰："仆之此行，非直为山川楼观之胜，切欲求吾所欲见者。今焉邂逅，东海鄙人，何以得此奇会！"王曰："私衷切欲假丛之胜，足以游赏者，奉屈文宗，作竟日欢。因不识风禁，不敢冒昧。兼置新正酬应，鄙俗碮碌[16]纷弃。兹闻行期又迫，殊深局促惋憾[17]之至。敝俗与识好中，有连句之会。本拟会集以畅，此来之雅会惽[18]二三友，均惮贻[19]笑，不肯与会。亦缺陷事也"。

余曰："如我遐弃则已。不然，则贻笑之教，仆不敢当。或者仆之好缘，终此尽耶？"王曰："再会之期，欲于廿二[20]日。滨[21]剧粗[22]，期一聚。兄可详之"。

余曰："廿二之约如宛[23]，则可晤"。又曰："刘石庵[24]笔法，仆已稔知[25]矣。闻兄有雅分，借得数三幅挥洒否？如蒙珍诺，仆当带纸伻报[26]。亦不可无吾兄笔迹，以作日后珍玩"。王曰："石庵相国书，似集诸家之大成。如叨赏鉴，当得转浼[27]。至棨，蔑识焉，敢妄作以污大雅之清瞩耶？"

遂与留二十日约而还。

春雪经宵净扫阶，客登书屋见双鞋。

逢君如入金陵路，渐觉江山面面佳。

1 王棨（？），清嘉庆年间文人，字柘庭。自称山西洪洞人。"棨"读"起 qǐ"，古时木制的一种符信，用以通过关口；"柘"读"这 zhè"，柘树，柘木。

2 李景渊（？），朝鲜文人，字公默，号鳌岩、松川，本贯韩山。此次出使中国朝鲜使节中的随行者。

3"见"通"现"。

4 春树胡同，即今北京"椿树胡同"。当时其附近是海运仓。〔清〕朱家楣等《（光绪）顺天府志》详记北京胡同。见该书卷十三、卷十四，续修四库全书本。

5 夤缘，攀附权贵，向上巴结。这里是谦辞。"夤"读"寅 yín"，恭敬。

6"逶"读"微 wēi"，弯曲、绵延。

7 王陈锡（1776—？），清嘉庆年间文人，字小照，号蝶庄。王棨四弟。

8 “仄”是内心不安的意思。这里是客气的说法。

9 “白眉”，用东汉马良之典故。马良白眉，其四个兄弟俱为才子。时人传唱“马氏五常，白眉最良”。这里是用以指代王桀兄弟。

10 “见”通“现”。

11 方乾一（？），清嘉庆朝文人，监生。山西洪洞人。

12 国监，国子监。

13 “髯”同“髯”。两颊上的胡须。

14 张秀三（？），清嘉庆朝文人。举人。当亦为山西洪洞人。

15 孝廉，举人。

16 “砺碌”通“利禄”。

17 “慽”同“戚”。

18 “愔”读“因 yīn”，安静。

19 “贻”读“姨 yí”，赠送、遗留。

20 廿二，二十二。“廿”读“念 niàn”，二十。

21 “滨”通“濒”，接近、靠近、临近。

22 “剧粗”通“局促”。这里的意思是时间上比较赶，来不及准备。

23 宛，顺利、顺遂。

24 刘石庵，刘墉。刘墉（1719—1804），清朝名臣。字石庵，山东诸城人。官至东阁大学士，著名书法家。刘墉即我国电视连续剧《宰相刘罗锅》里的主人公“刘罗锅”。原稿作者李海应在北京时，刘墉尚在世。朝鲜文人多熟悉刘墉书法者，该国景福宫附近的秘苑里至今还有刘墉的手书楹联。

25 稔知，熟知。“稔”读“忍 rěn”，熟悉。

26 “伻”读“绷 bēng”，仆人。“伻报”即遣仆人送过（信）来。

27 “浼”读“美měi”，污染、玷污。这里是客气的说法。

十九日己酉[1]，晴。夜雪，玉河馆留。

1 这一天是1804年2月29日。

简寄柘庭[1]

朝者裁书送人于柘庭，兼带纸本及纸扇烟丸[2]之属。书曰：“萍水邂逅，证成神交。顾不佞[3]何以获此？所恨匆匆拜会，雪泥鸿爪[4]，皆属过境。归来耿耿，易知而难忘。抑先生气度泓渟[5]，令人不可忘如是耶？石庵书，叨荷谋忠[6]之盛意。纸本二十幅，兹鸠聚[7]奉上。切祈从近周章[8]，得令遐土人[9]以光他日归橐[10]，是所区区之望也。

笺纸字本，别录贻[11]呈。览过则可量会。敝橐[12]不腆之物，敬备矣。领些若愧惭。草草不尽。礼”。

即接回书云：“王桀敬拜复东海先生足下：夙钦仰度，幸获瞻韩。私衷切喜，愧与惭深。乃荷不弃，惠锡佳珍。展翰教于莫叙，思琼报[13]而无从。惟洁治薄酌，敬待廿[14]二日光临。庶得麈谈[15]重接，茅塞再开，则拜叩化雨，曷[16]其有极也。联额纸幅，谨当如命以应，藉使奉复。伏惟纳吉[17]不藏”。[18]

熏香道味袭人裾[19]，如读平生未见书。

却恐君家离渐远，玉河[20]归路缓驱[21]车。

1 王桀（？），字柘庭。清嘉庆年间文人。自称山西洪洞人。其余不详。

2 烟丸，清心丸。纸扇与清心丸是来中国的朝鲜人经常送的小礼品。

3 不佞，没有才智。古人自谦之词。“佞”读“nìng”。

4 雪泥鸿爪，人生际遇不定，踪迹无常。

5 泓渟，水深的样子。比喻人修养很深。“渟”读“停 tíng”。

6“谋忠”来自《论语 · 学而》：“曾子曰：吾日三省吾身。与人谋忠乎？与友交信乎？传不习乎？”其中的“与人谋忠乎”意即“帮别人做事是不是一心一意、负责到底呀？”

7 鸠聚，聚集。

8 周章，周折。这里的意思是张罗、办理。

9 遐土人，住在很远地方的人。是原稿作者自谦的说法。

10“橐”读“驼 tuó”，行囊。

11“贻”读“姨 yí”，赠送、遗留。

12“橐”读“驼 tuó”，行囊。

13 琼报，“报之以琼瑶”的省称。

14“廿”读“念 niàn”，二十。

15 麈谈，手拿拂尘而谈笑。“麈”读“主 zhǔ”，即“四不象”，是麋鹿的一种。古人经常用其尾巴做拂尘。

16“曷”通“何”。

17 纳采、纳吉、纳聘、纳征、纳币是古人婚嫁六礼。纳吉，这里是“收下”的意思。参见《礼记 · 昏义》。

18“纳吉”与“不藏”皆来自古代的婚礼仪式。有所谓“人谋鬼谋，欲无不藏。尔室尔家，欲无不宜”之说。此处王桀把自己准备的物品比作待嫁的姑娘，忐忑地等待着新家人的评价。这是十分客气的说法。参见《礼记 · 昏义》。

19“裾”读“居 jū”，衣襟。

20 玉河是流经北京城内的一条河，有600年历史，现已消失。2007年北京市开始了“玉河工程”，准备恢复玉河。

21“骲”同“驱”。

二十日庚戌[1]，晴。洒雪。玉河馆留。

1 这一天是1804年3月1日。

入东华门[1]绝句

诸译领方物入阙，余亦随往。从东华门内左翼门入，见细布等库。东曰“弘义阁”，西曰“体仁阁”，而库无克籾[2]之物，不可谓国有蓄积。[3]

遂登太和殿，攀栏环棂[4]。左右若虚无人。又入中右、中左之门，观纸弊[5]纳库。保和、中和[6]皆属过境。

至后左门，望见乾清、坤宁二宫。乾清，寝殿也。坤宁，内殿也，不许人拦入[7]。遂东入锡庆门，是嘉庆帝潜邸，而门屏九龙之刻，亦系异观。

又入皇极门，周观其宫基。转向奉先宫外，是前星门也。景运门亦在西旁，即乾清之东门，而先明殿及宫女所居，无不在领略中。仰观天子宫阙，亦是三大观中一欤？

甃石[8]横纵散路岐，出门难记入门时。

可惜重重情锁[9]阙，百年空僦[10]满洲儿。

1 东华门在今故宫东南角楼之北。与之相对的是西华门。

2“籾”读“尼ní”，（不可忍受的）饥荒。

3 李海应是外国人，他看不到清朝府库的实际情况。清朝人法式善《陶庐杂录》逐年记载了康熙至乾隆三十九年（1774）国库里现银的数目。如乾隆三十九年（1774）实在银为73，905，610两。见〔清〕法式善原著，涂雨公点校《陶庐杂录》，第23—26页，中华书局，1959年版。

4“棂”读“零líng”，窗格。

5 原稿“纸弊”有误，当为“纸帑”。“帑”读“躺tǎng”，钱财，钱库。

6 保和、中和，今故宫的保和殿、中和殿。

7 拦入，滥入。“拦”通“滥”。紫禁城的乾清门是外朝和内廷界门，因此不许朝鲜人参观。

8 甃石，垒起石头为墙壁。“甃”读“咒zhòu”。

9 原稿“情锁”有误，当为“青琐”。青琐是宫门上的青色连环图案。“青琐阙”即宫阙。

10“僦”读“就jiù”，租赁。

二十一日辛亥[1]，晴，玉河馆留。

1 这一天是1804年3月2日。

万佛寺[1]

朝罢吃饭，作五龙之行。过玉蝀[2]、金鳌两牌门，而西有补华门、阳泽门，南北相对。若入其中，则可沼池，上下循池，而北入万佛寺。寺有三层殿，安万佛于下层，其数无量。金像妙丽，种种具慈悲相。

旁设一座宝榻，高二丈，十余层。层各以沉香刻作鸳鸯瓦，茸[3]其上，檐桷[4]具焉。每层设间架，障以琉璃。中安小金佛，亦可以千百计。其雕镂之巧，妆严之美，殆类神造。立其前，异香馥郁，史称“临春结绮”，香闻十里者，非过言也。有人云，此系和珅家物，及珅败籍[5]，置于此。

览讫，由云梯而上。过二十余级，便斗暗，但手探阶级，而足随之。迤逦[6]曲折，向上而进。既出第二层，拓户眺望，眼界旷然。五龙诸榭，渺然斯下矣。又出第一层，则七座金佛。左右青假山、小佛像，与中下层无异同。

庭有乾隆庚申[7]御制诗碑。殿扁曰“万佛楼”。寺前有三重牌门，扁“满云昙霏”等字，而外曰“普庆门”。出是[8]门，而又有对门之楼，其高百余尺，扁曰“极乐世界”。中以青色木假山环之，高与楼齐。百千峰嶂[9]，磋呀戌刻[10]，无斧凿痕。

从木假山边，寺僧导而行。因循逶曲[11]，渐次向上。岩壁凹处，皆嵌以金龛，安金佛像[12]。群仙环其四面，各抱笙簧之器，若将闻节奏之响。

及到山顶，与万佛寺最上楼相伯仲。上立小金阁，奉金像，是为玉皇云。炉烛卫待，井井罗立，依若身到灵霄矣。楼四面皆立碑门，而有四字扁额。

缥缈如登白玉楼，彩云浮在木峰头。

十方世界[13]扁楣字，赢[14]得吾人极乐游。

1 原稿记录的是北海小西天的“万佛楼”。该楼是乾隆为祝其母八十寿辰而建，内有金质佛像上万尊。1900年八国联军入侵，佛像被侵略军抢掠一空。该楼已无存，唯存石碑。

2“蝀”读“东dōng”，虹。

3 原稿“茸”有误，当为“葺”字。“葺”读“气qì”，修理，修缮。

4 檐桷，瓦当。

5 败籍，倒台。

6“迤逦”即“逦迤”。后者读“里 lǐ 以 yǐ”，屈曲相连貌。

7 乾隆庚申，1740年。

8 是，这。

9“嶂”读“丈 zhàng”，山高险如屏障的样子。

10 戌刻，戌削，清瘦（的样子）。

11 逶曲，弯曲而盘旋的样子。“逶”读“微 wēi”。

12 这些金佛像后皆被八国联军抢走。

13 十方世界，佛家把娑婆世界临近的八方分为“十方世界”。

14“赢”通“羸”。

五龙亭[1]

自万佛迤[2]而西北，五亭翼然相对，若行龙蜿蜒之势，曰浮翠亭、涌瑞亭、龙泽亭、澄祥亭、滋香亭，总而名之为“五龙亭”。瑶树琼檐，左右拱向，皆中立四楹[3]，外则十二楹也。龙泽，是中央三层亭，而梁画黄龙，设罘罳[4]笼之。亭内恰铺甓[5]，而后面有新建碑。门内外有“福田”、“性海”之扁。其碧金云龙，玲珑璀璨，此所谓“书不尽言，画不尽意”也。

大雄殿在北，既[6]“阐福寺”也。安丈六佛。佛具千手千足，足下踏定众魔。皆是宛转、闷绝、拿攫，而求死百状。其状曲尽情态。夫佛本一躯，而千手异异执，千足异东[7]。故大悲阁以无心证千手佛，盖禅旨所谓“信手拈来”、“头头是道”者耶？

攀梯而上三层，佛头始入瞻见，而前后左右，合是六面。其头上又有千百头，各具青红黄白之色，望之若头着胄盔也。上层扁曰“有大威灵”。

遂下寺而凭五龙之栏东望，沿池皆设廊，而环以石栏。左右金碧烂然。池之东南岸上，逢百丈浮屠，是谓“琼岛”。皇都八景，其二曰“琼岛春云”、“太液清波”。今春冰未解，云色凭陵，未得真境。然怪丽奇壮，若镜澜连漪[8]。琼楼瑶台，出没、摇荡于银波汞云之中。中有浮鸟，竞戏群泛，隐然有江湖风景。

其北则垂柳高松，环池苍郁。高下参差，万千不同。中有彩阁、朱墙隐映，即皇帝行宫，而宫女、内侍所处云。

琼华岛顶上，环以太湖石。中建浮图，高十丈余，张铁丝而维之。竖朱竿于其前。悬以彩旌。又石栏环于浮屠，石色晶莹[9]类玉。建寺其傍[10]，名曰“白塔寺”。此即明时西苑。瀛台左右，广寒楼、勤政殿、知稼轩、丰泽苑[11]、秋云亭、蕉园、临漪[12]亭、水云榭、紫光阁、承光殿诸胜。琼岛皆奇石，巉岩[13]磊砢[14]。下瞰池水，栋宇翚[15]飞，依然蓬莱仙府也。禁中人称瀛台为“南海”，蕉园为“中海”，五龙亭为“北海”。[16]

且景山，古称“兔儿山”，明称“煤山”。毅宗皇帝[17]殉社稷[18]。神武门为宫城正北门，而作虹桥跨濠。桥北有北上门，与神武正相对。山在北门上，内凡三峰。亦名万岁山。《一统志》云，高耸明秀，蜿蜒磅礴。今人不敢称“煤山”，盖讳之也。遂转上玉蝀桥[19]，眺望良久。不觉暝色生衣。

是日，正使生朝也[20]，兼有酒馔之供。

风暖宫城荡紫霞，五龙亭屹歇轻车。

栏头百里西山水，檐外三春上苑花。

醉眼凭空浮野马，夕阳临流散林鸦。

忽闻疏磬[21]僧寮[22]起，一朵金莲护释迦。

1 五龙亭在今北海公园的西北角。

2 “迤”读“姨 yí”，地势斜着延展。

3 “楹”读“迎 yíng”，厅堂最靠外的木柱。

4 罘罳，读“扶 fú思 sī”，设在檐下或窗上防鸟雀的网。这里是“网”的意思。

5 “甓”读“屁 pì”，用砖砌。

6 既，即。

7〔东汉〕许慎《说文》“东，动也”。

8 “漪”读“依 yī”，水的波纹。

9 “晶茔”即“晶莹”。

10 “傍”通“旁”。

11 原稿“丰泽苑”有误，当作“丰泽园”，是康熙建立的皇家农业研究院。康熙亲自在园中挑选稻种，传说《红楼梦》中描绘的“胭脂稻”即此间培育出的稻种。

12 “漪”读“依 yī”，水的波纹。

13 巉岩，陡峭、突出的山岩。“巉” 读“谗 chán”。

14 磊砢，众多。“砢”读“棵 kē”。

15 “翚”读“灰 huī”，展翅急飞的样子。

16 此地统称“三海”。1885年前后，慈禧挪用海军军费重修三海（北海、中海、南海）及颐和园，这些钱足以重建两个北洋舰队。

17 毅宗皇帝，即吊死在景山的明朝崇祯皇帝。

18 原稿此处有误，少一“处”字。

19 玉蝀桥即北京旧北海大桥。北京市城市建设管理局编《北京在建设中》之《解放后的市政建设》第11图中，牌楼上的“玉蝀”二字尚清晰可见。但第10图展示的是改建后的北海大桥，两牌楼已被拆除。见该书，北京出版社，1958年版。“蝀”读“东 dōng”，虹。

20 这一天是正使闵台爀的生日。可见闵台爀生于乾隆十一年丙寅（1746）正月二十一日。“爀”读“贺 hè”，火红。闵台爀也作“闵台赫”。

21“磬”读“庆 qìng”，将一排石板或玉板悬于架上，敲击而鸣。磬是古代的著名乐器。

22 僧寮，和尚们住的小屋子。“寮”读“辽 liáo”，小屋子。

二十二日壬子[1]，大雪。玉河馆留

1 这一天是1804年3月3日。

柘庭[1]酒席与引泉刘绍叔共赋[2]

是日，为践柘庭约，往至其所。主人已立门久矣。

延余坐、呼茶讫，余与刘引泉作肃[3]，叩其姓名。刘曰：“仆姓刘，名绍叔，号引泉[4]，柘庭之内弟。因今日台驾惠临，特来仰瞻丰采。一见雅人深致，使我敬佩之至”。余曰：“东海鄙人，观风上国，已极蓬莱之愿，而况今日得接光仪。未知先生与石庵相公[5]，有亲谊乎？”刘曰：“石庵相公，系仆同宗祖行，且常至其府中。仄闻先生欲觅其书法，此事至易。昨闻柘庭言，已面求之矣。今携来石庵、覃溪二公真草《心经》墨各二张，聊当见面之贽[6]。不知肯留纳否？此石系晓岚[7]尚书家所刻。先生知翁覃溪[8]其人否？”余曰：“畴昔果仰恳柘庭，欲得石庵书。今示如是，谋忠[9]之谊，若是挚乎！草法[10]双擎玩阅，百朋之锡[11]，蔑以加矣。晓岚尚书仆已饱闻，而第未知翁覃溪何如人？”刘曰：“翁覃溪，官至侍郎，为大兴才子之冠。少与晓岚齐名。其诗文书法，今颇难得”。

余曰：“请问先生见[12]任何官，贵甲子几何？”刘曰：“候补兵马司副指挥[13]，乾隆五十三年[14]中秀才，以议叙得是官，是正七品。本系山西洪洞县人，今虚度三十四岁”。

刘又曰：“仆昔年曾随家父，至福建、台湾、杭海遨游。得与吕宋[15]人交契。今又与先生邂逅，可谓天涯倾盖，而又敬佩外国名士，质朴忠诚。较世途滑稽之辈，不啻天关矣”。余曰：“眼底奇山川，副是胸中三万卷。吕宋人既与先生交游，似是天下士也。若以仆比诸他，先生之取人，其或失之仆[16]耶？吕宋人何许人？文章书画，俱可以称妙？住居郡乡？愿因先生得闻奇士之名"。刘曰："仆所识之吕宋，系伊木[17]国二品官。问以文章笔墨，则不知。仆深服其能通天文并海道，所以尝领教他，而言语难通，与之语难，凭通事。非若贵国人之能作汉语、妙于文章也"。余曰："仆亦到贵国，即亦聋哑人。是故满腔情绪，只凭笔舌，而犹未若吾舌之在也"。刘曰："以笔代舌，乃天下第[18]妙事。诚思古之圣贤，何尝与今人面谈？所凭者，几卷诗书耳"。余曰："书中刘[19]圣，岂若亲炙[20]哉？"

刘曰："今日真面对无双国士。仆幸甚、幸甚。既订神交，当朝夕过从。再以后，彼此休以客套语相加，更加亲密"。余曰："国士，仆实不敢当。一识荆州[21]，素愿[22]幸遂"。[23]

"若于启馆前，种种得奉教音，此诚三[24]分双之际，惟以志意。不足当大雅之观。如尚荷许，可幸。祈题之，以光鄙俗。何如？"余曰："以仆三昧之眼[25]，犹知上国高士风流才情。第小巫丛铃[26]，岂望下手于大巫前耶？"王曰："过谦，即所以见弃也。幸祈暇时赐教为感"。余曰："勤教如是，谨当遵命，而容小俟[27]日间。未知甚似"。

余又曰："石庵、晓岚文章，有贤愚否？"刘曰："石庵诗文，质实近理，有相国风度；晓岚则词林妙品而已"。余曰："仆有若干首诗，拟欲一质高眼。吾谁适从？"刘曰："如肯见示，当与诸词人共相赏识，兼呈石庵品评"。余曰："若如尊教，感幸何极！且有敝友零星诗文，而恐不足一挂清鉴。此是西涧昆弟[28]所著也"。刘曰："诗文原系公诸同好之物，一并求教，何如？"余曰："仆所恳诸笔。既不鄙余留诺，且欲得先生书法，未知如何？贵寓亦未闻知。是庸泄泄？"[29]刘曰："敝书庸拙，毫无可当高人青眸[30]。既承雅属，当勉书一联，三日后奉赠。敝寓，即顺成门[31]外，土地庙斜街路东都察院封条[32]也"。

王命进馔，转眄门[33]，可谓食前方丈。劝余下箸。余曰："珍羞旨酒，停当醉且饱。第恐不当嘉宾之燕敖"[34]。王曰："粗肴享大宾，惭悚[35]之至。幸祈畅饮，一快生平，切勿过谦"。挈[36]一大壶曰："此酒，名'绍兴'[37]，出自浙江。酒如嫌酸，逞换甜酒"。余曰："饮小辄醉，不知其味。余当畅饮之席，甜酸何择？若过数巡，仆将乱矣"。王曰："量海[38]庸毋[39]过谦。况得幸会，纵乱何伤？"余曰："天戒也。不然，卮[40]酒安足辞？"

盖华人之语，善饮者，谓之"量海"[41]；不解饮者，谓之"天戒"。

刘笑曰："人定足以胜天。况以酒合欢，良友相聚，岂可小清酒百壶乎？"余曰："天下之好饮与不好饮，皆无在余上"。刘曰："先生此语，抵得长公[42]半日禅也。可有东坡肉量否？"余曰："只嫌令人俗，不嫌令人瘦"。刘曰："然而书法，即坡仙不厌。先生其意乎？"余曰："谓我画葫于坡仙者耶？"刘曰："庐山真面目。何谓画葫耶？我辈且鼓酒阵，勿纸上谈兵。何如？"余曰："酒军诗兵，总是强敌。弟不得不偃旗息鼓"。刘曰："陶贞靖节[43]云，我醉欲眠君且去。何等高雅！我辈当效之。先生若过醉即眠，亦何妨？况不醉乎？"余曰："弟若善饮，即当一斗亦可，一石亦可。第三酌不识[44]，矧[45]敢多又？"王曰："今日会，不可不一觞一咏"。刘曰："惜无续貂之才，难作联吟之会。尚有一诗[46]陈姓，少刻即至，待之可矣"。余曰："陈先生为谁？"刘曰："陈名范川[47]，浙江孝廉，少年多才，亦仆两人之好友也"。王曰："愿求即席拈韵。砚已洗，墨已磨，可暂于内室一挥"。

余因五律一首诗以示，曰："适构荒拙，惟只祈斧正"。王、刘俱以笔圈其一联曰："诗固佳绝，愧不敢当"。刘又续和，曰：

高情素笔墨，疏懒拟云林。[48]

倾盖留佳话，萍踪惜寸阴。

论文称国士，走笔见芳心。

流水高山在，抚琴有足音。

余朗吟一遍曰："始得琼报，鄙什益惭其不称。仆则不敢加评"。刘取白琉璃[49]三大杯，列于前曰："三杯，请先生自择其一，快饮一杯"。余曰："三者于弟，皆河海也"。刘曰："弟生平好饮酒，然不对佳山水，不饮；不遇良友，不饮；不读好书，不饮。今既得良友，即欲先醉。先生勿以为贪杯，为幸"。余曰："先生用此杯，当为几？能当百壶之饮耶？"刘曰："全未，全未"。王指一菜楪[50]曰："荸荠味固佳，食可以当肉"。又指鲸鱼羹曰："此鱼，贵邦亦供烹馔乎？此间为罕物，幸试赏[51]之"。余曰："鲸鱼虽产于东海，本是水族之巨者。罕为人所钓"。刘又指猪肉曰："此名'东坡肉'[52]，东坡所嗜，故以名肉"[53]。余曰："一啖便胜于说龙肉"。刘曰："足下此一嘘俱[54]，不亚于嘘肉上天"。余曰："仆鄙夫，只识肉食"。刘曰："未免远谋[55]，不必过谦"。

刘又问曰："贵邦名胜数何地？祈示一二"。余曰："山有金刚[56]、俗离[57]、九月[58]、妙香[59]、水落[60]、白头[61]。水有豆满江[62]、瀛海[63]等处。此其大略也"。刘曰："神往久矣，未能一游为憾。贵邦酒最高者云何？"余曰："千日酒、百花酒、梨姜、竹沥之名，皆是味佳者”。刘曰：“览此，同饮过一样”。

刘又曰：“江浙胜景，可能一游乎？”余曰：“只就旧书卷中，略知其某处。平生愿一游览，而局局海陬[64]，鹏图莫展，往往驰神。亦欲得宗少文卧游法[65]，而犹未易也”。刘曰：“《西湖志》[66]尊处有否？”余曰：“常一览过”。

刘曰：“贵邦札子往复，亦同此文字，抑另有缮法？祈云，以广鄙见”。余曰：“书同文矣。依样古文简牍，而随其文法用之耳”。刘曰：“字似不同，表章即亦同此。文札抑另有别法否？”余曰：“书札有书札之法，表章有表章之格。大略则文势相似”。

王曰：“舍弟小照[67]，尚欲求教”。余曰：“心乎爱矣，岂必笑貌为哉？”叩其年，则二十九岁，为王之舍四弟。王曰：“先生量雅，而未不从实”。余曰。因问大号[68]。“祈示文章德业，想是季方之雅也。科榜高第，杲[69]已应选否？”王曰：“舍弟号蝶庄，名陈锡，字小照。幼而投荒[70]。今有禁，故于科名不得妄冀。文章德业，更不敢言也”。余曰：“少年南荒之行，罹于何故而然耶？”刘曰：“蝶庄昆季[71]，皆以先人被谗，奉命投荒。今已奉恩旨，昭恤回里。尚未许仕进。谗人者，和珅也、李侍尧[72]也。和珅死后，柘庭昆季始奉明旨释回。可见其威权之盛。然柘庭等，非久困于人下者。先生再来，则见其飞腾矣”。余曰：“青蝇之污人，自古然矣。世路荣枯，亦属一时。柘庭昆季[73]风范如是，而终若虚老，仆不敢复相天下士矣。和珅一死，其阖门[74]诸人，皆作何状？”刘曰：“家产归于吾主[75]，奴仆分赐诸王。珅只一子，早尚[76]公主，现在照旧供职，足见我主宽宏”。

余曰：“柘庭与引泉同乡否？”刘曰：“仆山西人，山东籍。由东省秀才而入仕。如论其人，则同梓里[77]；论其现在之籍隶，则又为齐人也。山西，古晋地；山东，即齐鲁也”。

王出一士人家状帖，示之曰：“此系一友人所书。高朋以为何如？”余曰：“才与行一般高名也。莫是吉甫[78]之张仲[79]乎？”余又曰：“陈先生有约，则此何迟延？”刘曰：“适遣人往约，云已出门。由他处转来，是以尚未到。且范川因失偶，欲续弦，故连日奔忙。虽今朝失约，后日则必到”。余曰：“我之不遇，天也。若得再回之约，何幸，何幸”。王曰：“尚未[80]有数日工夫，仆必极力为先生作一聚会”。

刘问曰：“贵邦风俗礼仪，亦与此不同否？”余曰：“敝邦则只遵《礼记》、《家礼》及朱夫子[81]《礼训》耳”。刘曰：“礼书有真有伪，不可不辨。惟朱夫子《家礼》可遵。然亦必循时而行。且《大清会典》，昭若日星。率土皆所奉行耳”。余曰：“不可不因时酌宜，而同者同，异者异。若欲论同异之辨，则盖常曰‘千里不同风’也”。刘曰：“大抵皆遵时王之制。人心之安者，即为礼。四方幅员万里，不过一心之所安而已。即如上国，本系箕子受封之土[82]，是以与我国，衣让[83]礼仪，从古不衰。所谓水有源、木有本也。先生有志抗论[84]礼经，非人中之杰而何？愿努力典籍，为一代文献为幸”。余曰：“杞犹不足征也[85]。仆以小国庸才，何敢当一代文献之主？”刘曰：“《语》[86]云：十室之邑，必有忠信；五步之泽，必有芳草。况朝鲜大邦，岂乏俊哲？先生可勿太谦”。余曰：“泽之庆忌[87]，川之产蔼[88]。岂谓如仆者流耶？”

刘曰：“柘庭今日谋诸而得此斗酒，足下可勿负其盛意耳”。因又以种种肴果，更品错进。余曰：“洗盏更酌，恐不知东方之白”。刘曰：“多饮数杯，面有春色，以壮鄙怀。何如？”余曰：“愧非青春颜面”。刘曰：“酒冷饮佳乎？热饮佳乎？”余曰：“本是饮河之腹，冷亦堪，热亦堪”。刘曰：“恐先生读《刘伶传》[89]，故尔相问。今欲效太白[90]一杯热酒，当漂出诗魔也”。余曰：“但恨仆之从者，未及荷锸[91]而来”。

王曰：“舍弟备素帖一本，适成佳章，愿求一挥”。余曰：“鄙什即一时畅情，欲覆酱瓿[92]而犹可惜也。何况精造编轴，以写狂吟乱笔，阅人高眼耶？”王曰：“过谦至极。如不吝教，或可入馆中，兼邀诸高明，同一挥赐。何如？原唱拟乞即书册右。引泉和章，亦附录之”。余曰：“然则仆当为引泉书之。虽然，今则日暮，不敢少缓。容俟[93]归馆后带去，并秋山帖，一时写呈”。

王曰：“前来李聋岩[94]，今日失约。后日践盟，先生可因与同行否？”聋岩，景渊号也。余曰：“敝友以私故适启馆，明日则不得不早自来谢”。王曰：“何敢再劳言谢？惟会情日少，倘得与先生再奉雅教，幸更无既也”。余曰：“敝邦权侍郎[95]、徐学士[96]，俱中科第壮元[97]人也。奉使贵国，欲得一见高士。闻仆等得奉先生，大拟一场打语，而未易图便，是恨”。刘曰：“仆同柘庭，皆赴馆中相会。如何？明日有敝事，廿[98]四日准奉教。此亦烦人耳目，有不然者，约于琉璃厂桥东路南‘五云堂’全姓书铺。见面后，至柘庭寓中吃茶。亦可否？”余曰：“谨闻命矣。规[99]当归议，奉遵高约。李友当偕进。且陈生[100]生有约，则不可无此君。敝藁[101]及友人诗文，亦当一切带来”。

余因起揖，王、刘俱深醉苦挽。余曰：“城门下钥，则仆将中路经夜”。二人哂[102]而送至门。时日已黑，雪不止。命车夫飞轮而入，才及城钥。[103]

卓荦[104]蓬桑志，逢迎翰墨林。

高风士冀北，微雪路山阴。[105]

笔下方通话，杯中共见心。

郢门[106]呈一曲，商羽[107]待知音。

1 王棨（？），清嘉庆年间文人，字柘庭。自称山西洪洞人。“棨”读“起qǐ”，木制凭信。“柘”读“这zhè”，柘树，一种树木。北京有潭柘寺。

2 这是李海应与中国文人笔谈最长的一个记录。

3 作肃，作揖。肃，揖礼。

4 刘绍叔（1771—？），清朝文人，号引泉，王棨的内弟。按照他的自述，本山西洪洞人，是宰相刘墉的侄孙辈。1788年秀才，为候补兵马司副指挥。按下文刘绍叔自己的介绍“山西人，山东籍”，他很可能也与刘墉一样，是山东诸城人。

5 石庵相公即刘墉。刘墉（1719—1804），清朝名臣。字石庵，山东诸城人。官至东阁大学士，著名书法家。刘墉即我国电视连续剧《宰相刘罗锅》里的主人公“刘罗锅”。李海应在京时，刘墉尚在世。

6“贽”读“至zhì”，见面礼。

7 纪昀（1724—1805），清朝名臣。字晓岚，直隶献县人。官至礼部尚书、协办大学士。主持编纂《四库全书》。纪昀即我国电视剧《铁齿铜牙纪晓岚》里的主人公“纪大烟袋”。原稿作者李海应曾求纪晓岚为自己的诗歌作序，未成。“昀”读“云yún”，日光。

8 翁覃溪即翁方纲。翁方纲（1733—1818），清朝文人，字正三、忠叙，号覃溪、苏斋。大兴（今属北京）人。乾隆十七年壬申（1752）进士，官至内阁学士。善书法、金石、考据。现今韩国尚有其多处墨迹。

9“谋忠”来自《论语·学而》：“曾子曰：吾日三省吾身。与人谋忠乎？与友交信乎？传不习乎？”其中的“与人谋忠乎”意即帮别人做事是不是一心一意、负责到底呀？

10 草法，草书之法书。即可做为书法典范的草书作品。

11“朋”是我国上古时期的货币单位。贝就是用作货币的贝壳，商朝还有用青铜仿做的货币“铜贝”。通常认为五贝为一朋。《诗·小雅·菁菁者莪》有“既见君子，锡我百朋”。“莪”读“俄é”，一种多年生草本植物，生于水边，叶像针，开黄绿小花，叶嫩时可作蔬菜。“锡”通“赐”。

12“见”通“现”。

13 兵马司副指挥，清朝文职京官，正七品。

14 乾隆五十三年，1788年。

15 吕宋，今菲律宾。

16 原稿此处有误。“仆”字可删。

17 原稿此处有误，“木”字可删。

18 原稿此处有误，缺“一”字。

19“刘”通“浏”。

20 亲炙，直接得到（某人）的教诲或传授。

21 荆州在三国时是刘表父子的领地。笔谈的对方姓刘，所以原稿作者如此称呼。由此也可见李海应对《三国演义》等中国小说十分着迷。

22“素愿”即“夙愿”。

23 原稿此处有误，下句前缺“刘曰”二字。

24 原稿此处有误，“三”字可删。

25 三昧之眼，世俗之拙眼。三昧本佛家语，是指止息杂念，平定心神，乃一种修行方法。此处是反语，带有自嘲的味道。

26“丛铃”即“丛零”。李海应这里是说，自己的知识杂乱无章。

27“俟”读“四 sì”，等待，依次。

28 原稿“西涧昆弟”有误，当为“白涧昆季”。参见原稿“癸亥十一月，二十日辛亥”之“白涧昆季，先有书来”。李景养（？），朝鲜文人，字白涧。原稿作者李海应的好朋友。昆季，兄弟。属敬称。

29 是庸泄泄，这有什么可迟疑的？是，这。泄泄，用《诗经 · 大雅 · 板》“天之方蹶，无然泄泄”典。朱熹集传“泄泄，犹沓沓也。盖弛缓之意”。“泄”读“义 yì”。

30 青眸，青睐。

31 顺成门，今北京宣武门。

32 封条，大的胡同。封，大。

33 转眄门，转身看门。“眄”读“缅 miǎn”，斜着眼看。

34“燕熬”即“燕傲”。过于亲昵与傲慢。

35“悚”读“耸 sǒng”，恐惧。

36“拏”同“拿”。

37“绍兴”，当指绍兴花雕或绍兴加饭酒。看来，嘉庆年间北京已经广有此类浙江名酒。〔清〕梁章钜《浪迹续谈》甚至说：“今绍兴酒通行海内，可谓酒之正宗”。见该书卷四，陈铁民点校，第315页，中华书局，1981年版。

38 原稿“量海”有误，当为“海量”。这种现象不一定是笔误，而是原稿作者李海应对汉语口语的理解有困难造成的。按照当时的习惯，朝鲜文人与中国人笔谈后都要回去整理。有的人甚至需要花费几年的时间，把自己的“燕行录”编辑和整理出来。但“海量”这样的口语在古汉语里是找不到的，它超出了朝鲜原有文化知识体系。李海应等根本就无法查对，因而往往会出错误。

39 庸毋，毋庸。不用，不要。

40“卮”读“之 zhī”，酒杯。

41 原稿“量海”有误，当为“海量”。

42 长公，长兄。这里指苏轼。

43 陶渊明（365—427），东晋著名诗人。一名陶潜。字元亮，私谥“靖节”。有《陶渊明集》传世。朝鲜文人赵昱（1498—1557）《龙门集》卷一《独乐吟》：“天下无人知我心，我心安用责知音？伯牙空有绝弦叹，元亮从来抚素琴”。

44 第三酌不识，喝酒从来不超过两杯。

45“矧”读“沈 shěn”，何况。

46 原稿此处有误，似缺一“友”字。

47 陈洪墀（？），清朝文人，字范川，嘉善人。嘉庆乙丑进士，后授编修。官至内阁中书。有《抱康山道人遗稿》传世。原稿“陈名范川”有误，当为“陈字范川”。

48 云林，即倪云林。倪云林（？），元朝画家，无锡人。倪云林名瓒，字元镇，号云林子。善画山水。

49 原稿“白琉璃”当为“白玻璃”。当时，玻璃是很贵重的东西。原稿作者李海应已经从中国人那里学会了“玻瓈”一词，见原稿卷五《附录 · 风俗》。

50“楪”同“碟”。

51 原稿“赏”有误，当为“尝”字。

52“东坡肉”源自苏轼。据说苏轼外放杭州期间，当地人因为他主持疏浚西湖而送来大批猪肉。苏轼用其故乡四川方法烹制，而后发给民工。后来人们称之为“东坡肉”。

53 清人李渔《闲情偶寄》卷六《猪》一文于“东坡肉”之名大发感慨。他说人家往往以为是吃苏轼的肉哩。参见《文白对照全译闲情偶寄》（李忠实译注），第428页，天津古籍出版社，1996年版。〔清〕梁章钜《浪迹续谈》曰：“东坡肉。今食品中有东坡肉之名，盖谓烂煮肉也，随所在厨子能为之，或谓不应如此侮东坡，余谓此坡公自取之也。坡公有《食猪肉诗》云：‘黄州好猪肉，价贱如粪土。富者不肯吃，贫者不解煮。慢着火，少着水，火候足时他自美。每日起来打一碗，饱得自家君莫管。’”见〔清〕梁章钜原著，陈铁民点校《浪迹丛谈　续谈　三谈》，第314页，中华书局，1981年版。

54“傎”读“颠 diān”，次序颠倒，乱了。

55《左传 · 曹刿论战》里有“肉食者鄙，未能远谋”之句。此处反其意而用之。

56 金刚山在今朝鲜的东海岸，属江原道。高1，638米。

57 俗离山在今韩国清州附近，高1，058米。

58 九月山在朝鲜黄海南道的安岳附近。

59 妙香山在今朝鲜熙川市附近，高1，909米。

60 水落山在韩国首尔（汉城）的东北部，是著名的旅游地。其西面依次是道峰山和北汉山。

61 白头山，我国称“长白山”。

62 豆满江，我国称“图们江”。和鸭绿江一样，是我国和朝鲜的界河。

63 瀛海，朝鲜文人对太平洋的称呼。

64“陬”读“邹 zōu”，角落。

65 宗炳（375—443），南朝宋人，字少文。祖籍涅阳。平生喜旅游。老病后画景致悬挂室内，谓之“卧游”。

66《西湖志》是清雍正九年辛亥（1731）所修官书。浙江巡抚李卫主持修纂，梁诗正、沈德潜等主笔。

67 王陈锡（？），清嘉庆年间文人，字小照，号蝶庄。王棨的四弟，自称山西洪洞人。

68 原稿此处位置有误，有些混乱。“因问大号”四字，当移至“科榜高第，杲已应选否”后。

69“杲”读“搞 gǎo”，明亮。

70 投荒，被流放。

71 昆季，兄弟。属敬称。

72 李侍尧（？—1788），清朝人。字钦斋，户部尚书李元亮之子。历任军机处章京、热河副都统、户部侍郎、工部侍郎、广州将军、两广总督等职。后因贪污等罪名被和珅追查并被杀死。

73 昆季，兄弟。属敬称。

74 阖门，全家（族）。“阖”同“合”。

75“吾主”，指嘉庆皇帝。

76 尚，人臣娶君主之女为妻。

77 梓里即桦里，故乡。同梓里即同乡。梓是桑梓的简称，古人宅旁常栽梓与桑。

78 吉甫，本作“尹吉甫”，周朝宣王时代的贤臣。后代诗文里经常简作“吉甫”，来指代贤能的宰辅。这里是客气的说法。

79 原稿此处有误，少一“冶”字。张问陶（1764—1814），清朝文人，字仲冶，号船山。四川遂宁人。乾隆五十五年（1790）进士。历任翰林院检讨、都察院御史、吏部郎中。后任山东莱州知府。因耿直不阿，得罪上司而辞官，退居吴县虎丘（今江苏苏州）。张是著名诗人，深受袁枚赏识。他还是高鹗的亲戚。其《船山诗草》卷十六有《赠高兰墅（鹗）同年》一诗。该诗小注里明确指出：“传奇《红楼梦》八十回以后，俱兰墅所补”。 高鹗是张问陶的四妹夫。现存的高鹗《满江红》小注以及张问陶《冬日将谋乞假出齐化门哭四妹筠墓》小注都有交代。〔清〕震钧《天咫偶闻》卷三有“张船山有妹嫁汉军高兰墅（鹗），以抑郁而卒，见《船山诗集》。按，兰墅，乾隆乙卯玉殿传胪，亦有诗才。世行小说《红楼梦》一书，即兰墅所为。余尝见其书诗册，有印曰‘红楼外使’，则其人必放宕之士也”。 参见朱一玄《红楼梦资料汇编》，第45—48页及第52页，南开大学出版社，2001年版。

80 原稿此处有误，“未”字可删。

81 朱夫子，朱熹。

82 公元前1046年，箕子带人远走平壤，周武王将朝鲜封给他。

83 原稿此处有误，“衣”当为“揖”字。揖让，礼让。

84 抗论，争论，比较。

85“杞犹”句用成语“杞人忧天”典。《论语·八佾》：“杞不足征也”。

86《语》，《论语》。

87“泽之庆忌”，庆忌又名“要离”。据《管子·水地》及〔宋〕李昉等《太平御览》载，庆忌是大泽之精。人形，身体极矮。着黄色衣帽，乘黄色小车，日行千里。李海应自谦，他的意思是说，与诸位比起来，自己只是个文化上的小矮子。

88“蘤”同“花”。

89 刘伶（221—300），西晋文人，字伯伦，沛国（今安徽濉西西北）人，“竹林七贤”之一，官至建威参军。《世说新语》多记其事。他是我国古代传说中最善饮酒的人。

90 太白，李白。

91 荷锸，用刘伶典。《晋书》卷四十九“刘伶传”：“（刘伶嗜酒），常乘鹿车，携一壶酒，使人荷锸而随之。谓曰：‘死便埋我！’”“锸”读“插 chā”，铁锹。

92“瓿”读“布bù”，类似罐样的器皿。这句的意思是，我的作品连盖酱缸都不配。当时的朝鲜，几乎每家都有大酱缸。

93“俟”读“四sì”，等待，依次。

94 李景渊（？），朝鲜文人，字公默，号耸岩、松川，本贯韩山。此次出使中国朝鲜使节团中的随行者。

95 权侍郎，朝鲜使节团副使权襈。朝鲜王朝的六曹副职是“参判”，此处“侍郎”是尊称。“襈”读“撰 zhuàn”，衣裳的边饰。

96 徐学士，朝鲜使节团书状官徐长辅（1767–1830）。

97 原稿“壮元”有误，当为“状元”。

98“廿”读“念 niàn”，二十。

99 矨，“规的本字”。

100 原稿“生”有误，当为“先”字。

101 “藁”同“稿”。

102 “哂”读“沈 shěn”，微笑。

103 钥，门直闩。这里是名词用如动词，意思是“关城门”。

104 卓荦，卓越、突出。“荦”读“落 luò”。

105 山阴，用晋王子猷访戴安道故事为典。朝鲜文人沈义（1475—？）《大观斋乱藁》卷一《雪夜访戴安道》有“到门不必敲”句。参见南朝刘义庆《世说新语 · 子猷访戴》。

106 郢门，楚国都的大门。屈原是楚人，所以原稿作者李海应这样说。“郢”读“影 yǐng”，楚国都城。

107 商羽，指音调。古代的宫、商、角、徵、羽是“五音”。

二十三日癸丑[1]，晴。玉河馆留。

1 这一天是1804年3月4日。

金鱼池[1]

朝作天坛之行。出自正阳门，迤[2]而南行，至金鱼池。此是养金鱼所，而大者约四五尺。涌出波中，则金鳞耀照，而今则冰未及泮[3]，不可见。

池边有一高室，入其中，则设数座大木筒，盛五色小鱼。此乃产于池者，将以卖市云。

晶莹[4]春水薄，金鳞动拨辉。

异时云雨作，将见化龙飞。

1 现北京天坛公园北门之西还有地名“金鱼池”。

2 “迤”读“姨 yí”，地势斜着延展。

3 “泮”读“叛 pàn”，冰消雪化。

4 “莹”通“莹”。

天坛

坛在永定门内，缭以垣[1]墙。周回十里，其形正圆无曲折。西向设戟门[2]，门皆深闭，而别为门扉以遮之。旁有一门，阍者[3]拒之，久而后始许入。

向东向一息顷[4]，然后至重门外。自戟门至此，旷然无所见。垣北松杉蔚然也。前入南墙之间，有神乐观，穹然空洞。此是祭享时习乐之所。

还至正门外，有守直一官，使马头[5]先容[6]。遂得门前导。

行数帿[7]，北折而入，又过一带粉墙。中有三层圆阁，高入云霄。楹[8]凡十二，而

墙壁皆涂以鸦苍色，葺[9]以青绿瓦，上插金顶。檐桶栋椽，皆正圆，盖以像天圆也。扁曰“祈年殿”。是《一统志》中“祈谷坛”。

四面垂青玉帘。从雕门隙视之，中安高榻，覆以黄帕。殿中绕以石栏三匝，自平地鳞次渐高，以作阶级，而栏门两房，辄置乌铜大炉，爇[10]沉香其中，异香尚郁然。

殿之北有殿曰“皇乾”，而藏神板。东有一阁，是太常寺祠祭署。从殿南历两重门，皆筑石于正路，高几二丈。

又有一层园阁，扁曰“皇穹宇”，此则天坛神板所藏之室。其制盖类祈年殿，而但一层。又南有三层石栏，上铺白石，而炉卓[11]之石，皆井井排列。此即“圜邱”[12]，祭天所也。四面各有三架牌门，门皆二重。合为二十四门，而外筑方墙，内筑圆墙。其它重重殿阁，不可数计。

坛埤[13]之左右路两旁者，环之以栏，意其各有所祭神也。《一统志》云，每年冬至，大祀于圜邱。日、月、星、辰、云、雨、风、雷，分四从坛，其制度三成[14]。东为神库、神厨、祭器库、宰牲亭，西为神乐观、牺牲所。此皆皇明定制，而今因之。“大祀殿”改为“祈年殿”。

皇穹宇东西翼庑[15]，亦藏从祀神牌。外墙四门：东泰元，南昭亨，西广利，北成贞。又于西南入二重门。有一阁，即皇帝致斋所及寝室，而重楹[16]复壁，回缭深邃。其寝室之所，以炼铁为门扇，关之窈然[17]如窟室。内外墙皆凿濠为池。其严防之意，如是矣。

先农坛[18]与天坛外门相对。神仓、观耕台等地在其中云。

由天坛而还向正阳门。有石桥，名曰“天桥”[19]。桥两房，有黄瓦碑阁，即乾隆御制《疏渠记》也。

林木围中路介然[20]，石栏环阁象天圆。

檀香尚有铜炉爇[21]，皇帝祈年享吉蠲。[22]

1 “垣”读“元 yuán”，墙。

2 戟门，这里指今天坛公园的西门。《周礼 · 天官》中即有戟门的设置规定。汉朝学者郑玄以为即“棘门”，是用兵戈搭建的门。后为古代建筑群中的前门。唐朝规定，三品以上人家可以设置戟门。“戟”读“挤 jǐ”。古代青铜制作的兵器，矛、戈合为一体。

3 阍者即守门人的意思。“阍”读“昏 hūn”。

4 息顷，顷刻，时间很快。

5 马头，朝鲜使节的随行人员。有多种名目。如“干粮马头”是负责带干粮的。

6 容，许可。这里的意思是取得许可。
7 “帿”读“侯 hóu”，箭靶。
8 “楹”读“迎 yíng”，厅堂最靠外的木柱。
9 “葺”读“气 qì”，修缮，修建。
10 “爇”读“若 ruò”，烧。
11 “卓”通“桌”。
12 “圜邱”今作“圜丘”，在回音壁南。“圜”通“环”。
13 “埤”读“皮p í”。小矮墙。
14 三成，三个层次。古代乐曲一终为一成。
15 “庑”读“五 wǔ”。许慎《说文》：“庑，堂下周屋”。
16 “楹”读“迎 yíng”，厅堂最靠外的木柱。
17 “窈”读“咬 yǎo”，深远，幽深。
18 先农坛在今天坛公园的西南，紧邻永定门内大街。
19 天桥在今天坛公园的西北。
20 介然，本义是坚定的样子，这里是很坚固的意思。
21 “爇”读“若 ruò”，烧。
22 “蠲”通“涓”，选择。

二十四日甲寅[1]，阴，玉河馆留。

1 这一天是1804年3月5日。

乐志轩[1]和蝶庄[2]韵

王、刘诸人，以今日为约，故往会于乐志轩。絅庵[3]、秋阳[4]次第出来。入其门，主人出迎，而蝶庄及陈孝廉范川[5]，已先到矣。

陈举笔相酬曰：“素闻贵国人文之盛，自愧学植[6]芜累，未敢奉陪。敢问尊姓名及号。贱名治鸿，号范川。孝廉，即举人也。现尚未受职”[7]。余举手揖而书曰：“莫是陈孝廉先生？曾因柘庭、引泉二先生，久慕鸿名。何幸今日之奉陪。仆姓某，名某，号曰某”。

因问：“尊位本住顺天府耶？”

曰：“浙江佳[8]兴人”。

曰：“浙江嘉兴之间，素称佳丽之地。文人才子，近亦有胜于他处乎否？”

曰：“浙江山川秀丽，人文最盛。若仆者，素不读书，自增惭汗。”

曰：“西湖虎邱[9]，此是尊兄台池。果游览几次？”

曰：“仆居嘉兴，与西湖相去二百余里。虎邱尤近，惜以事留滞京华。仆家居一二年，偶作近游，未了看山之愿。因诸君子语及，枨触[10]乡思，益自愧风尘面目，未免山水笑人耳”。

陈又曰：“向见贵国朴名[11]齐家[12]集一本，而有策一首，极古博，诗亦清老。想亦一著作手”。

曰：“朴果贞蕤[13]也。诗文何以得见？柳泠斋得恭[14]，时亦同游京师。多有所著。见之否？”

曰：“朴诗于友人斋头见之，盖曾到京。其诗集，太半[15]与京中文人赠答之作。集系浙江人陈姓者为之代刻，而陈君想但与朴君相识耳”。

陈又曰：“敝邦文人雅士，今皆以公务繁剧，不暇交游。今有船山[16]、寿民[17]辈，亦诗酒之雄。惜先生不能逗遛[18]，久与盘桓也”。余曰：“船山莫是张翰林耶？仆且愿晤，而不可得者。大抵士夫之出世，如处闺之女，无良媒，则不可。荏苒[19]之间，行期不远。仆之奇缘，于此尽耶？”陈曰：“船山姓张，名问陶。既悉其人，初旬原期约会。惜出月二日，上幸翰林院[20]。皆有所司，故未能邀晤耳”。余曰：“敝友於野李光稷[21]，诗酒豪散人也。往年来游上国，与张船山逐日觞咏，相托深契矣。这次此友亦来，而以不得见船山，念念心头不舍”。

陈又与絅庵[22]、秋阳[23]迭相酬和。

柘庭书示余曰：“先生知范川[24]其人否？范川为我国甲寅岁[25]魁首。年纪少而实富于腹，敏且超越。以向日违约，久益赧[26]汗。今幸值诸公雅集，又欲奉教，而亦以俗冗[27]，心内倥偬[28]局促”。余曰：“今日刘引泉以甚故不至？”王曰：“适已遣人往邀，以实病失约耳。引泉人豪而敏，且今日之约，实出引泉至诚。如非采薪[29]，岂不致违素愿。鄙怀亦殊切悚[30]愧之至。石庵书，可代乞亲笔，而以初二日临行翰林院大典，未免拟进诗册。典礼忙迫，非有他也。幸院大典，今上所举行。未免当道大人先生，皆多一番筹酒酌之故耳。行期如能过此，当另图报命”。

余遂裁抵引泉书，仍出示西涧[31]诗文曰：“此是与引泉有约者也”。王曰：“谨当转致尊命”。

余曰：“皇帝幸翰院[32]，则进诗册，例耶？”王曰：“向例，凡由翰林出身，无论在朝在野，新皇帝登极临幸，中外官员，已告休人员，均当进诗册迎驾。况曾当掌院臣乎？翰林衙门老，旧规总以前辈为重。诸人必请教其门，非比别衙门各司其事也”。

因说酒馔，各种珍错，比昨尤胜。余曰：“真率之会，何必盛备乃尔？茶熟香清，有客到门，岂非可喜事耶？”余谓陈曰：“贵馆在那里[33]，窃祈示知，作后日源源之路，则是幸”。陈曰：“仆寓既辽远难寻，且居城中，出城多不便。月初足下得闲，定一日告知柘庭，改图再晤，何如？”王曰：“范川[34]现以孝谦[35]，充会典馆誊录官。前言赋闲，是虚语也。倘不弃，于鄙处相会”。余曰：“谨当遵教”。

王曰：“舍弟企尒[36]已深，终以不能朝夕奉教为歉。其亦家城内，且患疮疾，出入殊窘。比因诸君子惠唱，实力疾瞻陪，藉慰素抱耳。今当曜灵匿景，含意未伸，敬以一律藉呈。尚乞先生借不律，作缟纻[37]之投。何如？”

其诗曰：

观光齐凤阙，佳语出鸡林。[38]

乞字看云集，倾觞到月阴。

神交由我好，眉语识仙心。

更感《皇华》[39]咏，嘉宾惠德音。

尾曰：新正廿二[40]日，集于乐志轩。东华先生即席成集，谨依原韵奉答，并请教正。蝶庄居士[41]草。

余曰：“拭眼奉玩，可见月露上神造。厚谊难孤，敢露拙手”。遂步韵酬还。王兄弟曰：“拜读佳什，不啻百朋之锡[42]，谨当十袭[43]珍藏”。

仍与叙别而罢。

雅名藏墨薮，游躅[44]过禅林。

座郁青萍气，堂清玉树阴。

谈丛掺尘尾，衿[45]海泻杯心。

一别天涯路，留传惠好音。

1 “乐志轩”在原稿作者李海应到过的椿树胡同关帝庙内，是王棨兄弟的住处兼书房。

2 王陈锡（1776—？），清嘉庆年间文人，字小照，号蝶庄。王棨四弟。

3 “䌹庵”，此次出使中国的副使权襈。“䌹”读“迥 jiǒng”，禅衣；“襈”读“撰 zhuàn”，衣裳的边饰。

4 秋阳，此次出使中国的书状官徐长辅（1767—1830）。

5 陈洪墀（1758—？），字范川，浙江嘉兴人。嘉庆十年乙丑（1805）进士，后授编修，官至内阁中书。有《抱康山道人遗稿》传世。“墀”读“迟 chí”，台阶。

6 “槙”读“颠 diān”，树木倒下。

7 陈洪墀又名陈治鸿。

8 原稿“佳”字有误，当为“嘉”。

9 虎邱，即虎丘。苏州名胜之一。

10 枨触，感触。“枨”读“成 chéng”。

11 原稿此处有误，“名”字可删。

12 朴齐家（1750—1815），朝鲜文人，字在先，号楚亭，又号贞蕤，著名实学家。朴齐家曾多次来中国。第一次是在1778年（清乾隆四十三年戊戌，朝鲜正宗二年）。他认识了潘庭筠、纪昀、李鼎元等。第二次来中国是在1790年（清乾隆五十五年庚戌，朝鲜正宗十四年）和1791年。这一次，他除了和老朋友交往外，还认识了阮元、翁方纲、毕元、罗聘等人。朴齐家在1801年（清嘉庆六年辛酉，朝鲜纯宗元年）又来北京。这一次。他又认识了陈鳣、钱东垣、黄丕烈等人。朴齐家回到朝鲜以后，积极宣传要向中国学习，并撰写了《北学议》一书。该书是朝鲜实学的重要著作。“蕤”读“ruí”，草木花朵下垂的样子。

13 这里的意思是，这位姓朴的朝鲜人，确实就是朴齐家呀。

14 柳得恭（1749—1807），朝鲜文人，字惠风、惠甫，号泠斋、古芸堂，著名实学家。1778年随陈奏使来中国，与沈阳书院的孙镐等十几位中国文人相互谈论，十分投机。回朝鲜后，柳得恭把自己的见闻写成诗，编进了《泠斋集》。次年，任奎章阁检书。1790年（清乾隆五十五年庚戌，朝鲜正宗十四年），第二次随使臣赴清。在北京时间，他与纪昀、潘庭筠、李调元等建立了深厚友谊。回国后，撰写了《滦阳录》，其中收录了他与中国文人之间诗歌的唱和。1801年（清嘉庆六年辛酉，朝鲜纯宗元年），柳得恭第三次赴清，见到了许多老朋友。其中包括纪昀。除了上述著作外，柳得恭还有《四郡志》、《古芸堂笔记》等传世。

15 太半，大半。

16 张问陶（1764—1814），清朝文人，字仲冶，号船山。四川遂宁人。乾隆五十五年庚戌（1790）进士。历任翰林院检讨、都察院御史、吏部郎中。后任山东莱州知府。因耿直不阿，得罪上司而辞官，退居吴县虎丘（今江苏苏州）。张是著名诗人，深受袁枚赏识。《红楼梦》续作者高鹗是张问陶的四妹夫。

17 寿民，当指清朝文人莫与俦。莫与俦（1763—1841），字犹人、杰夫，号寿民，贵州独山人。布依族。嘉庆三年（1798）进士。在京城时受纪昀等影响而研究考据学等，后在故乡任职并为遵义府学教授。有《贞定遗集》等著作传世。

18 逗遛，即逗留。“遛”通“留”。

19 荏苒，时光在不知不觉中飞逝。“荏苒”读“忍 rěn染rǎn”。

20 清朝翰林院遗址在今北京市正义路西公安部与最高人民法院之间。

21 李光稷（1745—？），朝鲜文人，字耕之，号於野，本贯广州。1799年朝鲜王朝派至中国的宪书赍咨官。《朝鲜王朝实录·正祖实录》二十三年（清嘉庆四年己未，1799）载：义州府驰报，宪书赍咨官李光稷在北京向副统张承勋宅中私投信札，此事已上礼部官报。李光稷1799年在北京期间，曾与张问陶等中国文人诗歌唱和。私投书札事后，被杖流。后为译官、其术官，原稿称其为“李译光稷”。朝鲜文人车佐一（1753—1809）《四名子诗集》有《次李耕之光稷卧云楼韵》、《哭李耕之》。

22“絅庵”，此次出使中国的副使权襈。“絅”读“迥 jiǒng”，禅衣；“襈”读“撰 zhuàn”，衣裳的边饰。

23 秋阳，此次出使中国的书状官徐长辅（1767-1830）。

24 范川，陈洪墀。

25 甲寅岁，指乾隆五十九年，1794年。魁首，魁元。

26“赧”读“nǎn”，羞愧，脸红。

27“宂”同“冗”。

28“倥偬”读“孔 kǒng 总 zǒng”，事（军）情急迫。

29 采薪的本义是指患有疾病，不能外出打柴。后作为有病而无法亲赴之婉辞。《孟子》：“有采薪之忧，不能造朝”。

30“悚”读“耸 sǒng”，恐惧。

31 原稿“西涧”有误，当为“白涧”。李景养（？），朝鲜文人，字白涧。原稿作者李海应的好朋友。昆季，兄弟。属敬称。

32 翰院，翰林院。

33“那里”即“哪里”。

34 范川，陈洪墀。

35 原稿“谦”有误，当为“廉”字。

36“尒”同“尔”。

37“缟”读“搞 gǎo”，素绸。“纻”读“注”，麻布，粗布。这里的意思是“粗浅的作品”。

38 鸡林，指代朝鲜。唐朝皇帝多次册封新罗王，其册辞往往是“开府仪同三司、鸡林州刺史、新罗王”。参见〔韩〕金富轼《三国史记·新罗本纪》圣德王十二年（713）。

39《皇华》，指《皇华集》。《皇华集》是明朝使臣与朝鲜文人的诗歌唱和集，自景泰元年庚午（朝鲜世宗三十二年，1450）起，至崇祯六年癸酉（朝鲜仁祖十一年，1633），时间跨度为184年，共编有二十三集。参见曹婷婷《〈皇华集〉—中朝文化交往的历史见证》，北京大学韩国学研究中心编《韩国学论文集》第十二辑，北京大学出版社，

2004年版。

40 原稿“廿二”有误，当为“廿四”。这一天是嘉庆九年甲子的正月二十四日。“廿”读“念niàn”，二十。

41 王陈锡（1776—？），清嘉庆年间文人，字小照，号蝶庄。王棨四弟。

42 朋，古代货币单位。相传把贝加起来为朋。有说五贝为一朋，一说两贝为一朋，一说十贝为一朋。《诗·小雅·菁菁者莪》有“既见君子，锡我百朋”。“莪”读“俄é”，一种多年生草本植物，生于水边，叶像针，开黄绿小花，叶嫩时可作蔬菜。“锡”通“赐”。

43 十袭，包裹十层。《吕氏春秋》有“棺椁数袭”句。

44“躅”读“竹zhú”，足迹。

45“衿”读“金jīn”，通常指衣下两旁掩裳际。

二十五日乙卯[1]，晴，玉河馆留。

1 这一天是1804年3月6日。编者查对万年历，甲子年正月二十五日乙卯是农历的“惊蛰”。

纪晓岚尚书宅[1]

余欲一见晓岚，遣人探候，约与今日会话。故从崇文门出，曲转而过五里许，至其门。门小，仅容一人。遂入，其坐外炕。其管家数人劝茶，虚座为主客之礼，曰：“大人今日在家等候，俄被皇帝召命，才离驾矣。可于一二日后再枉否？”

余遂惟惟[2]而还。路琉璃厂，入王景文[3]铺。小醉馆中，诸人亦多来会此者。

春官钟鼎蔚名华[4]，余事文章做大家。

怊怅玉河南馆[5]客，朱门如海奈人遐。

1 清朝著名文人纪昀的北京住宅，在今珠市口西大街241号。内有“阅微草堂”，已开放给游人参观。

2“惟惟”即“唯唯”。

3 王景文是山东人，眼睛店“明鉴斋”的主人。见原稿正月初二日记述。

4 陈寿《三国志·魏志》：“功名著于钟鼎”。

5 玉河南馆是玉河馆的主体部分，在庶常馆旁，与骚达子馆（俄罗斯馆）以及东正教教堂为邻。南馆外，还有临时性的“北馆”。参见原稿癸亥十二月二十四日记录《玉河馆》。

二十六日丙辰[1]，阴风。玉河馆留。

1 这一天是1804年3月7日。

天主堂[1]

堂在玄武门[2]内东边，是西洋人所寓处。门墙制度，缥缈临城。堂内铺叙，多有可观。前此留馆时，人多入见，而一自邪学之有禁[3]，遂不得相通。[4]

天主堂中客，万里西洋来。

见人辄屏迹，白日门不开。

巧才逼神造，宝玩如山堆。

何来一种学，竟欲伦纲颓。[5]

释老言犹高，杨墨罪为魁。

志士莫谩[6]忧，眼前多堪哀。

百年骄虏国，正风委草莱。[7]

1 原稿写的是北京天主教南堂。该堂建于明朝万历三十二年甲辰（1604），是利玛窦所建。清顺治七年庚寅（1650），在清廷任职的德国人汤若望在原址重建。康熙五十一年壬辰（1712）重修。乾隆四十年乙未（1775）毁于火，次年重修。1900年的义和团运动中再次被毁，光绪三十年甲辰（1904）重修。李海应记述此地时，南堂还很神秘。其实，元朝北京就有了天主教堂。[意]马可·波罗《马可·波罗游记》译者序说："其中一位名叫卢卡隆哥的意大利商人一二九一年从大不里士到达北京，后来还出资在北京建造了一座天主教堂。一三〇五年，北京主教约翰·孟德高维诺在和林写了一封致教皇的信函，就是委托一些正要回国的威尼斯商人带回去的"。见[意]马可·波罗，梁生智译《马可·波罗游记》，中国文史出版社，1998年版；〔明〕刘侗、于奕正《帝京景物略》卷之四"天主堂"，北京古籍出版社，2000年版；〔清〕谈迁原著，汪北平点校《北游录》，第45—46页，中华书局，1960年版。

2 原稿"玄武门"有误，当为"宣武门"。

3 朝鲜王朝针对天主教的"邪学罪"事件，发生在1801年即李海应来北京之前两年。参见《朝鲜王朝实录·纯祖实录》"纯祖一年，十一月五日"。

4〔清〕赵吉士《寄园寄所寄》卷七引明人刘侗等《帝京景物略》云："天主堂在北京宣武门内东城隅，大西洋奉耶稣教者利马窦，曰欧罗巴国（人），航海九万里，入中国。神宗命给廪赐第此邸，邸左建天主堂。堂制狭长，上如覆幔，傍绮疏，藻绘诡异，其国藻也。供耶稣像，其上画像也，望之如塑，貌三十许人，左手把浑天图，右叉指若方论说，次指所说者，须眉竖者如怒，扬者如喜。耳隆其轮，鼻隆其准，目容有瞩，口容有声，中国画缋，事所不及，所具香灯盖帏，修洁异状。右圣母堂，母貌少女，手一儿，耶稣也"。

5 从此联可见，李海应是敌视西方基督教的。早在朝鲜正祖八年（清乾隆四十九年甲辰，1784），来中国的朝鲜文人李承薰就在北京的天主教南堂接受了洗礼，并取教名“伯多禄”（彼得）。他回国后积极宣传天主教义，团结了一批半岛内的天主教徒。其中有贩夫走卒与高官贵妇。1791年，天主教徒周文谟从北京出发，秘密进入朝鲜，帮助那里的信徒建立宗教活动体系。被官府发现后，周文谟自首，并于1801年被杀害。朝鲜王朝以“邪学罪”追究相关责任人，李承薰受刑，丁若镛被流放。北学派领袖人物朴趾源和朴齐家等也皆受贬斥。“邪学罪”事件就发生在李海应来北京之前。参见《朝鲜王朝实录·纯祖实录》“纯祖一年，十一月五日”。

6“谩”通“漫”。随便，随意。

7 草莱，杂草。

青云斋[1]

晚从景博[2]诸人，入酒楼一畅。

遂转向琉璃厂。倡氏戏[3]、瑶池镜种种，多路上观。

适过“青云斋”。盖东人欲购文房四种[4]，辄求于此，故主人颇与我国人相熟。遂入门玩赏，而余亦购如干[5]笔墨。

主人美姿颜，能笑语者也。

情熟云斋海客寻，相逢元不昧乡音。

知君结识文房友，墨子毛生[6]利断金。[7]

1 青云斋，北京琉璃厂大街上的一家店铺，主营文具。

2 景博即原稿作者李海应的好朋友、朝鲜文人李光文。李光文（1778—1838），字景博，号小华，本贯牛峰。后出任吏曹判书、大司宪等职。

3 倡氏戏，各种戏曲。倡，唱歌、表演的艺人。

4 文房四种，文房四宝笔、墨、纸、砚。但朝鲜纸（高丽纸）是给中国进贡的物品，朝鲜文人一般不在北京买纸张。砚台较重，不易带回国，也不常买。故原稿作者下文说“余亦购如干笔墨”。

5 如干，若干。

6 墨子毛生，一群（朝鲜和中国的）读书人。是开玩笑的用法。

7《易·系辞》：“二人同心，其利断金”。

二十七日丁巳[1]，乍阴，玉河馆留。

1 这一天是1804年3月8日。

访晓岚不见

朝又往至晓岚家。晓岚自阙晓出，而见[1]方以风眩伏枕，未遑接客云。故余遂呈刺[2]，而跋其尾曰："海外疏踪，饱仰鸿名。再造门屏，三生缘薄，未奉光仪，恨何有既？第有零星诗文，带来行橐[3]，欲一质高明者雅矣。或可暇日尘正，兼赐弁卷之章[4]。谨当归诧[5]东隅，庸替古人三壮元[6]之一也。惶恐手报，兼以湾尹文藁[7]同封"。

授管家，管家闻命而入。少顷来报曰："大人强起，读一篇未了，旋又按枕眩晕。犹未得奉答华刺[8]，可胜悚[9]叹。今方邀医入诊。老爷须庾卜[10]后日"。

余又自外而还，诗文则谓以展在几案，当俟[11]抖擞评览云。

公门干谒[12]笑趑趄[13]，前度行人且住车。

墨子[14]诗篇谁拭眼，城南病卧老尚书。

1"见"通"现"。

2"刺"读"次cì"，古代用毛笔书写的名片。〔宋〕张世南《游宦记闻》卷一："士大夫谒见刺字，古制莫详。世南家藏石本元佑十六君子墨迹；其间有：'观，敬贺子允学士尊兄。正旦，高邮秦观手状。'"见该书卷一，张茂鹏点校，中华书局，1981年版。我国最早的名片是书写在木板上的，"刺"之称始于汉末。参见〔清〕赵翼《陔馀丛考》卷三十"名刺"；〔清〕福格原著，汪北平点校《听雨丛谈》卷八"名刺"，第177页，中华书局，1984年版。

3"橐"读"驼tuó"，行囊。

4"弁卷之章"即"弁首"，也就是"序言"。

5"诧"通"驮"。

6 原稿"壮元"有误，当为"状元"。这里的"三状元"所指不详，也许是"一门三状元"的省称。

7 湾尹文藁，朝鲜义州府尹的诗稿。"藁"同"稿"。

8 华刺，对客人名刺的尊称。

9"悚"读"耸sǒng"，恐惧。

10 庾卜，安排。"庾"读"雨yǔ"，本意是依山崖建造的房子。卜，算卦。

11"俟"读"四sì"，等待，依次。

12 干谒，为某种目的而求见比自己地位高的人。

13"趑趄"读"资zī 窃qiè"，小心趋奉的样子。这句是原稿作者李海应的自嘲。

14 墨子（毛生），原稿作者李海应自嘲式的自称。

定日回程志喜

朝，自主客司传移文曰：奏准赏赐朝鲜恭进年例贡使臣物件，今定于本月二十八日辰刻[1]，在午门前颁给。相应移付贵馆，派员带领，前往伺候可也。

一行人经年滞馆，及闻此报，莫不勇跃[2]相贺。往往附耳者，无束装治任之说。

身如笼鸟待人开，卜日宫筵上马杯。[3]

定识高堂今夜梦，却迎游子壮观回。

1 辰刻，午前七时至九时。

2 “勇跃”即“踊跃”。

3 上马杯，明清两朝来中国的朝鲜使节，例有“上马宴”与“下马宴”的待遇。

二十八日戊午[1]，乍阴，玉河馆留。

1 这一天是1804年3月9日。

芦构桥[1]

余闻芦构桥[2]之奇壮，为“皇都八景”之一。向日秋阳[3]之往也，为摄柘庭[4]之约，未遂。意今日领赏，余既无有关焉，且恐迁延时日，不及于启馆前，故仍不谋于众，装马独出。

路由宣武门行，是皇城西南间门也。自宣武而南行数帿[5]，复折而西出，即外城西门，而距皇城为十里。

转行旷野数十里，而有牌门当大街。内扁曰“经环同轨”，外扁曰“荡平会极”。

又行十余里，有一城[6]。城刻曰“拱极城”。城门东“顺治”，西城“威严”[7]。城不甚广，而官府[8]民居，亦足繁富。

出其西门，路有店铺，而石桥亘[9]东西，长过三百步[10]。石栏凡一百四十一间，下为十二虹门[11]。一虹皆容帆樯之出。植石柱于桥上下隅，形如端门外擎天柱，而柱皆镕铁而钉其隅。东西各有二座御制碑纪。盖康熙、乾隆诗文与建桥缘起也。槩[12]言：桥始于金明昌[13]年间，历元迄明、清，屡加重葺[14]。且诗有曰：源流起马邑[15]，淄波[16]入桑干。[17]

其一碑大书“芦构晓月”[18]四字。每清晓月明，远色苍然。盖八景之称，为是晓月也。按：芦构河[19]出太原，后魏都督刘靖[20]及子平乡侯弘[21]，筑“戾陵堰”，以防水激之患。后人思其功，谓之“刘师堰”[22]。又于正统[23]间，累石重甃[24]，培埴[25]加厚，仍赐名“姑安堤”。今桥之两旁堤堰，崇可二丈余，广加之。

过桥而有关帝庙，丹雘[26]鲜润。庙门外设廊阁，中有数三人治文簿，记商货车辆之数。画[27]桥系西南诸省大路，置税官于此，以收车船之税也。叩其阁中人姓名，则一是刘会琴[28]者。略相笔谈。

曰："此城内有知县，而所管何事？"曰："有西路同知[29]姓蒋之人，而捕盗邦贼"。[30]

曰："此桥有收税，而四方漕船，皆泊此桥耶？"曰："此永定河，下通天津。船只不可通行。漕船则往于通州东门外石堤"。[31]

盖此河之源未详自何处。因河石多子，水势春间猛烈，故不能行船。渠[32]所过[33]，则经管芦构桥[34]钱粮事。

仍复登桥栏，移时眺览而还。

桥距皇城四十里。

万里游观眼欲穷，清晨策马古桥东。

三河水折朝宗处，一道虹飞泱漭[35]中。

勒石诗篇吟晓月，蹑栏衣袂拂轻风。

官仓日计千钱税，辐凑[36]行装济不通。

1 原稿"芦构桥"有误，当为卢沟桥。笔者于2009年元旦专程前往参观。芦构桥是"七七事变"发生地，中国人民的抗日战争在这里打响了第一枪。参见〔明〕刘侗、于奕正《帝京景物略》"卢沟桥"，第143页，北京古籍出版社，2000年版；〔清〕和珅等《钦定大清一统志》卷七"卢沟桥"，文渊阁四库全书本。

2 原稿"芦构桥"有误，当为卢沟桥。

3 秋阳，此次出使中国的书状官徐长辅（1767—1830）。

4 王棨（？），清嘉庆年间文人，字柘庭。自称山西洪洞人。其余不详。"棨"读"起qǐ"，木制凭信。"柘"读"这zhè"，柘树，一种树木。北京有潭柘寺。

5"帿"通"㑨"。"㑨"读"侯hóu"，箭靶。

6 原稿所记即今北京市宛平城。其城墙上有日军1937年7月7日的炮击痕迹，城内有"中国人民抗日战争纪念馆"。

7 明崇祯十三年（1640）修建的宛平城东西门，分别被命名为"顺治"和"永昌"。因"永昌"是李自成的年号，清朝时把西门改为"威严"。现二门已修复，笔者于2009年元旦专程驾车前往参观。〔清〕计六奇《明季北略》卷十四"城卢沟"云："（崇祯十一年戊寅）二月，城芦沟，名'拱极城'。太监督役，掠途人受工，民力为惫。城既成，向北京一门，题额曰'顺治门'，向保定一门，题额云'永昌门'。数之前定，如此异矣"。另参见侯健美《今日宛平城》，《人民日报》，2005年7月14日海外版第六版。

8 宛平城内现已复原当年的县衙和驿站、戏楼。

9“亘”读“艮 gèn”，横贯。

10 卢沟桥全长266.5米，宽9.3米。共有石狮501个。

11 原稿“十二虹门”有误，当为“十一虹门”。

12“槩”同“概”。

13“明昌”是金章宗的年号，1190—1195年。卢沟桥是明昌三年（1192）所建成，初名广利桥。马可·波罗游记里有记述。另参见《中国大百科全书》之《人文地理》卷。

14“葺”读“气 qì”，修缮，修建。

15 原稿此处有误。康熙《察永定河》（1701年作）诗碑上首句是“源从自马邑”。笔者与拙荆于2009年元旦专程前往参观并查对诗碑上的文字。马邑，山西省朔州市朔城区（原朔县），秦汉时期是重要的军事要塞。

16 原稿此处有误。康熙《察永定河》（1701年作）诗碑上第二句是“溜（流）转入桑干”。笔者与拙荆于2009年元旦专程前往参观并查对诗碑上的文字。淄波，碧波。“淄”读“资 zī”，黑色。

17 桑干，桑干河。

18 原稿“芦构晓月”有误，当为“卢沟晓月”。

19 原稿“芦构河”有误，当为“卢沟河”。

20 刘靖（？），曹魏名将。字文恭，镇北将军，被封为建成乡侯。他所主持的戾陵渠（刘师堰）是北京市最早的水利工程之一。〔晋〕陈寿《三国志·魏书》卷十五有“刘馥本传附子刘靖事迹”。〔北魏〕郦道元《水经注》全文收录了记述刘靖父子治水事迹的《刘靖碑》碑文。参见侯仁之《北京都市发展过程中的水源问题》，《北京大学学报》，1955年第一期。收入侯仁之《北京城的生命印记》，第53-85页，三联书店，2009年版。

21 刘弘（？），曹魏名将。刘靖之子，骁骑将军，封平乡侯。

22 戾陵堰（刘师堰）在〔北魏〕郦道元《水经注》卷四里有记载。它与车箱渠（戾陵堰下游引水渠，至今紫竹院公园与高梁河相连）皆是刘靖、刘弘父子主持修建的。它们是北京市最早的大型水利工程。清人孙承泽《天府广记》卷三十六说，“以嘉平二年（250）立遏导水”。“刘师”是刘家军的意思。

23 正统是明英宗的年号（1436—1448）。

24“甃”读“咒 zhòu”，本来的含义是用砖砌井，后往往指砖砌。

25“埴”读“直 zhí”，黏土。

26“雘”读“获 huò”，上好的油漆、涂料。

27 画，划分。画桥的意思是以桥为界。

28 刘会琴（？），清嘉庆年间低级税吏。直隶宛平（今北京）人。

29 西路同知，清朝官职。顺天府下设东、西、南、北路捕盗同知厅。乾隆二十四年（1759）后，西路同知统涿州、大兴、房山、宛平、良乡五州县的捕盗、钱粮，兼管水利。〔清〕唐执玉、李卫等《畿辅通志 · 顺天府》云：“西路捕盗同知署，在卢沟桥”。见该书卷二十六，文渊阁四库全书本。

30 前之“曰”当是原稿作者李海应写出的话，后者是卢沟桥税吏刘会琴写出的话。

31 前之“曰”当是原稿作者李海应写出的话，后者是刘会琴写出的话。

32 渠，他。指刘会琴。

33 所过，所经手。

34 原稿“芦构河”有误，当为“卢沟河”。

35 泱漭，广大无涯际貌。“泱”读“央 yāng”；“漭”读“莽 mǎng”。

36 辐凑，辐辏。“辏”读“凑 còu”，人或物聚集，像车辐集中于车毂一样。

《春树[1]拈[2]》赠王陈锡[3]

自芦构桥还，适过春树胡同[4]，为访柘庭[5]兄弟也。

柘庭出迎曰：“明月[6]拟造馆谒，荷此枉顾，感谢，感谢”。余曰：“素闻芦构桥为皇都八景之一，今晓率意独往，一晌眺望而还。日势尚未尽，故历进门屏。明日枉顾之示，诚不胜欣荣。第西山亦一可观处，大拟明往。未可改图一二日否？”王曰：“沟芦[7]之游乐乎？然其处一无意兴，西山尤不如也。明日既拟出馆，当于晦日[8]人谒，可乎？引泉[9]亦拟明日同往，今如改期，恐又不能偕”。余曰：“以兴观之，无无意处。芦沟[10]之可观，专由不佞[11]兴不浅之故。晦日约，诚万幸。向日蝶庄[12]所属诗拈[13]，余已带去馆中，构一律书之。又求馆中如干[14]诗，完成一帖，而题其帖曰《春树帖》。今日之行，命人带来矣”。

仍问：“蝶庄令季，适值驾言耶哉？原帖奉完，而但恨诗无足观”。王展阅一篇曰：“尊什[15]既佳，而情致缠绵。令人读不失手[16]。舍弟在城内，今日且有友人，招饮于广德楼[17]。当于晦[18]日，同进致谢”。王又曰：“欲得尊笔，以侈藏玩”。

仍出我国壮纸[19]一张，属[20]余下笔。余曰：“笔拙可愧。且南人以竹为薪，北人以竹为梲[21]。此纸手熟，仆不欲书”。王笑曰：“贵馆絅庵大人[22]以此纸二十张见惠。岂数见不鲜，而谓西施，可唐突耶？”又出粉唐纸[23]二片，再三苦恳。故余以宋诗二绝，书赠之。

相逢却恨晚相知，萍水浮踪未定期。

春树街头高士馆，秋山幅里故人诗。

传觞尽日摩青眼[24]，倚玉清风见白眉。[25]

怊怅[26]东溟归去路，带君琼墨慰余思。

1 原稿“春树”有误，当为“椿树”。当时椿树胡同紧邻海运仓。

2 拈，拈韵。

3 王陈锡（？），清嘉庆年间文人，字小照，号蝶庄。王棨四弟。山西洪洞人。

4 原稿“春树胡同”有误，当为“椿树胡同”。

5 王棨（？），清嘉庆年间文人，字柘庭。自称山西洪洞人。其余不详。“棨”读“起qǐ”，木制凭信。“柘”读“这zhè”，柘树，一种树木。北京有潭柘寺。

6 原稿“明月”有误，当为“明日”。

7 原稿“沟芦”有误，当为“芦沟”。

8 晦，阴历每月的最后一天。

9“引泉”是刘绍叔的号。刘绍叔（1771—？），清朝文人，号引泉，王棨内弟。按照他的自述，本山西洪洞人，与宰相刘墉是同宗。1788年秀才，为候补兵马司副指挥。按刘绍叔自己的介绍“山西人，山东籍”，他很可能也与刘墉一样，是山东诸城人。

10 原稿“芦沟”有误，当为“卢沟”。

11“不佞”是没有才智的意思。是原稿作者李海应的自谦。“佞”，读“nìng”。

12 王陈锡（1776—？），字小照，号蝶庄。王棨四弟。

13 拈，拈韵。

14 如干，若干。

15 尊什，您的大作，您的作品。

16 原稿“失手”有误，当为“释手”。

17 从原稿来看，“广德楼”也是当时北京的著名酒楼。

18 晦，阴历每月的最后一天。

19 壮纸，又称做“楮壮纸”，朝鲜著名的高级纸张，以楮树皮制成，后亦用竹子制作。参见〔明〕沈德符《万历野获编》卷二十六“高丽贡纸”，中华书局，1959年版。

20“属”通“嘱”。

21“梡”读“款kuǎn”，厨房用的案板。

22“絅庵大人”是指副使权襈。因为他的官职在朝鲜是很高的，故原稿作者李海应称其“大人”。絅，读“迥jiǒng”，禅衣；“襈”读“撰zhuàn”，衣裳的边饰。

23 粉唐纸，（朝鲜文人所买入的）中国纸张之一，多用于书画。

24 青眼，用《晋书·阮籍传》典。阮籍能青白眼，见俗气的人则用白眼，反之用青眼。

25 白眉，兄弟。

26“怊怅”即“惆怅”。“怊”读“抄 chāo”..。

题《秋山送别拈[1]》

余谓王曰：“拙笔荒句，污了清帖。唐突太甚”。王曰：“当袭袭深藏[2]，永宝不朽”。

浮生无几少年时，白首怀珍世莫知。

诗癖瘦人怜贾岛[3]，琴伸证友待钟期。[4]

洞庭龙蛰云共暮，溟海鹏搏[5]路太迟。

会见宫林全树借，且君何恨寄鹪枝。[6]

1 拈，拈韵。

2 袭袭深藏，也作“十袭深藏”，包裹很多层来保存。

3 贾岛（799—843），唐朝诗人。字浪仙，范阳人。中唐著名的苦吟诗人。“郊寒岛瘦”即概括他与孟郊的诗作风格的说法。

4 钟期，钟子期。钟子期（？），春秋时楚国人，是俞伯牙的知音。

5 溟海鹏搏，北溟大海上鲲鹏展翅高飞。此处用《庄子·逍遥游》典。

6 鹪枝，《庄子·逍遥游》：“鷦鷯巢于深林不过一枝”。“鷦鷯”读“交jiāo辽liáo”，善于歌唱的小鸟，属鸟类的鷦鷯科。

二十九日己未[1]，晴，玉河馆留。

1 这一天是1804年3月10日。

西湖[1]

向日西山之行，只从外面看过，尚不知曲曲奇丽。启馆在迩[2]，恐有未尽之恨，故三使联车，余亦随之。

由圆明园之路，又折而南。有一牌门，扁曰“神佑”。入其中，广漠无涯，树木葱蒨[3]。有骏马成群来往，龁[4]水华。闻此皆御廏马，不服役，则放牧于此云。

历虎圈[5]而由东南行，有永宁寺[6]。寺之南有大川奔流，设板桥济人。桥下筑石为水门。水停滀[7]于其下，截流而建画亭，藏彩船于中。

行当佳境故踟蹰[8]，摇漾楼台总画图。

旷岸平芜西十里，一群骄马饮春湖。

1 李海应一行所游历的，即今之颐和园。参见侯仁之《北京城的生命印记》，第310页《水经注所记“蓟城”与“西湖”位置示意图》，三联书店，2009年版。

2“迩”读“耳ěr”，近。

3“葱蒨”即“葱茜”。郁郁葱葱的样子。

4“龁”读“合hé”，用牙齿咬。

5 明朝关老虎与豹子等动物，最初皆在紫禁城附近，后来在虎坊桥一带也关有老虎等猛兽。朝鲜文人权橃《朝天录》（燕行时间为1539年）十月二十一日载，在午门外见到了关虎豹的笼子。〔清〕于敏中等《日下旧闻考》卷四十二《皇城》引述说：“虎城在太液池之西北隅……，虎城西北隅有豹房。……太液池北紫光阁旁有百鸟房”。见该书第655页，北京古籍出版社，1981年版。原稿所说“虎圈”，当在今颐和园东南部。参见〔明〕沈德符《万历野获编》卷二十四《西苑豢畜》，中华书局，1959年版。

6〔清〕朱家楣等《（光绪）顺天府志》载：“永宁寺在畅春园西北，西花园大北门内。寺之左即东书房”。见该书卷十六，续修四库全书本。

7“潴”读“处chù”，蓄积的水。

8 踟蹰，犹犹豫豫。“踟蹰”读“迟chí锄chú”。

虎圈[1]

自神佑牌门，循东阜下行，有红栅设门，是虎圈也。

圈中啬夫[2]开门导入。建五六间行阁，安大柜于宇下。其制，织木为间架，如箭门，而锁熊子[3]数三头，似猪而色亦无异同，但啄尖而眼青，脚大而蹄[4]圆，跳梁[5]于圈中。

又从行阁后数十级层阶，而其上又建平梁大宇，穹然如张伞。下为窟室，地底及四方，皆筑以灰石，障为间隔。广可十余间，纵置合之木于其上，张以铁网，而钉其四维。

圈之南，凿壁为坎，障以铁扇。上引鹿卢[6]而启闭之，其中则窈然[7]而深也。铁扇之外，又有大圈，而障其半为三圈，上筑方垣[8]，其高及肩。

有大虎各在圈中。观者环立于铁网上，又发喊骂之。虎大喝一声，屋宇皆撼。自头至尾，其长丈有咫[9]。身甚细，而毛班[10]斓如云纹。人或戏侮，乱投块石，则但弩目[11]视之，少无惊动底意。

圈中门扇及栅木，皆以铁片加钉，而多有片片破碎。栅木亦肤起，如刀斫[12]痕。是虎跃时咬破者也。

鹿卢[13]之设，盖出虎于南圈。扇随而闭，则人入其中，净扫其粪秽云。例自官府日饲一虎五斤肉，而要啬夫饲之。通穴于铁网，分肉投之。则虎辄张口受之，一不误着落地。又令垂绳悬肉，若将投而不受，则必帖耳仰首，跳跃向人。是所谓弱肉之投馁[14]虎也。

其后圈又有五虎，在木穽[15]者。从穽隐视之，转睛咬牙，其容甚威猛。

吼若轰雷呀[16]若箕，阱栏白日烈风悲。

春城狐兔空跳踢，绿水青山夜夜思。

1 虎圈所养老虎并不仅仅是为了观看的，而是为了“噎虎之典”（人与老虎搏斗）。我国的斗兽传统由来已久。虎圈后来演变为近现代的万牲园—动物园。来北京的朝鲜文人多记载，虎圈里也有熊。

2 啬夫，古代斗兽时控制老虎等猛兽的小头目。“啬”，读“色 sè”。

3 熊子，熊。“熊子”当是朝鲜文人从翻译官那里学到的东北话。

4 原稿此处有误。李海应以前没有见过熊，把熊掌看成了“蹄”。

5 跳梁，跳踉。跳跃。“踉”读“良 liáng”。

6 鹿卢，辘轳。

7 “窈”读“咬 yǎo”，深远，幽深。

8 “垣”读“元 yuán”，墙。

9 “咫”读“指 zhǐ”，长度单位。周朝为八寸。

10 “班”通“斑”。

11 瞀目，怒目。

12 “斫”读“啄 zhuó”，刀砍，斧剁。

13 鹿卢，辘轳。

14 “馁”读“něi”，饥饿。

15 “穽”同“阱”。

16 呀，张口之貌。

龙王阁[1]

自虎圈入王姓家午炊，即往日三宿所也。

饭讫，至文昌阁[2]下，延伫迟回，不可得入。

仍往十七虹桥[3]，给守军以扇、药[4]，入龙王阁。

阁以石门为窟，呀然[5]而开。左右各有出入之路，刻其额曰“岚翠门”。两旁对刻长联曰：“列岫[6]展屏山云凝罨[7]画，平湖涵镜槛波漾空明”[8]。楼上环以石栏。湖水出其下，正圆如月。楼凡三层，而四面各有扁题。南曰“天游”，北曰“海涌”，东曰“流蛛”[9]，西曰“偃虹”。又扁其正曰“望蟾门”，与万寿山正相对。山下瑶榭琦构，疏洁高明，不可殚状。

石门上有四方阁，扁其额曰“洞庭佳赏”。地铺青白文石，间杂花班[10]，玲珑莹澈。又周以回栏。两旁阁道，逼侧渐高。一移步，足滑不能定。窗不以纸涂，织铁丝如纱笼。栏下嵌以石假山，中有窟路，可以环走东西。

又石山上最高处，有石床当中。问其名，则“花石”也。床前后各安鼓石一座。欲上坐于石床，则守直官摇手挽之曰：万岁爷[11]所御处，他人不敢上云。

遂从阁道而下，临石栏之北，遥望湖水滢明，楼台窈窕[12]。茅鹿门[13]所谓“如览仙姬于潇湘洞庭之上，可望而不可亲者也”。遵栏而复南，有牌门对立三面。东曰“蒸云”，以外则“浴日”，西曰“拂斗”，而外有飞鲸。南则曰“耀金淫玉”。中有百尺飞楼，扁其门曰“广润灵雨祠”，守者不许人，故仍还从十七桥[14]出。

按《一统志》，玉泉山顶旧有金行宫“芙蓉殿”[15]故址。山畔有三石窟，其二在山之西南。水从窟中流下，深千尺。一在山之阳。又有石崖，上刻“玉泉”二字。泉出石罅[16]，因凿石为螭头[17]，泉从螭石出，潴[18]而为池，广三丈许。池东跨以石桥，水经桥下，东流为西湖。湖周十余里。若春夏水清之时，荷、蒲、菱、芡与夫沙禽、水鸟，出没于、潢漾于天光云影之间。“玉泉乘虹”[19]，八景中一也。

其山后则远峰叠见，雪色浩然于横鹄之间，是居庸关也。《一统志》曰：居庸，自南口出北口四十里，而左右悬崖峭壁，天下之险也。距京城一百二十里，而“居庸叠辄[20]翠”，亦入于八景，而其远控之势，当为第一名胜矣。

湖之北有宫嫔所居室，外人不敢近，而远望之，其楼制极巧丽，与五龙相上下。

春雨前宵薄冻消，石栏观水境迢迢。

林头岳嶂[21]光沉泛，湖上楼台影动摇。

白日翱翔离俗臼，青天恍惚[22]降仙箫。

凫[23]鸥[24]声里多佳句，轻屣[25]迟过十七桥。

1 原稿所说“龙王阁”有误，当为“龙王庙”，即颐和园南湖岛上“广润灵雨祠”。乾隆时重修龙神祠并赐名，俗称“龙王庙”。笔者与拙荆于2007年11月3日专程前往参观。

2 文昌，文昌帝君。文昌帝君是文昌星与梓潼帝君合二为一的偶像，古代书生祭祀的文教之神。文昌本古星官名，周、汉、晋以降，皆将文昌配于郊祀。梓潼帝君本为雷神，宋、元后与文昌星被道教尊为主宰功名禄位之神，元延佑三年（1316年）将两者合为“辅元开化文昌司禄宏仁帝君”。颐和园的文昌阁至今尚存。

3 十七虹桥，颐和园十七孔桥。

4 扇、药，朝鲜出产的扇子和清心丸。它们是来中国的朝鲜人经常送人的小礼品。这里的“扇子”，是指朝鲜折扇。〔明〕陈贞慧《秋园杂佩》云：“折叠扇。宋朝握团扇。其折叠扇，自永乐朝鲜贡始，始颁其式”。但〔明〕沈德符《万历野获编》（下）《褶扇》认为高丽所贡折扇在宋朝时就有记载了：“然东坡又云：‘高丽白松扇，展之广尺余，合之止两指许。’即今朝鲜所贡，不及日本远甚，且价较倭扇亦十之一。盖自宋已入中国。然宋人画仕女，止有团扇，而无摺扇”。见该书卷二十六，中华书局，1959年版。

5 呀然，如张开大口一样。

6“岫”读“绣 xiù”，峰顶。

7“罨”读“眼 yǎn”，控制。

8 原稿作者所见的对联和“岚翠门”扁至今尚存。笔者于2007年11月3日前往参观。

9“蝀”读“东 dōng”，虹。

10“班”通“斑”。

11 万岁爷，对皇帝的俗称。

12《诗经》里有“窈窕淑女”句。本指文静而美好的样子。这里的意思是美好、美妙。

13 茅鹿门，茅坤。茅坤（1512—1601），明朝文人，字顺甫，号鹿门。嘉靖进士。因不满“前后七子”的主张，而被人称为“唐宋派”。有《茅鹿门集》传世。

14 十七桥，颐和园十七孔桥。

15 芙蓉殿，12世纪金朝章宗完颜璟在北京玉泉山所修行宫，清朝时改建为“静明园”。玉泉山后山有清代密宗摩崖造像。

16 石罅，石缝。“罅”读“下 xià”。

17“螭”读“吃 chī”，传说中一种没有角的龙。螭头，钟鼎礼器、碑额、殿柱、殿阶及印章所刻螭形花饰。

18“潴”读“朱 zhū”，蓄水。

19 原稿“玉泉乘虹”有误，当为“玉泉垂虹”。参见原稿卷四《皇都八景》。

20 原稿此处有误，“瓶”字可删。

21“嶂”读“丈 zhàng”，山高险如屏障的样子。

22“怳”同“恍”。怳惚即恍惚。

23“凫”读“扶 fú”，野鸭子。

24“鸱”读“吃 chī”，鸱鹰。

25“屣”读“喜 xǐ”，拖鞋。

绣漪桥[1]

又行西南数帿[2]许，有一桥。桥石刻“绣漪桥”三字，即乾隆御笔也。盖其制与十七虹桥彷佛[3]，而但下为一虹门。

缘梯四五十级，然后始上桥。桥前后皆如此。缥缈于湖水间，亦足谓“垂虹”也。刻对联于桥柱，字大如掌。桥东西建两牌门，“春敷”等扁，即此也。

桥之东北，筑岛屿于湖中。跨湖而建彩楼，规制若张伞，而松翠隐然，丹雘[4]玲珑。问，是“景明阁”[5]也。亟欲渡湖入见，而时春冰已瀜[6]，涓涓隔水伫立眺望之际，适有一胡[7]，自阁下摇小艇而来，泊于岸。遂使马头[8]辈求与同舟。千说万诱，终不回听。溯流而还。

向阁下又数帿[9]之北有短阜[10]，迤[11]入于湖，亦造山也。其下藏彩船十余数，即水嬉时所用，而冬则藏之阁云。盖湖之周，可为四方七八里。泄其东南，绕出三千[12]里，自西山下南流至圆明园。一派东流，入西直门。设水间[13]而蓄泄之。湖之东，筑石灰为大路，以防湖决。中央高，两旁低，亦横亘[14]三十里。岛屿之在湖中者，周凡四方百余步。水晶宫、星汉、虹骞等阁是也。玉泉之旁，有皇明建文皇帝[15]陵寝云，而断岸浅麓，但见林木之扶疏。

遂泛流而东还。水边亭榭，远而百余步，近而三四十步。或飘然为二三层阁，或为六面、八面之楼，或列之为十余间长廊。或为铺子之制，而缭以垣[16]；或截水植柱，为浮家泛宅；或有层叠其中，如螺壳之诘屈[17]者；或有渐次低下，若将靡然而倒。或如张扇而散插，或若张伞而下垂。百十其制，不可得以名状。

盖皇帝之泛龙舟，从流上下。选宫女百数，备供具于此。又设铺市卖买状，使从官各得厌饭[18]，以象西湖风景。如是至西直门不绝云。

楼如高艇艇如楼，白玉栏桥水上头。

怊怅东风空驻马，太行山色半沉浮。

1 绣漪桥在颐和园东南角。“漪”读“依 yī”，水的波纹。

2“帿”读“侯 hóu”，箭靶。

3“彷佛”即“仿佛”。

4“雘”读“获 huò”，上好的油漆、涂料。

5“景明阁”即今颐和园柳桥和练桥之间的景明楼。看来，李海应去参观时，还需要坐船。

6“瀜”读“容 róng”，深广。

7 胡，拖着辫子的男人。胡是朝鲜文人对满族人的蔑称，但在圆明园里工作的也许是汉族人。

8 马头，朝鲜使节的随行人员，负责拉马前行。有多种名目。如“干粮马头”。

9“帿”读“侯 hóu”，箭靶。

10“阜”读“富 fù”，土山。

11“迤”读“姨 yí”，地势斜着延展。

12 原稿“千”字有误，当为“十”字。昆明湖不可能绕出三千里。

13 原稿“间”字有误，当为“闸”字。

14“亘”读“艮 gèn”，横贯。

15 建文皇帝，明朝的第二位皇帝朱允炆。1399年在南京即位，次年被燕王朱棣带兵驱赶，不知所终。朱棣随后迁都北京。原稿所说恐有误，玉泉山北麓金山口有“景泰陵”，是明代宗景泰帝的陵寝，现为全国重点文物保护单位。参见〔明〕沈德符《万历野获编》卷一《建文君出亡》，中华书局，1959年版。“炆”读“文 wén”，微火，看不到火焰的小火。

16“垣”读“元 yuán”，墙。

17 诘屈，弯曲。“诘”读“节 jié”。

18 厌饭，吃饱饭。厌，吃饱。

万寿寺[1]

还向西直门未至十里[2]许，入万寿寺。寺亦临水，牌楼石狮，象设伟壮。梵宇僧寮，络绎相望。扁外门曰“勅[3]建护国万寿寺”，门内设阿弥[4]。北有大殿，安金佛三座。壁面刻青木，如云飞形。千万盈尺之佛，累累高悬，若树木之垂实者。

殿下建东西廊。左安关帝像，右安金刚像。余皆僧舍，凡百余间。从殿后又建一殿，北壁下安大金佛十二躯[5]。前竖红桨[6]牌，书曰“皇帝万万寿”。殿之北，环以石假山。围百寻[7]，高五丈余，皆凿石为峰。峰古怪戍削[8]，峙若束钯[9]，错若置棊[10]，穴其隙而植草花松桂之属。虽非自然之妙，人工至此，而可夺天造。最中两峰，岌然相向。

下为出入之门，门下又行地十余步，则安地藏佛一座，而其中窣窣[11]然，若无所见。遂登石山，则山溪荦峭[12]，纵横四出。岩阿林茂之间，彩石槎枒[13]，啮人趾武[14]。又山之东西，各立小阁，而安一座菩萨。设像甚静洁。东扁曰“芳草绿”，西扁曰“落花红”。山尽而捉其北，又建二层楼，扁曰“万寿阁”。入其中则光光无所见，而但有御写锦屏，题曰《万寿颂》。

循云梯四梯而上，上亦以御写锦屏张于壁面，即乾隆御笔。捉其南户[15]，骋眸远属[16]。大野决漭[17]，不辨涯涘[18]。又北建六棱阁。阁竖大碑，碑有乾隆御制诗。又其后有一殿，扁曰“一元三要”。佛像神卫，亦整整有仪。

迤[19]东而有小门，佛宇穹窿，曲折为长垣[20]，而门圆如月轮。堂中安尺余金佛于小龛[21]。设东西长炕，而以“黑三升”[22]为长幔垂地。

僧徒比肩而坐，有化尚家风味。列椅子而灌茶劝饮。

前庭有白干五松。枝柯[23]挺然，皓白如银钗股。松身可十围[24]，翠阴满庭。

斜日风生万寿钟，林溪暝霭翠重重。

塔头无数黄金佛，檐角争高白玉峰。

游客轻鞭闲系柳，老僧长幔半遮松。

逢人欲问皇舆过，云母[25]屏中动活龙。

1 万寿寺在今北京市西三环北路东，紫竹院公园西北，初建于明朝万历五年（1577），后为慈禧去颐和园路上多次使用的临时行宫。〔清〕富察敦崇《燕京岁时记》认为，“万寿寺在西直门外五六里，门临长河，乃皇太后祝厘之所”。

2 原稿“十里”的记述有差，清人富察敦崇《燕京岁时记》认为“万寿寺在西直门外五六里”。也许这就是李海应把万寿寺与寿安寺看作两个寺院的原因了。

3“勅”同“敕”，读“斥chì”，帝命。

4 阿弥即“阿弥陀佛”。其含义是“有无量功德的觉悟者”。

5 躯，（佛）像的量词。〔北魏〕杨衒之《洛阳伽蓝记》：“中有丈八金像一躯，中长金像十躯，绣珠像三躯”。

6“柒”通“漆”。

7 寻，量词。8尺为寻。

8 戌削，清瘦（的样子）。

9“钇”读“戏xì”，金属类，同“铤”。见林尹、高明主编《中文大辞典》，第9册，第639页，台北中华文化大学出版部，1990年第八版。

10“棊”同“棋”。

11“窣”读“苏sū”。窣窣，形容细小的声音。

12“荦”读“落luò”，分明的样子。“峬”读“却què”。

13 槎枒，槎砑。本指树枝的分叉，后也指怪石歧出的样子。“槎砑”读“查chá亚yà”。

14 武，半步，步伐。

15 户，门。

16“属”通“瞩”。

17“漭”读“莽mǎng”，宽广辽阔。

18 涯涘，水的边际。“涘”读“四 sì”，水边。

19“迤”读“姨 yí”，地势斜着延展。

20“垣”读“元 yuán”，墙。

21“龛”读“勘 kān”，小窟，小屋。

22“黑三升”（三升），这里是指我国的一种粗布，也有朝鲜文人称之“山东大布”。古代布八十缕为一升。朝鲜文人李瀷（1681—1763）《星湖僿说·万物门》之《四十升布》云：“古者淄布冠用三十升布。朱子谓深衣十五升已是而今极细布，三十升细密难织云。然新罗文武王十二年遣使朝唐，贡三十升布六十匹、四十升布六匹，此则不止于二千四百缕也”。朝鲜文人柳馨远（1622—1673）《磻溪随录》卷八《本国钱货说附》云：“以今粗布交易观之，则不待他言而知钱之必行无疑矣。今粗布仅一、二升，元不成布，百无所用，而贸迁相通，故禁之而不止”。可见，在柳馨远的时代，一、二升的粗布是作为朝鲜货币通用的。另参见该书卷四“禁粗布”。“瀷”读“义 yì”，水流很急的样子。“僿”读“赛 sài”，粗鄙。

23 柯，树枝。

24 围，量词。

25 云母，一种闪亮的矿物。这里当是指金漆螺钿工艺。

五塔寺[1]

五塔距万寿二里，日既匿景[2]，遂疾驱[3]到寺，从牌门入寺中。

大殿当前，旷然无可观，从殿后入重门。平地上筑起台砌。四方各数十步，高近二丈。由其中胡梯[4]而上，则上建黄金塔，以青红涂面。每面嵌无量小佛。画井伍[5]于塔身者，可千百龛。周围视台，砌三分居二，棱角井井，四隅截然。最中者为十三层，其四则皆小二层，合为五塔。故名其寺。

又四面各设铜炉六座，共二十四炉也。南设虹门，恰容一人之出入。门上刻曰“成化[6]月、日建”。上可坐四五十人。正中安大佛躯，前设高卓[7]，上燃油柒[8]灯，以黄幔四障之。

登梯之路，暗如柒[9]夜。但模揣阶级，手与心谋，足因手举。曲曲折折至上层，而天光始出。其妆严刻镂[10]，美且工矣。

塔之南，环以石假山。西建两行翼廊，中起大屋，而以黄琉璃覆之。是皇帝行宫云。

云梯极目远宜蒙，金塔前头面面风。

佛宇亦通仙界否？自惊人语半天中。

1 五塔寺即今北京石刻艺术博物馆，在动物园北。寺中有金刚宝座塔，是明朝在佛塔建筑方面的独特贡献。参见梁思成原著，费慰梅、梁从诫编译《图像中国建筑史》，第442—443页，百花文艺出版社，2001年版；北京市城市规划管理局《北京在建设中》之《名胜古迹》图片，北京出版社，1958年版。

2 “景”通“影”。

3 “驱”同“驱”。

4 胡梯，大梯子。胡，大。

5 井伍，世俗的景物，生活场景。

6 成化是明宪宗的年号（1465—1487）。

7 “卓”通“桌”。

8 “柒”通“漆”。油漆灯即漆灯。我国唐朝诗人诗句里就有“漆灯”。

9 “柒”通“漆”。

10 “刻镙”在这里当是指“螺钿”。螺钿是将螺壳打磨后，嵌于雕镂及髹（xiū）漆具上，我国传统工艺。

宫女词

自入西直门，遂引灯而行。路见有女乘车。车前长轭[1]设门架，而左右悬白红铁笼灯。自门内横亘[2]西安门之外。连车者，可五六百两[3]。灯光耀照，人马骈阗[4]。问之，则皇帝方拣选宫女[5]。无论满汉人女，年可十四五以上皆充选。每三年一选，而今夜五鼓，待宫门之开，齐入神武门待候，拔其尤者。然后，至初二日设大宴会。故应选者，无不冶容凝妆，国色天香。便作一队绮罗丛。

从车旁顾视，则每一车有一少女。又年老者，当前而坐。似是姆媪[6]之类也。

宫门催钥待佳人，花毂[7]金鞭拂暗尘。

非是灯光红照耀，车中粉白艳争春。

1 “轭”读“恶 è”，辕前。这里指车辕。

2 “亘”读“艮 gèn”，横贯。

3 “两”通“辆”。

4 骈阗，聚集在一起，拥挤的样子。“阗”读“田 tián”。

5 此即皇宫中的选秀女活动。

6 “媪”读“袄 ǎo”，老妇。

7 “毂”读“古 gǔ”，车轮的中心部分。

三十日庚申[1]，晴，玉河馆留。

1 这一天是1804年3月11日。

出街

三使及员译，朝赴礼部，参“上马宴”[1]。余则从数人，出琉璃厂。历明鉴、青云等斋及书画铺而还。柘庭[2]昆季[3]，到馆不遇，以杭扇、贡墨[4]、笺纸、对联之属，留赆[5]而去。

午，自晓岚家送人[6]还诗藁[7]。且曰：“纪尚书览贵稿一遍，今腾写[8]一通，未及高评。非但为疴[9]所困，且有公干。昨又应召赴阙[10]矣。闻贵价[11]不日启驾，命令奉还贵稿，而转致此意云”。

惯识三条路，赢成半日闲。

购书知果腹，当酒便开颜。

大隐[12]将观市，行商互易关。

夕阳河上馆，题凤[13]又谁还？

1“上马宴”是礼部为朝鲜使节送行的宴会。与之相对的是“下马宴”。

2 王棨（？），清嘉庆年间文人，字柘庭。自称山西洪洞人。其余不详。“棨”读“起qǐ”，木制凭信。“柘”读“这zhè”，柘树，一种树木。北京有潭柘寺。

3 昆季，兄弟。是敬称。

4 贡墨，贡州之墨。

5“赆”读“进jìn”，赠与，赠送。

6 送人，派人。

7“藁”同“稿”。

8 腾写，誊写。

9“疴”读“科kē”，疾病。

10 赴阙，进宫。

11“价”读“介jiè”，被派遣传送东西或传达事情的人。

12 大隐、中隐、小隐的说法在我国由来已久。唐朝诗人白居易有《中隐》一诗。通常的说法是：大隐隐于朝，中隐隐于市，小隐隐于野。

13 题凤，用南朝刘义庆《世说新语·简傲》“嵇康与吕安善”典。吕安去友人嵇康家，嵇康不在。嵇康兄请吕安进去，他不进门，而在门上写一“凤”字，嘲笑嵇康是凡鸟。见中华书局《诸子集成》卷八，第200页《世说新语》，1954年版。

二月

初一日辛酉[1]，雪，玉河馆留。

1 这一天是1804年3月12日。

乐志轩[1]留别

朝诣栢庭[2]所，为谢昨访，兼叙明别也。

余曰："昨日适离馆。贵驾虚辱，可胜悚[3]怅。明将离发，不得不一别。故摆却临行事务，冒雪委进。聋岩[4]未得偕，要我转谢"。王曰："昨日奉应，不值为怅。荣行在即，后会无期。耿结[5]之衷，纵不洒临歧[6]之泪，终难免悲从中来"。余曰："一别在迩，再晤无期。耿结之衷，犹属歇后语。昨承珍贶[7]，将补归橐[8]。铭谢那[9]道留别表悃[10]，略以橐中余存者藉呈。惟足下昆季[11]笑领否？觏[12]物知心，则是所幸也，而惭愧无地"。

遂以纸、梳、笔、墨之属赠之。

王曰："叩惠至再，领何可当？"

又曰："聋岩不访，由行具之牵制耶？聋岩，迂拘士也"。余曰："引泉[13]终靳[14]一别否？"王曰："引泉，豪放不羁士。即以身系官，故不能自适。诗藁[15]已送来，序文则倩[16]教习范季[17]之手，而又以石庵[18]书对联及自笔一联、董诰[19]笔堂扁奉送矣"。余曰："迂拘者、豪放者，俱高人一层。诸君子书法，不啻[20]千金，当归作珍藏。万丈光怪，亘[21]在扶桑树"。王曰："惟详示在那[22]里址，容作异日千里奉寄之美谈。如何？"余曰："敝庄，王城[23]莲花洞[24]，扁其室曰'怀兰室'"。王曰："颁朔[25]有差，岁终使[26]尚[27]寄惠好音，为万万幸也"。

余口占一绝书示曰："览此，可默会"。王曰："洪桥故事[28]，千古同恨"。

蝶庄[29]出砚一方贶[30]余曰："歙砚[31]一方，不堪持赠，聊以此藉临岐赠言之意"。余曰："文房结友，百年寄情。证此金石之交，悲不感且好，而物厚人鄙，恐不敢承当"。王曰："金石结心，磨以不磷[32]之意"。余曰："心如石矣，何待砚方？"王曰："可卷而怀之，聊结心交"。仍授余从者。

余曰："千金送人，终须一别。万端情绪，书不尽意。仆请告别。从今以后，只作万里神交，往来一心上也"。王曰："骊歌[33]顿唱，五内若煎。惟愿劳力前程，鄙人静听好音[34]。遥以申贺"。遂握手一别。

栢庭[35]与蝶庄[36]，俱作凄咽状。

若凭千里信，当慰百年心。

远道难寻约，洪乔[37]等古今。

1 乐志轩在王棨兄弟的住所，北京椿树胡同关帝庙。

2 王棨（？），清嘉庆年间文人，字柘庭。自称山西洪洞人。其余不详。“棨”读“起qǐ”，木制凭信。“柘”读“这zhè”，柘树，一种树木。北京有潭柘寺。

3“悚”读“耸sǒng”，恐惧。

4 李景渊（？），朝鲜文人，字公默，号耆岩、松川，本贯韩山。此次朝鲜使节团中的随行者。

5 耿结，心情不安与忧伤的样子。《诗·邶风·柏舟》：“耿耿不寐，如有隐忧”。

6 歧，岔路。分别的地方。

7“贶”读“矿kuàng”，赏赐。

8“橐”读“驼tuó”，行囊。

9“那”通“哪”。

10“悃”读“捆kǔn”，诚挚。

11 昆季，兄弟。是敬称。

12“觏”同“睹”。

13 刘绍叔（1771—？），清朝文人，号引泉，王棨的内弟。按其自述，本山西洪洞人，与宰相刘墉是同宗。1788年秀才，为候补兵马司副指挥。刘绍叔曾自我介绍“山西人，山东籍”，他很可能也与刘墉一样，是山东诸城人。

14 靳，吝惜。

15“藁”同“稿”。

16 倩，请。

17 范季（？），疑为清嘉庆年间文人（陈洪墀（1785—？），陈号范川。

18 石庵，清朝文人刘墉。刘墉（1719—1804），字石庵，山东诸城人。官至东阁大学士，著名书法家。刘墉即我国电视连续剧《宰相刘罗锅》里的主人公“刘罗锅”。原稿作者李海应在北京时，刘墉尚在世。朝鲜王朝文人多熟悉刘墉书法者，该国景福宫附近的秘苑里至今还有刘墉的书法作品。

19 董诰（1740—1818），清朝文人，字雅伦。画家，尚书董邦达之子，浙江富阳人。乾隆二十八年癸未（1763）探花，官至户部尚书、军机大臣。

20 不啻，不止，不只。“啻”读“赤chì”。

21“亘”读“艮gèn”，横贯。

22“那”通“哪”。

23 王城，今韩国首尔（汉城）市。

24 据朝鲜王朝文献《大东地志·汉城府·坊里》，汉城的城东有东部十二坊，其中有莲花坊。

25 颁朔，中国向朝鲜颁布正朔（皇历）。

26 岁终使，朝鲜王朝于每年年末向中国派出的使节。朝鲜方面通常称“冬至使”。

27“尚”通“倘”。

28“洪桥故事”是中朝文人结下深厚友谊的故事。朝鲜文人洪大容于1765年（清乾隆三十年）来北京，认识了中国文人严诚（1732—1767）。严诚字立庵，号铁桥，著有《小清凉室遗稿》。两人无话不谈。洪大容回国以后，与严诚书信来往。惜严诚南下时，病死他乡。临死时，他把洪大容的书信放在自己的胸口上。洪大容闻讯，在家设灵位祭奠，且托人送信给严诚家属。洪大容与严诚的坦诚交流与交往，时人称为“洪严之交”。洪大容有《湛轩书》等著作传世。清人俞蛟《春明丛说》之《朝鲜使臣记》记述了洪大容与陆飞的交往故事。该记云：“友人卢药林，于琉璃厂书肆，晤朝鲜使臣。视其貌，清俊不凡。进与语，各不能辨，因以笔墨作问答。自书洪姓，名大荣，号涵斋，曾五举于乡，始登进士，今官翰林。盖其国乡会试，以诗、古文、经解，分三场；会试不售，仍与秀才同入秋闱，不赴，则以诡避论。科目之难，视中国为尤甚焉”。

29 王陈锡（1776—？），清嘉庆年间文人，字小照，号蝶庄。王棨四弟。

30“赆”读“进jìn”，赠与，赠送。

31 歙砚，我国名砚之一。用安徽歙县、江西婺源县所产石料制成。“歙”读“社shè”。

32 磷，磷火。磷火即忽隐忽现的鬼火。

33 骊歌是“骊驹之歌”的简称。后泛指告别的歌。

34 好音，这里指原稿作者李海应科举高中的消息。

35 王棨（？）清嘉庆年间文人，字柘庭。自称山西洪洞人。其余不详。“棨”读“起qǐ”，木制凭信。“柘”读“这zhè”，柘树，一种树木。北京有潭柘寺。

36 王陈锡（1776—？），清嘉庆年间文人，字小照，号蝶庄。王棨四弟。

37 洪乔，即“洪桥故事”，是中国文人严诚与朝鲜文人洪大容结下深厚友谊的故事。参与了严诚和洪大容交往还有清朝文人陆飞。陆飞（1719—？）字起潜，号筱饮，仁和（今浙江杭州）人，乾隆三十年（1765）解元。善书画，著有《筱饮斋稿》。朝鲜文人李德懋《青庄馆全书》卷三十四《清脾录》卷三第四十四面、卷六十三《天涯知己书》收录的就是严诚等中国文人与洪大容等朝鲜文人之间的书信、诗歌和笔谈等资料。参见佚名《清代名人趣史》之《严铁桥之杀屠夫》；拙著《半岛唐风：朝韩作家与中国文化》，第308—313页，宁夏人民出版社，2004年版；[韩]金华珍《朝鲜北学派文人与清代文人的文化交流及其历史意义》，《东亚三国语言文化的共性与个性国际学术研讨会论文集》，第81—88页，中国·天津，2007年内部印刷本。

夜坐偶拈

自定行期，人无不滚汩[1]于装载，殆无恬静按住者。凡商货[2]，皆以纸布结裹。裹毕，以木椎筑而固之。椎声汤[3]馆中。

东道行当快拂鞭，燕人亦设饯人筵。

羁愁未信春宵短，孤坐深更似送年。

1 “汩”读“鼓gǔ”，治理。

2 商货，朝鲜人的贸易物品。

3 “汤”即“荡”，回荡。

蓟山纪程卷之四

复路·甲子二月

初二日壬戌[1]，晴。自玉河馆还发，通州五十里旗下[2]白姓家宿。“先来”[3]便，上家书。

1 这一天是1804年3月13日。

2 旗下，属于八旗的。清代满族军队和户口编制，分正黄、正白、正红、正蓝、镶黄、镶白、镶红、镶蓝八旗。后又增建蒙古八旗和汉军八旗。

3 先来，朝鲜文人所说“军牢先来”的省称。他们是为朝鲜使节团打前站的军官或士兵。

玉河馆离发

馆中人早起束装。先送“先来军官”，修家书付之。

正使军官，以伴倘[1]李先达会点[2]代之。副房则金译弼兴[3]代之。译官即李时谦[4]也。

持《状启》[5]发行。自晓，众胡乱入各炕，撤去门帘、椅凳之属，喧聒挠攘[6]。盖此辈[7]始要结识于裨译[8]，以做卖买。故日用器具，有求辄借。今则利窦[9]既尽，行期在即，殆同日暮市，安得不掉臂而不顾也。

巳刻[10]，一行次第起程。人皆衫袖轻快，有千里蹴[11]之意。

玉河[12]春水向东流，万里归装不少留。

为是行人三宿恋[13]，出门惆怅却回头。

1 伴倘，朝鲜使节团里自费的陪伴者、从人。

2 原稿“李先达会点”疑不是人名，而是在后来“会点”中占据主动的朝鲜文人。

3 金译弼兴，叫金弼兴（？）的朝鲜译官。

4 李时谦（？），朝鲜译官。

5 状启，（出使中国的使节团官员）在路途中给朝鲜国王的汇报性文书。如原稿癸亥十一月二十四日记有《渡江状启》。

6 “挠攘”是你来我往、乱哄哄的样子。挠是挡住了、过不去。“攘”读“壤 rǎng”，退让。

7 此辈，指本句的“众胡”，与朝鲜商人做买卖的满人。

8 裨译，翻译官。“裨”读“必 bì”，副佐。

9 窦，洞。利窦，可以赚钱的方面。

10 巳刻，上午九时至十一时。“巳”读“四sì”。

11“蹴”读“醋cù”。踏，踩。

12 玉河，流经北京城内的一条河，现已消失。2007年北京市开始了“玉河工程”，准备恢复玉河。

13 北宋文人苏轼《别黄州》有“桑下岂无三宿恋”句。

通州[1]

路由通州，行至八里桥。桥长[2]约百余步，其高可容帆樯之出门。天下漕船，皆萃于此。桥南数帿[3]，立石而题其面曰“漕船大泊处”。

由通州西门入。扁曰“神京左辅”。闾阎市肆，亚于皇城。路左右观者蜂拥。

过路有一衙门，扁曰“总军储”[4]。其傍[5]崇墉[6]栉比，皆仓庾[7]也。过此又有一衙，曰“理事分府”，意是知州官衙也。但市街排列，石路逼侧，车不得方轨。

按《一统志》：汉曰潞县，后魏徙置渔阳郡，唐初置元州，金曰通州[8]。“通州”之名，自其时始。

四十里东石路长[9]，燕京左辅汉敖仓。[10]

自是行人罕过地，拦街儿少绕如墙。

1 从通州到沈阳，是清初所修“大御路”。此次朝鲜使节团所走即此路。

2 北京通州的八里桥长50米，宽16米。1446年建造。

3“帿”读“侯hóu”，箭靶。

4 从原稿记述来看，通州北仓以及相应的储藏乃军用物资。

5“傍”通“旁”。

6 崇墉，高大的城墙。“墉”读“拥yōng”，城墙。

7 仓庾，仓库。原稿记录的是通州的“北仓”。“庾”读“雨yǔ”，本义是露天堆放的粮食，后往往泛指粮仓。

8〔清〕唐执玉、李卫等《畿辅通志》载：“金天德三年于县置通州”。见该书卷十三，文渊阁四库全书本。金海陵王天德三年，公元1151年。

9“四十里东石路长”，是说从今京通快速路八里桥收费站到朝阳门之间铺有石路。参见原稿癸亥十二月二十四日《永通桥》的记载。

10“敖仓”始建于秦，是秦汉时代的重要粮仓，至宋朝废除。其故址至今尚存，在河南郑州西北的敖山上。

初三日癸亥[1]，晴。燕郊堡十七里，民人王姓家午餐。三河县[2]五十里，民人李姓家宿。

1 这一天是1804年3月14日。

2 明朝嘉靖年间广宁总兵杨照（？—1563）似乎是三河人。朝鲜文人崔庆昌（1539—1583）《孤竹遗稿》燕行诗（1576）中有《三河途中》、《哀杨总兵》。

早发白河

出由城北门。城内有一门，如十字阁制，扁曰“天都锁钥”，又曰“天民视听”。其门谯皆二层，路左有一牌门，横书曰“日下街繁第一州”。又城北隅一塔[1]高耸，类白塔堡所见。皆雄府大都，中无无塔处。

门外多市街，而东西立牌门，曰“物阜人安”，曰“远悦近来”。又出外城门，有曰“天衢[2]平步”。石路[3]至此而止。

行数里至通州河。河广百余步，横列船舳[4]为浮桥而渡。曾闻通州帆樯，为第一壮观，而河冰未解，船不可行。

重城高耸白浮图，东出东门大市衢。

州辟人民都会地，江通船舶运漕途。

还乡好作青春伴[5]，问店时逢黑衽[6]徒。

渐见和风天气暖，苍苍关树验荣枯。

1 原稿记述的是北京通州燃灯舍利塔，该塔有1，300多年的历史，1976年唐山大地震时北京震动，只剩塔基，1985年重建。

2 “衢”读“渠 qú”，四通八达的道路。

3 清朝北京城四门往外皆修四十里石路。参见原稿卷二癸亥十二月二十四日《永通桥》。

4 “舳”读“竹 zhú”，船头与船尾。

5 此句活用杜甫《闻官军收复河南河北》“青春作伴好还乡”句。

6 “衽”读“任 rèn”，衣襟。

燕郊堡[1]

燕郊有城。东西门扁，西曰“燕郊巨镇”，东曰“天下文明”。市肆村店亦繁富。

入去时，则乘夜倍道，自三河至此，不知有何状景色。

又二十六里而有“夏店”[2]，又三十里而有“枣林庄”。其城垣[3]民居，与燕郊相

伯仲。

自今日春意蔼然，路多垦田者。

燕郊故驻辕，我意观于市。

嘐嘐[4]屠狗场[5]，谁是剑歌士？[6]

1“燕郊堡”现为燕郊镇，属河北省三河市，在102国道沿线。清乾隆九年（1744）在这里设立行宫。

2 夏店即今夏垫镇，在燕郊之东，102国道43公里处。

3“垣”读“元 yuán”，墙。

4“嘐”读“削 xiāo”，虚夸、言大的样子。

5 屠狗场，用《史记·荆柯传》典。

6 战国时荆柯唱“风萧萧兮易水寒，壮士一去兮不复还”。燕人田光（？—前227）是“燕赵慷慨悲歌之士”之一。当燕太子丹要除掉秦王的时候，田光被推荐给了太子丹。但田光已经很老了，就又推荐了荆柯。为了激励荆柯，田光自杀了。参见〔汉〕司马迁《史记·荆柯传》。

三河县[1]

夕抵三河。三河本汉临朐县，唐析潞县地，置三河县，而以近六渡[2]、鲍丘[3]、临朐[4]三水，故名曰“三河”。第今城谯[5]颓败，宅宇荒凉，即一山野残僻村也。主人李姓家，亦湫溢不敢宿。[6]

城内有二层高阁。此是文昌[7]阁，而中有魁星[8]像。

三河县里屋如蜗，接巷居民设板柴。

剪烛残更迟就睡，主人闲话畅襟怀。

1“三河县”现为三河市。在102国道沿线。原稿作者李海应一行的回国路线，与来时基本一致。

2 原稿“六渡”有误，当为“七渡”，即洳河，也称做“错河”。“洳”读“入 rù”，潮湿、低湿。

3 原稿“鲍丘”当为今“鲍邱（河）”。鲍邱河发源于北京顺义，流入天津市宝坻，与窝头河一起汇入蓟运河。《乡言解颐》的作者李光庭为清朝道光年间宝坻林亭口人，鲍邱河与窝头河就在他的家乡汇合。见〔清〕李光庭、王有光原著，石继昌点校，《乡言解颐》、《吴下谚联》，第15—16页，中华书局，1982年版。

4 原稿“临朐”当为今“泃河”。“泃”读“居 jū”。

5 三河县旧城是唐朝卢龙节度使赵德钧督造的。参见〔清〕武英殿本《古今图书集

成·考工典》卷十八；〔清〕朱家楣等《（光绪）顺天府志》卷二十一，续修四库全书本。

6 朝鲜文人李德懋《入燕记》（见《青庄馆全书》卷六十七）于六月十七日说，中国文人孙有义（字心裁，号蓉洲）居三河县。孙托其弟子孙嘉衍把朝鲜文人洪大容要的《严诚集》和画像送给朝鲜使节团。孙嘉衍的家与与朝鲜使节团在三河的馆驿是邻居："严诚字立庵，乙酉岁，湛轩逢潘庭筠、陆飞诚于燕市。……湛轩求其遗集及小照凡十年，今始得之"。该书于五月二十三日记载有"与在先访李鼎元、潘庭筠访潘之寓舍"。〔清〕朱家楣等《（光绪）顺天府志》载，三河县有康熙五十一年（1712）建造的"朝鲜宾馆"，乾隆年间重修。见该书续修四库全书本卷二十二，上海古籍出版社版。

7 文昌，文昌帝君。文昌帝君是文昌星与梓潼帝君合二为一的偶像，古代书生祭祀的文教之神。文昌本古星官名，周、汉、晋以降，皆将文昌配于郊祀。梓潼帝君本为雷神，宋、元后与文昌星被道教尊为主宰功名禄位之神，元延佑三年（1316）将两者合为"辅元开化文昌司禄宏仁帝君"，故称。

8 魁星即二十八宿中之"奎宿"。古人认为它是主管文运之神，是科举考试必须朝拜的神。

初四日甲子[1]，晴。邦均[2]四十里，民人杨姓家午餐。蓟州[3]四十五里，民人赵姓家宿。

1 这一天是1804年3月15日。

2 邦均即现今天津市蓟县邦均镇，在102国道72公里处。

3 蓟州，今天津市蓟县一带。〔清〕唐执玉、李卫等《畿辅通志》之《蓟州》云："春秋山戎无终子国"。见该书卷十三，文渊阁四库全书本。朝鲜文人李宜显《陶谷集卷二十九·庚子燕行杂识》（燕行时间为1720年）说："蓟州本秦汉渔阳郡，彭宠、（安）禄山之反，皆在此地"。北大侯仁之教授《北京城的生命印记》认为，唐朝开元十八年（730）割渔阳、玉田、三河三县另置蓟州，本来是指今北京市的"蓟"就变成别的地方的地名了。见该书，第24页，三联书店，2009年版。

香花庵[1]

白涧店[2]路侧，有香花庵。墙内种白干松[3]，故谓之白干店，而"干"与"涧"音同，而传讹故也。庵系崇德[4]时所建。人传崇德帝[5]妹早寡为尼，常居此。及其殿，仍作愿堂[6]。尚今有尼姑住持。皇帝幸沈[7]时，尝历临。故庵之傍[8]设行宫。[9]

庵扁曰"香林法界"。庭立乾隆御制碑，扁曰"古刹香花庵"。入门，有佛宇，设三菩萨。又建二层殿于其后。象设神卫，别无异观，而上层亦有佛座而已。

庭有万历[10]二碑，翰林孙国祯[11]、周延儒[12]所撰。殿东墙外，有五塔出屋上，垣[13]周几一里。西则是行宫，而守者不许人。

佛宇前庭，有白干松。枝条挺挺，霜皮如雪。西翼廊有老尼，迎接劝茶。所居颇精洒。壁揭渔阳山氏女指头画[14]山水幅。闻庵中旧有一尼，颇娇艳。乾隆帝尝见而悦之，执其手。尼遂以帛封手，治膏沐为容云。

两廊亦多有尼徒，而年少者则羞见外人，不出户外。

轻风暖日香花庵，白干松株偃影毵。[15]

壁上溪岑先入眼，老尼迎客说喃喃。

1 原稿“香花庵”有误，当为“香华庵”。朝鲜使节多记载此处为尼姑庵，其旁即为白涧行宫。河北省遵化市清东陵文物管理处藏《光绪帝谒东陵路程单》：“白涧行宫二十五里，共七十四里”。参见〔清〕朱家楣等《（光绪）顺天府志》卷二十五，续修四库全书本；金振东等编著《蓟州风物志》，第157页，天津古籍出版社，2006年版。

2“白涧店”现名“白涧镇”，在102国道68公里处，属天津市蓟县。

3 白干松，今称“白皮松”。

4 崇德是清太宗皇太极的年号（1636—1643）。

5 崇德帝即皇太极。

6 愿堂，有权势或金钱的人为许愿而捐助的佛寺或佛寺中的某一殿堂。

7 清朝皇帝北行是王朝的大事。原稿作者李海应回国次年（1805），嘉庆皇帝幸沈。

8“傍”通“旁”。

9 白涧行宫是为清朝皇帝谒东陵与来往沈阳而设，建于乾隆十八年（1753）。河北省遵化市清东陵文物管理处藏《光绪帝谒东陵路程单》有：“白涧行宫二十五里，共七十四里”的记述。

10 万历是明神宗的年号（1573—1620）。

11 孙国祯（？），明朝文人，天启年间为参政。

12 周延儒（1593—1641），明朝文人，字玉绳，号挹庵，江苏宜兴人。万历四十一年癸丑（1613）状元，入翰林院为编修。崇祯即位后为首辅，因受温体仁排挤而去职。崇祯十四年辛巳（1641）再拜首辅，因无军事才干而贻误军机。崇祯十六年癸未（1643）被赐自尽。

13“垣”读“元 yuán”，墙。

14“指头画”即“指画”，不用笔而用指头蘸墨作画。清初铁岭人高其佩是著名的指画画家，〔民国〕赵尔巽、柯劭忞等《清史稿》有传。蓟县的这位不知名女子看来是受到了高其佩的影响。〔清〕震钧《天咫偶闻》卷四也有对高其佩的记载，但传统文人并不看重这类绘画。〔清〕钱泳《履园丛话》之《丛话十一》：“国初王秋山、高其佩，皆工于指头画，自

此开端，遂遍天下，然赏鉴家所不取也”。见〔清〕钱泳原著，张伟点校《履园丛话》，中华书局，1979年版。另参见阎立群《指画名家高其佩》，《收藏》，2007年第8期。

15“毵”读“三 sān”，枝条细长垂拂的样子。

盘山[1]

午炊于邦均，遂迁行二十里至盘山。山之一名“盘龙山”，此即李愿所隐“盘谷”也。[2]

诸峰插天。山腰白塔，亭亭出松树间。其在最高顶者，则山高塔小，荳[3]大如指。山下有周垣[4]可五里余，是行宫[5]内墙也。循宫墙迤[6]西而上山，渐行渐高。泉流滚滚，石势齿齿。可谓曲曲可坐，步步可赏。仰见群峰，丛立竞拔，如禽兽剑戟，盖有石也，而远望之，则似松桧[7]之郁翠。

垣后数百步，有大寺临山，即小林寺[8]也。丹碧烂然，房室静净，颇有山房之趣。寺下有二大岩，环其面而刻之者，皆乾隆御制诗也。

从寺门东至一石塔。塔凡八面，十三层。有悬磬[9]而声出铮铮。高可十丈，而缘石梯上其塔身之面，则下临旷野，背接高峰。见极缥缈，意自轩爽。盖山有三盘，而此所谓“中盘”也。塔面作龛[10]室，而奉小金佛十数像。石门内有一双巨人迹，石痕深寸余。问，是古迹云，而盖不可详。遂于壁上，抽笔题名。

复向寺中入。有一僧迎接欢款。问其名号，则曰名“子志”，号“恒义”，系江西抚州府人[11]。卓[12]列茶钟[13]，磁色青绿，而燔[14]书“盘山小林寺”[15]五字。遂举钟面，面授之曰：“好归贵国，见人辄道曰，游盘山时，遇寺僧某，以一钟授受云尔。则岂非美事耶？”余亦爱“盘山”二字，受之。遂各以扇丸[16]偿之。

袁宏道有《盘山记》[17]，甚纤悉。其最著者，仙石台之西，有万松寺。云照寺[18]之东，有悬空石，若飞阁之檐、断桥之梁，架空侧立可数十丈。左右皆石峰，若飞动。“天门开”在紫盖[19]之东，腾云峰在“悬空”[20]之东。投间桥在紫盖之腰，而天成石桥也。初入得“盘泉”，次曰“悬空石”，最高曰“盘顶”。

历悬空石，则上方寺也。且无石级者，曰“天门开”。盖此山之八景，即“紫盖”、“腾云”、“投间”及“仙石岭”、“狼甲石”、“帐房石”、“菱角石”、“绾[21]龙池”也。问诸僧曰：“八景中，有今日可观处乎否？”僧手指“紫盖”、“腾云”四字曰：“此则可望不可上。绾龙池在塔下，石池天成，细而长，苔色斑斓。水自石罅[22]曲折流出。池外壁刻曰‘绾龙池’，傍[23]题‘荣川桂’三字”。

大抵此山气势，与我国松岳[24]相近。峰峦回复盘旋，重重包裹。袁纪[25]所谓“外骨而中肤”者，是也。《士商要览》[26]言：盘山，乃吕纯阳[27]飞剑斩黄龙禅师处。仙剑犹插山顶，有亭翚[28]之。

又闻盘山有佛灯，每除夕，山之云照寺[29]定光佛舍利塔，与蓟州独乐寺观音阁、通州孤山破塔[30]，皆有灯出，互相往来。漏尽各返原处。好事者恒裹粮候之云。

慧因寺，在山之旧中盘，多可观处。其余山谷间突兀者，俱是层台绮阁。日力垂暮，求可穷山间之胜。还从山路而下。石壁间，大石之有如蟒蛇飞走者曰“大蟒石”，有如蹲虎者曰“虎石”。有三角如菱形，一角着地，两角向空，其大如屋者曰“菱角石”。有如人着帽，高立于石台上者曰“帽石”。有如伛偻侧立，自生石纹者曰“狼甲石”[31]。或方或圆，或尖或窪[32]，不可指为何状物，而种种形像各异。袁记所谓“慧石拒上，生动如欲语”者，想不诬也。最下得“帐房石”，石方如碁局，长广皆二丈余，高一丈。石面平如磨治，其上四隅穿穴，可立帐柱。故得帐方[33]之名也。

遂登坐石上，俯临行宫[34]全址，层层如飞。正中有正殿，而无青画彩檐之饰。缘厓[35]而渐上，每十数步之间，起一亭榭，皆依山对野。或圆或斜，或有六棱，或有三层，是“息步亭”等地也，其制不一，而又东有三层彩阁，似亦游嬉处也。

一路沿溪，柿、梨、棠、李之属，丛丛成林。若至花开果熟之时，则群芳象[36]馥，丹砂点漆，似可添一胜观。盖土宜果木，而寺僧多以此为生理[37]。皇城[38]市中，太半[39]是盘山果实云。

还到行宫前求入，则以皇帝行蓟时例必历临，见[40]今整理行宫七处事务，使为修宫治道，方来住宫中，禁阁[41]颇严。又见民丁自山下治道，道左右皆转圆石，使平如砥、直如矢，而路中央加土寸余，以作御驾之路。

如是至蓟州。盖雍正、乾隆两帝陵，在蓟三十里之北[42]，而皇帝[43]将于二十八日幸行云。

镇日[44]登陟[45]，归有余恋，步步回顾。山腰白塔，如人屹立。行过十许里，犹偃然[46]入望。

盘山山势屹重重，绮阁层临画意浓。

白塔归云浮紫盖，绿塘春水漾红龙。

息劳坐扫千年石，耽胜行停万里筇。[47]

却见禅家风味厚，少林闲释捧茶钟。[48]

1 此节是原稿作者李海应的盘山与蓟州游记。朝鲜文人金正中《燕行录》（燕行时间1791—1792年）于二月初一日说："盘山，舜子商均之所封也。其左右多层峆大寺。其下有行宫，缭以园墙。下马行宫门外，其门扁曰'静寄山庄'"。另参见〔明〕刘侗、于奕正《帝京景物略》，第372页《盘山》，北京古籍出版社，2000年版；〔清〕唐执玉、李卫等《畿辅通志》卷十七《盘山》，文渊阁四库全书本；〔清〕蒋溥、汪由敦、董邦达等《钦定盘山志》，文渊阁四库全书本；刘镇伟主编《中国古地图精选》，第69页《盘山名胜图绘》，中国世界语出版社，1995年版。

2 唐朝文人韩愈写有《送李愿归盘谷序》。其中有"太行之阳有盘谷"句。但〔清〕赵吉士《寄园寄所寄》卷三则认为"盘谷在济源县北二十里，唐李愿隐居于此，昌黎韩公有序送之，而是谷遂显名于世"。

3"荳"同"豆"。

4"垣"读"元 yuán"，墙。

5 行宫，指盘山下的静寄山庄，乾隆九年（1744）确定为盘山行宫。该行宫毁于战火，现正在筹划重建。同年（1744）修建的还有桃花寺行宫。其遗址残墙现今在邦喜公路上就可见到，位置在蓟县城关镇桃花寺与西马坊北。

6"迤"读"姨 yí"，地势斜着延展。

7"桧"读"贵 guì"，圆柏。是一种能散发幽幽香气的树。

8 原稿"小林寺"有误，当是"少林寺"。盘山少林寺是佛教禅宗的著名古迹。

9"磬"读"庆 qìng"，将一排石板或玉板悬于架上，敲击而鸣。磬是古代的著名乐器。

10"龛"读"勘 kān"，小窟，小屋。

11 僧子志（？），号恒义，清嘉庆年间盘山少林寺僧人，本江西抚州府人氏。

12"卓"通"桌"。

13"钟"通"盅"。

14"燔"读"凡 fán"，焚烧。"燔书"在这里的意思是，在烧制陶瓷的时候烧出的文字。

15 盘山少林寺始建于魏晋时期，原名法兴寺，俗称"北少林寺"。参见〔清〕于敏中等《日下旧闻考》卷一百十五，第1907页，北京古籍出版社，1981年版。

16 扇丸，纸扇与清心丸。来中国的朝鲜人经常送的小礼品。

17 袁宏道（1568—1610），明朝文人。湖广公安人，字中郎，号石公。与其兄弟袁中道、袁宗道合称"公安三袁"。兄弟三人在散文方面进行革新。其《游盘山》一文解放后常被选入我国中学生的《语文》教科书。

18 原稿"云照寺"有误，当为盘山挂月峰附近的"云罩寺"。该寺本唐朝所建，明朝赐名。参见《盘山风景区》，《中国差旅地图册》，第20页，湖南地图出版社，2004年版。

19 紫盖，紫盖峰。参见《盘山风景区》，《中国差旅地图册》，第20页，湖南地图出版社，2004年版。

20 悬空，悬空石。参见《盘山风景区》，《中国差旅地图册》，第20页，湖南地图出版社，2004年版。

21“絙”同“縆”，读“更gēng”，粗绳子。

22 石罅，石缝。“罅”读“下xià”。

23“傍”通“旁”。

24 松岳即松岳山。是朝鲜开城市附近的最高山，高489米。参见原稿卷一于癸亥十月二十三日所记之《满月台》。

25 袁纪，指明朝文人袁宏道《游盘山》一文。

26《士商要览》，明朝文人憺漪子著，是明清出行、经商时必备的参考书。看来该书已经传入了朝鲜。“憺”读“但dàn”，安然、恬静。

27 吕纯阳（？），唐朝道士。名岩，号洞宾。我国许多民间传说里，都有他的故事。《宋史·陈抟传》有相关记述。

28“翚”读“辉huī”，飞翔。

29 原稿“云照寺”有误，当为“云罩寺”。

30 北京通州佛塔至今尚存。参见〔明〕刘侗、于奕正《帝京景物略》，第365页《（通州）燃灯佛塔》，北京古籍出版社，2000年版；〔清〕于敏中等《日下旧闻考》卷一百九，第1818页，北京古籍出版社，1981年版。

31 原稿“狼甲石”有误，当为“花甲石”。蓟县盘山至今有此石，为该旅游地著名景点之一。

32“窪”同“洼”。

33“方”通“房”。

34 行宫，指乾隆行宫。又名“静寄山庄”。乾隆皇帝32次游历盘山，写下了1，366首歌咏盘山的诗歌。

35“厓”古通“崖”。

36 原稿“象”有误，当为“众”字。

37 生理，生计，生活来源。

38 皇城，北京。

39 太半，大半。〔明〕王士性《广志绎》卷二《两都》云：“盘山在蓟城西北，逶迤沉邃，百果所出”。见〔明〕王士性原著，吕景琳点校《广志绎》，第19页，中华书局，1981年版。

40“见”通“现”。

41“阍”在这里是守门的意思。“阍”读“昏 hūn”。

42 原稿所说即清东陵。清东陵在今天津市蓟县东北的河北省遵化市，是世界文化遗产。但原稿记载有误，乾隆帝陵在东陵，而雍正帝陵墓在今河北省易县的清西陵。笔者与拙荆除多次参观清东陵外，还于2006年2月5日专程驾车前往清西陵参观。

43 皇帝，这里指嘉庆皇帝。

44 镇日，整天，从早到晚。

45“陟”读“至 zhì”，登高。

46“儼然”即“俨然”，庄重严肃的样子。

47“筇”读“穷 qióng”，一种竹子，可做手杖。

48“钟”通“盅”。

杨妃庙[1]

下自盘山，路左山顶有一庙，乃世所谓“杨贵妃庙”[2]也。云有金像女子戴花冠，而面貌端丽。盖此处本多娘娘庙，而此特在古渔阳地，故强名为杨妃庙。而或称“五名山碧霞娘娘”[3]之庙，而此称“禄山庙”[4]，甚矣。好事者之取意假名，顾一世滔滔[5]也。

滑白银鱼鬓，渲红绣凤冠。

婵妍遗庙像，彷佛[6]太真[7]看。

古驿芳尘歇，仙宫恨梦残。

渔阳千载路，春树碧栏干。

1 朝鲜文人多记述此地为杨贵妃庙。唐以后的中国文人来蓟州，也往往问天宝年间事。北宋宣和六年乙巳（1124）许亢宗作为特使奔赴金都会宁府，其第七程、第八程、第九程分别是三河—蓟县、蓟县—玉田、玉田—韩城的路程。其《第七程》说：“自三河县六十里至蓟州。蓟州乃渔阳也，因问天宝禄山旧事，人无能知者”。见〔宋〕许亢宗《宣和乙巳奉使金国行程录》。但北大侯仁之教授《北京城的生命印记》认为，安禄山的范阳节度使驻地在蓟城，是今北京市。见该书，第27页，三联书店，2009年版。

2 原稿所说即旧蓟县县城西门外的天仙宫，该庙建于明朝，内供奉碧霞元君，清朝曾重修。1993年异地重建于蓟州白塔寺院内。笔者与拙荆于2009年元月31日专程前往白塔寺参观。

3 原稿所记，即在清朝京畿地区广泛祭祀的“碧霞元君”。碧霞元君来自泰山，是保护妇女生产和送子的神灵，为道教所尊奉。侯仁之教授认为：“按在明清两朝，北京近郊的碧霞元君庙，人民群众一律称之为‘顶’”。见侯仁之《北京城的生命印记》，第324页，三联书店，2009年版。另参见〔清〕于敏中等《日下旧闻考》卷一百十，第1835页《御制重修（马驹桥）碧霞元君庙碑记》，北京古籍出版社，1981年版。

4 原稿“禄山庙”有误，当为“杨妃庙”。安禄山受到杨贵妃的宠信，在渔洋挑起“安史之乱”。来华的朝鲜文人认为，安禄山是在今天津市蓟县起兵叛乱的。

5 滔滔，本是形容流水的。后用来指言语或行为连续不断。

6“彷佛”即“仿佛”。

7 太真，杨贵妃。

初五日乙丑[1]，自午雪。鳖山店[2]三十里，民人王姓家午餐。玉田五十里，民人傅姓家宿。

1 这一天是1804年3月16日。

2 鳖山店即现今别山镇，在102国道93公里处，属天津市蓟县。

卧佛寺

朝入蓟州城，城周九里。[1]

至独乐寺，寺前设红栅。又内有一门，而左右有神将，长各三丈余，握拳弩目[2]，狞狰欲搏，像貌甚严威。扁其门“独乐寺”。

门内有二层殿，扁上层曰“观音之阁”，下书“太白”二字。殿内扁曰“普门香界”。中安丈六金佛，遂结四细[3]带，下垂之，不及于胫[4]尚数尺。头上又有数十头，环其四面。笼以银丝，作观音冠帻[5]形。

循层梯出其上，拂[6]顶指适与栏齐，肩以上又几二丈。俗称“丈六”者，举其槩[7]也。佛像端严，是乃南海观音神。被以黄金袈裟，下设莲花榻，以承金身。闻佛立处，古有大槐树，其大十围。僧人即其树而刻为此像。金像颇毁，肩背间金铭剥落云，而今则不可知也。

从阁后，又有一字廊阁。障壁为间架，中安诸佛相[8]，东安关帝像。西则设长龛[9]于宇下。龛有卧佛，其长过二丈。以手加额，两眼廉纤，如闻鼾息声。世传卧佛乃《李白醉倒像》，丈佛乃太白之细君[10]。此语未知所谓，而今见二层阁，扁额有“太白”二字，似是书扁者名。世之见者，妄意其青莲[11]之名，转相讹传也。

堂静蒙蒙卧榻尘，祇园花树梦中春。

世人曾识青莲否？金粟[12]前身又后身。

1 原稿记述基本可信。〔清〕武英殿本《古今图书集成·考工典》卷十八说："蓟州城池。旧土城，洪武四年甃以砖石，设蓟州卫以守之。周围九里三十步"。 朝鲜文人金正中《燕行录》（燕行时间为1791—1792年）二月初二日说："今朝将入城。城两壁上刻关、张像，作等门将，英姿猛气，飒爽如生。入第二门，扁曰'西拱神京'。行数百武，有独乐寺"。

2 瞽目，怒目。

3 "细"读"绸 chóu"，雷纹粗绸。

4 "胫"读"静 jìng"，小腿。

5 "帻"读"责 zé"，头巾。

6 原稿"拂"有误，当为"佛"字。

7 "槩"同"概"。

8 "相"通"像"。

9 "龛"读"勘 kān"，小窟，小屋。

10 细君，古代妻子、妾的代称。《汉书·东方朔传》："归遗细君，又何仁也"。 朝鲜文人柳希春（1513—1577）《眉岩集》卷六《日记（戊辰）》（1568）于二十九日载："细君率女发潭阳也"。

11 青莲，李白。李白自号"青莲居士"。

12 金粟的本来含义是指钱与米，此处"粟"通"塑"。金粟就是"金塑"。

朝发蓟州

蓟州有崆峒山[1]，即黄帝见广成[2]处。登层阁四望，众山环绕，不能指的[3]其何处。

从城南门出，而入城时则西门也。扁曰"西拱神京"。城有二重瓮城，而西、南门皆如是。城中石牌楼相望，皆屃赑[4]剥蚀。独两石柱岿然[5]。是皇明名臣、大司成、国子监祭酒成宪[6]牌楼，系是嘉靖[7]间所立，而字刻尚宛然可辨。

遂出城而南。野中土墩累累，高或过数丈。问，是古战场埋骨处。

马骄双毂[8]滑，鸟断四山空。

远树冥蒙白，晨天荡漾红。

春寒犹野雪，程阔又江风。

胜览诗囊富，行将诧[9]海东。[10]

1 朝鲜文人李宜显《陶谷集卷二十九·庚子燕行杂识》（燕行时间为1720年）记述说："（蓟）州城之北有山，曰'府君山'，即古所谓'崆峒山'"。现今蓟县县城内有府君像。

2 广成即广成子，相传他在崆峒山石洞中居住，活了1，200岁。黄帝曾去崆峒山拜见问道。《庄子 · 在宥》有该传说最早的文字记录。朝鲜使节多认为崆峒山就在今天津市蓟县。朝鲜文人崔岦（1539—1612）《简易集》卷六为其于1577、1581年出使大明的燕行诗集。其中《渔阳桥次韵》有“空同山即广成处”句。我国学者金振东等认为：“府君山又名崆峒山、无终山。位于城北，主峰302米”，并讲述了黄帝见广成子的故事。见金振东等编著《蓟州风物志》，第7、186—187页，天津古籍出版社，2006年版。但也有许多学者认为，黄帝是在甘肃平凉的崆峒山见的广成子。参见马陌上《黄帝的“崆峒”派武功》（《世界博览》2007年2月下，总第286期）一文的介绍。笔者以为 “崆峒山”也许是从平凉“搬”到蓟县来的山名，黄帝所乘“龙”是部落图腾，广成子所乘“鹤”也是部落图腾。“崆峒”读“空 kōng 同tóng”；“岦”读“力 lì”，通常与“岌”连用，山貌。

3 的，的确。

4“屃赑”读“细 xì必 bì”，碑座下的石龟。

5 岿然，高高挺立而十分稳固的样子。“岿”读“亏 kuī”。

6 成宪（1539—？），明朝文人。蓟州（今天津市蓟县）人，嘉靖四十四年乙丑（1565）进士，授庶吉士，为编修，后任两京国子监祭酒，曾参修国史。今存其文有《重修武庙记》、《修广福寺碑记》、《增修永济桥记》、《白马泉记》等。朝鲜文人许篈《荷谷先生朝天记》（燕行时间为明万历二年甲戌，1574）于八月初一日载，成宪于明隆庆二年戊辰（1568）出使朝鲜。朝鲜文人柳希春（1513—1577）《眉岩集》卷六《日记（戊辰）》（1568）十二日载：“则正使年三十一，副使年四十五”；同卷十三日载：“闻见则正使成宪容仪长大，质性宽厚，待人不见过失。一路下程礼送之物，或受给下人，或斟酌减受。酒量则不多不少，食性则海物、菜果、肥肉等物，随进随食。词章则学士之中最高，笔法则亦好。路上多有唱和。副使王玺，容仪短瘦，性行刚直，一遵礼法”。朝鲜文人金贵荣（1519—1593）《东园集》卷四《行状》、《墓志铭》说，成宪后为礼部尚书，二人曾在北京亲切会见。朝鲜文人尹根寿（1537—1616）《月汀漫笔》说：“成公己亥生，蓟州卫人，乙丑科。其后余于己丑年赴京，则成公以国子祭酒回家养病”。尹根寿来华时间为明万历十七年己丑（1589）。他所说成宪生年“己亥”即明嘉靖十八年己亥，1539年。朝鲜文人赵宪（1544—1592）《重峰集》卷四《拟上十六条疏 · 取人之方》：“成宪，丫头（丫头，婢妾之名）之子，而今为编修”。朝鲜文人李滉（1501—1570）《退溪集》卷四十二有《成（宪）王（玺）皇华集序》。另参见〔清〕于敏中等《日下旧闻考》卷一百十四，第1887页《京畿 · 明成宪白马泉记略》，北京古籍出版社，1981年版；曹婷婷《〈皇华集〉—中朝文化交往的历史见证》，北京大学韩国学研究中心编《韩国学论文集》第十二辑，北京大学出版社，2004年版。

7 嘉靖是明世宗的年号（1522—1566）。

8“轂”读“古 gǔ”，车轮的中心部分。

9“讫”通“驮”。

10 海东，指朝鲜。

渔阳桥[1]

桥有七虹门，而桥下水滚滚如大江，今则移向南岸流。故此桥在陆地上，无端一石路也。路隅有二石人，并肩参差而立，如面缚形人。或曰：此州属渔阳地，而禄山、贵妃，昔为乱阶[2]，罪大于唐家，故刻石像形，从而缚之，以谢千古之罪云。

自鳖山以后，见所谓“蓟门烟树”[3]。盖大野空蒙，天光地气，上下摇荡。往往见银海倾洞，一望无涯。

天坼[4]渔阳野气迷，桥门莽苍贯朝隮。[5]

飞湍激石如雷转，忽忆开元[6]动鼓声。

1 李海应一行来时经翠屏山、八里堡到渔阳桥（一名东五里桥）。今蓟县县城正南东河套的位置，与原稿“八里堡三里”的记述比较接近，那里当即是“渔阳桥”。《水浒传》第四十五回描绘杨雄与石秀在蓟州活动时，多提“州桥”，当即以此桥为原型。朝鲜文人尹根寿（1537—1616）《月汀集·月汀朝天录》之《渔阳桥》有小注：“一名禄山桥”。

2 乱阶，祸端，祸根。《诗·小雅·节南山之什·巧言》：“无拳无勇，职为乱阶”。

3“蓟门烟树”来中国的朝鲜文人特别喜欢的景致之一。但对其位置的说法不一。原稿就出现了两种说法。一种是在今天津市蓟县，一说是在北京。按照李海应的说法，北京的“蓟门烟树”在“德胜门外土城关”。参见原稿卷五《皇都八景》。

4“坼”读“撤 chè”，裂开。

5“隮”读“机 jī”，升起。

6 开元是唐玄宗的年号（713—741）。

枯树岭[1]

行至枯树店望北，两山间有所谓枯树者[2]。其高才数丈余，枝条不长。世传此树枯死，不花不叶。若有真人起，然后枯树复华。时方隆冬，万木皆凋，见之不足为异，而春夏之间，亦然云。

或曰：蜀人尝过此，叹异之曰，“吾行天下，惟蜀中与此地见之云”。余欲辨其真赝[3]，遂与景博[4]驰至岭上。独树孤立，昂然不长。试攀折一枝而观之。盖此树不可曰“枯”，亦不可曰“不枯”。其木理彷佛[5]山梨，而大抵累百年相传者也。

店名有大小之别，而非别有大小枯树也。

过此而有枣，累千树，密密成林。上下一村，隐映于枣林之间。

夕至玉田，雪犹不止。

孤云漠漠雪霏霏，独树扶疏岭路迷。

一种春光移在手，马头斜日折枝归。

1 现今河北省玉田县有“孤树镇”，在102国道103公里处，离蓟县很近。笔者与拙荆于2009年2月3日驾车经过该镇，欲寻孤树所在。两山还在，但似乎都是施工工地。

2 来中国的朝鲜文人多记录此树，对使节团的朝鲜文人来说，该树已成了地标性植物。

3 真赝，真假。“赝”读“咽 yàn”。

4 景博即原稿作者的好朋友、朝鲜文人李光文。李光文（1778—1838），字景博，号小华，本贯牛峰。后出任吏曹判书、大司宪等职。李光文参见了此次燕行。

5“彷佛”即“仿佛”。

初六日丙寅[1]，阴。沙流河[2]四十里，民人王姓家午餐。丰润四十里，民人王姓家宿。

1 这一天是1804年3月17日。

2 沙流河，即现今唐山市丰润区“沙流河镇”，在102国道沿线。

龙飞塔

塔在丰润南关外玉皇庙中，庙貌甚草草。中安玉皇塑像，屋背有盈尺小塔，以莲花金叶奉塔身。其小如矛头之饰，上刻云龙，有头角[1]，而其东南缺一角。按《日下录》[2]：元时建塔，塔有六角，刻一龙。皇明成化[3]中，其东南角龙乘雨飞去云。此是六角之无其一者也。

青山高出浅溪流，古庙无人白日幽。

龙去千年犹有迹，彩云栖在塔东头。

1 原稿此处有误，句前疑有脱字。

2 原稿此处有误，《日下录》似乎是《日下旧闻》之误。明人朱彝尊《日下旧闻》后被清朝文人于敏中等扩展为《日下旧闻考》。于敏中书中讲述了龙飞的故事，但说的是丰润的玉皇阁。见〔清〕于敏中等《日下旧闻考》卷一百四十四，第2317页，北京古籍出版社，1981年版。

3 成化是明宪宗的年号（1465—1487）。

初七日丁卯[1]，晴。榛子店[2]五十里，民人王姓家午餐。沙河驿[3]五十里，民人刘姓家宿。

1 这一天是1804年3月18日。

2 榛子店现为河北省滦县榛子镇，在102国道176公里处。从1683年开始，这里就因为“季文兰诗”而被朝鲜文人所熟知。参见原稿卷二“癸亥十二月二十一日”记述。明人叶子奇《草木子》则记录了蒙古骑兵的暴行。书中说，至元十三年丙子（1276）蒙古军进攻至天台时，一千户杀美貌王氏之夫及姑舅，掠往北行。王氏于石上血书“君王无道妾当灾，弃女抛儿逐马来”一诗后自尽。见〔明〕叶子奇《草木子》，第75页，中华书局，1959年版。

3 沙河驿地名至今未改，在102国道197公里处。

承安桥

一名“青龙桥”[1]。桥多颓圮[2]，方聚人重筑。桥边设一幕，有丁徒十余辈，持一卷册，求钱于行人，将欲聚钱成桥也。桥傍[3]建一十丈旗，书曰“募化重修承安桥”。过此多有随力出钱者。盖如我国之禅家施主例也。

七家岭路隅立石，题曰“滦州[4]正界”。自此为滦州界，而热河一名“滦河”。热河之路，至此两分。

未至宿站五里许，土皆赤埴[5]。路傍[6]有庙，而四壁涂红粉，名之曰“红庙”。

水坼[7]青龙一派回，古桥重筑石栏开。

行人橐[8]里青蚨叶[9]，共掷旗亭积小堆。

1 现今“京沈高速公路”上还有青龙桥。桥在榛子店东，其北有青龙满族自治县。朝鲜文人多记载此处附近有红庙。按原稿的说法，这里是去北京与去热河（今河北承德）的分岔口。

2 “圮”读“匹 pǐ”，崩塌。

3 “傍”通“旁”。

4 滦州，现河北省滦县。

5 “埴”读“植 zhí”，黏土。

6 “傍”通“旁”。

7 “坼”读“撤 chè”，裂开。

8 “橐”读“驼 tuó”，行囊。

9 青蚨叶，铜钱。“蚨”读“志 zhì”。

初八日戊辰[1]，阴。夷齐庙四十里午餐，永平府[2]二十里史氏家宿。

1 这一天是1804年3月19日。

2 永平府治在今河北省卢龙县卢龙镇。“永平八景”有阳山列屏、虎头唤渡、雪岛闻钟、钓台月白、孤竹风清、千松叠翠、万柳含烟、漆流玉带。参见〔清〕唐执玉、李卫等《畿辅通志》收明朝文人陈循《永平府城楼记》。见该书卷九十八，文渊阁四库全书本；〔清〕和珅等《钦定大清一统志》卷十三《永平府图》，文渊阁四库全书本。

清圣庙[1]

侵晨而发，至野鸡坨[2]，逶迤[3]东北行。所过村落静僻，颇有山野意。

约行二十里，北望十里间，有白塔高出山顶，似是佛宇所在也。过一短阜，地势开爽。南有一山阧立，世传为“首阳山”[4]。山高不过十数丈，濯濯然[5]无一草一木。循山趾而北行，望见数里外，松林郁然。至则有石甃[6]小城，其制甚古。中设出入之门，架石为虹门，楣刻“贤人旧里”四字，又题其上曰“孤竹[7]城”。嘉靖[8]间章丘杨选[9]笔。

入城百余步，夷齐庙在其中。前有牌楼，扁曰“敕[10]赐清节庙”，万历甲子[11]李顺[12]书。牌楼南设土墙，墙面书“清风百代”四字，字画大如股。即崇祯癸未[13]陈泰来[14]书，而“风”字则墙颓几不见字样。其旁有永平守孔继炘[15]笔，而题其碑曰“叡[16]圣遗墟”，又以细楷[17]书题其右曰“吾祖称贤，孟尊曰圣。圣也贤也，天伦父命。纲常千古，风节何劲！想象遗墟，陇蒲莫定[18]。维兹肥如[19]，为我皇敬”。乾隆壬子[20]所竖也。又于门左右，各立一碑。左则“忠臣孝子”，右则“到今称圣”。左是陈泰来笔，右是李顺笔。牌门之内，又设东西牌门。东曰“天地纲常”，西曰“古今师范”。外门之内，又有一门，揭“清风可挹”[21]四字。

有小楼于门上，以乌石嵌壁，而刻记文。略曰：宋真宗大中祥符[22]，致祭于二君。元至元[23]追封伯夷为“照义清惠公”、叔齐[24]为“崇让仁惠公”。

外门内有东西两碑。在西者，永平知县[25]王玺[26]钦奏致祭文碑，即皇明成化[27]间也。东则康熙乙巳[28]重建之碑。

又有一门，于门内门廊立三碑，而一则刻孔子曰“不降其志，不辱其身”一章也；一则孟子曰“伯夷叔齐，圣之清者”一章也；一则曾子曰“伯夷叔齐，死于沟浍[29]之间。其仁成名于天下。夫二子者，居河济之间。非有土地之厚，货粟之富也。言为文章，行为表缀于天下”一章也。

过碑屋而有正殿。自碑楼至此，可百数步。殿内设一龛[30]，扁曰“古之贤人”，即乾隆笔。有两塑像，并肩而坐，东夷西齐，而其像酷相类，但伯像差瘦劲。俱戴冕[31]，被衮[32]捧笏，而俱王者仪。

盖殷曰“冔”[33]，周曰“冕”，夷齐之不冔而冕，抑未知其故也。[34]

壁嵌石刻二处，亦乾隆诗也。东是癸亥[35]所作。诗曰：

轩冕涂泥是本肠，肯容儒雅污冠裳？

薇苓[36]依旧西山岵[37]，顽懦羞登夫子堂。

只为心惭踪异武，敢将口实罪归汤？

岂争陇右[38]还蒲左[39]，天下清风尽首阳。

西是甲戌[40]所作。诗曰：

得圣之清孰与齐，首山道便此凭隮。[41]

为传公信及公达，底较辽西复陇西？

何事宋朝锡圭冕[42]，可知夫子视涂泥。

史迁[43]慨羡青云士，未识浮名本稗稊。[44]

盖庙南之名“首阳山”者，未可必信，故有“蒲左、陇西”之句。

世传孤竹城，即孤竹国[45]建都之地。夫伯夷、叔齐[46]义不食周粟，以饿死为自靖[47]之道。则奉身逃隐，犹恐不深，何必复归于已让之国都也哉？且况季[48]为国君，坐视二兄之饿死，而若是恝[49]乎？是山之非首阳，不待辨说而明矣。[50]

龛[51]前设香炉及花瓶二座，壁揭和亲王[52]二诗。庭立元、明、清时七碑。顺治丙戌[53]石镇国[54]所撰碑文。略曰：庙有膏腴[55]五十六亩。嘉靖[56]间，少司马张玭[57]，前任永平，捐捧锾[58]而设置者也。

庙北临江[59]之岸，石窟小如螺壳。有弇州[60]王世祯[61]《吊伯夷赋》一篇，刻在窟中云，而径路捱仄[62]，不得就见。

庙后有一寺，寺供金佛百数，遂入此午炊。有薇蕨为菜、为羹。使行之入此食蕨[63]，便作年例。年前，一使行厨房阙蕨薇焉。使臣杖其厨子，厨子出而哭曰：死便死矣。胡为采薇而食之？千载下，使我至此云。语极绝倒。[64]

饭讫，入行宫诸室。复房叠楹[65]，今皆颓落。庭有大湖石作假山，而亦多崩圮[66]。或有铁钉之合缝石罅[67]者，中折而头碎。古所称“揖逊堂”、“斋明门”等处，不可寻矣。

从阁道而上清风台。台前庙后，而面刻“清风台”三字，规制尚见其忒奇。松桧[68]荫映于庭。卧榻门格，皆用沈檀枏木[69]，刻镂精巧，但恨旷废，无足观。庙基之北，陡然枕于河。河即滦河也。沿水设回栏，因势曲折，为百余间架。河弯曲如月，环于其下。涵渟[70]泂澈[71]，左右照映。

周览讫，遂从城左门出。门扁曰“仁宅义路”。舟渡滦河，河边巨石，盘陀可坐。有一岸在两派[72]分流之间，自成一小岛，与清风台对峙。其下绝壁崭然，上下皆有石矶。北望百里间，远山重叠，横亘[73]长城隐约可见。至此登登[74]山水楼台，更添一层之。[75]

孤竹君[76]庙在岸上，庙貌亦荒凉。塑像独立，面如灰青，须眉如雪。衮冕之服[77]如二君，而前立一木牌，书曰“孤竹君庙”。就见之，即一迂疏丈夫也。[78]

永平之双子山，有孤竹长君[79]墓，团子山有次君[80]墓，马鞭山有少君[81]墓云。

荒台遗庙雨如丝，缅想雷阳食薇时。

之子有心终秉义，为邦无计更扶危。

难攀高节苍山屹，欲挹[82]清风老木悲。

愧杀东邦皮币[83]使，一鞭归过古今支。

1 清圣庙，即夷齐庙。原在永平府城内，明景泰五年甲戌（1454）知府张茂改建于现今河北省滦县油榨镇附近的北营村。后多次被毁，解放后全部拆毁。笔者与拙荆于2009年2月14日驾车经过时，从范庄往北到达北营村，在侯庄一老人帮助下找到了夷齐庙故址，并与老人合影留念。夷齐庙遗址所在地现为一乡镇企业，其院西即为河道。另参见〔清〕唐执玉、李卫 等《畿辅通志》卷四十九《清节庙》，文渊阁四库全书本。

2 野鸡坨现为“野鸡坨镇”，在102国道沿线。

3“逶迤”读“微 wēi姨 yí”，形容山路弯弯，拐来拐去。

4 公元前1046年周武王灭商后，伯夷与叔齐不肯食周粟，饿死在首阳山。但首阳山的位置历来聚讼纷纭，一说在今河北省滦县，一说首阳山在今山西永济县西南，一说在陇西，一说在辽左，一说在洛阳东南。朝鲜文人洪良浩（1724—1802）《耳溪集》卷十三《滦河清节祠记》说，朝鲜海州东面也有一个首阳山。洪氏认为，箕子奔朝鲜，必过孤竹国，而此时的中子已经臣服于周朝。所以，伯夷、叔齐兄弟能够追随箕子到朝鲜。他还引用唐朝文人李渤的说法，认为伯夷、叔齐就是在朝鲜海州的首阳山饿死的。朝鲜文人徐命膺（1716—1787）《保晚斋集》卷十一《首阳山碑》也坚定相信朝鲜的首阳山才是伯夷、叔齐守节之地。另参见朝鲜文人古山子《大东地志》卷九《海州 · 清圣庙》；朝鲜文献《新增东国舆地胜览》卷四十三《海州牧 · 孤竹》。笔者认为，洪、徐二氏的说法显然不对，伯夷、叔齐不肯食周粟，到了朝鲜就可以正常的吃饭了，也就没有必要采薇，更不会饿死了。

5 濯濯然，清新、明净的样子。“濯”读“卓 zhuó”。

6 “甃”读“咒 zhòu”，砖砌。

7 孤竹，商汤所封的诸侯国之一，在今河北卢龙至辽宁朝阳一带。

8 嘉靖是明世宗的年号（1522—1566）。朝鲜文人权橃《冲斋集》卷七《朝天录》（燕行时间为1539年）记载，他们是十月十二日经过夷齐庙的。

9 杨选（？—1563），明朝文人，字以公，章丘人。明嘉靖二十三年（1544）进士。历任易州兵备副使、辽阳总督、蓟辽总督、兵部左侍郎。与蒙古朵颜部发生冲突后，刚愎自用。蒙古军大举进攻京城，杨选战败，被处斩。《明史》卷二百四（列传九十二）有传。

10 “敕”读“赤 chì”，皇命。

11 原稿“万历甲子”有误，当是“万历甲午”，1594年。

12 李顺（？），明朝文人。曾为简河臣，其余未详。

13 崇祯癸未，明崇祯十六年癸未（1643）。

14 陈泰来（？—1645），明朝文人，字刚长，新昌人。崇祯四年（1631）年进士，后为宣城知县、户科给事中。崇祯死后，先后归福王、唐王，誓死抗清，后被清军所杀。参见〔清〕舒赫德、于敏中等《钦定胜朝殉节诸臣录》卷三，文渊阁四库全书本。

15 孔继炘（？），清朝文人，山东曲阜人，孔子后裔。乾隆年间曾任永平、丽江知府。参见原稿卷一《鸣远楼》的记载。“炘”读“新 xīn”。火焰茂盛的样子。

16 “叡”通“睿”。

17 “楮”读“储 chǔ”，树的一种，皮可以造纸，也用来指代纸张。参见〔清〕鄂尔泰、张廷玉等《钦定授时通考》卷六十七“楮”，文渊阁四库全书本。

18 陇蒲，甘肃与山西。这句的意思是，首阳山到底在甘肃还是山西，或者是别的地方，至今也没有定论。

19 肥如，肥沃（的土地）。

20 乾隆壬子，1792年。

21 “挹”读“义 yì”，舀、收取。

22 “大中祥符”是北宋真宗的年号，1006—1010年。

23 “至元”是元世祖的年号（1279—1294）。

24 伯夷、叔齐，商朝末年人。孤竹国君二子。周武王于公元前1046年灭商以后，怀恋商朝，不吃周朝之粮。一同饿死在首阳山。后人称颂他们有气节。《史记》有《伯夷列传》。后世文人们把兄弟二人合称为“夷齐”。古代朝鲜也多有寺观祭祀他们。

25 原稿“永平知县”有误，王玺乃永平知府。

26 王玺（？），明朝文人，永平府知府。《明实录》附录十《明宪宗宝训》记载：“成化九年九月丙午，永平府知府王玺奏：伯夷、叔齐庙在府境内，洪武中有司春秋致祭，景泰中始废。今已重建”。

27 成化是明宪宗的年号（1465—1487）。此处所指，当即明成化九年癸巳（1473）王玺上奏夷齐庙重修事。

28 清康熙四年乙巳，1665年。“巳”读“四sì”。

29 “浍”读“快kuài”，排水沟。

30 “龛”读“勘kān”，小窟，小屋。

31 冕是古代帝王礼冠。“冕”读“免miǎn”。

32 衮，古代帝王与上公的礼服。“衮”读“滚gǔn”。

33 “冔”读“徐xú”，商朝的一种帽子。

34 参见原稿癸亥十一月二日《仁贤书院》。朝鲜王朝的夷齐祭祀是很讲究的，来华的朝鲜文人经常说，那里保存了比较完整的箕子文化传统。

35 “癸亥”此处指清乾隆八年，1743年。

36 薇苓即蕨薇。伯夷与叔齐不肯食周粟，饿死在首阳山之前，采集这类植物来充饥。参见潘富俊著，吕胜由摄影《诗经植物图鉴》，第36、38页，上海书店出版社，2003年版。

37 “岵”读“户hù”，多草木之山。

38 陇右，陇山之西，即今甘肃。这里是指甘肃省渭源县莲峰乡享堂沟首阳山。渭源在秦朝为“首阳县”。那里有首阳双冢。

39 蒲左，在今山西。春秋时晋国有蒲地，后来此地设蒲州。清朝文人姚元之《竹叶亭杂记》卷三对蒲州首阳山的夷齐庙有详细记载。见〔清〕赵翼原著，李解民点校《檐曝杂记》、〔清〕姚元之原著，李解民点校《竹叶亭杂记》，第74页，中华书局，1982年版。

40 “甲戌”此处指清乾隆十九年，1754年。

41 “隮”读“基jī”。登上。

42 冕是西周帝王礼冠。“冕”读“免miǎn”。

43 史迁，司马迁。

44 “稗稊”读“败bài提tí”，皆属于稗草类的植物。古人把它们看作是微不足道、有害的东西。

45 孤竹，商汤所封诸侯国之一，在今河北卢龙至辽宁朝阳一带。

46 伯夷（？），商朝末年人。孤竹国君之子。周武王灭商以后，不食周粟，与弟弟叔齐饿死在首阳山。

47 安静、平和。

48 况季（？）与伯夷、叔齐是三兄弟。伯夷、叔齐不肯做孤竹国的国君，于是他被立为新君。《史记·伯夷列传》说：“国人立其中子”。《路史·国名记》说，孤竹国的新君名为“冯（凭）”。《列子·汤问》认为新君的字是“公望”。

49“恝”读“夹jiá”，不经心、不关心。

50 乾隆皇帝“底较辽西复陇西”诗句说明，清朝文人就已经为首阳山到底在辽宁、河北、山西还是在甘肃争论不休了。2007年8月，山西晋城市陵川县棋子山为纪念箕子在此发明了围棋而为之塑像。陵川县离河南省河北省都很近。也许，辽宁的“首阳”是从河北抄来的，河北的“首阳”是从山西抄来的，山西的“首阳”是从甘肃抄来的。商朝以前国人“名”的概念，与后代有很大的出入。当时没有“旅游”的概念，唯一的长途旅行是全民族迁徙。一旦为某个山川命名，则这几个字往往会在其他不熟悉的地方再次出现。这与美国人的“纽约”（New York的原义是“新约克”，约克是英国英格兰北部的一地名）还不一样，而与美国宾州的约克市、澳大利亚的约克角有些类似，都是取名的人在不熟悉的新家园里用了老家的地名。

51“龛”读“勘kān”，小窟，小屋。

52 和亲王即清雍正皇帝第五子弘昼（1711—1770），他是乾隆皇帝的弟弟。

53 清顺治三年丙戌，1646年。

54 原稿“石镇国”疑为“石镇海”。石镇海即清朝初年著名将军石廷柱。石廷柱（1599—1661），辽东人，本女真瓜里佳氏，明朝时为广宁镇守，后投降后金军。带兵征战有大功，顺治十三年（1656）被封为“镇海将军”。

55“膏腴”读“高gāo鱼yú”，肥沃（的土地）。

56 嘉靖是明世宗的年号（1522—1566）。

57“玭”读“贫pín”，珍珠。

58 捧锾就是俸禄，官员的薪水。“锾”读“环huán”，货币，钱。

59 原稿“江”有误，当为“河”字。此处即滦河，见本节下文。

60 弇州，兖州。“弇”读“眼yǎn”。

61 王世祯即王世贞。王世贞（1526—1590），明朝文人，字元美，号凤洲、兖州山人，江苏太仓人，嘉靖二十六年（1547）进士。王世贞乃著名的“后七子”领袖人物，历任刑部郎中、山西按察使、南京兵部尚书等，曾受张居正排挤。

62 挃仄，狭窄。

63 朝鲜文人金贵荣《东园集》（1519—1593）卷一《咏蕨》云：“一味倾珍人，夷齐底事饥？”

64 此故事在各朝鲜使节团中流传甚广。绝倒，前仰后合地大笑。清人赵翼（1727—1814）《陔馀丛考》卷二十二：“今人遇事之可笑者，每云绝倒”。

65“楹”读“迎yíng”，厅堂最靠外的木柱。

66“圮”读“匹pǐ”，崩塌。

67 石罅，石缝。“罅”读“下 xià”。

68“桧”读“贵 guì”，圆柏。是一种能散发幽幽香气的树。

69 沈檀枏木即沉香木、檀木、楠木。都是贵重的木材。“枏”同“楠”。

70 涵滀，积蓄的水。“滀”读“处 chù”，蓄积的水。

71 泂澈，深广清澈。“泂”读“炯 jiǒng”。

72 派，支流。

73“亘”读“艮 gèn”，横贯。

74 原稿此处有误，“登”字可删。

75 原稿此处有误，疑缺一“妙”字。

76 孤竹，商汤所封的诸侯国之一，在今河北卢龙至辽宁朝阳一带。孤竹君是该诸侯国的君主，姓墨胎。

77 衮衣和冕是古代帝王与上公的礼服和礼冠。“衮”读“滚 gǔn”；“冕”读“免 miǎn”。

78 原稿作者李海应对孤竹君颇不敬，可见他不是官员，而是朝鲜一般的文人。

79 长君，即伯夷。光绪二年重修的《永平府志》对长君山、次君山和少君山有详细记述。

80 次君是长君的弟弟。这里指孤竹君的第二个儿子。伯夷、叔齐皆不肯继承父亲的君位，次君乃立。《史记·伯夷列传》说：“国人立其中子”。《路史·国名记》说，孤竹国的新君名为“冯（凭）”。《列子·汤问》等则记载他的字是“公望”。

81 少君，即叔齐。他是孤竹君的小儿子。次君和少君的墓葬，据说是汉灵帝时辽西太守廉翻所建。参见〔清〕厉鹗《辽史拾遗》卷十四，文渊阁四库全书本。

82“挹”读“义 yì”，舀。

83 皮币即用皮子充作岁币。高丽与朝鲜王朝经常进贡虎皮，所以原稿这样说。

射虎石[1]

自滦河发，行至青龙河。永平府城，西北枕流。此河足为府城之濠。

从桥而行，又西行五里许，为见射虎石，沿河而下。有一碣立洞口，即清襄敏蔡公[2]神道碑。遂入洞，而行数三帿[3]，山阜宛转，下竖一碑，刻曰“汉飞将军射虎处”。[4]

康熙壬戌[5]，命绥远将军蔡毓荣[6]重建。毓荣莫是襄敏耶？[7]

当碑前下马，忽抬头流眄[8]，则山腰有白虎，转头贴腹，弩目[9]而视下，其全身则太半隐伏于莎土[10]间。诸人皆肃然而恐，定睛更视之，石也。此是李将军所射之石，而以虎视之，则殆过七分之肖矣。仍溯想千载，当将军醉猎之时，月色荒凉，林路熹微[11]。负隅一物，若将向人而咆哮，无怪将军之以石为虎也。以将军格虎之勇，安得不抽矢一发乎？

余遂上山，寻石头没镞[12]处。盖苍苔剥面，枯莎缠身，不可得以详，而物状之彷佛[13]得名者，莫此若焉。古称“阴山射虎”，此无乃阴山地耶？或以射虎处，称“虎头站”。

苍鳞白额孰真非，异事阴山射虎归。

想象将军凭醉路，黑林中夜月熹微。

1 此为李海应对永平八景之一“虎头唤渡”的记述。

2 “襄敏蔡公”即清初文人蔡士英。蔡士英（？—1674），字伯彦，号魁吾，宁远卫人。1642年随祖大寿降清，被编为正白旗汉军。后官至江西巡抚、漕运总督、兵部尚书。谥“襄敏”。〔清〕徐珂《清稗类钞》之《屯漕类》云：“蔡襄敏除漕弊漕政之坏，在顺治初年吴惟华、沈文奎二督时”。参见陈寅恪《柳如是别传》，第五章《复明运动》，上海古籍出版社，1980年版。

3 “帿”读“侯 hóu”，箭靶。

4 此即汉将李广射石处。李广（？—前119），汉将军，曾任右北平太守。

5 清康熙二十一年壬戌，1682年。

6 蔡毓荣（？—1699），清朝文人。祖籍宁远卫，字仁庵，蔡士英（襄敏）次子。康熙时历任兵部侍郎、湖广总督、云贵总督。平定三藩之乱时为绥远将军。但因收吴三桂女眷而获罪。参见陈寅恪《柳如是别传》，第五章《复明运动》，上海古籍出版社，1980年版。

7 原稿本句有误。“襄敏”乃蔡毓荣之父蔡士英。蔡士英（？—1674），字伯彦，号魁吾，宁远卫人。1642年随祖大寿降清，被编为正白旗汉军。后官至江西巡抚、漕运总督、兵部尚书。谥“襄敏”。

8 流眄，四处看。“眄”读“缅 miǎn”。

9 弩目，怒目。

10 莎土，草与土。“莎”读“唆 suō”，香附子，是一种草。

11 熹微，微明。似乎看得见（路），又似乎看不见的样子。

12 “镞”读“卒 zú”，箭头。

13 “彷佛”即“仿佛”。

滦台寺

寺在龙王庙之东岸，而为“永平八景”[1]之一也。入其寺，壁圮[2]栋折，东颓西倾。寺中百数佛像，亦皆断头折肱[3]，芒然可怕。

庭有《东岳庙记》、《地藏庵记》等碑，即万历[4]、成化[5]、嘉靖[6]、康熙[7]间所立也。但眼界辽阔，滦河、首阳，左右环峙。永平城台之胜，皆在目中。又有平田累千顷，铺在寺岸下。疆场畇畇[8]，一望无边幅。重以夕阳横照，淡霭微收，历历如画图间。

青龙河边有小构，即阅武所也。胡人[9]百十为群，手弓腰矢，分队较射。问之，则明日府尹将试艺，故赴试者前期私习云，而观其射法，则满弦发矢，远不过数十步。北人[10]善射云者，参之所见，大相径庭矣。[11]

青龙河阔石为台，古寺高临野景开。

断头折臂千躯[12]佛，阅尽风轮万劫回。

1“永平八景”分别是阳山列屏、虎头唤渡、雪岛闻钟、钓台月白、孤竹风清、千松叠翠、万柳含烟、漆流玉带。

2“圮”读“匹pǐ”，崩塌。

3“肱”读“工gōng”，手臂，胳膊。

4 万历是明神宗的年号（1573—1620）。

5 成化是明宪宗的年号（1465—1487）。

6 嘉靖是明世宗的年号（1522—1566）。

7 康熙是清圣祖的年号（1662—1722）。

8 畇畇，田地十分平整的样子。“畇”读“云yún”。

9 胡人，指满族人。清朝规定所有满族男子都属军籍，要经常训练。但至嘉庆年间，升平日久，满族军队的战斗力已远不如清初。现代中、韩、日三国分别重“样子”、“面子”和“骨子”的格局至此已经形成？

10 北人，满族人。

11 原稿作者李海应所见，是八旗子弟的射击训练。他们的射技与当年的祖先已不可同日而语。

12 躯，（佛）像的量词。〔北魏·杨衒之《洛阳伽蓝记》：“中有丈八金像一躯，中长金像十躯,绣珠像三躯”。

初九日乙巳[1]，晴。背阴堡[2]四十三里，民人王姓家午餐。榆关[3]四十七里，民人韩姓家宿。

1 这一天是1804年3月20日。

2 “背阴堡”今名“背阴铺”，在102国道。

3 “榆关”今为“榆关镇”，离抚宁县城很近。在102国道270公里处。

义冢[1]

渡羊河未半，有流丐十数儿，叩头路左，乞得一文钱。使马头[2]辈，括囊钱分给。行宫侧有扁“留养局”之室，此是流丐留养处。面垢鹑结[3]者，聚坐门首。或曲肱而睡，或解衣而扪[4]虱，若群猪之聚圈。[5]

过无宁县[6]五里许，路傍[7]有一荒坟，高大视他坟倍之。立短碣而大书“义冢”二字。问之，则流丐死后，无地可埋，故本官设义冢云。

尔生空箪[8]瓢，尔死填沟壑。

意气何男子，掩骸捐金橐。[9]

大冢高于山，游魂住冥漠。

百年香火扫，旷原春寂寞。

日昏噪饥□[10]，草深捿[11]雏雀。

行人为一吊，有诗愁无酌。

1 抚宁县义冢在县城东片石山路东，是清康熙二十一年壬戌（1682）抚宁县知县赵端设立的。参见〔清〕张上和修、〔清〕史梦兰纂《（光绪）抚宁县志》卷二《义冢》，续修四库全书本。

2 马头，朝鲜使节的随行人员。朝鲜文人朴趾源《热河日记》于“六月二十六日”记述了马头得龙，说他十四岁出入燕京，至今三十余次，最善华语；“七月初八日”：“泰卜者，郑进士马头也”。

3“鹑结”即“鹑衣百结”之意。形容衣服破烂。“鹑”读“纯 chún”。

4“扪”读“门 mén”，摸。

5 永平府的乞丐群里有朝鲜人，所以原稿作者李海应才会“括囊钱分给”，其诗里“行人为一吊”的句子，也是旁证。1881年来中国的朝鲜领选使金允植说：“十四日，晴。鸡初鸣发行，至十五里，地名十八里堡，古庐龙塞也。二十里永平府打点。古之右北平，亦东边雄府也……还出城外，有贫民留养之局，分男女异所。傍竖一碑。前太守游智开捐廉银，属县皆损（捐。原注）助。存本收殖，以为养贫之资。两国男女数十人，皆乞丐之徒，衣裳褴褛，负墩而坐。”见[韩]金允植《阴晴史》上卷。

6 原稿“无宁县”有误，当为“抚宁县”。

7“傍”通“旁”。

8“箪”读“单 dān”，古代盛食物的竹器，圆形。

9“橐”读“驼 tuó”，行囊。

10 原稿此处有误，疑缺一“鸦”字。

11“捿”同“栖”。

次韵齐佩莲[1]

夕抵榆关[2]。主人即韩姓也。

其家重门复壁，萦绕幽深。所列器玩，皆光润耀眼。

榆关三里地，有恩选进士齐佩莲者，颇以文艺称。是夕来访于店舍，略与笔谈。叩其乡籍，则曰原江南溧阳[3]，明世袭指挥佥事[4]，寄居无宁[5]。为官者代不乏人。问榆关诸胜，则曰：离此三十里，有莲峰海市，是一美观。且一年蜃楼止一二次[6]。清晨瞬息之间，车马人物，变幻多端。

齐因袖出平日所著诗文一卷，而洪耳溪良浩[7]、曹尚书允大[8]使燕时，为之批评。跋篇之文，酬韵之诗，俱誊载一卷。拈卷中“扈”字韵，要余和赠。

春雨榆关强引扈[9]，忽逢高士展山眉。

抹月批风诗一部，胜地光怪积波斯。[10]

1 齐佩莲（？），清嘉庆朝文人，字君裳，山西人。原稿称其为“恩选进士”。朝鲜文人金正中《燕行录》（燕行时间为1791—1792年）于壬子二月初六日有对此人的记载。但按照李海应的记述，齐佩莲本江苏溧阳人，现居抚宁。

2“榆关”今为“榆关镇”。在102国道270公里处。

3 溧阳，今江苏省溧阳市。

4 指挥佥事，明朝京卫指挥使司官职名。从三品衔，协理禁中警卫部队。“佥”读“qiān”。

5 原稿“无宁”有误，当为“抚宁”。

6 其他来中国的朝鲜文人也记录过此处的海市蜃楼景观。朝鲜文人姜希孟（1424—1483）于世祖九年（明天顺七年癸未，1463）以进贺使出使中国，写有《公乐野市》一诗，描绘了他所见海市蜃楼，诗下还有详细注释。

7 洪良浩（1724—1802），朝鲜文人，字汉师，号耳溪，著名实学家。历任平安道观察使、判中枢府事、大提学。乾隆四十七年壬寅（1782）以冬至兼谢恩副使来华，与翰林戴衢亨有诗歌唱和。乾隆五十九年甲寅（1794）以冬至兼谢恩使正使来华，与礼部尚书纪昀、翰林李鼎元有诗歌唱和。有《耳溪散稿》、《耳溪文集》传世。其诗集和文集都由纪昀作序。近年由韩国民族文化促进会编辑出版的《耳溪集》（五十卷）卷六为《燕云纪行》，后附《华人题评》。《耳溪集》卷七为《燕云续咏》，内有《榆关秀才齐佩莲，曾于壬寅相识，今来迎候店舍，把酒叙阻，即席献诗。书以赠之》一诗。

8 曹尚书允大即朝鲜文人曹允大。曹允大（1748—1813），字士元，号东浦，本贯昌宁。1779年文科及第。朝鲜正祖八年（清乾隆四十九年甲辰，1784）为副校理，后任礼曹参议、成均馆大司成。1795年为司宪府大司宪，出任黄海道观察使。1800年为礼曹参判。1802

年为刑曹判书。朝鲜纯祖十二年（清嘉庆十七年壬申，1812）为出使中国的冬至正使。次年为判敦宁府事。原稿这里说曹允大是“尚书”，即指其时任刑曹判书。参见朝鲜文献《奎华名选》（辛丑编）卷之六。

9“卮”读“之zhī”，酒杯。

10 波斯，伊朗的古称。

初十日庚午[1]，晴。凤凰店三十五里，民人刘姓家午餐。红花店[2]三十七里，民人张姓家宿。

1 这一天是1804年3月21日，农历的“春分”。

2 红花店现名“红瓦店”，在今秦皇岛市北。

凤凰店[1]

自启关以后，路多泥泞。车辙所过，成一泥海，往往至尺余之深。

日候渐暄，路柳向嫩。又见村女三五登山，提筐而采青。

饥食松糕渴饮浆，市门朝日匝胡商。

等闲识得春风信，山路盈盈采女筐。

1 凤凰店在今秦皇岛北，离大里营很近。

十一日辛未[1]，晴。角山寺二十里午餐，澄海楼二十里少憩[2]，红花店[3]二十里还宿。

1 这一天是1804年3月22日。

2“憩”读“气qì”，休息。

3“红花店”现名“红瓦店”，在102国道沿线，秦皇岛市北环路和飞机场路交口附近。

角山[1]

朝循山海关城内，遂迤[2]而北上。角山即巫闾[3]余脉也。

山腰有一间亭，依山高起，曰“息步亭”。左右有石长凳，盖为登山者息步也。自此山蹊石径，回迂硗确。[4]

计至十许里，而有一寺在山顶之下。洞门小塔，隐映于疏林间。石墙周遭，依岩而建寺，即所谓“角山寺”也。扁外门曰“山门镇静”。内门有神将二人，各立左右，手执殳[5]剑，有愕然欲殴之意。正殿安大小金佛累十躯[6]。左右夹室，亦多神像。

西庭有小井，井傍[7]有短碣。书曰："万历甲戌[8]仲冬，余以兵侍[9]奉命犒师辽左，还入山海关。职方[10]穆山衰[11]君、宪副[12]长治宋君、宪佥[13]无锡张君邀登望海亭、角山寺，咸属奇观。因成近体诗。诗曰：

曾缘国计访蓬莱，（注曰：余巡抚山东时，有海运之役。后因登蓬莱阁，观日出云）劳捷还从碣石回。

东北两看沧海日，幽青一览角山台。

禹书风物古今变，文祖金汤天地开。

战胜筑关控要害，武宁经略亦雄哉。

真定鸣泉梁梦龙[14]题"。

殿庭立四碑，东是弘治[15]、万历[16]碑，西是康熙[17]间碑。

西翼廊有年少二人，寄住工课。问姓名年号，则一是刘克昌，号裕昆[18]，而年二十五；一是王延年，号祝堂[19]，而年二十六。问曰："所读何书？"曰："读科举之书，做科体诗文"。余因请一览，二秀才出赋与诗示之。其行文下字，颇颖慧可爱。

语讫，遂登山顶，是名"平山岭"也。关中台址，玩在掌股。北有一峰，石角巉嵒[20]，回纡如环屏。下有流泉，涓涓于沙石上。山顶之路，有一碑在榛莽[21]间，皇明萧显[22]、陈瓛[23]、萧鸣凤[24]等诸人山寺唱和之诗也。

复下寺朝炊。

千仞峰头独杖黎，漠然遥望揽青徐。[25]

市尘迢递[26]山房静，青妙诸生朗读书。

1 该地现今为"角山长城"。

2"迤"读"姨 yí"，地势斜着延展。

3 巫闾，医巫闾山。是我国东北三大名山之一。"医巫闾"是蒙古语"大山"的音译。

4 硗确，多石而坚硬的。"硗"读"敲 qiāo"。

5"殳"读"书 shū"，一种用竹木做成的武器，有棱无刃。

6 躯，（佛）像的量词。〔北魏〕杨衒之《洛阳伽蓝记》："中有丈八金像一躯，中长金像十躯，绣珠像三躯"。

7"傍"通"旁"。

8 万历甲戌，明万历二年甲戌（1574）。

9 兵侍，兵部侍郎。

10 职方，指兵部职方司的主管官员。职方司类似现代的总参谋部。

11 “裵”同“裴”。

12 宪副，副宪司。宪司是宋朝的官名，即后代的按察司。

13 宪佥，按察司佥事。

14 梁梦龙（?—1592），明朝文人，字乾吉，号鸣泉，真定（今河北正定）人。嘉靖三十二年癸丑（1553）进士，授职兵科给事中。因直谏被夺官。隆庆四年庚午（1570）为山东巡抚，后为河南巡抚。总督蓟、辽、保定军务。官至兵部尚书、吏部尚书。有《史要编》、《海运新考》传世。

15 弘治是明孝宗的年号（1488—1505）。

16 万历是明神宗的年号（1573—1620）。

17 康熙是清圣祖的年号（1662—1722）。

18 刘克昌（1780—？），清嘉庆朝文人，号裕昆。山海关人，秀才。

19 王延年（1779—？），清嘉庆朝文人，号祝堂。山海关人，秀才。

20 巉嵒，类似悬崖陡起的巨石。“巉嵒”读“谗chán言yán”。“嵒”同“岩”。

21 榛莽，纷乱丛杂的草木。

22 萧显（？），明朝文人。成化八年壬辰（1472）进士。曾任福建按察司佥事。相传山海关之“天下第一关”五字匾额是他所书。光绪四年戊寅（1878）修《临榆县志》云：“‘天下第一关’ 匾额相传明佥事萧显书”。朝鲜文人李德懋《青庄馆全书》卷六十《天下第一关》里，引用徐居正于明天顺四年庚辰（1460）出使中国时所做《用萧进士登山海关登楼韵》小注里的说法，认为萧显是辽宁人。朝鲜文人金克成（1474—1540）《忧亭集》卷三有燕行诗（1521年？）。其中《萧给事中显失鹤》小注云：“家在山海关，以善书闻”。

23 陈瓛（？），明朝文人，著名书法家。初名祖夔，字元瑞、季常，号增城。浙江海宁人。他是戏剧家陈与郊之子，与董其昌相友善。“瓛”读“环huán”，一种玉圭。此字多用于人名。

24 萧鸣凤（1488—1574），明朝文人，绍兴山阴人。正德九年甲戌（1514）进士。曾任御史副使、湖广兵备副使、湖广学政等。他是明朝著名作家徐渭的表姐夫。近年有学者以为他就是《金瓶梅》的作者“兰陵笑笑生”。参见香港《文汇报》2005年12月9日报道。

25 青徐，青州和徐州。

26 迢递，遥远的样子。

澄海楼[1]

自角山遂向望海亭，自此为二十里。

从山海关北门入，由南门出，直向至长城。

城尽处别筑三里之城，逦迤[2]与长城合。南有门而无谯。入其中，城制盖仿瓮城，而城内亦有人居。历石梯数十级，地皆铺甓[3]平旷，其高与长城齐，建层楼于其上，是所称“澄海楼”也。

楼旧名“望海亭”。结构崔嵬[4]，下临渤海。见天水一色，波涛汹涌，作霹雳声，洵[5]天下大观。楼上嵌左右壁，刻古体诗。右乾隆癸酉[6]由吉林还，与汪由敦[7]、刘纶[8]赓和[9]之诗。左则乾隆壬戌[10]自盛京[11]还，与张照[12]、梁侍正[13]联句。凡字画涉水部者，槩[14]不用。仿欧阳修咏雪禁体[15]也。下层，即乾隆丁酉[16]秋展谒祖陵还，与于敏中[17]、梁国治[18]赓和联句，及壬寅[19]秋自热河取道，命梁国治、董诰[20]赓和诗。皆苍健可诵。御制“城”字联句下，系以注曰：“秦时长城，入海里余。俗云四十里者，伪也。盖记实也”。壁左，又有陈廷敬[21]《观海歌》及康熙壬戌[22]孙在丰[23]古诗一篇，而系张皇[24]不可记。

坐楼上良久。

南出数十武[25]，又有乾隆诗二首刻于石，庇以阁。其一曰：

我有一勺水，泻为东沧溟。[26]

无古亦无今，不减亦不盈。

腊雪难为白，秋旻[27]差共青。

百川归茹纳，习坎维心亨。

却笑祖龙痴，鞭石求蓬瀛。[28]

谁能望天倪，与汝共濯清？

是癸亥[29]作也。

其一次前韵，曰：

拾级登岑楼，复此俯巨溟。

寒暑幻冬夏，日月浴亏盈。

界岙[30]一线金，际天合色青。

最钜[31]斯为绝，守信故永亨。

蹄涔[32]易致涸，注兹恒为瀛。

泾渭诚小哉，徒分浊与清。

是甲戌[33]作也。俱以御笔书之。

西北隅又有两碑[34]。一书“天开海岳”，一书“一勺之多”，背记越人刘永基[35]题。天启六年[36]海运同知河东王应预[37]立牌[38]，今剥落崚嶒[39]。然字画大如椽，至二百余年，而笔迹尚宛然。

又南行，从城窦出其外。此城尽处也。城头迤[40]入于海，海水舂撞沙石，啮其趾。是日风又大，天风海水，澳然[41]相遭，喷薄震荡，不可名状。盖以大石填海，筑城其上，名之曰“老龙头”。或云，徐达[42]守关时所建。

城之西，筑石为梯，为上下之阶。复遵海而行。过数帿[43]，有永佑寺，奉东海龙王神。长龛多藏新妆佛书。

还登[44]海楼。东望渺霭之际，石峰嵬峨[45]出水中。此是“燕蓟碣石”云。

乘月还红花店。

朝登角山颠，暮向渤海头。

重关城尽处，兀然临高楼。

青天浩无际，白日澹如流。

一勺沧溟[46]多，积气穹壤浮。

大风吹鼓浪，石激成泡沤。

一粟渺此身，三桑阅几秋。

城根半入水，铁坎沉沙洲。

望洋差可意，蹑栏聊凭眸。

直欲穷吾槎[47]，溯洄[48]青齐州。[49]

1 澄海楼在秦皇岛市山海关区。该楼在1900年八国联军进犯山海关时被烧毁，1987年重建。

2 “逦迤”读“里lǐ以yǐ”，屈曲相连貌。

3 “甓”读“屁pì”，用砖砌。

4 崔嵬，高大雄伟。“嵬”读“围wéi”。

5 “洵”读“寻xún”，诚然，确实。

6 清乾隆十八年癸酉，1753年。

7 汪由敦（1692—1758），清朝文人，字师茗，号谨堂、松泉居士，安徽休宁人，后改钱塘籍。雍正二年甲辰（1724）进士，官至吏部尚书、军机大臣，是著名书法家。参见〔清〕汪由敦《松泉集》之《原传》，文渊阁四库全书本。

8 刘纶（？），清朝文人，字春涵，号绳庵，武进人。乾隆元年丙辰（1736）以诸生被召试博学鸿词科，授编修。官至文渊阁大学士。有《绳庵内外集》传世。

9 赓和，唱和、赠答。“赓”读“耕gēng”。

10 清乾隆七年壬戌，1742年。

11 盛京，沈阳。

12 张照（1691—1745），清朝文人，著名书画家。字得天，号泾南，别号天瓶居士，华亭（今属上海）人。康熙四十八年己丑（1709）进士。官至刑部尚书。

13 原稿“梁侍正”有误，当即“梁诗正”。梁诗正（1697—1763），清朝文人。字养仲，号薌（芗）林，钱塘（今浙江杭州）人。雍正八年庚戌（1730）年探花。历任各部侍郎、尚书，官至东阁大学士，掌翰林院。

14“槩”同“概”。

15 禁体，中国古代诗体之一，在诗句中禁用某字。〔清〕赵翼《陔馀丛考》卷二十三《禁体诗》云：“禁体诗始于欧阳公。守汝阴日，因小雪会饮聚星堂赋诗，不得用玉、月、梨、梅、练、絮、白、舞、鹅、鹤等字，欧公所云‘脱遗前言笑尘杂，搜索高寒窥冥漠’者也”。

16 清乾隆四十二年丁酉，1777年。

17 于敏中（1714—1779），清朝文人，字叔子，号耐圃，金坛人。乾隆二年丁巳（1737）状元，历任翰林院修撰、山东学政、兵部侍郎、户部尚书、军机大臣。在内阁20年，交通内侍，广受贿赂。死后其子孙世职被剥夺。

18 梁国治（1723—1786），清朝文人，字阶平，号瑶峰。浙江会稽（今绍兴）人。乾隆十三年戊辰（1748）状元。历任安徽学政、吏部侍郎。因协助家人贪污事被革职，后重新起用。乾隆三十八年癸巳（1773），以湖南巡抚召入军机处，为军机行走。后为户部尚书。

19 壬寅即乾隆四十七年壬寅，1782年。

20 董诰（1740—1818），清朝文人，字雅伦。尚书董邦达之子。浙江富阳人。乾隆二十八年癸丑（1763）探花。官至户部尚书、军机大臣。善书画。

21 陈廷敬（1639—1712），清朝名臣，字子端，号说岩。泽州（今山西晋城）人。顺治十五年戊戌（1658）进士。历任户部侍郎、左都御史、工部尚书、吏部尚书、文渊阁大学士。一生好学，于文学、音乐等都有很深造诣。有《尊文堂集》等传世。

22 康熙壬戌，1682年。

23 孙在丰（1644—1689），清朝文人，字瞻，浙江德清人。康熙九年庚戌（1670）榜眼。历任翰林院编修、工部左侍郎、礼部侍郎、内阁学士。以总裁修《明史》。

24 张皇，慌忙、时间紧迫。

25 武，半步远。古人以六尺为“步”，半步为“武”。《国语·周语下》：“夫目之察度也,不过步武尺寸之间”。

26 来中国的朝鲜文人见乾隆“我有一勺水”句的人很多。

27“旻”读“民 mín”，秋天。

28 祖龙，秦始皇。〔宋〕李昉等《太平御览》卷七十三引《齐地记》：“旧说始皇以术召石，石自行，至今皆东首，隐轸似鞭挞痕”。

29 此处“癸亥”即清乾隆八年癸亥，1743年。

30 “岙（嶴）”读“奥ào”，山中深处。

31 “钜”同“巨”。

32 蹄涔，蹄迹积下的水。“涔”读“岑cén”。

33 此处“甲戌”即清乾隆十九年甲戌，1754年。

34 该地现只有“天开海岳”碑尚存。

35 刘永基（？），明朝文人。浙江山阴（今绍兴）人，万历四十四年（1616）进士。历任宜兴知县、陕西兵备佥事等。天启乙丑（1625）在山海关任内道。参见〔清〕陈天植等《山海关志》卷四。

36 天启六年，1626年。

37 王应预（？），明朝文人。曾任海运同知。其余不详。

38 原稿“牌”有误，当为“碑”字。

39 崚嶒，山高的样子。“崚嶒”读“零líng层céng”。

40 “迤”读“姨yí”，地势斜着延展。

41 澳然，水与土地相互接近的样子。澳，水边地。

42 徐达（1332—1385），明初名将，字天德。濠州（今安徽凤阳）人。大将军，魏国公。明洪武十四年辛酉（1381）在山海关建关设卫。

43 “帿”读“侯hóu”，箭靶。

44 原稿“登”有误，当为“澄”。

45 嵬峨，巍峨。

46 沧溟，这里是指无边的野景。

47 “槎”读“查chá”，木筏。

48 “洄”读“回huí”，逆流而上。

49 青齐州，青州与齐州。这里是指山东半岛。

十二日壬申[1]，晴。八里堡十六里，民人丑姓家宿。

1 这一天是1804年3月23日。

出关

私商车卜[1]，追后启程，且为泥路所阻。故昨日之留宿红花店，盖欲同出关之意，而今至两日，又难迟待。故先遣任译[2]，通于山海关副都统[3]，使之开门。三使相继而发行。

仍周览庙内。归路历登烟台[5]眺望，为飘风所触[6]，匆匆下来。

红澜荡潏[7]晓云迷，渤海东头眼更低。

忽睹光明新气像，扶桑[8]振起火乌[9]栖。

1 秋阳，此次出使中国的书状官徐长辅（1767—1830）。

2 “樽”读“尊 zūn”，一种盛酒器，后来用做祭祀的礼器。“罍”读“雷 léi”，一种用青铜或陶做成的礼器。是盛酒的容器。小口，广肩，深腹，圈足，有盖。

3 缬缬，很红的样子。“缬”读“斜 xié”，红晕。

4 古人多用“金盘”来形容太阳。

5 这里的“烟台”即烽火台。1875年，日本人曾根俊虎在此地游历时见到烟台并画了图，见[日] 曾根俊虎著，范建明译《北中国纪行 · 清国漫游志》，第50—53页，中华书局，2007年版。

6 为飘风所触，即民间所说“受风了”、“风拍着了”，通常的症状是皮肤上起鸡皮疙瘩、头晕。

7 “潏”读“玉 yù”，水涌出。

8 扶桑是传说中的神木，太阳栖息的地方。参见《山海经 · 海外东经》。

9 我国古代神话传说，太阳里有三足乌。文人因以“乌”为太阳的代称。韩国电视剧《朱蒙》描绘神女汝矣美，在其冥想中看到了太阳里的三足乌。

八里堡[1]留宿

私商之行尚未出关，故又此留宿。

今日风势不佳，而店舍安息。未必非私商之效也。闻下译言，则车卜[2]多致败于泥泞，以至人伤马毙云。

燕商贩货各全车，千里关东道路赊。[3]

尘海风澜浑不识，待人闲息野民家。

1 “堡”读“pù”。

2 车卜，车辆和随行人员。这里指车辆。卜，所载的人或物。

3 赊，遥远。

十四日甲戌[1]，朝阴风。中前所[2]二十七里，民人曹姓家午餐。亮水河[3]四十五里，旗下张姓家宿。

中前所城南门外，以自簟[4]构[5]二层屋，架设倡戏于前。观者云屯。

有两人装以女子红妆，其云髻粉白，少无毫发之殊[6]。手持画扇一把，翻而摇之，齐声作艳唱。其声袅袅。虽不知为何语，而浓脸倩笑，莲步轻盈。百般情态，眩人观瞻。此真以声音笑貌为者也。

翻然入绛帐中。又有白发二老人，联臂而出。其发白者，亦假面也。一着阔袖团领[7]，头帽腰带，一应我国朝士之服。跪揖进退，皆中节奏。大抵胡儿见我国朝服之人，则必曰“倡氏”[8]云者，盖以此也。[9]

此等戏具，皆演稗史奇书，以一回所录，作一场戏。戏讫，而辄换以他回[10]。故知者犹可摸捉名物，而不知者不解其何样趣味，况我国人则又不识言语酬酌[11]之妙处乎？[12]

路傍[13]有关帝庙，此亦大刹。又有所谓“虫圣庙”，意其享西陵氏[14]、马头娘[15]之类也。

清簟楼台绛帐垂，城南大路匝胡儿。

王风委地求诸野，礼乐衣冠尽在斯。

1 这一天是1804年3月25日。

2 “中前所”现为前所镇，在102国道328公里处。明朝地方军事实行卫所制度，“所”在“卫”之下。

3 “亮水河”今名“凉水河”。〔清〕杨宾《柳边纪略》卷二亦作“凉水河”，上海商务印书馆，1936年版。

4 原稿“自簟”有误，当为“白簟”，即白色的芦苇席子。“簟”读“电 diàn”，用芦苇编制的席子。

5 构，这里指用席子围起来。

6 从原稿记载看，似是京剧的演出。“有两人装以女子红妆”显然是男旦的表演。戏剧行里有“京剧男扮女，越剧女扮男”的说法。乾隆五十五年（1790）因为乾隆皇帝祝80大寿，四大徽班进京引起轰动。上行下效，京剧在19世纪初期成了我国最热门的大众艺术形式。参见祝克懿《语言学视野中的“样板戏”》，第6—7页，河南大学出版社，2004年版。

7 “团领”是明朝的服装。朝鲜文人李晬光《芝峰类说》里说“今之纱帽，本唐巾之制。旧为软脚垂下。后乃附竹、用铁云。团领及靴子出于胡服，而以其简便，故天下尚之”。

8 倡氏，唱戏的。倡，倡优。

9 李海应所见当是京剧表演。京剧扮演者皆着明朝服装。

10 原稿作者李海应欣赏的当是京剧折子戏。

11 酬酌，酬酢。泛指交际、交流。

12 原稿的意思是，欣赏中国的戏剧是需要懂汉语口语的。可见，清时流行的京剧对于汉语在全国的普及起到了很大的作用，尤其是在满族人那里。

13 “傍”通“旁”。

14 西陵氏，指嫘祖。司马迁《史记·五帝本记》：“黄帝居轩辕之丘，娶西陵氏之女。是为嫘祖”。嫘祖带领女子们从事养蚕的事业，后来被封为“先蚕”。“嫘”读“雷léi”。

15 马头娘，蚕神。据《风俗通·鬼神》，此传说来自高辛氏时期的蜀人。传说一父外出，女儿被风卷走。母告曰：“能找回女儿者为婿”。其家中白马奔出，载女儿归。父归，见马常向女儿嘶鸣，怒而杀之。马皮卷女儿飞起。女梦告父母，已成蚕神。

十五日乙亥[1]，晴，风寒。中后所[2]四十二里关帝庙午餐。中右所[3]四十八里，民人李姓家宿。

1 这一天是1804年3月26日。

2 “中后所”即今辽宁绥中县。1875年，日本人曾根俊虎在此地住宿并画了图。参见[日]曾根俊虎原著，范建明译《北中国纪行 清国漫游志》，第50—54页，中华书局，2007年版。

3 “中右所”今名“沙后所”，在102国道396公里处。

沙河店[1]

午憩[2]中后所关庙中，与刘释性喜[3]略相笔谈。

东人贸帽，必于此地[4]。故才到店，译商辈奔走四散，交于道不绝。所谓求利者于市也。

今日风寒，无异严冱[5]。夕至沙河店，行路人皆疾首蹙頞[6]。不但天气之冷，近海野折[7]，风力峭劲故也。

三春强半度，一策路悠悠。
淡碧千峰霁[8]，浓青万柳稠。
风尘人欲老，寒暖日为忧。
买醉沙河店，胡儿唱酒筹。[9]

1 “沙河店”现名“沙河”，在辽宁省绥中县西102国道360公里处。因为盛产毡帽，这里历来是朝鲜商人关注的地方。朝鲜文人朴趾源等甚至认为，朝鲜国的一半银子都花费在沙河店了。

2 “憩”读“气qì”，休息。

3 刘释性喜，一个俗姓刘、法名“性喜”的和尚。

4 朝鲜商人在此地买的是毡帽。可参看原稿卷之五附录《衣服》末段。从李海应的记述看，朝鲜使节团同时也是一很大的外贸商团。

5 严冱，极寒。“冱”读“户 hù”，上冻。

6 蹙頞，皱眉头。“蹙”读“cù”，皱起，“頞”读“饿 è”，额头。

7《广雅》：“折，曲也”。

8“霁”读“济 jì”，雨止。

9 筹，古代计算用具。乃以木制成的小棍或小片。酒店里的就叫“酒筹”。

十六日丙子[1]，晴，风寒。宁远三十里，旗下[2]旸[3]姓家午餐。连山驿三十里，旗下王姓家宿。

1 这一天是1804年3月27日。

2 旗下，属于八旗的。

3 “旸”读“扬 yáng”，日出。此处是我国东北人家的一个姓氏。

宁远温井[1]

温井在宁远卫城南二里地。有一室，而设栅栏于庭。庭内设隐沟，通井道。凿石如瓢子样，掘庭而受隐沟之口。又通石窦，四面使之分派[2]，而流入汤室。汤室在其傍[3]，而门扁曰“万善同归”。

入其门，则设左右房，而房内凿汤井。井四面方正，如方塘。此乃有病者濯木[4]之所。右房有一胡，方赤躶洗沐。见众人突入却，欲掩体不得。蹲坐一隅，阳[5]若不见人者。

寻水源而入东墙内。井以筑甓[6]为圆栏，深可数丈余。温泉涌出，若玉散而珠联。此是泉脉沸腾故也。其温气袭人，手热不堪掬。井栏之南，凿甓通流，至于汤室。故濯沐者不劳用绠[7]汲出，而源泉混混，盈科[8]而放流矣。

井南有佛堂，扁曰“慈云广覆”。有僧寮[9]在其左，扁曰“慈濯痌瘝”[10]。寺僧及居民，皆汲此水，以至淅米[11]烹茶，故饮之者以是少病云。

温温槛井首山隅，赤脚颀然[12]濯[13]沐徒。

风冷不能吹息热，水铃高涌散明珠。

1 宁远卫城在今辽宁省兴城市。宁远卫与山海卫、锦州卫皆是抵御后金要塞，古代朝鲜文人多记录之。这里不仅是明朝袁崇焕驻守之地，还有明清中国人一直使用的大众化的温泉浴所。笔者与拙荆于2008年9月27日专程驾车前往兴城古城参观，又于2009年2月13日住宿于此城。

2 派，支流。如“一源二派”。

3“傍”通“旁”。

4“木”通“沐”。

5“阳”通“佯”，假装。

6“甓”读“屁 pì”，用砖砌。

7“绠”读“耿 gěng”，井绳。〔清〕武英殿本《古今图书集成·艺术典》卷六有图和说明。

8 盈科，水多而漫过坑坎。

9 僧寮，和尚们住的小屋子。“寮”读“辽 liáo”，小屋子。

10“痌瘝”读“同 tóng关 guān”，疾病和痛苦。

11 淅米，淘米。“淅”读“西 xī”，淘洗。

12 颀然，身材高大的样子。“颀”读“齐 qí”。

13“濯”读“浊 zhuó”，洗。

烟台河夜行

自温井暮发。此去程站，素称最远。一舍之间，虽穷日力犹不及。

犯夜行数十里。少焉月出，天云朗然，无一点些儿。路中人马，毫发可数。

一片青山月，高悬万里天。

牢骚风绕木，浩汤[1]水如烟。

困马行须策[2]，驯狵[3]吠不眠。

莫愁程道远，清景是奇缘。

1 浩汤，浩荡。

2 策，本义是竹子做的马鞭。这里的意思是鞭打。

3 驯狵，家犬。“狵”读“忙 máng”，毛多色杂的狗。

十七日丁丑[1]，晴，风寒。高桥堡[2]三十里，民人张姓家午餐。松山堡三十六里，民人赵姓家宿。

1 这一天是1804年3月28日。

2“高桥堡”现为高桥镇，在102国道456公里处，笔者与拙荆于2009年4月6日驾车经过此处。此次朝鲜使节团的副使权襈在20年后病逝于此地，清朝与朝鲜王朝的宫廷文书里多次提及高桥堡。此次使节团副使权襈（1759—1825），又名权常慎，朝鲜文人，字絅庵，号西渔、日红堂，安东人，进士小科头名。1801年增广文科及第，殿试第一，先后任参判、大司宪、汉城府判尹。清道光四年甲申（朝鲜纯祖二十四年，1824）以冬至使正使出使中国，不幸病逝于高桥堡。著有《西渔遗藁》。其婿洪翰周《海翁藁》中部分收录。朝鲜文人张混（1759—1828）《而已广集》卷八记述了其病逝中国此事。《朝鲜王朝实录》于纯祖四年（清嘉庆九年）甲子即1804年的9月16日记载了“权禩”改名“权常慎”事。䌹，读“迥 jiǒng”，禅衣；“禩”读“撰 zhuàn”，衣裳的边饰；“堡”读“pù”。

春寒绝句

风势连日狂急，尘埃散天。行人口中，嚼之有声[1]。路傍[2]林木，皆成雾里光景。此燕路所不免也。

海路风涛壮，山嵌雪迹多。

重装嫌太薄，奈彼春寒何？

1 原稿记述的是东北地区的沙尘暴。“燕行录”中多有辽宁、河北、北京沙尘暴的描述。可见沙尘暴不是当代的产物。

2 “傍”通“旁”。

十八日戊寅[1]，晴，风。大陵河堡四十三里，民人刘姓家午餐。石山站三十里，民人刘姓家宿。

1 这一天是1804年3月29日。

大陵[1]吊古

河水流澌[2]。自本州卫送涉水军数十丁。有一官领到，使伐冰行船。水军皆浑身着皮袴[3]，往来水中，如踏平地。人或背负，而马则牵辔[4]渡之。或冰澌[5]蔽流，则以铁挝[6]伐之。有官船三只，泊在河桥断处，而桥头沮洳[7]，不可步，故借水军背负登船。

李译光稷[8]作《大陵吊古》一律，为余诵道。

人烟萧瑟大陵途，散野黄尘缬[9]眼珠。

当日万军争蹴[10]踏，斜阳匹马谩[11]踟蹰。[12]

恨添流水波空咽，骨没荒原草不芜。

尚有悲声时聒耳，吼风枯柳吊征夫。

1 “大陵”即大陵河，朝鲜使节团是在今辽宁凌海市附近过此河的。

2 “澌”读“斯 sī”，漂流的冰块。

3 “皮袴”也叫“皮衩”，是用皮子做的背带长裤。现今则多用橡胶做成。“澌”同“裤”。

4“辔”读“配 pèi”，缰绳。

5“澌”读“斯 sī”，漂流的冰块。

6“挝”读“抓 zhuā”，敲打。

7“沮洳” 读“举 jǔ入 rù”，湿润，潮湿（之地）。这里是指到处是水，无法走过去。

8 原稿“李译光稷”四字说明，李光稷此时是译官，地位比较低。李光稷（1745—？），朝鲜文人，字耕之，号於野，本贯广州。1799年朝鲜王朝派至中国的宪书赍咨官，在北京期间，曾与张问陶等中国文人有诗歌唱和。因私自投书于京官而被清朝礼部曝光。李被杖流。后为译官、其术官。《朝鲜王朝实录·正祖实录》于十三年己未（清嘉庆四年，1799）说：义州府驰报，宪书赍咨官李光稷在北京向副统张承勋宅中私投信札，此事已上礼部官报。另，朝鲜文人车佐一（1753—1809）《四名子诗集》有《次李耕之光稷卧云楼韵》、《哭李耕之》。

9“缬”读“斜 xié”，红晕。这里的意思是，沙尘吹得人眼睛发红。

10“蹴”读“促 cù”，踩。

11“谩”通“漫”。随便，随意。

12“踟蹰”读“迟 chí 锄 chú”。犹犹豫豫。

十九日己卯[1]，晴，大风。闾阳驿四十里，民人素姓家宿。

1 这一天是1804年3月30日。

闾阳[1]店舍

店壁设一龛[2]，奉观音神位，而卓[3]列饵果之属。方燃烛炷[4]香，可知为享神之礼。问之，则二月十九日，本菩萨神生朝[5]。故凡民崇奉之家，必供香火云。

向晚，风势益壮。遂停站不发。

海声掀屋月阴阴，寒枕愁多梦不深。

一炷[6]檀香九枝烛，主人晨起拜观音。

1 该地现名“闾阳镇”，在凌海市西北102国道537公里处。笔者与拙荆于2009年4月6日驾车经过此镇。

2“龛”读“勘 kān”，小窟，小屋。

3“卓”通“桌”。

4“炷”读“铸 zhù”，点，点燃。

5 这句话的意思是，农历二月十九日是观世音菩萨的诞辰。

6“炷”读“铸 zhù”，点，点燃。

二十日庚辰[1]，阴，风。间阳驿留。

1 这一天是1804年3月31日。

和呈䌹庵[1]绝句

䌹庵患声澌[2]，落后于宁远，故一行又留此以待。向日[3]，䌹庵追到，与秋阳[4]唱酬。余亦次之。

云山佳处荡心胸，行人胡垆[5]醉晕浓。

快马鞭轻归莫懒，玉河[6]游客已经冬。

1 “䌹庵”，此次出使中国的副使权𧝓。“䌹”读“迥 jiǒng”，禅衣；“𧝓”读“撰 zhuàn”，衣裳的边饰。

2 迎风行走的人，常常会有此病症。

3 原稿“向日”有误，当为“向午”。

4 秋阳，此次出使中国的书状官徐长辅（1767—1830）。

5 胡垆，这里是指满族人的酒店。

6 玉河，流经北京城内的一条河，现已消失。这里是指原稿作者李海应一行所住的玉河馆。

二十一日辛巳[1]，细雨。桃花洞五十里间山寺午餐。广宁站四十里，旗下王姓家宿。

1 这一天是1804年4月1日。

桃花洞[1]

为见桃花洞，发行二十里。自常兴店[2]从间路迤[3]行壮镇堡[4]之北。自此以往，无人知路。

迂行又十余里。时细雨霏微，阴霭黯澹。巫闾[5]峰峦，出没于天云之际。盖雨中山光，酿出一层奇也。掠过北镇庙。林莽间，亦多古庙山村，连蹁陂陀。[6]

至村尽而洞深处，奇峰峭壁，叠现层出，黯然如泼墨凝黛之色。地势渐登，皆铺石为路。十步许，辄对穿石窦，至山腰不断。闻乾隆帝尝临此，为植旗纛[7]而设云。

石路尽，而有六十级层梯。其上有石窟呀然，即名“观音窟”。刻其颠曰“思岩天壁”。正中扁曰“天然幽谷”。海上钱学洙[8]笔也。

窟中可坐数百人，而窟之北筑长龛[9]，安佛像十余躯[10]。西北奥处，石壁中折，窈然[11]而深。雪水方融解，澳然[12]被于石，鸣溜淙琤[13]，可喜。满壁皆东使[14]题名。仰壁历数，即一缙绅案[15]也。余亦从三使同题。

缘路石壁，多有扁额处。一曰“天空海阔”，一曰“蓬莱仙境”。又有碑刻记文及壁刻诗扁，而乾隆御制诗，注记山中胜景，有曰圣水盆、蝌蚪碑、桃花洞、吴公岩、道隐谷、云巢松、旷观亭云，而未得一一历探，且不无当面错过处。

午餐于窟东寺中。寺系嘉庆壬戌[16]重修，而庙貌佛像，亦极精丽。内扁曰“闾山胜境”。他余诸额，不可尽记。

遵寺而南登一岸，有六棱小亭，前后对立，而其一即“望仙亭”也。亭之东有长谷，而多种桃花，扶疏成林，“桃花洞”之名，抑以是耶?

或曰：皇明处士贺钦[17]居此，而名曰“潜公”云，似是此洞也。贺钦，字尧天，辽东广宁[1]人也，成化丙戌[19]进士。闻陈白沙[20]讲论，即日抗疏[21]解官，执弟子礼。肖白少[22]像，悬于别墅，日瞻企之。正德[23]初，乡寇暴发，戒勿犯先生家。乡人闻之，请往抚之。贼遂退。潜心理学，清修笃行。乡人化之，称曰“医闾先生”云。

亭之南，曲折缘梯而下，有小窟。围而圆墙作小龛[24]而奉佛像。刻其颠曰“古佛龛”。遂少憩[25]眺望。松树苍郁，山势回抱，甚奇绝处。

又向北麓步登，则石路攲仄[26]，崛起为峰。背者多为壁面。最高处刻“清望”二字。此是天晴则望海之意也。辽野千里，全有眼前。坐收一局之势，其大体与“道峰”、“回龙”绝相似。

清安寺在其西，而其北则玉皇阁也，扁曰“化雨慈云”，清安则题曰“境幽德昭”。庭左右各有二碑，万历[27]、乾隆[28]间所竖也。

又迤[29]而西南行，登一高岩。岩上筑台。岩门之右，书“壁立万仞”四字。嘉靖戊戌[30]，总兵都督马永[31]书。又其右刻“闾山第一石”，又其左书曰“人间天上”。筑小虹门，而入其中。中有台，而门楣曰“白云关”也。

历五六十级，二折而上。台之外面刻“代屏石”三字。此则观音关也，安佛像于龛中。小可容二人之立。诸人于壁上题名。此亦眺望通豁，蹊径幽邃，黄苔被石，白云当檐。可谓渐入佳境。上层又有堂台，而废颓无余，且危险不可上。

白云关西南，又有石峰陡然对立，立阁于其上。此亦佛龛也。仍抱岩回转，石棱呀然相开。壁面刻“桃花洞”三字，此所谓“南天门”也。东壁嵌穴而立碑，大书“北镇名山”四字。云冈龚用卿[32]之笔。又有恒斋马泉[33]之笔，曰“瞻忆皇都”。又有锦郡太守宋之铉[34]《山游纪胜碑》。

遂植杖[35]少憩[36]。俯视下界，云木杳然，海色茫如。俨若凭虚御风，遗世而独立。时苍然暮色，自远而至。山中诸胜，犹未可尽。

青骢[37]躞蹀[38]系松根，永日[39]岩崖屐齿[40]喧。

云起无心侵佛座，涧流盈耳杂人言。

峻嶒[41]岳势吴公石[42]，寂寞春光贺老[43]村。

莫种桃花开小径，渔舟错认武陵源。[44]

1 桃花洞现今仍是医巫闾山著名的旅游景点，在北镇市西南。

2 “常兴店”即今之“常兴店镇”，其附近有张作霖、张学良家庙。

3 “迤”读“姨 yí”，地势斜着延展。

4 壮镇堡，在今辽宁北镇市正南偏西的壮镇村，在102国道西，属常兴店镇。

5 巫闾，医巫闾山，我国东北三大名山之一。“医巫闾”是蒙古语“大山”的音译。

6 陂陀，路倾斜不平。“陂”读“坡 pō”。

7 “纛”读“到 dào”，古代军队里或仪仗里的大旗子。

8 钱学洙（？），清朝文人。南汇人，雍正十二年（1734）曾任杭州县令。

9 “龛”读“勘 kān”，小窟，小屋。

10 躯，（佛）像的量词。〔北魏〕杨衒之《洛阳伽蓝记》：“中有丈八金像一躯，中长金像十躯,绣珠像三躯”。

11 “窈”读“咬 yǎo”，深远，幽深。

12 澳然，水与土地相互接近的样子。澳，水边地。

13 “淙”读“从 cóng”，水流动的声音；“琤”读“撑 chēng”，玉碰撞时发出的清脆声音。这里的“淙琤”是形容水流的清亮声音。

14 东使，朝鲜使节（以及随行的文人）。

15 缙绅，泛指官吏。缙绅案，官吏名单。

16 嘉庆七年壬戌，1802年。

17 贺钦（1437—1510），明朝文人，字克恭、尧天，号医闾。祖籍浙江，出生于辽东广宁。成化二年丙戌（1466）进士，授为户科给事中，后被派为陕西参议，因母病辞。在大山中闭门读书写作。有其子贺士咨编《医闾集》九卷传世。〔明〕李辅等《全辽志》卷下《贤行》、〔清〕张廷玉等《明史》卷二百八十三中有传。参见〔明〕贺士咨《医闾集》卷一、卷二、卷三《言行录》，文渊阁四库全书本。

18 广宁县，即后来的北镇县，后为北宁市。经国务院同意，今改“北镇市”。北镇市现有广宁古城。

19 成化二年丙戌，1466年。这一年贺钦考中进士。看来，原稿记载是可信的。

20 陈白沙（1428—1500），明朝文人，著名教育家。本名献章，字公甫，号石斋。祖籍广东新会，少年时迁居江门。1448年副榜，长期在江门白沙村施教，声名远播。后被举荐为翰林院检讨。有《白沙子全集》等传世。参见〔明〕陈献章《陈白沙集》之《附录 · 行状》，文渊阁四库全书本；〔清〕屈大均《广东新语》卷十《白沙之学》，第306页，中华书局，1985年版；〔民国〕刘成禺原著，钱实甫点校《世载堂杂忆》之《陈白沙传》，中华书局，1960年版。

21 抗疏，上书直言。当指贺钦《辞职陈言疏》，见〔明〕贺士咨《医闾集》卷八，文渊阁四库全书本。

22 原稿“少”字有误，当为“沙”字。

23 正德是明武宗的年号（1506—1521）。

24“龛”读“勘 kān”，小窟，小屋。

25 少憩，稍憩。稍微休息一下。“憩”读“气 qì”，休息。

26“欹”同“攲”，读“欺 qī”，意思同“仄”，倾斜。

27 万历是明神宗的年号（1573—1620）。

28 乾隆是清高宗的年号（1736—1795）。

29“迤”读“姨 yí”，地势斜着延展。

30 嘉靖十七年戊戌，1538年。

31 马永（？），明朝将军，字天锡，号恒斋，迁安（现为河北省迁安市）人。正德十三年（1518）以总兵镇守蓟州。嘉靖时为辽东总兵。

32 龚用卿（1500—1563），明朝文人，字鸣治，号云冈，福建怀安人，嘉靖五年丙戌（1526）状元。授编修，参修《国伦大典》、《大明会典》。嘉靖十六年丁酉（1537）出使朝鲜。回国后任南京国子监祭酒。朝鲜文人沈彦光（1487—1540）《渔村集》卷七《馆伴时杂集 · 题纨扇。附龚用卿韵》注云：“嘉靖十六年丁酉，帝遣翰林院修撰云冈龚用卿、兵科给事中（龙津）吴希孟来颁皇嗣诞生诏，时渔村沈彦光馆伴使”。朝鲜文人郑士龙（1491—1570）《湖阴杂稿 · 附录》多收龚用卿作品。

33 原稿“恒斋马泉”有误，当为“恒斋马永”。参见注引31。

34 宋之铉（？），清朝文人，康熙初年为锦州太守。参见〔清〕刘源溥、孙远《锦州府志》。

35 植杖，拄着手杖。

36“憩”读“气 qì”，休息。

37 青骢，青白杂毛的马。“青”同“青”。“骢”读“葱 cōng”。

38 蹀躞，此处形容马虽然被拴住了，却不停地踏、踩的样子。“蹀躞”读“卸 xiè叠 dié”。

39 永日，漫长的白天。

40 屐齿，爬山用的木鞋底下的齿。“屐”读“鸡 jī”。

41 峻嶒，形容山高的样子。“嶒”读“层 céng”。

42 原稿“吴公石”当即医巫闾山的“吴公岩”。

43 贺老，明朝文人贺钦（1437—1510）。

44 此处用陶渊明《桃花源记》典。

玉泉寺[1]

玉泉距桃花洞又十余里，而若由捷路，则半之。遂从山背而行，凡过峻岭者四。石角巉岩[2]，陟降在巘[3]，复降在原。五里行步之劳，比诸平地十里，则不啻[4]倍蓰[5]。至洞深山回处，有一寺缥缈悬厓[6]。涧流从山谷中出。山名“玉泉”，故寺之名以此也。

缘溪而上，有石梯岌嶪[7]。入其寺，寺宇颇萧洒。石壁峭立于寺后。壁面有二像。左是关帝像，右是普净禅师像。又画关帝所乘神马。按《三国志》[8]，关帝显圣于玉泉寺，有僧普净指路云云。之说或为寺名之适符，而设此神与？[9]

壁前有正统[10]、万历[11]、乾隆[12]间三碑。有一井从壁下涌出，水色青绀[13]，深可二丈余。酌而饮之，味甚清冽。此所谓“圣水盆龙潭”也。

从壁东石级而上，有石窟如张扇样。缭墙于窟前，靠墙而安小佛像。余于壁间，蘸水墨题名。有玉泉阁于越峰，而筑石为虹门，奉玉皇像。闻朝阳寺在上峰，而忙未登见。

日色曛冥[14]，天气阴黑。遂步出玉泉洞口。人马至此而久待矣。黑夜登程疾驰，至宿站，夜已过三鼓。

行山镇日不知深，树老岩崖上下禽。

细径丝丝如惯眼，玉泉源尽到禅林。

1 玉泉寺至今仍然是医巫闾山著名的旅游景点，在北镇市西面。

2 巉岩，陡峭、突出的山岩。“巉” 读“谗 chán”。

3 “巘”读“眼 yǎn”，大山上之小山。

4 不啻，不止。“啻”读“赤 chì”。

5 倍蓰，数倍。“蓰”读“洗 xǐ”，五倍。

6 悬厓，悬崖。“厓”读“yá”，同“崖”。

7 岌嶪”读“及 jí业yè”。也作“嶪岌”，巍峨高大而危险。

8 原稿《三国志》不是指陈寿的史书，而是指罗贯中的小说《三国演义》。现今韩国发行的《三国演义》仍名《三国志》。

9 “与”通“欤”。疑问词。

10 正统是明英宗的年号（1436—1448）。

11 万历是明神宗的年号（1573—1620）。

12 乾隆是清高宗的年号（1736—1795）。

13 青绀，黑里透红。“绀”读“赣gàn”。

14 曛冥，黄昏。“曛”读“熏xūn”。

二十二日壬午[1]，晴。中安堡[2]三十八里，民人许姓家午餐。小黑山三十里，民人戴姓家宿。

1 这一天是1804年4月2日。

2 “中安堡”现为中安镇，在北镇市东102国道592公里处，笔者与拙荆于2009年4月6日驾车经过此镇。

广宁[1]途中

广宁地势，北阻巫闾[2]，南限勃碣[3]。为蒙古、女真、朝鲜要冲之地。非智勇俱全，难乎应变矣。明朝李将军成梁[4]家于此，杀奴儿哈赤[5]之父与祖，因与虏为不共戴天之雠[6]。七大恨告天之誓[7]，职[8]由于此。北望县治，令人作旷世之想。

自新店以后，种种溪水深阔。然皆架以桥，无揭厉[9]之劳。

春风高丽客，朝日广宁州。

涉野黄泥滑，看山翠霭浮。

绣肠[10]吟辄涌，锣角响如流。

细雨经宵歇，平田下绿鸠。

1 广宁，即今北镇市。北镇市现有广宁古城。

2 巫闾，医巫闾山。是我国东北三大名山之一。“医巫闾”是蒙古语“大山”的音译。

3 勃碣，渤海与碣石山。

4 李成梁（1526—1618），字汝契，号银城，辽东铁岭人，明朝将军，曾经两次出任辽东总兵，任职达30年之久。出兵援助朝鲜的明将李如松是其子。朝鲜文人对李成梁一家都很感兴趣，记述很多。朝鲜文人尹行恁（1762—1801）《硕斋稿》卷九《海东外史》之《李源》云：“李源者，铁岭卫人，系出陇西。其先当辽金之难，避地高丽，居渭原郡。传至英，洪武六年内附，授铁岭卫指挥佥事。子文彬，孙春美，曾孙泾，俱袭佥事。泾有子曰成梁，以战功封宁远伯，生如松。壬辰之役，如松提督蓟辽、保定、山东诸军以征之。”按此种说法，李氏的谱系大约是李英—李文彬—李春美—李泾—李成梁—李如松—李性忠—李应祖—？—李源—李孝承。其中的李应祖遵祖父遗命率全家复投朝鲜，以避满族的追杀，其孙李源后为朝鲜丰川府使。我国辽宁北镇市现有“李成梁石坊”，铁岭市铁岭县催阵堡乡小屯有李成梁、李如松墓地。笔者与拙荆于2009年清明节专程驾车前往墓地参观。

5 奴儿哈赤，努尔哈赤。

6“雠”通“仇chóu”。

7 努尔哈赤之父塔克世于1583年被李成梁所杀。天命三年（1618），努尔哈赤建立后金政权后，把矛头对准了明王朝。四月十三日，他宣布“七大恨”，正式起兵反明。〔民国〕赵尔巽、柯劭忞等《清史稿·太祖本纪》载：“三年戊午二月，诏将士简军实，颁兵法。壬寅，上伐明，以七大恨告天，祭堂子而行”。

8 职，因为，由于。

9“揭”读“气qì”，撩起衣服。“厉”，连衣服涉水。“揭厉”就是“趟水（过去）”的意思。

10 绣肠，腹中的诗文。

二十三日癸未[1]，晴。二道井子五十里，民人吴姓家午餐。白旗堡五十里，旗下张姓家宿。

1 这一天是1804年4月3日。

古家子[1]途中

自小黑山[2]行三十里，至古家子，自此始无山矣。二道、白旗之间，水味恶，不堪煎茶[3]。旧闻以银匙掠水，色便渝[4]黑云。

野远归云懒，风残逝鸟闲。

广原青草嫩，春在马蹄间。

1“古家子”在原稿中亦作“孤家子”。该地现名“胡家镇”，在黑山县东北102国道621公里处。

2“小黑山”在现今锦州市黑山县，102国道穿过该县城。笔者与拙荆于2009年4月5日驾车经过时，住宿于黑山宾馆。

3 朝鲜文人李德懋《青庄馆全书》卷五十四《朝鲜三事》讲过一个“定水带”的故事。该故事当来自中国。〔清〕董含《三冈识略》卷二《定水带》云：“京师穷市，有古铁条，垂三尺许，阔二寸有奇，中虚而外锈涩，两面鼓钉隐起，不甚可辨。欲易钱几十文，无顾问者。有高丽使，旁睨良久，问价几何。鬻者诡对五十金。如数畀之，先令一人负之，疾驰去。时观者渐众，问此何名？使曰：‘此名定水带，昔神禹治水，得此带九，以定九区，此特其一。我国航海，每苦水咸，一投水带，立化甘泉，可无病汲，此至宝也。’好事者随至高丽使馆试之。命贮苦水数斛，搅之以盐，投以带，水沸作鱼眼，少顷甘冽无比，遂各惊叹。鬻者言，闯贼陷京师，得自老中贵家，盖内府物也。然历览记载，从未闻此，高丽使何由知之？予未敢信也。有范生者，道之甚详，周亮工《书影》中亦载之”。〔清〕谈迁原著，汪北平点校《北游录》有此故事，见该书第415页，中华书局，1960年版。〔清〕王弘撰原著，何本方点校《山志》二集卷六也有此定水带故事。中华书局，1999年版。但显然，原稿作者李海应未听说过这个故事。该故事当是碱金属如钠、钾、铯的合金在水中剧烈化学反应的描述。“鬻”读“玉yù”，卖，出售。“畀”读“毕bì”，给，给与。

4“渝”读“于yú”，由干净变黑浊。这里是指银匙变色。

二十四日甲申[1]，自午雨，夜大雪。大黄旗堡三十八里，民人陈姓家午餐。孤家子[2]四十七里，民人李姓家宿。

1 这一天是1804年4月4日，是清明节的前一天。是中国古代的“寒食节”。

2 “孤家子”在原稿上一节为“古家子”，现名“胡家镇”。

柳河沟[1]

柳河有石桥[2]，左右有栏，去水为二丈余。四野广漠，水源如带，滚滚划野而流。一群凫鹭，出没河中，见人磔磔[3]而飞。桥西有六棱阁，阁有穹碑，碑有乾隆帝所撰《永安桥记》[4]与诗，是戊戌[5]所竖也。后面又叠七言律，前韵。

自此细雨蒙蒙，昌[6]行至午站，衣渐湿而路渐泥。

春风水暖柳河沟，三两轻鸥泛泛流。

十里人家疏雾里，蒙眬[7]还似蜃嘘楼。[8]

1 该地现为“柳河沟镇”，在新民市西南102国道附近。过今新民市后，朝鲜使节团走的是今304国道。

2 此桥不是今沈阳市于洪区的永安桥，而是柳河沟桥。参见〔民国〕王宝善修，张博惠辑《新民县志》民国十五年石印本，第615页“柳河沟桥”，台北成文出版社，1974年影印本。

3 磔磔，象声词，鸟鸣声。“磔”读“哲zhé”。

4 原稿此处疑有误。乾隆帝不可能在沈阳与新民之间确认两个“永安桥”。这里是皇族爱新觉罗氏临近老家之路，他们熟悉此路途中的一村一店。参见〔民国〕王宝善修，张博惠辑《新民县志》民国十五年石印本，第615页“柳河沟桥”，台北成文出版社，1974年影印本。

5 戊戌，乾隆四十三年戊戌，1778年。

6“昌”通“猖”。凶猛，猛烈。

7“蒙眬”即“朦胧”。“眬”读“龙lóng”。

8 蜃嘘楼，海市蜃楼。

周流河[1]

历五道河、西店子，至周流河，骑而涉水者凡三。车卜[2]适同至河边，而只有一舟行水。日昏雨作，商卜[3]及乘车者，夜犹未渡。喧聒之声，远闻数里。

周流河水浊湍悍，风大则舟善没。且舟人狞顽，不肯渡。乾隆帝尝闻之，命斩舟子凡九人。又设长缆截河，而以铁钉钉于地，维缆其上，舟循缆而行。自是虽恶风，无倾败之忧。

卉服[4]群胡踏水声，河南一苇送人行。

冰澌[5]忽动波如屋，牵缆中洲短枻[6]横。

1 周流河，今304国道沿线的巨流河镇。

2 车卜，车辆和随行人员。卜，所载。

3 商卜，商人与其货物。

4 卉服，穿粗布衣服的人。

5 冰澌，水里浮动的冰块。“澌”读“斯sī”。

6 枻，船桨。“枻”读“毅yì”。

二十五日乙酉[1]，晴。大方身[2]四十里，旗下[3]刘姓家午餐。沈阳四十五里，民人冯姓家宿。

1 这一天是1804年4月5日，是我国的清明节。因为学习中国文化，古代朝鲜人也在此节里举行祭祀活动。

2 该地现名“大房身”，在沈阳西北的304国道“马三家镇”附近。

3 旗下，属于八旗的。清代满族军队和户口编制，分正黄、正白、正红、正蓝、镶黄、镶白、镶红、镶蓝八旗。后又增建蒙古八旗和汉军八旗。

壮元[1]桥

昨日既雨且雪，路多泥滑，轮胶而蹄黏。

历壮元[2]桥、方士村[3]，此系生面。入去时，由捷路行，而今以路泥回迂故也。

至此而日昏，黑夜泥海，间关跋涉，遂抵沈阳。夜已深，而城门尚不闭。

年前使行时，一马头[4]领所买驴子，至二道井。驴没于泥中，始没其腹而已，全身皆陷。独抬头摇耳。马头惶闷无措，呼天呼母，以祈须臾之命。然无计出之。少焉，并头尽没泥缝，遂合不见其处。马头遂痛哭而去。此事极堪绝倒[5]，而燕路泥泞之可怕，类如此。[6]

今日，清明也。路中往往见胡酋[7]，聚坐坟墓侧。此所谓“观墓”，或有设祭者云。又于坟墓间，多以假花一枝插其上，如方灯形。问之，则此俗例于清明日，必加土于先墓，仍插花而归云。[8]

冲泥涉水路间关，万里燕车几日还。

两两胡儿行负手，清明时节上坟上。[9]

1 原稿“壮元”有误，当为“状元”。原稿作者李海应把“状元”都写成了“壮元”。

2 原稿“壮元”有误，当为“状元”。

3“方士村”今名“大方士村”、“小方士村”。在沈阳西北的北运河附近。

4 马头，朝鲜使节的随行人员。有多种名目。如“干粮马头”是负责带干粮的。

5 绝倒，前仰后合地大笑。

6 其后来中国的朝鲜文人多有提起此故事者。

7 胡酋，满族官员。

8 原稿所说“插花”有误，其实这是满族人于清明节在坟墓边“插佛托”。“佛托”是满语“柳”的意思。满族清明不烧纸，在秫秸头上糊金银箔，下糊五色纸，插于坟间。见富育光主编《图像中国满族风俗叙录》，第191页《插佛托》，山东画报出版社，2008年版。

9 原稿“清明时节上坟上”一句有误，末字当为“前”。

二十六日丙戌[1]，晴。沙河堡[2]四十里，民人陈姓家宿。“军牢先来”便，上家书。

1 这一天是1804年4月6日。

2“沙河堡”现为沙河堡镇，在沈营公路沿线。

寒食道中

昨日中路，行中人多有落后者。故待其齐到，午后同发。

今日则“寒食”也。北俗[1]只知清明之为名日，而不知有寒食之节。[2]

行到耶里江[3]，江水甚阔，比之周流河，差过之，而津船[4]必连舢[5]设板而济之[6]。故涉水之劳，固不难矣。

秣马[7]于白塔堡[8]。路多泥泞，二十里之间，日已昏黑。路暗泥滑，至有呼哭于野者。

朝于沈阳，先送军牢一人出龙湾[9]，是称“军牢先来”[10]也。修家书带送。

北塞三千里，东风百五日。[11]

嫩杨细于丝，芳草密如栉。[12]

朔方春尚早，不见林莺出。

店舍寒烟宿，野天浓云密。

情思倍今朝，故国青山翠。

吾俗重佳节，按历诹[13]良吉。

东郭酹酒[14]人，北园看花匹。

我行胡未归，路险成忧疾。

局局泥程马，空被仆夫叱。

更愁前夜雨，古桥春水溢。

1 北俗，东北的民俗。原稿此处指的是以满族文化为主的东北民俗。

2 这句话的意思是说，满人只知道过清明节，而不知道“寒食”也是中国很重要的节日。该节来自晋文公悼念高士介之推事。因介之推是抱着木被烧而死，故晋文公就命令这一天内不许动烟火。该节一般是在清明节的前一天，则1804年的寒食节是在4月4日。但〔南朝〕宗懔原著，〔隋〕杜公瞻注《荆楚岁时记》则曰：“寒食无定日，或二月或三月。荆楚记云，去冬至一百五日，即有疾风甚雨，谓之寒食节，又谓之百五节”。

3 耶里江，浑河。

4 津船，渡船。津，渡口。

5 “舳”读“竹 zhú”，船头与船尾。

6 现代军队里有舟桥部队。这里描绘的其实就是中国古代的“舟桥”。

7 秣马，喂马。“秣”读“末 mò”，喂马的谷饲料。

8 该地现仍名“白塔堡”，在沈阳正南101省道沿线。

9 出龙湾，奔赴义州。

10 “军牢先来”是朝鲜王朝文人用汉字组合的固定词组。类似的词组在朝韩还有许多。有的词组中国人可以直接读懂，有的则不容易看明白，如“真心痛”（心绞痛）等。参见韩国电视连续剧《医圣》第九、第十集。

11 “东风百五日”，从冬至算起，过105天是寒食节。

12 “栉”读“志 zhì”，篦子。

13 “诹”读“邹 zōu”，选取。古人有“诹吉”的说法。

14 酹酒即把酒倒在地上，表示祭祀或者立誓。“酹”读“类 lèi”。

二十七日丁亥[1]，细雨。十里河堡[2]二十里，民人于姓家宿。湾吏便，承家书。

1 这一天是1804年4月7日。

2 该地现名“十里河”，在沈阳市苏家屯区与灯塔市交界处，101省道沿线。“堡”读“pù”。

沙河店得家书

朝起，店舍门外喊声大发。问之，则湾府[1]馔物吏[2]，持一行人家书到来。见之者，皆争先迎呼故也。余亦惊喜且怯，苍黄坼[3]封。古诗所谓“近乡情更怯，不忍问来人”[4]者，抑谓是欤?

得四度[5]家书。正月小晦[6]、二月初三、初六、初十出者。堂候连康，室人[7]于过月[8]四日产男[9]。经年阻信，欣喜欲狂。方其见书时，人皆寂然无哗，无不洒然变色。及承安信，又皆面面相贺。如新年逢人，辄问过年安否[10]。三使第家及一行上下诸人，俱得安报，诚奇事也。

朝纸自湾送来，而闻东朝撤帘[11]，廷僚上号。方于开月[12]七日，设庆科庭试。宗社之庆，诚莫大矣，而第客腊[13]，仁政殿[14]灾，闻来不胜惊惕。以路泞十颠九死，终日行二十里而止。

家国苍茫久别离，手持书尺喜先知。

若今早得平安信，夜夜何须费梦思。

1 湾府，义州府。

2 馔物吏，为朝鲜使节团送食物的低级（军）官。

3 “坼”读“撤chè”，裂开。

4 此是唐朝诗人宋之问（656—712）《渡汉江》中的诗句。

5 度，信件的量词。在正式的场合，信件也可用“道”为量词。

6 晦，阴历每月的最后一天。

7 室人，内人，妻子。

8 过月，上月。

9 至此，李海应已有二子：五卫将、赠兵曹参判李云皋（后改名“鼎仪”，即长子李先耆）和敦宁都正李先耆。后者的生日是嘉庆甲子正月初四（1804年2月14日）。

10 原稿对朝鲜人接到家信的描绘极为生动。

11 东朝撤帘，指垂帘听政的贞纯王后归政于纯祖。朝鲜纯祖李玜（1790—1834）继位时只有11岁。正祖临终前，虽然给年幼的李玜安排了两位辅佐大臣，但纯祖的曾祖母贞纯王后却垂帘听政达3年之久。贞纯王后是英祖王妃，因为思悼世子被英祖关在米柜里饿死了，世子之子继位，是为朝鲜正祖。

12 开月，下一个月的开始。

13 客腊，去年的腊月。

14 仁政殿是汉城（今首尔）昌德宫里的一个大殿，现为重要景点。参见朝鲜文人林熏（1500—1584）《葛川集》卷三《仁政殿记》。

二十八日戊子[1]，雨风。烂泥堡二十七里，民人张姓家宿。

1 这一天是1804年4月8日。

烂泥堡[1]六绝

泥路之险，愈往而愈甚，至于车没轮、马没腹。迫曛[2]至站，更不得前进。

戍垒啼乌噪鹊，广原风马讹牛。[3]

春泥滚滚车下，日落前程客愁。

1 该地现名“乱泥堡”，在灯塔市西南101省道沿线。

2“曛”读“熏 xūn”，傍晚。

3 讹牛，自家的牛跑到别人家栏里。我国东北地区历来有散放牛的习惯。原稿的意思是，平原太大了，各家的牛都跑混了。

二十九日己丑[1]，乍阴。迎水寺[2]二十八里，旗下[3]朱姓家宿。

1 这一天是1804年4月9日。

2 该地现仍名“迎水寺”，在辽阳市东京陵附近。

3 旗下，属于八旗的。

迎水路中

自接官厅[1]以后，路坦无沮洳。[2]

三千里路远悠悠，行者居然赋壮游。

日落红花浮水末，云兴翠气护山头。

夷门草宿侯生墓[3]，积石河穷博望舟。[4]

莫道东归燕橐罄[5]，百篇佳句锦囊收。

1 接官厅在今灯塔市西南，101省道西。

2“沮洳” 读“举 jǔ入 rù”，湿润，潮湿（之地）。这里是指积水很多，无法通过。

3“夷门草宿侯生墓”，用《史记 · 魏公子列传》里的“信陵君窃符救赵”典。侯嬴是大梁的夷门监者。他年过七十，得到了魏公子无忌（封信陵君）的尊重。他为信陵君安排了窃符救赵的计策实施步骤，然后北向自杀。原稿作者李海应这里是用侯嬴自比。

4“积石河穷博望舟”用博望坡典故。博望坡在河南省方城县西南，北为伏牛山，西倚白河。汉朝张骞出使西域，被汉武帝封为此地，称博望侯。张骞出使，为沟通汉朝与西域做出了巨大的贡献。

5“橐罄”读“驮 tuó庆 qìng”，空空的行囊。

三月

初一日庚寅[1]，晴。王宝台[2]三十里，旗下[3]吴姓家午餐。狼子山四十里，吴姓家宿。

1 这一天是1804年4月10日。

2 该地现名“望宝台”，在辽阳市弓长岭区“汤河”附近。

3 旗下，属于八旗的。

木厂铺[1]

渡太子洵[2]，至铺。铺民繁富。有新斫[3]栋梁材村[4]，多积于村中。盖此处北边，辽河通我国江界等地上流，故每潜行偷斫，待水盛作筏而下，故我国人莫可禁止云。[5]

今日之行，凡五涉大川。至三流河，有一小艇如槽，仅容二人。

辽民生齿繁，往往构新屋。

大匠日无暇，斫成栋梁木。

1 木厂铺，当在今辽阳市峨眉附近。

2 原稿“洵”有误，当为“河”字。“洵”读“居 jū”。

3“斫”读“浊 zhuó”，砍，劈。

4 原稿此处有误，“村”字可删。

5 原稿的说法有误，是从朝鲜文人朴趾源《热河日记》抄来的，但理解有误。辽宁河流皆奔向大海，无倒流的可能。木材漂流在1804年怎么可能逆流而上？况且辽河在今盘锦市盘山县入海，也不到鸭绿江。《朝鲜王朝实录》里倒是记载了许多朝鲜人越境采参伐木被朝鲜官府斩杀的事情。

鸡鸣寺[1]

寺在狼子西麓之上。

由树间小径至寺门。门前设石梯，上建堂宇，而前篇[2]曰“龙王庙”。中安金像三座，而左右设神位。其中有鸡口、鸡足，而背有两翼。形状颇骇异。抑取寺名之义欤？后堂设三座阿弥[3]，龛[4]前设白鸡一首，显有生动底意。闻居僧则曰：山上古有石鸡，为风雨所破，只有鸡首。故以石灰涂其形，补破碎处。此鸡果土身而石首云。[5]

寺有五碑。隆庆[6]、嘉靖[7]、雍正[8]、乾隆[9]间所竖也。雍正间碑文曰："兹独以'鸡鸣'名者，何也？昔唐天子御驾东征，曾驻跸[10]于斯。周围尽无居人，而夜半忽有一鸡啼鸣。其始闻而喜，既而疑，再而惊。曰：此鸡声也，何自而来欤？至天明，乃令军士四面求之。得一石鸡。因而建寺，遂名曰鸡鸣。此鸡鸣寺，唐贞观[11]之所由立也。高山深谷，层峦耸翠。前朝乎南海，后封乎北京。在[12]邻于巨流，右接夫长岭。草木丛蔚而争茂，禽兽繁殖而可悦。洋洋乎浪子之一胜境也"。

以碑文所记观之，则唐宗[13]遇神女之说，必齐谐[14]诞说，而石鸡则古迹也。

五圣祠在其右，而设五神像，衣冠体制各不同。或以五行神设像耶？

祠前一碑，满刻[15]寺时出钱人姓名，而亦有朝鲜私商辈之名。

东翼廊有一学究，教授童蒙，而壁安孔圣神位，使学童日行拜礼云。其亵渎可嗤，而孔圣，盖可谓万世师宗。其所称学究，猥孱[16]无足语。

苍苍野色拥高冈，疏磬[17]声中午日长。

石上鸣鸡今寂寞，古庵闲释[18]说荒唐。

1 原稿"鸡鸣寺"在今之辽阳县鸡鸣寺村，现今这里是辽阳市的一个生态度假区。在辽阳市的汤河水库附近，316省道沿线。鸡鸣寺于文革中被毁，现有残破的石阶和残碑。

2 "篇"通"扁"。

3 阿弥即"阿弥陀佛"。其含义是"有无量功德的觉悟者"。

4 "龛"读"勘kān"，小窟，小屋。

5 看来，鸡鸣寺是古老的野鸡图腾崇拜的产物。《左传·昭公十七年》里记有少昊氏鸟名官事。这也就可以解释为什么在殷商灭亡后箕子要远走平壤。孤竹国的国姓是"墨胎"，与商朝国姓一致。日本学者白川静认为，墨翟是商王后裔，有复辟之志，才有了墨家吃粗食、穿破衣等"奇怪"举止。见[日]白川静原著，温天河译，《甲骨文的世界》，第194—185页，台北巨流图书公司，1977年版。墨翟的"翟"就是鸟，是孤竹国通婚部落的图腾。参见《中国国家地理》2008年11期，第88页《玉凤图》（耿艺摄）。与"（野）鸡"相对的是"鸭绿江"之"鸭"。叶舒宪《中国神话哲学》一书阐释了《庄子·应帝王》里的混沌开七窍故事，混沌类鸡蛋。该书还认为，呼鸡之"祝祝"、"朱朱"正是对晋人张华《博物志》没搞清楚的神祇朱明的呼唤。参见该书第268页，中国社会科学出版社，1992年版。可见，燕国之"燕"、鸭绿江之"鸭"、鸡林之"鸡"、满洲的海东青与乌鸦和高句丽、楚国之"凤"从图腾上都与殷商是近族。《诗经·玄鸟》："天命玄鸟，降而生商"。我国有学者明确提出，高句丽是商族的后裔。参见黄斌、刘厚生《高句丽史话》，第22—24页，远方出版社，1999年版。

6 隆庆是明穆宗的年号（1567—1572）。

7 嘉靖是明世宗的年号（1522—1566）。

8 雍正是清世宗的年号（1723—1735）。

9 乾隆是清高宗的年号（1736—1795）。

10 驻跸，君主或后妃外出临时停留。“跸”读“必 bì”。

11 贞观是唐太宗的年号（627—649）。

12 原稿“在”有误，当为“左”字。

13 唐宗，指唐太宗李世民。

14 齐谐，荒诞不经。

15 原稿此处有误，当缺一“建”字。

16 猥孱，猥琐。

17“磬”读“庆 qìng”，将一排石板或玉板悬于架上，敲击而鸣。磬是古代的著名乐器。但这里是指木鱼。

18 闲释，悠闲的僧人。

初二日辛卯[1]，晴。甜水站[2]三十里，旗下[3]哈姓家午餐。连山店[4]四十里，民人李姓家宿。

1 这一天是1804年4月11日。

2“甜水站”现名为“甜水”，在辽阳市至本溪市之间的316省道北。

3 旗下，属于八旗的。清代满族军队和户口编制，分正黄、正白、正红、正蓝、镶黄、镶白、镶红、镶蓝八旗。后又增建蒙古八旗和汉军八旗。

4 连山店，连山关店。连山关地名至今未改。笔者与拙荆于2008年9月27日前往丹东参观时，在沈丹高速公路上经过此处。

连山店酒席次韵

青石[1]、会宁以间，嵌雪尚积，层冰方解。洼深泥污处，则路多不通，而向阳山谷，往往有菜花方绽，树枝向浓。此真“南枝花发北枝寒”[2]者也。

夕抵连山关[3]。自湾府[4]例送馔物，湾吏又屠一头牛，分馈上下诸人。絅庵[5]、秋阳[6]会酌红露，设暖炉拈韵。

连山素称多虎。军牢夜吹嗯蝉[7]，以警人马之散处夜行者。北人[8]谓虎曰“大虫”，亦曰“老麻子”。[9]

吏从湾上府，书发汉阳城。

疏肺炉燔[10]肉，浇喉酒溢觥。[11]

野声喧唿嗹[12]，山意坼[13]句萌。

左海[14]行将近，车过二岭程。

1 该地现有“青石岭”，在甜水满族乡西北。

2 原稿“南枝花发北枝寒”有误，当是“南枝向暖北枝寒”，是唐五代刘元载妻诗《早梅》中的一句。收入《全唐诗》八百一卷。

3 该地现名仍为“连山关”，属本溪市。自此以后，回国的朝鲜使节团走的是现今304国道一线。

4 湾府，朝鲜王朝义州府。在今新义州附近。

5“絅庵”，此次出使中国的副使权襈。“絅”读“迥 jiǒng”，禅衣；“襈”读“撰 zhuàn”，衣裳的边饰。

6 秋阳，此次出使中国的书状官徐长辅（1767—1830）。

7 原稿“嫌”有误，当为“嗹”。“唿”读“忽 hū”；“嗹”读“绿 lǜ”，鸣叫，鸡鸣。唿嗹，口哨，把手放进嘴里发出的尖锐声音。

8“北人”此处当是指东北人。

9“ 老麻子”当是东北口语里对老虎的称呼。

10“燔”读“繁 fán”，焚烧，烧。

11“觥”读“工 gōng”，上古是用犀牛角做的酒杯。后泛指酒杯。

12“唿”读“忽 hū”。“嗹”读“绿 lǜ”，鸣叫，鸡鸣。“唿嗹”，口哨。

13“坼”读“撤 chè”，裂开。

14 左海，东海。古代地理往往把东称作“左”。〔唐〕李朝威《柳毅传》：“疾逸道左”。这里用“左海”指代朝鲜。

初三日壬辰[1]，阴。畓[2]洞三十里，民人卢姓家午餐。通远堡[3]二十五里，民人李姓家宿。军牢便，承家书。

1 这一天是1804年4月12日。

2“畓”朝鲜汉字，水田。

3 原稿“通远堡”实为老通远堡。现今通远堡镇在其附近，属辽宁省丹东市。笔者与拙荆于2008年9月27日驾车前往丹东参观时，在沈丹高速公路上经过通远堡站。据介绍，现今老通远堡已无存，304国道穿其旧墟而过，只有稍高起的地形上可以看出原来的城墙位置。

“堡”读“pù”。

范家岭和芝园[1]七律

路踰诸岭，岭多峭峻。又畓洞[2]前，往往有沮洳[3]处。比日前所经，相上下。[4]

荒茅交掩乱山中，仄径迤迤[5]问野翁。

华表天长瞻化鹤[6]，蓟门春早伴归鸿。

文章贾岛[7]空怜瘦，寥落昌黎[8]愿送穷。

故国谁传花信否，一番微雨一番风。

1 正使的幕宾赵景裕字芝园，即朝鲜文人赵秀三。赵秀三（1762—1849）又名景裕，字芝园、子翼，号秋斋、经畹，本贯汉阳，有《秋斋集》传世。《秋斋集·传》引用《壶山外史》，称赵秀三六次到中国，83岁中进士小科，88岁卒。

2“畓”，朝鲜汉字。水田。

3“沮洳” 读“举jǔ入rù”，湿润，潮湿（之地）。

4“相上下”在这里是“不相上下”的意思。

5“迤”读“姨yí”，地势斜着延展。

6 朝鲜使节多说，辽阳城有华表柱，是传说中丁令威化鹤飞升的地方。

7 贾岛（799—843），字浪仙，原籍范阳（今北京），唐朝著名诗人。我国古代有“郊寒岛瘦”的说法。

8 昌黎，指唐朝诗人韩愈（768—824）。

次秋阳[1]志喜韵

先来军牢，回到宿店，承家书。秋阳得生男报，谓余曰：“行中此报，并余为六人。凡得此报者，岂无志喜之举耶？”遂先唱一诗，以求和于诸人。

书雁东来燕贺喃，行台[2]得一丈夫男。

蓟山归客欣相对，羊酒丰西[3]采美谈。

1 秋阳，此次出使中国的书状官徐长辅（1767–1830）。

2 行台，对“行人”的尊称。春秋战国时期把从事诸侯国之间外交活动的人称为“行人”。原稿这里是指朝鲜使节团的书状官徐长辅（1767–1830）。

3 羊酒丰西，《史记·韩信卢绾列传第三十三》：“卢绾者，丰人也，与高祖同里。卢绾亲与高祖太上皇相爱，及生男，高祖、卢绾同日生。里中持羊酒贺两家”。原稿二月二十七日记录里说，原稿作者李海应得了一个儿子，故本句用此典故。

初四日癸巳[1]，晴。黄家庄三十五里，旗下[2]黄姓家午餐。干子浦[3]五十五里，旗下池姓家宿。

1 这一天是1804年4月13日。

2 旗下，属于八旗的。清代满族军队和户口编制，分正黄、正白、正红、正蓝、镶黄、镶白、镶红、镶蓝八旗。后又增建蒙古八旗和汉军八旗。

3 原稿癸亥十一月二十七日记此地为“干子铺”。

三家河

朝发镇东堡[1]，至八渡河。桥过者四，水涉者四。其间濡轨之水[2]五六。至瓮北河，是“三家”之一名也。[3]

河有架木为桥。偶一人吸茶[4]而过，火落风急，瞬息之间，烧尽一桥。余则从水过涉，而其炽炎，犹恐其近人。

自入山谷以后，往往野烧通红，山烟抹青。盖峡民之将畔垦山田者，纵火焚除也。

三河横短艇，飞鹊度双双。

秀色行将结，疑如到九江。

1 该地今名“薛礼站”，在304国道附近。唐朝名将薛仁贵又名“薛礼”。

2“濡轨之水”出自《诗经·匏有苦叶》，意思是河水很浅，乘车过河，水也没有漫过车轴的两端。“濡”读“儒rú”，湿；“轨”旧读“九jiǔ”，车轴的两端。

3 此句的意思是，瓮北河是三家河的别名。原稿《附录·山川》：“瓮北河源出分水岭，一名三家河”。

4“吸茶”即“吸烟”。原稿称烟草为“烟茶”，参见原稿卷五《附录·饮食》。这大约是李海应从原有“燕行录”里学来的说法。1720来中国的朝鲜文人李宜显《庚子燕行杂识》说：“南草，男女老少无人不吃，而待客之际，与茶并设。故称南草为烟茶。市肆尤多卖者。揭之以名烟者，处处皆是。然其草细切，晒得极干。无一点湿气，故一瞬爇尽。亦不叠吃，一竹便止。通一日所吃，多不过四五竹。其竹亦细而短”。但朝鲜文人丁若镛（1762—1836）《与犹堂集》就已经在为“烟草”正名了，该书卷十八《雅言指瑕》云：“山茶以为冬柏，烟叶以为南草，烟杆以为烟竹，棉布以为白木，皆无所据”。另参见〔清〕顾张思《土风录》卷三“烟草”，收入[日]长泽规矩也编《明清俗语辞书集成》，上海古籍出版社，1989年版。

初五日甲午[1]，晴。栅内五十里，旗下鄂姓家宿。湾便，承家书。又上书。

1 这一天是1804年4月14日。

凤城[1]

自二台子以后，凤凰山渐近。崔嵬[2]戌削[3]，青色蔼然，如入京城[4]近地，遥望三角[5]之缥缈矣。

路过凤凰城。市肆繁富，不下通、蓟诸州，而人物亦多秀俊者。

入城由集瑞门，是南门，而东则“迎曦”也。上集瑞门楼。楼凡二层，而眺望处多畅豁。城内有朝鲜馆，曰“柔远馆”。前日使行往来时，必至宿于此。今则路不由此，故废之。

至旧栅门店南里许。林木葱蒨[6]，屋宇齐整，通官[7]徐季文[8]家也。其叔家在凤凰山下。其祖徐宗孟[9]坟墓，在其家后。曲垣[10]象设，鲜丽甚多。

集瑞门东削翠冈，朝鲜馆外荫青杨。

春风试上谯楼[11]望，极目腥尘大漠乡。

1 凤城，今辽宁省凤城市。

2 崔嵬，高大、高耸。“嵬”读“违 wéi”。

3 戌削，清瘦（的样子）。

4 这里的“京城”是指朝鲜王京汉城（今韩国首尔）。

5 三角，三角山，即现今韩国首尔（汉城）北面的北汉山。参见朝鲜文人古山子《大东地志》卷一。

6 葱蒨，郁郁葱葱的样子。“蒨”同“茜”。

7 通官，礼部的通事。清朝于礼部设朝鲜通事十二人，负责翻译工作。他们都是朝鲜族人。参见〔清〕武英殿本《古今图书集成 · 官常典》卷三百十五有关记载。

8 徐季文（？），清朝文人，朝鲜族，丹东人，通官。大通官徐宗孟之孙。

9 徐宗孟（？），清朝文人，朝鲜族，丹东人，清朝正六品大通官。与其兄徐宗顺皆为清朝负责接待朝鲜使节团的翻译官。朝鲜文人洪大容《湛轩书》外集卷七《燕记 · 衙门诸官》记载了与徐宗孟之间的交往。

10“垣”读“元 yuán”，墙。

11 谯楼，城门上之望楼。“谯”读“桥 qiáo”。

奉和絅庵副使[1]贺席韵

先来稗译三人，还到宿站。闻生进会榜已出。絅庵见科庆[2]，因作《志喜诗》求和。

自湾府[3]送军吏诸人，为延使行。此则书状独然。[4]

舆人[5]传诵令郎名，白战春围[6]已小成。

万里星槎[7]归思促，绿衫[8]迎到浿[9]西城。

1“䌹庵副使”，此次出使中国的副使权䙴。“䌹”读“迥 jiǒng”，禅衣；“䙴”读“撰 zhuàn”，衣裳的边饰。

2 䌹庵见科庆，此次出使中国的副使权䙴见到了科举的喜报（其子高中了）。䌹，读“迥 jiǒng”，禅衣；“䙴”读“撰 zhuàn”，衣裳的边饰。

3 湾府，义州府。

4 本句的意思是，书状官这次就不能和正使、副使一起接受义州府的邀请了。因为同来的朝鲜商人的货物还没有全到，书状官要留在栅门内。参见原稿三月初八日的记载。

5 舆人，这里指为朝鲜官员抬轿子、赶车的人。

6 春围，春闱。在春天举行的科举考试。

7“槎”读“查 chá”，木筏。

8 绿衫，朝鲜王朝官服主要分三色：绿色、蓝色和红色。绿衫是低级官职的官服，其上级别的官服颜色是蓝色，红色的官服是高级官员才可以穿的。这种制度基本是我国唐宋两朝服制的翻版。参见吴东平《色彩与中国人的生活》，第221页，团结出版社，2001年版。

9“浿”读“配 pèi”，朝鲜青川江和大同江的古称。“浿”是朝鲜汉字。

初六日乙未[1]，乍阴。栅内留。

1 这一天是1804年4月15日。

西溪小酌

使行例待车卜[1]同时出栅[2]，而今行则以泥泞，未知何日齐到。

栅内西北，有溪水环之，颇清澈可喜。午后从三使到溪上张网，得大小鱼数十尾。因斫[3]鲙佐酒，乘月归店舍。

盘陀[4]经雨滑如泥，轻屧[5]斜阳解共携。

浴鹭忽惊渔网集，一群飞散水东西。

1 车卜，车辆和随载物品。

2 栅，栅门。现名为“边门”，在304国道沿线。

3“斫”读“啄 zhuó”，刀砍，斧剁。

4 盘陀，表面凹凸不平的大石头。

5 屧，本义是鞋底。这里是指鞋。“屧”读“谢 xiè”。

初七日丙申[1]，阴，洒雨。栅内留。

1 这一天是1804年4月16日。

安市城[1]

朝，从田畔小路，行过三里，城下有人家数户。遂踰一短冈。有城门旧址，城基绕出山腰，而土石尚多堆积。可知其筑城遗制也。峭壁戌削[2]，岩石周遭，不过四五里。平地可置七八千户。东北两山凹处，又有门谯日[3]址。自此北行，可抵内凤城。西边石壁，高可百尺余。

城中垦田，不过数三顷，有一茅屋萧然独存。自此四望，不但安市独为铁瓮城。城外群山，四合层叠，如羊肠之险。余尝窃疑隋唐之君，以中原百万之众，攻弹丸黑子之地。自取败衄[4]，尚不知悔。今见其地形，则其势如扼项而无背。

夫辽东，即广宁[5]、宁远、山海关诸处喉嗌[6]之地也。明[7]时，善[8]城堡，练甲兵，置猛将于五处。二千余里皆成战场者，唯失辽之是惧也。

遂登岩壁上，慨今日之非昔，快眼界之轩豁。不觉日昃[9]而忘归。

安市山如云，安市城如斗。

依山又开城，控制辽左右。

唐兵难力拔，杨将[10]但死守。

如何事不古，今为犬戎[11]有？

植杖[12]空沉吟，□[13]日满冈阜。

1“安市城”在今辽宁海城市，海城的英城子山城才是安市城旧址。原稿作者李海应与其他朝鲜使节团成员见到的乃今辽宁省丹东市的凤凰山城，即“高句丽山城（乌骨城）”。参见魏存成《高句丽遗迹》，第78、109—110页，文物出版社，2002年版；福建省地图出版社编《辽宁吉林黑龙江内蒙古高速公路及城乡公路网地图集》，第28页，福建省地图出版社，2007年版。

2 戌削，清瘦（的样子）。

3 原稿“日”字有误，当为“旧”。

4“衄”读“nǜ”，挫败。

5 广宁县，今北镇市。北镇市现有广宁古城。

6“嗌”读“爱ài”，塞住咽喉。

7 明，大明王朝。

8“善”通“缮”。

9 “昃”读“仄zè”，太阳西斜。

10 杨将，姓杨的将军。指高句丽将军杨万春。

11 犬戎，我国北方的游牧民族，也叫“西戎”。原稿是以其指代满族统治者。

12 植杖，拄着手杖。

13 原稿此处有误，缺一“斜”字。

初八日丁酉[1]，小雨。栅外露宿。湾便，上家书。

1 这一天是1804年4月17日。

送芝园[1]先归

车卜[2]昨暮始齐到，故朝遂出栅。凤城将与税官、门御史等员坐衙门，如入栅时。打开燕包，略阅之。三使一行，次第出来。泠然[3]洒然，如鸟出笼。但书状则为检后市，留栅外数日。栅货出，然后始行。故就栅外山址下，掘坎置幕。如九连、葱秀之设。

正、副使向晓先发。万里行色，不无去留之怀。

余与景博[4]及比包官[5]、三译[6]，别设奕幕[7]，处于相望之地。幕外群峰罗列，长川如带。遂登后麓，聘瞩[8]良久，亦足一畅。

湾商[9]及贳马[10]驱人之属，扰扰于栅外，皆设幕相连。埋锅打火，如行军之垒。夜中，枪军辄吹角警虎。

行李差池万里车，赠君书尺寄吾家。

东还知有相逢日，春暮王城[11]烂漫花。

1 芝园，指朝鲜正使的幕宾赵景裕。赵景裕，字芝园，当即《秋斋集》的作者、朝鲜文人赵秀三。赵秀三（1762—1849）又名景裕，字芝园、子翼，号秋斋、经畹，本贯汉阳。《秋斋集·传》引用《壶山外史》，称赵秀三六次到中国，83岁中进士小科，88岁卒。

2 车卜，车辆和随载物品。

3 泠然，轻妙的样子。“泠”读“零líng”。

4 景博即原稿作者的好朋友、朝鲜文人李光文。李光文（1778—1838），字景博，号小华，本贯牛峰。后出任吏曹判书、大司宪等职。

5 比包官，在我国边门（栅门）外检查交易金额的朝鲜官员。明清两朝来中国的朝鲜使节团例有“八包”的商品可以带入中国交易。最初的一包是十斤高丽参。清乾隆年间规定，使节团里的随从与译员可以带八包货物到中国来。堂上官员与堂下官分别有三千两、一千两的与中国货物交易额度。这样，一个使节团来中国带来的商品价值往往在八万两左右。回国途中还要再买中国商品，销往本国或日本。随同使节团来往的商人往往成为巨富。参看韩国电视连续剧《商道》。

6 正使、副使和书状官的翻译。

7 奕幕，大的帐篷。奕，大。

8 聘瞩，四处观望。聘，探询。瞩，注视。

9 “湾商”（义州商团）与“京商”、“松商”等是朝鲜王朝不同的商团。可参看韩国电视剧《商道》。

10 贳马，临时借用的马。“贳”读“世 shì”，借贷。

11 王城，朝鲜王朝的首都。今韩国首尔（汉城）市。

初九日戊戌[1]，阴，细雨。栅外露宿。湾便，承家书。

1 这一天是1804年4月18日。

前川打鱼

余所处奕幕[1]，与山而接。是上龙山[2]余麓也。余试欲登眺，人皆挽之曰：“若登此山，风雨大作。当此露宿，固不可招风兴雨”。此不足准信，而牵于俗忌，遂中止。

向晚，湾校辈[3]设网于前川，举于[4]盈筐。命厨奴切脍[5]一嚼。

北塞春深客未归，南川雨歇水初肥。

渔人未解观鱼乐，去向中流一网围。

1 奕幕，大的帐篷。奕，大。

2 原稿“上龙山”有误，当为“五龙山”。五龙山以山峦起伏如五龙而得名（从李海应的记载看，五龙山的灵验也是一个主要原因），是丹东市的著名旅游景点。

3 湾校辈，义州府军官一帮人。

4 “举于”是通假的用法，即“巨鱼”。

5 “脍”读“快 kuài”，细细切开的鱼或者肉。

初十日己亥[1]，朝，微雨。自栅外离发，温井坪[2]五十二里露宿。湾便，承家书。

1 这一天是1804年4月19日。

2 温井坪，也有来中国的朝鲜文人记述为“汤池子”。该地现有五龙背温泉。另参见［韩］林基中主编《燕行录全集》第九十六卷，第111—112页，东国大学出版部，2001年版。

温井夕眺

湾商交买物货，今始输出。故朝遂发行。

自栅外，路本沮洳[1]。重以夜雨，泥水汩没[2]，往往涉险。如永安、烂泥之所经。

行到温井坪，日犹未晡[3]，遂步至川边。

野势平远，群山映带。井在道周，甃[4]以石。水派多涣散，泉脉沸如蟹眼，暖气腾腾。人多分队澡濯。余亦临井洗足。

川边有垂钓者，而水清且浅，绝无入饵之鱼。

松阴散地菜花斑，春气蒙蒙暝霭间。

涧水澄清鱼不上，何人垂钓坐看山？

1“沮洳” 读“举jǔ入rù”，湿润，潮湿（之地）。

2 汩没，埋没。“汩”读“古gǔ”。

3“晡时”即申时，下午3—5点。“晡”读“bū”。

4“甃”读“咒zhòu”，砖砌。

十一日庚子[1]，晴，风。九连城[2]三十八里午餐，还渡鸭绿江。义州龙湾馆宿。

承家书之留湾者。

1 这一天是1804年4月20日，农历的“谷雨”。

2 现今“九连城”属辽宁省丹东市振安区。

鸭江回棹

行过九连城，湾堞[1]已入望，统军亭杳然高出。又见东北群山，一带微茫。忽想李提督[2]提兵到此，望见朝鲜云山出没，誓师鼓勇，语甚慷慨，增人壮气。自爱河[3]以后，往往见杜鹃[4]、菜花，红绿相错。

日晡[5]时，三渡至鸭绿。水浅而风多，篙师[6]十数辈[7]，皆入水曳船而过。湾尹[8]已出候江干。[9]

由城南门入，处于乡社堂。回思半年经历，依如一梦。京国尚隔千里，而一渡湾江[10]，便即吾土也。

云鹏[11]高举涉层溟[12]，荏苒[13]年华一梦醒。

历历黄沙区脱野，童童翠盖统军亭。

篙工帆轴乘风起，官妓弦歌[14]隔水停。

渡口春波澄似镜，行人东返洗尘腥 。

1 湾堞，义州城上的望楼。“堞”读“碟 dié”。城门上的了望楼。“湾”即义州。义州本高丽王朝龙湾县，朝鲜王朝设有龙湾郡。朝鲜文人经常用“龙湾”、“湾府”来称呼义州。参见朝鲜文献《新增东国舆地胜览》卷五十三“义州牧”。

2 李提督，援朝明将李如松。

3 原稿“爱河”有误，当为“叆河”。 李海应一行在今丹东五龙山风景区附近过叆河。

4 杜鹃是今丹东市的市花。

5“晡时”即申时，下午3—5点。“晡”读“bū”。

6 篙师，船工。

7 辈，本意是百辆车。后指（一）批，（一）拨。

8 湾尹，义州府尹。

9 江干，江岸。

10 湾江，鸭绿江。

11 这里用《庄子 · 逍遥游》里的典故。

12 层溟，苍溟。极高远的天空。这里是指中国。

13“荏苒”读“忍 rěn染 rǎn”，时光在不知不觉中飞快地过去。

14 朝鲜民族能歌善舞，原稿作者李海应一行在其国内的活动总伴有歌舞。朝鲜文人朴枝华（1513—1592）《守庵遗稿》卷一《听歌》载，砺城尉宋寅家有善歌之妓石介，名动一时。

十二日辛丑[1]，阴。龙湾馆留。

1 这一天是1804年4月21日。

镇边轩

入燕之人，及归到此，皆换着一幅春衣。戴笠束带者，无非衣冠甚伟，举止舒缓。非复戎服驰逐之容。[1]

晓入镇边轩，观投壶戏[2]于望辰楼。

府尹适出旬题于邑儒[3]，方受试券[4]考校，余亦参证。[5]

铃轩梅落待人觥[6]，州尹堂堂斗印横。

讲武边关多暇日，文章技艺试诸生。

1 原稿在十一月二十四日时说：“余亦换穿狭袖戎衣，戴织竹凉战笠”。

2 投壶是我国古老的游戏，宴会时众人轮流把筹或者箭投入壶中。壶多用青铜做成。朝鲜文人以箕子为圣，也很喜欢这种古雅的游戏。

3 邑儒，地方官校的学生或者学者。

4 试券，试卷。

5 参证，参与了考试。

6“觥”读“工gōng”，最初是用犀牛角做的酒杯，商朝以后多用青铜制做。后泛指酒杯。

十三日壬寅[1]，阴。龙湾馆留。拨[2]便，承家书。

1 这一天是1804年4月22日。

2 拨，拨站递送的人员。

唤鹤亭

朝由统军亭，转上唤鹤亭。亭在西门城角，而小构兀然，仅容三两人坐。西临鸭绿之水，南对鹤卵之峰。峰之形，如鹤抱卵。体势稳藉，故“唤鹤”之名，由是设也。扁“唤鹤亭”三字。又扁于西楣曰“翩跹[1]楼”，尹判书师国[2]笔也。

观歌舞，乘昏而罢。

西城突兀杳乾端，亭角春风送薄寒。

鹤卵峰高齐画栋，鸭绿江阔撼虚栏。

轻盈少妓妆花髻，信宿[3]行人解锦鞍。

稳藉杯盘今日宴，雪糖银面净堪餐。

1“翩跹”读“偏piān先xiān”，舞姿轻快的样子。朝鲜人能歌善舞，文人也往往于兴高采烈时翩翩起舞。

2 尹师国（1728—1809），朝鲜文人，字宾卿，号直庵，本贯漆原。朝鲜英祖二十五年（清乾隆十四年己巳，1749）谒圣文科及第。先后任江原道观察使、汉城府判尹、工曹判书等。

3 信宿，连住两夜。〔北魏〕郦道元《水经注 · 江水》：“流连信宿，不觉忘返”。

十四日癸卯[1]，乍阴。自龙湾馆离发，所串馆[2]三十里午餐，龙川五十里良策馆宿。《状启》[3]便，上家书。

1 这一天是1804年4月23日。

2 所串站也叫“所串驿”、“所串馆”，朝鲜凤山的一个驿站。参见朝鲜文献《新增东国舆地胜览》卷四十一《凤山 · 所串驿》。

3 状启，（出使中国的使节团官员）在路途中给朝鲜国王的汇报性文书。如原稿“癸亥十一月二十四日”记有《渡江状启》。

听流堂

书状官例有“入燕日录”及“闻见事件”书写之役。今始就讫，故修发[1]毕《渡江状启》。

午发，至龙川馆，微月已高。设妓乐于听流堂，转上天渊亭。

日昏良策馆，归客夜愁淹。

涧语潜通户，山光细透帘。

裁灯衙角转，倚笛女喉纤。

曲栏重添酒，冰轮[2]照满檐。

1 修发，写完并发出。

2 冰轮，月亮。

十五日甲辰[1]，自晓雨。铁山三十里，车辇馆午餐。宣川五十里，林畔馆宿。

1 这一天是1804年4月24日。

天渊[1]朝雨

平明睡起，雨脚蒙蒙。残葩[2]瘦蕊，含润于岩壁间。比诸昨冬，景色倍佳。暂登天渊亭，听乐而发。

鸟语盈檐客倚栊，苍屏岚[3]气远空蒙。

池塘上下花千朵，开尽东风细雨中。

1 天渊，良策镇内的天渊亭。参见原稿“癸亥十一月十一日”的记述。

2 残葩，开过的花。“葩”读“趴 pā”，花儿。

3 岚，山（林）中的雾气。

车辇馆咏蟠松绝句

少晚[1]，发向铁山。阴霭转收，峰峦叠出，而自渡龙湾，渐见山川秀明。非若北山丽壮之势。

午餐于车辇馆。馆前旧有盘松，苍郁龙钟，亭亭如盖，多入明使[2]赏咏。行过东林城，路多拱把之松。黛色参天，冥晦森阴，行者如从窟中史。[3]

东阁松蟠[4]老大枝，轻风午日影参差。

青青莫道凌霜节，红杏丛中色更奇。

1 少晚，稍晚。

2 入明使，明朝出使中国的朝鲜文人。

3 “史”通“驶”，这里的意思是“行走”。

4 “蟠”读“盘 pán”，盘曲。

东林将台

别将[1]郑观[2]，入燕时湾上军官也。先到镇，迎拜于路。仍请入城，故遂登将台。台不甚高，而栋宇之制颇牢壮。扁曰“东林帅台”。

盖其城堞[3]，依山周遭，而犹未割据要冲。议者以为改筑城而广其南，则可为保障之险地云，而惜乎无建议设力者。

台之北有别将所治，而屋宇亦精致，又有仓谷万有斛[4]，而自宣川府掌之。城内民居，不过十数户，而以生利之不殖，故绝无聚入者。窃恐他日既无防戍捍御之人，则设有不虞[5]，而不无藉兵赍[6]粮之虑矣。

郑观设一卓[7]馔供之。

伴君辽阳路，期我东林城。

东林帅台高，杯酒好将迎。

举目青山出，地势东南倾。

零星圭窦户[8]，炼[9]熟牙旗兵。[10]

地小何有治，边围幸升平。

欲识将军政，烽燧[11]夜夜明。

1 别将，朝鲜王朝的军职。这里当指左列或右列别将。

2 郑观（？），朝鲜纯祖年间义州府军官。

3 “堞”读“碟 dié”，城墙上齿壮的矮墙。

4 万有斛，一万多斛。有，又。

5 不虞，不测，突然事变。

6 “赍”读“几 jī”，带来。

7 “卓”通“桌”。

8 圭窦户，本来是零散地居住的边民人家。《左传》有“筚门闺窦之人而皆陵其上”句。杜预注“闺窦，小户。穿壁为户，上锐下方，状如圭也”。

9 “炼”通“练”。

10 “牙旗兵”的意思是“国王麾下的军士”。礼制规定，天子出则建大牙旗，竿上以象牙饰之。

11 烽燧，烽火。

十六日乙巳[1]，阴。郭山五十里，云兴馆午餐。定州三十里，新安馆宿。拨便[2]，承家书。

1 这一天是1804年4月25日。

2 拨便，趁着拨站递送人员往来之便。原稿所说朝鲜境内的“拨”皆是指拨站；原稿“癸亥十二月十日”记述的“飞拨”，也叫“飞递”，是清朝于东北地区所设骑马递送信息的专人。有些类似“六百里加急”。

金鲁叟[1]西湖亭

金斯文鲁叟，定之邑儒[2]。与秋阳[3]有旧，而余亦知面[4]者也。为迎燕行之还，进到前站，而闻家距州治南二十里，新构一小亭于单山里，扁曰“西湖亭”。是亭也，超然林崖之间，南临大海，阶前万里。

（金）略道其胜，槩[5]曰：方求京洛士友之诗，印板揭之。得诗者，已十数章。又要余一咏。故以二绝书赠。

怪子芝眉秀气笼，西湖亭子远当风。

行人遍踏辽阳返，岳色川声又海东。

乡居契阔胜农桑，栏外商帆凑海南。

愧我清缘犹未足，西亭难又系征骖。[6]

1 金鲁叟（？），朝鲜纯组年间文人，字斯文。其余不详。

2 邑儒，地方官校的学生或者学者。这里是说金斯文是定州的学者。

3 秋阳，此次出使中国的书状官徐长辅（1767—1830）。

4 知面，有一面之交。

5 “槩”通“概”。

6 “骖”读“参 cān”，驾车时在两边的马。这里指马。

十七日丙午[1]，雨。嘉山六十里，嘉平馆午餐。博川四十里，大定江[2]秣马。安州四十里，安兴馆宿。

1 这一天是1804年4月26日。

2 大定江即今朝鲜平安北道的大宁江。

晓星带雨

自纳清以后，雨大霔[1]。冒雨越晓星岭。云霭连天，但见下略山川，浑成一泓海波。东望香山，衍远峻拔，其巅可拱揖，而视岭之高，可知也。

轻岚[2]骤作雨蒙蒙，衫袖飘扬不胜风。

岭路回瞻天鸿洞，茫然如在海船中。

1“霔”读“树shù”，灌注。

2 岚，山（林）中的雾气。

博川江

大定江间于嘉山、博川，海潮往来，舟楫辐凑[1]。江民多饶于财，而博川守亦专赖此地之利。

自此雨不作，前行经宁边府，略望见药山，盘据西南。松翠迷茫，云烟摇漾，使人神往不能已。

至清川江，日已匿景矣。持火入安宁城东门。

日射博川江，江上多大帆。

晚风吹滔滔，浪花着高岩。

仙侣郭林宗[2]，名湖贺秘监。[3]

船高马不登，踯躅[4]啮金衔。[5]

江娥解棹歌[6]，眉笑举花衫。

1“辐凑”也作“辐辏”，读“幅fú凑còu”，意思是人们或者货物聚集在这里，像车辐集中于车毂一样。

2 郭林宗，指东汉文人郭泰。郭泰（？），字林宗。〔南朝〕刘义庆《世说新语》有“郭林宗至汝南”故事，说郭林宗去拜访黄叔度，却只住了两天就走了。别人问他原因，他说黄叔度太深奥莫测了。这里原稿作者李海应把自己比作郭林宗。

3 贺秘监，唐朝诗人贺知章。贺知章（659—744），字季真，会稽永兴人，与李白、张旭等合称“饮中八仙”。诗以七绝见长。曾任工部侍郎、秘书监。其《回乡偶书》二首之一有“少小离家老大回，乡音无改鬓毛衰”句。原稿作者李海应已回到了朝鲜国内，因此用以自况。

4“踯躅”读“zhí直zhú竹”，徘徊不前。

5 金衔，马嚼子。

6 棹歌，船歌。“棹”读“照zhào”，船浆。

十八日丁未[1]，晴。肃川[2]六十里，肃灵馆午餐。顺安六十里，安定馆宿。

1 这一天是1804年4月27日。

2 “肃川”地名至今未改。现属朝鲜平安南道。

安兴馆七绝书示景博[1]

安营当孔道[2]之冲。城垣[3]浅，筑楼橹边侧，不足为保障。且城东北隅地陡下，自外过之，可俯而窥其中。独有清川江，障其东北，为一州襟带。

罢馆无眠早拂衣，帘风透过洞云归。

朝来试望春天净，萨水[4]东边一鹭飞。

1 景博即原稿作者的好朋友、朝鲜文人李光文。李光文（1778—1838），字景博，号小华，本贯牛峰。后出任吏曹判书、大司宪等职。

2 孔道，狭窄、险要的道路。

3 “垣”读“元 yuán”，墙。

4 萨水，即现今朝鲜境内的清川江。朝鲜文人丁若镛（1762—1836）《与犹堂集》卷五十六《朝鲜水经（十）》：“萨水即清川，淀水即大宁水”。

次肃川妓桂心[1]

肃川妓[2]桂心，年十五，夙慧端妙，且善属诗句[3]，往往有惊人语云。故使之拈韵赋呈。则其蹊径句作，足可谓名不虚得。

香国风流属使家，酒行前席点新茶。

西州三月春光住，忽见栏头解语花。

1 桂心（1790—？），朝鲜肃川官妓。善写诗。

2 妓，指朝鲜官妓。

3 “善属诗句”的意思是会做对联，能做短诗。

十九日戊申[1]，晴。平壤五十里，大同馆午餐。中和五十里，生阳馆[2]宿。

1 这一天是1804年4月28日。

2 参见朝鲜文献《新增东国舆地胜览》卷五十二《生阳驿》。

箕城即事[1]

余留湾馆时，闻箕城失火于初三日之风矣。

及至静海门，城外多灰烬家。且静海之谯楼[2]，已被焚爇[3]，只有门扇，而门之上则穹然天色也。遂入门四顾，满城连甍[4]之屋，忽若扫地。但见墙壁齿齿，如蜂房之近灶被煤也。问之，则自巡营宣化堂以至圣庙崇仁殿及凡各公廨[5]仓库，无不被灾，合为累千间，而民户之延烧者，殆至五千户。人命之被害者，亦不下百余数。火起一朝，霎时延烧。半日间，烈焰环城，而营库火药，从而飞散。故公私财产无暇避，竟入灰烬中，不可以累亿万计。只有二衙衙舍、练光亭及大同门近处民家，余存者八、九百户。

武烈祠四邻民户，皆入燎火，而祠独岿然[6]，火不扑通。抑英灵毅魄，犹有存者而然欤？城内人民，散处原野，无不栖遑而号哭。一代繁华场，便成碧海桑田。虽寻常行路，犹不禁魂惊而臆塞。且此地年年被灾，营建无计。

慰谕使李承旨相璜[7]来留有日，方今复路。大抵火灾偏酷，法殿[8]既烧，京江诸处，亦多失火。关东七郡封山延烧，而其它列邑之种种被灾者，不可枚举云。当此时，不可贻弊[9]于此邑。故昼停练光亭，进零星饭盂，而仍即发行。

箕都[10]经大劫，至今民謷謷。[11]

闻说烈焰起，大风从木梢。

石栏千门壁[12]，灰压万家茅。

可惜繁华地，无迹浪头泡。

池渴鱼及殃，林薄燕移巢。

思将广厦庇，庶民同吾胞。

1 原稿描绘的是1804年的平壤大火。箕城，朝鲜文人对平壤的习惯称呼。

2 谯楼，城门上之望楼。“谯”读“桥 qiáo”。

3“爇”读“若 ruò”，烧。

4“甍”读“盟 méng”，屋脊。

5 公廨，官署，官衙。“廨”读“谢 xiè”。

6 岿然，独立安然。“岿”读“亏 kuī”。

7 李相璜（1763—1841），朝鲜文人，字周玉，号渔桐，本贯全州。此次平壤大火灾害的慰谕使。1820年为吏曹判书，1824年为左议政，1829年出使中国。1838年为领议政（首相）。

8 法殿，朝鲜百官朝贺用的正殿。

9 贻弊，添麻烦。该使节团有300多人，给他们供应饭食等对沿途官民来说是很大的负担。“贻”读“姨 yí”，赠送、遗留。

10 箕都，也作“箕城”。因为箕子和其后代以平壤为首都，故朝鲜文人经常用此称呼。

11 “謷”读“熬 áo”。謷謷，议论纷纷的样子。

12 这句的意思是，成千上万的门户只剩下了石头墩子。

二十日己酉[1]，细雨。黄州五十里，齐安馆宿。

1 这一天是1804年4月29日。

竹楼小酌

才到黄岗，雨色霏微，故仍止宿。

晚登竹楼，楼前桃杏交化，眼界极萧寂。引数妓，进弦歌听之。

林莺娇啭和新歌，昼静东园细雨过。

楼下名花楼上女，不知春色较谁多。

二十一日庚戌[1]，晴。凤山四十里，洞仙馆朝餐。剑水[2]三十里，凤阳馆午餐。瑞兴四十里，龙川馆宿。

1 这一天是1804年4月30日。

2 剑水，朝鲜王朝的一个驿站。参见朝鲜文献《新增东国舆地胜览》卷四十一《凤山》。

凤山途中

行过凤山，海伯[1]李存秀[2]方春巡沿邑。支待奔走于道路，仪杖[3]前倍。连亘[4]十余里。

凤山、黄州之间，地多斗陷。又游丝着人眼，两境人多病盲者，以此故也。

水驶山高道里遥，举鞭时送疾禽飘。

海西州郡观风使，呵喝行人马步骄。

1 海伯，朝鲜文人专用词汇，指黄海道观察使。此外，还有箕伯、畿伯等称呼。

2 李存秀（1772—1829），朝鲜文人，字性老，号金石、莲游。本贯延安，著名文人李廷龟之后。其祖父是领议政李天辅，父亲李文源曾任判书。1794年增试文科及第后，曾任弘文馆正字。1819年任大司宪、礼曹判书，官至左议政（副首相）。

3 仪杖，仪仗。

4“亘”读“艮 gèn”，横贯。

二十二日辛亥[1]，晴。葱秀五十里，宝山馆午餐。平山三十里，东阳馆宿。

1 这一天是1804年5月1日。

龙泉馆晚发

宋上舍[1]启濚[2]，主倅[3]守渊[4]子也。参进士试，方到亲邑。阖[5]境士女，观者如堵[6]。主倅明日将试邑士志喜，而诸生之来会者，裹足担肩，已不知几百数。

至葱秀午餐。岩花涧溜[7]，极其幽绝。遂铺席于盘陀[8]上，移时赏咏。

弦歌朝发使君堂，杯酒留连晚戒装。

白日青衿[9]街路集，县门槐叶不秋黄。

1“上舍”是对比自己地位高的人的儿子的尊称。“舍”是少爷、公子的意思。

2 宋启濚（？），朝鲜纯组年间文人，本贯平山，宋守渊之子。“濚”读“营 yíng”。水泉。

3“倅”读“翠 cuì”，副职官员。宋人张先（990—1078）《天仙子》一词的副标题为《时为嘉禾小倅，以病卧不赴府会》，见〔清〕上彊村民选编，梁海明译注《宋词三百首》，第6页，山西古籍出版社，1999年版。

4 宋守渊（？），朝鲜文人，本贯平山，1805年为通政大夫，历任高山县监（县令）、价川郡守、通川郡守。

5“阖”通“合”。

6 朝鲜王朝用科举来塑造文化英雄的做法，与中国隋以后历代王朝类似。

7“涧”读“见 jiàn”，山间的水沟。

8 盘陀，突兀不平的大石头。

9 青衿即青领，读书人。《诗 · 郑风》有“青青子衿，悠悠我心”。《毛传》解释说：“青衿，青领也。学子之所服”。“衿”读“金 jīn”，通常指衣下两旁掩裳际。

二十三日壬子[1]，晴。金川三十里，金陵馆午餐。松京[2]七十里，太平馆宿。

1 这一天是1804年5月2日。

2 松京，今朝鲜开城市。919—1392年这里曾是高丽王朝的首都。

青石城

自丙子[1]后，过松京者辄以青石洞之防守忧之。今于洞口，方始筑城。役夫齐集，车牛咸萃[2]，而城内民丁，新人开店贩利，从此为大都市。

地控西边四十州，言言百堵枕长流。

一城民屋连墙起，守将今为万户侯。

1“丙子”是指明崇祯九年、清崇德一年，公元1636年。这一年，皇太极以朝鲜君臣不肯接受后金而发兵攻打，次年，朝鲜王朝出降，断绝了与明朝的关系。

2 咸萃，与上句的“齐集”互文，意思是都到齐了。咸，都。

澹如台

至松京，取捷路直向满月台[1]。山棱石罅[2]，仅容一马，而古城西缺，即旧宫门路也。山谷回抱，桃花烂熳[3]，数三村屋，往往依山而居，隐映花木之间。此张草堂、李草堂等家也。铺席于满月台，咏时物之周变，慨王都之兴替。遂举一大白[4]相属。

台左右有双瀑、紫霞之洞。仍从台之北，至澹如台。台在泉谷之上，而上有岩石矗立。石面刻“澹如台”三字。下又刻曰“青青者山，澹澹者川”。

台高直欲与山齐，双瀑之东满月西。

犬吠鸡鸣深树屋，蜂来蝶往乱花蹊。

名都佳气千年歇，静谷春心一望迷。

洴澼[5]溪头多女伴，见人羞涩绿鬟低。

1 满月台，朝鲜太祖李成桂于1395年所建满月城的一部分。〔明〕无名氏《朝鲜志》：“满月台。在松岳山下，高丽延庆宫正殿前阶也”。见该书卷上，文渊阁四库全书本。

2“罅”读“下 xià”，裂缝。

3“烂熳”同“烂漫”。

4“白”是古时罚酒用的酒杯。也泛指酒杯。

5“洴澼”读“平 píng 屁 pì”，漂洗。

二十四日癸丑[1]，晴。长湍四十里，临湍馆朝餐。坡州四十里，坡平馆午餐。高阳[2]四十里，碧蹄馆宿。

1 这一天是1804年5月3日。

2 高阳现今是韩国首尔附近的一个小城市。

碧蹄馆夜吟

夕抵碧蹄馆，季君[1]及诸客出迎，仍夜与联枕。

高阳本斗小[2]邑，每燕使之往还也，亲戚朋友之到此迎送者居多。其厨传[3]之弊，亦不可不察。

官阁钟稀霁[4]月佳，酒中先泻别离怀。

逢君此夜同交枕，殊似莲花洞[5]里斋。

1 原稿“季君”有误，当为“李君”，疑即李海应的亲家李勉诚。李海应出行前，他送行很远。

2 斗小，像量米的斗那么小。

3 厨传，朝鲜使节团经过本国驿站时，各地按朝廷的规定提供饭食。朝鲜文人李瀷（1681—1763）《星湖僿说·人事门》“使星厨传”有详细解说。“瀷”读“义yì”，水流很急的样子。“僿”读“赛sài”，粗鄙。

4 “霁”读“济jì”，雨止。雨、雪后天气转晴。

5 李海应自述说，其家在汉城城东之莲花洞。朝鲜王朝汉城的城东有东部十二坊，其中有莲花坊。参见朝鲜文人古山子《大东地志·汉城府·坊里》。

二十五日甲寅[1]，晴。自碧蹄馆四十里入城还家。

1 这一天是1804年5月4日。

还家

一早发行。王城[1]渐近，归心如矢。自弘济以后，人客之来迎者渐多，遂入慕华馆。[2]

自秋阳[3]改公服也。余则径发还家。行役稳旋，阖[4]室安吉，喜不可量。

是行也，往返程途，共六千一百八十三里[5]。历路及留馆时，为游观迂行之路，不论焉。

自拜表日至复命，凡一百五十二日。[6]

征服升堂启起居，亲心恰慰倚门闾。

耽游有此离违久，和泪无端喜极余。

检橐妻讥无寸锦[7]，临床儿问带奇书。

今宵复作中原梦，万里归来斗小庐。[8]

1 王城，今韩国首尔（汉城）市。

2 慕华馆是朝鲜王朝迎接中国使节的地方，已无存。遗迹在今韩国首尔市独立门附近。

3 秋阳，此次出使中国的书状官徐长辅（1767—1830）。

4“阖”通“合”。

5 按原稿之计算，此次原稿作者李海应等燕行往返路程为3，091.5公里，与原稿卷五《道里》所记单程总里数相加为3，069里比较接近。但李海应在卷五把总数加错了。

6 李海应等于1803年12月4日出王城，1804年元月6日渡江到达我国境内。至1804年5月4日回到汉城（今韩国首尔市），共历时五个月。

7 这句的意思是，妻子检查我的行囊，讥笑说你去了一次中国，居然连一寸绸缎都没有给我买回来。可见李海应的生活是很清贫的。“橐”读“驼tuó”，行囊。

8 斗小，像量米的斗那么小；庐，房子。看来原稿作者李海应的家境并不富裕。

蓟山纪程卷之五·附录

行总

冬至进贺正使正宪大夫[1]

军官四、伴倘[2]、干粮官、别陪行[3]、中房、跟奴、书者、马头[4]、左牵[5]、笼马头[6]、日伞奉持、引路二、轿扶嘱[7]四、军奴二、干粮库直[8]、马头、厨子二。

上骑一匹、中骑三匹、笼马一匹、兼济马[9]二匹、海营先生马二匹。[10]

副使通政大夫[11]

军官二、伴倘、干粮官、别陪行、中房、书者、马头、轿扶嘱四、左牵、笼马头、日伞奉持、干粮库直、马头、厨子二。

上骑一匹、中骑二匹、笼马一匹、兼济马二匹。

书状官通善郎[12]、弘文馆[13]校理[14]

军官、伴倘、干粮官、别陪行、中房、干粮库直、书者、马头、左牵、笼马头、日伞奉持。

上骑一匹、中骑一匹、笼马一匹。

译官二十二员、一堂上四、别启请、汉学上通事、清学上通事、公干、掌务官十三、偶语别差、医官、写字官、画员、日官、湾上军官二、表咨文马头、方物马头二、木物马头、岁币米马头。

尚方贸易载刷马二匹、内局贸易载刷马九匹、求急药材载刷[15]一匹、北湾上马七匹、驿子都卜马九匹、元盘缠载马十八匹、别盘缠载马八匹、干粮载马七匹、杻笼载马七匹、帐幕载马四匹、咨文载马一匹、公用银载马三匹。

凡赴燕人，各有木牌，书某任、某姓名。一切着书状官手押，又录名成册，临行考点。使无牌者，不得混人。

“伴倘”[16]名号，不载《渡江状启》[17]，故代充于驱人中。又例无驿马，渡江后所骑，皆把刷马。私商辈则各充员译、卜刷马、私持马名号。故例必纳钱，并驱人名求买。

1 正宪大夫，朝鲜王朝上阶文官，正二品。

2 “伴倘”即陪伴者、从人。随使节团的伴倘往往是三使（正使、副使、书状官）的家人、亲戚。

3 “别陪行”是朝鲜使节团三使（正使、副使、书状官）的特邀陪伴者。原稿作者李海应就因为是朋友，充当了书状官徐长辅（1767–1830）的别陪行来华。

4 马头，朝鲜使节的随行人员。有多种名目，如“干粮马头”是负责带干粮的。朝鲜文人赵秀三（1762—1849）《秋斋集》卷三《沈阳杂咏十首》注云：“行人中以拉马者为马头”。赵秀三字芝园，是原稿作者李海应的好友。此次燕行他也参加了。

5 左牵，朝鲜王朝临时安排的员役。参见朝鲜文献《幸园乙卯整理仪轨》卷四《司仆定例》。

6 按照朝鲜王朝的规定，官员骑马时有两人侍从。一人跟在马侧，一人牵马在前。参见《朝鲜古平生风俗图》。韩国首尔大学校奎章阁编辑出版《奎章阁名品图录》，第214页，2000年；［韩］《朝鲜风俗画谱》（中村金城明治四十三年原作，1911），第142页，民俗院，2008年版。

7 轿扶嘱，朝鲜王朝为轿夫发令的人。通常跟随在轿子旁边。

8 库直，与“房直”、“厅直”、“礼单直”、“盘缠直”都是朝鲜王朝的役吏，有些是临时委任的。参见朝鲜文献《秋官志》（一）；《春官志》卷二《通信（使）一行员役》。

9 兼济马是候补需要的马匹。

10 参见朝鲜文献《幸园乙卯整理仪轨》卷四《内外寺入把马实数》。

11 通政大夫，朝鲜王朝散阶文官，正三品，属于堂上官。朝鲜《经国大典》规定，王朝的官员分为正九品与从九品，共十八品。正三品又分为正三品堂上和正三品堂下。从正一品至正三品堂上，称为“堂上官”，简称“堂上”。从正三品堂下到正七品，称为“堂下官”或“参上官”。一般简称“堂下”。正七品以下为“参下官”。

12 通善郎，朝鲜王朝散阶文官，正五品。

13 弘文馆，朝鲜王朝经书、史籍管理与处理文翰机关。与司宪府、司谏院合称“三司”。

14 校理，朝鲜王朝文官。弘文馆校理为正五品或从五品。

15 原稿此处有误，少一“马”字。

16 伴倘，朝鲜使节团里自费的陪伴者、从人。

17 状启，（出使中国的使节团官员）在路途中给朝鲜国王的汇报性文书。

附：《报单》（入栅[1]时）

使臣三员，大通官三员，押物官二十四员，从人三十口，驿卒三十口。

表咨文载马一匹，具驱人[2]。驿马四十二匹，具驱人。帐幕载马三匹，具驱人。干粮载马四十匹，具驱人。盘缠载马四十五匹，具驱人。驱[3]笼载马十匹，具驱人。铺盖载马十匹，具驱人。私卜马[4]四十五匹，具驱人。

人共二百五十三；马共一百九十六。[5]

岁币一百五十一包，方物四包，贡米六十八包，杻笼十包，开皮[6]十包，白木十五包，海参五十包，壮纸[7]四十包，白纸四十包，扇子[8]五包。

1 栅，栅门。这里专指今丹东市的边门。

2 “驱”同“驱”。驱人，赶马人。

3 “杻”读“纽 niǔ”，杻树。杻笼是朝鲜人经常使用的装货用的木头架子。朝鲜文人李滉《退溪集》之《言行录》卷四记载说：“（退溪）解丰基归家之日，唯书籍数驮而已。其所装杻笼，到家还付官人。”

4 私卜马，私自准备的马。卜马，载马。参见《朝鲜王朝实录·正祖实录》“十六年”。

5 按照原稿的记载，进入中国的朝鲜人一行共343人，其中有些人半路回国了。马共196匹。

6 开皮，皮货的一种。

7 壮纸，又称做“楮壮纸”，朝鲜著名的高级纸张，以楮树皮制成，后亦用竹子制作。参见〔明〕沈德符《万历野获编》卷二十六“高丽贡纸”，中华书局，1959年版。

8 扇子，这里指朝鲜折扇。

沿邑[1]

高阳郡守[2]，坡州牧使[3]，长湍府使[4]，开城经历[5]、留守[6]，金川郡守，平山府使，金郊[7]察访[8]，瑞兴府使，凤山郡守，黄州牧使、兵使[9]，中和府使，平壤庶尹[10]、监司[11]、中军[12]，大同察访，顺安县令[13]，肃川府使，安州牧使、兵使，博川郡守，嘉山郡守，定州牧使，郭山郡守，宣川府使，铁山府使，龙川府使，义州府尹。

海西[14]则排邑出站，分供三使之行。如海州[15]，则出站于平山，支供正使。新溪则出站于瑞兴，支供书状。不欲使沿邑独贤于供亿故也。

箕邑则该邑之当出站者，豫出浮费钱。使当站沿邑，替应支供。故无出供之弊。

1 这里介绍的是在朝鲜国内接待该使节团的官员。

2 [韩]柳馨远（1622—1673）《磻溪随录》卷十五《职官之制》：“各郡守一人，正四品”。

3 牧使，朝鲜王朝正三品地方官。

4 [韩]柳馨远（1622—1673）《磻溪随录》卷十五《职官之制》：“各府使一人，从三品”。

5 开城经历，朝鲜王朝从三品地方官。参见[韩]柳馨远（1622—1673）《磻溪随录》卷十五《职官之制》：“开城府，经历一人”。

6 开城留守，朝鲜王朝从二品地方官。参见[韩]柳馨远（1622—1673）《磻溪随录》卷十五《职官之制》：“开城府，留守一人”。

7 金郊，地名。在今朝鲜瑞兴附近。明朝文人倪谦《朝鲜纪事》有说“丁卯，开城起程，至金郊，又至兴议。接待过，至金岩，设宴。宿”。见该书，续修四库全书本。我国学者翁敏华教授认为：“1499年，倪谦出使朝鲜，开创了‘诗赋外交’的传统”。笔者以为恐不确，高丽时代就有此传统。见翁敏华《中日韩戏剧文化因缘研究》，第15页，学林出版社，2004年版。

8 察访为朝鲜王朝从六品或正七品官员。从六品者为大路察访。参见[韩]柳馨远（1622—1673）《磻溪随录》卷十九《禄制 · 察访》。

9 兵使为朝鲜王朝从四品军职。参见[韩]柳馨远（1622—1673）《磻溪随录》卷十九《禄制 · 兵使》。

10 朝鲜王朝在汉城府、平壤府等大府设立判尹、参尹和庶尹，官品各差一级。平壤庶尹为从三品。

11 监司为朝鲜王朝从四品军职。参见[韩]柳馨远（1622—1673）《磻溪随录》卷十九《禄制 · 监司》。

12 中军是朝鲜王朝正三品军职。参见[韩]柳馨远（1622—1673）《磻溪随录》卷十五《职官之制》面二十三。

13 朝鲜王朝县令（通常称“县监”）为从四品官员。参见[韩]柳馨远（1622—1673）《磻溪随录》卷十五《职官之制》面三十九。

14 海西，朝鲜王朝黄海道的俗称。

15 海州，今朝鲜黄海南道海州市。

官衔[1]

凤城将、假将、门御使、税官，已上[2]栅内[3]检阅官人。

领送通官[4]、领送官、领车。

领送等官随使行偕至皇城留待。复路时，又领送。[5]

盛京仓上大人、礼部郎中[6]、库上大人、郎中、沈阳将军[7]、奉天府[8]。已上岁币[9]截留时官人。

四译官[10]提督、大使[11]、入直待令通官[12]七员。

四译衙门有提督一人，大使一人，大通官六人，次通官六人，序班六人，门将及甲军等[13]名，轮回入直。守护检察。

1 这里介绍的是中国接待该使节团的官员。

2 已上，以上。

3 栅内，栅门内。现今辽宁省边门原为“栅门”。朝鲜使节团必须经过该门的检验。

4 通官，礼部的通事。清朝于礼部设朝鲜通事12人，负责翻译工作。他们都是朝鲜族人。参见〔清〕武英殿本《古今图书集成·官常典》卷三百十五。

5 朝鲜使节进入我国境内以后，有专门的中国人领路和护送。

6 清朝设盛京礼部侍郎一人、郎中二人、员外郎四人。参见〔清〕武英殿本《古今图书集成·官常典》卷三百十五。

7 原稿“沈阳将军”有误，当为“盛京将军”。

8 奉天府，此处指奉天府知府。

9 岁币，每年进贡的物品。最初皇太极带领满族军队攻打朝鲜的时候，定下的是十分苛刻的进贡条件。“□遣族弟原昌君李觉等献马百、虎豹皮百、绵绸苎布四百、布万有五千，于是遣刘兴祚、巴克什库尔缠往江华岛莅盟。三月庚午，刑白马乌牛，誓告天地。和议成，约为兄弟之国”。（〔民国〕赵尔巽、柯劭忞等《清史稿·列传三百十三·朝鲜》）到后来，就是象征性的进贡了。皇帝的赏赐、中国国内的食品供应等，往往比进贡的物品价值要高。

10 原稿“官”字有误，当为“馆”字。四译馆是清朝负责语言翻译与联络周边国家和地区使团的机关。

11 大使，清朝的下级官职。通常不入品（从九品以下）。

12 通官，礼部的通事。原稿此处记载中，“大通官”与“次通官”才是礼部的官员，其他人不是官员。

13 原稿此处有误，少一“数”字。

岁币[1]

万寿圣节[2]进贺御前礼物：黄细苎布[3]十匹，白细苎布二十匹[4]，黄细绵绸[5]二十匹，紫细绵䌷二十匹，龙文帘席二张，黄花席二十张，满花方席二十张，杂彩花席二十张，獭皮二十张，白绵纸一千四百卷，粘六张厚油纸十部。已上[6]，今年则前方物移准。[7]

中宫前礼物：红细苎布十匹、白细苎布二十匹、紫细绵紬二十匹、白细绵紬十匹、黄花席十张、满花方席十张、杂彩花席十张。已上，今年则前方物移准。

冬至令节进贺御前礼物：黄细苎布十匹，白细苎布二十匹，黄细绵紬[8]二十匹，白细绵紬二十匹，龙文帘席二张，黄花席二十张，满花席二十张，满花方席二十张，补进。杂彩花席二十张，白绵纸一千三百卷。已上，今年则前方物移准。

中宫前礼物：螺钿[9]梳函一事奉进，红细苎布十匹补进，白细苎布二十匹，紫细绵紬十匹，白细绵紬十匹，黄花席十张，满花席十张，杂彩花席十张。已上，今年则前方物移准。

正朝令节进贺御前礼物：黄细苎布十匹，白细苎布二十匹，黄细绵紬二十匹，白细绵紬二十匹，龙文帘席二张，黄花席十五张，满花席十五张，满花方席十五张，补进。杂彩花席十五张，白绵纸一千三百卷。已上，今年则前方物移准。

中宫前礼物：螺钿梳函一事奉进。红细苎布十匹，补进。白细苎布二十匹，紫细绵紬二十匹，白细绵紬十匹，黄花席十张，满花席十张，杂彩花席十张。已上，今年则前方物移准。

进贡御前礼物[10]：白苎布[11]二百匹，红绵紬一百匹，绿绵紬一百匹，白绵紬二百匹，白木绵[12]一千匹，木绵二千匹，五爪龙席二张，各样花席二十张，鹿皮一百张，獭皮三百张，好腰刀十把，好大纸二千卷，好小纸三千卷，粘米四十石。

盛京[13]截留今年岁币：红紬一百匹，绿紬一百匹，好大纸一百卷，好小纸一千二百十卷，生上木三百匹，粘米三石五斗四升。

1 岁币，每年进贡的物品。清朝文人姚元之（1776—1852）在《竹叶亭杂记》里记述了朝鲜国的进贡物品详细。但最后说："自列祖恤藩以来盖屡减矣"。见〔清〕赵翼原著，李解民点校《檐曝杂记》；〔清〕姚元之原著，李解民点校《竹叶亭杂记》，第25—26页，中华书局，1982年版。

2 万寿圣节，皇帝诞辰。

3 苎布是用苎麻纺织出的布，现今我国江西省还有生产，但多直接将苎麻出口韩国、日本与墨西哥。

4 白苎布、白细苎布是高丽和朝鲜王朝进贡的传统物品。〔宋〕张世南《游宦记闻》卷六："世南家尝藏高丽国使人状数幅，乃宣和六年九月，其国遣使……"。张世南还说，高丽人的礼物里有"白细苎布三匹"。见张茂鹏校点本，第55—56页，中华书局，1981年版。

5 绵紬是一种丝织品，宋朝时京津冀地区曾大量出产。"紬"读"绸 chóu"，雷纹粗绸。下同。

6 已上，以上。下同。

7 “今年则前方物移准”的意思是，今年的这些特产都是其他使节团带来的。此例自康熙五十七年（1718）始，至光绪朝未改。参见朝鲜文人李南珪（1855—1907）《谢移准方物表》，载《修堂集》卷六。

8 绵细是一种丝织品。“细”读“绸 chóu”，雷纹粗绸。下同。

9 螺钿即“螺填”，是我国的一种传统工艺，后传入朝鲜，著名的有金漆螺钿。“钿“读“电 diàn”。

10 以下三行文字所记录的，才是朝鲜国本年度的进贡物品。大致是5，000卷白纸，3，200匹布，400匹粗绸。其他的物品属特产，不是贡品。

11 韩国电视连续剧《正祖大王李祘》第七集里描述，朝鲜准备进贡给清廷的一船“白耩布”被偷，整个朝鲜国都闹开锅了。其中“白耩布”乃是“白苎布”之误。

12 朝鲜人把棉花称作“木棉（绵）”。

13 盛京，今沈阳市。

食例[1]

旧例，凡于入京日，自光禄寺送米一石八斗，猪肉三十六斤，酒九十瓶，茶五升十两[2]，盐、酱各九升，油四斤八两，菜参十五斤等物。间五日一给。出荷谷[3]《朝天录》。

顺治以后，户部供粮料，工部供柴炭、马草、器皿，光禄寺供各样馔物。

三使臣：水稻米二升[4]，鸡一只[5]，鹅一只，鱼一尾[6]，猪肉半斤[7]，汉羊[8]半只，牛乳半锭，白面二斤，酱瓜四两，清酱[9]六两，腌菜[10]三斤，黄酒六壶，豆腐二斤，酱六两，醋十两，香油一两，茶叶一两，花椒一钱，盐[11]一两，灯油二两。

已上[12]每日应各给。

苹果七十五枚，葡萄七斤半，沙果一百十二枚。已上每五日应共给。

大通官三员、押物官二十四员：白米一升，鸡一只，猪肉二斤，面一斤，腌菜一斤，黄酒一壶，盐一两，豆腐一斤，清酱[13]二两，香油四钱，酱四两，灯油二两，椒[14]五分，茶叶五钱。

已上每日应各给。[15]

得赏从人二十九口：白米一升，猪肉一斤半，白面半斤，腌菜八两，盐一两。

已上每日应共给。

无赏从人二百四十二口[16]：白米一升，猪肉半斤，腌菜四两，酱二两，盐四两。

马每匹太[17]四升、草二束、柴二斤。

路费[18]：汉羊每四日一给。正副使二只，书状官一只。大通官三十斤，押物官二十斤，从人十斤。

光禄寺路费，羊折银五十八两。大通官各一两九钱，押物官各一两二钱，从人各八两。[19]

1 李海应一行301人是在1804年2月5日进入北京的。按照清朝的规定，使节团在京期间朝廷必须每日免费发给生活用品。使节团是3月13日离开北京的，共在京城生活了38天。原稿于十二月二十五日《四译馆》里说："自是，日日给一行粮馔、柴草、酒果之属，各有差"。

2 我国历代沿用的库平衡制规定，1斤为16两，1两为16钱。

3 许篈（1551—1588），朝鲜文人，字美叔，号荷谷。1574年到北京。"篈"读"风fēng"，古书上记载的一种竹子。

4 1878年来中国的日本人曾根俊虎记录说，天津的米价是50文1斤。见[日]曾根俊虎原著，范建明译《北中国纪行 清国漫游志》，第288页，中华书局，2007年版。清朝文人钱泳《履园丛话》之《丛话一》曰："嘉庆元年，银价顿贵，每两可换钱一千三四百文，后又渐减。"联系原稿作者李海应与日本人曾根俊虎的记述，可大致推算出嘉庆初年1文铜钱为现今人民币0.15元，1两银子约合现今人民币210元。

5 1878年来中国的日本人曾根俊虎记录说，天津的鸡价是180文1只，鸡蛋1个是6文。见[日]曾根俊虎原著，范建明译《北中国纪行 清国漫游志》，第288页，中华书局，2007年版。

6 1878年来中国的日本人曾根俊虎记录说，天津的鱼类价格是60文1斤。见[日]曾根俊虎原著，范建明译《北中国纪行 清国漫游志》，第288页，中华书局，2007年版。

7 1878年来中国的日本人曾根俊虎记录说，芝罘港的猪肉是65文1斤。见[日]曾根俊虎原著，范建明译《北中国纪行 清国漫游志》，第287页，中华书局，2007年版。

8 汉羊，山羊。南宋彭大雅于绍定五年（1232）以书状官出使蒙古时所著《黑鞑事略》说："胡羊则氄而尾扇，汉羊则曰'骨律'"。1878年来中国的日本人曾根俊虎记录说，天津的羊肉是244文1斤。曾根记述的天津羊肉价太高，竟然比山东芝罘的猪肉贵好几倍。见[日]曾根俊虎原著，范建明译《北中国纪行 清国漫游志》，第288页，中华书局，2007年版。

9 清酱，酱油。1878年来中国的日本人曾根俊虎记录说，（江苏）福山口的酱油是67文1斤。见[日]曾根俊虎原著，范建明译《北中国纪行 清国漫游志》，第280页，中华书局，2007年版。

10 1878年来中国的日本人曾根俊虎记录说，天津的青菜价是34文1斤。见[日]曾根俊虎原著，范建明译《北中国纪行 清国漫游志》，第288页，中华书局，2007年版。

11 1878年来中国的日本人曾根俊虎记录说，天津的盐价是8文1斤。见[日]曾根俊虎，范建明译《北中国纪行 清国漫游志》，第288页，中华书局，2007年版。

12 已上，以上。下同。

13 清酱，酱油。

14 原稿此处有误，“椒”前当缺一“花”字。

15 以上的朝鲜官员人数共30人。

16 从人是271人。注意李海应的量词，他用的是“口”字。由此可见，此次出使中国的朝鲜使节团的总人数是301人。原稿于甲子正月初五日说，还有从海上漂流到玉河馆的朝鲜人文好谦、文顺得、朴亮信、李百根、李重泰、金玉文共6人来到了玉河馆。显然，301人中不包括此6人。

17 太，喂牛马的好料。朝鲜文献多书写为“驮”。

18 此处“路费”的意思是（清廷发给的）路途中的食物耗费。此次朝鲜使节团在我国境内活动121天，其中有38天在北京，不算旅程。其余83天由清廷发给食物。

19 原稿此处有误，“八两”当为“八钱”。

赏赐[1]

国王前：冬至——彩缎五表里[2]，银二百五十两；正朝——彩缎五表里，银二百五十两，骏马一匹，玲珑鞍辔[3]全备；圣节[4]——彩缎五表里，银二百五十两，骏马一匹，玲珑鞍辔全备。年贡——彩缎五表里，银二百五十两。

银共一千两。代貂皮三百张。

正副使：冬至——大缎紬[5]二表里，银五十两，黄绢二匹；正朝——大缎紬三表里，银五十两，鞍具马一匹，黄绢二匹；圣节——大缎紬三表里，银五十两，鞍具马一匹，黄绢二匹；年贡——大缎紬二表里，银五十两，黄绢二匹。

初赐黑靴子具毛。清自康熙癸亥[6]，代黄绢。押物官代青布。

书状官：冬至——大缎紬一表里，银四十两，黄绢一匹；正朝——大缎紬一表里，银五十两，黄绢一匹；圣节——大缎紬一表里，银五十两，黄绢一匹；年贡——大缎紬一表里，银四十两，黄绢一匹。

大通官三员：冬至——大缎紬一表里，银二十两，黄绢一匹；正朝——大缎紬一表里，银三十两，黄绢一匹；圣节——大缎紬一表里，银三十两，黄绢一匹；年贡——大缎紬一匹， 银二十两，黄绢一匹。

押物官二十四员：冬至——小缎一表里，银十五两；正朝——小缎一表里，银二十两，青布四匹；圣节——小缎一表里，银二十两，青布四匹；年贡——小缎一表里，银十五两。

从人三十口：冬至、正朝、圣节、年贡，冬[7]银四两。

1 清人姚元之《竹叶亭杂记》卷一记述了给朝鲜君臣的赏赐物品。见〔清〕赵翼原著，李解民点校《檐曝杂记》、〔清〕姚元之原著，李解民点校《竹叶亭杂记》，第26页，中华书局，1982年版。

2 表里，绸缎的单位。明人凌濛初《二刻拍案惊奇》卷之五《襄敏公元宵失子，十三郎五岁朝天》：“将出元宝二个，彩绸八表里来”。见该书姜襄国、许获鹿校注本，第68页，河北人民出版社，1992年版。

3 “辔”读“配 pèi”，缰绳。

4 圣节，皇帝生日。下同。

5 “紬”读“绸 chóu”，粗绸。下同。

6 清康熙二十二年癸亥，1683年。

7 原稿“冬”有误，当为“各”字。

公役

礼部表咨文呈纳，行跪叩礼于寅清赞化厅[1]。岁币[2]方物[3]，使任译[4]呈纳于各库，而随时追纳。

鸿胪寺[5]朝贺演仪。行跪叩礼于龙亭门外。

太庙祫祭[6]时“祇迎”[7]。迎送于午门外。

中和殿筵宴，入侍受赏赐。

保和殿年终宴。除夕日，入侍于榻前。

太和殿朝贺礼。元朝，随百官行跪叩礼。

寿皇殿行礼时“祇迎”。乾隆帝忌辰。动驾前径还。

祈谷坛[8]亲祭斋宿时“秖迎”，迎送于午门外。

祈谷坛礼成还宫时，“祇迎”、“祇送”于午门外。

紫光阁岁初宴。参宴后，受赏赐。

圆明园幸行时“祇送”。祇送于三座门外。

山高水长阁灯戏，随诣圆明园。自正月连三日，观埋火、落火戏及灯戏。赓韵[9]受赏赐。十九日，又诣圆明园，观火戏。仍进前辞陛。

正大光明殿放生宴。上元日[10]入宴。

午门迎赏。回咨文则任译[11]自礼部受来。

礼部上马宴。下马宴，则近例必待同日并设。故宴馔各具二卓[12]。一设于礼部，一送于馆中。[13]

1 原稿“寅清赞化厅”有误，当为“寅清赞化堂”。〔清〕唐执玉、李卫等《畿辅通志》：“礼部在户部公署之南，西向。御书赐额曰‘寅清赞化堂’”。见该书卷十一，文渊阁四库全书本。

2 岁币，每年的进贡。皇太极带兵攻打朝鲜时，定下的是十分苛刻的进贡条件：“□遣族弟原昌君李觉等献马百、虎豹皮百、绵绸苎布四百、布万有五千，于是遣刘兴祚、巴克什库尔缠往江华岛莅盟。三月庚午，刑白马乌牛，誓告天地。和议成，约为兄弟之国”。（〔民国〕赵尔巽、柯劭忞等《清史稿·列传三百十三·朝鲜》）到后来就是象征性的进贡了。皇帝赏赐、中国国内的食品供应等，往往比进贡的物品价值要高。

3 方物，特产。

4 任译，当值的译官。

5 〔清〕唐执玉、李卫等《畿辅通志》：“鸿胪寺在工部公署之南，西向”。见该书卷十一，文渊阁四库全书本。

6 祫祭，天子诸侯宗庙祭礼之一，乃集合远近祖先的神主于太祖庙大合祭。三年丧毕时要举行一次，次年又举行一次。以后则是每五年一次。参见《礼记·曾子问》。“祫”读“峡 xiá”。

7“祗”读“知 zhī”，敬。朝鲜使节在京时，要参与“祗迎”、“祗送”皇帝的活动。

8 祈谷坛，天坛。

9 赓韵即赓和，唱和、赠答。“赓”读“耕 gēng”。

10 上元日，元宵节。

11 任译，当值的译官。朝鲜文人朴趾源《热河日记》里多有“任译”之称。

12“卓”通“桌”。

13 馆中，朝鲜使节团所住玉河馆中。

道里[1]

自山海关至皇城六百六十七里。通计为三千六百九里[2]。或遇冰澌泥泞及水时，多从迂路。

自义州至栅门[3]为二站，无人家露宿。自栅门至皇城为三十一站，皆有察院，今废。自栅门至迎水寺，是为“东八店”。[4]

自栅门至石门岭[5]为二百九十九里。山谷萦纡，道路崎岖。土亦硗确[6]，难以耕稼。人家稀阔，芦苇[7]在在[8]弥野。凤凰城[9]稍开豁，市铺第宅，可称边上一都会，而辽东城优于凤凰城。

自九连城至凤城，山明水驶。往往开野，无非可垦之地，无非宜居处。

自凤城至狼子山，山谷高深，屡涉大川。过冷井十余里，始出辽野。行四百里，然后始见丘陵。自此至皇城，大抵皆旷野，无崇山峻岭。

关外程站绝远，往往侵晨起程，入夜到店。近或至五六十里，远不过七八十里。或云：关外排站，以飞拨分定，故其远如此。唯沙河、丰润等数站，可日行百里。

1 笔者拙作《朝鲜半岛汉学史》（学苑出版社，2009年版）第109–119页已将原稿“道里”部分做了介绍，故此处省略之。关于燕行路线，朝鲜文人姜柏年（1603—1681）《燕行路程记》（燕行时间为1660年）、朝鲜文人柳寅睦（1839—1900年）《北行歌·路程记》（燕行时间为1866年）可以参看。[韩]林基中《燕行录研究》里有墨书原作的影印，比较清楚。见[韩]林基中《燕行录研究》，第68—81页，一志社，2002年初版，2006年增补版。另参见〔清〕王之春原著，赵春晨点校《清朝柔远记》，第408—409页《沿海舆图》，中华书局，1989年版。

2 这里的“通计”是从朝鲜汉阳到我国北京的距离。按照李海应的记述，从义州到北京当为2，019里。但是李海应计算有误，以上总里数相加为3，069里，而不会是3，690里。原稿卷四《还家》中说：“是行也，往返程途，共六千一百八十三里”，比较接近道里总数。

3 栅门今名“边门”。

4 原稿“东八店”有误，当为“东八站”。指从现今的丹东之边门到沈阳迎水寺之间的八个驿站。

5 石门岭在今辽阳市汤河疗养区。

6 硗确，坚硬的。“硗”读“敲 qiāo”。

7〔明〕李时珍《本草纲目》把初生的芦苇称做“葭”，开花前叫“芦”，结实后为“苇”。参见潘富俊著，吕胜由摄影《诗经植物图鉴》，第58—59页，上海书店出版社，2003年版。

8 在在，处处。

9 凤凰城，在今丹东凤城市。

使行排站记

自沈阳至朝阳门一千四百五十四里。清缙绅[1]书赴任程限，则称一千四百七十七里。

畓[2]洞、烂泥堡、一板门、二道井子等地，当春冰解之时，泥泞如海。余亦经此患焉。

自渡湾，始向西南行。过九连城，或西或北。自辽东至沈阳向丑[3]，自沈阳向戌[4]，自孤家子以后，皆向未[5]行。

自沈阳以往有墩台，千里不绝。关内则五里一台。台下辄设五烟台，以放烟燧。墩台所以便候望。

自宁远[6]始有交界牌。架木为牌门，以木板加詹[7]，而或二门，或三门焉。书其扁曰“某县某站拨”[8]。左右书则曰“东距某站几里”、“西距某站几里”。或于市铺壁上，列书东西南北县邑程站里数。行者寓目了然。

使行所经地方，姑从交界牌记之：曰凤城、辽阳州、奉天府、承德县、锦州卫、宁远州、滦州、迁安县、临榆县、抚宁县、永平府、卢龙县、遵化州、丰润县、玉田县、蓟州、三河县、通州、顺天府、大兴县、宛平县。顺天、大兴、宛平皆属北京城内，而府学及县学，皆在国子监近地。

自渡湾至北京，地皆沙尘。自入辽野，往来去[9]马益多，沙屑益细。乍风辄扬，状若烟雾。往往不辨眼前人。关内尤甚。轮蹄所触，黯然若簸灰，着人衣帽面目，拭之不脱，口中浙沥[10]有声。虽十袭[11]箱笼，亦皆透入。且市铺人家所置器物，与夫车中累茵[12]，用鸡尾帚[13]不住拂拭。不然，则俄顷积至寸余。都城大街，则每溅水[14]浥之。

市肆，则皇城正阳门外琉璃厂最盛，宫城北鼓楼街次之。通州几与皇都相埒[15]，沈阳、山海关次之。车马辐辏[16]，百货充牣[17]。两处不相上下，而士女都冶，则山海关似胜。辽阳、宁远、锦州、中后所[18]、永平府等处又次之。抚宁、丰润、玉田、闾阳驿、新民屯又居其次。

东八站[19]等地素多虎患。故使行停宿处，军牢夜吹锣角，如栅外[20]露宿时。

1 缙绅，原意是插笏于带，是旧时官宦的装束。后为官宦的代称。缙，也作“搢”，插。绅，束于衣服外面的大带子。

2 “畓”是朝鲜汉字，“水田”的意思。但从原稿记载看，此字在清朝中国即有。

3 “向丑”，朝北偏东。古代罗盘上，以地支十二格分别代表不同的方位。这些方位与现代的钟表表盘上的12个数字的排列相似。从12点开始，按顺时针顺序依次是子、丑、寅、卯、辰、巳、午、未、申、酉、戌、亥。每一格代表30度。朝鲜王朝已广泛使用从中国接受的罗盘。

4 向戌，朝西偏北。

5 向未，朝南偏西。

6 宁远卫在今辽宁省兴城市。“宁远古城”是今著名游览地，有祖大寿牌楼。

7 “詹”通“檐”。

8 若原稿记述属实，则可知清朝驿站大字书“某某县某某站拨”，而不书“某某县某某驿站”。当时清朝与朝鲜皆以驿站兼邮政。

9 原稿“去”有误，当为“车”字。

10 原稿“浙”有误，当为“淅”。“淅沥”读“西 xī 力 lì”，象声词。

11 袭，包裹的层数。《吕氏春秋》有“棺椁数袭”句。

12 累茵，多层褥子。茵，褥子。

13 鸡尾帚，鸡毛掸子。

14 “溅水”即泼水、洒水。

15 “埒”读“列 liè”，类同、并列。

16 辐辏，人或物聚集像车辐集中于车毂那样。“辐辏”读“服 fú 凑 còu”。参见〔元〕朱公迁《诗经疏义会通》图说下《辐》，文渊阁四库全书本。

17 “牣”读“任 rèn”，满。

18 “中后所”现为辽宁省绥中县。

19 “东八站”指从现今的丹东之边门到沈阳迎水寺之间的八个驿站。

20 栅外，边门外。

山川

鸭江以后，道上所见近山，则九连城之松鹘[1]山、金石山，凤凰城之凤凰山，蓟州之崆峒山[2]、盘龙山[3]。此八山[4]皆石山。其远山则昌黎县之文笔峰、辽东之千山最奇秀。西北边长城一带，亦多奇峰，而不可知名。

角山在山海关北，气势雄浑，与巫闾[5]相接。归时试登览，则临观按海。辽野又东坼[6]无涯，亦一大山也。

昌黎文笔峰，夫刿[7]际天。其傍[8]亦多奇峰峭壁。抚宁县西南，亦有山奇耸。行人或称其峰曰“太子峰”。又有“兔耳山”之名，而以其形如兔耳故也。

十三山突起于大野，四无根脉之相连，而犹或曰巫闾之余派。从其峰数称为十三山，而亦名“石山站”。盖华音[9]讹传故。

又蜂山、螺山、鳖山、梯子山，皆以物形之相类而得名者。小黑山则广野中邱陵[10]也。

明月山在遵化县西南十余里之地。高百余仞，上有石穴。南北相通，穴口望之如明月然。县南亦有清风山，高三百余仞。五峰山，在县东北二十五里。五峰突起。东曰“快目”，南曰“瑞云”，北曰“虎岩”，西曰“红翠”，中曰“紫盖”。其上古有禅林寺。《一统志》称遵化多石山，信矣。然过其境，不能的指[11]。

未免作众山看。

陈宫山在丰润县北。萦回数十里，东临还乡河，西接黄土岭。山南有峰，其色苍翠，名曰“华山”。马头山在县东。数峰驰骤。最高一峰，即若马首。故名云。

燕山在玉田县西北二十五里。自西山一带，逶迤[12]东来。延袤[13]数百里，直抵海岸。石鼓[14]在悬崖之侧，去地百余丈。大若数百围，傍[15]有石梁贯之鼓。东南有石人援桴[16]，若撞击状。俗传石鼓鸣则有兵。

松鹘[17]山、金石山，是两山而或曰“松鹘”，亦名“金石”。中江之左，亦有山，名“马耳”。栅外又有上龙山。峰峦皆雄特秀拔。盖过江露宿二站之间，山多妍秀。川溪亦暎带[18]可喜。人或拟平壤江山。[19]

凤凰山远望只数峰峭拔。及到山下，百千岩嶂[20]，如列戟展屏。层叠奇险，颇似道峰[21]、水落[22]，而气势不及焉。安市城[23]在山之东南趾。峰峦围遶[24]如铁瓮，其称“天险”，有以也。

会宁岭最高险，上下几二十里。入去时，冰雪寒路，不见其崎岖。归时地灏[25]释，而山路崖峩[26]，行事间关[27]。或比之我国鸟岭及摩天矣。青石岭次之，青石之卤小石岭又次之。然青石陡然高峻，却不下于会宁矣。

度辽以前，往往终日行两山间。虽野路开豁处，亦远山映发，联连不绝。至会宁青石，而极大野将坼[28]，天设重险而蓄之也。

狼子山不过一小峰也。其平远稳藉，自成一局之势。故崔简易岦[29]有《狼子山记》，而盛称其美丽。山之西，有唐太宗度辽[30]时有驻跸[31]马蹄山，而亦是邱陵之大者。外此沿路有以岭为名者，而多不称实。

医巫闾山[32]，尧封十二山之一也。自我国长白山[33]分脉而走，横遮大漠。西北行七八百里。散漫扶舆[34]，不见穷际。山外则古匈奴地。明称鞑靼，今称蒙古。此天所以限夷夏也。

无终山在玉田县东北三十里，乃古无终国。汉雍伯[35]性孝，父母殁，葬无终山。燕昭王墓亦在此山云。

盘龙山即盘山也，在蓟州城二十五里。山北数峰陡绝。盘龙称上、中、下三盘。其顶有大石，摇之辄动。上有六龙潭，祷雨多应。下有潮井及龙钵泉。康熙、乾隆二陵在山下[36]。亦有行宫。

翠屏山[37]在蓟州，牛栏山在顺义县。皆道中所经也。

西山在皇城西四十里，即太行之别阜。亦名“万寿山”。素称名山。非妆占楼台之胜，则特一凡山而止。玉泉山在其东，山下乃明圆[38]。两山皆祖马鞍山。马鞍，即居庸之支裔也。其强形钜[39]势，控于皇都之右，最为北京名山。景山在禁苑之北，亦名万岁山。即明之煤山也。今人皆讳言煤山。或云，一名“兔儿山”。且或曰非也，兔儿山，亦禁中胜景。未详。

鸭江[40]以后所经之水，或不过蹄涔[41]，而必皆以河为名。名实多有不相称者。

辽东太子河、沈阳浑河、周流河、锦州大凌河、永平府青龙河、丰润县还乡河、蓟州渔阳河、三河县滹沱河[42]、通州白河，此十三水[43]皆有舟桥。白河、周流河最大，如我国临津[44]。其余八水[45]，如全州猪滩[46]而已。

三叉河在凤城六里。瓮北河源出分水岭，一名“三家河”。八渡河在黄家庄五里，一名“金鸡河”。源发于分水岭。一水而八渡，故名焉。下流又有三江之派。

甜水河，在会宁岭十七里。辽野之水味多咸，而此河独甜冽[47]。故名焉。

三流河，在狼子山三十里。东北会于太子河。浑河在沈阳一里，名“耶里江”[48]，源出长白山。西南会太子河，入于辽河。

周流河，在孤家子十三里。亦名“巨流河”。源出北地。入长城，南会于太子河、浑河入海。三水相合，故或名曰“三叉河”，又曰“三坌[49]关”。即古之辽水也。

太子河。在木厂铺五里。史记称燕太子丹走死于衍水。即此也。

羊肠河，在小黑山五里。源出边外白土厂，过此东流为蛇山之水，入于海。曲折如羊肠，故名之。

潞河在广宁[50]东。珠子河，又在东北，而下流皆注于辽河。大凌河，在石山站二十五里。河甚广大，去海八十里。即明将刘綎[51]战死处。小凌河，在双阳站十余里。十里[52]，又在杏山堡五里地。皆有桥。

朱沙河在塔山所五里。烟台河在连山驿六里，一名“五里河”。长春河，又在烟台河五里。又曲尺河、六渡河、口鱼河[53]、亮水河、头封河、两水湖，皆蹄涔[54]也。

深河，在山海关一里，即辽东伯金应河[55]大鏖之地。汤河堰、石子河、羊河、饮马河、白沙河、青龙河，皆关内地也。载路程排站记。

滦河在青龙河五里，即古“濡水”也。源出宣化府独石口，河屈曲流千里入边，由乐亭入海，而自开平流经县境。鸭子河，又在滦河四里。小铃河，在牛栏山西四里，或曰“松岭河”。

还乡河[56]在丰润县十余里，水颇广阔。浭水之源，出崖儿口。经丰润、玉田，由运河入海。凡水皆自西而东，此水独西，故谓之“还乡河”。沙子河，在高丽堡五里。

沙流河距丰润县四十里，源出县西北五十里之党谷山下。经两山口，又西南流会于还乡河。

渔阳[57]，在翠屏山五里。

滹沱河[58]在段家岭十八里，一名“错河桥”。河水比渔阳似广大。或称汉光武冰渡处，而亦非矣。

澄海楼[59]前临海，名曰“渤海”。上下数百余里。左挟而过，或近或远，往往入望。澒洞[60]无涯。与我国海西相接，不过四五百里。在昔水路朝天[61]也，必止泊于此[62]。余夜宿红花店，闻海涛汹涌，隐如铁骑之蹴[63]踏。不能稳枕。

白河[64]之源，出边外。自宣化府入顺天府境，至天津与卫河合。自密云县至牛栏山，与潮河合流。至通州入直沽。一名“白遂河”，漕船之所萃焉。亦为“北运河”。

又通州江一名“潞河”[65]。盖榆、河、浑[66]三水，至此合流。又名“运河”。元郭守敬所凿，以通东南漕路。

大通河，旧名“通惠河”。自玉河[67]而出，绕皇城之东南大通桥。流入白河。

玉河源出玉泉山，流经大内。出都城东南，注大通河。元马祖常[68]诗云：

御沟春水晓潺湲[69]，直似长虹曲似环。

流入宫城才一尺[70]，便分天上与人间。

亦名“御河”。元时曰“金水河”。

白河、通惠河，其深不能寻丈。然而万斛之船，蚀水数丈。无沙碛壅阏之患者，用水闸之功也。其制：筑石堤于两崖，中河而为门。其广恰容两船。劚[71]石为阈[72]，横铺于河底。夹堤竖两石柱，下达于阈，然后以大木为闸，纳于阈。广狭均适于两柱之中，令承接而无罅[73]缝。具两环于闸之首。设鹿卢[74]堤上而启闭之。虽不免涔流之渗泄，而能横截浑浑之流。一瞬之息，浸成四五丈海子[75]，舟流无滞。不以风涛而倾摧，不以旱涝而增减。前闸才泄，后闸随畜。能以一勺之多，而致之千里之远。禁中之太液池，西山之昆明湖及夫玉河城濠之水，其源不过滥觞，而皆汇为巨浸。舸舰纵横。尽良工之博利也。

纪晓岚昀[76]尝往寻河源[77]，撰进《河源记》。其略曰：昆仑，即今和阗[78]之南山，河水出焉。元世祖遣都什[79]寻之，仅至星宿海而止。今乃直到发源处，目见其地云。张骞所至，乃西域三十六国，凡延袤二万里。今全八郡县，号曰“新疆”。幅员之大，往牒[80]所无。西过突厥，西南出吐蕃以外二十千里。身毒，即印度，而悬度[81]在皮山[82]八牒图[83]，而甘肃久为内地，弱水、黑水并在甘肃内地矣。

太液池一支，从阙后西北而入。穿过内宫城，环绕于诸宫殿。屈曲而流，过武渊阁[84]。从协和门傍[85]而逶迤[86]出太和门、午门之间。从熙和门傍北流，弯曲而出文华阁[87]后。过前星门，然后始南流。盖缭绕于太和殿，为弯曲形也。水之广，皆二间余。两傍皆设石栏而有桥。宫城之外，皆依城设廊阁，阁外濠水又环之。凡此，皆大明旧制也。

芦沟河在皇城西四十里。按，孙承泽[88]《春明梦余录》以为，河出太原天池。伏流至朔州、马邑，从雷山阳发为浑泉，而为桑干河。雁门、应州、云中诸水皆会，以至通州。高丽庄及白河、潭河、灞河等水，是其派流也。

北京城内，凡通衢[89]、僻巷、路左右皆作隐沟。使一城檐溜及行潦，尽入于此，会于玉河[90]，出城外。

又，城内不得畜羊、豕[91]、鹅、鸭之属。以此城中无粪秽，亦无沟渎。[92]

1 “鹘”读“湖hú”，隼。

2 今天津市蓟县之府君山即古崆峒山。朝鲜文人李宜显《陶谷集卷二十九·庚子燕行杂识》（燕行时间为1720年）记述说：“（蓟）州城之北有山，曰‘府君山’，即古所谓‘崆峒山’”。现今蓟县县城内有府君像。

3 盘龙山，这里指今天津市蓟县盘山。

4 原稿“八山”有误，当为“五山”。

5 巫闾，医巫闾山。是我国东北三大名山之一。“医巫闾”是蒙古语“大山”的音译。

6 “坼”读“撤chè”，裂开。

7 夫刿，向上高高地直刺。“刿”读“贵guì”。

8 “傍”通“旁”。

9 华音，汉语发音。

10 邱陵，丘陵。

11 的指，确切地指出来。

12 “逶迤”读“微wēi姨yí”，形容山路弯弯，拐来拐去。

13 延袤，伸展开来。延，向长处展开。“袤”读“冒mào”，向宽处展开。

14 原稿对燕山石鼓的记述似乎来自郦道元《水经注》。参见〔清〕于敏中等《日下旧闻考》卷一百四十四，第2306页，北京古籍出版社，1981年版。清初文人谈迁说，衡阳县合江亭也有石鼓。见〔清〕谈迁原著，汪北平点校《北游录》，第52页，中华书局，1960年版。该书是谈迁1653、1656两年从南方到北京游历的见闻。

15“傍”通“旁”。

16“桴”读“浮 fú”，鼓槌。

17“鹘”读“湖 hú”，隼。

18 暎带，景物相互照映。“暎”同“映”。

19 本句的意思是，有的朝鲜人将此地和平壤山水相比拟。

20“嶂”读“丈 zhàng”，山高险如屏障的样子。

21 道峰，指今韩国首尔（汉城）市北的道峰山。笔者在韩国期间多次登临。

22 水落山在韩国首都首尔（汉城）市的东北部，现在是著名的旅游地。其西面依次是道峰山和北汉山。

23 安市城，在今辽宁海城市。海城的英城子山城才是安市城旧址。朝鲜使节团一般不会经过那里。参见魏存成《高句丽遗迹》，第78、109—110页，文物出版社，2002年版。

24“遶”同“绕”。

25“瀜”读“融 róng”，水深而广。

26“嵳峩”同“嵯峨”，读“矬cuó鹅 é”，山势高峻的样子。

27 间关，一会儿的功夫就过了几道关。“间”读“见 jiàn”。

28“坼”读“掣 chè”，裂开。

29 崔岦（1539—1612），朝鲜文人。明万历五年丁丑（1577）、万历九年辛巳（1581）、万历二十二年甲午（1594）三次出使中国。有《简易集》传世。其燕行诗在《简易集》卷六、七。“岦”读“力 lì”，通常与“岌”连用，山貌。

30 唐太宗度辽，指唐太宗李世民亲率大军征讨高句丽，时间是贞观十八年甲辰即644年。参见唐太宗《亲征高丽手诏》，吴云、冀宇校注《唐太宗全集》，第484—485页，天津古籍出版社，2004年版。

31“驻跸”，君主、后妃出外于途中暂停小住。“跸”读“毕 bì”。

32 医巫闾山是我国东北三大名山之一。“医巫闾”是蒙古语“大山”的音译。

33 长白山是连接我国与朝鲜两国的大山。参见〔清〕阿桂等《钦定盛京通志》卷一《长白山图》，文渊阁四库全书本。

34 扶舆，扶舁。相互支撑的样子。“舁”读“于 yú”。

35 雍伯，相传是玉田县著名的孝子。〔晋〕干宝《搜神记》：“雍伯，洛阳人。性孝，父母没，葬无终山。山高八十里，无水。雍伯置饮。人有就引者，给石一斗。种生玉，因名玉田”。“雍伯”后作“阳翁伯”。参见〔宋〕李昉等《太平广记》卷四《阳翁伯》；〔明〕刘侗、于奕正《帝京景物略》，第387页，北京古籍出版社，2000年版；〔清〕于敏中等《日下旧闻考》卷一百四十四，第2307页，北京古籍出版社，1981年版；〔清〕三鱼书室主人《绘图历代神仙谱》（宣统元年，1909），第46—47页。

76 纪晓岚昀，纪昀。纪昀（1724—1805），字晓岚，直隶献县人。官至礼部尚书、协办大学士。主持编纂《四库全书》，曾被流放到新疆。纪昀即我国电视剧《铁齿铜牙纪晓岚》里的主人公“纪大烟袋”。原稿作者李海应此次来华，多次去求纪晓岚为自己的诗歌作序，未成。“昀”读“云 yún”。日光。

77 河源，黄河之源。

78 和阗，也作“于阗”，即今新疆和田市。“阗”读“甜 tián”。

79 元世祖忽必烈派遣都什寻找河源之事，《元史·地理志·河源附录》有载。一说“星宿海”即阿尼马卿。

80 往牒，以往的版图。

81 唐朝在西北设“悬度州”于布路犍城。参见《新唐书》志第三十三下·地理七下。

82 皮山，今新疆皮山县。

83 牒，简、札。从原稿记述可推测，唐朝所设立的悬度州之州治在今新疆皮山县。

84 原稿“武渊阁”有误，当为“武英殿”。

85“傍”通“旁”。

86“逶迤”读“微 wēi 姨 yí”，形容山路弯弯，拐来拐去。

87 原稿“文华阁”有误，当为“文华殿”。

88 孙承泽（1593—1676），明末清初文人。祖籍山东益都，生于北京大兴采育镇。崇祯四年（1631）进士，曾任地方官。清初历任吏部给事中、太常寺卿、大理寺卿、兵部侍郎、吏部右侍郎等。有《春明梦余录》、《天府广记》等著作传世。这些书是研究北京历史地理的重要文献。

89“衢”读“渠 qú”，四通八达的道路。

90 玉河，流经北京城内的一条河，现已消失。2007年北京市开始了“玉河工程”，准备恢复玉河。

91“豕”，读“史 shǐ”，猪。

92“渎”读“毒 dú”，水渠。

皇都八景[1]

一琼岛春阴。在承光殿北孤屿，瞰临北海。传为辽之琼华岛，上多奇石。宋之艮岳[2]，金人辇致于此。今为永安寺。“悦心”，其便殿。

一太液秋风。在西垣[3]中。宜长桥[4]列二华表，曰“金鳌”、“玉蛛”[5]。北为北海，南则瀛台。

一玉泉垂虹。或称“趵突”[6]。西山泉皆洑流至玉泉。山势中豁，泉喷跃而出，雪涌涛翻。济南“趵突”，不是过也。目以垂虹，失其实云。

一西山晴雪。峰岭层叠，不可殚记。居京城右辅，政[7]以西山概焉高寒，故易积雪，望如削玉。构静宜园于香山。辄建标以志之。

一蓟门烟树。在都城德胜门外土城关。此是蓟城西北蓟邱[8]遗址。傍[9]多林木，蓊薱[10]苍翠。初名“飞雨”。永乐[11]间，馆阁诸公相集唱和，更“飞雨”为“烟树”。[12]

一芦沟晓月。即桑干河。水黑，故曰“卢”。桥建于金明昌[13]初，长二百余步。由陆程入京师者，于此取道。

一居庸叠翠。为九塞之一。见于《吕览》、《淮南子》。其迹最高。郦道元[14]谓“崇墉[15]峻壁，山岫[16]层深，路才容轨”。

一金台夕照。见志乘者三：一在易州，二在都城。《舆志名胜志》云：在府东南十六里。又有小金台，相去一里。今朝阳门东南，岿然[17]土阜。好事者即以实之。所传古迹，大率如此。

1 参见〔清〕和珅等《钦定大清一统志》卷二《燕京八景》，文渊阁四库全书本。

2 艮岳，宋朝徽宗年间人工造的假山，集天下奇花异草、珍贵石料与鸟兽。

3“垣”读“元 yuán”，墙。

4 宜长桥，北京旧北海大桥。后被扩展而拆除了“金鳌”、“玉蝀”两牌楼。

5“蝀”读“东 dōng”，虹。

6 趵突，喷涌。山东济南市有“趵突泉”。“趵”读“报 bào”。

7“政”通“正”。

8 蓟邱，蓟丘。《礼记·乐记》载：“武王克殷反商，未及下车，封黄帝之后于蓟”。〔北魏〕郦道元《水经注》说：“昔周武王封尧后于蓟，今城内西北隅有蓟丘”。按原稿的说法，蓟在德胜门外土城，即今北京市蓟门桥附近。

9“傍”通“旁”。

10“蓊薱”读“wěng意 yì”，林木苍翠深密，郁郁葱葱。

11 永乐是明成祖的年号（1403—1424）。

12 朝鲜文人喜谈“蓟门烟树”，但于其位置说法不一。原稿里一说在今天津市蓟县，一说是在北京。近年考古证明，古蓟城当在今北京广安门一带，金朝的“蓟门”当在牛街附近。广安门现有“北京蓟城纪念柱”，（1995年修），上刻北京大学侯仁之教授所撰《北京建城记》。参见侯仁之《北京城的生命印记》，第16页，三联书店，2009年版。

13“明昌”是金章宗的年号，1190—1195年。

14 郦道元（466？472—527），北魏文人，著名水利学家，有《水经注》传世。

15“墉”读“庸 yōng”，城墙、高墙。

16“岫”读“绣 xiù”，峰顶。

17 岿然，高高挺立而十分稳固的样子。“岿”读“亏 kuī”。

城阙

凡筑城之制，皆以砖甓[1]夹筑。坯心杂以灰石。垜[2]堞[3]之间，不下十余步。高三丈以上。且城制皆方正而不圆。下广而上渐尖杀。

北京城周四十三里。南边重城，周二十八里。通州城，周九里，西有重城。蓟州城、永平府城周皆八九里，而无罗城[4]。锦州城周八里，东有罗城。宁远州有内外城[5]。外[6]城周八里，而外城圮[7]。山海关城，周可七里，而有东西罗城。沈阳有内外城。外则土城，内城周八里。中右所[8]、中后所[9]、前屯卫[10]、中前所[11]、大凌河堡等城，周皆与锦州卫相等。辽阳城周几十里。凤城周几七里，而俱无罗城。北京及山海关最壮。抚宁、玉田、丰润、三河及诸驿堡，莫不有城，间多颓废。有城，则城中多有十字街楼。或二檐，或三檐。金碧焕烂，耸出半空。

燕京在顺天府。明永乐[12]初，自南京迁都，号曰“北京”。十八年，成庙[13]社郊祀坛[14]。墙、宫殿、门阙，悉仿南京，而壮丽、高敞过之。今清人一因旧制。城凡九门[15]：南曰“正阳”，元之“丽正”。东曰“崇文”，元之“文明”。南之西曰“宣武”，元之“承顺”。东曰“朝阳”，内扁曰“齐华”。东之北曰“东直”。西之南曰“阜成”，内扁曰“平则”。西之北曰“西直”，元之“彰义”。北之东曰“安定”。北之西曰“德胜”。[16]

从城南又筑重城，自东抱西，南北短而东西长。城周二十里。缭墙[17]袤三千二百二十五丈。郊祀坛在其内。亦有七门：南曰“永定”。南之东曰“疆擦”，内扁曰“左安”[18]。南之西曰“草桥”，内扁曰“右安”。东曰“广渠”，内扁曰“沙窝”。西曰“广宁”，内扁曰“彰义”。东北曰“东便”。西北曰“西便”。统称都城曰“皇都”，称宫城曰“皇城”，亦曰“紫禁城”。城制外设睥睨[19]，内障女墙[20]。两间亦铺以砖，平均齐整，置城廊于其上。自睥睨至女墙，其间可二十步，高凡六七丈。城起平地而无内托，城内依城起土，登登渐高，如阶砌之级。高处齐于城，而设门于其下，登降开闭，其制极严秘。

宫城占都城之半。周十八里，高五丈余。城如筑墙制，而内外俱涂丹垩[21]，葺[22]以黄瓦，所以名“紫禁城”也。有四门：南“大清”，东“东安”，西“西安”，北“地安”。“大清”与“正阳”相对，其间仅二百步。其内有天安门，亦系宫城南门也。东安、西安之内，闾阎[23]市肆，栉然[24]相连。

宫城之内，又有内宫城，周六里。筑城如都城之制，而只设垛堞[25]，凹凸极齐整。城外缭以廊阁，其外濠水环之。广可三十步。城之四角，俱有彩楼。高可百尺，规制奇丽。天安门之内，端门次之，午门又次之。午门即内宫城之正南门。东曰“东华”，西曰“西华”，北曰“神武”，过午门而有“太和门”。

城门楼瓮城左右，又对建谯楼[26]。封识甚密，似其中藏攻战之具。又城上十余步，辄有石堆，亦不虞之备也。城制，外设垛，而内障女垣[27]。两间为二十步，皆恰铺方砖，而从水门之上，穿穴至底，长五尺余，广仅二寸许，以泄城上雨水。穴底为水门，以障内外。此下即渠流也。女垣之内，五六十步，辄置一廊，而廊各有甲军轮直，总屡万人。坑、堗[28]、鼎、罐之属具焉。盖番上者，寝食其中，不烦往来之劳。

正阳门楼高四层。朝阳，三层。皆有瓮城。亦上建层楼，四围不设栏槛。筑甓[29]齐于檐，而穴甓置户，总三十余户，所以蔽内楼。是谓“敌楼”也。他余诸门，皆无敌楼。正阳门西、南、北，各有一门。其南常坚锁不开，唯动驾时必开。

地安门之北，又有“北上门”，与地安相对。其外乃景山[30]。山在外宫城之中。盖外城南北长而东西短，南北则跨于正阳、安定之中。部院、众衙门及人居市肆，皆城之东西也。曾闻汉人从官者，皆居都城之外，今不必尽然，而九门之内，宫阙官府，居其半而过。市肆又半之。然则仕官军民之家，似不多矣。

宫殿门阙，俱葺[31]以黄琉璃，润腻欲流。门扁殿扁，皆以满字旁绎之。城门之扁亦仿此。宫城之内，皆恰铺方砖。正路则筑以石，高于地尺余。其排布象设，固已壮丽，而自太和殿，凡五重门。太和门、午门、端门、天安门、太清门。门外数百步有城门，即正阳门，而自太和至正阳，其直如绳。门霓皆宏深，过之如入窟中。

太和殿在太和门之内，即古“皇极殿”。永乐[32]定鼎初，名为“奉天殿”。至嘉靖[33]改曰“皇极”，今称“太和”，盖元朝[34]受贺之所也。前楹[35]十二间，玉陛九级，石栏三重，而皆刻作龙身，迤[36]从阶隅而出。其头是螭头[37]也。两旁各立龟趺[38]鹤立之形，皆以乌铜铸成。殿前对蹲玉狮子。中和殿在其后，保和殿在其后[39]，保和殿又在其后。

过此则乃乾清宫。乾清之后，有坤宁宫。此内殿也。

太和殿左右廊阁，即十三省[40]及外国方物之所贮。皆设栏而环之。当行阁之中，而东西各有二层阁。东曰“体仁”，西曰“弘义”。殿前月台数百间，此亲王阁老独班朝贺处。庭下两行竖青铜[41]品石，此满汉千官及外贡使依品叩跪之所。月台前，左建日影台，右置石香炉。炉与台高各二丈余。又设青铜炉十六坐[42]。皇帝出御，则爇[43]沉香于其中。

太和殿东西阁，有左翼、右翼门。左翼之外，有文渊阁。右翼之外，有武渊阁。从文渊之右，环以高墙。墙东隅有一门，过此则乃景运门也。协和门之外，有武英阁[44]。熙和门之外，有文华阁[45]。熙华与东华相直，协和与西华相直[46]。太和之左右翼。西曰“贞度门”，东曰“昭德门”。太和、中和两殿之间，亦有左右门。东曰“中左”，西曰“中右”。保和殿两夹亦有门，东曰“后左”，西曰“右后”。乾清之东，有奉先殿，而其两间有毓庆宫，即嘉庆帝潜邸[47]。奉先之东，有皇极殿。盖乾清、奉先、皇极三殿，东迤[48]而一字相连。奉先、皇极之间有廊阁，障其两间，而当中西向一门，扁曰“锡庆”，与景运门遥对。过此则皇极殿也。殿前周以彩墙。中设三门，曰皇极门、皇极左门、右门也。灵寿宫在奉先之后。乾隆传位后，时时所御，而漱芳斋在其西。

奉先之南百余步，有一座彩亭曰“箭亭”。又其南即文华阁，相去仅七八十步。左翼门才隔一墙，而西南距三十余步。文渊阁在其外，乃太和殿之东也。

文华阁之南有墙环之，而有门曰“文华门”。不及门数十步，迤北而有三石桥。皆周以栏。其制如天安门外濠上石桥。桥之北有门，曰“前星门”。门内有青瓦殿，此青宫[49]也。中政殿在太和殿西北，而普明圆觉楼在其旁，雨花阁又在其后。过此而西，有紫光阁。即外宫城西北隅也。

紫光阁凡二层殿，砌以白玉为栏。按《一统志》，明武宗时为平台。后废台，改为紫光阁。清因之。校射武士，图画功臣，宴外藩之所。

太清门[50]内左右月廊，各百余间。天安月廊，各二十二间。左右各有一门，曰“东朝”、“西朝”。端门月廊各四十余间。亦有两夹门，曰“协和”、“熙和”。午门月廊，亦四十余间。太和门月廊，各百余间。两夹曰“左翼”、“右翼”。保和、乾清两殿之间有东西门，遥遥相对。东曰“景运”，西曰“隆宗”。端门之外，有太社、太庙两街行，即左庙、右社[51]之所在也。太清独一层，三门。天安二层，三门。端门亦二层而五门。午门三层九门，是谓五凤楼，而下为五虹门。门之左右墙，曲折南出各六十余步。其曲折处，各有三层彩楼。最下层为圆阁，而第二层建八阁。四旁大而四角小，金碧玲珑。最上一阁，上覆以金顶，其色烂然。此即“风磨铜”。得风而益光，故名。门外对设石台，高丈余，观日影处也。

天安门内外各有石柱一双，高五丈余，大一抱有半，是谓“擎天柱”。刻以云龙，鳞甲蜿蜒。门凡五门，而又东西有一暗门。门前之路，多设石桥而环栏。盖桥

52 甲申，指李自成起义的1644年。后郭沫若写有《甲申三百年祭》，乃中共在抗战时期的重要文献。

53 李自成（1606—1645），明末农民起义领袖。延安米脂人。建立“大顺”并称王。后被地方武装所杀。

54 牛金星（约1595—1652），明末文人，字聚明，河南宝丰人。天启七年（1627）举人。因事被革去功名，后投李自成，为其副手。

55“羃”同“幂”。这里是“遮盖”的意思。

宫室

筑室[1]之制，无论公私，大抵多南向。虽下户草家[2]，皆五梁[3]。梁长者二十余尺，小不下十四五尺。其大屋，七梁、九梁者有之。

屋宇皆一字，无曲折连络之制，疏豁[4]穹崇。虽富豪之家，重楹[5]复壁，百千间架[6]，但一前一后，相次排比。前面中央为门，左右设囱。东、西、北三面皆筑墙，而北墙当中又设门，与南门相直，通往来。前后门之中，即正堂。堂左右各有门。其内即室也。室中附窗为坑[7]，坑[8]即暖堗[9]也。其高可居，长竟一间，而广亦容卧。室中置灶，灶口小，而爇[10]火其中。火烈炎炎，若有风引，炕上无烟气。爇已，掩其口以砖。或有安釜于灶中，炕外皆铺砖匀整，而贫者则否。且客堂则无安釜之灶。门户皆从内开闭。枢不以铁，上下为木舌而摇转之。[11]

宫殿、公廨[12]、寺观，及公侯驸马之家，皆用鸳鸯瓦[13]。私室不许用鸳瓦[14]。只以鸯瓦，低昂交葺[15]，齿齿如鱼鳞。

宫阙用黄瓦。唯青宫[16]盖以青瓦。亲王、郡王邸第，亦用青瓦[17]。屋壁皆筑砖抵檐，屋脊亦间用砖甓[18]，而皆雕镂作奇，或加青绿彩瓦。缝壁面，悉用石灰涂。

自凤城至周流河，草家居多[19]。自周流河至山海关皆土屋，而间有瓦家，绝不见草家。

店铺之室门，皆涂纸其外，而加以油。故向南、向东之户，恰受日月之光，明晃夺目。坐其下，宜点笔钞书。窗内又作“映窗”[20]，自其内开闭。此所谓“外窗而内户”也。

南方无烧炕。仕宦于京者，虽冬寒不求温突[21]，只设卧榻，张以帏幔。不然，则病瘖呕血云。

草家所覆茅[22]皆不编，但束而积之。密密排比。其本在下，厚尺余。以泥灰[23]涂其屋脊。其坚致与瓦屋等。或用蜀秸[24]作束，亦用麻秸[25]，而无渗漏之患者，用灰多也。[26]

自周流河至山海关，或于屋上，平涂以土，而或盖以木板，或葺[27]以薄石。不起屋脊者有之，此谓“无梁屋”也。或曰，明后遗民，寓其“无上”[28]之意云。意者[29]，旷野狞风，每有拔屋之患。故平其脊，使风力不得激也。

王公之家，亦不高大门间，但往往朱其门。凡民门户，皆涂黑、涂青。贵家则大门内设一炕，床、卓[30]、笔、研[31]具焉。管家者（“属直”[32]之称。原稿注）处其中。客至则通焉，事来则应焉。中门内设客位，见客其中。非亲友，未尝延入卧堂。

都城中人家门上，皆悬一灯。仕宦家则标以现任衙门之号，当门设垣[33]而障之。垣上[34]辄以红纸及丹榜，题揭曾经时带官职，多至十余衔。

1 参见〔清〕李光庭石继昌点校、王有光原著，《乡言解颐》、《吴下谚联》，第56—60页《造室十事》，中华书局，1982年版。李光庭为清朝道光时文人，其故乡在今天津宝坻林亭口人。

2 草家，朝鲜语，用草做屋顶的房子。在朝鲜，草家是贫寒之人的住宅，与之相对的是“瓦家”。但是原稿所说草家，实是我国北方的“土房”。其屋顶不是草，而是用秫秸扎的“把子”。把子上抹泥遮雨。因每年都要在春天抹房，比较麻烦。与土房相对的是“瓦房”。参见本节下文“自周流河至山海关，皆土屋，而间有瓦家，绝不见草家”的记述；朝鲜文人丁若镛（1762—1836）《与犹堂集》卷十八《茅屋》。

3 原稿所说的“梁”，实际上是檩条。

4“絜”同“洁”。

5“楹”读“迎 yíng”，厅堂最靠外的木柱。

6“百千间架”是原稿的推测，明显有误。我国封建制度对房屋间数有严苛的规定，超限即“违制”。

7 原稿“坑”有误，当为“炕”字。

8 原稿“坑”有误，当为“炕”字。

9“堗”古同“突”，烟囱。

10“爇”读“若 ruò”，烧。

11 原稿此处描述的是门轴。朝鲜古代多用推拉门。

12 公廨，官署，官衙。“廨”读“谢 xiè”。

13 用鸳鸯瓦，即把瓦一反一正地安于房顶的斜面上。其样式称“泥鳅背”。封建礼制规定，民间不得使用此样式。1720来中国的朝鲜文人李宜显《庚子燕行杂识》说：“屋瓦惟宫殿公廨及寺观用鸳鸯瓦。私家不得用元瓦，只覆央瓦，而公侯驸马家则许用鸳鸯瓦”。此礼制在民国初期被打破，现今北京、天津、河北、辽宁、山东的民宅多用鸳鸯瓦，此环渤海五圆版四片。四品与三品同，而银镶边。五品同四品，而用小金[33]圆版。六品玳瑁[34]圆版四块银镶边。七八品玳瑁圆版四片。[35]

蟒袍。一品通身九蟒四爪。二品、三品，九蟒四爪。四品、五品，九蟒四爪。六品以下，五蟒四爪。

补服[36]。一品文凤[37]、武麒麟。二品文鹤[38]、武狮。三品文鸾[39]、武豹。四品文[40]华虫[41]、武虎。五品文鹭[42]、武熊。六品文孔雀[43]、武彪。七品以下[44]，文鹊鹑[45]、武海马。

坐褥。一品冬用狼皮，夏用全红褐，衬红毡。二品冬用獾皮，夏用红褐。镶青褐，衬红毡。三品冬用貉皮，夏用青褐。镶红褐，衬红毡。四品冬用野羊皮，夏用青布，衬红毡。五品冬用青羊皮，夏用蓝布，衬白毡。六品以下[46]，冬用黑羊皮。夏用黑酱色布，衬白毡。

朝会时，文武官项挂数珠。其数百八。东珠为上，珊瑚次之。其余视品而节之。格子小珠及辫发之端所悬珠贝，亦有品节。又以马珠络别官品，名曰“马踢胸”。

朝士家居衣帽，无分贵贱，而但一二品帽嵌珊瑚，三四品嵌蓝石。五六品嵌水晶，八九品嵌金。

僧徒以黑绵巾为方冠而着之。衣用黄黑间色，阔袖而加缘。亦为方领。其制如深衣[47]。此则最为近古。

戏台所用衣帽，皆金冠纱帽，团领襞积[48]。历代中华之法服备焉。所谓“礼失而求诸野”[49]者也。

所称“护项”，略仿我国之制，但阔大而缝其首。加于帽上，系缨颔下。用红帛缘于当颊处。或用纯色红毡。栅下玉河馆近地人，或着我国护项。盖彼人艳善其制[50]。沿路观光者，辄云“好风棱”[51]，亦曰“好体面”。

以皮毛造护耳之具，掩其耳郭。插其柄于帽内曰“耳杓”[52]，又曰“耳扇子”。凡系护项、护耳之制，皆贱者所服。[53]

丧服制，以大布束带其上。丧冠缝大布全幅，撮其余而缠头，其结在前。祭服用生麻布。上衣则阔而加领。下裳则前三后四，而无襞积[54]。亦有首绖[55]，而结丝作系，累然如络珠。未知其何制也。丧杖长尺余，握之而行四拜礼。跪揖如礼。女子亦服大布衣，而用布狭缝，缠其额上而屈曲。其系从两鬓而垂之。

女子衣髻，犹存华制。裳必襞积[56]，而幅用前三、后四。上穿长衣，其长曳地。袖口阔于男衣。袴[57]亦同男制，而稍阔焉。除非贫穷农家，悉用绮罗锦缎。

女子着幅巾，用全幅黑缯[58]加髻上。此贫女所着也。

四五岁童子，皆薙发[59]加帽，而亦具褂子、袍子等衣，与长子无异。此所以今人之无冠礼也。

汉女之鞋，前后尖锐而弯曲。非着趾着踵，则不贴地，所谓“弓鞋”也。满女则鞋底高厚如着屐。[60]

囊子大略如我国之制。然甚小，而必以纹绣。又有烟竹囊、烟茶[61]囊，而此则多用皮革。左右佩绶。可谓累累若若矣。谓“荷苞”[62]者，此也。

骑而猎者及远行者，皆用鹿皮作两条裾[63]，着于膝。是防衣袴[64]之磨毁也。

东人贸帽，皆出于中后所[65]。盖造帽者，作队坐炕。炕下有大釜蒸羊毛，其傍[66]用大桶贮糊，以手搅之，则如粟糜[67]。炕凡七八间，间各有长槽。有五六人，以蒸毛和水磨转讫，复和糊舂撞之。炕上人，以木套编毛为样子。用手势磨砻[68]。既成，置诸窟室。在炕下烧石炭[69]，其中热炎腾腾。炕外又有一小炕，其中则染黄、染黑而润色之。盖帽毛非全用羊毛，凡兽之毛细者皆可用。唯白帽，则不能杂以他毛。此所以白者价最贵。皇城[70]所卖氍毹[71]、氆氇[72]，亦皆白贵于青红杂色。

1 原稿对我国的服装描述与实际有些出入。尤其是满族的服装，错误较多。参见王云英《清代满族服饰》，辽宁民族出版社，1985年版。

2 按照五德循环说，清朝属水德，玄武是其象征物。故其衣服尚黑色。

3“靛”读“电 diàn”，靛蓝。在人造染料发明前，蓼蓝、木蓝和马蓝是我国最重要的染整用植物。参见潘富俊著，吕胜由摄影《诗经植物图鉴》，第260—261页，上海书店出版社，2003年版。

4 〔清〕黄宗羲《深衣考》比较详细地考察了《礼记 · 深衣篇》中的“深衣”。深衣乃上下相连的长衣，在春秋战国时代尚流行。

5 朝觐，拜见君主。“觐”读“进 jìn”。

6 是，这（个）。

7“袴”同“裤”。

8“平坐难于屈伸”，朝鲜人习惯盘腿而坐，因此清人的裤子不适合他们穿着。参见华梅《中国服饰与木家具》，《灵动衣裾》，第157—158页，天津古籍出版社，2007年版。

9 清人赵翼（1727—1814）《陔馀丛考》卷三十二：“高坐缘起：古人席地而坐，其凭则有几，《诗》所谓‘授几有缉御’也；寝则有床，《诗》所谓‘载寝之床’也。应劭《风俗通》：赵武灵王好胡服，作胡床。此为后世高坐之始”。

10“衽”读“任 rèn”，衣襟。

11“褰”读“千qiān”，撩起。

12“帽子”之名，是朝鲜从中国引入的。现代韩国语里也称“帽子”。

13 网巾，朝鲜男人头上带的用来约束头发的网子，多用人发与马鬃编结而成。参见朝鲜文人李德懋《青庄馆全书》卷五十四《网巾》；[韩]郑夏摄文，金东成图，[中]李华、李华敏译《沈清传》中译本，第130页《网巾》，民族出版社，2007年版。

14 原稿记述的这些，大约是李海应听来的，显然有误。贫苦的老百姓不可能都戴缎子帽。

15 勇字巾，朝鲜王朝兵丁的服饰。

16 原稿“衣”有误，当为“布”字。

17 朝鲜人的习惯是进屋先脱鞋。

18 藁鞋，草鞋。“藁”读“搞gǎo”，禾秆、稻草。

19 朝鲜王朝的僧侣与贫民多有穿草鞋与麻鞋者。

20 原稿所说“无皮革”有误，清朝汉族与满族的鞋与靴皆有皮革制品。

21 屧，本义是鞋底。这里是指鞋。“屧”读“谢xiè”。

22 历代朝鲜文人所记载“东八站”不一。原稿所说，是指从栅门（今边门）到沈阳迎水寺总共有8个驿站。

23 月吾其，朝鲜语的音译，是一种用皮革缝制的长袜。小孩子穿的连袜裤也叫“月吾其”。韩国林基中教授翻译为“月吾只”。参见[韩]林基中《燕行录研究》，第364页，一志社，2002年初版，2006年增补版；〔五代〕马缟《中华古今注》卷中“袜”。

24 [日]中川忠英《清俗纪闻》有清朝官员补子的绘画。参见该书中译本，第218—219页，方克、孙玄龄译，中华书局，2006年版。

25“贳”读“士shì”，借贷。这里的意思是“借助”。

26 关于清朝官服，参见林永匡、袁立泽《中国风俗通史·清代卷》，上海文艺出版社，2001年版。

27 清朝官员吉服的顶子与朝冠不同。参见林永匡、袁立泽《中国风俗通史·清代卷》，第66页，上海文艺出版社，2001年版。

28 东珠是一种大珍珠，据说是从天鹅嗉子里得到的。

29 原稿记述有误。清朝三品文官顶子是珊瑚。参见林永匡、袁立泽《中国风俗通史·清代卷》，第66页，上海文艺出版社，2001年版。

30“车磲”即“砗磲”，读“车chē渠qú”，大海里的巨大蛤蜊。宋朝文人范成大《桂海虞衡志》之《志鱼虫》里有“砗磲”条，并说宋朝我国沿海还多有此物出产。见〔宋〕范成大原著，孔凡礼点校《范成大笔记六种》，第110页，中华书局，2002年版。另参见〔宋〕赵汝适原著，杨博文校释《诸蕃志校释》，第206—207页《砗磲》，中华书局，2000年版。

31 富育光主编《图像中国满族风俗叙录》认为，七品用素金，八品用阳文镂花金，九品用阴文镂花金。见该书第28页，山东画报出版社，2008年版。

32 原稿记述有误。清朝一品大员朝带中嵌红宝石。参见林永匡、袁立泽《中国风俗通史·清代卷》，第67页，上海文艺出版社，2001年版。

33 原稿“小金”有误，当为“素金”。参见林永匡、袁立泽《中国风俗通史·清代卷》，第67页，上海文艺出版社，2001年版。

34 玳瑁是热带和亚热带的大海龟。这里是指从龟壳上取下的玳瑁片。“玳瑁”读“带dài帽 mào”。

35 原稿记述有误。清朝八品官员的朝带不是“玳瑁圆版四片”而是羊角圆版四片。参见林永匡、袁立泽《中国风俗通史·清代卷》，第66页，上海文艺出版社，2001年版。

36 补服之制，起于明洪武二十四年（1391）。清朝沿袭此制。

37 文，文官。下文的“武”字即指武官。但清朝一品文官的补子不是凤，而是仙鹤。参见林永匡、袁立泽《中国风俗通史·清代卷》，第66页，上海文艺出版社，2001年版。

38 原稿记述有误。清朝二品文官的补子不是鹤，而是锦鸡。参见林永匡、袁立泽《中国风俗通史·清代卷》，第66页，上海文艺出版社，2001年版。

39 原稿记述有误。清朝三品文官的补子不是鸾鸟，而是孔雀。“鸾”读“栾 luán”，鸟名，雄性的长生鸟。一说凤凰的一种。参见林永匡、袁立泽《中国风俗通史·清代卷》，第66页，上海文艺出版社，2001年版。

40 原稿记述有误。清朝四品文官的补子不是华虫，而是雪雁。［日］中川忠英编著，方克、孙玄龄译《清俗纪闻》记录为“鸿雁”。第218页，中华书局，2006年版。

41 华虫即野鸡。儒家认为，尧舜时即用此图案为服装标志。

42 原稿记述有误。清朝五品文官的补子不是鹭，而是白鹇。参见林永匡、袁立泽《中国风俗通史·清代卷》，第66页，上海文艺出版社，2001年版。

43 原稿记述有误。清朝六品文官的补子不是孔雀，而是鹭鸶。参见林永匡、袁立泽《中国风俗通史·清代卷》，第66页，上海文艺出版社，2001年版。

44 原稿记述有误。清朝七品、八品武官补服上的补子图案是犀牛，九品是海马。参见林永匡、袁立泽《中国风俗通史·清代卷》，第67页，上海文艺出版社，2001年版。

45 原稿记述有误。清朝七品文官的补子不是“鹊鹑”（查无此图案，当是“鹌鹑”之笔误），而是鸂鶒（“鸂鶒”读“西 xī赤 chì”，紫鸳鸯）。八品文官的补子是鹌鹑，九品文官的补子是练雀。参见林永匡、袁立泽《中国风俗通史·清代卷》，第67页，上海文艺出版社，2001年版。

46 原稿记述有误。清朝官员七品冬用鹿皮，八品冬用狍皮，九品以及未入流冬用獭皮。参见〔清〕徐珂《清稗类钞》。

47〔清〕黄宗羲《深衣考》比较详细地考察了《礼记·深衣篇》中的“深衣”。深衣乃上下相连的长衣，在春秋战国时代尚流行。

48 襞积，衣服上的褶。“襞”读“闭bì”。

49 《汉书·艺文志》：“仲尼有言：‘礼失而求诸野’”。

50 艳善其制，很羡慕这种做法。

51 原稿“好风棱”当为“好风光”。

52“杓”读“biāo”，斗柄。

53 朝鲜文人赵宪（1544—1592）于明万历二年甲戌（1574）以质正官出使我国。他的《重峰集·重峰先生东还封事·贵贱衣冠》介绍说：“脑包，即我国之所谓耳掩也。其制虽小，而便于常着。女人则惟老病者服之，而其制尤小易备。臣愚窃念：国人耳掩，好尚侈大。常民则犹用两具之皮。女人毛冠，几用三具之皮。其所谓大耳掩者，几用五具之皮。以故皮价甚高，贫而老病者，虽欲贸着而不得。若令依此改之，一禁侈大之习。则庶乎皮价不涌，而可以徧及于老病之人矣”。

54 襞积，衣服上的褶。“襞”读“闭bì”。

55 首绖，用白布做的孝带子，扎于头上。俗称“孝箍”。“绖”读“叠dié”。

56 襞积，衣服上的褶。“襞”读“闭bì”。

57“袴”同“裤”。

58“缯”读“增zēng”，纺织品。

59“薙”同“剃”。

60“屐”读“鸡jī”，木底鞋，鞋子。参见林永匡、袁立泽《中国风俗通史·清代卷》，第100页《鞋》，上海文艺出版社，2001年版。

61 原稿所说“烟茶”，实际上是“烟草”。清人赵翼（1727—1814）《陔馀丛考》卷三十三《烟草》云：“王阮亭引姚露《旅书》谓，烟草一名‘淡巴菰’，出吕宋国，能辟瘴气。初漳州人自海外携来，莆田亦种之，反多于吕宋矣”。现今韩国语里的“香烟”发音类似“淡巴菰”。

62 荷苞，荷包。

63“裾”读“居jū”，衣襟。

64“袴”同“裤”。

65 中后所，现为辽宁省绥中县。其附近的沙河店因为大量出产毡帽，是高丽、朝鲜人所熟知的地名。这里的手工业最早是军工产业，后来才演变为民用。至1804年，“沙河店毡帽”早就在朝鲜半岛形成了一个著名的品牌。滦县榛子店因为“季文兰诗”被朝鲜文人熟知，绥中的沙河店因为毡帽而为朝鲜老百姓所熟知。另参见林永匡、袁立泽《中国风俗通史·清代卷》，第88页《毡帽与暖帽》，上海文艺出版社，2001年版。

66“傍”通“旁”。

67 栗糜，加栗子的粥。朝鲜人的一种食物。“糜”读“迷 mí”，粥。

68“砻”读“龙 lóng”，磨，为谷物脱去外皮。

69 石炭，煤。原稿记述的是清朝我国使用煤炭的情况。宋朝文人庄绰《鸡肋编》“卷中”记述了东汉、北宋使用煤炭的情况。见〔宋〕庄绰原著，萧鲁阳点校《鸡肋编》，第77页，中华书局，1983年版。

70 皇城，指北京。朝鲜文人称汉城（今首尔）为“王城（王京）”。

71“氍毹”读“求 qú书 shū”，用毛纺织的布或者地毯。

72“氆氇”读“普pǔ 轳lu”，我国藏族同胞的毛织物，可以做衣服、地毯等。

饮食[1]

朝夕之馈[2]，或饭或粥。男女围一卓[3]而坐，各以小钟子[4]分食。一器尽，又添一器。随量而止。其简率极矣。

飨宾[5]之礼，主客共一卓[6]。客至数人，亦不别设。但于每人面前，各置一箸一杯[7]。从者持壶斟酒，随饮随斟，不卒则止。杯甚小，一呷[8]可尽。然亦不顿饮，细细呷下。

饮食必用箸，不用匙。然匙亦或有之。以磁[9]造之，而柄短斞[10]深。箸则用木造。或有玳瑁[11]、象牙造者。食必以碗接口[12]，用箸而吃之，嗯嗯有声。

寻常饭供，村家则不过一碟茉[13]酱，而富豪者家，盛设亦不过炒猪肉、热锅汤[14]。大抵简约。

待客必以茶，而行茶如行酒，各人各钟[15]，随饮斟，而茶要极热。在钟[16]稍冷，则辄还斟于罐中[17]。饮茶亦要缓缓呷下，而吸一钟[18]几至吸烟之久。且燕居[19]无时不饮。常以茶罐加于炉，食已则饮；客至则饮。

茶[20]有各种，其名不一。如龙井茶是上品，只杭州有一亩田取种。又银枪茶、松萝、碧萝春茶[21]、旗枪[22]、式彝、大叶香片、湘潭老君眉、橄榄茶、普洱茶、白毫茶、青茶、黄茶之属是也[23]。黄茶则燕人无吸者，只卖于辽沈市上。又东八站[24]茶贵处，或以炒米代之，谓之“老味茶”。[25]

酒铺所卖，无清酒、浊酒之名，只有黄酒、烧酒。味恶烈射喉，乍醉易醒。燕、沈所称玫瑰露[26]、史国公[27]、加皮[28]、梨花白[29]、竹叶青[30]、葡萄酒[31]等，名色最佳，而盛酒之器，必以石灰涂之。故嗅与味多不佳。[32]

酒铺大可数十间房子，小[33]不下十余间。或屋上架屋[34]，设云梯而登降，是为酒楼。皆中安一大卓[35]。四面设椅子、凳子，以便各人踞坐[36]。一间皆设四五卓[37]。茶肴果饵，无不摆列。计其所食之多寡以取钱。

炕上设食卓[38]。长三尺许，高六七寸，广不及长三之一。不唯设饭，亦供据而写字。炕下所设卓[39]，高于椅子。

人无男女老少，皆吸烟茶[40]。细切极干，盛以囊。吸时，以烟杯[41]纳于囊，盛茶[42]而传火。俄吹即爇[43]尽。盖洋烟称佳品，而我国之烟，尤为彼人所珍。[44]

鼻烟亦名“飞烟”。用烟作细屑，盛于壶，以指尖抹于鼻孔，而用气吸之。壶用琥珀、密花[45]等物，佩于衣带间，谓之“鼻烟筒”[46]。又以槟榔、缩砂盛于囊。人多长服。

所谓“柔薄儿”[47]，以面造之，如我国“霜花”[48]而皱其缝。盖古之“馒豆”[49]也。其馅以猪肉和蒜以实之，饼饵中最佳。[50]

又以面作团饼，熬以牛、猪油，轻脆易碎。或和以糖屑。虽有精粗之殊，店肆所卖，皆此类。[51]

面曰“纥络”[52]。馅以猪肉、和面曰“粉汤”。杂以葱、蒜、猪肉曰“馄饨”。用白屑作团，和以糖屑曰“元宵饼”[53]。纥饹皆用包仁米造面，精洁纠紧，反胜于牟面。[54]

饼饵[55]多以糖屑和匀，色赤以馅。以西瓜仁曰“赭馓”[56]。形团而印花瓣曰“黄糠子”；白而圆曰“松饼”；糁[57]以芝麻曰“苔色饼”；蒸黄粟作饼，切以啖之曰“切糕”。全以糖屑调匀曰“糖饽”；馅以猪肉曰“汤饼饽”；炒以鸡卵曰“炒蛋糕”。其它名色，不可弹[58]记。

偏食[59]形如馒头[60]。味颇佳。此是抚宁县所卖。

“高丽饼”即松饼[61]，粟切饼之属也。高丽堡所卖，而依样我国饼，故称“高丽饼”。

五谷中，蜀黍[62]最贱，其次大豆，其次粟。大豆色黑而小者尤贱。其形扁，与我国黑豆差异，味亦薄。牛马皆饲此豆。

关内外所食，率用小米、蜀黍，而蜀黍居多。间有旱稻米。北京有水稻米，乃水田所种也。其色白粲如银，而作饭终硬。但比旱稻米则少胜矣。

蒸饭[63]不取烂湿，必颗粒硬劲以成。如蒸粟者为佳。亦无无[64]以水浇饭之俗。但食已，则呷水数口。或否。

关内外炊饭烧炕，率用蜀秸[65]。盖农人之多种蜀黍[66]，非但得谷多也，将以备薪[67]。大炊必用釜，而釜底平[68]，故易沸。鼎锅之属[69]，绝不见。

烹茶烧炕，又多用石炭[70]。出太行山。始出如泥，得风则硬。块大小不一。其细琐者，碾为屑和糊，印砖之。烧不成灰者淹之，可以再烧。[71]

酱用大豆和小麦为之，其𪍿[72]造如我国所造，而一块大如斗。酱味淡而微酸，然无杂味。市酱则或和小豆为之，味尤不好。

酱佛手，如我国汁酱。咸淡虽适，而久嚼甚不宜口。

沉菜[73]味甚咸，故沈[74]水退盐，细切吃之。

鱼醢[75]瓜[76]，大凌河[77]所产。甘同盐苦。沉盐日久。醢[78]汁清如油。以其汁沉小苽[79]，而色青如新摘蔓者。或名“卤虾苽”。丰润、宁远有冬沉葅[80]，如我国之味，而丰润尤胜。

芥[81]沉菜、菘[82]沉菜，到处有之，味恶而咸。亦有各样酱瓜，而味不好。或通官[83]家仿我国沉菜法，味颇佳云。[84]

菜有各种。葫、葱、菘、芥、萝葍[85]、菱菠（俗名“时根菜”[86]。原稿注）、胡萝葍（俗名“唐根”[87]。原稿注）等菜最多。莴苣[88]、芹、苦菜[89]、羌[90]，亦有之。

葫萝葍即红萝葍，而味甚烈。[91]

芹味稍辛。苦菜亦与我国产微不同。蔓青[92]之体长味佳者，亦有之。

山药皆家圃所种。肥而少味。干蕨，作羹可飧[93]，而通远堡蕨最美。

贱人[94]生食蒜葱[95]。故口气甚恶，不可向迩。[96]

菜有“真咽窝”[97]之名，产自南海。紫燕衔海藻而成[98]，白色如银。盖洋货之自海上来者。味亦淳淡。此是王柘庭[99]家所供。又或有“假燕窝”。

天目笋，亦菜属也。产浙江天台山。又冬尖笋及金华火腿[100]产江南。白枣产江东[101]。如银盘麻姑及面筋素肴[102]，皆北京近地所产，而亦柘庭[103]家会嚼诸种也。

鱼肉大抵油腻，饼饵多是甜嫩。

羊猪肉用最广，牛肉亦出市上，而食之者少。[104]

东八站[105]雉[106]味，不逊我国膏雉[107]。小黑山、十三山鹌鹑极贱，鹅、鸭则人人常服。

北俗不食生物[108]。如脯肉[109]、佐饭鱼脍[110]之属，皆不吃。

鳜鱼[111]、鲻鱼[112]（俗名“秀鱼”、“重唇鱼”）、鲤鱼、鳝鱼、鲋鱼[113]、鲙残鱼（俗名“白鱼”）[114]、白鱼、鲂鱼[115]及俗名苎蛤、竹蛤，皆市上所卖。皇帝所赐鲟[116]、鳇鱼[117]，非燕产。即系獭子[118]岁贡云。[119]

正阳门外市铺，羊、豕、鹅、鸭，乱叫相聒。鱼大丈尺者[120]，皆贮水于长槽而售卖。鬐鬣[121]生动，宛转拨刺。[122]

柑橘之属，凡有六七种，而味皆佳。如广橙、甜橙、中蜜柑、乳柑、文丹之属是也。其诸果多产于漳南、广东，而乳柑尤价高，一颗直[123]六七钱。

石榴与我国无异，而其中有“岗榴”[124]者，颗粒红而甚大。味甜而不酸。又莎果[125]、林檎[126]、葡萄之属，虽深冬，少无凋腐之意，如新摘于树者。

山查[127]大如栗，肉厚而味佳。又作细屑，和蜜为饵。

西瓜形长，而瓤黄[128]子[129]黑，班[130]者多，味亦佳。市上多西瓜子。虽冬春，必蒸干而卖之。男女老少，行坐皆吃。

栗如我国皮赤栗。连皮炒熟，皮易脱而味尤佳。

葡萄紫色而颗大。又白葡萄，回回所产。实少味甜。

大枣比东产[131]倍大，肉厚核小。所谓“果枣”尤佳。又有“蜜枣”及山东之“白枣”。

永平[132]之枣、栗，榛子店之榛子，中后所[133]之生梨，皆所产也。又鹿茸膏，沈阳所卖，而以西瓜仁、杏仁之属，略入其中成膏，助其味。盖如我国煎药之类。

无花果[134]出南方，不花而实，亦名“长生果”。

又“蜜枇杷”，类我国“正果”。味甜而爽。

又兰花笋、橄榄膏，皆茶属也。

落花生[135]之果，其实结于已落之花，故曰“落花生”。味若榛子，形如大豆之壳皮半干者，而一壳，实或二或三。必炒，然后去其皮而食其实。

1 清人袁枚（1716—1798）的生活年代与原稿作者李海应比较接近。关于清朝北方的饮食情况，袁枚所著《随园食单》可以参考。

2“馈”读“愧”。以食物送人。

3“卓”通“桌”。

4“钟”通“盅”。“小钟子”就是“小盅子”。

5 飨宾，接待客人。“飨”读“想 xiǎng”。

6“卓”通“桌”。

7“桮”同“杯”。

8“呷”读“瞎 xiā”，小口喝。

9“磁”通“瓷”。

10“斢”读“居 jū”，匀。

11 玳瑁是热带和亚热带的大海龟。这里是指从龟壳上取下的玳瑁片。“玳瑁”读“带

dài帽 mào”。

12 现今韩国吃饭时不允许把饭碗端起来。

13“茉”读“为 wèi”，五味子。

14 我国传统的家庭饮食讲究节省，不允许大吃大喝。当代作家梁斌小说《红旗谱》里写的大地主被控诉的罪名之一是：吃咸菜还泡着半碗香油。

15“钟”通“盅”。

16“钟”通“盅”。

17 原稿此处有误。原稿作者李海应似乎没有看清楚中国人饮茶的习惯动作。习惯上，品茶要从二沥开始。头沥茶要拿没有人用过的茶碗倒出来，还倒进茶壶里去。

18“吸一钟”即“喝一盅”。原稿作者李海应不知道我国北方习惯上说“喝茶”。

19 燕居，退朝而处，闲居。

20 关于“茶”，除了唐朝陆羽《茶经》外，我国古代的著作还有许多。参见〔清〕陈廷灿《续茶经》；〔清〕鄂尔泰、张廷玉等《钦定授时通考》卷六十九《茶》，文渊阁四库全书本。

21 碧萝春茶，碧螺春茶，现今还在生产的我国名茶之一。

22 旗枪，我国的一种名茶。现今还在生产。

23 关于清朝我国的茶叶种类，参见〔清〕陈廷灿《续茶经》卷下四《八茶之出》，文渊阁四库全书本。

24“东八站”是指示从栅门到迎水寺之间的8个驿站。

25 原稿所说，当是我国东北特产的大麦茶。清嘉庆年间稻谷不是东北地区的主要农作物。李海应所说“炒米”，当是“炒麦”。从原稿记载可知，我国东北地区在清朝就已经广泛饮用大麦茶了。

26“玫瑰露”我国的著名白酒之一。自明代即有文献记载。用新鲜玫瑰花与高粱酿造而成，至今还在生产。

27“史国公”是明朝的一种药酒。“史国公”即史可法。传史可法好酒而误饭，此酒是专门为他配制的，饮后效果很好。该酒至今还有生产。

28“加皮”，传说唐朝即生产的一种药酒。民间有“子陵鱼，加皮酒，喝得太白不放手”的说法。

29“梨花”，我国一种传统名酒。在白酒酿制后期加入梨花进行特殊处理。据说名字来自唐朝诗人白居易《杭州春望》中的诗句“青旗沽酒趁梨花”。也作“梨花白”。

30 竹叶青酒至今还在生产，是山西名酒。

31 清朝文人于敏中说，北京地区有葡萄酒出产。见〔清〕于敏中等《日下旧闻考》卷一百四十九，第2377页，北京古籍出版社，1981年版。

32 看来李海应还没有熟悉中国的酒，最初接触朝鲜酒的中国人也觉难以下口。原稿交代，他所记述的是燕（京）、沈（阳）之间的酒。

33 原稿此处有误，疑少一“者”字。

34 原稿此说很奇怪。“屋上架屋”实即盖楼房。

35“卓”通“桌”。

36 朝鲜人家无凳子、椅子之设。家居与在酒店皆盘腿而坐。

37“卓”通“桌”。

38“卓”通“桌”。

39“卓”通“桌”。

40 原稿“烟茶”实即“烟草”。原稿记述的是中国北方人所抽旱烟。〔清〕方濬师《蕉轩随录》之《烟草、鼻烟》云：“烟草出吕宋国，一名‘淡巴菰’，中国惟闽产佳。万历末有携至漳、泉者，马氏造之，曰‘淡肉果’。渐传至九边皆衔长管而火点吞吐之，有醉扑者。崇祯时严禁不止。见方氏《物理小识》。本朝则到处有之。王阮亭先生所谓‘今世公卿士大夫，下逮舆隶妇女，无不嗜烟草者’。乾隆以前，尚系用木管、竹管，镶以铜烟锅吸之，名曰‘旱烟’。后则甘肃兰州产水烟，以铜管贮水其中，隔水呼吸，或仍以旱烟作水烟吸，而水烟之名，又有青条、黄条、五泉、绵烟诸目。旱烟袋大小不等，以京师西天成家为最。水烟袋用白铜制者，惟苏州汪云从著名，湖北汉口工人亦专精制造。近年来又有铜制二马车水烟袋者，以皮作套，空其中，一安烟袋，一安烟盒，两旁有烟纸筒二，可以息火，制作益精，且便于携带，于北地车中最宜。洋人复制烟叶，卷束如葱管，长仅三四寸，以口衔之，火燃即吸，其味烈易醉，又于马上最宜。若鸦片烟之流毒天下，实非旱烟、水烟比矣。献县纪文达公好吸旱烟，每一次烟锅中可装二两，自内城至海淀尚不尽，都人呼为‘纪大锅’。吉林文博川宫保吸水烟，一次可二三十袋”。见〔清〕方濬师原著，盛冬铃点校《蕉轩随录》，第226—227页，中华书局，1995年版。

41“烟杯”，烟袋锅。“杯”同“杯”。1720来中国的朝鲜文人李宜显《庚子燕行杂识》（下）说：“南草，男女老少无人不吃，而待客之际，与茶并设。故称南草为烟茶，市肆尤多卖者。揭之以名烟者，处处皆是。然其草细切，晒得极干，无一点湿气，故一瞬爇尽。亦不叠吃，一竹便止。通一日所吃，多不过四五竹。其竹亦细而短。使吸我国南草，则未及尽一竹，嚬眉即止，称以辣毒。见我国人连吸累竹者，目动有惧色，恐其中毒也”。

42“盛茶”在这里的意思是装上烟草。“盛”读“成 chéng”。

43“爇”读“若 ruò”，烧。

44 高丽烟草在清朝是稀罕物。〔清〕佚名《吴三桂考》：“每岁年节及桂生辰，胡心水为应熊办人参、貂皮、潞绸、京绢、潞绸、松仁、榛肉、瓜仁、苹果、银桃、蒲桃、秋白、高丽烟（与）布等物来献，计五百驮，每次费银数万”。

45“密花”即蜜花，也即紫蜜花，是一种琥珀。但鼻烟壶不都是琥珀做的，还有用玻璃、瓷、玉石、水晶等制成的。清人方濬师《蕉轩随录》之《烟草、鼻烟》云："烟草之外，复有制为鼻烟者，细如粉末。《香祖笔记》云：'……以玻璃为瓶贮之，瓶之形象种种不一，颜色亦具红、紫、黄、白、黑、绿诸色，白如水晶，红如火齐，极可爱玩。以象牙为匙。'云云。不知近日鼻烟壶专尚翡翠、白玉、玛脑、蜜蜡诸品，一壶有直数十金、数百金者"。见〔清〕方濬师原著，盛冬铃点校《蕉轩随录》，第227页，中华书局，1995年版。

46 原稿"鼻烟筒"有误，当为"鼻烟壶"。河北省遵化市清东陵文物管理处藏《和珅家产抄家清档》："白玉鼻烟壶三百七十四个"。

47"柔薄儿"当是山东话"包子"。清朝中后期有大量山东人进入东北地区，朝鲜使节团沿途所见饮食也多有齐鲁之风。

48 霜花，也作"双花"，原稿所说，即朝鲜人吃的有馅的包子。高丽忠烈王时即有《双花曲》。韩国首都女子师范大学金根洙教授《校本乐学轨范》附录《校注丽谣》第十一即是该曲。金教授注说，"双花，馒头。"

49 馒豆，馒头。但原稿记述的实际上是有馅的包子。天津"狗不理包子"是其中佼佼者。

50 1720来中国的朝鲜文人李宜显《庚子燕行杂识》（上）说："所谓'柔薄儿'以面造，似我国霜花而皱其缝。亦似我国馒头。此盖古之'馒头'也。其馅以猪肉和蒜为之"。

51 原稿此处记录的是我国北方的油饼。加糖者在天津称为"糖皮儿"。

52"纥络"读"和 hé 洛 luò"，即"饸饹"。"饸饹"读"和 hé 了 le"，是我国北方人用粗粮做的面条，尤以山西人做的最为著名。

53 此处的"元宵饼"即元宵、汤圆。

54 牟面，大麦面粉。这里是指白面。原稿的意思是说，用玉米等面粉做的面条居然比白面做的还好吃。朝鲜文人丁若镛（1762—1836）《与犹堂集》卷十八《雅言指瑕》云："面，麦末也。……今华语刀切者曰切面，压榨者曰拉条，面干者曰挂面（我国统称掬水）"。现今韩国语里的面条即发汉语"掬水"之音。

55 原稿对我国面食的分类是比较考究的。日本学者青木正儿说："古来中华主要的粉食是'饼'和'饵'。'饼'是以面粉为原料的食品的总称，所谓饼、面、馒头之类属于此种。'饵'是以米、黍、粟、豆等麦以外的谷粉为原料的食品的总称，糕、团之类属于此种"。见[日] 青木正儿著，范建明译《中华名物考（外一种）》，第215页，中华书局，2005年版。

56"赭馓"读"者 zhě 伞 sǎn"，加西瓜仁的馅饼。

57"糁"读"伞 sǎn"，洒粒。

58"弹"通"殚"。

59 原稿"偏食"有误，当为"扁食"。山西方言，饺子。

60"形如馒头"的意思是，（扁食的）样子像我们朝鲜人吃的饺子。需要注意的是，朝鲜人口语中的“馒头”实际上是中国的“饺子”。现代朝鲜语里还是用“馒头”来称呼“饺子”。只是多了些限定的词语。如“水馒头”就类似中国的饺子，但个头大。

61 松饼是朝鲜的传统食品，其味如加入了松汁的年糕。现今韩国多有出售。

62 蜀黍，高粱。参见〔明〕李时珍原著，倪泰一等编译《本草纲目》，第368页，重庆出版社，2006年第三版。

63〔宋〕李昉等《太平御览》卷八百五十：“《周礼》曰，黄帝始蒸谷为饭”。

64 原稿此处有误，“无”字可删。

65“蜀秸”，通常作“秫秸”，即高粱杆。

66 蜀黍，高粱。参见〔明〕李时珍原著，倪泰一等编译《本草纲目》，第368页，重庆出版社，2006年第三版。

67 薪，柴。原稿作者李海应一行来中国时，中国人所用薪柴是可持续供应的庄稼秸杆，煤炭的使用量极少。

68 朝鲜人用的是鼎锅，直上直下的类似一个铁制筒子。

69“鼎锅之属”，指朝鲜人传统上用的锅具。现今韩国民俗村展示的朝鲜古代的锅，多类圆筒，其制与我国商周青铜鼎器比较接近。

70 石炭，煤炭。

71 这里记述的是1803年前后我国煤的开采与使用情况。与李海应同时代的清朝文人赵翼则记述了“西山煤”，描述了北京地区煤炭的使用情况。见〔清〕赵翼原著，李解民点校《檐曝杂记》、〔清〕姚元之原著，李解民点校《竹叶亭杂记》，第131页，中华书局，1982年版。

72“燻”同“熏”。

73 沉菜，当即泡菜（辣白菜。韩国语发音类似汉语的“金契”）的汉字名称。1720来中国的朝鲜文人李宜显《庚子燕行杂识》说：“菜则有萝蔔、芹、蕨、菘、蒜诸种。或以作沉菜而味皆咸”。 朝鲜文人朴思浩《心田稿》在二月初八日也说：“晴。沙流河四十里午炊，丰润县四十里宿。自栅门至燕京，往返朝夕之供，未尝吃沉菜，只吃干鱼酸浆。且辽野水浊，口胃真正难开。到丰润，别供一大椀沉菜。土产风味也，爽快殊绝。菘菜大如芭蕉，汁如清油。诸人齐声叫奇，一攫而吃尽”。朝鲜文献《幸园乙卯整理仪轨》卷四“馔物”中多有“沉菜”之名，其中《鹭梁站》一节有“淡沉菜一器（白菜。回銮时菁根）”的记载。

74 原稿“沈”有误，当为“沉”字。

75“鹾”同“鹺”，读“搓 cuó”，多盐的，咸的。

76 关于清朝瓜果蔬菜，参见〔清〕武英殿本《古今图书集成·草木典》卷四十一。

77 大凌河在今辽宁省凌海市。该市内有大凌河街。

78“醢”读“海 hǎi”，酱制。

79“苽”读“姑 gū”，同“菰”。这里的意思是“瓜”。原稿所说，当是日本学者青木正儿所记载之“虾油王瓜”。青木是在山海关附近买到虾油王瓜的，时间大致是1947年。参见[日]青木正儿著，范建明译《中华名物考（外一种）·腌菜谱》中译本，中华书局，2005年版。

80“葅”同“菹”，读“租zū”，腌菜。

81 芥，芥菜。参见〔清〕鄂尔泰、张廷玉等《钦定授时通考》卷五十九《芥》，文渊阁四库全书本。

82“菘”读“松sōng”，大白菜。参见〔清〕鄂尔泰、张廷玉等《钦定授时通考》卷五十九《白菜》，文渊阁四库全书本。

83 通官，译官，清朝礼部的“通事”。

84“沉菜”当是现今韩国语里“泡菜”的汉字，也有的学者把它翻译为“辣白菜”。1720年来中国的朝鲜文人李宜显《庚子燕行杂识》说：“菜则有萝葍，芹，蕨，菘，蒜诸种。或以作沉菜而味皆咸”。

85 萝葍，萝卜。“葍”读“福fú”。

86 原稿“蔆菠”有误，当为“菠稜”，即菠菜。〔清〕梁章钜《浪迹三谈》卷五曰：“波棱菜，亦呼波菜，菜之至无味者也，而偏入《随园食单》，亦不可解。……前明说部中载成祖微行民间，食黄面豆腐干及此菜而甘之，询其名，店佣以‘金砖白玉板，红嘴绿鹦哥’对，白玉板谓腐干，绿鹦哥即此菜，而《随园食单》中于‘波菜’条下，谓杭人名此为‘金镶白玉板’，自是偶误，以杭人述语，不应如此舛讹也”。见〔清〕梁章钜原著，陈铁民点校《浪迹丛谈 续谈 三谈》，中华书局，1981年版。另参见〔宋〕李昉等《太平广记》卷四百一十一《草木六·菠蔆》；〔清〕鄂尔泰、张廷玉等《钦定授时通考》卷五十九《菠蔆》，文渊阁四库全书本。

87“胡萝葍”即“胡萝卜”。“葍”读“福fú”。现代朝鲜语里，胡萝卜的汉字是“糖根”。参见〔清〕鄂尔泰、张廷玉等《钦定授时通考》卷六十《胡萝葍》，文渊阁四库全书本。

88 参见〔清〕鄂尔泰、张廷玉等《钦定授时通考》卷六十《莴苣》，文渊阁四库全书本。

89《诗经·唐风·采苓》有“采苦采苦，首阳之下”句。参见〔清〕鄂尔泰、张廷玉等《钦定授时通考》卷五十九“苦菜”，文渊阁四库全书本；潘富俊著、吕胜由摄影《诗经植物图鉴》，第70—71页，上海书店出版社，2003年版。

90 原稿“羌”有误，当为“姜”字，即生姜。关于北京、天津、河北的蔬菜，可参见〔清〕于敏中等《日下旧闻考》卷一百四十九，第2380页，北京古籍出版社，1981年版。

91 原稿描绘的“葫萝葍”不是现今的胡萝卜，当是紫菜头。

92 蔓青，蔓菁。“蔓菁”读“蛮mánjing”，有大块根的植物，我国北方民人常用来腌咸菜。参见〔宋〕李昉等《太平广记》卷四百一十一《草木六·蔓菁》；〔清〕鄂尔泰、张廷玉等《钦定授时通考》卷五十九《蔓菁》，文渊阁四库全书本。

93“飱”即“餐”字。

94 贱人，地位低下的人。这里是蔑称。

95 参见〔清〕鄂尔泰、张廷玉等《钦定授时通考》卷六十二《葱》、《蒜》，文渊阁四库全书本。

96 向迩，靠近。

97 咽窝，燕窝。

98 原稿此处有误，李海应大约是在北京听来的这些知识。燕窝不是海藻的堆积。

99 王棨（？）清嘉庆年间文人，字柘庭。自称山西洪洞人。其余不详。“棨”读“起qǐ”，木制凭信。“柘”读“这zhè”，柘树，一种树木。北京有潭柘寺。

100 金华火腿，现今还在大商场出售的著名食品。〔清〕梁章钜《浪迹三谈》卷五曰：“赵学敏《本草纲目拾遗》云：‘兰薰，俗名火腿，出金华，六属皆有，出东阳、浦江者更佳，有冬腿、春腿之分，前腿、后腿之别，冬腿可久留不坏，春腿交夏即变味，久则蛆腐。’盖金华人多以木甑捞米作饭，其饭汤浓厚，专以饲猪，兼饲豆渣、糠屑，或煮粥以食之，夏则兼饲瓜皮、菜叶、故肉细而体香，凡茅船渔户，所养尤佳，名船腿，较小于他腿，味更香美，煮食之，其香满室”。见〔清〕梁章钜原著，陈铁民点校《浪迹丛谈　续谈　三谈》，中华书局，1981年版。

101 原稿作者李海应下文说，白枣产山东。白枣在我国的分布很广，北京附近长辛店、河北青龙县以及山东、陕西、浙江皆有出产。

102 原稿“银盘麻姑及面筋素肴”似乎位置颠倒，当为“银盘面筋及麻姑素肴”。麻姑是我国家喻户晓的神仙，唐朝著名文人颜真卿有《麻姑仙坛记》。

103 王棨（？）清嘉庆年间文人，字柘庭。自称山西洪洞人。其余不详。“棨”读“起qǐ”，木制凭信。“柘”读“这zhè”，柘树，一种树木。北京有潭柘寺。

104 我国历代皆禁杀耕牛。清朝中后期，紫禁城中几乎不见牛肉，市场上的牛肉自然少见。

105“东八站”，从栅门（今辽宁边门）到迎水寺的8个驿站。

106“雉”读“制zhì”，野鸡。

107 膏雉，肥野鸡。

108 生物，未经过烹煮的动物生肉。

109 脯肉，生牛肉。

110 佐饭鱼脍，生鱼片。现今韩餐馆还有“活鱼脍”。

111“鳜鱼”同“桂鱼”。关于古代的鱼类知识，参见〔明〕杨慎《异鱼图赞》，文渊阁四库全书本。

112“鰡”读“流liú”，一种小鱼。经常在沙子里寻找食物。

113 鲋鱼，鲫鱼。“鲋”读“父fù”。

114 清人顾张思说，《吴越春秋》载，越王勾践正在做鲙，闻吴兵至，急切间将切好的鲙扔进江水中，鲙块遂变为小鲙鱼。见〔清〕顾张思《土风录》卷五《鲙残鱼》，收入[日]长泽规矩也编《明清俗语辞书集成》，上海古籍出版社，1989年版。关于白鱼，参见〔明〕李时珍原著，倪泰一等编译《本草纲目》，第636—637页，重庆出版社，2006年第三版。“鲙”读“快 kuài”，即鳓鱼（Chinese herring）。

115“鲂”读“防 fáng”，一种淡水鱼。

116“鲟”读“寻 xún”，纺锤形，背青黄色，腹白色，长三米余的大鱼。我国有著名的“中华鲟”。

117“鳇”读“黄 huáng”，类似鲟而个头更大的鱼。我国黑龙江等地方有出产。

118 原稿“獭子”有误，当即“鞑子”，乃是原稿作者李海应对我国北方少数民族的蔑称。

119 关于清朝淡水鱼，参见《插图本〈闲情偶寄〉》，第317页《鱼》，万卷出版公司，2008年版。

120 1803—1804年北京市场所卖的淡水鱼有一丈长，可见其自然环境之好。

121“鬐”同“鳍”，读“其 qí”，鱼的分水。“鬣”读“列 liè”，动物脖子上的密毛，此处借指鱼的背鳍。

122 拨剌，拨楞。口语，摆动、摇摆。“剌”读“l á”。

123“直”通“值”。

124 关于岗榴，参见〔清〕鄂尔泰、张廷玉等《钦定授时通考》卷六十四《安石榴》，文渊阁四库全书本。

125 莎果，苹果。现今韩语里，苹果的汉字还是“莎果”，但其发音类似汉语的“傻瓜”。

126 林檎即汉语口语里的“沙果”，是个头很小类似苹果的水果。“檎”读“琴 qín”。

127“山查”即“山楂”，俗称“山里红”，今北京山区、天津蓟县、河北省遵化市多出产。参见〔明〕李时珍原著，倪泰一等编译《本草纲目》，第481页，重庆出版社，2006年第三版。

128 西瓜瓜瓤有红色者，也有黄色者，现今西瓜多红色者。

129 子，瓜子。

130“班”通“斑”。

131 东产，朝鲜出产。

132 永平府治在今河北省卢龙县。

133“中后所”现为辽宁省绥中县。

134 清人于敏中说，无花果北京也有种植。另参见〔清〕鄂尔泰、张廷玉等《钦定授时通考》卷六十五《无花果》，文渊阁四库全书本。

135 落花生，花生。

器用

饼、饵、饧、糕，专用粉屑。其罗筛[1]之制，大可数围，架以圆机，置筛其中，而筛有木柄出机外，设横木于柄端，而两足迭踏之。筛撞扑于机，细粉渗下。或造小屋，而周涂以纸。纳筛于中，如置机之制。微风不入，轻屑不散。盖器机多足踏之法，比诸手运，用力少而见功多。[2]

斫刀[3]剉[4]草之规，不以足而手按之。刀刃长而广，承以长柄，而木板当刃处，穿穴至底。两旁夹以片铁，而以钉周其郭，令刃不横剉，而手有所碍，不受刃伤也。一人供草，一人按柄而剉之。铦利[5]如斫朽。或以左手供草，右手剉之，一人兼焉。此则手按胜于足踏。[6]

镕冶之具，其妙有三：曰“革鞴”[7]也，曰“铁斗”也，曰“铁模”也。

革鞴用熟革为大囊，可容数石[8]。两人各执一囊，互相鼓发，则风猛而火烈；铁斗者，其形如熨斗。木柄长二尺，口径六七寸。以无底铁筒安其上，高尺余。以泥涂其缝，而穴其旁以受风，而斗之内先铺炭，次铺铁，然后其上又铺炭、铺铁如前。加之火，而以革鞴[9]扇之。则二层铺铁，顷刻而镕满于斗中，于是去其筒而泻于铁模者[10]。凡釜、鼎、锄、犁之属，用铁为模，方圆曲直，切中其规。及器成而开模，辄迭铸如神。较诸我国土模之制[11]，一铸而便毁，见功不啻[12]百倍。

风柜[13]者，即代箕而簸糠者也。其制，织木为柜，长四尺有咫[14]，高三尺，广视其长半之。上下三面，并围以薄板。唯开头一面，以出风而扬糠。柜中嵌以斜板，出其舌于柜前而向下。设风扇于柜中最后面，旋其扇。轴亦出柜前，施曲柄于轴端，以便旋转。从上面圆剡[15]一窍，而南北置两板而承之，向内而斜下，可受数斗之谷，而两板之端不相合，仅容数粒。于是，自上面垂下舂杵之谷，旋轴而摇扇。则受谷之板既斜，而谷从两板间布出于柜舌。其形如垂瀑。重粒下坠，而轻糠扬出于柜头。又于斜板之中，施以罗筛，使碎粒与沙屑由筛而直下。故其斜出于柜旁者，皆颗粒匀整而洁净。一日所簸，可得数十硕[16]。其法若施诸我国，用替托谷时风席，则用功似不多矣。[17]

治大石为圆盘，而微卷其端，正中插一木柱。别以大圆石为枕，径数尺许，穴其中而贯木作活机，一头维于盘柱，一头则驾以驴旋转之。盘曰“碾”[18]，枕曰

“硙”[19]。谷之作糜[20]者，皆用此。此外亦有“蚁磨”，其制同我国，而皆用驴转之。碾驴、磨驴，必以物掩其目而笼之。一人执鞭巡之，则驴自环旋不息。无驴者，俱用人力。

碓[21]不用双脚。以扁然直木，下承石杵。杵短而圆，撞下臼中。则谷在旁夹者，亦啮杵而破糠。然乍舂辄踊溢于臼外，故一人执帚随之。一日能舂两甂[22]米。

绵车[23]双臂之制，略同我国。但用一铁一木，而铁臂在上，木臂在下。柱间甚阔。食去[24]核日七八十斤。其摇转之法，设曲柄于木臂，系拨子于铁臂。拨子者，乃五六尺长木也。铁臂之端，贯以十字机。置横橛于机之一枝，距交机处数寸许。削橛为圆颈，套以铁环。然后用数尺皮条，上结于环，下系于拨子。弹绵者[25]设猗[26]而坐于卓[27]前，置绵车于卓[28]上。右手指曲柄，摇木臂而转之。左手供绵，而转其铁臂之环橛，旋以上之。引足踏拨子而下之，则机橛既下，环颈不相滞。又激射而上，于是，铁臂得以一周。踏之无已，转激不息。遍臂食绵，百无虚转。又架黍茎[29]于车上，花不黏滞于臂身。

绵弓[30]揉[31]以竹，弦用羊肠[32]。一头近弰[33]。设筐而张革。弹绵者悬弓于屋梁。左手扶定之，置绵于卓[34]，而右手执木梆弹之。微弹者三四，其声“丁当”。间辄猛弹一声，则划然[35]击锣，久而徐歇。絮花随弹随起，满屋如雪花。一日可得百余斤。弓响不乱，大小节拍，累然如贯珠。

缫车[36]比我国制甚大，几满于一间之屋。机梧[37]甚多，不能便简。然引纶掷梭，手势轻利。所织皆大布，而出男子之手。丝车之制，丝弦铁签，皆与我国制绝相类，而但丝串无上尖，此则女子为之。

水车[38]之制，多作梧机[39]如车轮。其圆中规，贯轴而转之。才丝毫之力，辄旋斡不止者，四围之轻重均也。夹其机而左设扇，右设壶。其数不限多少。设架于水中，量扇而受水。扇太浅，则激轮不猛。太深，则扬水不高。诸扇以次受水，则机轮自转，而诸壶，亦自然斞[40]水。然而口乍倾，则水辄泻。故刳[41]木而承其口者，欲水之远扬也。机径十尺者，扬水高八尺。视此为度，高下可以适中。凡水势不迅，则激扇无力。筑堤陡下，然后机激水如瀑。一日夜可灌数十顷。

洒水铜车[42]，可以灌田、救火。其制，设大筒以受水，数石[43]为量。中置三小筒，具足而鼎立。中筩[44]差高，而含曲管为嘴，长尺余。筒傍[45]各有水户，以通两筒，而为铁叶以障之，令随水开闭。两筒之底，亦具水户及铁叶。又各有铜盘，恰满筒身而无剩之。竖铁柱于盘心，高出筒口。上有横水[46]，并架两柱，而别有一柱撑其腰，令其游移。一人持横木，交两柱而舂撞之。两筒之盘，迭相上下。当其上也，筒底之户，自开而吸水。当其下也，随以自闭，而已吸之水，从旁户泻于中筒。左筒既泻，右筒继之。中筒之水，不得不从曲嘴喷出。其嘴亦令游移不定，四面而低昂。又于嘴口，别施铜匣而穿穴。穴大小不一。水从穴中泻，廉纤飞散。亦可以浥[47]禾穀。[48]

凡人家炕上，辄安木柜、皮函[49]。又椅、卓[50]、琴、床、洗脸盆及机洗巾具焉。木柜之制，作双扇而启闭，扇长竟其身。内为二三层，日用什物、衣服藏其中。其锁钥横而不竖。虽有多小[51]精粗之不等，家家如此。

卓子[52]，其长仅三尺，高六尺，广不及长三之一。设饭写字，皆可供据。凳子之制，或圆或长，其高取其可踞。

斗[53]形，口阔底杀。隔其半，为两区。

宫室、椅卓[54]、棺椁[55]之材，盖非椵[56]非楸[57]，细理坚韧，非松杉之比。花梨[58]、紫檀[59]、降真[60]、沉香、乌木等器，多是贵家物。

器皿皆雕青画磁[61]，非青则白。破则补以铁。其法，用锥穿穴，钉以细铁。挥椎生风，其声铮然[62]。器之用铜、锡造者绝罕。化神炉、酒榼[63]、烟铛[64]，多用白镴[65]。洗面盆、蜡台，用输锡[66]。鞍之饰，杂用白铜、黄锡。盖铜铁贵，而且需于军器。故器皿禁铜铁。炉、镫属，亦多揉木为之。[67]

炊饭皆用釜，而釜底平，故鼎铛之属绝少。

井在路傍[68]者，亦甃[69]以石，穴深而口小。汲水之器，皆用柳编[70]而不破。井深，则设辘轳而收绠。[71]

日用剉[72]切之刀[73]，大如掌而长广等。凡切肉剉菜，皆竖其刃而斫[74]之。虽割切坚硬之物，利如芟草。[75]

佩刀刃长柄短。以一双牙箸插于鞘，以代尖子，将用于饮啖时也。又有刺齿、挖耳等物[76]，嵌鞘而插之。

弓皆角造，长比我国加五分二。然绝无劲强者，如我国初射者之弓，而矢则楛干[77]、鹳翎[78]。一箙[79]插七个。

鸟铳[80]亦如我国之制，而长几一把[81]，必竖而负之。

灯有以铁作笼[82]，亦用羊角造成，其光滢然[83]。则设烛台而为两铁柱，以上下之。皇帝晓夜动驾，及朝士夜行、市铺点灯，一皆用此。或有腹涨之制，如西瓜形。

人家无溷厕[84]，二便[85]皆器受而弃之。其溺器形如凫，其口如酒煎子[86]。我国人初见，认作酒器，而胡人亦以我国溺器作饭器云，真是对语。女人溺器，其口狭而长，如擘蛤[87]。译人或见溺器，男像阳茎，女像阴户。盖藏于僻处，不令人见之。北京城内僻巷，往往有深豁，此乃人家弃秽处。满则辇[88]出于田。又路傍[89]立溷厕，而拈纸为矢橛[90]，编于门楣。行人放矢[91]，必收贯钱。[92]

男子担而不负[93]。有一条木，两头悬绳。称物轻重，贯绳而肩担之，谓之“扁担”。运水、运柴及各样物货，皆用此法。肩疲，则移左移右。其远路往返者，用行李与铺盖，卷作一条而担之。大抵任物以肩，不以背。[94]

丧车[95]双辕，长七八丈，围径尺余。饰以黄锡红柒[96]，撮蕉[97]之制极壮。上下障纯用黑缎，而流苏[98]翳如[99]。金顶高一尺。两辕之间，施六七横杠。杠之大，可两握。担者各以扁担套索于横杠，而舁[100]其两端。一杠每数十人。铭旌长三丈余，有跗[101]有机[102]，亦架以双辕。舁者[103]数十人。

柩[104]制甚钜[105]，但下杀几三之一。四板之头并上出数寸，而圆剡[106]之如圭首。涂以朱漆，而画以草花。亦有金字题其上曰“灵寿堂”。又书“寿”、“福”字。市上所卖，亦如此。盖不量人体长短，预为造成。故其制甚广大。

摇车[107]，其形圆，恰容一小儿之坐。朱柒[108]而画之，贯之以绳，悬于梁上之钩。置小儿于其中，使之摇摇不住，则儿之啼哭者辄止。其名曰“摇车”。

琵琶[109]与我国制不同。头圆如小鼓，以鱼皮裹之。且身长而弦细，其曲调甚噍杀[110]。瞽者[111]必徇路挟弹，以求食焉。大抵音乐，无舒缓之节，不足来听，而瞽者之必工于乐，此古俗也。至若卜筮[112]等术，亦非瞽者所业。

1 原稿此处描绘的不是筛子，而是“罗”。罗是一种细密的筛子。

2 我国北方家庭之“罗”，用手筛者居多。其下是一笸箩，用以盛面粉。原稿作者李海应所见用脚筛罗是比较讲究人家（或人口比较多人家）的做法。

3 原稿此处描绘的是铡刀。原稿作者李海应不知道“铡刀”之名，但描述很到位。

4 “剉”读“错 cuò”，铡，切，剁，砍。

5 铦利，锋利。“铦”读“先 xiān”。

6 原稿此处所描绘“铡刀”，处处在与朝鲜对比。参见〔清〕武英殿本《古今图书集成·艺术典》卷九《铡刀图》及解说。

7 “鞴”读“被 bèi”，这里是指鼓风吹火器。

8 “石”读“但 dàn”，量词，十斗为一石。

9 “鞴”读“被 bèi”，给马套上鞍辔。

10 原稿描绘的是清朝时人们广泛使用的铁范铸造法。

11 土模铸造是商周青铜器典型的铸造方法。由此可见朝韩与商周尤其是箕子文化之间的传承关系。

12 不啻，不止。“啻”读“斥 chì”。

13 原稿作者李海应第一次见此物时称之为“风柜子”。风柜是为谷物去外皮的一种工具，当即“飏扇”。〔清〕武英殿本《古今图书集成 · 艺术典》卷九有《飏扇（图）》和《飏扇图说》。参见“紫图图书”白话图文全译本《天工开物》，第133页，南海出版公司，2008年版。“飏”读“扬 yáng”。

14 有咫，有余。“咫”读“指 zhǐ”，西周时8寸为1咫。

15 “剡”读“眼 yǎn”。削，挖。

16 原稿“硕”有误，当为“石”字。“石”读“但 dàn”，十斗。

17 参见朝鲜文人徐命膺《保晚斋丛书》卷二十六《收具》。

18 〔清〕武英殿本《古今图书集成 · 艺术典》卷九有《碾（图）》和《碾图说》；《海青碾（图）》和《辊碾图说》。原稿作者李海应在中国看到的，当是后者的实物。另参见“紫图图书”白话图文全译本《天工开物》，第46页《小碾》，南海出版公司，2008年版。

19 “硙”读“未 wèi”。磨。

20 “糜”通“米”。

21 “碓”读“队 duì”，舂。这里是指舂米或者其他谷物的农具。〔清〕武英殿本《古今图书集成 · 艺术典》卷九有《碓（图）》和《碓图说》。

22 “甔”读“单 dān”，此处通“石”。一石为十斗。

23 绵车，棉车，即木棉搅车，是为棉花去籽的工具。“绵”通“棉”。下同。参见〔清〕鄂尔泰、张廷玉等《钦定授时通考》卷七十七《木棉搅车》、《弹棉图》及《图说》，文渊阁四库全书本。

24 食去，吞下。

25 弹绵者，弹棉花的人。

26 “猗”通“椅”。

27 “卓”通“桌”。

28 “卓”通“桌”。

29 黍茎，秫秸，高粱杆。

30 绵弓即棉花弓，是弹棉花的工具。

31 揉，使木或竹弯曲。

32 羊肠，羊肠绳。古人常用羊的小肠做细绳，例如车夫的鞭梢。

33 “弰”读“烧 shāo”，弓的末端。

34 “卓”通“桌”。

35 划然，忽然。唐朝诗人韩愈《听颖师弹琴》：“划然变昂扬，勇士赴敌场”。

36“缫”读“骚 sāo”。缫车本是缫蚕丝的工具，这里原稿显然搞错了。李海应所描述的乃是旧式织布机。参见〔清〕鄂尔泰、张廷玉等《钦定授时通考》卷七十八《布机》，文渊阁四库全书本；《中国大百科全书·纺织卷》中“中国纺织史·织机的发展“条（周启澄、张铎撰）指出，江苏铜山出土的汉朝画像石中已有《斜织机（图）》。

37 机梧，设置了许多机关的某种结构。梧，支撑。

38 原稿描绘的，当是利用水流自动提水的“筒车”。参见〔清〕武英殿本《古今图书集成·艺术典》卷五《筒车（图）》和《筒车图说》。明成化二十四年（1488）朝鲜文人崔溥因大风被吹到我国浙江台州，被明朝派人送回本国。途中，在今天津市静海县询问中国水车的制造情况，并将之带回朝鲜。参见崔溥《锦南集》卷三至卷五《飘海录》。

39 梧机，机梧。设置了许多机关的某种结构。

40“斢”通“戽”，读“户 hù”，此处的意思是灌满。

41“刳”读“哭 kū”，剖开。

42 李海应描绘的是唧筒。我国秦朝即有“翻车”、“渴乌”，它们是最早的洒水车。其中的“渴乌”是利用虹吸原理来喷水的。唧筒在宋朝就已经广泛使用。

43“石”读“但 dàn”，量词，十斗为一石。

44“筩”同“桶”。

45“傍”通“旁”。

46 原稿“水”有误，当为“木”字。

47“浥”读“意 yì”，洒，泼，浇灌。

48“縠”读“湖 hú”，通“谷”。

49 皮函，皮箱。

50“卓”通“桌”字。

51“小”通“少”。

52 卓子，桌子。

53 斗，量具。

54“卓”通“桌”。

55“椁”读“果 guǒ”，外棺。

56“椵”读“假 jiǎ”，类似柚木的木材。

57“楸”读“秋 qiū”，此处指楸木。即《诗经·小雅·湛露》：“其桐其椅，其实离离”中的“椅”。参见潘富俊著，吕胜由摄影《诗经植物图鉴》，第88—89页，上海书店出版社，2003年版。原稿“非楸”有误，当为“即楸”。

58 花梨，这里是指黄花梨。一种十分贵重的木材。

59 紫檀，产于热带地区的一种檀木。唯一分布至我国黄河流域的檀木只有“青檀”一种，该树之皮是制造宣纸的主要材料。参见潘富俊著，吕胜由摄影《诗经植物图鉴》，第134—135页，上海书店出版社，2003年版。

60 降真，指降真香木。山油柑科属，芸香科。旧传焚烧降真香可以招鹤。参见〔元〕陶宗仪《南村辍耕录》卷二十九《降真香》，中华书局，1959年版。

61“磁”通“瓷”。

62 原稿描绘的是“锔碗”的过程。旧时我国北方街巷多有“锔盆、锔碗、锔大缸”的吆喝，笔者亦于1975年前多次亲见师傅的操作过程。

63“榼”读“科kē”，盛酒器具。

64“铛”读“称chēng”，一种平底锅。

65 白镴也叫锡镴。锡铅合金。较软，可以做器皿。“镴”读“辣là”。

66“鍮锡”，黄铜。“鍮”读“偷tōu”，是自然黄铜矿石。铜与锡的合金即黄铜。黄铜在中国与朝鲜的古代经常用来做家用器皿。

67 原稿此处有误，炉子无法用木制。

68“傍”通“旁”。

69“甃”读“咒zhòu”，用砖砌。

70 用柳条编的提水器皿叫“柳斗”。北方丧事中，多用柳斗装纸钱。

71“绠”读“耿gěng”，井绳。〔清〕武英殿本《古今图书集成·艺术典》卷六有图和说明。

72“剉”读“错cuò”，铡，切，剁，砍。

73 原稿此处描绘的是菜刀。

74“斫”读“啄zhuó”，刀砍，斧剁。

75 芟草，割草。“芟”读“删shān”，割，除去杂草。

76“刺齿、挖耳等物”，即“牙签”、“挖耳勺”。

77“楛”读“户hù”，一种荆棘，其干可制作箭杆。

78 鹳翎，鹳雀的翎毛。“鹳”读“贯guàn”。

79“箙”读“浮fú”，箭壶，装箭头的敞口盒子。

80 鸟铳，鸟嘴铳。一种使用黑色火药的长枪，以机头类似鸟嘴而得名。日本人丰臣秀吉派军入侵朝鲜，日军经常使用之。该枪于明朝嘉靖年间由土耳其传入我国，后民间多用来打猎。清康熙三十一年（1692年）征准格尔，特立火器营，朝鲜进鸟铳3，000杆。诏永免朝鲜黄金、青蓝红木棉等贡。见〔清〕王之春原著，赵春晨点校《清朝柔远记》，第43页，中华书局，1989年版。鸟铳在我国也叫“火枪”、“火铳”，是近代步枪、手枪的原型。清初文人屈大均已有较全面的鸟铳记述，从科技角度记述鸟铳则是1843年完成的魏源《海国图志》。参见〔清〕屈大均《广东新语》卷十六《大铳》、《机铳》，第442—444页，中华书局，1985年版；〔清〕魏源《海国图志》，续修四库全书本；“紫图图书”白话图文全译本《天工开物》，第329页《鸟铳》，南海出版公司，2008年版。

81 此处“一把”有误，当为“一庹”，是指双臂伸长的长度。

82 以铁作笼，用铁丝作笼子（外面糊纸）。我国北方过年时还有用木头做框的灯笼，乃外糊白纸并贴红色剪纸，内安油灯或蜡烛，叫“爬山虎”。

83 滢然，清澈的样子。“滢”读“营 yíng”。

84 溷厕即厕所。“溷”读“混 hùn”，肮脏，污浊。原稿记载有误，我国东北、华北的人家皆有厕所。

85 二便，大小便。

86 原稿描绘的是夜壶的样子。“酒煎子”是温酒的器具。

87 擘蛤，剖开的蛤蜊。“擘”读“bò”。

88“辇”读“捻 niǎn”，本义是人拉的车，后来专用于帝王坐的车。这里的意思是“用车载”。

89“傍”通“旁”。

90 矢橛，屎橛。这句的意思是，路边有厕所的人家，往往用草纸做成一个屎橛的样子，招徕顾客。

91 放矢，去厕所大便。“矢”通“屎”。

92 贳钱，这里是指如厕费。此处是对我国古代收费厕所的记述。“贳”读“世 shì”，借贷。

93 传统上朝鲜男人负重以背，女人以头。

94 清人顾张思认为“扁担”一词最早见于《传灯录》。见〔清〕顾张思《土风录》卷五《扁担》，收入[日]长泽规矩也编《明清俗语辞书集成》第一册，上海古籍出版社，1989年版。

95 原稿所说“丧车”有误，该物实乃我国北方出殡时使用的“棺罩”。

96“柒”通“漆”。

97 撮蕉，纺（拧）麻。蕉，生麻。这句的意思是，中国棺罩上用的麻绳很粗大。

98 流苏，下垂的穗子、边饰。

99 翳如，遮盖。“翳”读“意 yì”，华盖。

100“舁”读“于 yú”，共同抬。

101“跗”读“夫 fū”，条状物体的末端。这里是指长长的穗子。

102 机，枢纽。

103 舁者，抬杠的人。“舁”读“于 yú”，共同抬。

104“柩”读“就jiù”，特指装有尸体的棺材。

105“钜”同“巨”。

106“剡”读“眼yǎn”，削，刻。

107 原稿所说“摇车”即摇篮，东北口语为“悠车子”。朝鲜文人对此都很感兴趣，无名氏《燕辕日录》（燕行时间为1888—1889年）被看作是最后一部“燕行录”，其中有对我国摇篮的记载。见[韩]林基中主编《燕行录全集》第九十六卷，第105—106页，东国大学出版部，2001年版；富育光主编《图像中国满族风俗叙录》，第169、173页《悠车图》，山东画报出版社，2008年版。

108“桼”通“漆”。

109 原稿“琵琶”有误。从原稿描绘来看，当是我国的二胡。

110 噍杀，尖锐刺耳。《礼记·乐记》形容金声“噍杀”。“噍”读“教jiào”。

111 瞽者，盲人。“瞽”读“古gǔ”。

112 卜筮，占卜算命。“筮”读“是shì”，占卜，算卦。

舟车[1]

海上漕船[2]，略似我国龟船[3]。上设板屋，用粉灰涂隙。板门仅容一人之出入。荡橹收轴，皆由屋中。盖仿蒙冲[4]古制也。屋下亦铺板而作厅，坐卧干净。且南方商船，屋制甚华丽。粉壁雕窓[5]，至有穷极奇巧。其玩好百物，无不毕具。

津船[6]不用摇橹，两岸植铁钉如柱。截津施絙[7]，维其端于钉。刺[8]船缘絙而进。虽风浪汹涌，绝无倾覆之虞[9]。船中以薄板横障，设十数间架，若琴罫[10]然。上又铺板，而傍[11]开数板。以便衣袽[12]之备。若载车，则横施两板为梯，推轮缘板而上。盖船上铺板，亦为载车也。

河津多航桥[13]，缘大航作桥。两头各有铁环，以相连结。架板铺土，车马之行，如履平地。虽当潦[14]雨水盛之时，必随水浮沉，故未尝有堑溺之患。

溪间小艇，形如马槽，用全木凿之[15]。仅容二人之坐。又或任栋梁木附之两旁，以防泛水摇摇之患。

任载之车[16]，双轮正转而不荡[17]，所以能服重而致远也。轮制，不以辐辏[18]，但交互两板，一纵一横，而为十字形。方毂[19]而受轴，不相游移。两辕之下，各设双橛，加于轴上。车行而轴转于橛中。轴转，则轮已周矣[20]。此其制轮轴相固。辕轴之间相承，不能分寸，而旋转之便利，倍于长毂。制作之省约，半于辐辏[21]。惟曲巷弯，回旋不便。所以宜于远道，而不便于市城也。

一车驾以骡马七八头[22]。鞴䩛[23]率用牛革，而驾辕不用衡轭[24]。但辕下一马，鞴[25]以小木鞍。垂双条而两端有套，拴其条于马胸，而辕端之橛，牵套而不脱。马得以施其全力。余马不以鞍，而为圆套加项[26]，施鞅绊[27]于套而引之。齐头并力，其行如飞。驱车[28]者执鞭坐车上。鞭长数三丈[29]，打其不用力者，其声如雷。车夫则必号曰“赶车的”。所乘之车曰“太平车”。[30]

辐轮、长辕上加圆屋[31]。屋制甚密，构以木。间隙不容两指，唯虚其前三分一，依房户之制。全屋裹以蓝布。两旁析方尺[32]，亦贴琉璃[33]，以便窥外。设帘帷于前面，随意舒卷。其中劣容两人之坐，而必背面相向，然后可容。

屋有檐而四面析方尺、嵌以玻璃[34]者，曰“翰林车”。结藤而代屋，底铺板，故曰“藤车”。屋制间隙甚疏，柱缘及栏楯[35]俱彩。前面两旁，皆设囱户开闭。不施帘帷，或装以锦帐，上加蜡顶，流苏[36]灿然四垂。轮辐皆涂丹柒者[37]，乃贵人所乘，而皇亲妇女则全里[38]红锦缎，鲜丽夺目。其粉饰珠翠，透照玻璃之外，毫发可数。

凡轮辐，皆中屋而设帷。贵人车则设轴于辕后[39]。故车中摇荡之势顿减，而马之施力偏多。

独轮小车，轮经[40]不过二周尺，一人推而行之。为筐箱而载物。或设两箱，一载什物，一载老弱。一人推之，一人引绳而挽之。或驾一驴运之[41]。贫者多用此。

车轮虽有大小之不齐，而辕轴之间，不差分寸。所谓“车同轨”者，是也。不然，则轮不合辙，行路便倾。沮洳[42]之地，往往辙迹深深过尺余，而犹能循而行之，不至倾败，两辙之深浅均也。

朝士三品以上，乘四人轿，亦名“坐椅轿”。其制，檐屋妆严，略似我国暖轿。中设椅子，髹[43]漆烂然。四角悬香炉酒榼[44]，皆系奇玩。诸王所乘者，皆雕龙镀金，彩帷锦帘，种种鲜耀。屋上加以金顶，设锦网以覆之。贵人家妇女，往往乘此。其担舁[45]之法，双辕在轿之腰，前后辕端，各施短杠，中贯套索，其长尺余。前后各二人，俱以一条扁担贯其上，套而肩舁。四人相接踵而先后之，疾行如飞。

蒙古车制，一如我国[46]，而稍轻薄。其轮裹以铁叶，周围加钉，防其磨毁。

胡商乘轿，以二马驾之，略如我国双轿之制，而中设椅子。下装则去地不远。只有一轿夫，而亦无扶嘱[47]之属。其华丽便适，反复[48]胜焉。胡商远出交易，多得其利，则必乘此而还乡云。

辇舆[49]之制，上檐如圆亭，下方而设栏，四面环之。可容人环栏而行。长杠则或二、或三。盖二杠者，驾象也。三杠者，驾六马也。其下两轮，与太平车[50]无异。辇屋皆有楣楔[51]，而大可一间。全身漆以朱红，饰以黄金、珠翠，而以黄帕覆之。四面皆垂以黄帐。长杠亦黄布裹之。引舆之绳，皆用红丝，而丝之围，大如椽木。系于轴，如船缆。垂其端于辕。轿中有铜炉、烛台、椅子之属。设层梯于其右，以便升降之路，而梯左右亦有斜栏。黄金红漆，照耀前后。以棕榈织席铺其梯，望之隐然一黄金屋也。皇帝动驾时，必列置于午门外，以备乘舆之时。凡五辇也。

1 朝鲜文人丁若镛（1762—1836）《与犹堂集》卷十《城说》论及造车。另参见〔明〕宋应星《天工开物 · 舟车第九》。

2 漕船，运粮食的船。〔东汉〕许慎《说文》认为，车马运粮为“转”，水路运粮为“漕”。参见“紫图图书”白话图文全译本《天工开物》，第220页《漕舫图》，南海出版公司，2008年版。

3 龟船，这里指朝鲜王朝军中战船，乃李舜臣将军在抗击日本侵略军时改进后的装甲战船。参见“紫图图书”白话图文全译本《天工开物》，第220页《龟船复原图》，南海出版公司，2008年版。

4 蒙冲即“艨艟”。我国古代的战船，船舷用兽皮包裹。三国时即有广泛使用。

5“窓”同“窗”。

6 津船，渡船。

7“絙”同“緪”，读“耕gēng”，粗绳。旧时我国河边渡船也有用扁扁的粗铁丝来维系两岸的。

8“剌”读“辣là”，通“拉”字。剌船，拉船。

9 虞，恐惧，担心。

10“罫”读“拐guǎi”，方形的网格。

11“傍”通“旁”。

12“袽”读“如rú”，烂衣服与旧棉絮之类。

13 航桥，舟桥。1881年来中国天津的朝鲜文人金允植在其《阴晴史》上卷记载了天津海河上的舟桥。参见拙著《王朝间的对话：朝鲜领选使天津来往日记导读》，第228页，宁夏人民出版社，2006年版。

14“潦”读“老lǎo”，雨水很多。

15 原稿此处描绘的是我国北方的独木舟。我国商朝就已经出现了带舱的木板船。参见〔明〕宋应星原著，“紫图图书”白话图文全译本《天工开物》，第222页《船及船上器物》，南海出版公司，2008年版。

16 我国的车传说是大禹时奚仲的发明。至李海应来华时，车的种类已经很复杂。〔民国〕夏仁虎《旧京琐记》卷一云：“旧日乘坐皆骡车也，制分多种，最贵者，府第之车，到门而卸，以小童推之而行，出则御者二，不跨辕，步行于两旁，健步若飞，名之曰‘双飞燕'。次曰'大鞍车',贵官乘之。京堂以上,障泥用红,曰'红拖泥'。自余皆绿色油布围之:曰'官车',寻常仕官乘之;曰'站口车',陈于市口以待雇者;曰'跑海车',沿途招揽坐客,车轮亦有别;曰'山西较者'(京语呼轮曰较),来自晋,轮皆有齿;曰'伏地西较者'(京语本地曰伏地),本地仿西轮为之,唯无齿;曰'夯较者',斯下矣"。

17 不荡,不晃荡。

18 辐辏,当为"辐(fú)辏(còu)"。指辐条与轮毂。"辏"读"珍 zhēn"。

19"毂"读"古 gǔ",车轮的中心部分。

20 现今北京卢沟桥头有旧式马车,笔者于2009年元旦专程前往参观时特意为其轮毂拍照。另参见〔元〕朱公迁《诗经疏义会通》图说下《毂》,文渊阁四库全书本。

21 辐辏,车辐(车轮的辐条)与车毂(车轮中心部分)。"辐辏"读"服 fú凑 còu"。

22 我国东北地区有四轮车,多用来载货,原稿"一车驾骡马七八头"的记述可信。但我国北方民间马车绝大多数都是2、3马拉车,两轮马车很少用4匹以上马牵引的。〔清〕王谟辑《汉魏遗书钞》之《王度记》里有"天子驾六,诸侯驾五,卿驾四,大夫三,士二,庶人一"的记载,现今河南省洛阳市在博物馆中展览天子六驾。后代皇家的仪仗以及三品以上官员、王公贵族乘坐的大鞍车都是多马拉车。现今天津大学"冯骥才文学艺术研究院"院内有一旧式四轮马车,笔者于2008年12月前去参观时特意为之拍照。另参见〔宋〕周密原著,吴企明点校《癸辛杂识》续集上《北方大车》,中华书局,1988年版;〔明〕宋应星原著,"紫图图书"白话图文全译本《天工开物》,第230页《合挂大车图》,南海出版公司,2008年版。

23"韅"读"显 xiǎn"。驾车时牛马肚子上的皮带。"纼"读"引 yǐn",引车前行之皮带。其一端在车上,一端套在牲口胸前。

24"衡", 车辕前端的横木。"軛"读"饿 è",驾车时套在牛脖子上的曲木。

25"鞴"读"被 bèi",给马套上鞍辔。

26"为圆套加项",在脖子上加上"套包子"。套包子是用皮子或布缝制而成,其内装草。展开时为一个长条,套在马、驴的脖子上后,下端两头用细绳拴上。

27"鞅靽"读"央 yāng半 bàn",本都是指套车时马身上的皮带。这里是指拉边套的牲口所用的套具。其制,用粗大的麻绳连接车底部,另一头加"套夹板"。"套夹板"是两个短木,上端用细绳固定连接,下端待套马时再用细绳拴上。

28 驱车即驱车、赶车。"驱"同"驱"。

29 原稿所说鞭长是概数。旧时赶车的"车老板"往往有两个鞭子。长鞭也叫"大鞭",用来驱赶拉长套的骡马。其鞭梢多用羊小肠做成。

30"太平车"是我国古代车具之一。车轮箍以铁皮。因运行平稳而得名。

31 清朝富贵人家马车上安置的不是圆形的屋子,而是中间高、左右两边下垂的形制。这类车在晚清统称"小轿车子",类似今天的"奥迪"等高级轿车。

32 析方尺，开出一平方尺左右的空来。《说文》：“析，破木也”。《周礼·冬官考工记》：“内方尺而圜其外”。

33 原稿“琉璃”有误，当是“玻璃”。琉璃是建筑上用的瓦所涂的釉料。古代皇家建筑经常用琉璃瓦。原稿作者李海应已从中国人那里学会了“玻瓈”一词，见原稿卷五《风俗》一节。

34 显然，李海应已从中国朋友那里学会了“玻璃”一词。但他经常混用“玻璃”与“琉璃”。值得注意的是，现代朝鲜语里的“玻璃”发音至今类似汉语的“琉璃”。

35“楯”读“盾 dùn”，栏杆的横木。

36 流苏，下垂的穗子。

37 轮辐皆涂丹漆者，红色车轮的。“桼”通“漆”。

38 原稿“里”有误，当为“裹”字。

39 原稿所说乃车轴在后的是“大鞍车”，该车三品以上官员才可乘坐。

40 轮经，轮子的周长。

41 参见〔明〕宋应星原著，“紫图图书”白话图文全译本《天工开物》，第233页《双缒独辕车图》、第234页《南方独推车图》，南海出版公司，2008年版。

42“沮洳” 读“举 jǔ入 rù”，低湿、多水之地。

43“髹”读“修 xiū”，油漆。

44“榼”读“棵 kē”。盛酒或水的器具。

45“舁”读“于 yú”，共同抬。

46 朝鲜民间的牛车，类似我国蒙古族同胞的“勒勒车”。由于多山地，朝鲜王朝很少用车。

47 扶嘱，朝鲜的跟轿人。发令起轿或落轿。

48 这里的“反复”是两个词，意思是“反而更加”。

49 辇舆，帝王的车子。“辇”读“捻 niǎn”。

50“太平车”是我国古代车具之一。车轮箍以铁皮。因为运行平稳而得名。北方多用牛拉。

51 楣楔，指门。“楣”，门上部的横梁。“楔”，门左右之框。

风俗

清人立国之规，大抵导风俗以禽兽之，率天下之民而愚之。一曰“无等威”[1]，一曰“贱名检”[2]，一曰“尚货财”[3]。粤[4]自崇祯后，至今几二百年，闾巷之间，或有微文小节之可采者[5]。盖古中华遗风有不泯者存欤？

宰相之子做市井，市井之子做宰相。尝见陈希曾[6]之祖世爵[7]家状，以为世爵以世官之子，家事聊落，即贸于燕、齐、闽、越之间，资屡钜[8]万。其子道[9]中进士，资至资政大夫。道中称述，其执契殖货之才，撰次无遗。若揄扬者然。俗之“贱名检”即此可见。

宰相赴衙，则既入门，一人前行呼唱在道，则太学士以下，无喝路之规。虽舆台[10]贱人，亦骑而冲过，少无顾忌。唯道逢皇子及亲王，则大小人员皆下马。

汉人仕宦，则辄学习清语，盖公会则用清语。奏御文字，皆译以清语[11]。然闾巷则满汉通用汉语。[12]

官员之行，一骑持坐席前行。盖以坐席别其品级高下故也。官高者，皆乘轿。

贵人之行，一骑着车前导之，从而后者，或至数十骑。若街路狭隘，车马填咽。前者不行，则后者未尝辟除[13]，往往在车中看书交睫，捱延一饭之顷。前者出，鱼贯而行，是故乘车或不如步行之便捷。

男子凡于生业，力役勤苦，日不暇给。缝衣、织布、舂米、炊饭，亦自为之[14]。女子则虽贱人妇，家稍赢余，辄安坐炕上，徒事冶容。其所业，唯袜、鞋底之缝造。过此，则织凉帽[15]为业。衣服亦皆借人手为之。为人缝纴[16]者，亦男子之以是为生者也[17]。道中往往见女子垢面蓬头，坐在门外，缝其衣服。手势岨峿[18]，不像女人本色。盖北方女口，较男口绝少，而且有美色。丈夫多“奉倩”[19]之癖，任其撒娇。南方却不然，缝衣刺绣，皆出女子手云。

男子生而薙[20]发，独留一掬发，辫于脑后，是谓“辫子”。虽年老发白者，从背后视之，亦似我国婴儿。僧则并辫子薙之。道士不薙发，而或束为髻[21]，或散而垂之。

余过甜水站[22]，见刘姓儿，首编二发而垂其后。余问其故，刘曰：“汉人未娶者，例皆如此。娶亲则必一发”。

汉女缠足，满女则否[23]。盖未详其建自何时。女儿生而至四五岁，则辄缠之。行步摇摇，若将颠覆。闻有人曾与江南士人笔谈时问：妇女缠足臭[24]恶，不可近，信然否？曰：缠足必以香屑布之故，但有香馥[25]之臭[26]云。

汉人羞与满人婚，然闻有婚姻而若无间然者。凡汉父满母[27]之子曰“乌金朝”[28]，例属汉军。盖清朝始令薙[29]发，并禁缠足。女子无一应从者。康熙初[30]，斩贵族一家而申其令，犹终不听从。于是，始定互婚法，且令从母。母若满人，则女不得缠足，子属于旗下[31]。欲其久而成俗。然汉人之自好者，则至于今绝不相婚云。

凡场市众会处，绝不见女子之杂于其间，不可以夷俗而小之。大抵街路上，非乞丐之人，则女子之往来者绝少[32]。虽或有之，必乘车而行。京外沿路，则或有骑驴自执辔[33]者。

满女容姿，举多娇艳，而亦丰厚硕大，间或有丈夫之像。汉女之美者，必多纤丽袅娜。[34]

女子出入乘太平车[35]，贵主、命妇亦然。男子骑从之。往往露面，朝外而坐。或深闭帘帷，而衣髻妆严，皆从玻璨[36]露现。盖汉女避人，清女不甚避人云。

男子年二十以前，并剃其须髯[37]。二十五岁以后则只剃髯，而存须。过三十以后则否。

女子束发为髻，如东人冠者之敛发。发根皆上指，不辫而回遶[38]之。左右必插笄[39]。未嫁则有发间开理，未必适中。于额半，或左右之，所见不正。又穿耳悬珰[40]，至三四环。鬓插金叶花。白头婆娑亦然。惟孀妇，则有珰无花。

女子口上点朱之法，不全涂上下唇，但点抹于唇尖，如含珠样。且粉饰必凝盛，虽年老如是。

谓女曰“贵女”，亦曰“强盗”，以妆奁[41]资送之具，罄尽家产，如盗窃故也[42]。凡嫁娶，先期送彩。至婚日，借用“回避”、“肃静”牌及各部院、各州县官职牌。又旗旛[43]伞扇，前卫后拥。男乘绣帐朱轮车，女乘金屋轿。间用亲迎之仪，道路生光。或云满人亲迎，汉人不亲迎。

人家送女之资，非至窭[44]，则大柜一、皮函[45]二、梳函、具镜洗面机具、输[46]盥盆、帨巾[47]、椅卓[48]、琴床皆具。衣衾[49]之奢俭厚薄，视其家力。

女人被绮罗，涂粉，簪花，而其夫则衣帽敝恶，面貌丑陋。初见者，皆认为其奴。

丧服之制，自天子达于庶人，皆以二十七日为公除之限。然汉人能守制[50]三年。既葬，则除大布衣。衣帽皆用玄色，而维[51]不服绮罗，以别于平人。

满人则父母及伯叔父母，同丧三年。祖父母、伯兄及妻父母、妻祖父母，皆服百日。从父兄及堂叔、堂兄，皆服二十七日以下。妻子及弟妹则俱无服。

遭丧之家，以簟[52]盖屋。屋脊飞檐，甚奇巧。大门外亦皆建簟门。门楣结簟[53]为字曰“西方”[54]。正路仿戟门[55]之制，而旁置钟、鼓、笳[56]、弦之属[57]。必于簟屋[58]作乐，用以作佛事、迎吊客。及送葬，大吹擂，烧纸币。魂马、魂轝[59]及红伞、锦扇、幢幡、纛[60]牌，皆僭[61]用公家之制。男女乘素车随后。或丧人在柩[62]前步行，两人掖[63]之。女子虽服素者，必傅粉涂朱。或老妇两眼垂泪，而口含烟竹[64]。所见甚可笑。

人家门扇，或书贴“守制”二字。有朞制[65]、功制之名，又或书某月某日开吊。译人云：受吊，必设盛馔以待吊客。则吊者以银偿之，多者至数十两。所以前期约日，彼此得以措备。此亦“尚货财”、“无名检”故也。

遭亲丧者，衣帽依旧。但衣缨下佩一条麻带而已。过数日，依前醉歌，乱啜酒肉，而恬不知愧。此则满人之狗彘[66]无异也。或有撤帽上红络及发端彩丝者。[67]

满人多火葬，汉人不尽然。火葬，盖入棺后烧之，收其骨。纳诸[68]器而瘗[69]之，聚土为小堆。此用浮屠[70]法也。

坟墓之制，其形如覆瓮[71]。清明日必加土。未满三年，竖彩旗于坟上。过三年则否。坟上往往树白杨，而富贵家坟墓，则置行阁，周以粉墙，望之若深宫巨室。

凡城邑村野，多露置之柩[72]。或累砖而灰涂之，或只以石块压其上，任其朽败。此则贫无葬地，或客死而不能归葬。多归于烧火云。又道傍[73]寺刹，多有旅榇。[74]

有村必有寺庙。如辽阳、沈阳、山海[75]等处最多。至皇城内外，寺观堂庙，较人家几三分一。但一寺所居僧，虽大刹不过数十人。道士尤少。

家家奉关帝画像或塑像，朝夕拈香。店肆亦然。或曰：此非关帝像，即傅说[76]之神。为祈财用之赡[77]足云，而傅说岂财神之类耶？此固未可知也。[78]

关庙必供佛，佛寺必供关帝。一体尊奉，曾无分别。

乡村皆有七圣祠，或五圣、九圣祠。大村结构奇巧，贫村则凿石为屋，或累土为龛[79]，列奉神像。意其为土地、山川、风云、雨雷之神。或贴对联曰：“日月星辰主，风云雨雷师”。又曰：“千处有求千处应，一方起敬一方灵”。又并享关帝像。

凡相见之礼，揖而不拜。致敬则鞠躬，致谢则叩头。且语言酬酢[80]之时，必作手势。若遇亲人，则就前执两手而摇之，致其款款之意，而若女人则不然。

朝会时三跪九叩。首至地曰“叩”，一跪辄三叩，故三跪则九叩矣。贱人见贵者，则跪一膝。年位相敌，则必握手摇摇，而尊者以一手，卑者以双手。朋友情挚，则久而相逢，辄抱腰蹲蹲[81]。且卑幼见尊长，必纳头恭拜。

见客之礼，送迎必出门。客在前，主人必后。虽朝夕相逢，亦不废此规。一执主客之礼。

岁拜之规，亦如我国。必于岁初，红纸书名，插于帽，来来去去。若岁初相见，则辄问“好过年！”[82]

入去时沿路不见老人。及归[83]，往往出坐门首。盖天寒深蛰[84]，至春始出。然道上绝不见担载往来者。

满人貌多丰伟，亦小[85]文而多实。汉人反是。南人又轻薄狡诈，然而不必尽然。

人性大抵多宽缓阔大。器具物种，却有巧思。至如涂屋筑墙之制，多我国未曾见者。

人多直肠。若知理屈，则言下即服，无强聒[86]之例。

北京钱币甚轻[87]，物货翔踊。毫发之利，曲尽无遗。至于剃头、挖耳、洗足、剪爪[88]者，各持器具，叫以自衒。

小商各有标号。如剃头者鸣铁[89]、卖油者弹钳[90]、卖糖者叩鱼[91]。其它金钲[92]、竹篦[93]、木柝[94]、小鼗[95]之类，皆不劳叫呼，而闻其声，则知其所卖为何物。[96]

市铺必高竖[97]牌竿。绸缎玩好之物，皆刻字而标之。或悬旆[98]，而记其物名与所产之地。或铺檐挂所卖样子。若银钱铺，则挂木银、木钱。其它画靴、画袜者，靴袜之铺也。盖画眼、画妇人、画小儿者，药铺之表其科也。

街市有卖衣铺。盖衣制长短，可以通服。故虽富者亦买已制之衣。两人离[99]立于大街，列各样衣服。一人左执衣领，一人右举衣腰，高声唱卖。则一人辄应声而赞其美。一衣既唱，又举一衣而结之。竟日如是。

当铺子[100]，贷家也。门揭“当”字牌。又帖曰“军器不当”。盖典人物，必定日为限。若过期，则虽差一日，不许还退。

用银换钱[101]之法，随物价而轻重[102]。今年则丁银一两，换钱七两[103]。细丝银[104]一两换九两。钱一百六十文为一吊[105]，此关东钱法也。京城则以十两为一吊。又有京钱、大钱之别。大钱以十两[106]为十两[107]，京钱以五两为一吊。[108]

各铺货物，虽亲王卿宰，如有所欲买者，必带银，乘车而至其铺，决价亲买。彼人习熟见闻，不以为怪。

关内田一曰“耕税”，小钱[109]一百二十文，而恶田则半之。还谷耗米为一斗、为五合[110]。汉人户役，大户出银十两，中户五两，下户二两五钱，以充旗军支放之资。

耕垦之法，关内外则农器便利。或以驴耕之，或以人引之，而不尽驾牛。辽东则以两牛并驾，而农器之制，如我国山峡之所用。高丽[111]旧俗犹存而然欤？

垦田无沟洫[112]，但畇畇[113]平平，如门庭扫除处，而且不贵深耕。水田则只于西山及高丽堡见之。

1 无等威，无高低贵贱之分别。见原稿下文“宰相赴衙”一段记述。

2 贱名检，不重视名分。孔子说“必也正名乎”。名分在封建时代是特别重要的。参见原稿下一自然段之记述。

3 尚货财，重视商品与财务（而这恰恰是朝鲜王朝实学家欣赏清朝的地方）。

4 粤，语助，用于句首。

5 从这些记载可见，原稿作者李海应的思想意识远不如朴趾源等。来中国的朝鲜文人在元朝时称为“宾王”，明朝时称“朝天”，至清朝才叫“燕行”。明时来中国的朝鲜文人，一直抱着来学习的自谦态度。从清朝开始，朝鲜文人在来中国的途中往往有一种文化上的自豪感，他们认为自己才是汉文化的保有者。但朝鲜文人朴趾源的《热河日记》彻底颠覆了这种观念。朴趾源告诉朝鲜人，乾隆皇帝治下的中国不仅经济发展极快，在汉文化建设方面也绝不是朝鲜文人可以望其项背的。

6 陈希曾（1767—1816），清朝文人，字钟溪。江西新城人。乾隆五十八年癸丑（1793）探花。曾任翰林院庶常馆教习，官至工部侍郎。他是林则徐的老师，工书法。

7 陈世爵（1682—1752），清朝文人，字院修，号立轩。陈希曾之祖先。世爵弃举业，经商而富。

8“钜”同“巨”。

9 陈道（1707—1760），清朝文人，字绍洙，号凝斋。陈世爵独子。陈道不肯继承父辈的商业，继续读书。乾隆十三年戊辰（1748）进士。其后，陈宅内多出进士，成为乡村美谈。陈道是陈希曾的曾祖父。

10“舆”、“台”是奴隶社会两个最低的等级。后用“舆台”来泛指奴仆及下人。

11 李海应不是朝鲜官员，对清朝会议与奏折的语言使用情况并不十分清楚，其所记当是道听途说。

12 在原稿作者李海应来中国的几十年之前，满族人就不讲究说满语了。朝鲜文人李宜显《庚子燕行杂识》（燕行时间1720年）说：“清人皆能汉语，而汉人多不惯清语。道路所逢清汉相杂，而皆作汉语，绝无为清语者”。究其原因，交际方便是主要的因素。满族人不讲究说满语而说汉语，是清朝灭亡的前奏曲。当今我国也有部分少数民族青少年不重视民族语言的学习，而片面地坚持“学好英语可以走遍全世界，学好汉语可以走遍全中国”，自治区负责人十分着急。

13 辟除本指征召推举授官，这里的意思是“改道”。

14 朝鲜男人是不干缝衣、织布等活计的。

15 原稿“凉帽”当是指草帽。旧时北京地区女子多用麦秸编草帽出售。

16 缝纴，缝纫。

17 这句的意思是，中国居然也有男裁缝。参见〔清〕李光庭、王有光原著，石继昌点校《乡言解颐》、《吴下谚联》，第42页《衣工》，中华书局，1982年版。

18“岨峿”读“举jǔ无wú”，互相抵触。这里的意思是，胡乱招手、举止无度。

19 奉倩，怕老婆。奉是恭敬地侍侯。倩，美女。按照礼制，古人必须奉双亲，“奉”美人的男人是被嘲笑的对象。

20“薙”同“剃”。

21“髻”读“既jì”，发髻。

22“甜水站”现名为“甜水”，在辽阳市至本溪市之间的省道沿线。

23〔民国〕姚灵犀《采菲录》对缠足的历史以及天足的出现等记录较全。

24“臭”读“秀xiù”，气味的统称。

25“馥”读“副fù”，香气。

26“臭”读“秀xiù”，气味的统称。

27 原稿“汉父满母”有误，当为“汉母满父”。

28 原稿“乌金朝”有误，当为“乌朝金”，指汉母满父所生子女。清朝长期施行满族的补贴政策，其民间的等级顺序大致是旗人、乌朝金、汉人。但其文化修养在社会看来正好相反，这也是满族统治者拼命学习汉文化的一种动力。即使是大贪官和珅这样的官僚，汉学修养也很高。其书法作品至今尚存。

29“薙”同“剃”。

30 康熙是清圣祖的年号（1662—1722）。清初曾禁止汉女缠足，但收效甚微。〔清〕况周颐《餐樱庑随笔》载：“康熙三年，遵奉上谕，议政王贝勒大臣九卿科道官员会议，元年以后，所生之女禁止裹足。其禁止之法，该部议覆等因，于本年正月内，臣部题定。元年以后，所生之女，若有违法裹足者，其女父有官者，交吏兵二部议处，兵民交付刑部责四十板流徙，其家长不行稽察，枷一个月，责四十板。该管督抚以下文职官员，有疏忽失于觉察者，听吏兵二部议处在案”。

31 旗下，属于八旗的。清代满族女子嫁给汉族，则其子女属于满族。1958年《中华人民共和国户口登记条例》模仿了此种办法：女方为城市户口的，子女属于城市。反之属于农村。

32 高丽与朝鲜王朝对于女子的限制较少。女人不仅不缠足，且没有“大门不出、二门不迈”的传统。

33“辔”读“配pèi”，缰绳。

34“袅娜”读“鸟niǎo挪nuó”，形容女子体态轻盈美好。

35“太平车”是我国古代车具之一。车轮箍以铁皮。因为运行平稳而得名。北方多用牛拉。

36 玻瓈，玻璃。“瓈”同“璃”。看来，原稿作者李海应已经从中国文人那里学到了“玻璃”一词。

37“髥”同“髯”。两颊上的胡须。

38“遶”同“绕”。

39“笄”读“基 jī”，簪子。

40“铛”读“当 dāng”，女子耳环类的装饰品。

41“妆奁”读“装 zhuāng 联 lián”，本义是女子梳妆用的镜子与匣子，后专指嫁妆。现今分层的首饰匣子即“奁”的一种形式。

42 原稿此种说法当来自朝鲜文人朴趾源的《热河日记》（燕行时间为1780年）。该书卷一载，朴趾源与一目不识丁的中国店主有如下对话：“有男女几个？”“只有一盗，尚未招婿”。

43“旛”同“幡”。

44“窭”读“巨 jù”，贫困。

45 皮函，皮箱。

46“鍮”读“偷 tōu”，铜。

47“帨”读“睡 shuì”，帨巾。女子出嫁时母亲送的，用来擦拭不洁。

48“卓”通“桌”。

49“衾”读“侵 qīn”，被子。

50 封建礼制规定，父母或祖父母逝，子或长孙在家守孝二十七个月，称“守制”。

51“维”通“惟”。

52“簟”读“电 diàn”，苇席。

53 结簟，用苇席包住或搭棚。“簟”读“电 diàn”，苇席。

54 原稿“西方”有误，其后当有缺字。原稿记述的当是我国北方丧家席棚外的“西方接引”四字。

55 戟门，《周礼·天官》中即有此门的设置规定。汉朝学者郑玄以为即“棘门”，是用兵戈搭建的门。后为古代建筑群中的前门。唐朝规定，三品以上人家可以设置戟门。“戟”读“挤 jǐ”，古代青铜制作的兵器，矛、戈合为一体。

56（胡）笳，我国古代北方民族的一种吹奏乐器。似笛。“笳”读“家 jiā”。

57 原稿记述的是我国北方的吹鼓手及其乐器。但原稿记述我国民间丧乐里的“钟”有误，当是云锣。

58 簟屋，苇席搭的棚子。“簟”读“电 diàn”，苇席。

59 魂舆，纸糊的车。“轝”同“舆”。

60“纛”读“到 dào”，古代军中的大旗。

61“僭”读“见 jiàn”，超越规格，超出规定。

62“柩”读“就 jiù”，特指装有尸体的棺材。

63“掖”读“叶 yè”，搀扶。

64 烟竹，竹子做的烟袋杆。

65 朞制，按照礼制规定守丧。“朞”读“基 jī”。

66“彘”读“制 zhì”，猪，大猪。

67 朝鲜自古学习中国，以死者为尊，重视丧葬。朝鲜文人丁若镛（1762—1836）《与犹堂集》卷三十八至卷五十三皆为《丧礼四笺》。原稿作者李海应对满族治下的中国北方丧仪很不满。

68 诸，在这里是“之于（乎）”的合音字。

69“瘗”读“义 yì”，埋。

70 浮屠，梵语音译，也作“佛图”，指佛或佛教徒，也专指和尚。

71 朝鲜墓葬所留坟头与中国一样，似“土馒头”。现今我国小金字塔形坟头是不讲究人家才有的样式。

72“柩”读“就 jiù”，特指装有尸体的棺材。李海应见到的是中国的“权厝”，即把棺材停放（待葬）或浅埋在某处以待改葬。“厝”读“错 cuò”，安置。

73“傍”通“旁”。

74“榇”读“衬 chèn”，本义是空棺材，也泛指棺材。旅榇即权厝，古人多把棺材寄存于寺庙。

75 山海，指山海关。

76 傅说（？），商朝奴隶出身的名将。

77“赡”读“善 shàn”，供给。

78 关帝在民间往往是作为“武财神”被供奉的。笔者于2008年9月14日专程前往承德避暑山庄西的关帝庙参观，其中有相关介绍。

79“龛”读“勘 kān”，小窟，小屋。

80 酬酢，应酬。“酢”读“做 zuò”，客人用酒回敬主人。

81 满族抱腰礼是大礼，多对年长者施此礼，平辈之间往往简化。见富育光主编《图像中国满族风俗叙录》第125页《抱腰礼》及图，山东画报出版社，2008年版。

82 原稿记录汉语口语有误，“好过年！”当是“过年好！”来中国的朝鲜文人熟悉汉语的文言，但绝大多数时候听不懂口语。原稿作者李海应在大定江见到的朝鲜文人李晚秀有《屐园遗稿》传世，其卷十二有诗《高堡早起，戏用官话》，其中有句：“月亮晌午歪，鸡叫一遍了”。李晚秀记录的汉语口语也很奇怪。

83 归，归途。指朝鲜使节团回国途中。

84“蛰”读“折 zhé”，本义是动物冬眠，后也指深藏不露。

85 原稿“小”有误，当为“少”字。

86“聒”读“郭 guō”，这里是指说起来没有完，强词夺理。

87 高丽与朝鲜王朝皆用中国钱币，除“常平通宝”外，很少自铸货币，因之钱币在半岛相对稀少而贵重，时以布匹为实物货币。朝鲜文人柳馨远（1622—1673）《磻溪随录》卷八《本国钱货说附》云：“以今粗布交易观之，则不待他言而知钱之必行无疑矣。今粗布仅一、二升，元不成布，百无所用，而贸迁相通，故禁之而不止”。可见，在柳馨远的时代，一、二升（古代布匹以八十缕为一升）的粗布是作为朝鲜货币通用的。另参见该书卷四“禁粗布”。

88 剪爪，剪指甲。此类工种通称“修脚的”。

89 剃头的用的是铁制的音叉，名“唤头”。游街串巷为人看病的郎中用的是铁或铜制的圆圈，叫“虎撑儿”。磨刀人用的是铁联板，叫“滑铁链”。见孙有为《经济学》第一章《经济学概说》，世界知识出版社，1995年版。

90 钳，钳子。原稿记载有误，卖油的人叩击的是类似木鱼一样的东西，叫“油梆子”。用一木棍敲打一中空的木块，即原稿所说“木柝”。“柝”读“唾 tuò”。

91 卖糖的人通常是敲锣，所敲锣即原稿所说“金钲”。参见周作人《周作人文集》，第345页《卖糖》，吉林摄影出版社，2000年版。孙有为亦持此说。见孙有为《经济学》第一章《经济学概说》，世界知识出版社，1995年版。“钲”读“争 zhēng”。

92“钲”读“争 zhēng”，古代乐器，形如钤，有柄，行军时用。这里当是指铜锣。旧时锔锅、锔碗、锔大缸的人多敲大铜锣。

93 竹篦，串巷卖酒的商贩用的竹板子。

94“柝”读“唾tuò”，木梆子。旧时卖货者用的木梆子种类较多。卖熟食者叫“击馋”；卖汤圆、混沌的叫“唤饥”。见孙有为《经济学》第一章《经济学概说》，世界知识出版社，1995年版。

95“鼗”读“淘 táo”，拨浪鼓。卖杂货的货郎多用之。收字画玉器的，敲单面羊皮鼓。后者叫“雅士听”。见孙有为《经济学》第一章《经济学概说》，世界知识出版社，1995年版。

96 孙有为《经济学》第一章《经济学概说》对古代各个行业的广告形式有较详细介绍。除了各传统行业的音响广告外，还有其他形式的广告介绍。该书于1995年由世界知识出版社出版。

97 原稿“坚”有误，当为“竖”字。

98“旆”读“配 pèi”，旌旗。这里是指店家的招子、酒幌。

99“离”通“俪”。并列。

100 当铺子，当铺。“当铺子”当是东北口语。

101 原稿论述兑换的说法较乱，同一个“两”字，有时是指中国的“两”，有时是指朝鲜的“两”。我国古代金属货币中，用“钱”、“两”、“贯”做单位的是钱，外圆内有方孔；用“元”、“角”、“文”来做单位的才是币，中间不开孔。我国在光绪三年（1877）

始有机制铜元与银元。古代金属货币间的兑换往往随行就市。清朝文人钱泳《履园丛话》之《丛话一》曰："至于银价，乾隆初年，每白银一两换大钱七百文，后渐增至七二、七四、七六至八十、八十四文。余少时每白银一两，亦不过换到大钱八九百文。嘉庆元年，银价顿贵，每两可换钱一千三四百文，后又渐减。近岁洋钱盛行，则银钱俱贱矣"。见〔清〕钱泳原著，张伟点校《履园丛话》，第28页，中华书局，1979年版。

102 清光绪八年壬午（ 1882）来我国的朝鲜文人鱼允中《西征记》载："自营口至烟台轮船船价银四十两，一行十一人。自烟台至天津船价银三十五两七钱五分，一行十一人。自中江至栅门车六辆，费六十六吊（每吊一两六钱）。自栅门至营口车八辆，费六百四十吊。栅门换银每两十吊一百贰，凤城换银每两十吊二百贰，拆木城与凤城同。营口换银每两九吊八百五十，烟台换银每两一吊五百六十（十两为一吊），天津换银每两三吊二百三十（五两为一吊）"。

103 1720来中国的朝鲜文人李宜显《庚子燕行杂识》说："其钱如我国所谓'小钱'，而三百三十三个为一两"。按照李宜显的算法，1804年丁银一两可换铜钱小钱2，331个。

104 细丝银，纹银。

105 一吊，一贯（铜钱）。通常是1，000个铜钱为一吊。

106 两，朝鲜王朝的货币计算单位，其读音类似汉语的"酿"，以10个铜钱为"一两"。1882年来华的朝鲜文人鱼允中《西征记》所记录的"节使"、"别使"花费分别是"银九千七百四十二两零，钱三万三千九百余两"；"银八千四十两零，钱二万六千四十两零"。1884年出使日本的朝鲜文人朴戴阳，有《东槎漫录》传世。其中的《东槎记俗》说："（日本）有罪者无杖治之法，惟驱为惩役，使服赭衣赴国役，日给十钱（即我钱一两）"。可见，朝鲜王朝的铜钱"一两"是10枚。但朝鲜此制来自唐朝币制，《旧唐书·食货志》载："行'开元通宝'钱……积十文为一两"。开元通宝铸造时规定十个铜钱为一两重，此即我国衡法中"一钱（重）"、"一两（重）"的来历。秦朝"半两"币首开其端。参见陶贝《触摸历史的痕迹——〈收藏〉中国古钱系列书脊图解读》，《收藏》，2009年第一期（总第193期）。原稿此处所说"十两"当是用朝鲜之"两"来计算我国货币，333文为一两。

107 原稿"十两"疑有误，当为"一吊"。

108 1720来华的朝鲜文人李宜显《庚子燕行杂识》说，"其钱如我国所谓'小钱'，而三百三十三个为一两"。按李宜显的算法，"五两为一吊"，则京钱一吊的铜钱数为333×5=1，665文。

109 这里的"小钱"是朝鲜王朝的称谓。1720来中国的朝鲜文人李宜显《庚子燕行杂识》说，"其钱如我国所谓'小钱'，而三百三十三个为一两"。

110 合，我国古代容量（市制）单位，10合为1升，原稿"五合"有误，当为"五升"。

5升为半斗。此恰是原稿作者李海应所说“恶田”的一年租税。

111 原稿“高丽”有误，此处当为“高句丽”。旧时朝鲜与中国文人往往混用“高句丽”与“高丽”。

112“洫”读“蓄 xù”，田间水沟。

113 畇畇，田地很整齐的样子。“畇”读“云”。

科制

科制必严约束，入场时搜验。归号舍，则又严其锁钥。以禁有怀挟、有代倩[1]、有传递。且缴卷[2]必封弥[3]。种种设法，皆所以防奸也。若有关节现发，则试官与士子，便斫头[4]云。

试士只取五经中每经出四题而试之。应试者，虽尽通五经，必专一经，谓之“本经”。此汉儒专门之学也。

凡省试第一场，试以四书文三篇，性理[5]论一篇。一昼夜而毕。此场最费力；第二场，试以经文四篇，排律一首。一日而毕；第三场，试以策五道。亦一昼夜而毕。一篇不下千言，少或七八百言。会试亦同。

殿试以策一道，限一昼夜。一篇至万余言，又格式无一差误，然后乃选入翰林。故一经此试，有呕血者。中选则有朝考[6]，试以诏、诰、谕、诗。亦限一日而毕。

乡试则百人取一，会试则三十取一，殿试则应试者皆中选，但分一二三甲。若已中乡试为举人，则待十余年得为一知县。又若有异政，则自知县叙升，而至府，至道，至司，至巡抚、总督。

就如大兴县人，中顺天省试，则有报子鸣锣，持红单书姓名，飞来报喜。且省榜既出，有卖《题名录》[7]者，必人买一录。欲知渠[8]所相识者，或在录中。故谚曰“一举成名天下闻”。然过一月，则皆不知。惟会元姓名，虽百年犹在人口，官至宰相，乡人以“壮元”[9]呼之。探花亦然。

壮元[10]则胪唱[11]后，皇帝坐殿，开午门、大清门[12]。壮元[13]一人，骑马由中门而出。顺天知府执鞭送壮元[14]归第。赐锦袍，即宫人所制。其夫人乘舆，诣本省城上，遍洒五谷，谓之“压荒”，且云分福于人。壮元[15]则府、县具供张，都人倾城聚观。又外省总督、巡抚仪从，连亘[16]里余。司道以下，递相传呼。道辟人门，列戟、鼓吹、放炮，而壮元[17]初到时，亦有府、县官为之竖旗竿。扯[18]其夫人游城之仪从，几不减督抚。此其所以为荣也。

登第者点入翰林，必须三年，散馆授职。亦于此三年内，告暇[19]归乡省亲。然其还朝之期，不过一年。外官则为知县，而必自吏部制签分省，而俾不许省官。虽邻省亦不在五百里内。

登第者，一甲三人，即壮元、探花、榜眼[20]。壮元[21]即授翰林修撰，榜眼即编修；二甲百余人，或八九十人。其二甲第一人，谓之“传胪”，亦即授翰林；三甲百余人。凡二甲、三甲，纳于朝考，然后或点翰林，或授六部主事，或授知县。外此者，谓之“归班”。

进士十年后，得知县。[22]

翰林最清选，然但贫甚。近年则以翰林求外者多。

翰林不论多小，皆张黄盖[23]，带数珠。与人言，终身不称“晚生”，与督抚平行。在家乡，写名柬字寸许大。一为知县，即变为小字。

由小科[24]为举人，由举人为进士，由进士有壮元[25]、翰林。盖三年大比，取进士三百六十，以应周天之数。

进士有两定。甲榜进士三鼎甲之外，有翰林庶吉士，有六部主事，或即用县令。其余则有岁进士、乡贡进士、恩选进士之称。

满、蒙、汉八旗禁旅，分驻京城[26]。各旗分地。正东则正白、镶白；东北则镶黄；东南则正蓝；正西则正红、镶红；西北则正黄；西南则镶蓝。各设都统[27]、副都统[28]、参领[29]、佐领[30]领之。亦有应武科之规。

1 代倩，雇用“枪手”代替考试。

2 缴卷，交卷。

3 封弥，我国宋朝以后沿袭的糊名之法，用以防止作弊。

4 斫头，杀头。“斫”读“浊 zhuó”，砍，劈。

5 性理，性理学。

6 朝考，清朝科举殿试以后的考试。朝考的第一名为“朝元”。

7 清人赵翼（1727—1814）《陔馀丛考》卷三十：“一榜进士出，翰林衙门例刻《题名录》，此盖本唐时进士《登科记》之例也”。

8 渠，代词，他。

9 原稿“壮元”有误，当为“状元”。李海应不熟悉中国的“状元”之名，他把“状元”一律写成了“壮元”。

10 原稿“壮元”有误，当为“状元”。

11 胪唱，按照顺序大声点名。宋以后专指科举考试进士殿试毕，唱名传呼召见。“胪”

读“卢lú”，陈述，报告。

12 大清门即后来的“中华门”，位置在今天安门广场之毛主席纪念堂处。

13 原稿“壮元”有误，当为“状元”。

14 原稿“壮元”有误，当为“状元”。

15 原稿“壮元”有误，当为“状元”。

16 “亘”读“艮gèn”，横贯。

17 原稿“壮元”有误，当为“状元”。

18 原稿“扯”字有误，当为“携”。

19 告暇，请假。

20 原稿“壮元、探花、榜眼”顺序有误，当是“状元、榜眼、探花”。其中“壮元”有误，当为“状元”。

21 原稿“壮元”有误，当为“状元”。

22 科举制度为培养封建官吏而设，王朝是不计其行政成本的。16年（人寿80年的五分之一）教育约需3万学时。

23 黄盖，黄色的伞盖。

24 朝鲜科举制度里，“进士”属小科出身，类似我国的举人。文科（大科）只录取33人，及第者都授予官位。这里的“小科”是指中国乡试。

25 原稿“壮元”有误，当为“状元”。

26 清朝初年，满、蒙、汉八旗按照从内到外的顺序依次驻扎于北京的内城。

27 都统，清朝高级武官，从一品衔。八旗中每旗都设一名都统。

28 副都统，清朝高级武官。因都统往往是满族王公和亲信大臣兼任，副都统通常就是该地的驻防长官。镇守山海关的来仪是全国四个独立行使职权的副都统之一。

29 参领，清朝八旗甲喇章京的汉名。正三品武官。

30 清朝东北地区的最高军职是盛京将军，其下是副都统。副都统之下是城守卫，城守卫之下才是协领和佐领。参见丁海斌、时义《清代陪都盛京研究》，第171页，中国社会科学出版社，2007年版。

畜物

象[1]长二丈余。从头至尾，视其长不加多，望之如巨屋。蠢然而动，鼻长至地。两牙拖横于外。下唇尖如鼠喙[2]，且毛薄而色如灰，见若无毛。股三节，足五趾。趾各有圆蹄。移步甚缓，然可敌快马。其大可知也。耳大如箕，向下而垂。目小尾短，不能侔[3]其体，而比之牛，则犹过之。皇帝动驾时，鞴[4]法鞍以充卤簿[5]，且以驾黄屋轿。象奴[6]坐其顶，眇[7]然若婴儿。象或迂行，则以铁钩钩之。欲左则左钩，欲右则右钩，往往至出血。然经宿则完。所谓“见星疮合”者，此也。闻象出南方，设机而捕之，谕以不杀，辄服听，虽即地释械，能听人指使。不然，终不可驯。饲之藁[8]草。束草置其前，则辄以鼻卷入于口。虽一介之微，能拾而啖之。盖鼻端有夹肉如镊。且象力在鼻，卧而欲起，则必拄鼻于地。将饮水，象奴以大筒盛水而与之，亦以鼻吸之。卷曲而注诸口，则从鼻中出。其声如倾盆灌之。善解人意，教以“请安”，则跪后足；教以老虎声、喇叭声，能放[9]而为之，其音甚洪敞。象奴将鞴[10]鞍，叩膝而警之，辄屈其节为凹，奴由之登降。虽小儿亦能御之。然但生面人近之，则以鼻挥之，中者至毙。其圈在宣武门内北边胡同。凡有三圈，而圈皆障壁而间之。间各有一象，总数十头[11]。皆以铁锁，锁其前一足，钉于地。象奴坐其门首，饲草饮水。[12]

橐驼[13]出北方。马头牛尾，项有胡而鬣[14]生其下。股三节。足五爪而无蹄。色杂黄黑而粗甚。然而《唐史》谓，哥舒翰[15]尝骑白橐驰。又杜草堂[16]诗有云“紫驼之峰”，则其色不独黄黑而已。行时头节而颈弯，曲如鹅。皆有两峰，不加以鞴[17]而驮物于其间。力任千斤之重，其行蠢动，却日走三四百里。饲以藁草和盐食，盐多则峰益高。御者皆蒙古人，以丝穿鼻而牵之。皇帝卤簿中亦有驼。包金鞍锦勒，载物于两峰间，以黄帕覆之。

马多绝大而骏良，然未尝踶啮[18]而叫嘶。虽不服役，亦垂首低尾。妇孺皆抚摩而不怕。

朝会时，朝士之骑马、驾马，分御路两旁，齐首联辔[19]，未尝见交首相磨，分背相踶[20]。道中见牧马者，什五为辟[21]，多至百余匹。不施羁绊，而齐首向前，无奔逸者。驾马率多骏马，只为局促辕下，混于驽骀[22]。骑者亦善驰突，而但步骤中规者少。盖俗善御马，而未尝调习。且俗不牵辔[23]，故以能走为良，任其自然之步也。

骡亦绝大，而无踶啮者。种亦繁殖[24]。骡马几相等，驾车服乘，参互用之。

驴之出东八站[25]者，甚小而繁。唯山西之种甚大。其尤者，齐于鞑马[26]。大抵驴役甚苦。至窭者[27]皆骑之。运水搬柴，转磨耕田，无不为之。盖无木鞍载物之俗，唯山西商人，往往行之，而驴则皆用木鞍服役。

北京贯[28]车，单用一骡或一驴者，而车载五六人，驰骤如飞驱。[29]

小者往往如狗。人之畜之，亦视如狗，散在篱落，竞竞而行。[30]

凡人家骡、驴、马、牛，富者至三四十头。不以厩闲[31]，夜置霜露之下。不服役，则不施羁勒而放于野。至日暮，一人执鞭作警声，则皆相率归家。飒然[32]风雨。

御畜甚酷。少拂人意，辄以皮鞭乱下。骡马皆战股息气，不敢跳踉[33]。将欲驾车，警曰“下，下”[34]，则辄尾行入两辕间。

任重之车驾，骡马七八头。夕入店舍，脱其鞅靽[35]而纵之。就店槽而立。虽十车同入一店，骡马各认其同群，不相浑杂。晓将驾车，御者各引其辕，下马就车。则余者又自诣之。行列不乱。

喂养之法，则至停站处少顷，方饲以草豆。又小顷[36]，饮以清水。不然，行至川溪而饮之。又村舍路傍[37]，必剉草[38]积置，以待行人之求买。亦设水盆，盛水待之，而一马所饮，偿之以唐钱[39]一分。远行则必饲以小麦、蜀黍[40]之属。小麦则名曰“麸子”。[41]

牛比骡马甚稀，而亦无村不畜。两角多直而长，毛多白色、灰色、黑色、班[42]驳色，而黄者绝少。俗不穿鼻，但以绳维其角以制之[43]。耕田不全用牛力。关内则代以驴马，或人自推耕而耕之。

骡、马、牛白色者，十居六七[44]。橐驼[45]亦有白色。猪色白者亦多，而鸡多白而班[46]。大抵彼地之六畜，率多白色。[47]

狗或有大者如驹，其绝小者如猫。在人炕上宿，女人辈或抱在怀中。东人[48]名曰“勃勃”。又别有豪博之种，性甚狞悍，故以铁索锁其项，而仍贯木椎两端，垂其颔下，使之制之。然见生面客，则辄跳出乱吠，必欲啮之。且闻俗不食狗，死便埋之云。[49]

猪羊极贱，而羔[50]颇贵。道中见驱羊、驱猪而行者，多至数百头。一人执杖而随之。猪羊皆竞竞向前，无奔逸而散出者。行止皆随人意，若晓其约戒者然。

鹅鸭亦人家所畜，而道中罕见。

人家及市肆，多檐悬鸟笼而养鸟。皆丹咮[51]彩翎，类多巧丽。然不知名者甚多。笼中皆置两器，一盛水，一盛粟。过市门，众鸟嘈喇和鸣，如在林间行。

鹦鹉有红、绿、玄、白[52]诸种，而余所见，淡青色。丹咮下曲如鹯[53]，两翅淡黄。大如小鹊，而尾亦如之。然其末锐，鸟皆三趾前向，一趾向后，而此鸟却二前而二后[54]。此与凡鸟不同者也。有解语者云，而盖不可见。或清晨呼饥，则略能解语云。大抵背腹、顶翎、颔嘴、头尾之间，五彩俱全。

弄猴者，或并熊儿、汉羊、勃勃[55]之属而弄技焉。又有驯虎者，往来街路而弄技焉。且西山设圈，而畜熊、虎。

人家或畜白兔，穴地而藏之。大盈两握，时时出穴。见人不怕，浑身洁白。眼赤如火珠，耳尖尾短。似是“蜀猫”之类，而云是南方之产。

有豢蛇者。筐中盛大蜿[56]，裹以普罹襶[57]。又于坐处，植杖[58]于地。以小狗子[59]索项而絷[60]维之。狗若乱叫回旋，蛇亦应声出头。有若将咬者，而人辄以手抚摩嗾[61]而诱之，蛇亦举头旋缩。盖蛇非可训之物，且非冬节所当有者。是可异也。路有观者，必三四钱，然后许之。

1 南宋《西湖老人繁胜录》里即有宫廷饲养大象的记录：“外国进大象六头、骆驼二头，内有一雌象，叫作小三娘子，于荐桥门外造象院顿之，每日随朝殿官到门前唱诺，待朝退方回”。参见《东京梦华录 都城纪胜 西湖老人繁胜录 梦粱录 武林旧事》，第13页，中国商业出版社，1982年版。

2“喙”读“会 huì”，鸟（兽）的嘴。

3“侔”读“谋 móu”，相称。

4“鞴”读“被 bèi”，给马上鞍。装备车马。

5 原稿“卤簿”当为“卣薄”，即礼仪上的仪仗。明清皇帝出行往往要有大象拉车，可惜我国历史体裁的电视连续剧里至今还未见象辂。“辂”读“路 lù”，帝王用的大车。

6 象奴，赶大象的人。朝鲜文人经常称下人为“奴”。

7“眇”读“秒 miǎo”，细小，微小。

8“藁”读“搞 gǎo”，庄稼杆。

9“放”通“仿”。

10“鞴”读“被 bèi”，给马套上鞍辔。

11 1791年来华的朝鲜文人金正中《燕行录》于壬子正月初一说：“他日至驯象园，其数凡三十七匹”。

12〔清〕陈恒庆《谏书稀庵笔记》“象”云：“国初时，缅甸归化，常以象进贡。于宣武门内城根设象房以育之。逢朝贺大典，象背被以黄毯，脊上安宝瓶，陈于午门玉辂金辇之前，以备方物。其身高一丈，首至尾亦一丈余。鼻长四五尺，与腿齐，远望若五腿然。眼如鼠，尾如驴。鼻能拾草而食。牙露于吻外，左右各一，长尺余。此牙不能食物，食物乃用口中小牙。朝贺毕，有官役牵之，以索贯其鼻孔。欲骑之，则以利钩勾其皮以登。钩出，皮孔自合，不见血痕。《论衡》云：‘长仞之象，为越童所钩，象皮不畏刀刺。’诚然。象房中，每象一屋。屋壁有洞，能容人。遇象怒时，官役入洞以避之。养之三四年，则渐驯，能晓人言。妇孺来观者，官役谕之曰：‘请安！’即曲一膝。谕之曰：‘打水枪！’置水桶于其前，以鼻吸尽，朝天一喷，水散落如雨。唐德宗之驯象善舞，定非虚语。驯之有年，具有仁心。一日，有象至通衢，有荷担鬻鲜菜者，象以鼻卷之，顷刻食尽。卖者哀诉曰：‘一家人生计，赖此一担，奈何？’象回顾旁有大肆，门面辉煌，以鼻拉其楹，屋瓦震震有声。官役告肆主，速代为偿菜价。偿毕，象乃去。其灵敏可知矣。每届六月六日，在御河洗象。见水则淫，牝牡相交，一仰一俯，一时许方毕。故聚而观者有男子，无妇人也”。“辂”读“路 lù”，帝王用的大车。

13 橐驼，骆驼。“橐”读“驮 tuó”。

14“鬣”读“列 liè”，大型动物颈上的密毛。

15 哥舒翰（？—757），唐朝名将。本突厥族突骑施哥舒部落人，自幼喜爱汉籍，后为河西节度使王忠嗣所倚重，抵御吐蕃战功卓著。后王忠嗣为李林甫等诬陷，哥舒翰乃代王忠嗣为陇右节度使。天宝十二年（753）兼河西节度使，封西平郡王。患风疾休养。十四年，安禄山反。被玄宗任命为皇太子先锋兵马元帅，将兵20万。时哥舒翰风疾很厉害，准备守而不出。杨国忠等心怀鬼胎，力劝玄宗要他出战，结果全军覆灭而被叛军所执。哥舒翰后被安禄山之子安庆绪所杀。

16 杜草堂，杜甫。

17“鞯”读“尖 jiān”，马鞍下的垫子。这里借指马鞍。

18 踶啮，踢咬。“踶”读“地 dì”，踢。

19“辔”读“配 pèi”，缰绳。

20“踶”读“地 dì”，踢。

21 辟，辟设，设立。

22 驽骀，弱马、劣马。“驽”读“奴 nú”，劣马；“骀”读“台 tái”，钝劣的马。

23“辔”读“配 pèi”，缰绳。

24 骡子是不能繁衍的。原稿的意思是，骡子这种牲口居然也被大量繁殖出来了。

25 按照原稿的记述，“东八站”从栅门到迎水寺总共有8个驿站。

26 鞑马，蒙古马。

27 至窭者，很贫穷的人。“窭”读“巨 jù”，贫。

28“贳”读“世 shì”，借，贷。

29“躯”同“驱”。

30 原稿此处位置有误。“小者往往如狗。人之畜之，亦视如狗。散在篱落，竞竞而行”一句当移至本节“猪羊极贱，……行止皆随人意，若晓其约戒者然”之后。

31“厩”读“就 jiù”，马棚。闲，栅栏。

32 飒然，形容风吹时的响声。“飒”读“萨 sà”，象声词。

33 跳踉，跳跃。“踉”读“凉 liáng”。

34 这是李海应听来的汉语口语。赶车人发出的声音汉语多记作“驾，驾”。朝鲜语没有四声，现代韩语里汉字“下”的发音大致是“hà”。

35“鞅靽”读“央 yāng半 bàn”，本都是指套车时马身上的皮带。这里是指拉边套的牲口所用的套具。

36 小顷，少顷。

37 “傍”通“旁”。

38 剉草即铡草。“剉”读“错 cuò”。

39 唐钱，这里泛指中国钱币。朝鲜文人李瀷（1681—1763）的《星湖僿说》之《万物门·古钱》云：“又今俗筮占必用开元通宝，我国盖多有也”。李瀷《星湖僿说》是朝鲜实学名著。“瀷”读“义 yì”，水流很急的样子。“僿”读“赛 sài”，粗鄙。

40 蜀黍，高粱。参见〔明〕李时珍原著，倪泰一等编译《本草纲目》，第368页，重庆出版社，2006年第三版。

41 原稿此处有误，小麦不是麸子。麸子是小麦的外皮，常用做骡马或猪羊、鸡鸭的精饲料。原稿作者李海应大约没有搞明白这些。

42 “班”通“斑”。

43 原稿此处有误。我国北方牛不穿鼻，但也不是如原稿所说把绳子系在角上，而是给牛加辔头。

44 李海应沿途所见骡马牛很少，他对中国北方的骡马和牛颜色的记载往往有误。1803年左右，我国北方几乎没有白色的牛，白色的骡子更是极其少见。原稿作者李海应的这些记述，当是袭用了前辈朝鲜文人的说法，尤其是1720年来中国的李宜显《庚子燕行杂识》的记载。

45 橐驼，骆驼。“橐”读“驮 tuó”。

46 “班”通“斑”。

47 1720来中国的朝鲜文人李宜显《庚子燕行杂识》说：“马之白色者，十居六七。牛有白色灰黑色斑驳色，而灰色白色居多，纯黄者绝无。猪亦多白者。鸡多白斑毛羽。俗名‘求数鸡’。其黄赤色者，绝不见。大抵六畜，皆多白色。辽燕地方属西故然耶？”李宜显的说法显然是套用五行理论，但辽燕于中国不在西，而是处于北方。也许是出自《后汉书·朱浮传》的“辽东白豕”故事给了他太深的印象。

48 东人，朝鲜人。

49 狗肉是古代朝鲜人的传统食品。在原稿作者李海应看来，中国人不吃狗肉是很奇怪的现象。

50 小羊为羔，小猪为崽。李海应大约还没有学会“崽”字的用法。

51 “咮”读“昼 zhòu”，鸟嘴。

52 宋朝文人范成大《桂海虞衡志》之《志禽》里有“白鹦鹉”条。见〔宋〕范成大原著，孔凡礼点校《范成大笔记六种》，第102页，中华书局，2002年版。

53 “鹯”读“沾 zhān”，即“晨风”，一种猛禽。晨风爱吃其他的小鸟。

54 明人叶子奇已见鹦鹉四趾两前两后。见〔明〕叶子奇《草木子》，第89页，中华书局，1959年版。

55 原稿本节上文说“勃勃”是朝鲜人对狗的称呼。参见〔清〕顾张思《土风录》卷十五：“呼犬曰卢卢”，[日]长泽规矩也编《明清俗语辞书集成》第一册，上海古籍出版社，1989年版。

56“蜿”通“碗”。

57“襬”读“百 bǎi”，衣服和裙子的下摆。襨，朝鲜汉字，下衣。这里的意思是，养蛇人用类似裙子一样的布片把蛇笼包起来。

58 植杖，安杖。

59“小狗子”是我国东北口语，狗。

60“絷”读“直 zhí”，系上，拴上。

61“嗾”读“叟 sǒu”，教唆，指使。

言语

华人言语，到底是文辞。虽终日胡乱说去，寻绎其义，则皆可谓出口成章。非如东人[1]把言语、文辞作两端看。[2]

夫以稗官杂说[3]，与华人读之。虽平生不识一字者，傍[4]坐而听之，必当如卧听伧人[5]之说。如东人之读谚文[6]书册，人无不解听，是则言与文辞一也。

清人起自满洲。以不敢忘本之意，朝廷之上、衙门之内，必用满语。故仕宦者学习之，如东译之习汉语。至如经传子史，皆绎以满语，售诸书铺。尝于鸿胪演仪[7]及元正朝见。闻胪唱之声，亦能清远，响振殿庭，而盖唱“进”曰이버러[8]，“跪”曰나쿠라[9]，“叩头”曰허귀러[10]，“退”曰버드러[11]。清译辈粗解矣。

中国方言，各自不同。华人亦云：山西音最难晓[12]。如“天”字，即读如“清”字。音节大相径庭。

华音元无如东韵[13]入声，唯“二”、“耳”、“而”、“儿”等字，皆作东音“戛”字、“乙”字读[14]。“侵”、“覃”、“咸”平、上、去三音，皆读如“真”、“寒”、“删”三音。

华音亦多讹谬[15]。如“家”字、“去”字，数音并行。家异而人不同，此类不可胜记。欲学华语者，不可将何适从矣。

东译[16]称善汉语者，不过如学语之汉儿。中国通官[17]亦对使臣或作“你”、“汝”语[18]。对驿卒背[19]，亦作极尊敬之称，足令人捧腹。

彼人或云：东音[20]之不可晓。如“人”字只作“因”字读。“人”是“因”与

“鳞”之间音。且初终子母之法，自相抵牾。听之者所以领会不得也。此言，可谓适中其病矣。

东人[21]有十分忿怒事，辄曰“眼中出火”[22]。尝见彼人争竞[23]，一人忽然起曰：“眼佛出”[24]。佛、火二字，雅俗立见。

闾巷则满汉皆用汉语。以此清人后生者，多不能通清语。盖不通清语，则有妨于仕路也。是故皇帝患之，选年幼聪慧者，送于宁古塔[25]，使之学清语云。[26]

华人谓“初次”、“再次”曰“初塘”、“再塘”[27]。谓“一日”、“二日”曰“一天”、“二天”。

1 东人，朝鲜人。

2 朝鲜文人的口语与书面语不一致。朝鲜王朝通用的书面语是汉语，用朝鲜文字书写出的文本是“谚文”，文人们很少用谚文写作。清人刘献廷《广阳杂记》对朝鲜谚文颇有成见：“高丽书，以牛为鱼，以鱼为牛。谓四足者，宜为牛；无足长尾者，宜为鱼也。读矮为射，读射为矮，谓委矢宜为射，而寸身宜为矮也。高丽人号称能读书，而不能究六书之源委，杜撰若此，固夷狄也”。见〔清〕刘献廷原著，汪北平、夏志和点校《广阳杂记》卷一，中华书局，1957年版。朝鲜文人李德懋《青庄馆全书》卷五十四《训民正音》则认为，“训民正音，初终声通用八字，皆古篆之形也”。

3 稗官杂说，这里是指笔记与小说。

4 “傍”通“旁”。

5 “伧人”即“伧夫”，粗鄙、缺乏教养的人。这里是指没有文化的人。

6 谚文，朝鲜文人对世宗大王主持创造的朝鲜文字的称呼。朝鲜人用口语读《三字经》，中国人几乎听不懂。最近几年，韩国有光盘版《三字经》诵读出售，笔者于2004年购得。

7 在鸿胪寺演习礼仪。也叫“演礼”。

8 朝鲜语，用来表满语“进”的发音，其音类似汉语“伊孛娄”。参见金启孮《女真文辞典》，文物出版社，1984年版。

9 朝鲜语，用来表满语“跪”的发音，其音类似汉语“尼阿勾拉”。参见金启孮《女真文辞典》，文物出版社，1984年版。

10 朝鲜语，用来表满语“叩头”的发音，其音类似汉语“后跪娄”。参见金启孮《女真文辞典》，文物出版社，1984年版。

11 朝鲜语，用来表满语“退”的发音，其音类似汉语“波特娄”。参见金启孮《女真文辞典》，文物出版社，1984年版。

12 朝鲜燕行使团所过，一般只有今辽宁、河北、天津、北京四省市（从山东往来的是海路）。他们所听到的，也只有此四省市以及附近地区的话语。李海应并非专攻语言文字者，他并不知道中国方言往往蕴含古音，山西话明显比辽宁话和北京话以及唐山话要古老。〔明〕陆容《菽园杂记》云：“山西人以‘同’为‘屯’，以‘聪’为‘村’，无‘东’字韵”。见该书卷四，中华书局，1985年版。参见〔明〕叶盛原著，魏中平点校《水东日记》卷四《方言暗合古韵》，中华书局，1980年版。

13 东韵，朝鲜口语。

14 原稿此处有误。汉语普通话原本有入声，后在演进中“入派三声”，且现今汉语方言中还有大量入声字。已经有学者指出，朝鲜语（韩语）里至今保留着的入声，是汉语特定时代发音的遗存。

15 看来李海应试图学习汉语口语，而效果很不好。他所说的“数音并行”，指汉语的四声。汉语四声至今仍然是外国留学生学习汉语的难点，但并不是李海应所说的“讹谬”。

16 东译，朝鲜族翻译。

17 当时担任译官的都是我国的朝鲜族人。

18“你”、“汝”不是敬称。对上司和长辈用如此的称呼，违背了礼教。敬称与敬语是韩语里十分重要的组成部分，许多动词也因敬语而变化。例如吃饭的“吃”字，现代韩语里还要因长辈、同辈或晚辈而有不同的动词。

19 原稿“背”有误，当为“辈”字。

20 东音，朝鲜口语的发音。

21 东人，朝鲜人。

22 原稿所说“眼中出火”来自佛教经典《禅秘要法经》卷上，其下句是“舌如毒蛇”。后来往往用来表示忿怒非常。

23 争竞，争吵。属中国北方口语。

24 原稿认为中国人骂街比朝鲜人“文雅”，显然是对我国国骂的误读。李海应说的“眼佛出”是“现世宝”的意思，当来自我国小说《金瓶梅》第八回：“众和尚见了武大这老婆，一个个都迷了佛性禅心，关不住心猿意马，七颠八倒，酥成一团”。朝鲜文人金景善《燕辕直指》（燕行时间为1832年）把“眼佛出”记为“眼佛出世”，该书卷六《留馆别录·人物谣俗》说：“骂辱绝无丑语。其寻常骂话则曰‘没良心’、‘什么东西’、‘贱汉’。嫚语侵辱则曰‘王八綷子’、‘杂种’、‘狗綷子’。其最发怒者，不过曰‘天火’、‘烧火’、‘眼佛出世’”。其中“天火”似是“填货”，指填房的子女，与现今北京粗话“丫挺的”（简称“丫”，来自“丫头养的”）是一样的意思。“烧火”也称“烧包”，是过份自得、无福享受的意思。朝鲜文人李海应与金景善都没有搞明白这些咒骂，就如同多数中国人听不懂英文里“Go to hell（下地狱去吧）”是西方最恶毒的咒骂一样。“綷”读“在zài”，此处当为“崽”字。参见〔明〕陈士元（1516—1597）《俚言解》卷一《杂种》、

《狗种》；〔清〕顾张思《土风录》卷八《王八》、《畜生》。二书收入[日]长泽规矩也编《明清俗语辞书集成》第一册，上海古籍出版社，1989年版。

25 宁古塔，在今黑龙江省靠近吉林的宁安市。据传说，那里是清朝皇族六个祖先生活的地方。满语里“六”的发音是“宁古”，“个”的发音是“塔”。故名。

26 朝鲜使节多记述说，当时满族八旗子弟对学自己的民族语言不太感兴趣。宫廷采取了许多办法来激励满族青年学习民族语言，但满语的使用范围还是越来越窄。

27 “初塘”、“再塘”即“初趟”、“再趟”，第一次、第二次。原稿作者李海应是外国人，他所记录的汉语口语在书写上难免有出入。

胡藩[1]

蒙古[2]，明时称“鞑靼”[3]。其地北尽沙漠，分为三十八部。皆岁入贡[4]。商旅交于道。男尚[5]皇女，女嫁亲王。佩金玉印章者，前后相望。其人皆无礼狞悍，于诸夷中尤甚。俗善治突[6]，居无宫室。部落强盛，自古难制。独奉佛唯谨，生死以之。故清人因其俗而诱之，引其僧徒，分处于诸愿堂[7]及白塔、五塔等寺，待之甚厚。仕宦于朝者，多宠以高秩[8]。且皇帝衣黄，而蒙人无论贵贱，皆许衣黄。虽其俗尚如此，而盖与皇帝等也。皇帝每盛夏驻热河，称曰“避暑山庄”[9]，其实自为防守也。

回国子[10]凡十二部，曰哈密[11]，曰辟展[12]、土鲁藩[13]，曰哈拉沙拉[14]，曰库直[15]，曰沙雅尔[16]，曰赛里木[17]，曰拜[18]，曰阿克苏[19]，曰乌什[20]，曰喀升臈尔[21]，曰蒂尔羌[22]，曰和阗[23]。亦称回回国在海中[24]，而东北通陆，贡路逶迤[25]。从陆凡五阅月[26]，始到北京。贡使岁一至[27]，而代者至，然后归国。康熙十六年[28]，回子逆命，遂发兵讨之。擒其王，俘献京师，筑馆而处之。纳其女于后宫，封为贵妃。妃尝思见其父，于是，筑楼于宫城西，与回子馆相对，辄登楼见。其后放还其王，留质其从人，更番迭代，携其妻子而来。至今以为常。馆在西门外，馆门高三檐，而侧看如半屋之制，若将倾颓。正视之，则盖其直如绳，墙壁殆无缝棱。门内有一座圆阁，上嵌金顶。乃其奉神之所也。其人深目黧[29]面，勒须鬈[30]松。近之则有膻臭。每朝会，班于我使之下，衣帽同清人[31]，而在馆及行走，其所着帽子，圆束红毡，而竖于头上，其末渐杀。清人[32]甚鄙夷之，未尝接话。其女子服班斓[33]长衣，辫发而下垂之。间有美者云。

鄂罗斯[34]亦名“大鼻鞑子国”。在黑龙江北，与中国通。商旅岁至[35]。馆在王[36]河馆之傍[37]。其人黑面高鼻，天性狞猂，常杀人于街市。乾隆[38]时，命磔[39]其数人，自是颇畏戢[40]。然清人贱恶之，待以狗彘[41]。“石镜”出其地者最佳。

“暹罗”[42]本二国名[43]。“暹”乃汉赤眉[44]遗种，元时合为一国。在占城[45]极南。浮海八千余里至广东下陆，自广东至北京七千余里。五年一朝贡[46]。衣服槩[47]同清人。使臣四人，而衣色紫黑，绣以金花。头岸[48]独角金冠，长可一尺。其端尖杀如锥。人皆剃头光光，而体矮貌薄，类类僧徒。盖国在江南，冬亦不寒，皆着单衣，无皮绵之装。国中所用文字，皆类梵贝[49]。所贡之物，皇帝前龙涎香[50]一斤，沉香[51]二斤，白檀香[52]一百斤，白胶香[53]一百斤，降真香[54]三百斤，金刚钻[55]七两，上冰片[56]一斤，中冰片二斤，獐脑[57]一百斤，大枫子[58]三百斤，豆寇[59]三百斤，荜橃[60]一百斤，桂皮一百斤，甘蜜皮一百斤，翠鸟皮[61]六百张，孔雀尾十屏，象牙十二枝，犀角六个，西洋毯二床，西洋红布十匹，乌木三百斤，苏木[62]三千斤。皇后前方物诸种并同，而觔两[63]皆减其半。其称皇后曰“皇宫”，而皇帝前亦有番字金叶表文一道，汉字表文一道，表文亭一座。赏赐：国王锦八匹，织锦缎八匹，罗缎八匹，纱十二匹，缎十八匹，罗十八匹。王妃则无锦，而其余视国王半减。使臣四人——罗缎各三匹，缎各八匹，罗各五匹，绡各五匹，细各二匹，布各一匹。上通事二名——缎各五匹，罗各五匹，绢各五匹。从人十九名：绢各三匹，布各八匹。伴送官二员——彭缎袍料各一件。《一统志》曰，暹罗俗尚侵掠，气候不正。其妇人志量出男子上。国中每有计议，刑法轻重，钱谷出入，皆决之。又有人云，暹罗男子年四十以上，若怒而形于色，则国人摈[64]而不齿。故攻苦忍耐。卒遇不平，凝然如愚人。

乾隆末，不知何国人三百余人，皆赤发，眼光闪烁如火，衣服异常，行步便捷，从南方来[65]。郡县皆不能觉得。及到燕，百余人忽病死。其余二百余人，自诣礼部。请朝现，乾隆帝即引见。时侍卫森列，其中十三岁儿[66]最聪慧，先诣和珅拜跪。大臣阿肃[67]呵叱之。对曰：“将以问陛见之礼”。帝不说[68]，命逐出都门外。才出城，便不知去向。

尝见《明末记异》有言，万历[69]末，御史叶永盛[70]按江右[71]，有司呈狂客一群，自言能为黄白事[72]，极饮娱乐，市物甚侈。多取珠玉绮缯[73]，偿之过于直。及暮，忽不见。诘[74]其逆裳，则无有。比早复来。甚怪之，请大搜索。叶不许。第呼名至前，能为江右土语。自言为海外浮提国[75]人，且不讳黄白事。手持一石，似水晶，可七尺许，置于案。上下前后物物映其中，极写毛芥。又持一金镂小函，中有经卷。乌楮[76]绿字，如盘若[77]语。览毕，则字飞。其人愿持二者为献。叶曰：“汝等必异人。所献而柳氏的说法则显然来自乾隆朝《大清会典》卷八十《徕远清吏司》，实际上柳得恭与原稿作者李海应对我国新疆地区的记述都不全面。参见〔清〕和珅等《钦定大清一统志》卷四百十七、四百十八、四百十九、四百二十，文渊阁四库全书本。

11 哈密，也作“昆莫”，今新疆哈密市。参见〔清〕和珅等《钦定大清一统志》卷四百十七《哈密》，文渊阁四库全书本。

12 辟展，也作“皮前”，今新疆鄯善县。参见〔清〕和珅等《钦定大清一统志》卷四百十七《辟展》，文渊阁四库全书本。

13 土鲁藩，即古代西域三十六国中的“高昌”，其中心在今新疆吐鲁番市。参见刘声木原著，刘笃龄点校《苌楚斋随笔续笔三笔四笔五笔》卷一《西域简明名称·吐鲁番》，中华书局，1998年版。

14 哈拉沙拉，朝鲜文人柳得恭《滦阳录》（1790）卷之一《回回诸王》记作“拉沙拉”，并注为“古焉支国”，但古焉支国在今甘肃省，《滦阳录》显然有误。原稿“哈拉沙拉”实际上当为“哈拉沙尔”，即古焉耆国。该地多回族同胞，解放后曾为新疆焉耆回族自治县。刘声木《苌楚斋随笔续笔三笔四笔五笔》卷一《西域简明名称·喀喇沙尔》：“古为焉耆国”。见该书刘笃龄点校本，中华书局，1998年版。参见〔清〕和珅等《钦定大清一统志》卷四百十八《哈拉沙尔》，文渊阁四库全书本。

15 库直，朝鲜文人柳得恭《滦阳录》（1790）卷之一《回回诸王》记作“库车”，并说明该地即古代龟兹国。可见原稿“库直”有误，当为“库车”，在今新疆库车县县城东，其附近有著名的千佛洞。参见〔清〕和珅等《钦定大清一统志》卷四百十八《库车》，文渊阁四库全书本。

16 沙雅尔，即今新疆沙雅县。今“沙雅”即“沙雅尔”或“沙合雅尔”的转音。龟兹属地，汉朝时属都护府管辖。

17 原稿“赛里木”有误，当作“赛拉木”，故址在今库车城西南二百十里处。参见〔清〕和珅等《钦定大清一统志》卷四百十八《赛拉木》，文渊阁四库全书本。

18 拜，也作“拜依”，今新疆拜城县。“拜依”是维吾尔语“富有”、“富裕”的意思。

19 阿克苏，故址在今新疆阿克苏市。参见〔清〕和珅等《钦定大清一统志》卷四百十八《阿克苏》，文渊阁四库全书本。

20 乌什，今新疆乌什县。参见〔清〕和珅等《钦定大清一统志》卷四百十九《乌什》，文渊阁四库全书本。

21 喀升腊尔，今作“喀什葛尔”，即古疏勒国，今新疆喀什市。“臈”同“腊”。刘声木《苌楚斋随笔续笔三笔四笔五笔》卷一《西域简明名称·喀什葛尔》：“古为疏勒国”。见该书刘笃龄点校本，中华书局，1998年版。另参见〔清〕和珅等《钦定大清一统志》卷四百十九《喀什葛尔》，文渊阁四库全书本。

刘绍叔（1771—？），清朝文人，号引泉，王棨的内弟。按照他的自述，本山西洪洞人，是宰相刘墉的侄孙辈。1788年秀才，为候补兵马司副指挥。

齐佩莲（？），清嘉庆朝文人，字君裳，山西人。原稿称其为“恩选进士”。

僧子志（？），号恒义，清嘉庆朝盘山少林寺僧人，本江西抚州府人氏。

佟贻恭（？），清嘉庆朝文人。按原稿记述，佟贻恭是翰林。其余不详。

王陈锡（1776—？），清嘉庆朝文人，字小照，号蝶庄。王棨四弟。

王景文（？），清嘉庆朝北京一个眼镜店的老板，山东人。

王棨（？），清嘉庆朝文人，字柘庭。自称山西洪洞人。疑为山东诸城人。

王庶绩（1776—？），清嘉庆朝文人，字敷九，号时斋，江西德化人，与李鸿宾是同乡。1792年举人副榜。

王延年（1779—？），清嘉庆朝文人，号祝堂。山海关人，秀才。

谢福禄（？），清朝文人。按照原稿的记述，谢系江南人，嘉庆进士。其余不详。

张士毅（？），清嘉庆年间塾师，丰润人。其余不详。

张秀三（？），清嘉庆朝文人。举人。疑为山东诸城人。

赵寅恭（？），清嘉庆朝贡生。属正蓝旗。其余不详。

诸葛玉清（1789—？），清嘉庆朝秀才，辽宁新民人。

征引文献

征引韩文文献：

《朝鲜王朝实录》
《司马榜目》
《幸园乙卯整理仪轨》
《大东野乘》
《沈馆录》卷三
《尊周汇编》
《秋官志》
《春官志》
《新增东国舆地胜览》
《奎华名选》（辛丑编）
金富轼《三国史记》
郑麟趾等《高丽史》
崔溥《锦南集》卷三至卷五《飘海录》（燕行时间为1488年）
申钦《象村集》
李滉《退溪集》
金贵荣《东园集》
李荇《容斋集》卷四《朝天录》（燕行时间为1500年）
金克成《忧亭集》卷三燕行诗（燕行时间为1521年）
朴祥《讷斋集》
沈义《大观斋乱藁》
金安老《希乐堂集》
申光汉《企斋集》
苏世让《阳谷集》卷三、四（燕行时间为1533年）
郑士龙《湖阴杂稿》卷二《朝天录》（燕行时间为1534年）
宋纯《俯仰集》卷二
李耔《阴崖集》
权橃《冲斋集》卷七《朝天录》（燕行时间为1539年）

罗世缵《松斋集》

赵昱《龙门集》

林熏《葛川集》

曹植《南溟集》

崔演《艮斋集》卷三、卷九、卷十（燕行时间为1548年）

朴枝华《守庵遗稿》

柳希春《眉岩集》

卢守慎《稣斋集》

郑惟吉《林塘遗稿》

奇大升《高峰集》

尹斗寿《梧荫遗稿》

许篈《荷谷先生朝天记》（燕行时间为1574年）

柳成龙《西厓集》卷一《朝天录》（燕行时间为1574年。注中云，为在北京时所识新安人吴京所作）

赵宪《重峰集》卷十、十一、十二《朝天日记》（燕行时间为1574年）

崔庆昌《孤竹遗稿》（燕行时间为1576年）

金诚一《鹤峰集》续集卷一之燕行长诗《朝天纪行》（燕行时间为1577年）

崔岦《简易集》卷六、七（燕行时间为1577年、1581年、1594年）

高敬命《霁峰集》卷四（燕行时间为1581年）

尹根寿《月汀集·月汀朝天录》（燕行时间为1589年）

尹根寿《月汀漫笔》，收入《大东野乘》

朴而章《龙潭集》卷二（燕行时间为1591年、1603年）

金安国《慕斋集》

郑崐寿《柏谷集》卷二《呈兵部尚书石星文》、卷三《赴京日录》（燕行时间为1592年）

沈彦光《渔村集》

李舜臣《李忠武公全书》

金正国《思斋集》

李元翼《梧里集》

许筬《岳麓集》

柳根《西垌集》
宣若海《沈阳日记》
李山海《鹅溪遗稿》
申炅用《再造藩邦志》
柳馨远《磻溪随录》
金堉《潜谷遗稿》卷十四《朝京日录》（燕行时间为1636年）
姜柏年《燕行路程记》（燕行时间为1660年）
洪世泰《柳下集》
金锡胄《息庵先生遗稿》卷七《擣椒录》（燕行时间为1683年）
许筠《惺所覆瓿藁》
南九万《甲子燕行杂录》（燕行时间1684年）
崔德中《燕行录》（燕行时间1712年）
金昌业《老稼斋燕行录》(燕行时间为1713年)
李宜显《陶谷集卷二十九·庚子燕行杂识》（燕行时间为1720年）
李宜显《陶谷集卷三十·壬子燕行杂识》（燕行时间为1732年）
徐命膺《保晚斋集》卷八、卷十一
李瀷《星湖僿说》
洪良浩《耳溪集》
朴趾源《热河日记》（燕行时间为1780年）
金正喜《阮堂集》
李綷《陶庵集》
张混《而已广集》
成海应《研经斋全集》
李德懋《青庄馆全书》
李德懋《雅亭遗稿》
李德懋《入燕记》（燕行时间为1778年）
柳得恭《滦阳录》（燕行时间为1790年）
金正中《燕行录》（燕行时间为1791年）
柳得恭《燕台再游录》（燕行时间为1801年）
车佐一《四名子诗集》

丁若镛《与犹堂全书》
尹行恁《硕斋稿》
无名氏《赴燕日记》（燕行时间为1828年）
朴思浩《心田稿》（燕行时间为1828年）
金景善《燕辕直指》（燕行时间为1832年）
徐庆淳《梦经堂日史》(燕行时间为1855年)
柳寅睦《北行歌 · 路程记》（燕行时间1866年）
李南珪《修堂集》卷六
徐命膺《保晚斋丛书》
李圭景《五洲衍文长笺散稿》
古山子《大东地志》
《东国舆地志》
《太学志》
许浚《东医宝鉴》
鱼允中《西征记》
朴戴阳《东槎漫录》
韩国成均馆大学大东文化研究院编《燕行录选集》，1962年版
金根洙《校本乐学轨范》，1965年手刻版，笔者收藏
洪赞裕监修，郑后洙译《秋史金正喜诗全集》，pulbitco，1979年版
韩国民族文化推进会编辑出版《韩国文集丛刊》（第7卷），1990年版
李睟光原著，南晓星译《芝峰类说》，乙酉文化社，1994年版
退溪学研究所编《陶山书院古文书》，檀国大学出版部，1994年版
蔡济恭原著，李钟粲译注《含忍录：蔡济恭燕行诗》，一志社，1995年版
韩国首尔大学奎章阁编辑《奎章阁名品图录》，2000年
林基中主编《燕行录全集》，东国大学校出版部，2001年版
柳明仁《朴趾源的〈热河日记〉》（英文），2006年
车柱环《〈蓟山纪程〉一书简介》，2006年
柳根永《忠壮公柳琳将军》，handl，2006年版
林基中《燕行录研究》，一志社，2002年初版，2006年增补版
《朝鲜风俗画谱》（中村金城明治四十三年原作，1911），民俗院，2008年版

征引中文文献：

《周礼》

《仪礼》

《礼记》

《诗经》

〔战国〕宋玉《高唐赋序》

〔汉〕司马迁《史记》

〔汉〕刘向《列女传》

〔汉〕王符《潜夫论》

〔东汉〕许慎《说文》

〔晋〕陈寿《三国志·魏书》

〔晋〕干宝《搜神记》

〔晋〕崔豹《古今注》

〔晋〕王嘉《拾遗记》卷三

〔晋〕皇甫谧《高士传》

〔南朝〕东阳无疑《齐谐记》

〔南朝〕宗懔 原著，〔隋〕杜公瞻 注《荆楚岁时记》

〔唐〕李百药《北齐书》

〔唐〕李朝威《柳毅传》

〔唐〕徐坚《初学记》

〔五代〕马缟《中华古今注》

〔宋〕司马光《资治通鉴》

〔宋〕徐兢《宣和奉使高丽图经》

〔宋〕许亢宗《宣和乙巳奉使金国行程录》

〔宋〕宇文懋昭《钦定重订大金国志》，文渊阁四库全书本

〔宋〕孙绍远《声画集》，文渊阁四库全书本

〔宋〕宋祁 欧阳修等《新唐书·张志和传》

〔宋〕李昉 等《太平御览》

〔宋〕李昉 等《太平广记》

〔南宋〕彭大雅《黑鞑事略》

〔元〕脱脱 等《金史》卷五十一
〔元〕马祖常《石田集》，文渊阁四库全书本
〔元〕伊世珍《琅嬛记》
〔元〕朱公迁《诗经疏义会通》，文渊阁四库全书本
〔越〕无名氏《越史略》，文渊阁四库全书本
〔明〕宋濂 等《元史》
〔明〕卢象升《忠肃集》，文渊阁四库全书本
〔明〕刘佶《北巡私记》
〔明〕冯从吾《元儒考略》
〔明〕倪谦《倪文僖集》，文渊阁四库全书本
〔明〕董越《朝鲜赋》，文渊阁四库全书本
〔明〕彭时《彭文宪公笔记》
〔明〕冯梦龙《古今谈概》卷二十九
〔明〕王世贞《皇明异典述》
〔明〕罗贯中《三国演义》
〔明〕周晖《金陵琐事》卷三
〔明〕杨慎《异鱼图赞》，文渊阁四库全书本
〔明〕李辅等编纂《全辽志》
〔明〕郭磐《皇明太学志》
〔明〕无名氏《朝鲜志》，文渊阁四库全书本
〔明〕施耐庵《水浒传》
〔明〕严从简《殊域周咨录》
〔明〕张岱《夜航船》
〔明〕张岱《西湖梦寻》
〔明〕贺士咨编《医闾集》，文渊阁四库全书本
〔明〕江以智《通雅 · 天文》
〔明〕陈贞慧《秋园杂佩》
〔明〕宋应星《天工开物》
《明实录》附录十《明宪宗宝训》
〔清〕佚名《吴三桂考》

〔清〕乾隆朝《大清会典》
〔清〕彭定求 等《全唐诗》
〔清〕黄宗羲《深衣考》
〔清〕梁国治 等《钦定国子监志》，文渊阁四库全书本
〔清〕董含《三冈识略》
〔清〕顾祖禹《读史方舆纪要》
〔清〕张廷玉等编纂《明史》
〔清〕鄂尔泰 张廷玉等《钦定授时通考》，文渊阁四库全书本。
〔清〕顾炎武《日知录》
〔清〕舒赫德 于敏中 等《钦定胜朝殉节诸臣录》，文渊阁四库全书本
〔清〕唐执玉 李卫 等《畿辅通志》，文渊阁四库全书本
〔清〕阿桂 等《钦定盛京通志》，文渊阁四库全书本
〔清〕和珅 等《钦定大清一统志》，文渊阁四库全书本
〔清〕蒋溥 汪由敦 董邦达 等《钦定盘山志》，文渊阁四库全书本
〔清〕《乾隆大藏经》（龙藏）
〔清〕赵吉士《寄园寄所寄》
〔清〕武英殿本《古今图书集成》
〔清〕陈天植等纂修《山海关志》
〔清〕刘源溥、孙远纂修《锦州府志》
〔清〕赵翼《陔馀丛考》
〔清〕袁枚《子不语》卷十二、《续子不语》卷四
〔清〕袁枚《随园食单》
〔清〕朱彝尊《曝书亭集》，文渊阁四库全书本
〔清〕汪由敦《松泉集》，文渊阁四库全书本
〔清〕任信《全辽备考》
〔清〕佚名《查抄和珅家产清单》
〔清〕佚名《嘉庆东巡纪事》
〔清〕陈廷灿《续茶经》，文渊阁四库全书本
〔清〕富察敦崇《燕京岁时记》
〔清〕震钧《天咫偶闻》

〔清〕徐珂《清稗类钞》
〔清〕厉鹗《辽史拾遗》，文渊阁四库全书本
〔清〕况周颐《餐樱庑随笔》
〔清〕计六奇《明季北略》
〔清〕陈恒庆《谏书稀庵笔记》
〔清〕惠栋《九曜斋笔记》
〔清〕王谟《汉魏遗书钞》
〔清〕曹雪芹《红楼梦》
〔清〕何刚德《春明梦录》
〔清〕梁溪坐观老人《清代野记》
〔清〕朱一新《京师坊巷志稿》
〔清〕佚名《清代名人趣史》
〔清〕三鱼书室主人《绘图历代神仙谱》
〔清〕马建忠《东行初录》
〔民国〕赵尔巽、柯劭　等《清史稿》
〔民国〕夏仁虎《旧京琐记》
〔民国〕姚灵犀《采菲录》
〔民国〕姜泣群《朝野新谭》
〔民国〕张慧剑《辰子说林》
《诸子集成》，中华书局，1954年版
〔清〕刘献廷原著，汪北平 夏志和点校《广阳杂记》，中华书局，1957年版
北京市城市规划管理局《北京在建设中》，北京出版社，1958年版
〔元〕陶宗仪《南村辍耕录》，中华书局，1959年版
〔明〕叶子奇《草木子》，中华书局，1959年版
〔明〕沈德符《万历野获编》，中华书局，1959年版
〔清〕法式善原著，涂雨公点校《陶庐杂录》，中华书局，1959年版
〔清〕谈迁原著，汪北平点校《北游录》，中华书局，1960年版
〔民国〕刘成禺原著，钱实甫点校《世载堂杂忆》，中华书局，1960年版
〔清〕《光绪会典》，台北文海出版社，1967年版
〔民国〕王宝善修 张博惠辑《新民县志》，民国十五年石印本，台北成文出版

社，1974年影印本

〔日〕白川静《甲骨文的世界》中译本，温天河译，台北巨流图书公司，1977年版

〔清〕谷应泰《明史纪事本末》卷六十二《援朝鲜》，中华书局，1977年内部发行版

〔清〕钱泳原著，张伟点校《履园丛话》，中华书局，1979年版

陈寅恪《柳如是别传》，上海古籍出版社，1980年版

〔明〕叶盛原著，魏中平点校《水东日记》，中华书局，1980年版

〔清〕昭梿原著，何英芳点校《啸亭杂录》，中华书局，1980年版

〔宋〕张世南原著，张茂鹏点校《游宦记闻》；〔宋〕李心传原著，崔文印点校《旧闻证误》，中华书局，1981年版

〔明〕王士性原著，吕景琳点校《广志绎》，中华书局，1981年版

〔清〕梁章钜原著，陈铁民点校《浪迹丛谈　续谈　三谈》，中华书局，1981年版

〔清〕于敏中 等《日下旧闻考》，北京古籍出版社，1981年版

李厚基 姜东赋 韩海明 许桂亭《白话聊斋》（三），河北人民出版社，1981年版

郭沫若《石鼓文研究 诅楚文考释》，科学出版社，1982版

《东京梦华录　都城纪胜　西湖老人繁胜录　梦粱录　武林旧事》，中国商业出版社，1982年版

〔明〕李诩原著，魏连科点校《戒庵老人漫笔》，中华书局，1982年版

〔清〕李光庭、王有光原著，石继昌点校《乡言解颐》、《吴下谚联》，中华书局，1982年版

〔清〕赵翼原著，李解民点校《檐曝杂记》；〔清〕姚元之原著，李解民点校《竹叶亭杂记》，中华书局，1982年版

〔清〕朱彭寿原著，何双生点校《旧典备征　安乐康平室随笔》，中华书局，1982年版

〔宋〕庄绰原著，萧鲁阳点校《鸡肋编》，中华书局，1983年版

〔金〕刘祁原著，崔文印点校《归潜志》，中华书局，1983年版

〔清〕陈康祺原著，晋石点校《郎潜纪闻初笔 二笔 三笔》，中华书局，1984年版

〔清〕福格原著，汪北平点校《听雨丛谈》，中华书局，1984年版

《中国大百科全书》地理卷、人文地理卷，中国大百科全书出版社，1984年版

〔明〕倪谦《朝鲜纪事》，续修四库全书本

〔明〕毕恭 等修、任洛 等重修《（嘉靖）辽东志》，续修四库全书本

〔明〕佚名《寰宇通衢不分卷》，续修四库全书本

〔明〕陈侃等《使硫球录》，续修四库全书本

〔清〕朱家榍 等《（光绪）顺天府志》，续修四库全书本

〔清〕沈佳本 荣铨修，〔清〕徐宗亮 蔡启盛纂《（光绪）重修天津府志》，续修四库全书本

〔清〕曹廷杰《东三省舆地图说》，续修四库全书本

〔清〕张上和修，史梦兰纂《（光绪）抚宁县志》，续修四库全书本

〔清〕魏源《海国图志》，续修四库全书本

《光绪帝谒东陵路程单》，河北省遵化市清东陵文物管理处藏

《和珅家产抄家清档》，河北省遵化市清东陵文物管理处藏

金启孮《女真文辞典》，文物出版社，1984年版

〔明〕陆容《菽园杂记》，中华书局，1985年版

〔清〕屈大均《广东新语》，中华书局，1985年版

王云英《清代满族服饰》，辽宁民族出版社，1985年版

袁珂编著《中国神话传说词典》，上海辞书出版社，1985年版

何新《诸神的起源》，三联书店，1986年版

〔明〕陆粲 顾起元原著，谭棣华 陈稼禾点校《庚巳编 客座赘语》，中华书局，1987年版

《中国大百科全书》宗教卷，中国大百科全书出版社，1988年版

〔宋〕周密原著，吴企明点校《癸辛杂识》，中华书局，1988年版

河北省丰润县修复天宫寺塔基金会碑（1989年立）

〔清〕陈其元原著，杨璐点校《庸闲斋笔记》，中华书局，1989年版

〔日〕长泽规矩也编《明清俗语辞书集成》，上海古籍出版社，1989年版

王之春原著，赵春晨点校《清朝柔远记》，中华书局，1989年版

欧阳中石《行书字帖选》，中国书画函授大学教材，1990年

林尹 高明主编《中文大辞典》，台北中华文化大学出版部，1990年版

丁福保编《佛学大辞典》，上海书店，1991年版

谭其骧主编《简明中国历史地图集》，中国地图出版社，1991年版

张研《清代族田与基层社会结构》，中国人民大学出版社，1991年版

〔明〕凌濛初原著，姜襄国 许获鹿校注《二刻拍案惊奇》，河北人民出版社，1992年版

叶舒宪《中国神话哲学》，中国社会科学出版社，1992年版

〔清〕梁廷枏原著，骆驿 刘骁点校《海国四说》，中华书局，1993年版

〔清〕方枏师原著，盛冬铃点校《蕉轩随录》，中华书局，1995年版

胡孚琛主编《中国道教大辞典》，中国社会科学出版社，1995年版

刘镇伟主编《中国古地图精选》，中国世界语出版社，1995年版

徐华龙 王有钧《山与山神》，学苑出版社，1995年版

孙有为《经济学》，世界知识出版社，1995年版

〔清〕李渔原著，李忠实译注《文白对照全译〈闲情偶寄〉》，天津古籍出版社，1996年版

中国地图出版社编《朝鲜·韩国地图册》，中国地图出版社，1996年第1版、2004年第2版

《中华大藏经·华严部·佛说菩萨本业经》，中华书局，1997年版

侯仁之《侯仁之文集》，北京大学出版社，1998年版

〔近代〕刘声木原著，刘笃龄点校《苌楚斋随笔续笔三笔四笔五笔》，中华书局，1998年版

〔意〕马可·波罗《马可·波罗游记》中译本，梁生智译，中国文史出版社，1998年版

〔清〕王弘撰《山志》，何本方点校，中华书局，1999年版

〔清〕上彊村民选编，梁海明译注《宋词三百首》，山西古籍出版社，1999年版

黄斌 刘厚生《高句丽史话》，远方出版社，1999年版

周作人《周作人文集》，吉林摄影出版社，2000年版

〔明〕刘侗 于奕正《帝京景物略》，北京古籍出版社，2000年版

〔宋〕赵汝适原著，杨博文校释《诸蕃志校释》，中华书局，2000年版

梁思成原著，费慰梅 梁从诫编译《图像中国建筑史》，百花文艺出版社，2001年版

林永匡 袁立泽《中国风俗通史·清代卷》，上海文艺出版社，2001年版

杨昭全 何彤梅《中国——朝鲜韩国关系史》，天津人民出版社，2001年版

杜秀荣主编《河北省地图册》，中国地图出版社，2001年版

吴东平《色彩与中国人的生活》，团结出版社，2001年版

申学锋《清代财政收入规模与结构变化述论》，《北京社会科学》，2002年第一期

〔宋〕范成大原著，孔凡礼点校《范成大笔记六种》，中华书局，2002年版

〔宋〕张邦基原著，孔凡礼点校《墨庄漫录》；〔宋〕范公偁原著，孔凡礼点校《过庭录》、〔宋〕张知甫原著，孔凡礼点校《可书》，中华书局，2002年版

魏存成《高句丽遗迹》，文物出版社，2002年版

〔美〕魏斐德著、陈苏镇等译《洪业：清朝开国史》，江苏人民出版社，2003年版

潘富俊著 吕胜由摄影《诗经植物图鉴》，上海书店出版社，2003年版

曹婷婷《〈皇华集〉—中朝文化交往的历史见证》，北京大学韩国学研究中心编《韩国学论文集》第十二辑，北京大学出版社，2004年版

李敖《北京法源寺》（历史小说），中国友谊出版公司，2004年版

林桂峰主编《河北省地图册》，山东省地图出版社，2004年版

刘顺利《半岛唐风：朝韩作家与中国文化》，宁夏人民出版社，2004年版（钱林森主编“跨文化丛书：外国作家与中国文化”）

全信子《“丙子胡乱”与朝鲜“还乡女”》，北京大学韩国学研究中心编《韩国学论文集》，第十二辑，北京大学出版社，2004年版

翁敏华《中日韩戏剧文化因缘研究》，学林出版社，2004年版

吴云 冀宇校注《唐太宗全集》，天津古籍出版社，2004年版

岳铁贵主编《辽宁省实用地图册》，成都地图出版社，2004年版

张哲俊《东亚比较文学导论》，北京大学出版社，2004年版

《中国差旅地图册》，湖南地图出版社，2004年版

祝克懿《语言学视野中的“样板戏”》，河南大学出版社，2004年版

侯健美《今日宛平城》，《人民日报》，2005年7月14日，海外版第六版

香港《文汇报》2005年12月9日

天津地图制图印刷公司编《蓟县旅游交通图》，山东省地图出版社，2005年版

李景屏 谷敏《正说清朝十二后妃》，农村读物出版社，2005年版

〔日〕 青木正儿《中华名物考（外一种）》，范建明译，中华书局，2005年版（王晓平主编“日本中国学丛书”）

丁蔚文《黄慎：回到故乡宁化》，《读者》，2006年第23期

〔日〕 中川忠英编著《清俗纪闻》，方克、孙玄龄译，中华书局，2006年版

（王晓平主编“日本中国学丛书”）

〔明〕李时珍著、倪泰一等编译《本草纲目》，重庆出版集团重庆出版社，2006年第三版

〔日〕 南方熊楠《纵谈十二生肖》，栾殿武译，中华书局，2006年版（王晓平主编“日本中国学丛书”）

孙文良 李治亭《清太宗全传》，凤凰出版传媒集团 江苏教育出版社，2005年版

〔英〕亚当斯《英使谒见乾隆纪实》，叶笃义译，上海书店出版社，2005年版

金振东等编著《蓟州风物志》，天津古籍出版社，2006年版

刘顺利《王朝间的对话：朝鲜领选使天津来往日记导读》，宁夏人民出版社，2006年版

庞朴《试析仁义内外之辨》，《文史哲》，2006年，第5期

王大有《上古中华文明（修订本）》，中国时代经济出版社，2006年版

魏国忠、朱国忱、郝庆云《渤海史》，中国社会科学出版社，2006年版

阎崇年《明亡清兴六十年》（上），中华书局，2006年版

易中天《品三国》，上海文艺出版社，2006年版

《圆明园盛时平面图》，圆明园管理处，2006年印

《圆明园四十景图咏》，北京市容铁艺术工作室策划、北京市邮政管理局发行，2006年

丁海斌 时义《清代陪都盛京研究》，中国社会科学出版社，2007年版

马陌上《黄帝的“崆峒”派武功》，《世界博览》2007年2月下，总第286期

李志军《南怀瑾说佛》，湖北人民出版社，2007年版

阎国栋《俄罗斯汉学三百年》，学苑出版社，2007年版（阎纯德、吴志良主编“列国汉学史书系”）

阎崇年《明亡清兴六十年》（下），中华书局，2007年版

北京灵图软件技术有限公司《中国电子地图2007》，人民交通音像电子出版社，2007年版

《东亚三国语言文化的共性与个性国际学术研讨会论文集》，会议由天津社会科学院与韩国高丽大学校联合主办，2007年打印稿

〔日〕曾根俊虎《北中国纪行 清国漫游志》，范建明译，中华书局，2007年版（张明杰主编“近代日本人中国游记”）

《北京大学校园地图》，北京大学学生工作部赠，2007年印

福建省地图出版社编《辽宁吉林黑龙江内蒙古高速公路及城乡公路网地图集》，福建省地图出版社，2007年版

洪忠党《奉天景佑宫的兴亡》，载《沈阳日报》，2007年7月18日

华梅《灵动衣裾》，天津古籍出版社，2007年版

李宁《岁月掠过紫禁城：专访故宫博物院院长郑欣淼先生》（解飞摄影），《北京青年》周刊（BQ），2007年第43期，总第631期

Reuters,Reporting by Mee Hyoe Koo and Rhee So-eui in Seoul City and Lee Jae-won in Paju City,Korea, Dec.24,2007

〔韩〕郑夏摄文 金东成图《沈清传》，李华 李华敏译，民族出版社，2007年版

《收藏》杂志2008年6月号，总第168期

“紫图图书”白话图文全译本《天工开物》，南海出版公司，2008年版

哈尔滨地图出版社编《丹东交通旅游图》，2008年第七版

杜书瀛《家族记忆》，中国戏剧出版社，2008年版

〔日〕山冈八庄《丰臣秀吉》，郭宏达译，重庆出版集团 重庆出版社，2008年版

《插图本〈闲情偶寄〉》，万卷出版公司，2008年版

富育光主编《图像中国满族风俗叙录》，山东画报出版社，2008年版

《中国国家地理》2008年11期，总第577期

陶贝《触摸历史的痕迹——〈收藏〉中国古钱系列书脊图解读》，《收藏》，2009年第一期（总第193期）

侯仁之《北京城的生命印记》，三联书店，2009年版

〔日〕林巳奈夫《神与兽的纹样学：中国古代诸神》，三联书店，2009年版

后记

细读做完了，我的心中充满了感激。

首先，我的“细读”先后请林骅先生和姜东赋先生审定，我感谢两位先生的教诲与帮助。恩师姜东赋先生以70多岁高龄在暑期里用放大镜一字一字为我看稿子，提出了多处修改意见。同时，作为中国人，我们还要感谢韩国首尔大学“奎章阁韩国学研究院”，是那里的数代学者们精心呵护、完整保存了这部名为《蓟山纪程》的“燕行录”。

其次，要感谢韩国成均馆大学“大东文化研究院”，该院的学者们在20世纪60年代就影印出版了这部《蓟山纪程》。还要感谢韩国东国大学的林基中教授。林教授在2001年在其《燕行录全集里》再次影印了《蓟山纪程》，并对历代“燕行录”做了大量的研究工作。

感谢“韩国古今编译院”把《蓟山纪程》翻译为现代韩文，我从中得到了许多线索。

感谢韩国高丽大学许世旭教授和崔溶澈教授。许先生热情鼓励我要多研究涉及中韩古代文化的“燕行录”作品。2008年10月，我到韩国高丽大学参加第十次东亚比较文化国际会议，还就《蓟山纪程》的作者问题专门向崔溶澈教授以及韩国东义大学的李妍淑教授等专家请教。

最后，我还要感谢韩国崇实大学的吴淳邦和金钟声、李济雨、郑震椌诸位先生，他们是我在崇大任教四年的同事，自1996年起就一直对我的韩国学研究提供帮助。

高丽与朝鲜文人的“燕行录”是用毛笔写就的，也是“用脚”写出来的，甚至是用生命写就的。现代人都很难理解往返六千多里的长途拉练是什么滋味。更不要说路上的沙尘暴、蚊虫之类的“小咬”以及河流、高山和可以把驴子陷进去的泥泞。高丽与朝鲜使节团在700年的时间里的书写精神始终激励着我。从2005年买车以后，我几乎跑遍了燕行陆路的国内部分。买车的第一个月我就把车开到了山海关，后来又开到丹东，遥看对面的鸭绿江阁。为了去寻找夷齐庙故址，我把小车硬是从半尺深的污泥里开过去。路上车抛锚了，我让拙荆握好方向盘，自己在寒风里推着汽车走了有两公里。

最令人感动的是，几乎所有地方的人们都十分热情，尤其是老人们。在河北省玉田县的彩亭桥，80多岁的杨姓老人自己觉得介绍不够清楚，又帮助我们找来了90多岁的老人。三年多来积累下来的影像资料，我自己认为也十分珍贵。“燕行路”完全可以由中国、朝韩共同“申遗”。我希望这本“细读”能为此工程出一点力。

今年是我们的共和国成立60周年，我仅以此拙作表示祝贺。我祝愿伟大祖国繁荣昌盛，也祝愿中国和朝韩人民的友好交流不断深入。

刘顺利

2009年8月

图书在版编目（CIP）数据

朝鲜文人李海应《蓟山纪程》细读 / 刘顺利著. —
北京 ：学苑出版社，2010.1
ISBN 978-7-5077-3483-6

Ⅰ. ①朝… Ⅱ. ①刘… Ⅲ. ①文化史－史料－中国－清代②蓟山纪程－注释 Ⅳ. ①K249.03

中国版本图书馆CIP数据核字（2010）第010196号

责任编辑：杨　雷
装帧设计：徐道会
出版发行：学苑出版社
社　　址：北京市丰台区南方庄2号院1号楼
邮政编码：100079
网　　址：www.book001.com
电子信箱：xueyuan@public.bta.net.cn
销售电话：010-67675512　67678944　67601101（邮购）
经　　销：新华书店
印 刷 厂：保定华升印刷有限公司
开本尺寸：720×960　1/16
印　　张：33.25
字　　数：400千字
印　　数：0001-1500册
版　　次：2010年1月北京第1版
印　　次：2010年1月第1次印刷
定　　价：65.00元